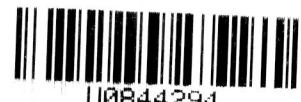

鄧之誠——著
欒保群——校點

骨董瑣記

新校本 修訂版

骨董瑣記全編 上册

山西出版傳媒集團
山西人民出版社

圖書在版編目（CIP）數據

骨董瑣記全編 / 鄧之誠著；欒保群校點．-- 太原
山西人民出版社，2020.6
ISBN 978-7-203-11423-9

Ⅰ．①骨… Ⅱ．①鄧… ②欒… Ⅲ．①筆記—中國—現代—選集 ②歷史文物—研究—中國—古代 Ⅳ．
① K220.6 ② K870.4

中國版本圖書館 CIP 數據核字（2020）第 072942 號

骨董瑣記全編

著　　者：鄧之誠
校　　點：欒保群
責任編輯：張志杰
復　　審：劉小玲
終　　審：秦繼華

出 版 者：山西出版傳媒集團·山西人民出版社
地　　址：太原市建設南路 21 號
郵　　編：030012
發行營銷：010-62142290
0351-4922220　4955996　4956039
0351-4922127（傳真）　4956038（郵購）
E-mail：sxskcb@163.com（發行部）
sxskcb@163.com（總編室）
網　　址：www.sxskcb.com

經 銷 者：山西出版傳媒集團·山西新華書店集團有限公司
承 印 者：鴻博昊天科技有限公司

開　　本：635mm × 965mm　1/16
印　　張：47.75
字　　數：529 千字
版　　次：2020 年 6 月　第 1 版
印　　次：2020 年 6 月　第 1 次印刷
書　　號：ISBN 978-7-203-11423-9
定　　價：168.00 元（全二册）

出版說明

近代史學大家鄧文如（之誠）先生的《骨董瑣記》及《續記》、《三記》，與他的宏編鉅著相比，只能算是“小書”，可是這小書的影響并不小，很可能是文如先生印行的幾種著作中發行量最大的一種了。

但《骨董瑣記》及《續記》，却存在著一個不能說太小的問題，就是錯字很多，保守地說，也多達數百處，僅以《瑣記》卷一的“目錄”爲例，就有“炕”誤爲“坑”，“陸小拙”誤爲“陸小掘”，“宋景濂”誤爲“宋景廉”三處，其他就可想而知了。這就不能不影響到本書的閱讀和學術價值。

這些錯誤要追溯到《瑣記》、《續記》二書的初印。《骨董瑣記》八卷初印於一九二六年，《骨董續記》四卷初印於一九三三年，這期間文如先生生活狀況之窘迫，可以從他在二書的題記中略知大概。二書均係文如先生自印，書口僅見“明齋著書”四字，明齋是先生室名，至於排印者，估計僅是民間書坊，所以檢字的粗率謬誤極爲驚人。隨手舉一個例子，如《瑣記》卷六《張丑題春宵秘戲圖》一則中，“見清河書畫舫”印做“欠清可書畫舫”，六個字中就錯了兩個，這顯然不會是作者的筆誤了。當然我也不想替文如先生的偶爾筆誤或筆跡的潦草做開脫，但初印時手民及校對者之誤，我想應該是主要的原因吧。

還有一點可資爲證。一九五五年三聯書店把《瑣記》、《續記》和未刊的《三記》合在一起印成《骨董瑣記全編》時，第一次付排的《三記》雖然也偶有誤字，但與《瑣記》、《續記》相比，可以說是很少很少了。這總可以說明，文如先生《瑣記》和《續記》的手稿也和《三記》一樣，原本並沒有那麼多錯字的。

三聯出版《骨董瑣記全編》時，前言中提及“作者略予修改”，却未詳說文如先生的修改是哪個方面的。我們只知道，這個《全編》限於當時出版界的一些成文不成文的規定，删去了《瑣記》中卷一“順民”，卷二“紀異”，卷三“湯烈婦”，卷四“秘戲”，卷六“張丑題春宵秘戲圖”、“鵲不停”，卷七“包村遺事”，卷八“張四維奸案”、“纏脚”九則，《續記》中删去“寸磔”、“東坡咏弓足詞”、“鞋杯”三則。此外，個别篇内也有一些删落的文句，其中多屬作者本人的議論，大概是覺得不合時宜而抹掉。詞語的改動也有一些，或者是對原書的訂誤，如《瑣記》卷三“乾隆時侍從之臣”中董誥之謚“文敏”改爲“文恭”，卷四“石濤煙壺”中鄭叔問“高密人”改爲“漢軍旗人”之類。也有爲了適應形勢而做的改動，今天看來實屬多餘，如《續記》卷二“梁山濼”條，改“盜區”爲“澤國”，就與下文要講的内容脱離了。文如先生所做的“修改”就是這些。至於書中的大量錯字，却改正不多，文如先生當時已經年近古稀，多事而又多病，如果要把全書重新找原出處核對一遍，確實是力不從心。

另外一項，就是《全編》的斷句問題。《瑣記》和《續記》在初印時是沒有標點也沒有斷句的。三聯書店版爲此書加了斷句，斷句的水準是相當不俗的，對讀者來說，確實較原印方便了許多。但大約受到原書錯字的影響，在斷句上就難免出現了一些欠妥之處。雖然在標點斷句問題上也有見仁見智之處，風格上也有句長句短之别，但有些確實是斷錯了位置，說明確些就是出現了“破句”。後來此書重印，改爲新式標點，有些破句就沿襲了舊版，再加上其他不慎之處，就更容易讓讀者懵然了。

當年初入大學時，想用課餘時間學學中國古代史，爲此請教於一位老先生，這位很不入時的老師說得很簡單，讓我把《資治通鑑》和《中華二千年史》對着看。我花了五元錢買了兩大册世界書局縮印的《資治通鑒》，然後一本一本地借着《二千年史》，鄧文如先生就這樣爲我開了學史之蒙。這種基於文化傳承的感激之情一直存在於心，所以對文如先生的著作一向關注，出版一本就購置一本，即這本《骨董瑣記全編》也已經買了兩種，包括最新的一版在內。但看到諸種新版中“瓶中有醋堪澆菜”之類的舊笑話未改，又增添了“印度爲無生聖母邪教”之類的新笑話，不禁憮然。於是不自量力，便以三聯書店本爲底本，嘗試對此書重新校點一過。

所做的工作大致如下：

一、凡是能查到出處的，儘量核對原文，誤字改，有傷于文意的漏字則補入。最初是把錯字衍字用圓括號圈起，正字及補字圍以方括號的，但由於括號太多，有礙閱讀，決定放棄。至於改動的根據，多是原書中所標的出處，爲省篇幅，不做校記，只是書中未寫出處的方才注明。對於因形近而誤的字，如

“餺飥”誤爲“鎛飥”者，還有一些避諱字如“弘”諱做“宏”之類，徑改。

二、三聯本對《瑣記》、《續記》初印本即明齋本所做的刪改，除了正常的修訂之外，全部予以恢復，并加上校記。此外，明齋本的序文題辭也重新收入。

三、保持三聯本的繁體字，但改爲横排，加以新式標點符號。原書中有一些罕見的異體字，這次做了規範化處理。

四、對書中文字較長之篇，酌分段落。

五、爲了讀者使用方便，對全書諸條統一編號。

六、文如先生的哲嗣鄧珂先生根據文如先生的筆記整理成《松堪小記》一編，初刊於中華書局的《文史》第十六、十七兩輯中，後爲新版的幾種《骨董瑣記全編》附於編末。這次我也以《文史》爲底本，重新做了標點，改爲繁體，附在書中。

這次整理，總計正補改動總有千餘處以上，所望在於拭去白璧之玷，還先生原著本來面目，但限於學力，肯定還存在不少遺漏，這就有望於讀者諸公的賜教了。

欒保群

二〇二〇年清明改寫

目錄

骨董瑣記

袁勵準叙 …………………………………………………… 003

葉恭綽叙 …………………………………………………… 004

楊庶堪叙 …………………………………………………… 005

葉瀚叙 ……………………………………………………… 006

題　辭 ……………………………………………………… 007

自　序 ……………………………………………………… 008

骨董瑣記卷一 ……………………………………………… 009

銀價米價 / 009　　田價 / 010　　順民 / 010　　魏奄生祠 / 010　　織造機户 / 011　　郎窰 / 011　　御窰 / 012　　協辦大學士 / 012　　四庫全書 / 012　　安次香 / 013　　藏書印 / 013　　卑職 / 013　　三清茶碗 / 013　　葫蘆器 / 014　　乾隆雕嵌 / 014　　趙凡夫宜興壺 / 014　　子瞻三適圖 / 014　　寧壽鑑古 / 014　　蝦鬚簾 / 015　　鐵畫 / 015　　周芷巖刻竹 / 015　　陸小拙製小刀 / 015　　補古銅器瓷器 / 016　　西遊記 / 016　　鄭筆峰塑像 / 016　　內起居注 / 016　　宮史 / 017　　羊腦箋 / 017　　天祿琳琅 / 017　　快雪堂 / 017　　刻

牙 / 018　　裝潢蘇工 / 018　　周製 / 018　　吳門甘王兩姓仿古銅器 / 019　　硯材 / 019　　南村真逸圖 / 019　　管道杲 / 020　　乾隆法帖 / 020　　封神傳 / 020　　蘭亭 / 021　　彈棋 / 021　　越窯 / 021　　圖書集成 / 022　　麻沙書板 / 022　　玉枕蘭亭 / 022　　馬垛子 / 023　　夷堅志 / 023　　竹實 / 023　　五通 / 024　　合生 / 024　　孔文舉亂郡 / 024　　清江劉洙 / 024　　你門 / 024　　公孫弘韓湘 / 025　　千家姓 / 025　　荆州記 / 025　　楊文安諭諸將銘 / 025　　文章 / 026　　舉業 / 026　　選樓 / 026　　史忠正答攝政王多爾袞書 / 026　　龍生九子 / 026　　羽素蘭 / 027　　紙簫紙硯 / 028　　高房山春雲曉靄圖 / 028　　機神 / 028　　唐宋元明箋紙 / 029　　明硯 / 029　　邸報 / 029　　龍泉窯 / 030　　巧技 / 030　　崔公窯 / 031　　鄭夾漈硯 / 031　　宋景濂 / 031　　農學全集 / 031　　炕 / 032　　秋山圖始末 / 032　　鄺湛若 / 034　　右丞江山雪霽卷 / 034　　海天落照圖 / 035　　寶繪錄 / 035　　戲兒棚 / 036　　閒居筆記 / 036　　婢 / 036　　勢利詩 / 037　　爪哇移文 / 037　　後漢書 / 037　　北監二十一史 / 037　　瓜皮帽 / 038　　曇陽子 / 038　　廣文石 / 039　　高玄殿檜松 / 039　　秘色瓷器 / 039　　南曲 / 040　　旦 / 040　　白眉神 / 040　　趙瑤崖山題石 / 040　　本姓名 / 040　　刊書 / 041　　間架 / 041　　開元通寶錢 / 041　　月忌 / 041　　池魚 / 042　　十八般武藝 / 042　　甀書 / 042　　傅青主二十三僧紀略 / 042

骨董瑣記卷二 ······················· 047

院體書 / 047　　澄泥硯 / 047　　呂仲實詩 / 047　　王刻史記 / 048　　青瓷易經 / 048　　細書 / 048　　明烈帝書 / 049　　中山狼 / 049　　拜火教 / 049　　罌粟 / 050　　孝雞 / 050　　驚婚 / 050　　打標舟子 / 050　　雲間據目鈔 / 051　　蘇州戲 / 053　　豫園 / 054　　吳賣婆 / 054　　馮行可 / 054　　上海塵價 / 055　　沈石田詩 / 055　　趙執端 / 055　　英吉利貢品 / 055　　豸頭酒頭鵝頭 / 056　　百晬詩 / 056　　無事忙 / 057　　花棒鼓 / 057　　老子 / 057　　黃

明/057　促織盆/057　緒南隨筆/058　韓瓶/058　製印紐/058　汪秀峰藏印/059　絕技/059　程君房方于魯/059　沈三白/060　顧復初/060　官印彙目/060　史傳節略/061　春朝儀式/061　紅本/063　康成生日/064　印匣/064　殊域周咨錄/064　張石舟手札/065　紀異/069　宋李路墓誌/069　典當/069　旂旗/069　湯豹處畫水/070　摯畫/070　金老/070　鍾山秀才/071　吳中古迹/071　惡道/071　岳忠武硯/071　宋展硯/072　文信國硯/072　斷碑硯/073　明蔣子硯/073　權奸賞鑒/073　宋元墨/074　漢子/074　湛盧山閣/074　紫端/075　泥人/075　李和兒炒栗/075　耀州越窯/075　秦良玉錦袍/076　吳彩鸞寫經/076　銀硯匣/076　印章紐/076　十種琉璃/077　錦/077　宋徽宗書神霄玉清萬壽宮碑/077　青田石/078　太和四年瓦器/079　網巾/079　岳忠武礪痕硯/079　永和窯舒嬌/080　三代器/080　白瓷/080　湯勤/081　呂尚賣傭/081　挑耳/081　吳氏三一娘寫玉篇/081　神仙/081　寧良郡王/082　絕昏/083　張進中筆/083　姚梅/083　柴窯/083

骨董瑣記卷三 ………………………………………… 084

裁帽席帽/084　聘盟日記/084　泰州教/092　魏忠賢墓/093　奉聖夫人/093　呂碧山昭君像/093　王漁洋罷官/094　五人墓碑/094　京師食品/094　制錢/094　天寧寺吳道子畫像/095　禮親王/095　四大徽班/095　同樂園/096　慶樂園聯語/096　都中三湖/096　南漢大寶鐵盤/097　鉅鹿出土宋器/097　宋瓷文字/098　郭允進之獄/098　大義覺迷錄/098　晌/098　江寧狀元/099　篇韻/099　步軍統領/099　嚴復/099　屠寄/099　周祚新/100　花縣/100　馬負圖/100　汪杲叔刻印/100　客座贅語/100　汗青餘語/101　揚州

精忠廟 / 101　歸震川夫人 / 101　李清照硯 / 101　簡爾泰 / 101　白糖 / 102　亂彈 / 102　陳坤維詩 / 102　張鳴岐銅鑪 / 102　髹工楊匯 / 103　藏書印 / 103　乾隆時米價 / 104　洋銅 / 104　元中都上都 / 104　王振祠 / 104　方望溪 / 104　觀風整俗使 / 105　賜第 / 105　徐興公書屋銘 / 105　四存 / 106　吳三桂檄文 / 106　紫花印 / 106　成親王 / 107　紀文達漏言獲譴 / 107　花肚番 / 107　齊周華 / 107　大挑知縣 / 108　天一閣 / 108　乾隆通寶 / 108　通政司 / 109　高雲從 / 109　禁書 / 109　王倫 / 110　屈翁山 / 110　勤有堂 / 110　成都孔子像 / 111　喜逢春傳奇 / 111　誠親王 / 111　純帝涼薄 / 111　沈歸愚身後獲罪 / 112　乾隆諸相 / 112　富室 / 112　胡桂胡九思 / 113　套褂 / 113　智天豹之獄 / 113　八大家王 / 113　乾隆賑案 / 114　袁崇煥 / 114　乾隆金價 / 115　乾隆時侍從之臣 / 115　水滸傳 / 115　麻沙鐫書人 / 116　分宜法書名畫 / 116　李瓊仙花卉 / 116　湯烈婦 / 117　曹雪芹 / 117　麥春華 / 118　漢磚 / 118　萬竹山房 / 118　鹽城范公堤古墓 / 118　曹操冢 / 119　王阮亭舊居 / 119　綠瓷 / 119　桃核研 / 119　劉秉忠回文鏡 / 120　陳紹五 / 120

骨董瑣記卷四 …… 122

咸通土俑 / 122　直百錢 / 122　權奸子孫 / 122　高則誠几案 / 123　石濤煙壺 / 123　唐鏡銘 / 123　九元三極墨 / 124　陳黃中宋史 / 124　梁詩正居 / 124　馮銓後人 / 124　唐俊卿謝君餘 / 124　百穀契兄 / 125　聽雨樓 / 125　廓湛若硯 / 125　東方未明硯 / 125　寄園故址 / 126　諸葛恭銅印 / 126　太白尊 / 126　午風室叢談 / 126　汪容甫醉死 / 127　橋亭卜卦硯 / 127　妝域 / 128　秋白井字硯 / 128　宋本兩漢書 / 128　浮光杯 / 129　清謹堂墨 / 129　奉聖胡同 / 129　南唐硯 / 130　蘇子美語 / 130　漢碑出土 / 130　叶韻 / 130　俚語方言 / 131　分甘

餘話 / 131　　姜宸英 / 131　　解五國梵語 / 131　　先丈 / 131　　何維樸 / 132　　陳襄林之奇 / 132　　大小忽雷 / 132　　宣南名迹 / 133　　木刻 / 135　　環溪別墅 / 136　　汕頭風災 / 136　　祝玉成 / 136　　清閟閣 / 137　　李蓮英墓 / 137　　庚子所失法物圖書 / 137　　形聲指誤 / 138　　肇域志 / 140　　陳銑硯柯丹丘硯 / 141　　江悔翁自書紀事 / 141　　悔翁詬婦 / 145　　悔翁長治久安之策 / 146　　悔翁自狀 / 147　　悔翁著述 / 147　　宋時金銀價 / 148　　宋官妓營妓 / 148　　曝書亭 / 148　　風懷詩案辨證 / 148　　宣德紙陳清款 / 150　　吳梅村子孫 / 150　　耶律楚材墓 / 150　　魏瓦齊磚 / 150　　香山弘光寺 / 151　　逸鶴孤猨 / 151　　大相國寺 / 151　　董文敏代筆 / 151　　天籟閣印 / 152　　都維明 / 152　　眉子硯 / 152　　三秘十華九十供奉 / 153　　胡文忠公撫鄂記 / 154　　文源閣 / 155　　恭親王詩 / 155　　安岐 / 155　　董思白代筆吳易 / 156　　董思白為人 / 156　　顧二娘製硯 / 157　　永樂大典 / 158　　剪綵貼絨 / 158　　秘戲 / 158

骨董瑣記卷五 ······ 160

順治瓷 / 160　　朝報小報小鈔 / 160　　曲工金叟 / 161　　馮銓僕劉次庵 / 161　　虎牙將軍章 / 161　　龍子猷馬吊譜 / 162　　松莊 / 162　　周鬲 / 163　　唐鑑 / 163　　鉦 / 163　　倡家 / 163　　窰變 / 164　　教坊司題名碑記 / 164　　關中侯關外侯 / 164　　屏 / 165　　京師僧人 / 165　　高江村硯 / 165　　來鳳樓硯 / 166　　黃石齋硯 / 166　　鍾葵硯 / 166　　成哲親王刻印 / 166　　文節愍牙筆筒 / 167　　汪廣洋硯 / 167　　永昌棋子 / 168　　明墨 / 168　　新鄭出土古器 / 169　　金繫帶 / 169　　打碑 / 169　　剛卯 / 169　　顧繡 / 170　　離非女子硯 / 171　　蠟螺硯 / 171　　女子善繡 / 171　　女子篆刻 / 173　　吳慶坻 / 173　　李寶函刻竹 / 173　　再生緣南詞 / 174　　濮仲謙 / 174　　克墨 / 174　　沙門島 / 175　　甘泉鄉人銘硯 / 175　　確齋詩冊 / 176　　貼黃 / 176　　駝磯硯 / 176　　鮑尊 / 177　　秦檜

書 / 177　　陽明驛丞署尾硯 / 177　　崇理帖 / 178　　吳梅村遺文 / 178　　王叔遠核桃刻舟 / 178　　元題名碑 / 178　　復庵 / 179　　唐以前印識 / 179　　連綿書 / 179　　周定王蘭雪硯 / 179　　致石 / 180　　青藤書屋 / 180　　灌嬰廟瓦 / 180　　方治庵刻竹 / 180　　專瓦圖錄 / 181　　金纖纖小影硯 / 181　　鳳雙飛彈詞 / 181　　瘦鷺詞 / 181　　白麟 / 182　　鑒別真贗 / 182　　紙 / 183　　南北揚 / 184　　元墨朱萬初 / 184　　墨盒 / 185　　砂壺 / 186　　譯經潤文 / 186　　李廷珪 / 187　　料絲燈 / 187　　窯燒骰子 / 188　　倭漆傳入中國 / 188　　一技之長 / 188　　心太平庵硯 / 189　　瀘石硯 / 189　　劉伯溫 / 189　　劉正奉塑記 / 189　　和珅吳卿連詩 / 190　　星命 / 191　　雲麾將軍碑 / 192　　均窯 / 192　　桃花塢 / 192　　孟永光張篤行 / 193　　五官並用 / 193　　晉瓷 / 193　　宅子 / 193　　冷淘 / 194　　日本刀 / 194　　冷金箋 / 194　　玉泉墨 / 194　　麝香金 / 195　　畫家南北宗升降之由 / 195　　曹仲婉 / 195　　山谷洮石研 / 195　　劉遠筆 / 196　　稻畫 / 196　　琉璃瓦 / 196　　賈叟刻木 / 196　　瓊花 / 197

骨董瑣記卷六 …… 198

古錢 / 198　　造紙布頭紙 / 198　　壘石 / 199　　金冬心 / 199　　吳窯 / 199　　丁鈍丁刻印十金一字 / 200　　蠅鬚館雜記 / 200　　慮俿銅尺 / 200　　石門漢畫 / 201　　洞庭山人 / 201　　朱青雷刻印 / 202　　潘西鳳刻竹 / 202　　贗作 / 202　　張萱畫記 / 202　　嚴氏書畫記 / 204　　張丑題春宵秘戲圖 / 205　　滇中名迹 / 205　　王世雄琺瑯器 / 206　　饒瓷 / 206　　雕漆 / 207　　螺鈿 / 207　　梨園掌故 / 208　　汪大黌自鳴鐘 / 209　　姜娘子鑄銅 / 209　　僞古銅器 / 209　　礬書 / 210　　天下第一 / 210　　雲間淡酒 / 211　　竹垞舊居 / 211　　改號娶小 / 211　　宋制公主 / 211　　廠製 / 212　　西十庫 / 212　　玉熙宮 / 213　　刻堅 / 213　　泰定聖旨 / 214　　庚嶺 / 214　　鵲不停 / 215　　天聖寺畫壁 / 215　　鬆工 / 215　　研山 / 215　　香奩集 / 216　　耳鑒 / 216　　校

讐/217　裝潢/217　唐宋婦人衣飾不同/218　鎮庫書/218　元豐瓷蓮盆/218　晴山堂法帖/218　門字不鉤/219　烟壺考/219　銀槎/220　辨利禪院觀音像/221　建文諸忠家屬盡發教坊/221　竹垞詠史/222　清初教坊/223　玉蜻蜓/223　明珠和珅舊居/223　妙應白塔/224　長春園墨/224　石綠餅/224　碑式印/225　闕禎兆/225　闕里藏先世衣冠/226　臨海大獄/227　韓生平話/227　板橋雜記序/227　開平鐵衫/228　年窰墨注/228　沈錫讀書鐙/228　平簫/229　嘉靖壇琖/229　齊王氏/229　造紙說/230　黃忠節公硯/231　趙管雙硯/232　小說禁例/232　弄孔子/233　蛐蛐罐/233

骨董瑣記卷七　235

燕蘭小譜/235　漁洋集外詩/235　塔西隨記/235　張紅橋像研/236　鬼獵圖/237　建文事迹/237　阿翠硯/238　袖珍曹操/238　惲玉/239　橫州桂香寺/239　雷峰塔/239　點收玉寶/240　漢釜甑/241　翁覃溪後人/242　舊宮人昀珠/242　年汝隣/243　陳巖野遺硯/243　雙谿垂釣圖/243　吳履詩畫/244　錢東生畫梅/244　孫登鐵琴/245　宣德爐款/245　懋勤殿書畫/245　張應堯/246　晉瓷/246　嚴望雲/247　繪繡/247　巧對/247　吳下方言/248　詩雙聲叠韻譜/248　陶然亭香冢/249　魏默深/249　張婉紃/249　有明越人三不朽圖贊/250　依舊草堂遺稿/250　黃花衖/250　包村遺事/251　丁壬烟語/252　張日中製紐/252　柳如是巾帽鏡/252　高倪修造假山/252　呂道人研/253　程雪畫瓷/253　方塘/253　睡詩/253　羅雲山人火畫/254　汪洪隙末/254　廷臣宴禮節/254　順治題壁詩/255　錢蒙叟墓/256　燕九/256　分宜故第/256　鐵券/257　羅小華/257　五七九/257　明初市易/258　京師河鮮/258　許顯純/258　牙牌/258　岳王加號/259　火

器/259　諸稱/259　子石/260　四川貢扇/260　扇骨/260　豐熙偽造書/260　分宜之敗/261　劉文清姬人/261　舉人罰科/261　朝房見客/261　秦良玉/262　蒲留仙/262　顧道人硯/262　太平五銖/263　美人換書/263　會試齒錄/263　馮舒/264　包壯行手製燈/264　息夫人廟詩/264　俞理初著述/264　定王之獄/265　宮僚雅集杯/265　蝶仙/266　仁智殿/266　姑嫂餅/266　酒器譜/267　芥子園/267　沈虹屏/267　全謝山身後/268　汲古閣十七史/268　龍碗虎碗/268　紅玉墓/268　馬頭驛題壁/269　宋元箋簡/269　薛素素小像/269　娟鏡/270　楊忠節速客單/270　東坡寫經/270　漁洋後人/270　女冠韻香/271　僮僕善畫/271

骨董瑣記卷八 ········· 272

一統志局/272　毛子晉/272　開元錢背文/272　司盦項鎖/273　李光地自書紀事/273　三吳公討徐氏檄/277　婉佺先生/279　清初戲酒/279　刑部北監/280　酒人/280　試題/281　張四維奸案/281　唐酒價宋肉價/284　樺葉述聞/284　題躉贉褾/285　王蟠/285　陳無已天魂墨/286　秋水閣北山堂墨/286　壽山石/286　左忠貞詩扇/287　張受之/288　閻古古毀譽/288　鈔書僮僕/290　東海傳奇/290　道光之立/292　學政修城/292　憲帝揮霍/293　江浙藏書家/293　燕臺月令/293　京師招牌對/294　思翁鬻田券竹垞析產券/295　澄心堂紙/296　青金石紅絲石/296　萬宜樓/297　陳省齋/297　圓明園/297　甘鳳池/297　金瓶梅/299　架松/300　昊十九/300　海鹽腔/301　硯災書厄/301　六硯齋/301　汝窰/302　揭書人/302　纏脚/302　裱背十三科/302　元押/303　采繪法/303　仿建初銅尺/305　江珠/305　宣鑪說/305　雙真記/307　擲盃記/307

骨董瑣記

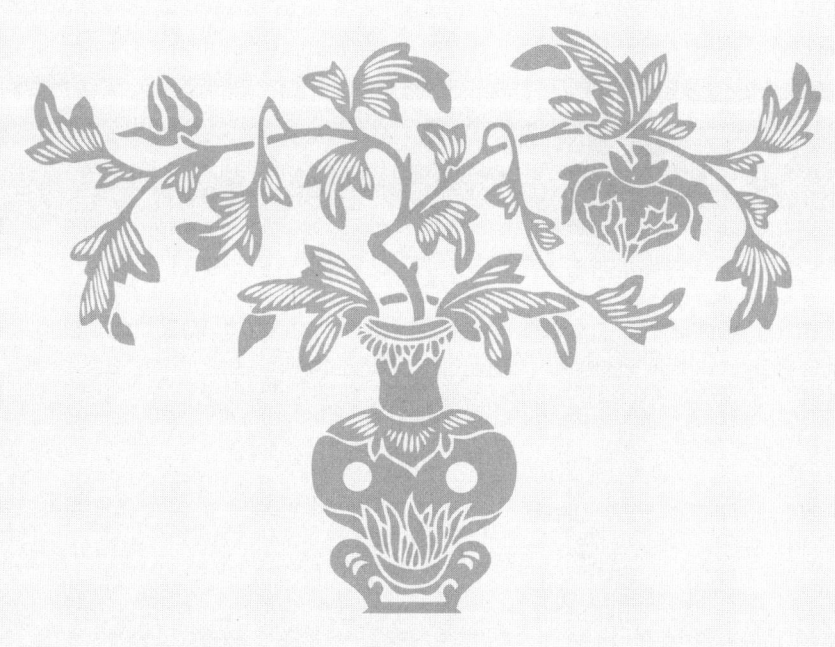

袁勵準叙

余以乙丑獲交江寧鄧君文如，其人温雅淵穆，博聞强識。與談古學，洞中窾要，心竊異之。迨納交既久，過從寖密，見秘笈所有，率多清異之品，胥於冷攤小肆勤披幽討，以廉直得之者，相與摩挲考訂，致足樂也。日者以近年所輯《骨董瑣記》一書示余，舉凡金石、書畫、陶瓷、雕繡，兼及朝章國故、遺聞軼事，靡不兼綜條貫。計徵書二百餘種，所輯都七百餘則，間有旁證，别加案語，裒然成帙。吾願世之究心古學者，家置一編，蘄致博雅君子不難矣。語云："中流失船，一壺千金。"是書作中流之壺觀可也。丙寅秋日宛平袁勵準。

葉恭綽敘

績學瑰行之士，窮居獨處，斂其縱橫無外之氣，嫥心壹志，寄興於瑣屑幼眇之間，注蟲魚，識草木，若與天地相忘，此或不得志於時者則然。然世之自命爲豪儁者，窮智力以馳逐聲利之會，或規爲遠大，中乃枵然無有，甚者稗販異說，騖聲氣，樹標的，而一言不智，禍且中於天下後世，則識小者之所爲，豈果可謂之不賢哉！吾友文如鄧子，嶔崎磊落人也。嗜酒工詩，富藏書，又好蒐羅古器物之殊異者。不相晤一年，兹訪余天津，知其窮困中不廢著述，爲《骨董瑣記》數巨册，將刊以行世，問序於余，語次若恥爲不足道者。余謂事無鉅細，致用爲亟，果舉國之士人人各奏爾能，則積累程功，效將不可思議。方今俗媮學敝，古傳藝術不淪墜者殆稀。有心之士搜采殘逸，考形象，述源流，存什一於千百，以供後之研索，此其用殆遠勝飛鉗捭闔者之所爲，所以報國亦與今之馳騾壇坫及冒鋒鏑矢石者何異！利濟之道，或轉在此不在彼也。余近者方輯所藏爲《遐庵書畫記》，亦自懺中之一業，意殆有與文如合，因文如之來，喜發其凡，且因以互策焉。世其知玩物而不喪志有如是者哉，有如是者哉！是爲序。共和十五年九月番禺葉恭綽。

楊庶堪敘

國事當槷黜之交，士之懷材抱藝，不克自攄其志以效用於當世者，則往往有託而逃。骨董雖小道，愚嘗以謂竺嗜者固猶賢於博弈。蓋考古之職，歐美學院且設爲專科而獎進無已，以爲足徵人類進化之迹，而歷史疑闕，每得藉以證明，而發遠年不决之覆。其國人復不恤散金集社以研尋之，彼誠知所務也。京師爲人文歷史淵藪，自勝朝故宫以訖廠肆，其間舊家遺族，文人學侶，所爲摩娑冞翫、賞奇析疑不置者，率以古物爲大歸。鄧君浮沈是間有年，平昔蒐討之勤，網羅之富，亦既與謏聞寡識者異趨。君之自言曰：蹤迹街市，隨時捃摭，證以古近人詩文集及説部諸書至數百餘種，於是有《瑣記》之作。其於紀舊聞，述往事，確然爲史材一大宗，亦云劬矣。顧不自喜，而曰“骨董”者，以爲皆無益。烏虖，何其言之悲也！夫自懷材抱藝、振奇軼俗之士，竭其精力以銷磨於稽古識小之途，則國家盛衰之故已可知。卓犖如鄧君，乃復矻矻窮年於所訟爲無益者，儻所謂有託而逃非邪？令鄧君而遭時有爲者，亦安能著書以詔於世，如今必傳無疑也？民國十五年十月楊庶堪敘於北京。

葉瀚叙

史家譜録一類，於讀史者考鏡文物，至爲有用。蓋昉自古史表志，其體别而爲專記與雜記。專記者，花鳥蟲魚諸譜是也，雜記則兼及掌故舊聞，若《曲洧舊聞》、《北夢瑣言》諸書是也。友人金陵鄧君文如，喜讀乙部書，近梓其所爲《骨董瑣記》八卷，蓋近十年間往來南北，排比群籍，證其見聞，大抵文物諸品，皆録其精采形式、授受源流，復充其類，泛及於國故軼聞。是蓋兼專記、雜記而爲一書，昕夕掌録，用力何其勤也。余惟今當舉世傖攘之會，鉤箱抵巇之事，君顧不屑爲，獨斤斤焉以網羅墜簡、摭拾遺文爲職志，非閱世既深又知學有本原者，安克爲此？君苟力充所詣，則吾國文物日益光大而發揚，庶可幾夫。民國十五年十月二十五日，杭縣葉瀚拜序。

題辭

過眼烟雲歷劫多，洞天清秘幾摩娑。堂堂白日甘頹廢，奈此饑蟲跋扈何。

長編底簿述淵源，體例難從衆口尊。鈔撮陳言文數萬，雜家原異一家言。

馬鄭精嚴自不同，說經家法異雕蟲。平生頗好人譏彈，一笑難逃世網中。

《瑣記》將刊成矣，書此以志吾過。文如居士戲題。

自序

性耽寂寞，甘自晦匿。時于街頭踪迹一二古物，有弗詳其制作，恒就詩文集及說部中所叙述者映證之，間亦紀舊聞，說往事，亦有羌無故實者，聊以遣興云爾。曰骨董者，以爲皆無益也。甲子六月，京師連日大雨，爲数十年所無，街衢閭巷，皆成澤國，永定河水平堤，日憂潰決。加以窮愁煎迫，愈寡歡緒，無聊中以閒書自遣，此筆八卷，遂得寫定。雖不賢識小，未足與於著作之林，然隨時捃摭，積以歲月，計得七百餘則，輯錄之書不下二百餘種，他日果得問世，使讀者知亦一時精神所寄，庶幾貸其不學之罪，實獲我心。民國第一甲子夏六月十五日文如居士識。

骨董瑣記卷一

1. 銀價米價

明時京師錢價，紋銀一兩率易黄錢六百，崇禎末貴至二千四百。順治新錢初行時，以七文作一分，一千文作紋銀一兩四錢。後不能行，改爲一釐，漸減至每百五分。當時蘇州錢價一千文可直銀二錢，或一錢六七分，銀成色低，只直五成耳。米每石千三四百文，〔1〕麥七八十文，豆百文，稱爲奇昂。天啓四年，因催糧，米價始騰至每石一兩二錢。萬曆己丑，吴中大饑，斗米一錢六分，當時傳爲異事。按明時折糧，四石可折一兩，豐年一兩易八九石，荒年一石至貴不過一兩。〔2〕崇禎時，山東米石二十四兩。〔3〕俱見《明史》。清初，關中米價四石易一兩，見顧亭林《與薊門當事書》。〔4〕

---

〔1〕此句有誤。按《啟禎記聞録》卷七言丙戌（順治三年）“斗米至千三四百文，麥價每升七八十文，蠶豆每升百文”，鄧氏或鈔自此書而誤。

〔2〕《明史・馬文升傳》：“今民田十税四五，其輸邊塞者糧一石费銀一两以上，豐年用糧八九石方易一两。”

〔3〕見《明史・左懋第傳》。

〔4〕亭林原書爲“鳳翔之民舉債於權要，每銀一兩，償米四石”，是每借銀一兩，償米四石，非言米價也。

2.田價

《啓禎記聞錄》言：崇禎十五年，吴某有祖遺蕭涇田六百四畝，得業已六七十載，原價每畝八錢，今則值四五金矣。可知當時田價甚廉。按唐甄《潛書》言，賣田四十畝，得六十餘金，每畝僅值銀一兩五錢。是時常賦什五，四十畝佃入四十一石，而賦及雜耗二十三石，凶歲則典物以納，故田價之賤如此。

3.順民

《記聞錄》又記：闖賊入京，百姓門貼"永昌元年順民"六字，手執綫香，或貼"順民"二字額上。不拘何色人，皆極破青衣，戴破氈帽，破衣帽至值重價。清兵入吴，百姓每圖爲首一人手執黄旗，書"某圖民投順大清國"，餘人各執綫香。又言吴江聞甲申之變，四月二日賽會富麗異常。

4.魏奄生祠

魏奄生祠計三十有九，各繫以名。杭曰永思，蘇曰普惠，薊曰廣恩，密雲曰崇德，昌平曰崇仁，通州曰彰德，宣府曰隆勳，大同曰嘉猷，房山曰顯德，五臺曰報功，遼東曰元功，上林苑曰感恩，國子監曰延綏，曰視恩，登州寧海祠曰景仁，蓬萊閣曰留敬，崇文門曰廣仁，蘆溝橋曰隆恩，安定門曰著愛，河間曰仰德，天津衛曰威仁，宣武門曰茂勳，諸勳戚曰鴻勳，[1]寧遠曰

〔1〕據《東林列傳》"崇文門外曰鴻勳"。按本篇所記魏閹諸祠名，與他書如《東林列傳》、《兩朝識小錄》等多有異同，不俱引注。

德芳，河南曰戴德，良牧署曰存仁，家蔬署曰洽恩，林衡署曰永愛，德州曰隆禧，曰湛恩，淮安曰瞻德，臨清曰萃德，保定曰旌功，永安門曰□□，涿州曰弘受，長蘆曰留恩，湖廣曰隆仁。河東曰褒勳，固原曰懋懿。蘇祠未竣工即拆毀，有閹像及隨侍四像。或謂虎丘五人墓即奄祠廢址。按《明史》浙撫潘汝禎建祠西湖，賜名普德。此外尚有南京景忠山、丫髻山、房山、寧前、五臺山、蕃育署、蘆溝橋、延綏、順天藥王廟、大教場、開封錦衣衛、濟寧高觀山等數十處。當時督撫未具疏建祠者，獨鄖陽巡撫梁應澤一人。應澤字懸黎。[1]

5.織造機户

清初於蘇州設織造南局，派鄉紳富室充機户。上户八機，降至下下亦一機，費百二十金，進局費及節序供饋尚不止此。至順治辛卯，撤江寧北局併於南局。見《啓禎記聞》。

6.郎窰

世所謂郎窰，舊瓷爲貴，郎紫垣中丞開府西江時所造。其仿古成、宣諸器，釉水、顏色、橘皮、椶眼、款字酷肖，極不可辨識，近豈易得見邪！見《榆巢雜識》。按廷極字紫衡，廣寧人，鑲黄旗漢軍。著有《勝飲編》、《文廟從祀先賢先儒考》。官至漕運總督。康熙五十四年卒，謚温勤。《四庫書目》謂官至江西總督者誤。許謹齋《戲呈紫衡中丞》云："宣成陶器誇前朝，收藏價比璆琳高。元精融冶三百載，邇來傑出推郎窰。郎窰本以中丞

〔1〕據《明史·閻鳴泰傳》，梁應澤亦建魏奄生祠。

名，中丞嗜古衡鑑精。網羅法物供品藻，三千年內紛縱橫。範金合土陶最古，虞夏周秦誰復數。約略官均定汝柴，零落人間搜出土。中丞嗜古得遺意，政治餘閒呈藝事。地水火風凝四大，敏手居然稱國器。比視成宣欲亂真，乾坤萬象歸陶甄。雨過天青紅琢玉，貢之廊廟光鴻鈞。”又云“俗工摹效爭埏埴，百金一器何由得”，則當時已極矜貴矣。

7.御窰

康熙時，刑部主事劉伴阮源，祥符人。嘗於一笏墨上刻《滕王閣序》一首,《心經》一部，字畫嶄然。供奉內廷，呈樣瓷數百，製式極佳，所謂“御窰”者是也。見趙慎畛《榆巢雜識》。按宋景德中始置鎮於浮梁西鄉，因名景德鎮，以奉御董造瓷器，是爲御窰之始。元泰定，本路總管監陶，然皆時作時輟。洪武三十五年，始開窰燒造解京，有御廠一所，官窰二十座。自後一代，歲爲常供。有清因之，增官窰爲三十座，分二十三作。

8.協辦大學士

清設協辦大學士，自桂林陳文恭公宏謀始。

9.四庫全書

《四庫全書》成，藏文淵、文溯、文源、文津四閣。計文淵所藏三萬六千册：經十類，六百九十五部，萬二百十四卷，二十架，九百六十函；史十五類，五百六十三部，二萬一千三百五十九卷，三十架，千五百八十四函；子十四類，九百三十部，萬七千五百六十六卷，二十三架，千五百八十四函；

集五類，千二百八十二部，二萬六千七百五十七卷，二十八架，二千十六函。時乾隆四十七年也。後又於揚州大觀堂之文匯閣，鎮江金山寺之文宗閣，杭州聖因寺行宮之文瀾閣，各繕貯一分。又鈔全書三分之一，名《薈要》，一置大內，一置圓明園。今存文溯、文津、文淵三本。

10. 安次香

蜀人安次香上舍，名崇庚，工繪事，喜吟哦。游幕浙中，有《西湖柳枝詩》："春水平時颺綠波，一生消受好風多。長條萬縷都輸汝，不繫離思只聽歌。"安在都時與楊掌生交好，見楊所爲《京塵雜錄》。楊，阮文達弟子也。

11. 藏書印

馮硯祥藏《金石錄》，刻一印曰"金石錄十卷人家"。吴兔牀藏咸淳、乾道、淳祐臨安三《志》，刻"臨安志百卷人家"印。楊致堂得《詩》、《書》、《春秋》、《儀禮》、《史記》、《兩漢》、《三國志》，顏其室曰"四經三史之齋"。黄蕘圃有"百宋一廛"，吴兔牀有"千元十駕"。"十駕"取"駑馬則十"之義。

12. 卑職

"卑職"之稱，見元袁桷《上柏柱修遼金宋史事狀》自稱。

13. 三清茶碗

上製三清茶，以梅花、佛手、松子瀹茶，有詩紀之。茶宴日即賜此茶，茶碗亦摹御製詩其上。宴畢，諸臣懷之以歸。見《西清筆記》。

14. 葫蘆器

葫蘆器，康熙間始爲之，瓶盤盃碗無不具。陽文山水、花鳥、題字極清朗，不假人力。法於葫蘆結後，造模範之，隨之而長，遂成器物。然千百中完好者僅一二。嘗見一方硯匣，工緻平整，承蓋處四面脗合，良工所製不能及。見《西清筆記》。

15. 乾隆雕嵌

新正江南進掛屏，多横幅。陳設器嵌銅瓷玉石片，肖其半面。器中染象牙爲枝，玉石爲花葉。或以玉石爲果實，染象牙爲小花砲、雜玩器之類，插細珠串爲旛勝於瓶，劇有巧思。上命刻御製春帖子於上方。見《西清筆記》。按此仿周製也。

16. 趙凡夫宜興壺

趙凡夫倩人製壺，式類大彬則毀之另製。錢受齋藏一壺名“釣雪”，凡夫所製也。狀似帶笠而釣者，能無牽合，意亦奇矣。見《梅花草堂集》。

17. 子瞻三適圖

荆溪史翰林家藏子瞻寫《三適圖》。梳、洗、摩按皆有法外之適，是爲“三適”。

18. 寧壽鑑古

《寧壽鑑古》，體例視《西清古鑑》，而所貯不及十二三。《西清古鑑》，陳楓崖所編校也。

19. 蝦鬚簾

寶笈所藏手卷，啓匣有小簾，卷之細滑微黄，云是蝦鬚簾，能辟蛀。見《西清筆記》。

20. 鐵畫

蕪湖鐵工湯鵬，能揉鐵作畫，花竹蟲鳥，曲盡生致。又能作山水屏障。好事者以木範之，懸於壁，或合四面成一燈。鍾鑄之巧，前此未有。湯沒，其法不傳。仁和朱文藻有句咏此云：“乍看似墨潑絹素，山水人物皆空嵌。風飄秀色動蘭竹，雪摧老幹撑松杉。華軒逼人有寒氣，盛暑亦欲添衣衫。最宜樺燭曉春夜，千枝萬蕊發翠巖。元明舊迹共諦視，轉覺黯淡精神緘。”見陸以湉《冷廬雜識》。

21. 周芷巖刻竹

周顥，字芷巖，嘉定人。不應科舉，工畫。嘉定自朱松鄰父子以畫法刻竹，其後有沈兼、吴之璠、周乃始，咸精其藝。芷巖更出新意，作山水、樹石、叢竹，用刀如用筆。其皴法、濃淡、坳突，生動渾成，當時以爲絕品。芷巖多髯，善飲，而性介特。卒年八十九。族子笠，字牧山，傳其畫法。見吴德旋《初月樓聞見錄》。

22. 陸小拙製小刀

陸小拙好製小刀，縷文蠅字，輕若羽毛。見明張大復《梅花草堂筆談》。

23. 補古銅器瓷器

《西清雜記》云：古銅器一件可分爲數器，各有真青綠，雖識者不能辨也。余一日見外進宋瓷碗，偶持之，見著手處微軟。匠人言此處係修補，不可持，恐致脱。細視釉色青潤無稍異，亦了無痕跡。工匠之巧若此。若銅器更易爲矣。按徐守素、蔣徹、李信，修補古銅器如神。見《金陵瑣記》。

24. 西遊記

《西遊記》相傳出丘處機手，非也。山陽丁儉卿晏，據《康熙淮安府志》，是其鄉吴承恩所著。承恩，嘉靖中貢生，官長興縣丞。書中所述皆明代官制，且多淮郡方言。

25. 鄭筆峰塑像

新安鄭筆峰，名約，以減塑有聲。仿人佛像，往往逼真，多於神處得想。嘗觀南朝神像，獨以金乙總管像爲最，周太尉次之。謂："凡神像耳目口鼻，其高下大小皆板對。而二像不然，則神活，所以最也。"會左髻曇陽子羽化，婁東祈塑者相踵於門，竟以悴死，死之時眼根先絕。見張大復《梅花草堂集》。

26. 內起居注

沈初《西清筆記》：上每日臨幸之地，或詣神廟拈香、祭祠、筵宴諸典禮，及巡守駐蹕之所，逐日恭記於册，爲《內起居注》。

27.宫史

《筆記》又記內廷有奉詔編纂《宮史》一書，不授剞劂，其“宮苑”一門，或有添造及增設御書扁聯，時爲修輯。中備載宮中現行則例，首一門爲“聖訓”，記有聖祖仁皇帝論旨。按《宮史》爲法式善等所修，凡百二十卷。《宮中現行則例》別爲一書，凡五卷，代有增輯，至同光時爲止。

28.羊腦箋

羊腦箋，以宣德瓷青紙爲之，以羊腦和頂烟墨，窨藏久之，取以塗紙，砑光成箋，黑如漆，明如鏡。始自明宣德間，製以寫經，歷久不壞，蟲不能蝕。今內城唯一家傳其法。見《西清筆記》。

29.天祿琳瑯

《筆記》又記：“天祿琳瑯，在乾清宮東昭仁殿，藏宋、金、元板書。宋、金用錦函，元青絹函，明褐色絹函。金板唯《貞觀政要》一書。”按光緒甲午正集全失，續集存其半耳。

30.快雪堂

右軍《快雪時晴帖》真迹，紙黄微黝，堅緻潤澤，黑色深透，自是千百年以上物。上每遇冬雪時必取展玩，題識額語，蠅頭密行，已滿一册。前繪御容，爲寶笈中弁冕。見沈初《西清筆記》。按《快雪時晴帖》真迹，米海岳所藏，流入元內府，明時歸王百穀，再歸馮開之。開之著《快雪堂集》六十四卷。堂在西湖孤山之麓，後歸涿州馮銓，堂名亦隨之而移。後帖歸汪由敦時晴齋，以之進御。銓子孫析產，分石刻爲二，後入質庫，爲閩人易州知州黃可潤購歸。乾隆己亥，楊檏園督閩，購石刻經進，乃建三希堂以藏帖，而置石刻於西苑北海，今猶存。予藏有開之端石小研，製作精美，泐背銘曰：“維兹石田，紫玉生烟。晨夕與數，愜吾靜便。遇山水之佳即咏，非禪悅之妙不宣。”下署“夢禎手銘於快雪堂”。皆行書。研側鎸“開之行研”四字，隸書。按開之秀水人，萬曆丁丑進士，官至南祭酒，著有《歷代貢舉志》。今人罕有知快雪堂之屬於開之者矣。

31. 刻牙

嘗見象牙浮屠高數寸，圍寸餘，雕鏤工細，窗欄鈴鐸，層層周密，內設佛像，面面端整。細處幾不可辨，以顯微鏡窺之，疑鬼工所爲。見《西清筆記》。

32. 裝潢蘇工

乾嘉時，裝潢競重蘇工。當時秦長年、徐名揚、張子元、戴彙昌諸人，皆名噪一時，藉藉士大夫口。見《西清筆記》。

33. 周製

考周製唯揚州有之，明末周姓所創，故名。以金銀、寶石、真珠、珊瑚、碧玉、翡翠、水晶、瑪瑙、玳瑁、車渠、青金、綠松、螺甸、象牙、蜜蜡、沉香，雕成山水人物、樹木樓臺、花卉翎毛，嵌檀梨漆器之上。大而屏風桌几，窗隔書架，小則筆牀茶具，硯匣書箱，五色陸離，難以形容，真未有之奇玩也。“製”

一作“翥”，又作“柱”，又作“之”，謂其名。或稱“周嵌”。乾隆中擅此技者王國琛、盧映之，道光時有孫葵生。按莊季裕《雞肋編》記龍泉山中多古楓樹，其根破之，文若花錦，人多取爲几案盤器。又雜以他木，陷爲禽鳥花草，色象如畫。周嘉靖時人，爲嚴嵩所養。嵩敗，器物皆入内府，流傳人間絕少。予得一老子像，神采飛動，確爲周製，然無款識。

34. 吴門甘王兩姓仿古銅器

道光時，吴門甘、王兩姓，能仿三代彝器，可亂真。又嘉定有錢大田，能仿壺爵，與古無異。子秉田，亦傳其法。嘗爲吴盤齋鑄十種祭器，又爲錢梅溪鑄金塗塔、鐵券，幾可亂真。江寧馮錫與能鑄如意、蟾燈、帶鈎、銅璧、靈鐘、清磬、鐵簫、鐵笛、書鎮，皆仿商周；嵌金銀，又甘、王、錢三家所不及也。按明人碭山劉貞父善鑄銅，清初尚存。

35. 硯材

端溪硯外，歙有龍尾，蘇有蠖村。通州福山有日本石硯，發於牆壁，相傳倭寇壓船來者。質堅，細緻發墨，有黄、紫、黑三種，莫名何石。米元章獲右軍紫金石硯，其妙不傳。柳誠懸喜青州，以爲墨冷。其石金星紅絲，而燥滲不停墨，唯不沸沫，世殊不重。辰州墨端，常德漵溪石，所謂紫袍金帶者。臨洮緑洮溪石，開化衢石色黑，相州古瓦研，青州熟鐵研，皆稱異品。

36. 南村真逸圖

王叔明，松雪外甥，與陶九成爲中表兄弟。嘗爲九成寫《南村真逸圖》，長三尺許，高八寸，紙本。吴原博故物，畢秋帆曾得之。後不知流落何方。

37.管道杲

管道昇仲姬有姊名道杲，適姚氏，居於南潯。鮑菉飲家藏仲姬畫竹，姚姊題詩云："綠窗無長物，樹蕙與滋蘭。光風布淑氣，揚揚畹畝間。窗外何所有，修竹千萬竿。密葉敷下陰，勁節當歲闌。方欣同臭味，且以報平安。吾妹忽來過，綠紗生薄寒。幔結貽佩纕，重之青琅玕。寫真一揮灑，翰墨猶未乾。古意鎮長在，高風渺難攀。况有斐媲德，懿名垂不刊。"跋云："至大二年四月二日，吾妹魏國夫人仲姬見訪於南潯里第，燕坐君子軒。夫人笑曰：君子名軒，何以無竹？爰使女奴磨墨，寫此幅於軒中。夫婦人之事，箕箒、中饋、刺繡之外，無餘事矣，而吾妹則無所不能，得非所謂女丈夫乎？爲吾子孫者可不寶諸？俟他日妹丈松雪來，又乞題咏也。姚管道杲識。"詩字俱佳。見《履園叢話》。

38.乾隆法帖

清乾隆所刻法帖有《敬勝齋法帖》，御書也；《三希堂法帖》，在北海之閱古堂；《墨妙軒法帖》、《蘭亭八柱帖》、《重刊淳化閣帖》，釋文爲于文襄所書。又有張得天《天瓶齋帖》、汪文端《時晴齋帖》。

39.封神傳

昔有士人罄家所有嫁其長女者，次女有怨色。士人慰之曰："無憂貧也。"乃因《尚書·武成篇》"唯爾有神，尚克相予"語，演爲《封神傳》，以稿授女。後其壻梓行之，竟大獲利。見梁章鉅《歸田瑣記》，謂聞諸其鄉林樾亭。

40. 蘭亭

五代時，耶律德光輦《蘭亭》石刻，行至定州殺狐林，身死，遂棄石於道。宋慶曆中，李學究得之。時宋祁守定武，購歸官庫，故名“定武帖”。後守薛師正子紹彭，摹刻贋石，而竊真者以歸，刻損“天”“流”“帶”“石”四字。徽宗下詔索取，紹彭子嗣忠以進。傳至高宗，當兀朮逼揚州，高宗倉卒渡江，失之。明宣德時，揚州石塔寺僧濬智井得之，歸於運使何士英，此所謂“井中本”也。又宋人筆記：宗忠簡於艮岳遺址所得定武石刻，將輦赴行在，途中爲斡離不截去，後金章宗矜爲秘寶者，不知與高宗所失者是一本否。明初於天師庵中得宋刻《蘭亭》，置於國子監，今尚存。

41. 彈棋

李頎《彈棋譜》：“藍田美玉清如砥，白黑相分十二子。”是棋以玉爲之，其數十二也。吴進伯《考古圖》云：“古彈棋局，狀如香爐，其中隆起。”義山詩：“玉作彈棋局，中心亦不平。”王建《宫詞》云：“彈棋玉指兩參差，背局臨虚鬬著危。先打角頭紅子落，上三金字半邊垂。”華陰楊牢六歲《咏彈棋局》云：“魁形下方天頂凸，二十四寸窗中月。”終莫曉其制。

42. 越窑

施肩吾有《蜀茗詞》：“越碗初盛蜀茗新，薄烟輕處攪來匀。”

按肩吾元和時人，是越窑已早，不只“九秋風露越窑開”一詩可作證也。

43.圖書集成

《圖書集成》一書，初爲閩中陳夢雷省齋所編。夢雷始附耿精忠，後發遣關東，旋放歸，交誠親王處行走，奉命編《圖書集成》。迨世宗嗣位，罪其招搖，仍配邊外，別選人賡續成之。按誠親王胤祉，康熙第三子，四十八年封親王，雍正六年降郡王，八年二月復親王，五月褫爵，禁錮景山永春亭，十月五日病卒。乾隆二年十二月復爵，謚曰隱。能書，予藏其行書一幅，逼似世宗書。又精賞鑒，書中往往見其印章。當時諸王競招賓客，爲樹黨計，夢雷附誠王，何焯附廉王，皆獲罪。

44.麻沙書板

麻沙書板，盛行於宋。逮明宣德四年，衍聖公往福建市書，官爲給紙工。弘治十二年，建陽書坊盡毀於火，旋敕提學釐正建陽書板。嘉靖五年，遣侍讀汪佃往建陽校書板訛誤。見梁章鉅《歸田瑣記》引《禮部志稿》。按麻沙、崇化，二坊名，皆閩中翻刻書籍之所。麻沙書多，故顯。

45.玉枕蘭亭

《玉枕蘭亭》有三本。其一，唐文皇使率更令以楷法摹《蘭亭》藏枕中是也。其二，宋政和間營洛陽宫闕，内臣見役夫枕小石，乃《蘭亭》存數十字者是也。其三，賈秋壑使其客廖瑩中，以燈影縮小，刻之靈璧石者是也。文衡山謂：賈石又有二種，其一有“秋壑珍玩”印章，右軍作立像而鬆心。其二坐而執卷，左有“賈似道”小印，康熙壬寅歸福州蕭𩽇庵。石高五寸，寬九寸，厚四分，“會”字磨滅，“群”“石”“帶”“流”四字有損。道光時，石歸陳觀鑑亭。見《歸田瑣記》。

46. 馬垛子

《指南錄紀事》云：“揚州販鬻者以馬載物，夜竊行於途，曰‘馬垛子’。”今滇黔尚有此稱，但曰“馬駝子”而不夜行。

47. 夷堅志

《夷堅志》“三朵花道士”一條：“休打裹者，房州人言，猶之‘莫要如此’也。”“猺十一郎”一條：“猺者，里俗戲相標謔憨癡之類也。”“翟八姐”一條，謂江淮間商賈，“挾婦人供炊爨薪水之役，夜則共寢如妾然，謂之‘嬸子’，大抵皆猥娼也。”“摩耶夫人”一條，以“豈弟君子”作對，北俗謂毆打爲“愷”。又記江、淮、閩、浙土俗，各有公諱，或相犯至鬭擊。如杭諱“福兒”，常諱“歐爹”，蘇諱“獃子”。今皆無此語，唯“獃子”之諱尚存耳。又“邊換師遇蚵蚾怪”一條，後又記蚵蚾能化鶺鴒。按《玉篇》：“蚵蠪，蜥蜴。蚾，蟲。”《集韻》：“蚾，蟾蜍也。”蚵蚾不知何物。《薛湘潭》一條有“息氣竹拍”、“唱詞乞素”，即今道情。

48. 竹實

《夷堅志》：“慶元乙卯，湘潭昌山，周四十里，多篠蕩，開花結實如麥粒。以長篙擊竹杪，取治如稻穀，一石得米四五斗。

加粳米十之一，沃以湯炊之，可食，與粳同。父老家藏建隆二年祖關析產云：‘某處莊竹米八十石，每分當四十石。’知其來已久。”戊午之秋，衡山產竹米可食，人皆異之，而不知見於《夷堅志》。按《堅瓠集》引李畋《該聞集》：竹實爲鸞鳳所食，花如棗，實如麥，號爲竹米，荒之兆也。又唐人詩：“老屋茅生菌，饑年竹有花。”陸魯望詩：“青葭未成孤鳳饑。”青葭即竹實也。

49. 五通

《夷堅志》：劉幹樞於衢州行法治祟，“病者見五通神，著銷金黃袍，騎遁而去。”按五通之稱，不始於明，此亦一證。

50. 合生

《夷堅志》記江浙間妓，慧黠知文墨者曰“合生”，滑稽含諷咏者曰“喬合生”。

51. 孔文舉亂郡

《宋書》引諸葛孔明語：“來敏亂郡，甚於孔文舉。”是以文舉之誅爲當其罪。武侯法家，故言如此。

52. 清江劉洙

《指南錄》：文山至淮後，即變姓名，題天台張氏綠漪堂詩，署曰“清江劉洙”。

53. 你門

今人言“爾等”曰“你們”，元明人作“你每”。《指南錄》：

“林附祖秀才於無錫爲番酋捕去，指爲文丞相，言‘你門年四十，身著袍，脚穿黑靴。文書上記了你門，爲何不是？’”是“們”又作“門”也。今滇黔人尊稱人尚曰“你家”。

54. 公孫弘韓湘

公孫弘，字次卿。鄒長倩與弘書云：“山川修阻，加以風露，次卿足下，勉作功名，竊在下風，以俟嘉譽。”韓湘字北渚，見《唐登科記》。皆見《丹鉛錄》。按鄒書見《古文苑》。

55. 千家姓

洪武十四年五月朔，編修吴沈，典籍劉仲質、吴伯宗，據户部黄册編爲《千家姓》。今其書不傳。

56. 荆州記

《丹鉛錄》記盛弘之《荆州記》，稱其記鹿門事及沮水幽勝爲“奇筆”。此書今亦不經見。

57. 楊文安諭諸將銘

楊文安公《戒諭諸將銘》：“金人敗好，率先興戎，朝廷應兵，誠非得已。唯諸大將，皆吾爪牙，忠憤慨然，誰不思奮。上爲社稷，下爲生靈。聲援相聞，如手足以捍頭目；緩急相救，如子弟之衛父兄。追廉、藺之遺風，思寇、賈之高誼。叶成犄角之勢，用濟同舟之安。”諸將讀之，無不感憤。時謂可與陸宣公奉天一詔同。楊名椿，眉山人。見《丹鉛錄》。

58. 文章

《荀子》曰：“亂世之徵，文章匿采。”

59. 舉業

《丹鉛錄》詆其時舉子之文，有種種别名。“馬籠頭”者，謂處處可用也。“舞單槍鬼”，謂一跳而上也。“壽星頭”，謂長而虚空也。文中例用“存乎……存乎……”，“謂之……謂之……”，“此之謂……此之謂……”，“有見乎…無見乎…”，名曰“救命索”，可以見一時之弊。

60. 選樓

梁昭明太子統，聚文士劉孝威、庾肩吾、徐防、江伯操、孔敬通、惠子忱、徐陵、王囿、孔爍、鮑至十人，謂之“高齋十學士”，集《文選》。是《文選》不出於昭明手製也。

61. 史忠正答攝政王多爾袞書

攝政王致史忠正書，爲華亭李舒章雯筆。見《嘯亭雜錄》。史復書，樂平王綱筆也。綱字乾維，見南昌彭士望《恥躬堂集》。按談遷《棗林雜俎》云，出自沔陽黄曰芳筆。曰芳庚辰進士，忠正俾答書，詞頗峻，忠正手删之，云“不必角口”。曰芳曾刻其原草。《借庵偶筆》云乃新建歐陽五敕筆，江都强惟良脱稿。未知孰是。

62. 龍生九子

龍九子有三説。楊慎升庵謂贔屭、螭吻、蒲牢、狴犴、饕饕、蚣蝮、睚眦、金猊、椒圖是也。胡侍承之謂："一囚牛，好樂，胡琴上所刻是。二睚眦。三嘲風，好險，殿角走獸是。四蒲牢。五狻猊，好坐，佛座獅子是。六霸下，好負重，碑座獸是。七狴犴。八贔屭，好文，碑兩旁龍是。九蚩吻。"按螭吻亦作蚩吻，或作鴟尾。蚣蝮亦作好水，或作好飲。劉賢奕元章謂："憲章好囚，立獄門；蜥蜴好腥，立刀柄；蠻蜍好風雨，立殿脊；螭虎好文采，立碑兩旁；蚲蛥好險，立護朽上；鰲魚好吞火，立屋脊；獸吻好食陰邪，立門鐶；饕餮好水，立橋柱。"按劉以饕餮爲水獸，非。

63.羽素蘭

《列朝詩集》："女郎羽素蘭，名孺，字靜和。不詳其邑居，或曰吳人也。出自蘭錡，歸於戚施，風流放誕，卒以殺身。或曰素蘭解音律，推律得羽聲，遂自命爲羽氏。善畫蘭，明窗棐几，蒔蘭種蒲，讀書咏歌，故以素蘭自號。明月在天，人定街寂，令女侍爲胡奴裝，跨駿騎游行至夜分。春秋佳日，扁舟自放，吳越山水，游跡殆遍。天啓七年九月中，夜漏三下，不知何人磔殺之。獄具，卒不得主名。素蘭既嫁不得意，爲《漚子》十六篇以見志。遺詩二卷，好事者序而刻之。其《落花》詩有云：'儘教拂掠隨鴉陣，怪道顛狂伴燕泥。蔡琰忽驚歸異域，西施空自憶邪溪。'又云：'無語對人羞糞土，有情留別向莓苔。'又云：'青陽若得常如舊，子建何須賦洛神。'《寄遠》云：'繡户常相憶，陽臺未有期。西風吹雁去，說向薄情兒。'可以知其志已。"按素蘭即翁孺安，事詳馮舒《虞山妖亂志》。舒並序其《素蘭集》二卷刻之，予曾得之。其詩中有《送家太常北上》一章，决非孺安所作，度舒以己所作羼入，或濫列誇多，不足計較也。

64. 紙簫紙硯

閩開元寺前有捲紙爲簫者，周亮工得之。色如黄玉，扣之鏗然，以試善簫者，無不稱善。或題之曰：“外不澤，中不乾，受氣獨全。其音不窒不浮，品在佳竹之上。”以贈劉公戭，公戭有《紙簫》詩。海寧北寺巷程姓，以石砂和漆製紙硯，色與端溪龍尾無異，且歷久不敝，藝林珍之。晉東宫舊事，皇太子初拜，給漆硯一枚，此其遺製也。見吴槎客《尖陽叢筆》。

65. 高房山春雲曉靄圖

高房山《春雲曉靄圖》立軸，載《銷夏録》。乾隆間，蘇州王月軒以四百金得於平湖高氏。有褾工張姓者，以白金五兩，買側理紙半張，裁爲二，以十金屬翟雲屏臨二本，又以十金屬鄭雪橋摹款印。用清水浸透，貼漆几上，俟其乾後再浸。日二三十貼，閲三月，復以白芨煎水蒙畫上，滋其光潤，墨痕已入肌裏。先裝一幅，因原畫綾邊有烟客、江村圖章，復取江村題籤嵌於内。畢澗飛適臥疴不出房，一見歎賞，以八百金購之。又裝第二幅，擕至江西，以五百金售於陳中丞。真本尚在吴門，無過問者。見《浪迹叢談》。

66. 機神

《履園雜記》云：機杼之盛，莫過蘇、杭，皆有機神廟。蘇祀張平子，廟在祥符寺巷。杭祀褚河南父子，廟在張御史庵。

有褚姓爲奉祀生，居廟右。按《浪迹叢談》引《杭府志》："河南裔孫載，得機杼之巧於廣陵，歸教里中，於是杭之機杼甲天下。宋至道元年，始於杭置織務，杭人立廟祀之。又推原其始爲機杼者，復立機神廟。"神之緣起，引《淮南子注》爲黄帝之臣伯余，又引《唐百官志》七月七日織染署祭杼，是以織女爲機神之證。

67.唐宋元明箋紙

明大内各箋，灑金五色粉箋、印金花五色箋、青紙，俱不如宣紙。有楮皮者，茸細而白，有"宣德五年造素馨紙"印。元有紹興蠟箋、黄箋、花箋、羅紋箋，江西白藤觀音、清江等紙。宋有藏經紙、匹紙、碧雲春樹、龍鳳團花、金花等箋，藤白、鵠白、蠶繭等紙，蒲圻紙，蜀中貢餘。唐有漿硾六合漫麻經紙，入水不濡。硬黄紙以黄蘗染，可辟蠹。

68.明硯

邢子愿《與王百穀書》云："春中祝融不仁，延及外藏，一二研石，化爲池魚。煩公爲購一枚值可十千而殺者。"據此可知當時端石之價，十千可致佳硯。今數十倍，不免下材。時人重宋硯，然多僞製，轉不如明石之可貴矣。乾隆御題研，則所謂愈工愈俗者，當等之自鄶。故予遇明石有款識或製作渾璞者，皆不論值收之。

69.邸報

《浪迹叢談》謂:《宋史・曹輔傳》:"政和後，帝多微行。蔡京謝表有‘輕車小輦，七賜臨幸’語，自是邸報聞四方。”唐詩話[1]：韓翃家居，有人扣門賀曰：“邸報制誥闕人，中書薦君名。”除駕部郎中知制誥。邸報始此。

70.龍泉窑

龍泉窑出龍泉縣，以綠色勻净，裂紋隱隱，有硃砂底者爲佳。自析置龍泉入慶元縣，窑地遂屬慶元，去龍泉二百里。今人遇新出青瓷窑，仍稱龍泉，亦可笑也。青瓷窑地在琉田地方。《龍泉舊志》載章生二常主琉田窑。凡瓷出生二窑者，必青瑩如玉。今鮮有存者，或一瓶一盤，動博十數金。其兄章生一所出之器，淺綠斷紋，號“百芨碎”，尤難得。世稱兄爲“哥窑”，弟曰“弟窑”；或稱“章二生”云。按莊季裕《雞肋編》云：“龍泉青瓷器，謂之秘色，錢氏所貢，蓋取於此。宣和中，禁庭製樣須索，益加工巧。”是越窑、秘色窑、龍泉窑，實皆青瓷也。

71.巧技

明李文甫製香筒，中雕花鳥竹石。蘇工李昭、李贊、馬勳、蔣三、柳玉臺、沈少樓製扇。唐之雷文、張越，宋之施本舟，元之朱致遠，明之惠祥、高騰、祝海鶴及樊氏、路氏，皆善斲琴。宋詹成，明夏白眼、賀四，皆善雕刻器皿。吕愛山治金，王小溪治瑪瑙，蔣抱雲治銅，趙良璧及吴中歸錫、嘉禾黄錫，皆善製小錫壺有名。黄名元吉，蔣三即蔣誠，歸錫即歸復。

---

〔1〕“唐詩話”，此指《唐詩紀事》。

72. 崔公窰

茶具中有名“崔公窰”者，差大，能置果實，點時耐熸。崔不悉何時人。

73. 鄭夾漈硯

鄭夾漈硯，底鎸“夾漈草堂”四字。紀文達昀銘其左云：“唯其書之傳，乃傳其硯。鬱乎余心，匪物之玩。”邵闇谷齊然銘其右云：“曉嵐受詔續《通志》，漫士先生以夾漈舊硯贈之。闇谷居士爲之銘曰：‘墨鏽斑斑閲人幾，觚稜刓缺字不毀，夾漈有靈式憑此，六百年後待吾子。’時乾隆丁亥正月。”漫士，裘文達曰修也。見《歸田瑣記》。頃見石印《紀文達硯銘》本，乃無此硯。

74. 宋景濂

宋景濂曾爲仙華山道士，易名元貞子，號仙華道士。見元人戴良《九靈山房集》[1]中《送宋濂入仙華山爲道士序》。稱景濂有史才，至正中，以翰林國史院編修官徵，不就，竟寄迹老子法中。

75. 農學全集

陳子龍《農學全集序例》曰：“泰西之學，翰墨遜其巧矣。水法數卷，採其有裨於農。其文則駸駸乎《考工》之亞哉，豈曰禮失而求諸夷？”

---

〔1〕原本誤作《九峰集》。按元人戴良所著爲《九靈山房集》，送宋景濂序正在集中。而《九峰集》爲宋蘇元老著。

76. 炕[1]

《中州集》載朱弁《炕寢詩》。弁字少章，嘉之從祖。建炎初，自薦爲通問兩宫副使，使金。即著《曲洧舊聞》者。按《大唐傳載》政事堂會食牀，相傳移之則宰相罷，不遷者五十年。李忠公爲相，命撤而焚之，其下鏟去聚壤十四畚。疑即炕也。或謂炕由匡牀之“匡”而轉，未知是否。

77. 秋山圖始末

惲壽平記《秋山圖》始末云：董文敏嘗稱：“生平所見黄一峰墨妙，在人間者，惟潤州修羽張氏所藏《秋山圖》爲第一，非《浮嵐》、《夏山》諸圖堪爲伯仲。”間以語婁東王奉常烟客，謂：“君研精繪事，以癡老爲宗，然不可不見《秋山圖》也。”奉常懼然，向宗伯乞書爲介，並載幣以行。抵潤州，先以書幣往。比至門闃然，雖廣廈深閒，而廳事惟塵土，雞鶩糞草幾滿，側足趦趄。奉常大詫，心語是豈藏一峰名迹家邪？已聞主人重門啓鑰，僮僕掃除，肅衣冠揖奉常，張樂治具，備賓主之禮，乃出一峰《秋山圖》眎奉常。一展視間，駭心洞目，其圖乃用青緑設色，寫叢林紅葉，翕赧如火，研硃點之，甚奇麗。上起正峰，純是翠黛，用房山横點積成。白雲籠其下，雲以粉汁澹之，彩翠爛然。村墟籬落，平沙叢雜，小橋相映帶。丘壑靈奇，筆墨渾厚，賦色麗而神古，視向所見諸名本皆在下風，始信宗伯絕歎非過。奉常

[1] 本條小題原作“坑”。按文中所言，其實即“炕”，而所引朱弁詩原文即作“炕”，而本書他條言炕者并不誤，此處顯系誤植，改題爲“炕”。

既見此圖，觀樂忘聲，當食忘味，神色無主。明日停舟，使客說主人，願以金幣相易，惟所欲。主人啞然笑曰：“吾所愛，豈可得哉？不獲已而眈眈若是，其唯暫假，攜行李往都下，歸時見還。”時奉常氣甚豪，謂終當有之，竟謝去。於是奉常已抵京師，亡何出使南還，道京口，重過其家，閽人拒勿納矣。問主人，對以他往。固請前圖一過目，使三反不可，重門扃鑰，糞草積地如故。奉常徘徊淹久而去。奉常治公事畢，晝夜念此圖，乃復詣董宗伯計畫。宗伯云：“微獨斯圖之爲美也。如石田《雨夜止宿》及《自壽圖》，真繪苑奇觀，當再見之。”於是復作札與奉常，乃走使持書裝橐金，尅期而遣之，誡之曰：“不得畫，毋歸見我。”使往，奉書爲款曲，乞圖。語峻勿所遷就，爲必欲得者，持《雨夜止宿》、《自壽圖》去。使逡巡歸報，奉常知終不可致，歎悵而已。虞山石谷王郎者，與王奉常稱筆墨交。奉常諳論古今名迹，王郎爲述《沙磧》、《富春》諸圖云云，奉常勿愛也。呼石谷：“君知《秋山圖》邪？”因爲備述此圖。蓋奉常當時寓目間，如鑑洞形，毛髮不隔，聞所說，恍如懸一圖於人目前。其時董宗伯棄世久，藏圖之家已更三世，奉常亦閱滄桑且五十年，未知此圖存否何如，與王郎相對歎息已。石谷將之維揚，奉常云：“能一訪《秋山》否？”以手札屬石谷。石谷攜書往來吴閶間，對客言之。客索書觀奉常語，奇之，立袖書言於貴戚長安王氏。王氏果欲得之，並命客渡江物色之。於是張之孫某悉取所藏彝鼎法書，並持一峰《秋山圖》來。王氏大悦，延置上座，出家姬合樂享之，盡獲張氏彝鼎法書，以千金爲壽。一時群稱《秋山》妙蹟已歸王氏。王氏挾圖趨金閶，遣使招婁東二王公來會。時石谷先至，便詣貴戚，揖未畢，大笑樂曰：“《秋山圖》已在橐中。”立呼侍史於座取圖觀之。展未半，貴戚與諸食客皆覘視石谷辭色，謂當狂叫驚絕。比圖窮，惝恍若有所未快。貴戚心動，指圖謂石谷曰："得毋有疑？"石谷唯唯曰："信神物，何疑？"須臾，傳王奉常來。奉常舟中先呼石谷與語，驚問："王氏已得《秋山》乎？"石谷詫曰："未也。"奉常曰："贗邪？"曰："是亦一峰也。"曰："得矣，何詫爲？"曰："昔者先生所說，歷歷不忘，今否否，焉覩所謂《秋山》哉？雖然，願先生勿遽語王氏以所疑也。"奉常既見貴戚，展圖，奉常辭色一如王郎，氣索，强爲歎羡。貴戚愈益疑。又頃，王元照郡伯亦至，大呼"《秋山圖》來"，披指靈妙，纚纚不絕口，戲謂王氏非厚福不能得奇寶。於是王氏釋然安之。嗟夫，奉常曩所觀者，豈夢邪？神物變化邪？抑尚埋藏邪？或有龜玉之毀邪？其家無他本，人間無流傳，天下事顛錯不可知。以爲昔奉常捐千金而不得，今貴戚一彈指而取之，可怪已。豈知既得之，而復有淆訛舛誤，而王氏諸人至今不寤，不亦更可怪邪？王郎爲予述此，且訂異日同訪《秋山》真本，或當有如蕭翼之遇辨才者。南田壽平燈下書與王山人發笑。

78.鄺湛若

鄺湛若初名瑞露，見所著《赤雅》。又嘗學道，故《赤雅》中稱純陽爲先師。湛若盡義後，無子，餘一寡女。所寶綠綺臺爲北兵所掠，後歸賈卿。見屈翁山《詩外》。

79.右丞江山雪霽卷

右丞《江山雪霽卷》，思翁稱爲"海內墨皇"。本華亭王氏奩中物，後歸婁東畢部郎澗飛，直千三百金。卷長六尺，絹明麗如紙，略起青光。畫筆工細，但有輪廓，却不皴染，微露刻畫之迹而已。筆意略似李成、趙大年，北宋後無此法也。題跋無多，惟衡山一引首，及董思翁、馮開之、朱元价三跋而已。澗飛兄秋帆尚書嘗欲得之，靳不予。揚州吴杜村太史數往就觀，澗飛感其意，謂能固守，即歸之。太史諾，遂償直而去，坐臥與共。太史後游江右，陳望之中丞索觀，詭言未在行篋。度必來搜，乃展卷叩頭致罪，置榻下，雜列溷器，祝曰："紹浣有難，暫屈君居此。"中丞果來遍索，目及榻下，太史色動，竟攫之去。約觀數日，至期不還，命子婦，即太史妹也，述翁意，出三千金索此卷，且厚資之。適太史囊罄，妹固哀之，堅持不可，竟强索歸。按望之名淮，黨於畢秋帆，以墨敗，即所謂"陳老虎"者。

80.海天落照圖

弇州跋李昭道《海天落照圖》云："真本爲宣和秘藏，轉落吴城湯氏。嘉靖中，有郡守以分宜子大符意迫得之。湯見消息非常，乃延仇實父於别室摹一本，將爲米顛狡獪。而爲怨家所發，守怒甚，將致叵測。湯不獲已，因割陳緝熙等三詩於仇後，而出真蹟邀所善彭孔嘉輩，置酒泣别，摩挲三日而後歸守，守以歸於大符。大符家名畫近千卷，皆出其下。尋坐法，籍入天府。隆慶中，一中貴擕出，其小璫竊之。時朱忠僖領緹騎，密以重資購之。中貴詰責甚急，小璫懼而投諸火。予歸息弇園，湯氏偶以仇本見售，爲驚喜，不論直收之。"

81.寶繪錄

崇禎間，雲間張援平泰階，集所選晉唐以來僞畫二百卷，刻

《寶繪録》凡二十卷。自六朝至元、明，無家不備。宋以前諸畫，皆雜綴趙松雪、俞紫芝、鄧善之、柯丹丘、黄大癡、吴仲圭、王叔明、袁海叟題識，終以文衡山。其目有曹不興《海戍圖》，又顧愷之、陸探微、展子虔、張僧繇，卷軸纍纍。其閻立本、吴道子、王維、李思訓、鄭虔，僅廁名六、七卷中，似若以多而見輕，作僞之情可見。

82.戲兒棚

沈石田詩云："揮金買笑逞豪英，自愧當初欠老成。脂粉兩般迷眼藥，笙歌一派敗家聲。風中柳絮狂心性，鏡裏桃花假面情。識破這條真綫索，等閑趯倒戲兒棚。"按即今"綫戲"。

83.閒居筆記

"水花兒聚了還散，蛛網兒到處去牽，錦纜兒與你暫時牽絆。風箏兒綫斷了，扁擔兒擔不起你去擔。正月半的花燈，也亮不上三五晚。同心帶結就了，割做兩段。雙飛燕一遭彈打，怎得成雙。並頭蓮才放開，被風兒吹斷。青鸞音信杳，紅葉御溝乾。交頸的鴛鴦，也被釣魚人來趕。"見《閒居筆記》。説部《紅樓夢》中《好了歌》，文字與此相似。

84.婢

李一松《婢》詩："梅香苦，梅香之苦憑誰訴。赤脚蓬頭年復年，青春漸漸忙中過。汲水昏隨虎隊行，拾薪曉踏雞聲破。夜績無更身上衣，採桑空望蠶絲吐。煎燭成灰恨怎消，見花血淚盈盈墮。飲食烹調戒弗嘗，不諳食性頻遭怒。昏倦欲眠不得眠，事冗日長半飢餓。勤家未必主翁憐，淡粧亦被嬌娘妬。纖毫有犯罪莫逃，毒手老拳不知數。羅帷內外冷暖分，咫尺風光相辜負。殘燈明滅更漏長，破絮無温片板臥。開眼他鄉無六親，自怨自泣憂滿肚。”見《群談采餘》。“貧家一婢任馳驅，不說傍人怎得知。壁脚風多寒徹骨，廚頭柴濕淚抛珠。梳粧娘子嫌湯冷，上學書生罵飯遲。打掃堂前猶未了，房中又唤抱孩兒。”見《一夕話》。

85. 勢利詩

朱望子《勢利》詩：“問他勢利狀如何，諂笑腰彎與背駝。佳節大盤並大盒，良宵高宴又高歌。窮來即便交情絕，事到依然謝禮多。更有一般無用處，難將書帖送閻羅。”

86. 爪哇移文

《棗林雜俎》載明初爪哇移文，書“一千三百七十六年”。

87. 後漢書

謝陛著《季漢書》。陛字少連，新安人。陛外有宋蕭常《後漢書》、鄭雄飛《續後漢書》、翁再《蜀漢書》，金華張樞、陵川郝經、明長洲吴尚儉，並續《後漢書》。

88. 北監二十一史

明北監《二十一史》，司業新建張位所刻。位字明成，號洪陽。自萬曆二十四年開雕，閱十年乃成，費工部六萬金。

89. 瓜皮帽

《棗林雜俎·和集》：嘉善丁清惠賓，隆慶時令句容。父戒之曰："汝此行，紗帽人說好我不信，吏中說好我益不信，即青衿說好亦不信，瓜皮帽子說好，我乃信耳。"清時小帽俗呼"瓜皮帽"，不知其來已久也。瓜皮帽或即六合巾，明太祖所製，在四方平定巾之前。

90. 曇陽子

王鳳洲作《曇陽子傳》，靈迹甚鑿，指爲仙去。唯《棗林雜俎》獨持非議，云："王文肅家幹僕曰五、曰七，通敏敢任，並致厚貲。文肅女字徐少參廷棟子，未行而徐子夭。時王家有白狐出沒，作廋語。曇陽或靜室枯坐，諸真駢降，非無因也。文肅迂而神之，侈言其事，聞於兩宮。俄而狐隱不復出，靈響遂絕。母朱夫人計窮，而五、七獻計，爲紹興某生密捐千金，以女婦之。某歸後，單門驟侈其橐，且女容止不凡，鄰人挑之，不可。或脅以異端，女吐實曰：'我太倉王相國女也。'聞於朱夫人。相國族父孝廉，號曰兼吾，其人强忍自任。朱夫人即召其女置孝廉家，而通書相國。亡何，相國報命，第聞孝廉室內泣聲，俄寂如也。又累月，紹興某生來，同至者五人。亦延款，亡何，並不見其去，則孝廉意也。王元美作《曇陽大師傳》，仿唐人《南岳魏夫人傳》。四明樓熄指其妄。鄞縣屠議部隆，上城隍神詛之。後曇陽子祠爲雷擊。"按所謂非無因也，似曇陽有外行。云"室內泣聲，俄寂如也"，似即曇陽致死時情狀。云"並不見其出，則孝廉意也"，似並殺某生以滅口。詞旨殊隱約。《堅瓠集》引《見只編》：荆石在南雍時，一日曇陽謂當雨朱雪，果驗。范展麓咏詩紀異，所謂“少女風前吹絳渚，太史庭下布丹砂”是也。鳳洲《傳》中未及此。曇陽平居畜一蛇，名之曰“護龍”。

91. 廣文石

廣文石，香山健鋭營旗人。有巧思，善取河石子刻印，未嘗稍閒。居室中四壁蕭然，環顧纍纍然皆所刻印也。顧性乖僻縱酒，平生無妻子友朋之樂，孑然一身，恒數十日不語，時雜小兒中嬉戲。其名特彰，雖婦人孺子無不知有廣文石者。王公貴人尤好其印。印既不可得，則瞰其貧，以重貲索印本，張之屏幃，相誇以爲難得，至徹於九重。光緒庚子，文石猶存，年七十餘矣。一日盡碎其所刻印而卒，印遂無傳，唯傳其印本，顧亦不可多得。予於己未閏月，從地攤上得一舊扇面，即所刻朱柏廬《家訓》也，僅費銅幣六枚。友人某爲予道其生平，憐其懷絕技，與時不偶而得重名，名又漸湮沒也，故略識之。

92. 高玄殿檜松

《棗林雜俎·中集》：“京師西苑高玄殿，檜一、松四，並金時植。嘉靖中封松指揮使，俸米專飯孤貧。”按：即衡山《西苑》詩所稱爲數百年物。予甲子四月過之，已槁其半矣，爲低回久之。

93. 秘色瓷器

崇禎壬午，南京大内失秘色瓷器五百件。見《棗林雜俎》。按：秘色窰即青瓷也，説見前。

94. 南曲

南曲海鹽腔，始於澉浦提舉楊氏。崑山腔，始邑人魏良輔。並見《棗林雜俎》。按：又有太平腔，未知所始。

95. 旦

太學某訪伎，通刺“眷侍教生”，伎報刺“眷侍教旦”。見《棗林雜俎》。按：伎自稱“旦”，明時尚沿此稱，即女優也。

96. 白眉神

《棗林雜俎》引《花鎖志》：“教場供白眉神，朔望用手帕針綫刺神面，禱之甚謹，謂撒帕著人面，則惑溺，不復他去。白眉神，即古洪涯先生也。一呼袄神。”《野獲編》云：“坊曲白眉神，長髯偉貌，騎馬持刀，與關像略同，但眉白眼赤。京師人相駡曰‘白眉赤眼兒’，即相恨成仇。妓女初薦枕，必同拜此神，乃定情。南北兩京皆然。”

97. 趙瑤崖山題石

崖山題石詩“忍奪中原與外夷”云云，世誤以爲白沙詩，實晉江趙瑤筆。瑤，成化中廣東提學僉事。白沙別有一絕勒石。並見《白沙集》中。

98. 本姓名

達巷黨人，項槖也，見《漢書》注。毀即墨大夫者，佞臣周破胡，見《列女傳》。浣紗女，溧陽黃山里史氏女也，見《太白集》。絕纓之會牽美人衣裾者，蔣雄，見《群談采餘》。王子安作《滕王閣賦》，所謂都督壻者，吴子章也，見《摭言》。子瞻《赤壁賦》有人吹洞簫者，綿竹道士楊世昌也，見吴寬詩。蕭穎士僕，則人皆知其爲杜亮也。

99. 刊書

宋季上交《近事會元》："後唐明宗長興三年，中書奏乞依石經文字，刊九經書印板，從之。"又漢隱帝乾祐二年五月，於國子監雕印《周》、《儀》二禮，《公》、《穀》二傳。《五代史·高從誨傳》："漢國子祭酒田敏，以印本五經遺從誨。"

100. 間架

唐德宗時，趙贊請稅間架，算除陌。其法：屋二架爲間，上等出錢二千，中一千，下五百，匿一間者杖六十，告者賞錢五十貫。除陌法：公私貿易，一貫舊算二十，加等算爲五十，隱錢百者沒入二千、杖六十，告者賞十千。至興元元年放罷。今北方買屋，不論可以居人否，亦以兩架爲一間，尚沿唐舊習。

101. 開元通寶錢

開元通寶錢，武德四年鑄，其文歐陽詢書也。見《近事會元》。

102. 月忌

俗忌每月初五、十四、二十三爲"月忌"，即《河圖》數之中宫五數。占驗家言廉貞值日，即獨火星，故忌之。

103. 池魚

“城門失火，殃及池魚”二語，出《左氏傳》。或謂池魚人名，即池仲魚。

104. 十八般武藝

俗稱十八般武藝，蓋矛、鎚、弓、弩、銃、鞭、鐧、劍、鏈、撾、斧、鉞、戈、戟、牌、棒、槍、扒。一作弓、弩、槍、刀、劍、矛、盾、斧、鉞、戟、鞭、鐧、棝、殳、叉、爬頭、綿繩套索、白打。

105. 氈書

唐放舉人榜，右語及貢院字用淡墨氈書，二體濃淡相間。見《賈氏譚錄》。

106. 傅青主二十三僧紀略

己未初冬，予游太原，購得傅青主手書所著《二十三僧紀略》一册，字畫遒勁，學顔太師。其文曰：

予曩至古城惠明寺，見達岸和尚，風流儒雅，迥不猶人。與之接談數日，議論亦奇。而於諸藏微旨，靡不精通。自是與予交益篤。數年不見，予詢其踪，人謂其適終南山矣。予歎之曰：生而不凡，今果不在塵氛中也。

大美和尚，生於世家，隱於法門。其專心而精攻者，却爲一切儒書。至於釋氏梵音，從未嘗一問焉。與予交最久，知其存心斷不在禪，亦若遂無可容，不過借清净門中聊以潛踪焉耳。

虎丘山惠聰和尚，得異人之術，年逾百歲而貌若童子。予因便而訪之，至其住室，寂若無人。入則僧適在焉，周旋舉動，儼然儒範。及與探討學術，則浩博不窮。至講論遵生之道，亦多得道家旨趣，而精妙入神矣。

下蘭村住持達中，少多病，因寄身寺中，爲養病計。嗣病痊，或令還俗，曰："吾已喜清净而厭紅塵矣，還俗何爲？"於是受戒於五臺山。後遂精於幻術，年老不衰，終於釋云。

范覺如從武當山偕一僧，訪予村西寺中。予喜而迎之，詢其號，曰石癡。及奉以酒飯，笑曰："先生何知予爲茹葷僧？"予曰："道貌尊嚴，予不敢以俗和尚待也。"既而相晤數日，頓豁塵胸。辭而北去，不復見，至今予想覺如，即憶此僧矣。

蝶庵和尚，得養生秘訣，葺一小龕，日夜坐臥其中，罕有得與語者。已而形影無常，一時之頃，彼此異地而分見之。久之，人皆駭異，議論紛如。後數日不見，踪迹遂杳，啓視其龕，僅留一履云。

尺木禪師，明宗室也。歷訪名山大川，雅不與庸俗人言。其所抱負，有大而無外之概。予慕其風而訪之，坐談之下，議論橫生。夫乃知造物生人，誠不得以資格論也。

蘊真和尚，五臺山之高僧也。儒書無所不通，而釋經皆以餘力及之。既而傳戒諸弟子亦多脱俗，天澤即其一也。予見之時年已九十餘，精神强固，飄飄乎有仙風焉。

二十年前，有一僧日往來城中，口不絕吟，能解者卒鮮。予一日遇於小巷間，聽其吟云："高山流水，歎世間知音能幾。烟霞歸去也，終南萬里。"予知所吟乃宋披雲子詞，叩其姓名，不答而去，後亦不復見於城中。

石影和尚，明時進士，博學多才。嗣隱梵宫，往來於鴻儒大雅之門。予昨歲接談介山，竟夕連朝，無時不得其歡。至論及藏中旨，靡不了然於心口間。如此月餘，予别歸里，至今夢寢間猶恍然見其人也。

方義，本村人，酒僧也。少不讀書，因貧故出家於村之西寺。日與老成相談論，嗣而舉止超俗，脱盡塵土氣。其作事多慷慨，有類古豪傑之所爲者。予記其事，良非一二端也。

雲霞寺普福，中年悟道，遍閲藏經，爲旁注，解釋詳明，超乎諸注之上。嗣則葺一室，終日静坐默悟，歷數十年爲一日。久之而顔面反少，精神益盛。後著《遵生》一編。

往寓汾時，見明豁和尚，舉動不俗可喜，釋教中真有拔萃人也。曾以詩贈之。數年來無暇至汾，昨見漢兄適自汾來，予詢及之，據云其人已悟藏矣。

予往與雪峰宿清净寺，有衆鄙爲劣僧真心者，忽云："閲藏如無藏，色相便知空。"予聞而異之，以禮待之。及談及諸藏妙諦，實有聞所未聞之處，始知衆僧之鄙爲劣者，正其優者之所不能夢見也。

曩游五臺山，僧有號上達者，嚴冬赤脚，往來無時，其語言亦所罕聞，見之者莫不視爲顛狂。予知其必有不傳之秘，一日近而叩之，有所論及，皆有至理所存，毫無怪誕處。問其年，則曰三週花甲矣。

元度，明之名儒也，至清，隱於釋。能詩善書，有求書者，初未聞一拒焉。予見其書有高閒上人風。昨歲偶遇净明院中，快談一夕，其言論風旨，迥非俗所能窺測者，蓋其所藴蓄者深也。

近有僧號普達，人傳其術甚幻，其道彌高。久之而予亦生疑，因訪之仙巖洞中。一親其面而禮貌最周，請其教益，笑而相應，所談皆中庸道理。晤對一夕，毫無幻語。迨予辭而退，始知人言之妄，而普達乃真和尚也。

天澤和尚，陝之蒲城人也。傳戒於城南之净業庵。竟日閱藏，悉究微妙。一時受其教者莫不心悦誠服，奉若神明。予每過而訪之，輒徘徊留之不忍去，此中殆有天緣也。

有僧自西藏來，法名意空。一日予遇於城中，長髮赤脚，語言瑰奇。予邀集大佛寺僧舍，待以茶，徐叩行藏，喜而應答。至晚待以飯，辭曰："實不敢瞞，僧絕食者十九年矣。"予甚異之，因窮研數天，飯不沾唇，乃知人世間果有異人也。

曩予游浙時，江邊遇一僧，朱顏白髮，身負蒲團，頭戴破笠，長吟而行。予進詢所往，則曰至海島。請其字號，曰果真。談論片時，其言語舉動，絕不類塵世中人。且其老而矍鑠，少無徒步負荷之難，是得丹臺真訣者也。

夢覺和尚，吾鄉之名儒也。少年游心文藝，博極群書，士人咸欽服焉。年逾四十不第，因焚其書而爲僧。嗣則專心悟道，不與俗庸人往來。遇有道之士，性命以之。後著《遵生》一篇，遂杳其迹，至今猶見其書云。

予曩游華山，至巖前幽僻處見一茅庵。予近窺之，有僧出而揖予入焉。其間雅靜宜人，榻置一書架，册編錯落。予詢伊字號，答曰真果。少頃，予索閱其編，皆身家性命之旨，編終注"華山真果著"。予知其人不凡，窮究數日而歸，至今猶想見其概云。

雪峰和尚，儒教中人也。生於明末，抱不世之才，竟未得一試。後隱於釋，間以吟詩寫字爲適意。無聊時輒痛飲，醉則箕踞樹下，仰視浮雲，遂自許爲上古人物。有寺弟子至前，則白眼視之矣。

右書二十餘僧，或習於往來，或一時交臂，其事迹未能詳著，聊約略記之，爲異日作傳之資。乙丑秋七月丹崖居士傅山。

按先生以康熙戊午薦徵鴻博，時年七十有四。是歲乙丑，蓋八十一歲所書也。先生卒年諸書多不載，曾見一鈔本《傅山傳》，言年七十九卒。得此稿可證七十九之訛。

107.院體書

唐貞元中，吴通微創院體書，字近隸，堂吏多仿之。士人不工書翰，輒習院體，喜其能藏拙也。今一世競舍帖言碑，其實不能工書也。按宋堂吏多習《聖教序》，亦稱院體。

108.澄泥硯

製澄泥硯，縫絹囊置汾水中，踰年而後取出，沙泥之細者已實囊矣。陶爲硯，水不涸焉。見宋張洎《賈氏譚錄》。按唐澄泥硯出虢州，歲貢十硯。今不知者，率以澄泥歸之陽羨，大誤。

109.吕仲實詩

“典却青衫供早廚，老妻何必更躊躇。瓶中有醋堪燒菜，囊底無錢莫買魚。不敢妄爲些子事，只因曾讀數行書。嚴霜烈日皆經過，次第春風到草廬。”元吕仲實思誠詩，見《輟耕錄》。仲實有《寄内》詩云：“自從馬上苦思卿，一個窮家兩手擎。少米無柴休懊惱，大男小女好看承。恩深夫婦情何極，道合君臣義更明。早晚太平歸計遂，連杯共飲話離情。”按“典却青衫”一詩，說部《儒林外史》只擷其半。

110. 王刻史記

世傳明震澤王氏摹宋刻本《史記》，乃弘治中尚寶少卿王廷喆所刻。有書賈持宋槧求售，需三百金。廷喆就本重摹，一月畢工，無毫髮差異。持以予書賈，而易其真者，書賈亦不能辨也。

111. 青瓷易經

《池北偶談》云：益都翟進士某，爲饒州推官，甚暴橫。一日集窯户造青瓷《易經》一部，楷法精妙，如西安石刻十三經式，凡數易然後成。蒲城王孝齋綜官益都令，見之。

112. 細書

《池北偶談》記鄧彰甫名燿，江陰人。其先安南人。善細書，所書《洛神賦》縱橫僅寸餘，竭目力始悉，其縷析絲分，毫芒彪炳，八法精勁，行伍井然。又能於一粒米上書一絕句。按施生雨亦能之，爲王夢樓所稱。古人中若後漢師宜官，能於方寸間書千言，梁鵠受其法，見重於魏武，彰甫殆可方駕。周亮工《閩小記》：“福清郭去問，一葉紙上盡書陶詩全部，筆筆仿率更。”某書記翁覃溪，每元旦於芝蔴一粒上書“萬壽無疆”四字。晚年目力衰，猶書“天子萬年”四字。今江都于歗軒，於逕寸間刻千字，索值至一二百金，東西洋人競求之。歗軒曾官知縣，國變後，棄官鬻藝都中。其刻法無所授，以意爲之。每字每行第一筆刻成，即不尋行，黑暗中摩娑成之。人竭目力始辨，井然成行，無一敗筆，真絕技也。

113. 明烈帝書

德勝門大街大石碑胡同協和修道院，故廣化寺也。有明懷宗賜曹化淳御筆草書碑，高丈餘，字徑五六寸，筆勢挺秀。文曰：“明理記實，心領神會。五韻精嚴，八法清貴。周旋於規矩之中，超越乎萬象之外。有以似其人乎？然也，若止於筆，文焉則未。司禮掌印化淳，有作輒佳，特賜。崇禎戊寅八月穀旦。”上有“敬天法祖親賢愛民”之寶。左右别有二碑稍小，皆鎸所賜御札。陝西碑洞有懷宗賜楊嗣昌出視師碑。草書徑四寸許，上有方璽及花押，旁一長圖書，文曰“御筆之章”。懷宗御書，海内當只存此兩碑耳。《池北偶談》記於京師見懷宗御筆書王維詩“松風吹解帶，山月照彈琴”，筆勢飛動。上有“崇禎建極之寶”。又屈翁山《詩外》云：顧云美得懷宗書“松風”二字，因榜所居爲“松風寢”。

114. 中山狼

《中山狼傳》見馬中錫《東田集》，狼指李夢陽也。東田河間人，正德間官右都御史，康、李皆門生。對山有《讀中山狼傳》詩云：“平生愛物未籌量，那許當年救此狼。”程君房惡方于魯，亦作中山狼墨以醜之。

115. 拜火教

曾吕亞士太教，唐時入中國，稱爲“祆教”。按《尚書大傳略說》：遂，冒火爲燧皇。燧人以火紀。火，太陽也，陽尊，故託燧皇於天，則拜火教似興於皇古。

116. 罌粟

《冷齋夜話》引陶弘景《仙方注》曰：斷腸草不可食，其花美好，名芙蓉花。故太白詩云："昔作芙蓉花，今爲斷腸草。以色事他人，能得幾時好。"按斷腸草即指罌粟言，知其流入中土已久，蓋遠在六朝之際矣。予曾鎸太白詩四句爲小印。

117. 孝雞

萬生園蓄有珍珠雞，黑質白章，文如細珠，故名。按亦名綬雞，又名孝雞，以其生而反哺也。產夔峽山中。見沈雪漁《權齋筆記》。或又以爲與吐綬有別，皆亢旱之兆。見范濂《雲間據目鈔》。

118. 驚婚

《五國故事》："孟昶廣選佳麗，民間懼其搜選，立求媒氏嫁之，謂之驚婚。"與《輟耕錄》載元至正丁丑夏六月事甚相類。明嘉靖己巳，天啓辛酉，三吴亦有此訛傳。福王時，太監某奉太后命，選秀女於江浙。凡有女之家，黄紙貼額，即持之去，滋擾特甚。未及入宫，適南都覆而止。按明制，天子親王后妃、宫嬪及公主下降，皆慎選良家子女，意在來自民間，兼懲前代戚里之禍。初本兩京並重，故后妃間有南人。自嘉靖後多在京師附近，恐滋擾也。福王又當别論。

119. 打標舟子

《南唐書》：初，先主時，凡民產二千以上，出一卒，號義軍。分籍者出一卒，號新擬生軍。新置產一卒，號新擬軍。客户三丁出一卒，號拔山軍。中主時，許郡縣村社競渡，每歲重午日，官閲試之，勝者給綵帛銀碗，謂之“打標舟子”。

120.雲間據目鈔

明范濂叔子《雲間據目鈔》記其郡風俗云：余始爲諸生時，見朋輩戴橋梁絨綫巾，春元戴金綫巾，縉紳戴忠靖巾。自後以爲煩俗，易高士巾、素方巾，復變爲唐巾、晉巾、漢巾、褊巾。丙午以來，皆用不唐不晉之巾，兩邊玉屏花一對。而少年貌美者，加犀玉奇簪貫髮。騌巾始於丁卯以後，其制漸高，今又漸易盈紗巾，爲《松江土產志》所載者。今又有馬尾羅巾、高淳羅巾。而馬尾羅者，與騌巾已似亂真矣。童生用方包巾。自陳繼儒出，用兩飄帶束頂。近年並去之，用吴門直羅頭法，而猥兒更覺雅俏。瓦楞騌帽，在嘉靖初年唯生員始戴。至二十年外，則富民用之，然亦僅見一二，價甚騰貴。皆尚羅帽、紵絲帽，故人稱絲羅必曰“帽段”。更有頭髮織成板，而做六板帽，甚大，行不三四年而止。萬曆以來，不論貧富，皆用騌，價亦甚賤，有四五錢、七八錢者。又有朗素、密結等名，而安慶人長於修結者，紛紛投入吾松矣。

男人衣服，予弱冠時，皆用細練褶。老者上長下短，少者上短下長，自後漸易兩平。其式即皂隸所穿冬暖夏凉之服，蓋胡制也。後改陽明衣、十八學士衣、二十四氣衣，皆以練爲度，亦不多見。隆萬以來，皆用道袍，而古者皆用陽明衣，乃其心好異，非好古也。

綾絹花樣，初尚宋錦，後尚唐漢錦、晉錦。今皆用千鍾粟、倭錦、芙蓉錦、大花樣，名四朶頭，視漢唐諸錦皆稱厭物矣。羅初尚暖羅、水圍羅，今皆用湖羅、馬尾羅、綺羅，而水圍羅又下品矣。其他紗紬交易，不可勝紀。

布袍乃儒家常服，邇年鄙爲寒酸，貧者必用紬絹色衣，謂之薄華麗。而惡少且從典肆中覓舊段舊服，翻改新制，與豪華公子列坐，亦一奇也。

春元必穿大紅履。儒童年少者必穿淺紅道袍。上海生員冬必服絨道袍，暑必用鬃巾綠傘。雖貧如思丹，亦不能免。稍富則絨衣巾蓋，益加盛矣。余最貧，尚儉樸，年來亦强服色衣。乃知習俗移人，賢者不免。

婦人頭髻，在隆慶初年皆尚員褊，頂用寶花，謂之挑心，兩邊用捧鬢，後用滿冠倒插，兩耳用寶嵌大環。年少者用頭箍，綴以圓花方塊。身穿裙襖，襖用大袖員領，裙有銷金拖。自後翻出挑尖頂髻、鵝膽心髻，漸見長圓，併去前飾，皆尚雅裝。梳頭如男人直羅，不用分髮蝶鬢。髻皆後垂，又名墮馬髻。旁插金玉梅花一二對，前用金絞絲燈籠簪，兩邊用西番蓮俏簪，插兩三對。髮股中用犀玉大簪，横貫一二枝。後用點翠捲荷一朶，旁加翠花一朶，大如手掌，裝綴明珠數顆，謂之鬢邊花，插兩鬢邊，又謂之飄枝花。耳用珠嵌金玉丁香。衣用三領窄袖，長三尺餘，如男人穿褶，僅露裙二三寸。梅條裙拖、膝褲拖，初尚刻絲，又尚本色，尚畫，尚插繡，尚堆紗，近又尚大紅綠繡，如藕蓮裙之類。而披風便服，並其梅條去之矣。包頭，不問老少皆用。萬曆十年内，暑天猶尚鬃頭箍，今皆用紗包頭。春秋用熟湖羅，初尚闊，今又漸窄。自吴賣婆出，以包頭不能束髮，内加細黑鬃網巾。此又梳裝之一幻，而聞風效尤者皆稱便矣。

綾布，乃松江土産。昔年綾尚厚重，今皆用輕且薄者。而王江涇綾，始亂真矣。雲布，松人久不用，近年又能精美加花絨者，價與綾等，士人間服之。餘布無奇，獨憎蘭花色、桃花色。又尚紫花布。紫花原出真如地方，今東土遂爲佳種。

鞋制，初尚南京轎夫營者，郡中絕無鞋店與蒲鞋店。萬曆以來，始有男人制鞋，後漸輕俏精美，遂廣設諸肆於郡治東，而轎夫營鞋，始爲松之敝帚矣。所可恨者，大家奴皆用三鑲官履，與士宦漫無分別，而士宦亦喜奴輩穿著，此俗之最惡也。宕口蒲鞋，舊云陳橋，俱尚滑頭，初亦珍異之。結者皆用稻粱心，亦絕無黄草。自宜興史姓者客於松，以黄草結宕口鞋甚精，貴公子爭以重價購之，謂之“史大蒲鞋”。此後宜興業履者，率以五六人爲群，列肆郡中幾百餘家，價始甚賤。土人亦爭受其業。近又有涼宕口鞋，而蒲鞋濫觴極矣。

松江舊無暑襪店，暑月間穿氈襪者甚衆。萬曆以來，用尤墩布爲單暑襪，極輕美，遠方爭來購之。故郡治西郊廣開暑襪店百餘家，合郡男婦皆以做襪爲生，從店中給籌取值，亦便民新務。嘉靖時，民間皆用鎮江氈襪，近年皆用絨襪。襪皆尚白。而貧不能辦者，則用旱羊絨襪，價甚廉。尤者且與絨襪亂真，亦前所稱薄華麗之意。

春元用布圍轎，自嘉靖乙卯張德瑜起，此何元朗所致歎也。自後率以爲常，近生員亦通用，而紈綺子弟爲童生者亦乘此轎，帶領僕衆招搖過市矣。

叔子生於嘉靖庚子，見編首高進孝所爲序。

121. 蘇州戲

《鈔》又記郡之弋陽戲子，復學爲太平腔、海鹽腔，萬曆後乃絕。松人競尚蘇州戲，蘇人鬻身學戲者甚衆。又有女旦、女生，插班射利。又記里中惡少燕閑，必群唱《銀絞絲》、《乾荷葉》、《打棗竿》。

122. 豫園

《鈔》又記上海豫園，潘仲庵方伯所建，延袤一頃有奇。內有樂壽堂，深邃廣爽。堂以前爲千人坐，前爲巨浸，中多怪石奇峰，若越山連續不斷。面南而望，令人胸次洞開。大江南綺園無慮數千，而此堂宜爲獨擅。堂之左，即方伯讀書精舍也。

123. 吴賣婆

《鈔》又記吴賣婆見醫士高鶴琴無後，傭身與生子，吴遂以女俠名。而富官之家爭延致之，足迹所臨，家爲致富。吴因託名賣婆，日以幫閒富室爲生，縱酒恣歡。自是起家數千金，乘輿出入，號曰“三娘子”。一日遇唐大參於道，輿人皆醉，撞破大參輿。大參怒，擬送有司治以法，不果。會甘按院至，有里人施山者，公舉男女幫閒，爲地方除害，吴始服辜。而以潘道姑與之同事。潘少年爲私妓有聲，以適人失望，乃歸浄土。山以舊怨株連之，縣令項公各杖二十下獄，獨坐吴贓三百兩，禁錮終身。

124. 馮行可

馮行可，字見卿，號敕齋。舉嘉靖庚子鄉薦，旌表孝子。謁選得光禄署正，擢應天府通判，陞同知。行可《請代父恩論死疏》，已録入予所輯《古今文鑑》中，馮恩所謂“鐵御史”者也。

125. 上海壓價

《鈔》又記上海縣城築於嘉靖癸丑，以備倭寇。時巨室有以壓價高梗議者。

126. 沈石田詩

說部《儒林外史》中“氣散風衝那可居，先生埋骨定何如。日中未解逃兵額，世上人猶信葬書”一詩，蓋沈石田《過郭璞墓作》也。

127. 趙執端

益都趙執端，字綏庵，秋谷從弟，漁洋之甥。著有《寶菌堂遺詩》二卷。爲詩專摹漁洋。有《過漁洋舊居》詩曰：“突兀龍門群仰望，飄零宅相獨徘徊。依然萬壑朝宗在，不禁蜉蝣撼樹來。”視秋谷《談龍錄》極詆漁洋，可謂臭味各别。

128. 英吉利貢品

乾隆五十八年，英吉利貢品十九件：西洋布臘尼大利翁大架一座。原注：係天上日月星辰及地球全圖，星宿自能轉動，如遇日食、月食及星辰差忒，俱顯然著於架上。並指引日、月、時，又打時辰鐘，爲天文地理表。坐鐘一架。有天文器具，指引如何地球，如何與日月星辰一氣轉動，與習天文者有益。天球全圖。仿空中藍色，有金銀做成星辰，大小顔色不同，更有銀絲分别天上各處度數。地球全圖。天下萬物，四洲山河海島，都畫在球内。亦有海洋道路，及畫出各樣西洋船隻。雜器具十一合。係推測時候，及指引月色之便，可先知天地如何。試探氣候架一座。能測看氣候盈虚。銅砲西瓜砲。爲探兵之用，並有小分紅毛國兵，現隨貢使前來，可以試演砲法。奇巧椅子一對。人坐在上面，自能隨意轉動。家用器具並自然火一架。內盛新舊雜樣瓶罐等項，其火具能燒玻璃、瓷器、金銀銅鐵，是一塊火玻璃造成。雜樣印畫圖像。係紅毛英吉利國王家人像，並城池、砲臺、堂室、花園、鄉村、船隻各圖。影燈一對。係玻璃鏡做成，掛在殿上，光彩四面。金綫毯。精緻房內鋪用。大絨毯。大殿上鋪用。馬鞍一對。金黃顏色，十分精緻。車二輛。一輛熱天用，一輛冷天用，俱有機械，可以轉動。軍器十件。長短自然火槍、刀、劍等，其刀劍能削鋼鐵。益力架子一座。人扯動時，能增益氣力，陡長精神。大小金銀船。係紅毛國戰船式樣，有一百小銅砲。雜貨一包。係紅毛國物產，即哆囉呢、羽紗、洋布、銅鐵器具等物。見長白福慶字仲餘所著《志異新編》卷三引邸鈔。書刊於乾隆己酉五十四年。

129.豺頭酒頭鵝頭

杭俗謂人之愚名“豺頭”，禾中曰“酒頭”，蘇曰“鵝頭”。見海鹽崔應榴秋谷所著《攤飯續談》。

130.百晬詩

劉靜修《阿寅百晬》詩：“南湖風鑒不多可，詩中驚見阿寅名。朝來抱向聚星亭，神涵秋色啼古聲。都山張氏世有賢，斷崖近得唐碑銘。乃翁寂寞老窮經，阿敬健筆敵中勍。循環無間豈終悔，開物有期須所成。老夫自任河汾教，先爲虛席待此生。”又《長卿兒子阿延百晬》詩：“老年生子吾何願，所願常推欲及人。但願無災保家外，一生常作太平民。和子新年亦解狂，詩中名姓莫相忘。通家會有西山約，合喜應門共父長。”見《攤飯續談》引《試晬故事》。

131. 無事忙

滕人呼白楊花爲“無事忙”。見《攤飯續談》引曹楝亭詩自註。

132. 花棒鼓

《古杭雜記》：有喪之家，命僧爲佛事，必請親戚婦人觀看。主母則帶養娘隨從。養娘首問有和尚弄花棒鼓者否？曰有，則養娘爭肯前去。花棒鼓者，謂每舉法事，則一僧三四棒鼓，輪流抛弄，諸婦女競觀之以爲樂。

133. 老子

《十六國春秋》：索綏對張重華曰：“老聃父名乾，字元杲。胎刖無耳，一目不明，孤單年七十二無妻，與鄰人益壽氏老女野合。懷胎八十年，乃生老子。”

134. 黄明

吴興風俗，清明後一日，謂之“黄明”。杭州夏至前後，梓樹花落時多雨，俗謂之“梓花雨”。又流俗謂出狀元則秋收必歉，須狀元夫人登城樓撒穀祈禱。鮑西岡詩云：“聽說勸農冠蓋出，傾城又見狀元妻。”見《攤飯續談》。

135. 促織盆

宣德間，蘇州造促織盆，出陸墓鄒、莫二家。曾見雕鏤人物，妝采極工巧。又有大秀、小秀所造者尤妙。二秀，鄒家二女名也。見《攤飯續談》引《戒庵漫筆》。予有一盆，款識“齊門外廣惠橋北首下岸朱興公造”，式樣質地俱佳。

136.緒南隨筆

婁縣許嗣茅，字元仲，官蘭谿知縣，著《緒南隨筆》一卷，自序書成於道光丁亥。書中紀述一代掌故，如史案、丁酉科場、哭廟、《字貫》、《閒閒錄》、查嗣庭、徐述夔、胡中藻諸獄頗詳。又記沈荃代食皇太子所獻瓜而卒，朱竹垞失寵由高士奇所搆，何義門爲李安溪所薦，下獄得蔣南沙營救而解。又記張得天身後，以親家蔣中丞籍沒，其獄中寄婦詩卷存女處，卷中《題白雲亭》詩，有“不日不月”句，幾得重咎。後其子因以得天手迹盡輸天府充貢。又記葉映榴正命時，其妾投繯現形事，癡和尚事，乾隆六年揚州王張氏代夫入闈，爲夫弟所訐，張氏遣戍事。俱有關遺聞。

137.韓瓶

康熙丁亥，蘇城大旱，川澤皆涸。有漁人於陽城湖中，掘得瓷罌數百。小口巨腹，容五升許。好事者取以養花，能結實。或謂此“韓瓶”也，韓蘄王所遺，得者遂珍之。見孟瑢《豐暇筆談》。瑢字樾籟，長洲人。

138.製印紐

漳浦楊璣，字玉璇，善刻印紐。以一分許、三分薄、玲瓏準提像得名，稱爲絕技。繼玉璇者，有周彬字尚均。繼尚均者，道光時有徐漢、馬文。徐本木工也，竟以製紐名一時。

139.汪秀峰藏印

汪秀峰啓淑所彙印譜，曰《漢銅印存》、《古銅印存》，皆巾箱本。曰《集古印存》十六册，曰《飛鴻堂印譜》二十册，曰《秋室印萃》六册，《退齋印類》四册。曰《錦囊印林》，小僅寸餘，皆一時名人及友朋投贈之作也。《印林》之印質，皆珠玉瑪瑙。

140.絕技

張岱《陶庵夢憶》云："吴中絕技：陸子岡治玉，鮑天成治犀，周柱治嵌鑲，趙良璧治錫。朱璧山治金銀，馬勳、荷葉李治扇，張寄修治琴，范崑白治三弦子，俱上下百年無敵手。""嘉興臘竹王二漆竹，蘇州姜華雨莓籙竹，嘉興洪漆、吴銅，徽州吴明官窰。皆以工起家，與搢紳先生列坐抗禮。"

141.程君房方于魯

程君房、方于魯皆歙人，善製墨。于魯成《墨譜》六卷，分國寶、國華、博古、博物、法寶、洪寶六類。上自符璽圭璧，下迄雜佩，凡三百八十五式。倩名手摹繪，備極精巧，繫以題贊。君房亦作《墨苑》十二卷，分元工、輿地、人官、物華、儒箴、緇黄六類以爭名。《墨苑》內繪中山狼，即詆方也。程墨後介內璫致之神廟，方恨甚，會程殺人繫獄，方力擠之，程卒不食死。沈德符《飛鳧語》所歎爲"墨兵"、"墨妖"者也。于魯能詩，與汪道昆唱酬，入豐干社，著有《佳日樓集》。程字幼博，又字大約。方字建元。與方、程齊名者，有檇李陳氏，所造有煙霞侶墨。陳乃大年堂藥肆主人也。葉玄卿、吴去塵俱有名。清初歙人歲貢生曹素功，字聖臣，能傳程、方法，製紫玉光、天琛、蒼龍珠、天瑞、豹囊叢賞、青麟髓、千秋光、筆花、岱雲、寥天一、薇露、浣香玉、五珏、文露、紫英、漱金、大國香、蘭煙十八種，盛行於世，後之製墨者皆宗之。素功裒集一時投贈詩文，爲《墨林》二卷。

142. 沈三白

長洲沈復，字三白。著《浮生六記》，敘其夫婦食貧居困時事。婦陳甚賢，不得志於舅姑，同見擯逐。僦屋揚州，賣畫自給，饔餐屢竭，唱隨之樂不改。無何悼亡，子死女嫁，三白傀然從石琢堂韞玉游闕游蜀，以寄哀思。記中追維往事，悽惋欲絕，大抵鍾情人也。畫傳世不多，故鮮知者。予於西小市以二餅金得其一幀，氣韻清逸，滿紙性靈，筆墨蹊徑，尚在椒畦之上。亟寶藏之，世有真賞，或不繆予。

143. 顧復初

元和顧復初，字幼耕，又字子遠，號道穆，耕石侍講仲子。工詩古文詞，善書畫。篆隸行楷，神似吾家完白。草書摹右軍，畫學唐人，能以簡馭繁。甚自矜秘，不輕示人。納資光祿寺典籍。游於蜀，自吴勤惠公棠以後十餘鎮，皆受敬禮，處於賓席。年九十餘始卒。著述甚富。子一早卒，有孫不肖。先君子與子遠交好，故予家藏其書畫頗多，亦清光緒朝一宗匠也。

144. 官印彙目

周嬰齋手輯《官印彙目》一卷，附輯官私印八十餘紐，皆有釋文考證。又潘鄭盦尚書金文拓片十五紙，彙爲一册，盛伯羲祭酒舊藏也。祭酒收藏甲天下，身後爲其後人斥賣殆盡。書賈持此册示予，酬以七餅金，重祭酒兼重嬰齋、鄭盦也。題其端曰："七餅不當直十之一，山妻賢婦人也，猶詫爲昂。宜乎祭酒子孫土苴視之。"予又購得祭酒往還書札，皆一時名流，尤以潘鄭盦、李蒓客、王蓮生、施均初諸札爲難得。中夾祭酒致一西安骨董肆、賈扶風新出土大鼎札稿，云："其字百內外酬五百兩，三百內外酬一千兩，真到六百酬四千兩。貨到錢回，决無反悔。事須機密，勿使人知"云云。好古之情可掬。祭酒所居意園，在表背胡同。

145. 史傳節略

於書肆購得短册，署名《史傳節略》，繕錄頗精。自馮銓以下至柯永盛，凡一百二十四人，似不只此一册。書中屢有現承襲者某人，又屢稱乾隆三十年事，當是成於高廟中葉時，未知即就《國史列傳》節錄否。篋中無《滿漢名臣傳》，未得合觀，不悉其成書先後。予舊藏鈔本太祖、太宗《本紀》二卷，亦不著撰人，皆史料也。後閲《東華錄》，乾隆時曾纂修《五朝本紀》。

146. 春朝儀式

春朝儀式，康熙八年，新城王文簡士禎官員外郎時手訂。

一、朝參，入長安門，官候鼓鳴序齊，出闕右門棕棚下，西向共一行立，少頃，北向照官分三行立。如門朝西向，郎中司務前班，員外郎主事次班，北向共一班。如殿朝西向、北向，俱共一班，發班亦如之。散朝魚貫捲班而出，過金水橋，亦照官分三班行，俱要整齊，出長安門外序齒。

一、衙門中序官，火房序齒，出外亦序齒。一謁文廟，及一應公謁俱序官。

一、歲終同舊僚公會。儀司約舊僚，官尊者斂分舉行，坐次序官，其餘同僚宴會序齒。

一、同僚交誼，自昔稱隆。前輩於大會外另有私會。凡以商榷職業，討論文藝，不唯聯疎萃渙而藉此勸規，庶幾直道少存。今擬於四季照司輪，其費則佐以公義，務從省約。

一、凡公禮俱約齊行，在衙門則同出，在外則約會某所，非甚不得已事，勿託故。

一、陞任出衙門者，不拘在京在外，俱留書二三部，本署中以三十本爲率，在部陞任者亦留書一二部，本署中以二十本爲率，留別私禮不拘。

一、陞任衙門在京者，同司掌印斂分各四錢，舉餞贐及文軸册葉。陞任者到任後，寄四兩，儀司收貯登簿，備同部公用。出差者斂分各四錢，舉餞贐。

一、舊僚至京，不拘已未陞任，原司掌印送一隸供役，斂分各三錢，治席公請，不得請者送下程及贐禮。

一、本部各司例不出印結，同僚相保不在此例。

一、同僚及舊僚，遇有慶弔，禮不可廢、情不容已者，同司酌量輕重，斂分舉行。

一、投刺内院大學士，官銜“晚學生”，吏部、都察院正堂與内院大學士同。各部正堂，官銜“晚生”。唯陞轉考滿用官銜，其餘不用。出差差回亦不用。吏部左右堂與各部正堂同。各部左右堂、坐院副僉都，“晚生”。即舊堂及别衙門帶吏部本部銜者，亦不用官銜。以上侍坐。内院學士、宗人府丞通大堂，“晚侍生”，僉坐。太常、光禄、太僕卿、府尹，及侍讀學士、祭酒、四品大小京堂，“侍生”，對坐。總督、巡撫帶部銜，“晚生”。巡撫、副僉都“晚侍生”。本省總督、巡撫，“治晚生”。本省巡按及二司，“治生”。以上帖式，同鄉、年家、通家有相拘者，不在此例。本衙門往來拜帖，俱稱“侍弟”，不稱寅。新舊同僚亦然。相見俱行南禮。按南禮即揖，别於北禮打千也。

一、陞轉考滿，部院堂上用官銜，其餘不用。出差差回亦然。

一、内院大學士、吏部三堂、都察院正堂，不送上馬。各部正堂以下，俱送上馬。曹堂亦同。

一、遇部院正堂、通大正堂、學士、宗人府丞，引馬避。副僉都非坐院者，不避。

一、稱謂，内院大學士、吏部、都察院正堂，稱官銜。各部堂上、吏部左右堂，稱“晚生”。同僚稱“老長官”，稱“長官”，稱號稱兄，不稱“老先生”及翁、老之類。尋常往來用單帖，宴會兩人一席，相見行兩拜禮，行南禮。凡聯名帖序官以上諸條，皆署中舊規，凡我同寅，願言共守，有不如約者，衆相正之。新任者，該司吏赴儀司領一册送覽。

147.紅本

勝朝内閣紅本未清釐者，貯麻袋九千餘，移午門博物圖書館理之。司其事者部曹數十人，傾於地上，各執一杖，撥取其稍整齊者，餘仍入麻袋。極可笑。中多賀表、題本、揭帖，及追繳誥書、敕命，《明實録》殘本、明季題稿亦夥。外國賀表如朝鮮、琉球所用印，皆硃描，滿漢文並列。度當時未頒印，或在京造辦，倉卒不及用印也。亦有可珍者，如劉澤清、馬紹愉、陳洪範致吴三桂書，即左蘿石北使時所攜。劉書甚長，外署“薊國公吴當堂開拆”。薊國，南渡所封。馬書封函甚小，貼紅籤，署“吴老爺”三字。考三桂入關，即奉命追李自成，諸書恐皆未達，殆蘿石正命後抄沒入閣者也。曾見順治九年七月，工科給事中李實秀揭帖云：“午門之前，乃朝廷禮法之地，最宜嚴肅。職辦事垣中，往往見有婦女僧道及一切閒雜之人，提攜負荷，往來莫禁，亦豈體統所宜有耶？即滿洲家口，有在皇城内住”云云。初入關時門禁不嚴如此！實秀，河南汲縣人，前明舉人，順治丙戌進士。其時巡按印，方約一寸四分，文曰“巡按某處監察御史印”，與滿文並列。攝政王硃批，皆稱“皇父攝政王旨”，並無“令”字。

148. 康成生日

鄭康成七月五日生。

149. 印匣

古肆見一印匣，銅製甚精，上蟠一龍，四周行龍各一。形正方，高三寸。底鎸“文華德方寶信斯藏”八字，三行，陰文八分書，筆意近《曹全碑》，未識何義。頗似前明制作。

150. 殊域周咨錄

鈔本《殊域周咨錄》，署“皇明行人司行人刑科右給事中嘉禾嚴從簡輯”，未見諸家著錄。首頁鈐“陳氏芸閣”朱文印。所紀真臘、暹羅、滿剌加、爪哇、三佛齊、浡泥、瑣里、古里九國，自明初以來編年紀事，至嘉靖而止。中附考證，雜以議論。較費信《星槎勝覽》頗爲詳核。唯全書當不止此，俟考。

151. 張石舟手札

太谷趙友琴藏張石舟穆致馮魯川志沂手札真蹟。

其一云：墨林兄許賜《文獻通考》，萬祈檢出。《唐書》不能收拾，將原本付下可也。所訂《古文苑》及借校之《小學鈎沉》、小徐《韻譜》、《國策釋地》，統望示還。劉文清單條一軸，銀二兩，價廉可留。子言鈔書付去二册，寫書人先支錢六千，一半。日間均祈送到爲感。此頌刻安。不具，穆頓首。十八日。

其二云：浣翁書託帶交魏碑大字一分、《黄庭》一葉奉贈，皆至寶也。子言爲我裝訂《古文苑》一部，墨林借我小徐《韻譜》二册、《小學鈎沉》二册，均祈爲帶出，緣有急需處也。《準噶爾方略》，如墨林已檢出，亦祈便中示觀。以上事一件不可忘，至懇至懇。瑣事費神，並祈示知，小价說不明白也。此致即頌魯川仁弟大人晡安。穆頓首。十三日。

其三云：日來之窘，幾於所欠三千亦不能還，乃今日發財，遂奉還焉。知單寫後，更有何事？今日仲修翁文期。忽然想起今日閣下有事焉。申後如僕不見訪，則望於明日申後偕子冶賜顧焉。吳九先既請我，又送我古董，有何冀望於我？豈非以仲翁在此讀書故耶？然則兩令甥亦可貸其叔不學之罪焉。今日課題是“出則弟謹”，“賦得牛山之木得牛字”焉。因便還錢，順問魯川子冶晡安焉。穆拾片頓首白焉。初三日。

其四云：屏字大有隸意，緊峭圓融，遠勝拙書，深謝深感。

涴處當令舖中略收拾，不碍事。明日早臨，並擕佳酒，歸處晚酌更妙耳。《逸史》如檢得，更奉繳。竹箸久未見貺，何也？《隸篇》當速往取。魯川仁弟足下。穆頓首。

其五云：碗收到，需奉價否？今日當遣人往約靄亭，明日作郭外遊也。魯川老弟即祉。穆頓首。

其六云：想無事更請，然一請更放心。帶表來，帶好酒來，更好。㰱齋有人間無二之帖，小秀野有人不許掛。試猜此何人？魯川老弟臺足下。穆頓首。

其七云：明日靄亭之局已定，望足下至我處同往，佇候佇候，魯川老弟。穆拾片。十七日。

其八云：吴老太太何如？待信未得，甚念。今日微寒，滿擬閣下過我，又不來，甚悶。明日定不速耳。魯川仁弟晡佳。穆頓首。翟文泉前日以《隸篇》寄我極佳。

其九云：書收到即了，必要示復一二語，何也？來得正好，有墨林一信，望交其家，速爲寄去。何日過我，酌美酒、烹黄花魚大嚼乎？所託事不可忘了。復問魯川仁弟即祉。穆頓首。二十九日。

其十云：《逸史》一册奉還。聞署中出有缺，即日可補，信否？頃作一文，送稿求改，改後並非套謙。交令甥速爲一謄，明日交來，不可遲也。何日相會，指定師期。此頌魯川仁弟升喜。穆頓首。初六日。左冲。

其十一云：連日不得佳報，曷勝悶悶。事固不可欲速，然其氣機可料知一二也。幸示數字，以釋疑抱，千萬千萬。如有可成之機，明日申間，當斗酒隻雞相候。魯川仁弟晡安。名心叩。二十日。

其十二云：書收到。明日未申間當過訪。今日戴鹿牀爲我畫小棲雲亭第二圖來，極佳，勝前作也。和扁字均詩亦尚可。再《漢石例》封面，不能乞子貞書，望老弟以《景君碑》筆書之，來日帶回，即付梓也。魯川仁弟晚祉。穆頓首。

其十三云：留字一一讀悉，明日印生處同吃大賚，更談一切。今晨穆亦至言翁處，約與子貞暖生日，尚未訂期也。魯川仁弟。穆頓首。二十一日。

其十四云：書收到，定待，望即爲取來，一半日必付價也。外票四千，充前日之費，如不足，望示補也。此頌魯川仁弟晡安。期張穆頓首。二十一日。

其十五云：有徐生文一篇，詩數首，乞爲批抹之，萬勿又失去也。有庵小楷，勿輕示人，千萬。此問魯川仁弟大人即安。期張穆頓首。二十二日。

其十六云：書收到。文早作爲妙。《古文尚書》本須合别本一校之，盍即示我一觀乎？復頌魯川仁弟歲祺。二十四後當步相訪。

其十七云：即定於十九日可也。子言處即刻走片訂之。再此局是有願船否？魯川仁弟大佳。期張穆頓首。

其十八云：今日勞極矣。單收到，徐書奉閲。一半日將荆駝之半别付一跑。魯川仁弟心丹。

其十九云：尊伻去後，欲言仍有未盡，且家坐亦甚無聊，遂依舊來訪，並約邀同往吃前日之魚。不意公事紅忙，尚未回家。賠[1]債客吃飯，寫八分，校《爾雅》。十五字句。今我進退維谷，姑往栩齋一走，回來再探。

---

〔1〕“賠”，疑爲“陪”字之訛。

予借錄一卷，識其後曰："太谷趙友琴，嶔奇磊落人也。己未十月，薄游太原，解后訂交。友琴收藏頗富，予亦略知鑒别，尊酒之間，諧謔並作，各數家珍，益相好矣。友琴告予遊太谷廟會，會每歲十月一集，金石、陶瓷、雕繡、書畫、器物，駢闐山積，雖東京大相國寺不之過也。會以事還京，不果遊。越月，友琴書來，謂所獲良夥，石舟書札，尤愜心賞，餘書畫若干事，金石若干事，陶瓷若干事，皆歷歷狀其形式精采以傲予，謂不遊者有悔心也。予不暇致辭，亟索觀石舟札。友琴復書言姑待。庚申人日，友琴來而札不與俱，忘之耶？抑靳之耶？越二月，予再詣晉，主友琴家。一日，友琴謂予：子未觀我石舟札耶？曰否，屢請之矣，弗獲，何敢再？友琴曰：安有是哉！終當以示子。則秘之櫝中，失其鑰，又弗果。翌日申請，乃得觀，即右所臨本十九通。雖皆短詞片語，不及時事，然朋從遊燕之樂，文字商訂之勤，端委曲陳，恍然目擊。時直承平，文章之士得從容畢其業，而壽陽相國方領袖群倫，爲之宗主。一時博彥，趨赴恐後，成爲風氣。石舟文學，稱爲魁碩，及今一字一語，皆爲人重，况所致書者爲魯川耶！魯川能古文，工書善飲，客勝保幕，官至廬州道，有軍功。幕中文酒之會，殆無虚日，風流照映，至今江淮之人尚能稱道之。友琴爲其鄉後進，宜其珍視若拱璧也。然使予果一遊太谷，則此聯編累牘，安知不爲荒齋中物，友琴安得專之。則所謂有悔心者，知我者也。因重友琴，不敢奪愛，乃寫爲一卷，而識其本末，於以見物之有前定，而得之之難與夫一見之不易。友琴其終秘之，勿爲荒傖所攫。石舟名刺，署所居在'上斜街頭廟西路南高臺階大門'，歸京後當一訪之。庚申二月二十七日，文如居士識。是日無意中得魯川篆書直幅及元豐瓷杯，並記。”此去年所記，今再録入隨筆，適星周一歲，又直此日，謂非有緣耶?

152.紀異

三月朔日，山東瘋癲男子王德有，二十八歲，襆被登正陽門樓痛哭，門者不知。六日大風晝晦，天赤如火。京東雙橋一老人被風吹倒，爲塵沙所沒而死。

153.宋李路墓誌

即墨農人李某，掘地見古冢，四壁皆石，方廣十丈。瓷碗五，瓷鐙一，中樹墓碑，文曰:“宋故吉州太和縣主簿李公諱路，字季通，於元祐五年庚午十二月三十日合掌氏之喪，葬於即墨縣皇虞鄉先塋之次。今立石以誌之。”爲墓誌中開一别體。

154.典當

今謂典質曰“當”。鄺湛若有前後《當票》詩。頃觀《詩話總龜》丁謂詩云:“欺天行當吾何有”，行當亦謂質物也。陸游《老學庵筆記》云:“今寺僧輒作庫質錢取利，謂之長生庫。案梁甄彬以束苧就長沙寺僧質錢，則此事已久。”是宋時尚僧徒擅利，至明始爲山陝人、徽人耳。

155.旂旗

施愚山試鴻博，誤以“旂”爲“旗”，幾至擯落。按旂音芹，《小雅·庭燎》“夜向晨”、“言觀其旂”，本真韻。《廣韻》入“微”，與“旗”音義俱别。

156.湯豹處畫水

吴江盛澤鎮湯豹處，字雨七，善畫水。見鈕琇《觚賸》。

157.挐畫

王秋山工爲挐畫，凡人物樓臺，山水花木，俱於紙上用指甲及細針挐出，較紙高止分許。大劈小襯，吮粉研硃，設色濃淡，布境淺深，無不一一法古名繪。其技絕神，無有能傳之者。見《觚賸》。

158.金老

姑蘇金老，貌甚樸，而有刻棘鏤塵之巧。其最異者，用核桃一枚，雕爲東坡遊舫。舫之形上穹下坦，前舒後奮，中則方倉，四圍左右，各有花紋。短窗二，能開闔，啓窗而觀，一几三椅。巾袍而多髯者爲東坡，坐而倚窗外望。禪衣冠對坐東坡而俯於几者，爲佛印師。几上縱橫列三十二牌，若欲搜抹者然。少年隅坐，横洞簫而吹者，則相從之客也。舫首童子一，旁置茶鐺。童子平頭短襦，右手執扇，傴而颼火。舫尾老翁，椎髻芒鞋，斜立搖櫓。外而柁篙篷纜之屬，無不具也，舷檻簷幕之形，無不周也。細測其體，大不過兩指甲耳。康熙三十七年春，江南巡撫宋公犖家藏一器，左側窗敗，無有能修治者。聞金老名，贈銀十餅使完之。金老曰："此亦我手製也。世間同我目力，同我心思，然思巧而氣不靜，氣靜而神不完，與無巧同。我有四子，唯第三者稍傳我法，而未得其精，况他人乎？"又蕪湖朱人瞻爲高陵令時，攜有家藏白玉籠，高廣二寸有奇，四面皆作連瑣格眼，上下卍文，較旁稍疏。外有一童，伏而俯窺，中有一猿，坐而仰視，意態俱極生動。其雕鏤精巧，疑鬼工所成。俱見《觚賸》。

159. 鍾山秀才

鍾山秀才，李研齋繼室也。工詩，善畫蘭竹。見《觚賸》。

160. 吴中古迹

蘇州城隍廟，相傳周瑜宅。雍熙寺，顧雍宅。寶光寺，陸績宅。獅林寺，倪雲林别墅。準提庵，唐伯虎夢墨亭舊址。雲錦公所，祝枝山讀書處。七襄公所，文徵明停雲館舊址。三板廠，爲陳圓圓梳粧樓。言子廟，爲干將莫邪鑄劍處。五松園，柳毅墓址。五畝園，爲漢章粢别墅。鶴舞橋，即皮日休與陸龜蒙飲酒聯吟處。拙政園，錢武肅王外戚孫承佑宅。滄浪亭，蘇舜欽以四萬錢買得者。皋橋，爲梁鴻隱居處；應作"高"。

161. 惡道

王鳳洲云："書畫雅事，小一貪癡，便成商賈。"又云："畫當重宋，三十年來，忽重倪元鎮以逮沈周，價增十倍。窰器常重哥、汝，十五年來，忽重宣德以至永樂、成化，價增十倍。大抵吴人濫觴，而徽人導之，俱可怪也。"沈德符云："京師成窰酒杯，每對至博百金。皆吴中儇薄，倡爲雅談，戚里大賈，浮慕效尤，瀾倒至此。"文震亨云："心無真賞，以耳爲目，手執卷軸，口論貴賤，真惡道也！"

162. 岳忠武硯

梁紹壬《兩般秋雨庵隨筆》云：道光元年，陳海樓履和，於燕市買得岳忠武硯。色紫，體方而長，背鐫“持堅守白，不磷不磁”八字，行書，無款。又鐫曰：“枋得家藏岳忠武墨迹，與銘字相若。此蓋忠武故物也。枋得記。”又曰：“岳忠武端州石研，向爲君直同年所藏。咸淳九年十二月十有三日，寄贈天祥，銘之曰：研雖非鐵磨難穿，心雖非石如其堅，守之弗失道自全。”謝真書，文草書，皆遒古。有小方印曰“宋氏珍藏”。朱竹垞題識曰：“康熙壬子二月四日，朱彝尊觀於西陂主人齋中。”又一行云：“雍正八年夏六月十有九日，良常王澍拜觀。”

163.宋屐硯

陶馨之《屐硯履歷》：宋端宗屐硯，石徑尺，裏凹外刓，四足，如屐。一足刻端宗花押。唐荆川舊藏，後歸汪季青。顧文淵爲作《屐硯齋圖》，汪茗文有記，周青士有詩。見《兩般秋雨庵隨筆》。

164.文信國硯

文信國綠端蟬腹硯，修廣各三寸，受墨處微凹，底圓而凸，象蟬腹。沿左邊至頂，刻謝皋羽銘云：“文山攀髯之明年，叠山流寓臨安，得遺硯焉。憶當日與文山象戲，譜玉塵金鼎一局，石君同在座右。”銘曰：“洮河石，碧於血，千年不死萇弘骨。”款識“皋羽”二字。袁簡齋貯以檀匣，而識原委於匣蓋云：“乾隆丁未十二月，杭州臨平漁父，網得此硯於臨平湖。王仲瞿居士舟過相值，知爲文文山故物，以番錢二十元得之，轉以見贈。余仿竹垞咏玉帶生故事，爲作匣，兼招詩流，各賦一章。甲寅六月望日袁枚記於小倉山房，時年七十有九。”見《兩般秋雨庵隨筆》。

近聞此硯爲閩人郭某者以青錢數百買得。

165.斷碑硯

黄石齋斷碑硯，爲坡公《題墨妙亭》詩斷碑一片，廣三寸七分，長三寸四分，存十六字四行："吴越勝事"、"書來乞詩"、"尾書溪藤"、"視昔過眼"。右偏刻"斷碑"二隸字，下刻"道周"二字印篆。左刻竹垞銘曰："身可汙，心不辱。藏三年，化碧玉。"八分書。同光間歸潘鄭盦，今不知在何人手。

166.明蔣子硯

予藏一風字瓦硯，修六寸，幅二寸許，二足。背鎸篆文"明蔣子"三字。質甚細密，有金星。不悉何時製，殆盧村硯之流亞歟？盧村在陜州城南三十里，傳有隱士盧景，好造瓦硯，硯成，悉瘞之崖壁間。硯大者徑尺，小者三四寸，形如箕、如瓢、如龜鱉之甲，下有兩足或四足。質似粗而甚薄，堅緻密栗，不可磨削。性發墨而不滲，以盛水，暑不涸，寒不凍，古澄泥類也。往往鉏土出之，並得開元錢，疑硯爲唐時物云。見姚元之《竹葉亭雜記》。

167.權奸賞鑒

韓侂胄閲古堂圖書，皆出於向若水鑒定。賈似道閲生堂收藏書畫，狎客譚玉爲之辨驗，廖瑩中復爲斠刻書籍字帖。秦熺當父檜在相位十九年，無一日不鍛酒器，無一日不背書畫、碑刻之類。嚴嵩父子弄權時，天下珍秘盡歸聽雨樓，後皆籍入内府，鳳洲爲作《冰山録》。馬士英工繪事，市人諱稱之，改爲"馮玉瑛"以求售，謂舊院曲妓也。

168. 宋元墨

李廷珪製墨，後二十年有李承宴，又二十年有張遇，遇後法遂不傳。後來製墨者，有楊振、陳道孫、陳贍、李唯益、薛安、潘谷、張谷，又有關珪、關瑱、梅鼎、張滋、田守元、曾知唯，皆有聲宣政間。新安墨工戴彥衡，紹興間吴滋製復古殿供御墨〔1〕，雙角龍文。又桐柏張浩，河東解子誠、韓偉昇，常山張順，九華朱覲，嘉禾沈珪，金華潘衡，元有朱萬初，皆墨工之卓著者。士大夫能自製墨者，東坡、范成大而外，李孝美著《墨譜》，晁季一貫之著《墨經》，元沈學翁繼孫著《墨法集要》，皆論製法。

169. 漢子

《老學庵筆記》云：今呼賤丈夫曰“漢子”，蓋起於五胡亂華時。北齊魏愷自散騎常侍遷州長史，固辭，宣帝大怒曰：“何物漢子，與官不就！”云“漢子”，賤之也。按陸機呼左思作“傖父”，謂北人也。後或呼“虜父”、“索虜”。北呼南人曰“島夷”。北宋時南人尚不能作相。蜀人呼中原人曰“虜人”，官曰“虜官”，饌曰“虜饌”。元有漢人、南人之分，南人復在漢人之次。今北京猶有“傖子”之稱。

170. 湛盧山閣

“湛盧山閣”朱文印，邊鐫“松溪邑南案山曰湛盧，三峰聳

---

〔1〕按此句有誤。據《老學庵筆記》卷五、《墨史》卷下，俱言戴彥衡製復古供御墨。吴滋亦墨工，亦紹興間歙人，然所製非復古供御墨也。

翠如嶽。昔湛王鑄劍其上，劍以人名，山以劍名乎？晦翁寓僧寮注《中庸》，夜有異獸伏足下，注成乃去。今立書院，先君司教兹土，司祀事。侗每從登，思倚山作閣，聽萬壑松風，俯長溪碧水。忽忽五十年餘，因鎸此石，以誌永懷。銘曰：三峰聳兮湧青蓮，寶劍成兮精義傳。廻松風兮帶流泉，高閣起兮倚層巔。丁亥冬日，侗。”上鎸“高山仰止”四隸字。松溪舊屬建寧，當係閩人所作。據所知者，尤侗、林侗、錢侗，皆字同人，唯林侯官人，號來青，歲貢生，善隸書，著有《來青齋金石錄》。或林所爲耳。

171.紫端

宋高宗謂端研如一段紫玉，瑩潤無瑕乃佳，何必以眼爲貴？晁以道藏研，必取玉斗樣，每曰：“研無池受墨，則墨不必磨，筆不須點，唯可作枕耳。”

172.泥人

泥人昔推惠山，今天津泥人張所製尤精。宋時鄜州田氏泥孩兒名天下，一對至值十縑，一牀三十千。一牀者，或五或七也。小者二三寸，大不過尺餘。有“鄜畤田玘製”款識。見《老學庵筆記》。

173.李和兒炒栗

《老學庵筆記》云：東京李和兒炒栗，滑州冰堂酒，天下第一。

174.耀州越窑

宋時耀州出青瓷器，亦謂之越器，猶遂寧羅稱越羅，皆以其類似也。

175. 秦良玉錦袍

昔聞親串費君言：石砫有秦良玉錦袍，極長大。《老學庵筆記》記利州武后像長七尺，福州大支提山吴越王紫袍，寺僧升椅子舉其領，猶拂地，兩肩有汙跡。按《後漢書》馬皇后年十四，長八尺五寸。以今尺律之，亦當六尺餘，不知何以頎碩若此？

176. 吴彩鸞寫經

放翁居蜀久，故言蜀事特詳。成都城北郭氏賣豉，又郭家車子，又范氏賣白龍丸；士人子弟皆著蘆心布衣，紅勒帛如一指大；漢州夾盞燈，一端注水，省油一半，謂之省油燈；永康軍導江縣迎祥寺，有唐女真吴彩鸞書《本行經》六十卷。皆見《筆記》。世但知彩鸞寫《唐韻》，且不知其女真也。彩鸞寫韻軒在南昌進賢門外紫極宫側。

177. 銀硯匣

研匣昔皆貴漆，明人始用檀木，性滲，不利於研。唐彦猷《硯錄》謂：青州紅絲研，必用銀爲匣始佳；亦有用錫者，云能潤研。盧葵生沙研頗輕便，然制作俗惡，雅人弗取。近日本人重之，價遂奇昂。盧研與漆匣，自當有别耳。

178. 印章紐

《初學記》引衛宏《漢舊儀》曰：諸侯王印，黄金槖駝紐，文曰璽。列侯黄金印，龜紐，文曰印。丞相、將軍黄金印，龜紐，文曰章。中二千石銀印，龜紐，文曰章。千石、六百石、四百石銅印，鼻紐，文曰印。

179. 十種琉璃

《藝文類聚》引《魏略》曰：大秦國出赤、白、黑、黄、青、緑、紺、縹、紅、紫十種琉璃。

180. 錦

《初學記》引陸翽《鄴中記》曰：錦有大登高、小登高、大明光、小明光、大博山、小博山、大茱萸、小茱萸、大交龍、小交龍、蒲桃文錦、斑文錦、鳳皇朱雀錦、韜文錦、核桃文錦，或青綈，或白綈，或黄綈，或緑綈，或紫綈，或蜀綈，工巧百數，不可盡名也。

181. 宋徽宗書神霄玉清萬壽宮碑

予藏宋徽宗御書《神霄玉清萬壽宮碑》拓本，前有蕭重題詩云："宣和天子真天才，縱横筆陣風雲開。當年艮岳鑄鐵錯，至今斷碣埋蒼苔。道君心契道家事，金簡玉編祈上帝。目稽鶴馭三千群，手製龍章四百字。銀勾鐵畫體何工，淋漓濡染來天風。大中祥符仍故事，詔令率土同尊崇。江山萬里供揮灑，太清樓上無愁者。染翰間成鸜鴒圖，傳神戲把鶯鸝寫。耶律既滅金漸强，前門拒虎後進狼。君臣謀國昧大計，猥以玄妙干穹蒼。靖康之變古所恥，青衣行酒纇多泚。坐使龍沙悲馬角，遂入羊群棄牛耳。此時籲天天不聞，銅駝荆棘怨王孫。風馬雲車渺何許，以淚洗面空酸辛。絕技爭誇擅場手，可惜爲君才未有。零金斷璧棄人間，星霜剝蝕誰爲守。當日濱海興化軍，玉清萬壽亦鐫珉。地僻未遭兵燹劫，雙勾點畫仍鮮新。故人好古躭金石，攫得殘碑珍拱璧。自屑隃糜搨硬黄，鸞飄鳳泊驚魂魄。睇觀别是一家書，凌蘇黄米陋君謨。帝王筆力自天縱，神龍夭矯遜清都。得之狂喜夜不寢，以指畫肚窮殊致。回首芒羊五國城，滄桑人海浮雲逝。”後跋云：“宣和御碑在興化郡城玄妙觀，邑人罕有知者。友人搨以見遺，因作是詩。道光丙戌相月四日，遠村蕭重題於浯江官廨買春賞雨之屋。”按政和從林靈素、張虛白、劉煉之請，詔天下皆設神霄玉清萬壽宫，縣皆有之，毀僧廬無算。神霄以長生大帝君、青華帝君爲主，其次曰蓬萊靈海帝君、西元大帝君、東井大帝君、西華大帝君、清都大帝君、中黄大帝君，又有左右仙伯、東西臺吏二十有二人，繪於壁。又有韓君丈人，祀於側殿，曰此神霄帝君之尚賓也。殿帳座外皆賜威儀，面南東壁從東第一架六物，曰錦傘，曰絳節，曰寶蓋，曰珠幢，曰五明扇，曰旌從，從東第二架六物，曰絲拂，曰旛，曰鶴扇二，曰金鉞，曰如意；西壁從東第一架六物，曰如意，曰玉斧，曰鶴扇二，曰旛，曰絲拂；西壁從東第二架六物，曰旌，曰五明扇，曰珠幢，曰寶蓋，曰絳節，曰錦傘。《老學庵筆記》稱蔡京書“神霄玉清萬壽宫”及“玉皇殿”之類，“玉”字旁一點筆勢險急。有道士觀之曰：“此點乃金筆，而鋒芒侵王，豈吾教之福！”按徽宗書號瘦金體，今傳世者多與京書相混，如《元祐黨人碑》、崇寧大錢，俱或謂出京手，此《神霄碑》未知果御書否耳。

182. 青田石

青田石出縣東門外二百步季井嶺。嶺以神童季申皋得名。洞口高六七尺，洞内圍徑三四尺，曲直無定程。十餘人共掘一洞，業此者常千餘人。洞內冬温夏寒，故石工冬則赤體，夏皆棉衣。所有皆凡石，五色凍尤不易致。有夾板凍，產夾板嶼，色黑，有青有黄，似燈光不透。周青凍，產周村，色青，有黄斑紅紋，性堅。紫檀凍，五色。松皮凍，色青黑，有紋，性堅。有武池石，紅如硃，白如蠟，性軟膩。官紅石，色絳，間有花斑。何幽石，色如豬肝。渡船頭石，色嫩黄，亦有青色，性堅而瑩，唯經水暴日即裂。牛墩洞石，色硬黄。老鼠石，色白不瑩，無釘，皆小材。臘石，如臘肉骨者佳，乾腐次之，條青又次之。皆易奏刀。一種凍石，色如熟白果，質堅起毛損刀，產遼東，非青田也。

183. 太和四年瓦器

黄仲則景仁詩："净几疏簾供若仙，膽瓶猶説太和年。"自注："數年前袁陶軒鄉人鋤地得古冢，多藏瓦器，滿貯水，作綠色，上有刻'太和四年'者。"

184. 網巾

《静志居詩話》云：網巾之制，相傳明孝陵微行，見之於神樂觀，遂取其式，頒行天下。冠禮加此，以爲成人。三百年未之改。崇安藍静之有三詩咏之，云"鏡裏風流如束縛，眼中綱目細條陳。少遮白髮安垂老，轉襯烏紗障俗塵"云云。静之名仁，洪武時人，著有《南山集》。

185. 岳忠武礪痕硯

鄒用章《紀事錄》：順治九年，曹永國志建舊部餘卒，自粵下衡陽，道臨武，屯於城東。去後，有童子拾得磨稜硯，背有礪刀痕，滌視之，岳忠武硯也。闊五寸，長七寸，高三寸，色如豬肝。面池上一血鸜眼，琢爲日象。底微琢空一指許。池畔積平。右邊“丹心貫日”四字，左“湯陰鵬舉誌”五字，皆篆文。右側鎸楷書曰：“岳少保硯，向供宸御，今蒙上賜臣達。古忠臣寶硯也，臣何能堪。謹矢竭忠貞，無辱此硯。洪武二年正月朔日，臣徐達謹記。”絕不見於他書紀載，後亦無聞，恐好事者爲之也。

186.永和窑舒嬌

施愚山《矩齋雜記》云：宋時江西窰器，出廬陵之永和市。有舒翁，工爲玩具。翁之女尤善，號曰舒嬌。其爐甕諸色，幾與哥窰等價。余嘗得一盤一盎，質蒼白而光黝然。以注水，經月不變。望之知爲古物。相傳陶工作器，入窰變成玉，工懼事聞於上，封穴逃之饒爲業。今景德鎮陶工故多永和人。見吉安太守吴炳遊記。

187.三代器

三代鼎彝皆黄銅，質輕。漢器紫銅。六朝、唐、宋青銅質重。辨其制作及銅色，即知爲何代物，不必青緑也。青緑真者厚如苔錢，薄如飛雲，自然剥蝕，刮磨不變形，沃湯不變色。陶器入土，久則失火氣，其滴水可入者，僞也。陽文爲款，在外；陰文爲識，在內。夏器有款有識，商周有識無款。三代款識多鑄，漢以後多鑿也。陶器出山東、河南者近古，款字少或僅一字。直隸、山西出土者款字多亦不過十字，再多者即爲希世之品，然年代差晚矣。陶器或曰“明器”，又曰“鬼器”，罩釉者佳。三代尚質，秦漢尚文。

188.白瓷

宋定白而不瑩，其瑩者罩青也。友人自關中得一盂，瓷骨細膩，制作渾樸，釉質濃厚，瑩白似玉，云出自家中。器底不凹，決爲唐器無疑。

189.湯勤

嚴分宜客湯勤，善鑒别骨董，所謂“湯表背”也。嚴未敗時，與馬鑾誆匿王爌子王宏七百金，宏訴於分宜，嚴究得實，戍邊，沒於戍所。

190.吕尚賣傭

《抱朴子·逸民篇》曰：“吕尚之未遇文王也，亦曾隱於窮賤，凡人易之，老婦逐之，賣傭不售，屠釣無獲。”又《備闕篇》云：“姜牙賣魚無所售。”乃知説部《封神榜》亦有所本。

191.挑耳

《抱朴子·備闕篇》云：“挑耳則棟梁不如鷦鷯之羽。”即今搔耳。

192.吴氏三一娘寫玉篇

宋陸友仁《研北雜志》云：顧野王《玉篇》，唯越本最善，末題“會稽吴氏三一娘寫”，問之越人，無能知者。楷法殊精。

193.神仙

世傳神仙之術，自東華帝君授漢鍾離權，權授唐吕巖。自巖分爲二宗，一授遼陽進士劉操，號海蟾子、明悟弘道真人。操授宋張伯端，號紫陽。伯端授石泰，號杏林。泰授薛道光，號紫賢。

光授陳楠，楠授白玉蟾，蟾授彭耜，此南宗也。一授金咸陽王嚞，嚞授登州七弟子：丘處機、譚處瑞、劉處玄、王處一、郝大通、馬鈺、鈺妻孫不二，謂之七祖，此北宗也。處機受元聘，率弟子趙道堅、宋道安、尹志平、孫志堅、夏志誠、宋德芳、王志明、于志可、張志素、鞠志圓、李志常、鄭志修、張志遠、孟志穩、綦志清、何志清、楊志靜、潘德冲十八人，居燕之長春宫，派衍最蕃，至今不衰。道教始於漢張道陵，凡受道者，出米五斗，故曰五斗米教。傳張魯、張角、張修、張衡等，即羽流齋醮祈禳、符水袪禳一派。其徒有附麗釋氏，事魔食菜而誦《金剛經》者，謂之金剛禪，秘密傳教，亦有運氣坐功、拜表齋天諸科儀。元明之際，山東、西則有焚香、白蓮，江南則有長生聖母、無爲、糍團、圓果等號，約數十宗派，各立門户，私相傳授。聖母者，斗母也。糍團者，虚靜天師所嗜，龍虎山祭必以糍也。晉之孫恩、盧循，元之韓山童，明之唐賽兒、徐鴻儒，清之林清、王三槐、齊王氏，皆其支流。末裔别有燒丹煉汞一派，則源於成連、徐福、容成、五利諸方士。宋有林靈素、張虚白之流，未久即敗，其説不振。又有徐神翁、劉仙翁、張三丰、老神仙之流，則游於人間，與世無忤，在仙凡之間。自秦漢以來，所稱爲道教、道士者，大抵具此，而實與黄、老、莊、列、葛洪、陶弘景之學無關。

194. 寧良郡王

予舊藏青花瓷碟，畫菊花數朶，意態飄逸，款署“東園製”。按寧良郡王弘晈，怡賢親王次子，承襲郡王。乾隆四年得罪停俸，諭旨有“毫無知識，行爲鄙陋，附和諸王，飲食讌樂，以圖嬉戲”語。好與士大夫遊，藝菊數千本，自號東園，以擬東籬。又精製扇，體裁雅潔，名東園扇，一時競重之。

195. 絕昏

南唐篡立後，宰相宋齊丘表請與故吴太子璉絕昏，曰：“非獨婦人有七出，夫有罪亦可出。”當道學未盛行以前，士大夫家絕不以再醮婦爲辱，然無故乖離，亦清議所不許。今懲於守節之敝，率爾離異，蹀躞東西，行路不若，是將何以勵人情之薄耶？

196. 張進中筆

元張進中字子正，都城耆老。善製筆，管用堅竹，毫用鼬鼠，精鋭宜書。吴興趙子昂、淇上王仲謀、上黨宋齊彦皆與之善。尚方有所需，非進中製不用。每自持筆入，必蒙賜酒。

197. 姚梅

姚翼字伯右，清初人。工畫梅。又取鍾山梅瓣貼於便面，以筆添枝幹其上，極有生韻，時號“姚梅”。渠丘張杞園貞亦能仿之。

198. 柴窰

明寧國大長公主所用一瓷杯，酌酒滿則隱起一龍形，鱗鬣俱備，酒盡不復見。又嘗見一貴人買得柴窰碗，其色正碧，流光四溢，價百餘金。皆見王漁洋《香祖筆記》。

骨董瑣記卷三

199.裁帽席帽

《香祖筆記》云："葉少藴言：'唐及國初，京師皆不禁打傘。五代始命御史服裁帽。淳化初，又命公卿皆服之。既有傘，又有帽，故謂之重戴。祥符後，唯親王宗室得用傘，其後通及宰相、參政。今裁帽、席帽分爲兩等。中丞至御史、六曹郎中，於席帽前加全幅皂紗，僅圍其半，爲裁帽，員外郎以下則無之，爲席帽。'按此製似古婦人羃䍦、今眼紗之類，而名爲裁帽，不可解。又按張洎《題右丞畫孟襄陽吟詩圖》云：'襄陽之貌峭而瘦，衣白袍靴，帽重戴，乘款段馬，一童總角，負琴而從。'觀其圖，乃帽上加皂色幅巾，垂於肩後，但不似羃䍦掩面耳。殊似裁帽之製，而謂傘與帽爲重戴，豈唐、宋所謂重戴又有殊異耶？"

200.聘盟日記

海昌陳其元子莊《庸閒齋筆記》錄《中西見聞錄》俄使義滋柏阿朗特義迭思著《聘盟日記》云：

康熙二十八年，西曆一千六百八十九年，於尼卜初商訂和約後，大俄大皇帝爲通商要務詳訂數事，特派欽差義滋柏阿朗特義迭思，於康熙三十年由俄國南京起程，經過尼卜初，暨中國墨爾根河、齊齊哈爾、鴨綠江、東蒙古、薊州、通州入覲。蒙召對數次，並賜筵宴。會同執政大臣，議定俄商除北京貿易外，准前往黑龍江那饔城、蒙古庫倫等處貿易，事畢仍由舊路回國。往返三載，經過處所，俱有日記。兹將進京一事，選摘譯出，以資考證。

康熙三十一年九月二十五日，自通州起程，約十鐘，聞離京僅五里，行李先行，余亦下車換馬。除隨從俄兵外，尚有九十餘人，整列而進。將至城門，觀者塞途，幸營兵開路，方得前進。城内亦觀者如堵，擁擠幾無隙地。沿途多有官員來相勞問，街市兩旁，館門左右，皆有兵排列。入館，酒果燦設。余少憩，默念從本國至京，僕僕風塵，至今一年八月之久，猶幸途中只亡一人，餘皆安然無恙，不禁上感蒼穹，愴懷靡已。後遂日日虔謝，即隨帶人員，亦都如此。休沐三日，恭候引見。

第三日，按中國典禮，傳旨内廷賜宴，亦似民間撢塵。余敬隨諸大臣入朝，見提督内大臣索額圖及他大臣四位，一同迎勞。地上悉設花罽，延坐其上。提督倡言曰："吾主大皇帝特賜此宴，無暇自至。君長路辛勞，敬請食之。"即有旨酒嘉肴，如雞鵝牛羊之屬，乾鮮果品，雜陳一桌。桌方式，面各寬三尺，是爲勞使臣之席。器皆銀製，層累約七十餘品。衆大臣另席相陪。飯畢，衆皆飲茶或吸烟，唯余飲各色洋酒。提督又曰："願貴使臣饗此宴，即爲我皇恩優渥之據。再候數日，旨下時，須親奉國書，預備召見。"余起身謝恩，乃回館。

十月初五日，提督派官數員，告以明日親帶國書伺候召見。余謹受教。次日八鐘，有大員三位來約同行。其補服有團龍、獅虎、仙鶴各像，皆金綫繡製。又馬五十匹，爲從者乘騎。余按泰西禮，攜我大皇帝國書，偕委員整列而進。至皇城宜作禁城。外門，有石碑云是官員下馬處，余即遵制步進。入五重門，始至殿，見玉階千官，蟒衣繡服，光彩奪目，在此待余。略相款接，聖駕已出。余奉國書，按常禮頌揚數語，遂退下。

十月初九日，奉旨明日賜宴。余欽遵。次早隨特派官員偕副使等進朝。入六重門院落，見衆多官員錦衣繡裳，濟濟蹌蹌，按品站立。俄傳呼上殿，入門，見皇上已出上坐。左右數人作樂，簫管悠揚，怡心悅耳。又十二人似護駕儀仗，皆執長柄金斧，上懸虎豹各尾。升坐樂止，執斧人亦皆分列左右。御筵上肴果炫陳，器皿悉銀，覆以黃色大緞。提督、額駙及二大員近侍。余在坐右二丈五六尺外。皇上注視良久，已而顧提督有言。提督跪，旋起，執余手前進，至離御座一丈一二尺，余之隨員又在我後三丈以外。上又語提督至余前，敬問我皇上起居。余答禮唯謹。旋命撤筵上黃緞，亦諭我食。余另一席，衆大臣二百餘人，各依坐位，二人一席，如法耳西即波斯。國禮，皆盤膝坐罽上。余勉强盤膝相從，如畫上式。特撤御筵上燒鵝、燒羊賜我，内羊肉異常香美。隨又賜果數盤，已又賜茶。此茶奶油和麵所作，如西洋之噶霏。如茶者。余衹領惟謹。上命提督問余通西洋幾國語，余對以通俄國、日耳曼、荷蘭語，略通意達禮國語。即見有官從後退出，帶入耶穌會中三人，至寶座前跪行叩禮。上命起，一法國人名熱爾必良，其二爲西洋國即葡萄牙。人，一名波瑪斯，皆教師。上命熱教師問余："汝從南京至我北京，行多少月，係乘車騎馬，抑或乘船？"余遂一一對答。上連稱"國窪國窪"，或是好哇好哇，恐誤聽也。又命我前。提督攜余手又前，離寶座六步，正向一席，命坐於是。余謝坐。又命熱教師細詢一路情形，並俄國南京去赤道若干度，離波蘭、法郎西、意達禮、大西洋、荷蘭諸國里數，余逐一謹對。語畢，親執金酒杯，滿語名阿拉奇。顧提督賜我飲。余飲少許，仍敬還提督。詢問通官，云是馬乳所製。後又命隨帶俄官至一丈七八尺前，亦以此酒賜之。余照西洋禮謝恩。提督問：“國家曾遣一西洋教師名郭禮瑪地，前往西洋，有何新聞？”答曰：“自本國南京起程，聞其隨帶二十五人，行至土耳其國四迷而那城，意欲從法耳西即波斯。及印度還京。”提督曰：“此人現至爪窪國地方，行至七年，今將至矣。”遂退。

凡余進內一切聞見，俟詳後序，茲先將皇城宜作禁城。宮殿及寶座略述大概。城式方長，以磚砌，深較寬約倍。宮殿悉覆以琉璃黄瓦，有獅龍各獸形。殿高約六丈四尺，階十數層。窗與西洋不甚差，而格較多，却不通透，以紙糊故也。東西二門上刻木如王帽形，飾以金光，閃閃射目。內不隔斷，頂上不作圓棚，皆金漆彩畫各種物形。深約十八丈，寬約六尺。地上按滿洲禮鋪以絨罽，上織各色草蟲。寶座設向東門，儘近後壁，寬長皆一丈八尺。前面左右有階，可循級而上。護以雕欄，鏤葉鍍金爲飾。兩旁亦有雕欄，刻各物。或謂金裝，或曰銀製，然外悉金彩華麗。中如佛龕，有門二扇，內即寶座。高二尺，以貂皮爲褥，皇上盤膝而坐。仰瞻御容，非必秀出人寰，然視之令人忠愛之心油然而生。黑睛奕奕有光，隆準，頭微向上，鬚黑而短，頦下頗疎，面多微麻。身適中，衣青緞袍，藍青色褂，出銀鼠風。項掛珊瑚朝珠，垂於胸腹，冠貂冠，紅絨結頂，後被孔雀翎數層。髮後結一辮，無他金寶之色。足登元色絨靴。用膳時，合殿寂然，唯見各大臣以目下視，皆若忘於言也。

次日，皇上特遣官二員，帶領游歷城內勝景，並馬五十匹，爲從人乘騎。余即備馬同行，隨至一處，似是戲園。房廊高大，内一高臺，上多雕彩各畫。臺上正中有一方孔，周圍有樓，樓上有欄。二官照料坐位，款待茶酒。戲之佳不待言，兼有劇法，亦極敏妙。有從空手變出香桃、金橘、葡萄各鮮果，又變飛鳥、螃蟹各生物。其餘亦有在西洋曾見者。又一技人，以琉璃圈數枚，大者如人手，叠置木梃梢頭，横飛竪舞，無一落地，真妙絕也。已而六人共舁一竹竿，長約數尺，直立地上，一童猱升至頂，匍匐其上，轉運如輪，盤旋不已。既而以一手執竹梢，徐躡足於梢上，拍手騰空，飛身而下。此外之技，不可枚舉，劇佳甚。聞此伶人皆供奉内廷，無怪藝之絕耳。戲彩之衣悉金珠晃漾。所演戲爲一英雄破敵還朝，大似策勛飲至。並有多神下界，神内一人赤面如朱，云是先皇帝也。戲之中間，忽出美婦二人，曲眉秀項，麗服炫妝，各立二人肩上，翩躚而舞，應絃合拍，如履平地。又二童子，衣奇異之衣，奏技如果斯提克。此戲俄國今失傳矣，其詳不聞。盡日所觀，無不入妙，曲終拜謝而回。是日遵滿洲禮，上幸虎圈打虎，即日還宫。

内大臣提督索額圖請宴。至其宅，情款甚密，從内書房携手至客舍。桌椅精潔，上覆金絲滿繡各色生物桌單。余另一席，他官隔坐相陪。案設細瓷花盆，内植各色花朵，皆以紫絨雜色綾絹爲之，因時隆冬，無鮮花，故像生也。前案羅列銀碟，内焚沉香，氣頗馥郁。旁設文玩數寸小人，木質金裝，飾畫工細。余及主人所坐椅上，覆以虎豹之皮，文采威重。衆客皆先飲果茶，杯放鐵匙一枚，果有胡桃榛瓤之屬。茶畢，以瑪瑙杯奉酒，此酒胥對淋水飲之。隨上盤盞多道，皆臠切魚肉，層層叠纍，上貼鮮細花草，列於一旁。又魚肉六品齊上，食少許，又珍品數道，各種小食，末上各種蜜餞，如葡萄、香桃、金橘等物。筵有優伶女妝演戲侑酒，舞裙歌扇，盛極一時。有從旁窺客者，珠簾半啓，紅袖微呈，則夫人及女公子也，其妝飾則皆依其國服色，極爲華麗。在此開懷暢叙，約有三鐘之久，乃同隨員致謝散去。

靜息數日，有管庫之石老爺相請。因至其宅，相待尤極豐盛。客舍之制，亦屬中國極富規模。白石爲地，室三隅皆設鐵梨木桌，以漢白玉爲面，石上自成山河樹木之形，真世間罕物。上設極大銀瓶，内插名花無數，雖庭柱亦采畫鮮明，他可知矣。席間招優伶演戲侑酒。宴畢，主人引余游市廛。所見綢緞成衣，金銀首飾，及百種細貨鋪面。有一官藥局，因同下馬，意欲購買數種試用。店内藥材滿架，主人款茶少坐，即有許多大夫藥方前來，按方稱藥，與西洋無二。旁有古玩店，余購數器，因得覘其鋪後花園。以盆植香桃及各種鮮花，羅列殆滿。中一璃缸，水滿其中，蓄魚數十頭，長約一指，色如真金，有脱鱗者，肉際紫色，實爲天下所罕有。從此又過數市，門上悉懸木匾，上書主人名字並所賣之物，字甚整齊。又過魚市，見各色生魚，如鯉鯽之屬，並有水蛇，心大詫異，不解中華何以食此物。又有木桶盛放蝦蟹，旁輔鋪中有鹿、兔、山鷄、野羊及各野禽之類。

是年本國正月初七日爲中國元旦，此節約過三禮拜之久。從夜半月初生時候，陡聞皇城内鐘鼓特起，接連各寺院鼓聲不絕。沿街勿論官民士庶，門放各種花砲，以示新年之意。各鋪閉户，鼓樂嗷曹。庵觀僧道喇嘛各衆，皆循其規矩，擊鼓吹號。從亥正起，直至次午，如兩軍對壘，各領十萬之衆，砲聲震天不絕。白晝街市多有執事人等，扛抬佛像，各處巡行。喇嘛則提爐拈珠，伐鼓擊鈸吹號，絡繹於道。游人如蟻。各鋪三日内不開市，罪人停刑。浹旬之間，街市男女甚夥。婦人或騎驢，或乘車。車乃二輪，上作圓棚，前面爲門，使女坐後，或吹或唱，人共見其主婦外坐吸烟也。蓋中國婦女，向不出遊，唯北城專係滿人居處，不甚避忌，漢人俱住城外市肆。

數日後，上遣官二員傳旨，以次日先黎明一時入朝辭行。欽遵。次日未黎明前一時之半，有三員官來約，並馬同行。至下馬碑處，步入三重門，進一室坐，仍有如噶霏之茶，云是滿禮早晨所食者。見第四院内，朱紫紛集，悉滿洲衣冠，風雅華麗。俄黎明，引入第四院，坐百官之中，侍臣皆按品秩，或東或南，兩處鵠立。刻許，聞聖駕將出，簫管悠揚，如聞仙樂。此殿又非前日召見處所，内設寶座，鋪黄絨褥，兩旁列二大鼓，金彩輝煌。鼓大約十八尺，下有木座。皇上入座後，命一官從内出至衆官次，朗宣數語，唯聞末云“起來叩頭”。如是者三，各官即行禮三次。行禮時鐘鼓齊鳴，絲竹外有一器，音極清鋭，殊震耳。有二大臣命我進，從二丈八尺外遥進至一丈八尺，立二滿王之間。行禮畢，鐘鼓大作，聲如發砲，簫管備舉。接連六次，仍賜坐，復賜如噶霏之茶一盞，余捧而飲。兩國公事畢，余起身朝上行禮。上起，進西方門還宫。

此院内鑾儀兵衣紅布衣，上印如洋元花，小帽黄翎，云黄色惟御前用之。又有腰佩刀、手執長槍、上挂小旗之兵，在院内排立。去兵不遠，有馬八匹，一色純白，鞍轡悉具，應亦儀仗也。第三院内象四隻，内一白象背被文繡之衣，轡頭等均以金銀爲飾，背負細木雕刻小亭，内可容八人。又有御用轎輦，皆以黄罩罩之。又許多木椅木座，爲鐘鼓及各廟樂器所用。下朝即登象輦送歸第。象奴十人以大繩繫象頭，左右牽之以行。項坐一奴，手執鐵鉤，以爲約束指示。象頗馴，馭者走如飛，似加意爲之，恐其生事。

又數日，耶穌會教師奏請得旨，准本大臣前往其宇瞻視。即有兩官偕余同往。堂外四圍皆高墉，石碑二座，門内廊舍，悉仿意達禮亞國房式。門内右設天地二球，橫徑大有八尺。堂按意達禮亞國式，橫高丈，内張琴瑟，皆妥馬思西教典禮。神像儘多，教分新、舊、西、東，俄國所奉爲東教，意、法等國所奉者爲西教。神壇一切工緻無比。寬廣可容三千人。房上懸大鐘一，小鐘無數，交鐘時相合如樂。瞻仰畢，隨入廣屋，内貯西洋各色寶玩。又延至寢室坐談，食蜜餞諸果及西洋乾糧。酒香美異常，飲時不忘泰西禮，各爲君上祝釐，乃同飲。款叙良久，情懷頗暢，始别。

同時復有一員自内廷出，相請遊玩，遂乘馬同至馴象所。象共十四，有白象一，觀之不足，命象呈技。奴嗾之，乃作虎嘯，聲震屋宇。又有聲如牛馬，又如南方小鳥，尤奇者學吹號。又命象向我請安，就地作滚，其滚時先舒前足，徐舒後足，腹重貼地，臥而後起。有一象尚未練習，鎖前二足，未經出户，地旁有深溝，似防其變。象體碩大，有牙長至六尺者。官謂余曰："此暹羅所出，每年其王入貢數頭。"觀其食，唯以米草綑縛，堆積其旁，以鼻次第捲入口中也。復出行街市，恣意遊玩。回館過一官第，見門首數人捉一狗甚肥。余問故，答曰："此肉最養人，夏食尤妙，以性凉之故。"不覺心爲少異。余致謝，官乃去。

次日，提督内大臣以柙盛豹一頭，送館看視。又送猴人、鼠戲各藝。猴解戲人言，做耍多異，又以紅緑各綵衣置各箱中，令猴看視後，呼取某彩衣，猴開取服之，演戲，一無所舛，穿衣形狀頗奇。復令就地翻觔斗，又作踏繩之戲，甚可解頤。鼠人出二鼠於笥，以索套鼠頸。二鼠各負索盤繞，幾疑成結，後竟走出，索仍挺直，其妙乃爾。耶穌會教師曰："三年前東洋島中貢四異獸，形大如馬，頭有二角，向上生，穎頗鋭。置之苑囿，約離京二三十里。曾奉旨往視，並詢其西洋有無此物，看畢復命。觀畢，並言西洋所無。"本大臣頗欲往觀，惜路遠，歸期在即，未經見也。謝内大臣後，並求如皇上命我行時前旬，賜信爲感。後得信，余即購買遠道所需各物。上仍賜宴一次。

於三十三年二月初八日，余帶隨員出京。衆大臣依依相送。十四日，抵長城，至那甕城，經過黑龍江各莊屯，至蒙古沙漠邊界，前寄存牲畜處。昔入京至此，余及隨帶人員俱食中國供給，從此往爾古那河，則本國地界矣，資斧應自備。惜牲之存者八百頭，餘並因水草有毒物故。小住幾日，俟用物備齊，乃謝沿途護送官員，起身而去。

讀此覺康熙時風俗物情，歷歷如在目前，不當作尋常聘問日記觀也。

201. 泰州教

世傳泰州教，乃儀真李晴峰所創。晴峰與張積中同門，積中死於山東肥城黄崖山，晴峰慮爲人疑，徙居泰州。其教讀書學道，不改儒風，唯傳教極秘密。相傳有諸異術，能搬運法。揚州圍急時，運使喬松年哀晴峰行法，爲致鉅金作餉。晴峰傳豐城毛慶蕃、泗州楊蔚光、泰州黄葆年及高爾庚。爾庚弟子袁銜，派流繁衍，奉之者遍東南。喬樹枏於光緒末葉上奏爲張積中雪冤，事下東撫楊士驤議，未得昭雪。[1]喬、楊皆奉泰州教者也。今葆年

〔1〕"未得昭雪"，明齋本作"得旨昭雪"。

尚居蘇州，巍然爲彼教大師。[1]

202.魏忠賢墓

魏忠賢墓在西山碧雲寺後，有穹碑二，合書“欽差總督東廠官旗辦事、掌惜薪司、內府供用庫、尚膳監印務、司禮監秉筆、總督南海子、提督保和等殿、完吾魏公忠賢之墓”。康熙四十一年，江南道監察御史張瑗奏請仆毀剗平之。瑗字蘧若，祁門人，辛未進士。完吾當是忠賢之字。按墓爲忠賢自營，被法後，其門下收葬之，懷宗知而不問。文秉《烈皇小識》則謂當寇急時，密敕收葬，以收群奄之心。世謂忠賢有非常之意，以營壙言，知其不爾，特擅權爲衆惡所歸耳。不然，規模寧僅此？且何必在寺後？劉若愚《酌中志》言熹宗刺船落水，忠賢投水救之。是忠賢愚弄童昏，亦自有其小忠小謹處。

203.奉聖夫人

明宮中奶子多封夫人，有奉聖、贊聖、翼聖諸號，不止客氏也。清順治時有奉聖夫人王氏、朴氏，頂帽服飾照公夫人。見《東華錄》。

204.吕碧山昭君像

吕碧山，名華玉，吴門武塘人，或曰嘉善西塘鎮人，以冶銀槎名。陳繼儒《妮古錄》云：曾見所作昭君像，琵琶乘騎，眉髮衣領，花繡鬏鬣，種種精細。馬腹上豆許一穴，其中嵌空。琵琶

---

〔1〕最末一句據明齋本補。

上刻“碧山”二字。

205. 王漁洋罷官

王漁洋以部曹改官翰林，出於張敦復英之薦。晚年與理密親王倡和，因觸帝怒，中以他事，免官，沒無卹典。皆見禮親王《嘯亭雜錄》。

206. 五人墓碑

蘇州五人墓碑，邑中七歲童子韓馨書。馨國變後隱居，習禪以終，門人私謚貞文先生。書法少爲香光推重，惜傳世不多。俞金門藏明巡按趙吉揭帖，五人外尚有徒流八人，凡得罪者十三人也。

207. 京師食品

京師人烟繁密，號稱百二十萬。日食豬六百頭，羊八千頭，年節則倍之。魚蝦皆來自津沽，過一日即腐臭，而價特昂。售者渥之以冰，故冰之用周四時。蔬菜瓜茄菘菰之類，每日自關鄉入城者，小車相屬於道。丁巳、庚申兩次之變，九門晝閉，居民不得蔬食。平時園丁皆能移植四方名蔬異種，春初焙火炕種瓜茄，故昂價十倍，富人爭購之。說部稱歲除日一王瓜直五十金，非過論也。

208. 制錢

幣制局調查全國流通制錢額，五百二十六億一千一百十三萬八千九百五十枚，滿蒙各處三十八億一千七百二十九萬一千枚，意銷毀者、窖藏者當不止此。

209. 天寧寺吴道子畫像

彰德天寧寺，舊藏吴道子畫神佛像三十軸，軸高二丈許。有某挾父勢，委萬金强索佳者十二軸以去，復轉以四軸售日本人，得四萬金，餘八軸還之寺中，得五千元。

210. 禮親王

禮親王昭槤，字汲修，號檀樽主人。著《嘯亭雜錄》，於有清一代掌故可資考據者甚多，旗族記述尤詳。於嘉慶二十年十一月，以擅用非刑器具，擅鎖禁門上人，妄稱管事之人爲軍機中堂，拷打莊頭程福海一家六人，加租不從，用瓷瓦岔畫傷程建義背傷百餘道，凌辱朝臣等罪，革爵，圈禁三年。後遷居西直門大街路北，使役皆蘇州人，日與群優狎處，自亦能唱崑戲。廢後十三年，疽發於腦而卒，年五十四。子賞宗人府主事。予所寓街有油鹽店招牌“福聚隆”三字，下署“禮親王”，鈐有“汲修齋”印，筆勢高古，即其所書。按《嘯亭雜錄》記林清一案，自叙入宫衛護，頗居有功，於同時王大臣皆有微詞。後竟不獲賞，不免怨誹，忌者復中傷之，以致禁廢。同時豫親王裕興、輔國公裕瑞兄弟，皆能詩文，與南士結交，同以罪廢。嘉慶帝自怙有過不悛，而好諛，尤惡文士，故防閒昭槤等如此。

211. 四大徽班

嘉道間，都中盛行演劇，有四大班，謂三慶、四喜、和春、春臺，至今都人艷稱之。不知同時尚有啓秀、霓翠兩班。三慶乃乾隆五十五年八旬萬壽，閩浙總督伍拉納命浙江鹽商帶之入都。

見伍子舒仲山所批《隨園詩話》。

212. 同樂園

乾嘉時，宮中賞宴，聽同樂園劇。見《東華錄》。按園在圓明園內，非大內也。

213. 慶樂園聯語

大柵欄慶樂園，有“大千秋色在眉頭，看遍翠暖珠香，重游瞻部；十萬春華如夢裏，記得丁歌甲舞，曾睡崑崙”一聯，膾炙人口。相傳出吳梅村筆，又謂龔芝麓，恐皆非。彼辱身二姓，豈不忸怩思諱，安肯自道身世如此？蓋遺老余澹心一流人所爲也。傳者每訛“睡”爲“醉”，“醉”字終隔一層。

214. 都中三湖

都中北城三湖，北通玉泉，南達三海。極北曰積水潭，即净業湖，爲明代洗馬處。湖上匯通祠，乾隆時所建，御碑尚存。祠後一石高丈許，所謂落星石，實則雲頭皴皆雕琢而成，或謂石有金星，故名。湖水澄净，夏無蚊蚋，荷蓋偃仰，槐柳紛披，實塵氛中一清凉勝地。己未十月，桂林梁巨川投水死於此。予居城北，時輒凌晨往弔之。稍南爲十刹海，所謂西涯也。李文正、法梧門所居，已不可尋。十刹無考，張文襄《廣雅堂詩》題爲“石牐海”，當有所本。再南曰荷塘，方廣數十畝許，已半廢爲田。文襄舊宅在湖南岸白米斜街，後人不恒居之，屋瓦多頹圮者。宅本文襄庖人所設會賢堂，文襄居之，會賢遷於北岸，築堤通湖南，沿堤植柳，高入雲霄。自夏五迄中秋，堤上設茶肆及諸儺戲，游人佻健經過。前朝諸戚貴，則凝粧坐會賢樓上，內家粧束，照映生姿，行人猶指目也。南豐趙聲伯賣字爲生，小楷稱當代第一，僦屋湖濱，疎簾竹几，望之若神仙中人。榜門聯云："唯有王城最堪隱，□□□□□□□。"[1]湖東北慶雲樓，在烟袋斜街，昔亦詩酒流連之地，今爲諸蕩子所趨，招致城中諸賣笑者，僞爲人家眷屬，謔浪笑傲，齷齪逼人，曩日流風，掃地盡矣。[2]

215. 南漢大寶鐵盤

二十七日，購得南漢大寶鐵盤，形制似洗，圍徑尺許，緣有四釘，似以懸繫，究不識何名也。盤中有銘，八分書陽文，曰"西方大士，第一圓通，以大悲心，而成佛道。衆生昏迷，沉淪慾海，因慾生愛，若藺纏身。菩薩威靈，說清净法，斷除愛功，脫離苦海。如大願船，普渡衆生，無聖無凡，同登覺路。惟漢大寶元年僧衆立。"按岳珂《桯史》載"湓城晉征虜將軍墓中一銅盆，絕類今洗羅，殊無古制度，中有雙魚，盆底四環附著，不識所以爲用"云云。與此形制略同。

216. 鉅鹿出土宋器

鉅鹿沉於大觀二年。居民掘地，往往得古物。今年七月，歷史博物館遣人往，掘地二丈許，得一王姓宅，瓷碗之類，皆書"王"字，以爲識別，字極清晰。繼掘得董姓宅，器物皆署"董"字，自匙箸盆碗至釵環木櫛之類皆具備。又得"皇宋通寶"錢一

---

〔1〕上聯引蘇軾《病中聞子由得告不赴商州三首》詩，下聯原闕不詳。

〔2〕此八字據明齋本補。

文。室中土炕制與今同，炕席已朽化，黏著炕上，形迹尚宛然可辨。炕前瓦盆一，木几桌各一，甚粗劣，器物即在桌上。

217. 宋瓷文字

天津博物館得鼎洗盤碗硯數十器，皆有文字，或朱書，或漆書，唯無埏埴者。皆楷書姓氏，或冠以年月及價直，最遠者元祐而止。

218. 郭允進之獄

雍正四年七月，刑部奏天津州民郭允進，擅造狂悖不經之語，肆行訕謗，大逆不道，應凌遲。得旨改爲斬梟。從來述有清文字之獄者皆未及此，其詳俟考。

219. 大義覺迷錄

雍正七年曾靜之獄，意在追究阿其那、塞思黑餘黨而已，故獄竟特釋靜與張熙，而嚴治吕留良、嚴鴻逵等，以留良謗及仁帝也。且諭天下臣民，不得暗害靜、熙，後世子孫亦不得以其詆毀追究誅戮，並頒《大義覺迷錄》於天下學宫。乾隆元年，竟以洩臣民公憤爲名，立誅靜、熙。復從徐本請，停止頒發講解《大義覺迷錄》，原書送禮部，有私藏者罪之。未幾，即收回阿其那、塞思黑復登玉牒。父子相繼雄猜如此。《大義覺迷錄》至清末始有刊行本。曾靜所供自稱“彌天重犯”，張熙稱“重犯”。

220. 晌

今奉天以晌計地，每晌六畝，讀若賞。清初圈地時每人六賞，共地三十六畝，有壯丁二人則倍之，再多者遞增。言“賞”者，謂以賞有功也。

221. 江寧狀元

有明一代江寧狀元，焦弱侯竑、朱蘭嵎之蕃二人。清代共三人，康熙甲戌胡任輿、乾隆壬申秦大士、光緒庚辰黃思永。

222. 篇韻

《篇韻》，韓道昭著，明成化辛卯北京慈仁寺刊本。今其書不易見。

223. 步軍統領

步軍統領俗呼九門提督，本名烏可勒，管東西四旗步兵，分左右翼，兼管九門。位與上三旗都統埒。其職專司緝捕，頗似明之錦衣衛。入民國後不改，實爲駢枝。

224. 嚴復

嚴復原名重，字又陵，號幾道，晚號瘉野老人。侯官人，今爲閩侯。十年夏正九月二十七日卒於家，年六十有九。

225. 屠寄

武進屠寄，字敬山，八月十五日卒於家，年六十有六。有《結一廬詩文集》若干卷。著《蒙兀史》，究心三十年，尚未成書。予與先生同在史館時，見其著書，秉燭達旦，勤劬不休，時慮《蒙兀史》不成爲憾。其精力爲少年人所不能及，惜性剛好使氣，故未享大年而逝。海内能續先生之書者，恐無其人矣。

226. 周祚新

周祚新，號墨奴，貴州人。善墨竹。弘光時官兵部司官，遂家於南京。今其遺迹已貴如拱璧。見《廣陽雜記》。按馬士英、楊士驄皆貴州人，祚新與同鄉里，必其故舊。乃亂後不爲衆姓所惡，猶能安居，其品詣當有高過人者。龍友殉難後，葬桐城北楓香嶺。

227. 花縣

明末韶州乳源梅花峒，地勢絕險。居民數百家，受諸生張、鄧二老指揮，不剃髮，不抗租，然官吏不能入其境也。三藩亂定，二老已沒矣，地始入官，即今花縣。後二百年，洪、楊實崛起於此。

228. 馬負圖

馬負圖，字希文，山東長山人。順治甲午舉人。善畫山水，予曾見之。明成化時貢生馬負圖，官杞縣丞，見《武功縣志》，是别一人。

229. 汪杲叔刻印

汪杲叔，徽人，名關，字尹子，一字東陽。以篆刻游婁東，得錢隨手散盡，不事家人生產。終於玉峰。其學原本秦漢，雜以宋元章法。何雪漁後，亦近代之傑出者。見《廣陽雜記》。

230. 客座贅語

《客座贅語》，皆紀金陵事，顧起元陵初撰。陵初號遯園居士，萬曆戊戌會元鼎甲[1]。

231. 汗青餘語

余懷著《汗青餘語》，記明末黨局極詳，書不傳。

232. 揚州精忠廟

《廣陽雜記》云：揚州精忠廟，乃文選樓故址，殿額“大雄寶殿”及諸天牌位，皆魯公書。牌位爲王阮亭易去，額猶存。樓聯云：“一代忠臣寺，千秋帝子祠。”

233. 歸震川夫人

瞿氏鐵琴銅劍樓藏《鄧析子》，有白文藏書印，曰“魏國文正公二十二代女”，蓋歸震川夫人王氏也。夫人尚有印，曰“世美堂瑯琊王氏印”。

234. 李清照硯

上海郁泰峰舊藏李清照硯，背鐫二十八字，曰：“片石幽閨共語誰，輪磨盾筆是男兒。夢回也弄生花管，肯蘸輕煙袛掃眉。隴西清照子題。”

235. 簡爾泰

雲南諸生簡爾泰，永曆帝時爲内侍。後入三桂宫中，以能鑒古得幸。雲南平，取入京，給事宫中。今問之滇人，多不能舉其

---

[1]“戊戌”原作“甲戌”，按顧起元爲萬曆二十六年戊戌會元探花，據改。

姓名。簡或作蹇，恐非。

236. 白糖

《廣陽雜記》云："嘉靖以前，世無白糖，閩人所熬皆黑糖也。嘉靖中，一糖局偶值屋瓦墮泥於漏斗中，視之，糖之在上者色白如霜雪，味甘美異於平日，中則黄糖，下則黑糖也。異之，遂取泥壓糖上，百試不爽，白糖自此始見於世。"又云："硝、硫和合而爲火藥，亦方濟伯偶試而得之。"

237. 亂彈

《廣陽雜記》云："秦優新聲有名亂彈者，其聲甚散而哀。"是亂彈始於清初，且爲梆子别調也。

238. 陳坤維詩

《樊榭山房集》云：桑弢甫買《元人百家詩》，後黏小箋云："典到琴書事可知，又從架上檢元詩。先人手澤飄零盡，世族生涯落魄悲。此去雞林求易得，他年鄴架借應癡。明知此後無由見，珍重寒閨伴我時。丁巳又九月九日，廚下乏米，手檢《元人百家詩》付賣，以供饘粥之費。手不忍釋，因賦一律媵之。陳氏坤維題。"樊榭有和章，兹不録。按康熙十六年丁巳無閏月，或屬萬曆四十五年，俟考。

239. 張鳴岐銅鑪

朱竹垞《鴛湖櫂歌》云："梅花小閣兩重階，屈戌屏風六扇排。不及張銅鑪在地，三春長暖牡丹鞋。"自注："有張鳴岐製銅爲薰鑪，聞於時。”彭羨門《金粟閨詞》亦云：“薄寒初薦錦氍毹，朔氣空中通坐隅。不惜裹蹄金一餅，鴛鴦湖畔鑄張鑪。”按張所製器，皆有“張鳴岐印”款識。

240.髹工楊匯

嘉禾斜塘楊匯髹工鎗金鎗銀，法以黑漆爲地，針刻山水、樹石、花竹、翎毛、亭臺、屋宇、人物，調雌黃鉛粉，以金銀箔傅之。見陶宗儀《輟耕錄》。

241.藏書印

山陰祁氏澹生堂藏書印云：“澹生堂中儲經籍，主人手校無朝夕。讀之欣然忘飯食，典衣市書恒不給。後人但念阿翁癖，子孫益之守弗失。”錢叔寶藏書木記云：“百計尋書志亦迂，愛護不異隋侯珠。有假不返遭神誅，子孫不保真其愚。”遺經堂主人楷書印云：“昔司馬溫公藏書甚富，所讀之書，終身如新。今人讀書，恒隨手抛置，甚非古人遺意也。夫佳書難得易失，稍一殘缺，修補無從。每見一書，或有損壞，輒爲憤惋，如對殘廢之人。數年來收羅略備，卷帙斬然，所以遺吾子孫者至厚也。後人觀之，宜加珍護，即借吾書者，亦望諒愚意也。”遺經堂主人記趙文敏卷末云：“吾家業儒，辛勤置書。以遺子孫，其志何如。後人不讀，將至於鬻。頹其家聲，不如禽犢。若歸他姓，當念斯言。取非其有，毋寧舍旃。”青浦王述庵祠堂藏書楷書木印云：“二萬卷，書可貴。一千通，金石備。購且藏，劇勞勩。願後人，勤講肄。敷文章，明義理，習典故，兼游藝。時整齊，勿廢置。如不材，敢賣棄，是非人，犬豕類，屏出族，加鞭箠。述庵傳誡。”

海寧陳簡莊印云：“得此書，費辛苦。後之人，其鑒我。”又一印云：“精校善本，得者珍之。”

242.乾隆時米價

乾隆三年上諭：“李衛所開米價，保定稻米每一倉石價自二兩六錢至二兩七錢五分，爲價中。大名每一倉石自一兩七錢五分至二兩一錢四分，爲價賤。豈有如此米價，尚得爲中爲賤乎？”

243.洋銅

乾隆三年六月，准江蘇買洋銅。按是時洋商每年承辦銅九十八萬餘斤，備民間製器之用，謂之“民銅”。雲南產銅一千三百餘萬斤，供應京局及各省配鑄之用。按“洋銅”即日本銅。

244.元中都上都

元中都舊基，在獨石口外七八十里紅城子，又百餘里有開平城，爲上都舊基。城郭、溝渠、市井猶隱然可辨。見孫嘉淦奏疏。

245.王振祠

明英宗爲王振立祠，在崇文門內智化寺。李賢撰碑，稱其功德。乾隆中，御史沈廷芳疏請仆像毀碑，從之。

246.方望溪

方望溪晚年革職，專在三禮館效力修書。以私告人曾薦魏廷珍而參任蘭枝，復預讓出所住廷珍之屋，以示意廷珍即將起用，又住吴喬齡之屋，而爲之補請散館，指爲受託營私，因以獲罪。見《東華錄》。

247.觀風整俗使

雍正三年，於江寧、安徽、湖南、湖北、山東、河南設巡察官。七年後於山東、浙江、福建設觀風整俗使。乾隆八年，以侍講鄧時敏、給事中倪國璉爲鳳、潁、泗三府州宣諭化導使，編修涂逢震、御史徐以升爲淮、徐、揚、海四府州宣諭化導使。

248.賜第

文端公鄂爾泰賜第大市口路北，蔣文肅公廷錫賜第李公橋，裘文達公曰修賜第石虎胡同，劉文定公綸賜第阜成門大街，劉文正公統勳賜第東四牌樓，汪文端公由敦賜第汪家胡同，梁文定公國治賜第拜斗殿，董文恭公誥賜第新街口，張文端公英賜第蠶池口，子文和公廷玉賜第護國寺。廷玉被譴後，改賜史文靖公貽直。廷玉與貽直有隙，特賜貽直，所以示辱也。

249.徐興公書屋銘

明徐𤊹，字興公，閩縣人。撰《紅雨樓書目》。其藏書屋銘曰："少弄詞章，遇書則喜。家乏良田，但存經史。先人手澤，連篇累紙。珍惜裝潢，不忍殘毀。補缺拾遺，坊售肆市。五典三墳，六經諸子。詩詞集說總兼，樂府稗官咸備。藏書匪稱汗牛，考核頗精亥豕。雖破萬卷之有餘，不博人間之青紫。茗碗香爐，明窗净几，開卷朗吟，古人在此。名士見而嘉歎，俗夫聞而竊鄙。淫嗜生應不休，癡癖死而後已。此樂何假南面百城，豈曰誇多而鬬靡者也。”又題其子書軒云：“菲飲食，惡衣服。減自奉，買書讀。積二年，堆滿屋。手自校，編有目。無牙籤，無玉軸。置小齋，名汗竹。博非廚，記非簏。將老矣，竟不熟。青箱業，教兒陸。繼書香，爾當勖。”

250.四存

顏習齋之學主“四存”，謂存性、存學、存治、存人也。去“四穢”，謂去時文、僧、道、倡也。又去“四蠹”，謂詩、文、書、畫也。謹言“八戒”，一戒閒言，二戒俗言，三戒類引，四戒表暴，五戒淩人，六戒幽幻，七戒傳流言，八戒輕與人深言。今有人焉，日日標榜習齋，而所行所言適與習齋相反，非習齋罪人乎？

251.吴三桂檄文

乾隆二十二年，查出夏邑生員段昌緒家，收藏吴三桂檄文，圈點贊賞，係展轉鈔自司存存、司淑信、郭芳。又在籍藩司彭家屏，私藏明末野史《潞河紀聞》刻本，《日本乞師》、《豫變紀略》鈔本，及《酌中志》、《南遷錄》並《天啓崇禎年間政事》小字鈔本等書。論昌緒斬決，家屏及子傳笏、司存存、司淑信，均應斬監候。後家屏以所刻族譜名爲《大彭統紀》，推原得姓之始，本於黄帝、昌意、顓頊，書中於“曆”字並未避諱缺筆，賜自盡。惜三桂檄文不傳，不知作何語。

252.紫花印

清代督撫用紫花印，自乾隆三十一年奉特諭始。

253. 成親王

成親王幼時，因取字鏡泉，奉特旨申斥。後親支別號，皆贅以居士、主人之稱。以純帝守藩時，曾號“長春居士”也。

254. 紀文達漏言獲譴

紀文達官侍讀學士，以漏言獲譴，謫烏魯木齊。世謂其以茶葉及草一束遺盧見曾，寓意“查鈔”，使之隱匿者，齊東之語也。告見曾孫蔭恩查辦小菜銀兩者，文達也。謂係歷年鹽引者，郎中王昶也。謂已查鈔高恒家產者，刑部郎中黄駿昌也。尚牽連及徐步雲、趙文哲。步雲以門生，文達以姻戚，俱發烏魯木齊，餘人擬徒。此案由歷任運使侵蝕兩淮鹽引，致餘引無着銀三百九十六萬兩，計高恒收受餘息三萬二千兩，普福私銷銀一萬八千兩，皆坐斬。見曾令商人辦買古玩，未給價銀一萬六千餘兩，照隱匿私行營運寄頓例論絞，株連甚衆。乾隆三十三年八月事。

255. 花肚番

乾隆時，暹羅爲花肚番所攻，故君詔氏失國，權臣甘恩敕請敕封，不允。甘恩敕粤人，即鄭昭。昭死，子華繼立，始得封號。花肚番即緬甸。[1]

256. 齊周華

齊周華，天台貢生，次風先生從兄也。雍正時爲吕留良訟冤

---

〔1〕此六字據明齋本補。

禁繫，至乾隆元年遇赦出獄。著詩文集，名“地輿”，隱以配吕“天蓋樓”。卒以上書巡撫熊學鵬，語多狂悖，罹極刑，次風亦緣坐奪職。學鵬後以他案獲罪論絞。

257. 大挑知縣

清大挑知縣，自乾隆三十一年始依等第用。時有“九流三教”之目。

258. 天一閣

寧波范氏天一閣，在范氏宅東，坐北向南。左右磚甃爲垣，前後簷上下俱設窗門。其梁柱俱用松杉等木。共六間，西偏一間，安設樓梯，東偏一間，以近牆壁，恐受濕氣，並不貯書。唯居中三間，排列大櫥十口，内六櫥前後有門，兩面貯書，取其透風。後列中櫥二口，小櫥二口。又西一間，排列中櫥十二口，櫥下各置英石一塊，以收潮濕。閣前鑿池，其東北隅又爲曲池。傳聞鑿池之始，土中隱有字形如“天一”二字，因悟“天一生水”之義，即以名閣。閣用六間，取“地六成之”之義。是以高下深廣，及書櫥數目尺寸，俱含六數。見乾隆時寅著復奏。後建文淵閣於文華殿後，以庋《四庫全書》，其制一依天一。

259. 乾隆通寶

葉爾羌等處行使準噶爾騰格錢。回部平後[1]，改鑄乾隆通

---

〔1〕“平後”，三聯本原作“設官後”，據明齋本改。

寶錢，並永不改毀另鑄。曾見上諭。不知今時新疆用錢尚係乾隆否？[1]

260. 通政司

有明一代設通政司，以司章奏。清雍正時軍機處應奏事件，交奏事太監呈進。餘各部衙門及內務府，均交奏事處官員呈進。奏事處隸於御前大臣。唯露奏本章，仍由六科傳遞，通政司掌文書而已。

261. 高雲從

乾隆中，管理記載太監高雲從頗用事，後因左都御史觀保，侍郎蔣賜棨、吴壇，上書房行走倪承寬，向其打聽府道優劣，爲高樸舉發。雲從以結交官員、洩漏記載、招搖滋事律處斬，觀保等俱論斬，從寬釋放。雲從曾以買地受騙，託大學士于文襄敏中，轉託賜棨辦理。其弟高雲惠爲粤海關李文照長隨，及其弟高雲龍爲副將王普及總河姚立德薦與臨清州當長隨，牽連文襄申斥，文照、普革職拿問，立德革職留任。文襄自此失眷，身後至奪世職。賜棨字戟門，廷錫孫，附和珅，與其家人劉全結爲昆弟交，以其妾獻貴人，最無行。

262. 禁書

謝梅莊身後禁止遺書刊行，緣乾隆三十三年浙江齊周華家有梅莊所爲《添髯記序》，因查出《梅莊雜著》一本，中多乖謬怨望之語。以身故不究，唯將其所著書籍板片銷毀禁行。未幾，復

---

〔1〕末句據明齋本補。

令銷毀傅占衡、李任瑛、李紱遺書。以代遠年湮，不罪其子孫。翌年，復禁錢謙益《初學》、《有學》二集。是後遂著爲功令，銷毀禁書逆書。督撫牧令，望風希旨，前後焚書無算，私家幾於不敢藏書，實秦火以來一大厄。

263. 王倫

白蓮教徒王倫，壽張人。於乾隆三十九年八月二十八日，乘歲饑，突率其黨自張四孤莊，分撲壽張、堂邑、陽穀三縣。殺壽張知縣沈齊義，堂邑知縣陳枚、訓導吴㯳、把總楊兆相，陽穀縣丞劉希燾、典史方光祀，莘縣把總楊兆立。九月初七日，進據臨清，以窺東昌。巡撫徐績率兵與戰於小鄧家莊，幾爲所禽。兗州鎮唯一，德州城守尉宗室格圖肯，皆敗績。倫勢甚盛，聚衆數千人。乃命大學士舒赫德、額駙拉旺多爾濟、都御史阿思哈，率京兵往，斬唯一、格圖肯以狥。旋舒赫德會直隸周元理、河南何煟之兵，屢挫其鋒，進圍臨清，克之。其黨總兵楊壘、和尚梵偉、元帥孟璨、朴刀元帥楊五、無生聖母、倫弟樸、王聖如、閻吉仁、王峻愛、王經隆、王四等，皆先後被執。唯倫終不獲。見《東華錄》。

264. 屈翁山

屈翁山詩文遭禁，因其文内有雨花臺葬衣冠事。

265. 勤有堂

建寧余氏，自北宋遷建陽縣之書林，以刊書爲業。購選紙料，印記“勤有”二字，至明季猶盛行。余氏以刊書名者，宋理宗時有余文興，號勤有居士。宋刊《列女傳》後有“建安余氏靖庵刊於勤有堂”款識。元刊《千家注杜詩》有“皇慶壬子刊於勤有堂”款識。岳珂稱建安余仁仲書板極精。清初余氏紹慶堂書集，即勤有堂故址，乾隆時尚存，然不刊書矣。

266. 成都孔子像

成都府學周公禮殿及孔子像，創於西漢太守文翁。後漢時太守高朕有《禮殿記》，刻柱上。壁畫三皇五帝、三代聖賢及兩漢君臣像，閱二千年猶存。至明末，學宫畫像俱毁於火。右軍與蜀守帖求三皇五帝畫像，即此。

267. 喜逢春傳奇

乾隆時查出高其佩孫秉家，藏有禁書《皇明實記》，天啓時陳建著《喜逢春傳奇》，明末江寧清笑生著。清笑生未知何如人，俟考。

268. 諴親王

仁帝第二十四子諴親王允秘次子貝子弘旿，因莊頭事，囑託通永道宋英玉，照皇長孫緜德結交禮部郎中秦雄褒例，革爵。乾隆四十三年事。

269. 純帝凉薄

乾隆四十三年，錦縣生員金從善，於御道旁遞呈，陳建儲、立后、納諫、施德四事，立斬。諭中追及那拉后前南巡時，途中失歡，自行剪髮事。世遂附會后在杭州爲尼。孝賢薨於德州舟次，世亦指爲墮水而死。皆純帝凉薄，致有此説也。[1]

270.沈歸愚身後獲罪

東臺縣舉人徐述夔，著《一柱樓編年詩》，有“明朝期翻翮，一舉去清都”語，子懷祖爲之刊行，事發，述夔、懷祖均戮尸。江蘇布政使陶易，述夔孫食田、食書，及列名校對之徐首髮、沈成濯，陶易幕友陸慶，俱論斬。知府謝啓昆，知縣涂耀龍，均革職究問。沈德潛爲述夔作傳，稱其品行文章可法，以身故不究，革去官銜謚典，撤出鄉賢牌位，撲毁祭葬碑文。世謂德潛刻其代擬各詩，純帝深恨之，特借徐述夔一傳以加罪耳。此乾隆四十三年十一月事。

271.乾隆諸相

乾隆諸相，訥親横，于敏中貪，傅恒奢，和珅兼而有之，餘皆旅進旅退，緘默取容而已。九卿中張照最鄙，撰進《法宫雅奏》、《九九大慶》、《勸善金科》、《昇平寶筏》諸曲，尋聲度拍，親爲樂人操鼓，甚至獻身氍毹，蓋阮佃夫之流亞也。

272.富室

乾嘉間海内富室，推宛平祝氏、查氏、盛氏，懷柔郝氏。康熙時平陽亢氏，泰興季氏，皆富可敵國，享用奢靡，埒於王侯。祝米商也，郝起農田，餘皆業鹺典。

---

〔1〕“致有此説也”，明齋本作“以致謗也”。

273. 胡桂胡九思

乾隆時内府伶人胡桂，善山水。見之《樂善堂題咏》。子九思，能世其傳，客於質莊親王府，亦能詩。與法時帆倡和，執弟子禮焉。

274. 套褂

清入關時套褂，尚沿明制，用紅緑諸色組繡。後始定用紺、青二色。燕居用行衣，即馬褂，自文忠公[1]傅恒歸自金川，始名“得勝褂”。見《嘯亭雜録》。

275. 智天豹之獄

鄉民智天豹，自稱章帝顯聖，示以大清天定運數，因編年號三十餘條，不避仁帝諱，謂乾隆只有五十七年。遣其徒張九霄於御道旁獻之。天豹、九霄皆棄市。乾隆四十四年四月事。

276. 八大家王

世傳清初八大家鐵帽子王，蓋謂世襲罔替耳。按八王睿忠親王多爾衮、肅武親王豪格、鄭獻親王濟爾哈朗、豫通親王多鐸、武英郡王阿濟格、禮烈親王代善、順承郡王勒克德渾、克勤毅郡王岳託。除英王外，皆配享太廟。肅王曾改顯王，豫改封信郡王，鄭改簡，禮改康，克勤改衍禧，改平。至乾隆時，始復舊封。克勤爲禮烈王長子，初封成親王，降貝勒。崇禎十五年戰死山東，

---

〔1〕“文忠公”三字據明齋本補。

追封郡王。今豫王府爲美人購去，建協和醫院。克勤府爲熊希齡所得。順承府歸張作霖。鄭府即姚廣孝賜第，最宏敞，今爲中國大學。肅府庚子之難毀於火。

277.乾隆賑案

乾隆四十六年，甘肅收監捐糧，折色包捐，揑災冒賑，全省虧解錢糧五十餘萬兩，總督勒爾謹賜自盡，升任藩司王亶望、知府蔣全迪處斬，藩司王廷贊處絞，餘侵蝕二萬兩以上者皆斬，共斬五十六員，發遣者四十六員。子孫充發，或禁應試出仕。牽連前後任，革降數百人。又因查鈔王亶望家產，閩浙總督陳輝祖抵換隱匿，賜自盡。藩司以下得罪者數十人。爲有清三百年一大獄。純帝中年後，鋭意刑誅。大臣國泰、高斌、李侍堯、郝碩、福崧、伍拉納、浦霖俱以墨敗，而福康安、和珅貪縱自若也。其時督撫年終例有"並無宴會、換帖等項"之彙奏，明諭屢禁貢獻餽遺，然皆習爲具文。君相以此爲求，督、撫、司、道以是爲應，上下交徵，竭澤而漁，是爲後來民變[1]及外患張本。

278.袁崇煥

甲乙之際，有附和項城者，請以祀關、岳之典祀袁崇煥。項城亦自謂源於東莞。其實崇煥無子，以從弟文炳子爲嗣。乾隆四十八年，錄崇煥後裔於原籍，得五世孫炳，以佐雜選補。是逃居河南之説爲子虛，且崇煥戮止一身，未及孥也。

---

〔1〕"民變"，明齋本作"寇盜"。

279. 乾隆金價

乾隆時金價二十換，見陳輝祖案明諭，視明末已倍之矣。又張文敏咨奏手稿云：銀一兩易大制錢九百上下，或八百五十上下。米色雖高下不等，市價以八百文爲率，謂一石也。

280. 乾隆時侍從之臣

紀文達少年跅弛，無所不爲，曾爲其父所逐。晚年專以柔巽取容悅，有師德唾面之風。自漏言獲譴後，被命修《四庫全書》，以逢迎得躋九列。然純帝目爲腐儒，不與重用。睿帝嘗謂彭元瑞、紀昀讀書雖多而不明理。年七十好色不衰，日食肉數十斤，不飯脫粟。嘉慶中，以資深僅得協辦，蓋終身未登政府。於時大臣嚮用，頗以貌取。文達貌寢短視，且北人，故不爲純帝所喜。一時若翁覃溪、朱竹君、王蘭泉、鄒一桂，皆不得膴仕，際遇頗相似。純帝所許爲明敏之才，率外擢督撫。若于文襄、梁文定、董文恭，皆以弄臣蓄之，遑問其餘矣。

281. 水滸傳

周櫟園《書影》云：故老傳聞，羅本，字貫中，爲《水滸傳》一百回，各以妖異語引其首。嘉靖時，郭武定重刻其書，削其敘語，獨存本傳。金壇王氏小品中亦云：此書每回前各有楔子，今俱不傳。予見建陽書坊中所刻諸書，節縮紙板，求其易售，諸書多被刊削，此書亦建陽書坊翻刻時刪落者。沈德符《野獲編》云：武定侯郭勛，在世宗朝號好文多藝，所刻《水滸》前有汪大函序，託名天都外臣。按武定侯，郭英開國侯也。郭勛最豪橫，後以罪瘐死獄中。明末嗣侯培民，甲申死於闖難。今有武定侯胡同，在錦什坊街。聞繆藝風丈云：光緒初葉，曾以白金八兩得郭本於廠肆，書本闊大至一尺五六寸，内“赤髮鬼”尚作“尺八腿”，“雙鎗將”作“一直撞”云。

282.麻沙鎸書人

《書影》云：康伯可《順庵樂府》，今麻沙尚有之。麻沙屬建陽縣，去書坊不二十里。建陽鎸書人皆在麻沙一帶。

283.分宜法書名畫

王弇州《觚不觚錄》：“分宜當國，而子世蕃挾以行黷，天下之金玉寶貨，無所不致，最後始及法書名畫，蓋以免俗，且鬬侈耳。而至其所欲得，往往假總督撫按之勢以脅之，至有破家殞命者，價亦驟長。分宜敗，什九入天府。後復佚出，大半入朱忠僖家。朱好之甚，豪奪巧取，所蓄之富，幾與分宜埒。後沒，而其最精者十二歸江陵。江陵受他餽遺亦如之，然不能當分宜之半計，今籍矣。若使用事大臣無所嗜好，此價當自平也。”

284.李瓊仙花卉

扶風汪曉山，豪曠士也。棄諸生，攜婦游江浙間，居無定所，以賣畫所得爲旅費。婦李，長於花卉，善詩。《舟中》云：“扁舟到處擁晴嵐，絕好深山任縱探。寄語閨中諸女伴，移家端合住江南。”《袁浦》云：“大河水勢接天流，遠渡帆痕向晚收。南望隋堤三百里，送人楊柳不知愁。”《蘇閶》云：“黃金不惜買歡娱，化作香塵滿地鋪。正是管絃歌舞會，倚門偏有乞人呼。”李長身玉立，吐屬風流，嘗謂：“天下如龍，江浙如頷下珠，今已探得，行且歸矣。”其胸襟眼界，固自不凡。今有畫卉署名瓊仙者，即其人。見近人所爲詩話。

285. 湯烈婦

咸豐庚申，何桂清師潰，蘇常不保，常熟繼陷，諸生周小梅妻烈婦湯碩人死之。臨難從容屬長子於鄰翁，以手書付僕，報其夫曰：“妾敬啟：昨君出門，飯後即失常熟，一夜未眠。今水窮山盡，願君一路平安，切勿以妾母子爲念。今爲盡義，恨不能一言永別，使二工報知，寄上戒指一枚，見此如見妾，願來生再叙未了之緣。八月初三日五福街寄。妾同兒女在下房井中，大姐同佩官在披房井内。此字送到樓下，交周小梅四相公收。”不獨節烈可風，即以文論，一字一淚，如泣如訴，淒涼婉摯，令人不忍卒讀，天地間有數文字也。從殉者子漣馨，女淑貞，大姐不知何屬，度其姊妹行。

286. 曹雪芹

《庸閒齋筆記》言曹雪芹著《紅樓夢》小説，後其孫綸入林清黨，致族誅者，讆言也。按《靖逆記》，綸漢軍正黄旗人，曾祖金鐸，官驍騎校。伯祖瑛，歷官工部侍郎。祖城，雲南順寧府知府。父廷奎，貴州安順府同知，有廉聲，與其妻荆、妾孫，皆死苗難。綸與子福昌同磔，以廷奎故，得免族誅。世或因寅、瑛聲相近而混耳。雪芹名霑，以貢生終，無子。

287. 麥春華

近上海麥春華，字錦泉，善雕刻。每以不及徑寸之核，鐫樓閣、池沼、人物、器具、花鳥皆備，技不在清初金老下。

288. 漢磚

佐邑瓦，或謂即左邑署瓦，文字極精，迥異尋常。近數十年出土，故《攈古錄》始著錄。予得一枚，色澤光采，絕不似近時出土者，何也？歸化出土漢方磚，陰文篆書"單于和親，千秋萬歲，安樂未央"十二字。前數年頗以爲奇，今則尋常視之。聞尚有陽文者，文字並同。

289. 萬竹山房

明顧名儒萬竹山房舊址，在上海城西北隅黑橋，今爲萬竹小學校。名儒官道州，即名世之兄。名世有露香園，以繡繪傳。

290. 鹽城范公堤古墓

鹽城范公堤上有土丘，相傳爲古墓。光宣之際，爲盜所發，起出銅鼓、刁斗、陶尊之屬，及楠木板數十具，皆長丈餘，厚數寸，未腐。邑人陳鶴樵請於邑令，封禁之。及辛亥國變，陳密募人夤夜掘之，復得楠木板，秩然有序，始知其以木作壙。再下得楠木棺，灰釘已壞，發之，見枯骨一具，赫然長逾今人者五尺餘。戴兜鍪，衣朱衣，已黝黑，觸手即化。棺中滿實硃砂。存一印白文，曰"朱英之印"，方徑寸。又一尺許銅劍，土花生澀，不可出匣。事爲衆所知，陳被訟，亡命屢年，獄始解。終不識何代墓，以陶器制作推之，疑爲漢人也。

291.曹操冢

壬戌正月三日，磁縣鄉民崔老榮，於彭城鎮西十五里叢葬地，開井爲塋，地圮爲黑穴，繼得石室，深廣有加。入石門者皆死。遂報縣令陳希賢，督工投以硫黄，久之始入。視室之四壁，塗堊如新，中置石棺，前有刻石志文，所叙乃魏武帝操也。前五十年發石室十餘處，唯皆無棺，至是真冢始現。石志今藏縣署，不知文何若，他日當訪之。

292.王阮亭舊居

王阮亭通籍觀政時，所居在斜街。彭羡門《夜過斜街别西樵、禮吉、貽上》詩，有“朔冬集冬杪”句，時順治己亥十月也。越二十三年壬戌，羡門《斜街宅》詩，有“三移斗柄春”句，則漁洋移居，當在庚申之際。又有“門扉臨劇道”句，則所居當近彰義門大街。及庚午，羡門有《移居米市，喜與阮亭比鄰》，則阮亭已改官京曹十年矣。今人但知火神廟夾道爲阮亭舊宅，而不知曾在斜街、米市也。

293.緑瓷

《西京雜記》引鄒陽《酒賦》云：“醪醲既成，緑瓷既啓。”“瓷”字見此。

294.桃核研

姚姬傳《惜抱軒集》有《桃核研歌爲葉書山庶子作》，云：

“曾爲趙宋宮中秘，上有君謨作題字。御府流傳景祐藏，夢華彷彿東京事。”蓋石研，其形類桃核。又《題程魚門三長物齋》詩云：“掃除萬物無一須，猶藏玄璧督連都。咸亨舊碑北宋搨，同時一研遺大蘇。”玄璧者，程君房、方于魯、羅小華及明內龍香墨也。又《董賢銀印歌爲嚴東有作》云：“小篆鏤銀印紙紅，土花新洗到關東。回頭秦嶺傷心碧，袖裏金貂漢侍中。”漢制“中二千石，銀印龜鈕，文曰章”，言官印也。私印銀質傳世者絕罕。

295.劉秉忠回文鏡

《漸西村人初集》云：“商城楊鐸，藏元太保劉秉忠鏡。徑圓三寸，鼻紐，刻鳳一雛二。輪郭篆十六言銘曰：‘光輪承熙，朗曜湛迪，長明恒持，廣照萬曆。’又曰：‘孿生回文，壬寅秋秉忠製。’回環讀之，得四言三十二首。公弟長卿，名秉恕，仕至禮部尚書，似與公孿生者。秉恕子蘭璋，還爲文貞後。壬寅當宋理宗淳祐十年，乃馬真后稱制第二年”云云。壬戌春，予於津市得一鏡，製作款銘與此同，豈即楊氏舊物，抑文貞所製不只此一面也?唯鏤鳳二，又作“鸞生”，不作“孿”，微異。或爽翁未細審耳。

296.陳紹五

鹽城陳紹五說：光緒壬寅，與母舅周小江[1]同赴秋試。周於第三場中暑，即僦舟歸。至揚州，疾轉劇，別賃小舟兼程行。抵鹽城，病已垂危，距其家北鄉上岡市尚四十五里，需舟行一夜而

〔1〕周小江，按郭則澐《洞靈續志》卷二亦記此事，作“周小松”。郭氏宦于清末，應以“小松”爲是。

達。紹五先走報其家人，至則一室正驚惶哭泣，敲門久弗應。已而周兄出視，遽問紹五曰：“爾二舅以何時逝者？”紹五愕然，問：“何以遽言此也？”則周魂已附其嫂氏，自謂已歿，述得病沿途就醫，及紹五扶持狀甚詳。比紹五入室，逕前執紹五手痛哭，謂無紹五且至赤體。蓋紹五於其病中，以棉襖子衣之，家人尚不及知也。哭止，力向紹五陳謝，且囑爲周恤其家，命其子速跪謝爾表兄。紹五因同周兄往舟中視周，則已垂絕，倏爾遂化去。周名文通，其子名國藩，今尚存。紹五清季留學德國，學陸軍有名，乃信鬼神，何也？〔1〕

〔1〕“紹五清季”以下十九字，明齋本無。

骨董瑣記卷四

297.咸通土俑

壬戌春，予於長沙某氏見一土俑，云是前年廣州拆城時出土者，兜鍪充甲[1]，持劍立，高約尺餘，膝前題云："咸通八年十一月二十七日造。"楷書三行。後予於廣州見土俑，署年與此同，云從光孝寺塔上取得者。

298.直百錢

予丁巳客蜀時，行"當二百"銅幣，人以爲苦。後讀《三國志》，劉先主納劉巴說，行直百錢，府庫立充。是其來已久矣。東吴亦行此錢，有值千者。

299.權奸子孫

馮猶龍《智囊》載伊庶人爲王時，見糾於臺使者，行十萬金於嚴嵩，得小緩。嵩敗家居，則遣軍卒十輩造嵩家，脅前金。嵩置酒款之，好語曰："十萬實無之，僅得半耳，而又半費，請以

[1]"充甲"不成語，疑是"衷甲"或"衣甲"之誤。

二萬金償。”因盡以上所賜金有印識者予之。既去，而聞於郡曰：“有江盜劫吾二萬金去矣，速掩之，可獲也。”郡發卒追盜得金，軍卒悉論死。觀此則嵩雖籍沒，所餘尚足温飽。流俗相傳，謂其貧死，實快心之論。憶某書分宜嚴氏，隆萬以後，尚有登第仕宦者，與秦檜子孫正同。明遂安毛一鷺，阿附魏閹，殺顔佩韋等五人。其子毛升芳，字允大，號乳雪，乃讀書應康熙戊午鴻博之徵。見《鶴徵錄》。皆天厚奸人也。[1]

300.高則誠几案

《書影》云：虎林昭慶寺僧舍中，有高則誠爲中郎傳奇時几案，當按拍處，痕深寸許。則誠名明，永嘉平陽人，旅寓虎林崇儒里。博學洽聞。仕元，終福建行省都事。弟誠，字則明，亦有文名。

301.石濤煙壺

石濤所用煙壺，以西藏貝多樹所結子爲之，製作古樸。程松林爲刻像及銘於壺上。舊爲海寧陳氏所藏，鄭叔問焯曾賦詞乞得之。叔問漢軍旗人[2]，客居吴門，光緒末年卒。善爲詞，有清真、白石之風。

302.唐鏡銘

去年有人在東城以十餅得一唐鏡。銘云：“形鍊神冶，瑩質良

〔1〕“皆天厚奸人也”，據明齋本補。
〔2〕“漢軍旗人”，明齋本作“高密人”。

工。如珠出蚌，似月停空。當眉寫翠，對臉傅紅。綺窗繡幌，俱函影中。”按此銘載《麗情集》，云蜀主以鏡賜王承休妻嚴氏也。又《夢溪筆談》所記亦同，即《博古圖》所謂唐“瑩質鑑”。特文辭稍異，“蚌”作“匣”，“影中”作“秦宮”耳。予亦曾見一鏡，銘辭正同，徑五寸，“影中”後有一“陳”字，楷書，環之以圈，似是鑄鏡者之姓。制作不甚精細，似宋元物。或此鏡存者尚多。

303. 九元三極墨

方于魯造九元三極墨，自謂前無古人。程君房與之競勝，遂搆嫌釁。見方觀承《題曹素功藝粟齋墨歌》自注。

304. 陳黄中宋史

陳黄中，字和叔，吴縣諸生。乾隆丙辰，舉鴻博不第。嘗病《宋史》繁蕪，如湯義仍、王損仲屢有删改，皆未成書，因改定紀傳表爲一百七十卷，諸志闕如。其稿未刊，今不傳。

305. 梁詩正居

梁詩正居在楊梅竹斜街。見《湖海詩傳》。

306. 馮銓後人

英廉，字計六，漢軍廂黄旗人。乾隆時官文淵閣大學士，卒謚文肅。本姓馮，涿州人，蓋銓之裔也。

307. 唐俊卿謝君餘

唐俊卿，謝君餘、君和兄弟，善鑄金銀器，與朱碧山齊名。

308. 百穀契兄

馬湘蘭爲王百穀畫蘭，款作“百穀契兄”。見韓其武騏所作歌自注。其武乾隆時人。予見湘蘭畫，稱“契兄”者不只百穀一人。

309. 聽雨樓

嚴介溪聽雨樓别墅，在神匠今名繩匠，亦曰丞相。胡同。清初徐健庵尚書居之，繼歸溧陽史文靖。其後分爲數處，畢秋帆官翰林時得之，爲燕會觴咏之地。後歸嵋峨周立崖於禮。立崖好法書，藏弆頗富，勒褚、顏、蔡、蘇、黄、米六家書於壁，後輦歸於家廟。今樓不可考，或曰聽雨樓在北半截，其南即吴興會館樓之餘屋也。健庵所居碧山堂即休寧會館。

310. 鄺湛若硯

王述庵藏鄺湛若硯，鎸“天風吹夜泉”五字，八分書，又“湛若”二字，小行書。有“明福洞主”小印。湛若善雕鎸，其《嶠雅》即手自開雕者，今行世本是其族來孫瑞重鎸，非原本矣。廣州光孝寺有湛若刻石“洗硯池”三字，今尚存。

311. 東方未明硯

趙忠毅公東方未明之硯，予昔見拓本。銘鎸於硯側，及讀朱吉人所作歌，所紀甚詳，銘在背，詞亦微異，豈是硯有二耶？朱序云：硯出端溪水坑，長三寸，廣二寸。石有眼數點如星，池作半月狀。額鎸“東方未明之硯”六字。背有銘曰：“殘月的的，明星睒睒。雞三號，更五點，此時拜疏擊大奄。成則策汝功，否則同汝貶。”旁署“夢白居士題”五字，下刻“南星”二字小印。爲沈椒園所藏。

312. 寄園故址

王蘭泉蒲褐山房，在宣武坊南憫忠寺北教子胡同，謂即趙天羽給諫寄園，張南華、沈歸愚皆曾居之。蘭泉後，吴穀人復僦居之。《藤陰雜記》謂寄園捐作全浙會館，與此説異，豈恒夫曾居教子，後遷斜街月張歟？

313. 諸葛恭銅印

予舊藏銅印，白文“金丹”二字，款鐫“諸葛恭”，不悉何許人。後讀婁縣陸于東文啓詩序云：“蕪湖人諸葛永年，名祚，能鐫銅章，煉銅鍊鋼，皆自爲之。精其業已三世，外人莫之傳也。”然則恭殆祚之上世歟？此印後爲友人索去。

314. 太白尊

康熙瓷有太白尊者，口歛腹巨，畫三蟠螭。一枚今直可千金。程魚門有《太白尊歌》云：“柴窰片瓦敵拱璧，何況世遠誇唐瓷。朅來傳觀形制古，龍文圾碎銜雙螭。云是太白狂飲之酒器，其説荒渺難深稽。質純釉細色澤厚，當是宋人摹仿之所爲”云云。是康熙之製，實仿古也。

315. 午風室叢談

《午風室叢談》，無錫鄒炳泰撰，多記掌故舊聞，可補史闕。

炳泰字仲文，號曉屏。乾隆三十七年進士，官至吏部尚書、協辦大學士，一時有清峻之名。林清之變，以失察放歸，至貨書畫治裝。《叢談》刊行時，曾割裂删改，非真本也。

316.汪容甫醉死

汪容甫晚歲以畢秋帆之薦，客揚州鹽政全德幕中，掌大觀堂所頒《四庫全書》，生計始稍裕。未幾，全德移浙，邀容甫往掌西湖賜書。比至，同人醵資飲之，大醉，一夕而卒。今《述學·別錄·江德量墓志》後喜孫識語，乃謂“五十九年十月游杭州，寓梁氏葛嶺園，十一月十九日二鼓，撰此志未及終篇，閣筆就臥，疾作。自謂中臟，亟呼僕買石菖蒲，不可得，至二十日子時棄養”云云。容甫實以酒卒，豈其子諱言之歟？容甫曾集屈、宋以下哀艷之文爲《傷心集》，蓋未成書，稿亦散佚。

317.橋亭卜卦硯

謝疊山橋亭卜卦硯，端溪石，長八寸，廣半之。額篆“橋亭卜卦硯”五字。背楷書“宋謝侍郎硯”五大字。左側鎸程文海銘曰：“此石我友也，不食而堅。語有之：人心如石，不如石堅。誰似當年採薇不食守義賢也。”右側刻題字云：“大明永樂丙申七月，洪水去，橋亭易爲先生祠，掘地得之。後學趙元行書”二十七字。按程文海，元翰林學士，即薦先生者。橋亭即今建寧南門外朝天橋，一名濯錦橋，宋紹興中建，釃水十三道，覆屋七十二間。乾隆時，周月東游海潮庵，得此硯，抱之以寢。臨死以贈查榕巢禮。曾遍徵一時題咏，刊《卜硯集》。或曰硯實好事者爲之。

318. 妝域

朱映湑文藻《妝域歌序》云："予見《樊榭山房手稿》，曾有《妝域聯句》詩，謂是明神宗宫人兒嬉之具。後於鮑氏知不足齋見有求售者，是雕漆所製，上刻神宗年號。今來濟上黄司馬小松署齋，出示所藏，乃瑑象齒爲之。其體圓，徑二寸五分，面平而底稍隆起，正中有臍。六稜突起。臍中卓一椎，長三分寸之一，粗如燈心而不鋭，可使几上旋轉者，即此錐也。六稜周刻小楷字，自右而左，順讀曰'甲寅年七月二十四日造，李得仁'，蓋萬曆四十二年也。六稜之外，雲氣繚繞於仙山樓閣、琪花瑶草之間。下有二鹿，牝牡相倚。文顯而不深。其正面則樓館山樹人物，皆鏤空飛動。窪處大小二艇，酒尊舟子相待，老羽衣翩然攜琴童子繼至。主人謂宜作詩紀之，遂爲此歌。時癸丑中秋後十日。"按癸丑爲乾隆五十八年。今小兒玩具俗名"碾轉"者，以木爲之，上覆如笠，下懸如針，即妝域遺制。

319. 秋白井字硯

予舊藏井字硯，背鎸銘，似是"不涅不磷，亦堅亦貞"八字，已爲人磨去。左側印章一，曰"秋白珍玩"。考汪大經字書年，號秋白，嘉興貢生，著有《借秋山房詩鈔》，以詩名乾嘉間，殆即其人。

320. 宋本兩漢書

宋本《漢書》，趙吴興故物。字大如錢，作歐陽率更體。卷首有吴興自畫戴笠像。有明中葉，流傳陸文裕家，王弇州鬻一莊以得之，亦繪小像於次帙。京山李本石維注謂“若得此書，當每日焚香禮拜，死則殉葬”。後錢牧齋從徽人以千金贖出，失二册，終懸金二十求得之。先質於毛子晉，後竟於崇禎癸未以千金賣於四明謝象山，牧齋自謂“如李後主揮淚對宫娥，生平第一殺風景事”。順治戊戌，歸張新鄉，虞山尚及見而跋之。不數年，新鄉以文字中蘗，死塞外，書亦流落。乾隆時詔求遺書，婁縣周忠倚以之呈進，遂入天禄琳瑯，高宗繪御容其上。其本末可見者如此。

321.浮光杯

周容《春酒堂集·浮光杯記》云：“滃帥黄斌卿有浮光杯，莫考所從來。瓷也，高幾二寸，面餘一規，唇傷半米，缺矣。而每一注酒，則珠光上浮，朝紅夜白，如沐日浴月焉。”

322.清謹堂墨

劉若愚《酌中志》：“萬曆間蘇杭織造太監孫隆，多學善書。曾刻《通鑑總類》、《中鑒録》等書。所造清謹堂墨，款製精巧猶方于魯、程君房，而劑料精細，爲殊勝焉。神廟最重之，今不易得也。”按隆號東瀛，爲江南織造，曾葺西湖諸勝，亦好事者。

323.奉聖胡同

今豐盛胡同，或謂即奉聖胡同，爲客氏私第所在。據《酌中志》，則客居在正義街西迤西蓆市街北，而逆賢亦有一第在街南斜對門不遠。説部《檮杌閒評》則云在手帕胡同。按奉聖之封，順康時尚沿此稱，或别一奉聖夫人耳。

324. 南唐硯

歐陽文忠公《試筆》云："某此一硯，用之二十年矣。當南唐有國時，於歙州置硯務，選工之善者，命以九品之服，月有俸廩之給，號硯務官。歲爲官，造硯有數。其硯四方而平淺者，南唐宮硯也。其石尤精，製作亦不類今工之侈窳。此硯得自今王舍人原叔，原叔家不識爲佳硯也，兒子輩棄置之。予始得之，亦不知爲南唐物也。有江南人年老者見之，淒然曰：此故國之物也。因具道其所以然，遂始寶惜之。其貶夷陵也，折其一角。"按南唐元宗擢硯工李少微爲硯務官，令石工周全師事之，故制作精美。龍尾硯與澄心堂紙、吴伯玄筆、李廷珪墨，同爲徽州四寶，亦南唐國寶也。此硯嘉慶中歸鐵冶亭，以拓本贈法梧門，囑張船山爲作歌。歐公手記在硯背，凡一百六十五字，有押字"皇祐三年辛卯龍圖閣直學士歐陽修記"。

325. 蘇子美語

蘇子美云："明窗净几，筆硯紙墨，皆極精良，亦自是人生一樂事。"今訛爲東坡語。

326. 漢碑出土

聞寧陽東北鄉王家林莊新出土兩漢碑，一爲建寧年，一爲初平年北海太守盧公。均寬一尺，高二尺二寸。恐僞。

327. 叶韻

魏武帝《善哉行》，以"賢"叶"王"，"命"叶"仁"，"官"

叶“君”。今滇人猶讀“王”若“完”音。

328. 俚語方言

陳士元《俚語》二卷，見《千頃堂書目》。王之珂著《閩音必辨》，見《福建通志》。毛奇齡仿宋趙叔問《肯綮錄》，採《方言》之例，著《越語肯綮錄》。胡英文《吴下方言考》十二卷，自序謂盡力三十年。書成於乾隆三十八年[1]。

329. 分甘餘話

漁洋著《分甘餘話》，乃其姪孫兆棅書刊，字與林佶神似。

330. 姜宸英

姜宸英分修《明史・刑法志》，極言明代殘刑之害。見漁洋《居易錄》。今《刑法志》無所論列，恐非湛園手筆。

331. 解五國梵語

宋設譯經院。真宗時有譯經鴻臚少卿光梵大師唯净，江南李王從謙子，解五國梵語，不肯譯景靈宫鋸木蠹文以希恩澤。

332. 先丈

《玉照新志》紀韓璡事，“先丈嘗爲何處差遣”云云。“先丈”之稱，如云“前輩”耳。

---

〔1〕“三十八年”後，明齋本有“庚辰”二字。

333. 何維樸

道州何維樸，字詩蓀，爲子貞先生之孫。以道員候補江蘇，國變後遂家於滬，所居槃梓山房在白克路。工書畫，書逼似其祖，晚年恃賣畫自給。喜豪飲劇談，爲人多春氣。壬戌五月二十六日卒於上海，年八十有一。子積煒，字星叔，能繼其家。

334. 陳襄林之奇

壬戌閏月，李厚基請以陳襄、林之奇從祀孔廟。部議俟籌有辦法，彙案辦理。按襄字述古，候官人。熙寧時爲侍講，卒謚忠文，學者稱古靈先生。著有《易義》、《中庸義》、《古靈集》。《宋史》三百二十一有傳。之奇與襄同縣，字少穎，號拙齋。紹興二十一年進士。學者稱三山先生。吕祖謙東萊即出其門。著有《春秋說》、《周禮說》等書。見《宋史·儒林傳》。

335. 大小忽雷

孔東塘於燕市購得小忽雷，凡脫逸處，盡依古樂匠修治，並雕詩綴篆。別記其源流始末云："韓晉公入蜀，以逊邏檀木製胡琴二，名曰大小忽雷，進入內府。文宗時，內人鄭中丞善小者，以匙頭脫，送崇仁坊南趙家修理。後甘露之變，中丞忤旨，縊投河。權相舊吏梁厚本，在昭應別墅垂釣，援而妻之。後黃門聽其琵琶聲，復召入。康熙辛未，予見之燕市，購得之。龍首鳳臆，頷下有'小忽雷'篆書，項有'臣滉手製恭獻，建中辛酉春正書'十一字，皆嵌銀。予題二絕於軫上曰：'古塞春風遠，空營夜月高。將軍多少恨，須是問檀槽。''中丞唐女部，手底舊雙弦。

内府歌筵罷，淒凉九百年。’”

雍正初，小忽雷爲王斗南所得，錢香樹爲賦詩云：“手法師承總不同，教坊爭說擅清宫。亦知雙鳳隨雲散，始信千齡一夢中。今日遺音傳冀北，當時弟子滿街東。酒闌月白翻新調，猶帶桃花雨點紅。”並爲之序云：“昨歲王生斗南爲予言，曾以麥五擔從東塘家老婢易之，既而贖去。後東塘弟子零落，濟上王生厚遺之，遂覓以相報。僅三十年間，收藏家猶且數更。梁厚本、米和郎而後如東塘者，又不知幾十輩矣。今秋王生復來京，出示坐客。迪夫與予同觀，謂曾於東塘席上見之，因贈以詩，蓋以黄門自况矣。”

嘉慶時歸劉燕庭，索端木鶴田爲賦四絕句：“平章軍國妙丹青，手製迻邏蜀玉形。何似河西楊節度，霓裳進曲雨淋鈴。”“馬上雙絃進御杯，雲韶仙部後庭催。逝波一去爲紅葉，不信人間有鴆媒。”“南趙檀槽聽裂繒，黄門消息漏中丞。廬江小吏民間曲，寫入宫牆怨不勝。”“霹靂無聲閟玉宸，傳頭零落一千春。樊稜變調淒凉甚，聽出唐宫玉筯人。”今大小忽雷俱爲貴池劉世珩所得。

按忽雷，馬上樂，又名二絃。相傳唯東塘客樊稜彈之。東塘尚有大海潮、小吟蟬兩琵琶。海潮爲紹興内府物，大倍常器。吟蟬匙頭刻篆文“吟蟬”二字，又“玉熙宫”三楷字。頸上鎸句云：“飄揚殿閣新晴裏，斷續梧桐曉露時。”蓋萬曆宫中物也。

336. 宣南名迹

宣南名迹，大抵皆廢矣。萬柳堂在夕照寺之旁，馮文毅所建。後歸石文桂，改建拈花寺，康熙末年即廢。鮑西岡詩所謂“故相遺墟尚可尋”是也。端木鶴田集中有《胡竹村以七月五日祀鄭司農於京師萬柳堂》詩。或曰：萬柳，竹村之堂也，龔自珍詩可證。阮文達嘗於拈花寺補柳，屬朱雀年作圖。同光時，潘文勤尚補植新柳，招勝流觴咏。顧其地荒僻，積潴爲泊，去御河流處絕遠，今竟無過而問之者矣。

風氏園古松，形如偃龍，高不過丈，餘陰可蔭廣筵五六。自明中葉後，屢見之名人題咏，言其地爲黑窰廠登高歸途所必經，度當在龍泉寺之東，與龍爪槐相去不遠。雍正二年壬寅秋七月暑甚，松凋落無餘，幹亦離地，爲人供薪樵矣。

龍樹寺，本唐興誠寺，龍爪槐嘉慶中補植，其廢亦久。南皮張文襄之洞嘗補種二株，招名流觴咏其下，今即其地爲祠，以祀文襄。

慈仁寺松，毀於清初，亦光緒初葉補種者，偃臥頗有致。庚子寺毀於火，西寮亭林祠獨全，寺僧得借棲焉。嘗爲予言：世謂窰變觀音已流落海外者，譌也，實爲慶寬所得，展轉歸於張翼。慈仁之毀，以義和拳設壇寺中，八國聯軍入都縱火焚之。殿梁柱皆巨材，獨巍然不毀，乃縛巨綆以數百人曳之倒，并佛像而火之。後復建爲昭忠祠，今爲陸軍部第三材料庫所據。開元經幢不可復問。予與泗陽張蔚西先生相文數過之，自門隙窺松，慨然欲復慈仁香火，竟阨於勢未果。亭林祠落成於道光二十四年，祠舊藏何子貞摹萬年少《秋江別思圖》，自祁文恪物色得歸後，復爲人取去。

長椿寺在慈仁東，有九蓮菩薩像，上方署“崇禎庚辰恭繪弘慈極聖智上菩薩”，左方下署“同治三年甲子，大學士銜弘德殿行走祁寯藻重題”，右方下署“長椿寺僧月如重摹”。按此非九蓮，實孝純皇太后像也。亭林《聖慈天慶宮記》：“崇禎中，尊孝純皇太后爲智上菩薩。”真本不知何時失去，相傳尚有九蓮花像，今亦不可見。九蓮菩薩像本在慈壽寺，光緒初寺毁，移奉八里莊東門内摩訶庵，作倚闌狀，闌外二童子，有法梧門、吴蘭雪諸人題識，乃慈聖李太后也。今不知存否。

棗花寺即崇效寺，在白紙坊，唐幽州節度使劉濟捨宅所建。見《永樂大典》引《析津志》。舊有椒山書“無塵别境”，已不知所之。王覺斯榜書“静觀”二字尚存，非原本也。棗樹在東廂，高僅出簷，疑補種也。鐵梗海棠在西廂下，短幹繁枝，覃溪刻石定爲漁洋、竹垞手植，吴蘭雪所謂“百年老樹紅過屋，更有何人念手栽”者是也。西來閣已毁，寺藏《青松紅杏圖》爲康熙庚午僧智朴自作像，立青松紅杏間，寓意松山杏山。智朴蓋洪文襄部將，兵敗爲僧。然智朴主盤山，不知何緣歸於崇效？圖於辛壬間失去，爲人購得送歸，乃不輕示人，而别摹一本以應觀客。别有《哺鳥圖》，久佚矣。寺中牡丹最盛，數百本齊花，有姚黄、魏紫各一，枝幹高七八尺，傳言明時植也。花時寺僧遍召客賞之。有楸數本，作花亦繁。

337.木刻

雲南諸夷〔1〕皆無契約文書，唯用木刻爲憑。予曾得其一，長約三寸，闊半之，厚約一分，兩端作圭形。右邊刻鋸齒五，左邊齒二較巨。一面書“立賣房契人業薩哈他黑期，有土庫房三間，出賣與段爲貴名下，二十五兩，日後不得贖取。恐後無憑，立木刻爲據”。一面書“憑中二伙頭，哈薩、臘吉。乾隆五十七年正月

〔1〕“夷”，三聯本改作“彜”。

十六日”。言“木刻”者，殆即刻木作齒，以示符信也。按常作“木契”，見《溪蠻叢笑》，即《唐書》所謂“木夾”，[1]乃吐蕃之俗也。

338.環溪别墅

三貝子花園，即環溪别墅，爲傅恒從子明義之居。或曰：三貝子乃誠隱王也。

339.汕頭風災

六月十日夜，汕頭風災，平地水深丈餘，飄没房屋無算，居民死者萬餘人。陸續撈出尸骸二千八百具。舊潮屬各縣共死七萬人。蓋颶風也。

340.祝玉成

康熙初，浙杭祝玉成，號培之，年八十餘。畫事入微，渺如秋毫之末。余得一牙牌，長一寸五分，闊一寸。一面畫虬髯公、李靖、紅拂、虬髯公夫人、奴十人、婢十人、箱籠二十，楚楚排列，鬚眉畢具。上寫曲一齣，筆畫分明。一面畫二十小兒，種種遊戲悉備，内一小兒放風箏，其綫有數十丈之高，紙鳶亦可辨焉。然其筆墨所占，特十分之三四耳。至於粒米而真書絕句，瓜仁而羅漢十八，無少模糊，觀者以顯微鏡映之，無一苟筆。見東軒主人所輯《述異記》。

---

[1] 原書作“本夾”，誤。按“木夾”不見於兩《唐書》，見於《資治通鑑・唐紀》。

341. 清閟閣

雲林清閟閣，在無錫懷下市長厦鎮。閣旁有洗桐軒，其讀書處也。閣久圮，基址尚存。戊午秋，聞其裔姓鳩工重修。按雲林居在厚山，地名厚陽，豈即長厦耶？

342. 李蓮英墓

大閹李蓮英墓距北苑三里許，地約二畝餘，周以女牆。南向鐵門，有翁仲二。門榜“李氏佳城”，某巨公所書也。松楸成行，墓砌白石，工琢精美。鑿石渠洩水，長亘十丈。守墓者數户，日汲水灌草木。稱壙内石室，容百數十人，有亭壇列諸珍品。費時年餘，費金數萬，始竣工。附身附棺稱是。李河間人，少業皮，人稱“皮硝李”。事孝欽爲内廷總管，終其身寵不衰。擁資巨萬，諸王呼之爲翁，不敢抗顔。死於宣統初，年七十餘矣。從子繼其產。

343. 庚子所失法物圖書

近人《簷篨叢記》載庚子所失宫廟法物、館閣圖書。據鹿傳霖摺奏，翰林院失去《永樂大典》六百零七本，其他經史載籍四萬六千餘本。又據内務府摺奏，宫内失去秘籍《長白龍興記》念四册，《歷聖圖像》四軸，《歷聖翰墨真迹》三十册，《玉牒草稿》七十六册，《穆宗實錄》七十四册，《今上起居注》四十五册，《今上御翰》八册，慈禧太后御筆今上御容一幀，《丙夜乙覽》一百三十五册，滿洲碑碣六册，《歷朝帝王后妃圖像》百十二軸，又《寧壽鑑古》十八册，《皇華一覽》四册，《髮逆殲滅實錄》

四十八册。古籍若宋板《後漢書》、《六一居士大全集》、宋方賓《皇宋會編》、宋皇倫《尚書精義》、宋鄭景炎《周禮開方圖說》、宋張昭遠《後唐列傳》、宋鄧洵武《神宗正史》、遼劉伸《邊事叢載》、元仇遠《唐百家詩選》、元彭絲《元名臣小史》、元金似孫《諸政典制》、明太祖御書御製詩四百十篇，明武宗《二十一史小咏》、莊烈帝《欽定逆案全稿》、明謝豐《龍潛紀事》、明胡應麟《古隱書》、明魏校《邊防圖覽》、明吴應箕《十七朝聖藻集》、明許重熙《皇明大事年表》、明李盤《蹶張新法》，皆人間未見之本。

又據内務府奏失去寶物清單，都二千餘件，内有碧玉彈二十顆，四庫藏書四萬七千五百零六本，金時辰鐘二具，李廷珪墨一合，《穆宗日錄》七十四本，今上手書《毛詩》三十六章，琬琰大屏四扇，玉馬一匹，髮逆璽印一本，列聖圖像四軸，真墨晶珠一串，髮逆林鳳翔、洪宣嬌齒牙一合。

按清單《穆宗日錄》當即《實錄》，今上手書《毛詩》當即《今上御翰》，《列聖圖像》當即《歷聖圖像》，皆已見摺奏。又歷朝帝王后妃圖像當即《南薰殿畫像》，今尚存，此或指失去者言。考乾隆十四年重裝帝后圖像，自内庫移貯南薰殿，計太昊伏羲氏而下爲軸六十八，爲册七，爲卷三。又《先聖先賢圖》册五。

344. 形聲指誤

汪悔翁《健忘偶識稿本》云：《形聲指誤一隅編》二卷，高郵宋錦初著，皆辨俗讀誤字，今摘記之。卿慶雲　瑞靄聿　九閡該　旻民天　昕欣旦　昒勿爽　陽鼂朝　餘式掌反　日昳迭　朏斐　朒縮　朓眺　三能台　星宿秀　格鶴澤鐸　觜咨觿攜　娵鄒訾

咨　欃槍撐　彴亳約　沆向瀣駭　炎歊枵　木介駕　災沴戾　期
基月　雩宗禜　沈沉薔災　華化山　巙猛　洚洪水　菏柯澤　汜
四　漆沮俱　淄澠繩　溠側駕反　渥洼哇　澶襌淵　洧委　洹桓　潒
倘　潢黄汙　潟昔鹵　雍用州　郟鄏辱　須句居　邿詩　檇醉李　鄄
絹　禚酌　溴恤梁　井陘邢　酁孚　郴春　狋拳氏精　鄜瘥　盩厔
舟至　閿聞鄉　犍虔爲　滎新陽　石埭代　鄠户上聲　下邳平聲　澠
勉池　棧綻道　朝招鮮仙　大宛鴛　先零憐　冒墨頓突　閼烟氏
支　隤頽鼓瓌　史籀宙　元咺選　狼瞫沈　紇黑　土雅若田反　石
奐敕略反　婼丑略反　召伯廖聊　絚堅　陳亢剛　宓伏　馬謖速　繁
婆謐密　壼困　瓛桓　璡津　嶠喬　晟盛　湜殖　玭駢　跖蹠　杼上
聲　曌照　婤周　姶葉　媼襖　嬍美　準柮頞　睅户板反　肓荒　髀
上聲　鬅格入反　要腰領　鼞輕　簉初又反　覞檄　躗户快反　屬燭
毛　一抔捂　有郤隙　嗺誚類　覘占　岐嶷逆　崢嶸宏　倜傷儻
倘　悃愊逼　提撕西　料量俱平聲　覶羅縷屢　針砭邊　噢咻嫗
許　帡平幪　姍訕笑　睥睨畀詣　覬覦寄喻　縱臾總勇　蔓萬延　捭
擺闔　滑骨稽　傴與僂屢　虛憍敲　骩骳委敝　婐妸諳阿　蹩躠
撇薛　踶跂提岐　踣匐仆　呰窳咨與　駔臧上聲　儈古外反　睚眦獅
豸　剛愎弼　貧冒墨　貪婪貪惏嵐　饕餮叨帖　朘宣削　洴澼平
辟　芟山夷　創搶痍　紛呶鐃　讋懾服　瞠敕瞬反然　矉疢然　听
嚻然　翛消然　翛倏　瞿紀具反　趯邛　苶奴結反　渢泛　檬莫孔
反　蹻蹻矯　熇許客反　濊活　騑肥　怵敕　倀昌　矍俱縛反　睢雖
盱吁　豳分　百揆跪上聲　匪分頒　糈詡　馮憑相　覛覓　帑儻　緡
民　奇肌　土著直略反　壝委　燎力照反　脈甫軫反　純嘏假　闋
缺　竣逡　疏所著反　櫜到　櫜鞬高堅　菰盧　嗃許交反　枹孚鼓　泛
棒駕　劵圈　靮亦作靮　繁盤纓　傒區歐　分北背　堧沿　甓甗　朊

市　虒師　礫力　笫滓　庡㢆偃移　干胡旦反　㕦去聲　鼪倫上聲　希止冕　純準素　紃巡絛縚　㡇止　縷吕　紉鄰　縓茜　鯖征　潃瀡俱仄聲　腝嫩　捭擘　腯突　緹體　醍體　醏酊上聲　鱻仙　蒿槁　璚瓊　玭步因反　璊門　璉輦　鏤漏　肉去聲好　杯平聲　蓏倮　苄户　槎汊　狻酸　於菟烏徒　瘈制　猱勞　嗾叟　鶩木　肋勒　蟲毁　土敕雅反　苴鮓　以上上卷

槈柜欔枷皆不從耒　蠶繅鈔繅澡藉　岐嶷逆九嶷疑　湛丹樂湛暫露浮湛沉　文獻如字獻莎尊　鍼箝巫鍼針㡇　葑菲斐芳菲非　屏丙蔽屏平營　華譁實大華化　寬假昭假格　因依斧依倚　漸次漸漸巉又晉箋　斗杓標杯杓勺　燒畬式遮反菑畬余　單嬋于單丹厚單上聲子　純一純緇帛純準緣　郫婁閭婁慮驕離婁樓　蕣即䒠　彬即份今作斌　頫即俛　鼂即朝晁　諶愖訦忱同　嵩即崧　模即橅　烖灾災同　燬焜同　贄摯同　墮隳同　勳勛同　杯桮盃同　侃偘同　鎖鏁同　沿沿同　澣浣同　艉艞同　泭桴柎同　簰牌同　纊絖同　硋礙同　眎眡視同　颿帆同　祀禩同　藼蕿萱同　詢訽同　懟懟惡同　梲棳同　裣襟同　協叶同　噉啖啗同　縰纚同　案椀同　鉼鉶同　咮噣同　梅楳同　檝楫同　醻酬同　淢洫同　瑴珏同　洩泄同　柅檷鑈同　達䢌同　卑庳同　祇支跂同　茂懋楙同　韍市紱芾袚同　以上下卷

345. 肇域志

汪悔翁析《肇域志》稿本爲南直十一卷，陝西十卷，浙江二卷，山東八卷，山西五卷，河南四卷，湖廣三卷，雲南二卷，貴州一卷，廣東二卷，福建二卷，共爲五十卷。原闕北直、江西、廣西、四川四省。凡三千五百六十三頁，約一百四十二萬五千二百字。以每字一釐準之，需刻資一千五百兩。後未果刻。《悔翁文集》卷九《肇域志跋》，乃云“湘鄉相國屬以寫官，印以活字”。然則當時曾付排印矣，今竟不可得，何也？

346.陳銑硯柯丹丘硯

悔翁藏海寧陳銑硯。銑，頻羅山館弟子也。硯背鎸“淼復覓不，戌龜崩了”八字，篆文。款署“雲隱道人”。翁又藏柯丹丘硯，云：“光緒戊寅，何生子清忠萬得其硯，自宿遷寄予。硯端材，以今布帛尺度之，長五寸，廣三寸四分，博一寸四分。其背正書銘曰：‘方正之德，純固有常。惟節是守，著爲文章。’款云‘柯九思贊’，下有柯氏私印圖章。面池下有眼碧色，才豇豆大，旁有小黄粒。”皆見翁所著《憶妄塵語錄》稿本。按“淼復”二語，似隱“復見太平”四字，未知是否。

347.江悔翁自書紀事

悔翁《自書紀事》云：乾隆三十年乙酉十月十六日，先考茗溪府君生。按茗溪先生好宋儒書，授讀不應試。五月二十四日，先妣蘇太孺人生。

嘉慶七年壬戌六月十五日子時予生。按翁生於金沙井，所謂老宅也。

十七年壬申，十一歲。按是歲翁從學徐師諱鎔。

二十一年丙子，十五歲。按是年翁學故衣於焦氏者六閱月。

二十二年丁卯，十六歲。按是年翁又學故衣業於其姑丈朱惠泉宅者五閱月。

二十三年戊寅，十七歲。按是年五月翁學餅業於長干里祥和店，至八月而歸。二十五年庚辰，年十九歲，入泮。按督學使者爲歸安姚文僖公文田。

道光元年辛巳，二十歲，館家中。

二年壬午，二十一歲，館張氏二年。

四年甲申，二十三歲，館盛氏一年。

五年乙酉，二十四歲，食餼以後館方氏九年。

七年丁亥，二十六歲，授室，同郡宗孺人，生於嘉慶六年辛酉，年二十七始歸予，予貧不能娶也。

九年己丑，二十八歲。按是年六月十四日長女淑芹生。適上元庠生吴榮曾，字芰舟。

十二年壬辰，三十一歲，丁外艱。按是年六月二十日字范次女淑蘋生。

十四年甲午，三十三歲，館熊氏六年。按是年十一月四日三女淑□生，適吴榮寬，字立生。

十九年己亥，三十八歲。按是年翁遷居油坊巷。

二十年庚子，三十九歲，鄉舉。按是科主試爲滿洲文慶、益陽胡林翼。借方氏館。

二十一年辛酉，四十歲，會試。

二十二年壬寅，四十一歲，館何氏一年。

二十三年癸卯，四十二歲，赴山東。

二十四年甲辰，四十三歲，會試。先慈八十壽。

二十五年乙巳，館績溪二年。

二十七年丁未，四十六歲，六月十五日内卒，棺極薄，葬不成禮，可哀也。内艱。按是年會試不第，館於邗上。

二十八年戊申，四十七歲，在舍修《南北史補志表》及《通鑑地理考正》。按《地形考》、《草木考》，翁長女筆也。

二十九年己酉，四十八歲，又四月十五日，繼室吴興沈氏來歸。按是年始役一老嫗。長女三女皆歸於吴。

三十年庚戌，四十九歲，會試。冬之徐州。按是年翁遷居金沙井老宅斜對門。

咸豐元年辛亥，七月，豐縣盤龍集河決。在銅山回。

二年壬子，在高郵，九月十五日棄疾生。

三年癸丑，二月十日，金陵陷於賊。十一月出城。六月三十日棄疾卒。九月、十月二女卒。

四年甲寅，在蔡村陶巷，後七月初赴績溪。實沉生，十月也。辭章秋漁館。

五年乙卯，授書八都宅坦，五月內來宅坦，八月實沉卒。十月予大病，婦自炊爨。

六年丙辰，五月，向營失。旱蝗。六月，河決銅瓦箱北流。五月，大女殉難。婦始得喘疾。

七年丁巳，王邑令欲代人謀予館，以縣考也。得大女殉難句容許村信，始稍稍無憂，以存洋交實翁也。

八年戊午，冬，得鄂銀信，邀赴鄂。立生寄靴及內人裙。

九年己未，正月八日赴鄂。三月，入撫署五福堂。得立生寄古文二套，繩結之，可寶也。

十年庚申，聖駕北巡，曾公督兩江。作《讀史兵略注》，明年刊成。

十一年辛酉，八月，安慶復，聖駕賓天。八月，穆宗南旋。《水經注圖》刊成。六月，之湖南，又回湖北。六月十五日六十歲，宴客。

同治元年壬戌，作《撫鄂記》六卷，在閻丹翁處，未刊。立生代謀得橫渠書院，華清舊址也。

二年癸亥，刊《大清一統輿圖》，明年二月刊成進呈。

三年甲子，五月，嚴公被議。六月十六日，金陵復。十月，自鄂旋里，十一月到城。

四年乙丑，五月，曾侯征捻。三月，歸舊宅。四月，沈來，八月二十去。李伯相來。十二月程觀甫卒。

五年丙寅，四月十五日，吴立生歸。二十日沈、陳、汪回。

六年丁卯，曾侯回。十一月移家。

七年戊辰，九月，曾侯移節直隸。九月馬新貽來。二月程汝翁歸桐川習布業。申甫、月江入泮。按申甫當是翁外孫吴崧慶。

八年己巳，十一月，立生自桂林歸，置井二村新塋。十二月，買絨莊房。

九年庚午，七月，馬端敏被刺，將軍魁玉署。曾侯三督兩江。置西宅屋，五月圍牆成。閏六月，作壽衣成。以姻事與申鬧。

十年辛未，沁河、永定河決，鄆城河決，東南至徐海。申定婚。

十一年壬申，二月四日二更，曾侯薨於位。七月，江北冷龍過。是年曾文正公靈輀回湘。三月，何小宋來。十月，張振軒來。二月，墁後園後門一帶碎磚地。賣書板作雙棺。及杜同春房及本宅契。申甫取婦邵。

十二年癸酉，二月，李雨亭來。申甫生子祥，名學杜。七月，與立甫鬧。

十三年甲戌，修志。李尚書告病。十二月初五日，天崩。

光緒元年乙亥，二月，李尚書歸，劉峴莊來。十月，沈幼丹來。兩縣志刊成。三月二十七日，陳桐川取婦林。

二年丙子，三月，沈公閱邊。桐川生子。甘建侯蒯禮卿鈔予詩文稿去。冬以酉姻事大鬧。按酉當是翁外孫吴華慶。

三年丁丑，正月，裁忠義局員，一切局裁。春，立生之晉。六月十一日，沈兄卒。八月十六日，陳婦林卒。吴外孫女歸於上元石承恩。莫送乾脩。

四年戊寅，汪杏孫女歸於黄。莫又送乾脩。李送潤筆。八月，《孫文恭全書》成，未印也。十一月申之吴門。按是年翁七十七歲。

以上皆悔翁原文，一字未易，以存其真，留爲異日作《悔翁年譜》之資。翁以光緒十一年督學黄漱蘭薦，授國子監助教銜。十五年七月七日卒，年八十有八。前室生五女一子，繼室生三子，唯適吴一女存，餘皆殤死，竟無後。

348.悔翁詬婦

悔翁晚娶沈，實少翁二十一歲，夫婦勃谿無虚日。悔翁詬婦之詞，皆筆之語録，蓋口不能敵，則書以洩恨也。有云：不孝不友，不慈不順，不和乖戾，不睦鄰里，多尚人尚氣，無事尋人不是，懶傲惰不惠下，妒忌凌虐，殘忍酷暴，不敬夫，多心，凶悍，挑舌，狠婆，吵鬧，碰騙，尋死拚命，多言長舌，講究妹妹圈套，假咳嗽打掃喉嚨，嗅鼻吐痰，詐喘逆，乾嘔，噴嚏，大聲歎，詐哭。又云：眼睛一揉，即無中生有，百計搜尋，説張家長，李家短；吹毛求疵，推求百般不好之處，以責備人；一事要數十日數百遍不止；買物於秤上及價值，俱要占點小便宜；事事講究，好排場應酬；粧病，無多人服侍，我又不中用，不能作事，如何不格外動氣。又云：恃氣衝撲，不顧物力。委心凶悍，毁及室器。判曰：憊其精力，困其心思，反其寒暑，拘其出入，使之疾病。任性妄作，毒及子女，老拳凶物，毆及無辜。判曰：奪其飲食，稽其居處，禁絕粗糲，使之飢餓。搥牀叫罵，辱及先人，指桑駡槐，肆無顧忌。判曰：捽其衾茵，扯其冠服，褫其袒衣，使之寒涷。又云：猘犬噬人，蜂蠆有毒，而況刁惡悍潑，素有聲名，平日無三時不尋鬧者。此後貧賤艱窘，諸不遂心，何能逞其詐病浮靡之故態。且剽悍日甚，勢必毆辱，吵嫁逼休。觀其右眼角弔上，終必横死，特未知死於凌遲之國法，抑死於拚命之騙人。又云：女子之年，十歲以内死爲夭，二十内外曰正，過三十曰甚，過四十曰變，過五十曰殃，過六十曰魅，過七十曰妖，過八十曰怪。歷歷狀其凶悍情事如繪，與馮敬通《致任武達書》千古同一傷心也。

349.悔翁長治久安之策

悔翁二女，皆殉洪楊之難，故主溺女。又苦於婦悍，故主三十而娶，二十五而嫁，違者斬决；非有資不娶，非品官不再娶。又謂“頓覺眼前生意盡，須知世上婦人多，”爲世亂之由。遂主婦人生一子後，即服冷藥斷胎。再嫁者斬。廣清節堂，廣女尼寺，立童貞女院。廣僧道寺觀，唯不塑像。家有兩女三子者倍其賦。又主分士、農、工、商、武、僧六民，游手者爲僕隸，不齒於六民。不禁優伶，使人有樂境；而禁倡伎，以端風化。士至五十外，始準言道學。變法不拘孔孟六經。删《六部則例》，一切破格。尊史學，考試去《孟子》，增《通鑑》。謂如是始爲長治久安之策。曾國藩駐軍祁門，一時誹議紛紜，實自悔翁創其議。亦見語錄中。安可以儒生少之？〔1〕

〔1〕末句據明齋本補。

350.悔翁自狀

《悔翁自狀》云："本惡理學之迂疏，而以嬺故，其狀近於假道學。不爲桐城派文，而以拙故，其心溺於喜詞章。譬之則兩足書廚，其實滯也。覈實則有司牙籤機器，不能辦一事，則懶也。草木亦廉潔，瓦礫亦不爭競，乃自託於'行己有恥'。本笨也，而見事遲，應機緩。本卞急狷狹也，而無口辯，好負氣怙非，無急智。即爲山僧，而兩目既瞽，又漸聾，手顫足蹇，何以得乞食？"予嘗以悔翁比迹汪容甫，雖克享上壽，著述成就獨多，然早歲艱辛，遭逢禍亂，骨肉仳離，終於無後。以視容甫有子負荷者，尚覺彼優於此也。

351.悔翁著述

悔翁文章樸學，爲江寧一大儒宗。著書七十餘種，皆失於洪楊之難。光緒七年，洪汝奎爲刊文集十二卷，外集一卷。十年，張士珩爲刊詩鈔十五卷，補遺一卷，又詞鈔五卷，筆記六卷，非全豹也。翁自言亂後致力，筆記爲上，詩次之，詞又次之，文爲最下。予所得翁《丙辰備遺錄》、《乙卯隨筆》，是自圍城攜出者。又《憶妄塵語錄》及《健忘偶識》，則同光間所筆。其中論政，論學，詩文稿，及紀述洪楊之政及圍城中事，俱卓然可傳。予輯成《悔翁詩續鈔》一卷，餘俟異日依次最錄。翁所著《一統輿圖》、《水經注圖》、《南北史補志》、《讀史兵略》、上、江兩《縣志》，俱刊行。唯《補志》稿原爲三十卷，其目一天文，二五行，三地理，四輿服，五禮儀，六樂律，七刑法，八職官，九食貨，附以氏族、釋老二志，十藝文，外附四表一卷，曰世系、大事、封爵、百官。方濬頤於揚州得其殘稿十四卷，有天文、五行、地理、禮儀、藝文五志，爲刊行之。餘俱散佚。

352. 宋時金銀價

《靖康孤臣泣血錄》載：“金人搜括金一百萬鋌，銀五百萬鋌。詔許納金銀人計直給還鹽茶鈔，金每兩準三十千，銀每兩準兩貫三百文。”按《金陀續編》：“紹興四年省劄岳飛本軍，月支錢一十三萬餘貫，米一萬四千餘石。今寬剩支降銀一十萬兩，每兩二貫三百文，金五千兩，每兩三十貫文，共準錢四十萬貫”云云。金銀之差爲十五倍，與靖康時無異，豈當時有一定準則耶？

353. 宋官妓營妓

宋太宗滅北漢，奪其婦女隨營，是爲營妓之始。後復設官妓，以給事州郡官幕不攜眷者。官妓有身價五千，五年期滿歸原寮。本官攜去者，再給二十千，蓋亦取之勾欄也。營妓以勾欄妓輪值一月，許以資覓替，遂及罪人之孥及良家繫獄候理者，甚或掠奪誣爲盜屬以充之，最爲粃政。南宋建國，始革其制。

354. 曝書亭

曝書亭舊址在嘉興王店。歲己未，縣人爲重修之。

355. 風懷詩案辨證

近人箋竹垞翁《風懷詩》，以其小姨當之，擬爲《風懷詩案》。然觀翁《閒情》八首，有曰“邂逅重門露翠鈿”，曰“家臨大道不難知”，曰“西鄰名士悅傾城”，翁是時正從婦居外家，則非同居可知。曰“走馬章臺執畫眉”，則非良家可知。曰“多事定情繁主簿”，曰“夢裏分明月墮懷”，又《無題》六首有云“莫教仙犬吠，花下阮郎歸”，則似有前約矣。曰“大婦亦憐中婦艷，新人定與故人殊。鴛鴦有分成頭白，肯許飛還野鴨俱”，此大婦若稱夫人，則絕非姊妹可知，且安有教諭女而爲人作妾者？觀翁《村舍》詩自云“感遇而作”，時方流離孤苦，荷贈田之義，感恩之不暇，斷無覬覦小姨之理。若以“生來里是比肩名，兩美須知定合並”之“比肩”“兩美”語遽定爲姊妹，殊嫌未當。既云少翁六歲矣，則翁入贅時，其人年只十一，《清平樂》詞不應云“一十二三年紀”也。《風懷》本咏絕無“少小嬉戲”語，必婚後數年，亂離時始遇者，故《探春令》詞云“不道是相逢驟”，非其妹甚明。《嫁女詞》“阿婆嫁女重錢刀”，何得以阿婆稱妻母？是時教諭尚存，阿婆豈得自專？觀本咏始終無一語及英皇事，且比擬之詞，曰于盼盼、李當當，曰旋娟、謇姐，曰蘇小墓，皆不倫類。正緣硬坐實壽常一簪及“馮雙禮”一語，以强合之。然則“第一漢宮嬙”，安知非王氏耶？《洞仙歌》詞“金釵二寸短”云云，即“接笑猶是，少年風韻”，翁是時不應云“猶是少年”，明明又一人又一時也。《觀曹秋岳題琴趣後》云：“待繡帆高挂，遲日江濱。齊列瑤箏檀板，攜妙妓，徐步香塵”云云可證。又《蝶戀花》詞云“妹是桃根，姊定名桃葉”，《惜分釵》詞云“李波妹，桃根姊”，《三姝媚》詞云“月姊窺儂也，勸飲深杯稠疊”，又云“早是含情迎接，怕峽雨他山，易霑桃葉”云云，似是姊妹行，而所眷者其妹，不然安有以桃葉戲稱其妻之理？《南樓令》詞云“留不住塞垣春”，是“佳人自北方”亦有注脚矣。《金縷曲》云“算天孫已嫁經年，夜情難說。走近合歡牀上坐，誰料香含紅夢”，與本咏云“梅陰雖結子，瓜字尚含瓤”，似其人嫁而違異，翁始由離而合。故云“話纔分款曲”，又云“定苦遭謠諑”。若爲其姨，則翁婿夫婦間必有參商，而翁固無是也，觀《還家即事》、《雪中得內人信》詩可證。

356. 宣德紙陳清款

查悔餘詩：“小印分明宣德年，南唐西蜀價爭傳。儂家自愛陳清款，不取金花五色箋。”自注云：“宣德貢箋，有‘宣德五年造素馨紙’印。又有五色粉箋，金花五色箋，五色大簾紙，瓷青紙，以陳清款爲第一。”

357. 吴梅村子孫

吴梅村連舉十三女，自卜終當有子，年五十納十六歲稚妾朱，果生三子：暻、璘、暄。暻字西齋，官兵科給事中。暄字少榮，官壽光知縣。某書謂西齋早世、善人無後者，非也。西齋子獻可，通經史，究名法之學。獻可子完夫，工鎸印琢硯，極奇巧之技。

358. 耶律楚材墓

耶律楚材墓，在頤和園大門內電燈處旁。查悔餘《甕山麓尋耶律丞相墓》詩注：“明末有人發冢，見一頭加常人數倍，亟固之。後掘得碣石，知爲公墓。”

359. 魏瓦齊磚

悔餘《鄴中咏古》詩云：“齊磚魏瓦人爭託，想見當年土木妖。”自注：“魏銅雀瓦，色青內平，印工人姓名，皆八分書。

以爲硯，注水數日不滲。”按齊起鄴南城，磚瓦皆以胡桃油油之，當油處有細紋，曰琴紋，有白花，曰錫花。古磚大者方四尺，上有盤花鳥獸紋、“千秋萬歲”字。其紀年非天保則興和。又有磚筒承簷溜者，花紋年號皆同。內圓外方，亦可爲硯。王荆公詩云：“陶甄往往成今手，尚託虛名動後人。”則真品在宋時已不可得。

360. 香山弘光寺

香山弘光寺，由十八盤盤旋而登，實當前山最高處。寺爲正統間閹人鄭同所建。舊有碑，記費七十萬金。見悔餘詩注。此碑當毀於乾隆時。今靜宜園爲某宦以計竊據，分賂權勢，修別業。工雖草率，然丹堊一新，漸復舊觀。獨弘光無人過問。

361. 逸鶴孤猿

黄仲則一字逸鶴，洪北江一字孤猿。見《笥河詩集》。

362. 大相國寺

開封大相國寺，唐尉遲敬德監造，相傳信陵君故宅。舊有唐睿宗書榜“大相國寺”四字。殿內有碑，刻張平山畫布袋佛，背刻觀音像，李夢陽爲之贊，左國璣爲之書，稱爲“中州三傑”，已毀。宋、明時，四方商賈爭集於此貨珍異。見《東京夢華錄》及《如夢錄》。近於此規建市肆。

363. 董文敏代筆

竹垞《論畫絕句》自注云：“董文敏疲於應酬，每倩趙文度及僧珂雪代筆，親爲書款。”又云：“先母唐孺人，文敏甥也。文敏見先人畫，謂人曰：‘不出十年，可以亂吾真矣。’”世藏董畫者不可不知。

364. 天籟閣印

竹垞《贈許容》詩云：“往時長洲文博士，刻石頗有松雪風。墨林天籟閣書畫，以別真僞鈐始終。”然則墨林諸印皆國博筆矣。予怪傳世國博印皆槎枒生澀，殊不茂美，讀此乃知其僞。

365. 都維明

《說聽》載：“都維明博學多藝，務爲韜晦，以名者造物所忌。怪其子玄敬好名，每嗤之曰：‘別人著書別人開，我家都穆著書自開。’偶乘興畫一梅，尋悔曰：‘有一能當小一能，何乃自表暴耶！’”予謂明季士大夫喜自刻詩文集，溺習相沿，其弊中於有清一代。然及今存者，不及千萬之一也。清季活字板盛行，一時人以有無著述相高下。然行世者皆負販剽竊，不值一顧，差足比於程墨試卷，不數年蕩爲荒烟野馬矣。本無足傳，故亦倏忽而滅。近更有品題《水滸》、《紅樓》諸書，談文談玄，以愚學校生徒，奪其膏火之資，其用心尚在金聖歎諸人之下。蓋習於虛誕，迫於饑寒，不求名實，務自表暴，是皆亂世之徵也。[1]

366. 眉子硯

葉小鸞眉子硯，橢圓形。長二寸七分，博一寸六分，高四分。

---

〔1〕自“近更有”以下諸句，據明齋本補。

側鎸“疏香閣”三字，背鎸“舅氏從海上獲硯材三，琢成，分貽余兄弟，瓊章得眉子硯”二十二字，真書，更繫以二詩曰：“天寶繁華事已陳，成都妙手樣能新。如今只學初三月，怕有詩人説小颦。”“素袖輕籠金鴨烟，明窗小几展吴箋。開簾一硯櫻桃雨，潤到清琴第幾絃。己巳寒食題。”有朱文橢圓“小鸞”印。按瓊章没於崇禎五年十月，年十有七，己巳在前三年，年始十四。硯爲番禺何綏之物，復歸何夢華。後歸龔定庵，爲賦《天仙子》一詞云：“天仙偶住厭瓊樓，乞得人間一度游，被誰傳下小銀鈎。烟澹澹，月柔柔，伴我熏香伴我修。”語意呆滯，殊乏纏綿之致，辱此硯矣。道光己酉，大興王佛雲壽邁嘗於袁浦市上得此硯，拓銘徵題，刊《硯緣集》行世。集中琴川吴逸香女史北曲一套，最擅勝場，錢吉生爲之寫《聽真圖》。

367.三秘十華九十供奉

龔定庵藏器有“三秘十華九十供奉”。“婕伃妾娋”玉印，秦天禽四首鏡文一百四十四[1]，唐石本大令《洛神賦》，爲“三秘”。大圭，召伯虎敦，孝成廟鼎，秦十一字鏡，虞伯生隸書卷，楊太真圖，赤蛟大硯，古瓦有丹砂翡翠之色者一，君宜侯王五銖，優樓頻螺花一甕，爲“十華”。剛卯，古玉四十以爲印，瑑琮一，碧玉板蒙古碑，回回玉劍珌，古刻“生死心濃，世緣自淡”玉一片，六朝人麈尾枋子，漢三十六字鏡，漢三十四字鏡，古停空鏡，單子白簋，姬大母鬲，商尊，漢雙魚列泉洗，古規金鉤，鳳鐸，宋米家香合子，佛紐六朝印，西番印曰“壽”，燕姬匜，唐

〔1〕據《羽琌逸事》爲“文百四十一”。

人雙鈎衛夫人殘字，薛素素蘭花卷，管仲姬潑墨山水，[1]小鸞女子寫《金剛般若經》，吴玖夫人山水，金五雲夫人花葉小卷，横波夫人紅梅，唐瓷蛇紋大花甕，霽青一片，墨定碗四事，高句麗花瓶，鱔魚黄奇石硯，葉小鸞疏香閣詩硯，納蘭容若填詞硯，青花璞矩一，紫雲平如掌者一，蕉葉痕，“青田芳香沈逸之好”印，馬湘蘭“惜花弄月”印，“疢疾除，樂無事，可長久”九字印，“芒芒前哲”十六字印，“清河人壽”印，太白先生刻名印，“定庵藏器”印，“大小凡夫頂禮”印，“漢後隋前有此家”印，丁龍泓刻“酒祓清愁，花消英氣”印，宋“食邑萬户”印，天下三十八分之一開斜方圖，康熙各省鑄錢三塊，古布，金錯刀，萬石幣，松字，刳幣，涅金，大安邑，寶字上行文幣，武安，大黄布千，梁當金，直身古刀第二枚，莒布黍千，且埍安陽七品，定平一百，孝建四銖，大明月，壯泉三十，大貨六銖，王金五銖，漢女錢七，羅漢大造像錢，汗血，渠黄，佛號六字，“齊將田單”，“長年益壽”，明搨《石鼓文》，宋拓裴岑《紀功碑》，宋拓《曹娥碑》，王稚子石闕，《瘞鶴銘》，黄初瓦，《常醜奴志》，水牛山《般若經》，《少室銘》，宋拓岳忠武“乾坤正氣”摩崖，沈傳師書“柳州羅池神廟碑”，《皇甫君碑》，爲“九十供奉”。

368.胡文忠公撫鄂記

汪悔翁《胡文忠公撫鄂記》四卷，訂兩册，在清華圖書館。紅格紙所鈔，行書，有加注，無塗乙，當是定本。文忠“忠”字尚空一格，書成時未定謚也。自署弟子某人編。按此稿由悔翁交

---

〔1〕自“燕姬匜”至此原本無，據《羽琌逸事》補。

閣文介，不知何緣流落，惜無好事者印行之。

369. 文源閣

陳康祺《燕下鄉脞錄》云：大內文源閣藏書六萬卷，裝潢經史子集，以異色别之，仿隋唐舊制也。每卷首各印“文源閣寶”，上加“古稀天子”圓璽。

370. 恭親王詩

清恭親王僑居青島，傳其一小詩云：“冬計蕭條斗轉樞，海風入夜北風粗。下簾猶覺餘寒重，多少哀鴻泣路隅。”頗有寄托。[1]

371. 安岐

明珠僕安七，名岐，字儀舟，號麓村，又號松泉老人。天津人，其先高麗人。顏所居曰“沽水草堂”。著有《墨緣類觀》。明珠敗後，安七業鹽於天津、揚州，擁資數百萬，有“北安西亢”之稱。竹垞鴻博歸，獨贈萬金。收藏頗富，項氏、梁氏、卞氏所珍悉歸之。錢文端詩所謂“高麗流寓抗浪人，姿顏自足多精神。平生然諾重意氣，米家書畫陶家珍”者是也。今書畫有“安岐之印”、“儀舟珍藏”或“安麓村藏書印”各印記者，即其人。安岐或作安圖。按分宜家人永年，自號鶴坡，士大夫稱萼山先生，分宜敗，論絞。江陵家人游七，號楚濱，江陵敗，論斬。獨安岐得免，亦由明珠善終耳。

---

〔1〕此四字據明齋本補。

372. 董思白代筆吳易

董思白門客吳楚侯，名翹，改名易，以能書薦授中書。思白官京師，率令楚侯代筆。

373. 董思白爲人

董思白居鄉豪横，爲鄉人火其居。某書爲之辯，以爲烏程董潯陽事訛傳者，非也。思白老而漁色，招致方士，專講房術。嘗篡奪諸生陸紹芳佃户女綠英爲妾。諸子皆横，次子祖權尤肆，實主奪女事。時人譜《黑白傳》以譏之。第一回曰“白公子夜打陸家莊，黑秀才大鬧龍門里”，紹芳有“陸黑”之稱也。思白心疑一范生所爲，督責之不已。生誓於城隍廟，不數日暴死。范母若妻縞素哭於思白之門，祖權率諸僕執而撻之，至剝褌搗陰。范、董本姻戚，人心大不平。范子啓宋訟之公廷。時郡縣俱缺官，無所決。大衆萬人，聚而不散，遂共焚思白龍門里之宅。白龍潭東北隅一閣，名曰護珠，時挾侍姬登焉，亦付一炬。衙宇寺觀所題扁額，擊毀殆盡。思白挈家避居湖州沈氏凉山别墅。時萬曆四十四年。事聞於上官，卒以董氏不直，薄懲一倡首者而案結。乙酉秋，思白冢孫庭，薙髮思内應清兵，爲鄉人所戮。諸孫剛，以謝堯文案亦駢斬。事詳文秉《定陵紀略》及曹家駒《說夢》。思白書畫，可稱雙絕，而作惡如此，豈特有玷風雅，視張二水媚璫同一無行止。至今猶貴其書畫，殆未詳其爲人。施愚山言：思白年八十五，臨歿索婦人紅衫絳襦爲服，乃絕。予謂若趙，若董，若王覺斯，若張得天，若劉石庵，書法非不工，特有姿無骨，皆人品限之。得天事清高宗，自居於俳優之列。石庵媚事和珅，嘗爲和珅書屏條，上款“致齋尚書命書”，自署下款極恭謹。予曾於古肆見之。

374. 顧二娘製硯

《隨園詩話》云：“何春巢在金陵得端硯，背有劉慈絕句云：‘一寸干將割紫泥，專諸門巷日初西。如何軋軋鳴機手，割遍端州十里溪。’跋云：‘吴門顧二娘爲製斯硯，贈之以詩。顧家於專諸舊里。時康熙戊戌秋日。春巢因調《一剪梅》’云云。”按此詩黄莘田所作，刻在《香草齋詩》卷二，注云：“余此石出入懷袖將十年，今春攜入吴，吴門顧二娘見而悦焉，爲製斯硯。余喜其藝之精，而感其意之篤，爲詩以贈，並勒於硯陰，俾後之傳者有所考焉。銘曰：出匣劍，光芒射人。青花硯，文章有神。與君交，如飲醇。紀君壽，如千春。”然則非劉慈竊取黄詩，即作僞者託名無疑矣。獨怪子才與莘田相去不遠，何以未及詳考？春巢、劉郎、何郎之詞，更屬夢夢。又莘田《題陶舫硯銘册雜詩》云：“古款遺凹積墨香，纖纖女手帶干將。誰傾幾滴梨花雨，一灑泉台顧二娘。”注云：“余田生蕉白硯，陳德泉井田硯，十硯翁青花硯，皆吴門顧二娘製。”時顧沒矣，陳句山太僕和韻云：“淡淡梨花黯黯香，芳名誰遣勒詞場。明珠七字端溪吏，樂府千秋顧二娘。”張祥河《偶憶篇》云：“余藏宋坑鵝池硯，爲吴趨顧二娘所製。山水渾樸，雙鵝戲池。富春相公所贈。銘曰：琢者誰，顧二娘。寶者誰，董富陽。卅載隨直軍機房，甲戌冬贈華亭張，歸銘墨池旁。”舒仲山手批《隨園詩話》云：“乾隆丙午，福州畫師姚根雲，贈余硯一方，刻七絕一首云：繡出端州石一方，纖纖玉指耐春涼。摩娑細膩玲瓏處，多謝吴門顧二娘。”阮吾山《茶餘客話》云："吴門顧青娘、王幼君治硯，名聞朝野，信今傳後無疑。"大約明以前硯材易得，故其式率端方正直，有文飾者至罕。後始以片石爲行硯，各式競興，鎸山水魚蟲花卉於池上，顧製其著者也。特無款識，不易辨别，凡細書八分款"吴門顧二娘製"六字者，大抵皆僞。乾隆貢硯，雕刻尤精細，今極爲東洋人所重，顧硯已不甚爲人稱道矣。

375. 永樂大典

《陶庵夢憶》云："胡儀部攜其尊人所出中秘書，名《永樂大典》者，大帙三十餘本，一韻中之一字，猶不盡焉。"據此則《大典》在明時已散佚矣。光緒甲午六月存八百餘本而已。見《翁文恭日記》。

376. 剪綵貼絨

《隨園詩話》云："如臯女子石氏學仙，戊辰進士石公如松之女，適沙又文。工書畫，善琴棋。臯邑剪綵貼絨花鳥，自學仙始。"按華亭王蘭蓀，字慧珠，適諸生程班，工製貼絨花卉，爲世所稱。未知孰先孰後。後讀潘曾瑩《董小宛貼梅扇子歌》，謂剪綵爲之，知其來已久，非石氏創製也。

377. 秘戲

《茶餘客話》云：徐陵《與周弘讓》書："歸來天目，得肆閒居。差有弄玉之俱仙，非無孟光之偕隱。優游俯仰，極素女之經文；升降盈虛，盡軒皇之圖勢。"又邊讓《章華臺賦》："歸乎生風之廣厦兮，修黄軒之要道。攜西子之弱腕，援毛嬙之素肘。"

注云：“黄帝軒轅氏，得房中之術於素女，握固吸氣，還精補腦，留年益齡，長年忘老。”張平子詩：“明燈巾粉卸，設圖衾枕張。素女爲我師，天老教羲皇。”[1]考《漢書》廣川王坐畫壁爲男女交，置酒令姊妹飲，至罪廢。漢成帝畫紂踞妲己而坐爲長夜之樂於屏。漢時發冢，鑿磚畫壁，皆作男女交狀，且有及男色者。又畫於車鳌殼上者亦然。[2]後則煬帝銅屏，高宗鏡殿，皆宋人《春宵秘戲圖》藍本。明隆慶御窰瓷器亦多繪此式。當時唐寅、仇英畫手特工。近日推大同馬相舜字聖治，太倉王式字無倪，歙縣羅龍字錫三，其他粗艷不足觀。楊鐵崖詩云：“鏡殿青春秘戲多，玉肌相照影相摩。六郎酣戰明空笑，對對鴛鴦浴錦波。”元人馮海粟《題熙陵强幸小周后圖》：“江南剩得李花開，也被君王强折來。怪底金風衝地起，御園紅紫滿龍堆。”按：秘戲之稱，見於《史記》。[3]

---

〔1〕按此引張平子詩爲楊慎所改，見于《升庵集》。阮葵生此條多從升庵文中摘取，平子詩亦與原詩多不同。如“卸”字，平子原詩作“御”。

〔2〕“又畫於車”句，疑是文如先生所加按語。《茶餘客話》無此句。

〔3〕按“秘戲”一稱初見於《漢書·周仁傳》，文如先生之誤，乃緣於張丑《題春宵秘戲圖》。

骨董瑣記卷五

378. 順治瓷

順治八年正月壬戌，江西道額造龍碗。得旨：“方與民休息，龍碗解京，動用人夫，苦累驛遞，造此何益？以後永行停止。”故傳世順治窰瓷極罕。

379. 朝報小報小鈔

汪瓚《近事叢談》云：“胡宗憲先令人於朝報捏造一事云：差錦衣衛百户蘇某前往浙江，與該撫按官會議軍情，聽令便宜行事等因。乃宣言欽差將到。”又蔣氏《東華錄》：順治十五年，山東河南總督張懸錫，奏訐麻勒吉等需索，有云“我們往湖廣時，爾在山東，豈不見小報，爲何不來迎接”云云。又康熙五十三年三月，左都御史揆叙疏言：“近聞各省提塘及刷寫報文者，除科鈔外，將大小事件採聽寫錄，名曰小報。任意捏造，駭人耳目，請嚴行禁止。”又雍正四年五月初九日上諭云：“今又見報房小鈔，内云：初五日，王大臣等赴圓明園叩節畢，皇上出宫登龍舟，命王大臣登舟，共數十隻，俱作樂，上賜蒲酒，由東海至西海，駕於申時回宫等語。報房捏造小鈔，刊刻散播，以無爲有。

著兵、刑二部詳悉審訊，務究根源。”旋議奏揑造小鈔之何遇恩、邵南山依律斬决，得旨應斬監候。此所謂朝報、小報、小鈔，迥與昔時京報、宫門鈔不同，甚類今新聞紙。

380.曲工金叟

陸次雲《湖壖雜記》云：女史素蓉歌《東風無賴》一曲，聽者凝神。曲工金叟云：“子之歌善矣，然毫釐千里之間，猶有進也。字有四聲，度曲者四聲各得其是，雖拙亦佳，非徒取媚聽者之耳也。如陽平拖韻稍長，即類於陰；陰平發音稍亮，即類於陽；去聲亢矣，過文宜抑而復揚；入聲促矣，出字貴斷而復續。雖有一定之腔，亦可短長以就韻；雖有不移之板，亦宜變換以成文。而其要領在於養氣，如陽音以單氣送之則薄，陰音以雙氣送之則滯。將收鼻音，先以一絲之氣引入，而以音繼之，則悠然無迹。子有數字未諧，試反尋之，自得也。”素蓉起謝。金叟此論殊精。

381.馮銓僕劉次庵

馮銓性愛古玩，而學識目力不逮，皆其僕劉四號次庵者爲之聚斂，巧取豪奪，因蓄古玩器甚多。此次庵又可與楚濱、蓴山、麓村並傳。

382.虎牙將軍章

虎牙將軍章。按《後漢書·蓋延傳》，光武即位，以延爲虎牙將軍。《紀》作“大將軍”。此印製作頗粗，然不類僞物，豈是時諸務草創，即軍中鑿印拜之，遂異於承平歟？又田順、銚期皆曾拜虎牙將軍。順在本始時，期亦在延前，不知屬誰。《續志》言諸雜號將軍專主征伐，事訖皆罷。此得流傳者，或延屢敗於董憲、龐萌，僅而得免，因此失印也？“章”字作“甘”頭，篆法頗異，不甚經見。

383. 龍子猷馬吊譜

龍子猷著《馬吊譜》稿本一卷。首十三論，曰論品、論吊、論發、論捉、論門、論滅、論留、論隱、論忍、論還、論意、論損益、論勝負。次十二規條。又次十四例，曰罰例，曰散例，曰不鬭色樣賀例，曰鬭上色賀例，曰冲出色樣賀例，曰冲例，曰樁家賠例，曰閒家賠例，曰縱樁漏樁賠例，曰急捉賠例，曰錯出賠例，曰錯留賠例，曰鬭十賠例，曰告百賠例。每例皆有四語爲贊，筆墨奇詭。譜中各目，不盡可曉。龍子猷爲馮猶龍，託名猶龍，好葉子戲，一時從之風靡。又編《挂枝兒》諸曲，至遭名捕。時熊襄愍方提學江西，急走依之，得其力以解。今馬吊失傳已久，觀此譜亦足存一時風尚。聞繆藝風丈藏有宋馬吊紙牌一副，惜未之見。

384. 松莊

傅青主先生，國變後隱居太原西三十里崛嵎山。己未後，居太原東南七八里，有寺曰永祚，雙塔巍然，其下曰松莊，即先生所居。城中有賣藥處，立牌“衛生堂藥餌”五字，先生筆也，今已無存。唯清和園羊肉館所賣頭腦湯，傳爲先生作法者，尚極有名，雖肆主人亦自誇之。太原李中馥《原李耳載》稱先生因闖亂失家，僑寓榆關。河南獲奸細，報山西有朱衣道人傅姓，咨晉撫執之下獄，兩茹嚴刑，語言不亂。覆核所報日期，即按經歷魏一鰲爲父疾求方於汾州日也，始獲省釋。先生於獄中手錄《金剛》、《法華》注云。據卓爾堪《遺民詩小傳》云：與乾初道人同負翟義之志，不免於死者幾再。蓋甲午年事。

385.周鬲

於古肆見鬲，銘曰：“唯十有二年，正月初吉，周白公作障鬲，其萬年子孫永寶用享。”

386.唐鑑

得唐鑑一，徑八寸許，當唐制一尺矣。銘字極精，文曰：“明逾滿月，玉潤珠圓。鸞驚鈿後，鳳舞臺前。生菱上壁，倒井澄蓮。精靈應態，影逐粧妍。清神鑒物，代代流傳。”予樓名“尺鑑”，本此。

387.鉦

去年廉州山水暴發時，出土一鉦，形式與《博古圖》合，唯多三十二乳。的柄中空，計重四十二斤。滿身青綠雲雷紋，製作極樸厚。有文曰“”四字，似係“車馬戎舟”之象形文。疑周以前物也。

388.倡家

《蜀志·許慈傳》：“慈與胡潛忿爭，矜己妬彼。先生愍其若斯，群僚大會，使倡家假爲二子之容，效其訟鬩之狀。酒酣樂作，以爲嬉戲。初以辭義相難，終以刀杖相屈，用感切之。”據此，則古倡、優實不分別。

389.窰變

《稗史彙編》云：瓷有同是一質，遂成異質，同是一色，遂成異色者。水土所合，非人力之巧所能加，是之謂“窰變”。數十窰中，千萬品而一遇焉。《博物要覽》云：官、哥二窰，時有窰變，類胡蝶禽鳥麟豹，本色釉外變紅紫色。乃火之變化，理不可解。高士奇引《說楛》：窰變色紅如硃砂，謂熒惑躔度臨照而然。近日士大夫盛納倡女作妾，或戲呼之爲“窰變”，俗謂倡家曰“窰子”也。殊堪發噱。

390.教坊司題名碑記

南京古物保存所，有萬曆辛亥教坊司題名碑記，凡二十一色，有俳長、色長、衣巾、教師、樂工等稱。按洪武中建十四樓於京師，以處官伎，曰來賓、重譯、清江、石城、鶴鳴、醉仙、樂民、集覽、謳歌、鼓腹、輕烟、淡粉、梅妍、柳翠。舊傳有碑記，色目著猪皮靴，不許乘騎，若行中徑，許平民打死勿論。題名碑中無此規條。

391.關中侯關外侯

《魏志》：二十年冬十月，“始置名號侯至五大夫，與舊列侯、關内侯凡六等。”注引《魏書》曰：“名號侯、關中侯，金印，紫綬。關外侯，銅印，龜紐，墨綬。五大夫，銅印，環紐，墨綬。皆不食租。”

392. 屏

今人張書畫於壁，稱四幅以上者曰屏，即屏風之意。宋明帝惡屏風書白字，皆改作赤。《梁簡文集》有《答蕭子雲上飛白書屏風書》，此風在六朝已盛行。然《魏志·武紀》注引衛恒《四體書勢序》云："使梁鵠在秘書，以勒書自效。公嘗懸著帳中，及以釘壁玩之。"是又在六朝之前，且不必屏風也。

393. 京師僧人

京師僧人作佛事接三，競唱艷曲，隨主人點唱，鼓樂喧鬧，徹曉達旦。良家婦女往往因而墮節，最爲風俗之蠹。然其來已遠。《古杭雜記》記宋時作佛事，養娘使女爭看和尚打花棒鼓，豈所謂歡喜因緣歟?《吴志·孫和傳》:"皓七日三祭，倡優晝夜娛樂。"今北方鄉間舉喪，猶有演劇者，相習成風，恬不爲怪。故昔人嗤爲"弔者大悦"。

394. 高江村硯

高江村硯，修四寸，廣三寸，徑寸許。墨池作空首布形。右側銘曰："丁巳己巳，凡十三年，夙夜内直，與爾周旋。潤色詔敕，詮註簡編。行踪聚散，歲月五遷。直廬再入，仍列案前。請養拓上，攜歸林泉。勳華丹扆，勞勩紬旃。唯爾之功，勒銘永傳。"左側跋云："此硯相隨十三年，再至直廬，則仍留几案間，請養攜歸，因紀之。康熙己卯秋七月。詹士高士奇。"皆小分書，有篆文"江村"，分作兩字。蓋爲郭琇劾歸後所鎸者，故具官以示怏怏。惜爲某人購去，未入荒齋，爲之悵念不已。

395. 來鳳樓硯

予得一硯，背有識文曰“乾隆四十有一年，歲丙申春三月，鐫於皋蘭藩署之來鳳樓。女史葉賚珍藏”，小印曰“惠心”。按是年官甘藩者爲王亶望，亶望字誕鳳，“來鳳”之義在此。某書記亶望敗後，有美姬號卿憐，善筆札，爲和珅所據，復及見和珅之敗。所謂“迴首可憐歌舞地，兩番俱是個中人”也。葉則不知究竟矣。亶望諸姬皆美而才，豪奢可想。康熙時，山陽許謹齋給諫築樓居其妾玉岑夫人，亦名來鳳，在前。

396. 黄石齋硯

予得黄忠端公行硯，銘曰：“市首休曰卿廷中，反册入宫公益寶。”右側“道周”一印。銘文作奇篆。確爲忠端所書，語氣亦甚類。曰“市首”、曰“反册”者，象硯形制。

397. 鍾葵硯

癸亥春，予於廣州六榕寺古肆得半段瓦研，額有範文“鍾葵”二楷字，蓋唐澄泥也。唐虢州歲貢鍾葵十枚，升庵誤解爲《周禮》“終葵大圭”之義，謂其形如圭，或又以爲池上刻魁斗形，皆緣未見形制。《宣和書譜》云：“六朝古碣得於墟墓間者，上有‘鍾馗’字。”豈虢州澄泥所自昉耶?

398. 成哲親王刻印

朱文正珪《知足齋集》有《直文淵閣皇十一子爲刻石章見贈

恭謝》詩，云：“書窮鳥科極雲變，文蠻龍虎工夫鑱。多能才藝又美富，上界慧業殊仙凡。璆章追琢世珍重，儒林傳耀人饕饞。”是成邸能刻印也。自來著錄者未稱道及此。後阮文達繼直閣事，此印遂歸文達。

399.文節愍牙筆筒

癸亥六月，予於滬肆得牙製筆筒。一面刻文啓美臨右軍帖：“旦夕都邑，動靜清和，想足下使還。與時州將公告慰情，企足下數使命也。”落一“桓”字。[1] 款署“文震亨書”，有篆曰“意氣郎”。一面刻芳竹鶴燕，款署“壬申冬日，文道振寫”，篆印曰“文導”。書畫皆入古，刻工亦精妙不凡，唯不識導屬啓美何人。啓美官中書舍人，以琴供奉懷宗，死乙酉之難，乾隆時補謚節愍。然則豈可以尋常藝事視之？壬申爲崇禎五年，啓美時年四十七。

400.汪廣洋硯

汪廣洋硯，修五寸，博三寸，厚一寸。背刻銘曰：“以純爲體，以静爲用。唯其然，是以永年。”行書，款署“汪廣洋”三字，小印“朝宗”二字。廣洋洪武功臣，封忠勤伯，官右丞相，罹胡惟庸禍。《明史》稱廣洋工詩善書，頗惜其非罪致死。石閲世六百年，已駁蝕。世人競貴宋硯，此硯與宋相去幾何，顧不足貴耶？

---

〔1〕按右軍原帖作“與時州將桓公”。

401. 永昌棋子

《南中雜記》云："滇南皆作棋子，而以永昌爲第一，蓋水土之別云。燒法以黑鉛七十斤、紫英石三十斤、硝石二十斤爲一料，可得棋子三十副，然費工本已三十六七兩矣。其色以白如蛋青、黑如鴉青者爲上。或鵝黄鴨緑、中外洞明者，雖執途人而贈之，不受也。燒棋者以郡庠生李德章爲第一，世傳火色，不以授人也。余在永昌，以重價得之。庚申冬日，爲叛兵所掠。惜哉！今滇中游客出銀五錢，便市棋三百六十枚，寧有佳物？"按今永昌尚製棋，昆明亦有之，皆中外洞明者，價五六金不等，製法不如所述之繁重。若如所云一料二百二十斤，每副將重七斤餘矣。

402. 明墨

《帝京景物略》云："御用内墨，則宣德之龍鳳大定、光素大定。青填、金填"大明正德年製"字。别有朱、藍、紫、緑等定。外則國初之查文通、龍忠迪、碧天龍氣、水晶宫二种。方正、牛舌墨。蘇眉揚，臥蠶小墨。嘉、萬之羅小華、小道士等。汪中山、太極十種，玄香太守四種，客卿四種，松滋侯四種。邵青丘、墨上自印小像。青丘子格之、方于魯、青麟髓等。程君房、玄元靈氣等。汪仲嘉、梅花圖。吴左干、玄淵、髻珠二種。丁南羽父子。今之潘嘉客。客道人，紫極龍光。潘方凱、開天容。吴名望、紫金霜。吴去塵。不可磨，未曾有等。"按二潘、二吴外，尚有潘方回、宜宜堂。程孟陽、松圓閣。方伯闇、寫經墨、澤遠、一笏金。方敷遠，碧水神珠、廣居神髓。及汪務滋、祝彦輔、吴象玄等。

403.新鄭出土古器

癸亥七月十三日，八月廿四。新鄭城內南街李銑家，鑿井灌園，掘出鼎二十五，彝八，鐘六，尊七，洗三，罍一，鐸十七，釜五。官文書則云大鼎十二，小鼎四，敦八，鬲九，簠六，簋二，罍二，甗一，玉玦二，洗二，特鐘四，大者高五尺，小鐘十七，大方罇四，高四尺，瓿一，壺二，匜三，方盤一，圓盤一，觚座一，獸面人身銅卣一，獸罇一，鶴形儀式二，共九十一件，並碎銅片六百三十五件。

404.金繫帶

宋朱輔《溪蠻叢笑》云：硯石出黎溪。今大溪、深溪、竹寨溪、木林岡石皆可亂真。紫石、勝揭石，熟猺亦能砥礪。黎溪爲最，蓋於淘金井中取之，近亦難得。有紫、綠二色圍黄綫者，名金繫帶。

405.打碑

唐德宗在東宫，雅好楊崖州字，嘗令打《李楷洛碑》，釘壁以玩。見《唐語林》。

406.剛卯

《漢書·王莽傳》：“正月剛卯，金刀之利，皆不得行。”服虔曰：“剛卯以正月卯日作，長三寸，廣一寸四分，或用玉，或用金，或用桃。銘其一面曰‘正月剛卯’。”晉灼曰：“剛卯長一寸，廣五分。四方，當中央從中穿作孔，以采絲葺其底，如冠纓頭蕤。

刻其上面，作兩行書，文曰：‘正月剛卯既央，靈殳四方，赤青白黄，四色是當。帝令祝融，以教夔、龍，庶疫剛癉，莫我敢當。’其一銘曰：‘疾日嚴卯，帝令夔化，順爾固伏，化兹靈殳。既正既直，既觚既方，庶疫剛癉，莫我敢當。’”師古曰：“有土中得玉剛卯者，案大小及文，服説是也。”

劉昭《續漢書輿服志》曰：“佩雙印，長寸二分，方六分。乘輿、諸侯王、公、列侯以白玉，中二千石以下至四百石皆以黑犀，二百石以至私學弟子皆以象牙。刻書文曰……”六十六字，與晉説同，唯“順”作“慎”。

按服虔説尺寸與晉灼、劉昭不同，銘文亦異。予得白玉者一枚，大小與晉説同，唯銘文曰：“正月剛卯，帝令尊化，順爾國化，伏兹靈殳。既正既直，既圓既方，庶使罔談，莫我敢當。”四面刻字，作兩行，皆篆文，與《雲烟過眼録》所紀爲漢隸者又不同。馬永卿《懶真子》云：“於關中士人王君求家見古玉，長短廣狹，正如中指。上有四字，非篆非隸，上二字乃‘正月’也，下二字不可識，蓋剛卯也。剛者强也，卯者劉也，正月佩之，尊國姓也，與陳湯所謂尊國姓者同義。”其所稱尺寸與服虔同，豈一代制作始終不一歟？予所得者，玉質及刻法皆不類僞作。

407. 顧繡

明隆萬時，上海顧明世應夫，官尚寶司丞，致仕歸，闢所居曠地爲園，鑿池得趙松雪書石刻，有“露香池”字，遂以名園。大數十畝，擅一時之勝，大約當今九畝地。顧氏刺繡得内院法，劈絲配色，别有秘傳，故能點染成文，山水、人物、花鳥，無不精妙，世稱“顧繡”。尚寶曾孫女，適同邑廩生張來，年二十四而寡，守節撫孤，出家傳針黹以營食，世稱“張繡”。尚寶族孫壽潛，字旅仙，能畫山水，爲董文敏所稱。工詩，著有《烟波叟集》。其婦韓希孟，工畫花卉，所繡亦爲世所珍，稱爲“韓媛繡”。其實皆顧繡也。予友葉元龍家藏顧繡《飲中八仙圖》，署“辛丑維夏製”，款曰“露香園”，有朱文“露香園”圖章，白文，虎頭方印。按辛丑爲萬曆二十九年，時尚寶尚存，非張、韓所作也。

408. 離非女子硯

《池北偶談》云：故友南粵陸漢東卿孝廉，有小硯，是南漢劉鋹宫中物，有鋹宫人離非女子篆銘。

409. 蠟蠌硯

又云：張華東延登崇禎丁丑三月游泰山，宿大汶口。於河濱得一石，可尺許，背負一小蝠、一鼉，腹下蝠近百，飛者伏者，肉羽如生。鼉右天然凹處，可以受水，下方正受墨。因製爲硯，名曰“多福硯”。銘曰：“泰山所鍾，汶水所浴。堅勁似鐵，温瑩如玉。化而爲鼫，生生百族。不假雕飾，天然古綠。用以作硯，龍尾繼躅。文字之祥，自求多福。”《爾雅》“蝙蝠，服翼”，郭注：“齊人呼爲蠟蠌。”因又名之曰“蠟蠌硯”。公門人劉文正理順、馬文忠士奇、夏考功允彝、高中丞衡，皆爲銘贊。

410. 女子善繡

清代女子工繡者，廣陵余氏女子韞珠，年甫笄，工仿宋繡。繡仙佛人物曲盡其妙，不啻針神。曾爲阮亭繡神女、洛神、浣紗諸圖，又爲西樵作須菩提像，皆極工。彭羨門題所繡《高唐神女圖》云："帝女歸來，一天秋色，楚峰十二蒼蒼。聽說當年，曾經薦枕先王。細腰宫裏顔如玉，更相尋霧縠霓裳。此時翠蓋鸞旌，誰見悠揚。巫山枉斷人腸，縱陽臺遺跡，未盡虛茫。回首神游，沉淪幽佩堪傷。一自侍臣書好夢，千載下雲雨生香。又何人剪雨裁雲，幻出高唐。"詞甚工，惜使議論，不能爲工繡生色耳。徐湘蘋爲母祈壽，手寫大士像五千四十有八。能以髮繡大士像，工净有度，論者謂不減邢净慈。浦江倪仁吉，字心惠，精刺繡，能滅去針綫痕迹。嘗繡《心經》一卷，素綾爲質，刺以深青色絲，若鏤金切玉，妙入秋毫。吴江楊和，工繡佛，用髮代綫，號爲"墨繡"。女沈關關能傳其伎，兼繡山水人物。嘗爲同邑顧茂倫繡《雪灘濯足圖》，過江人士以不與題詞爲悵。青浦邵琨，能詩善繡，有針神之譽。自作《西湖春泛圖》，題二絕句其上，論者以爲格韻不減元人。吴縣錢蕙，字凝香，能以髮代綫，繡古佛大士像及宫裝美人，不減龍眠白描。年三十九卒。武進錢芬，字左才，所居曰段莊，就其景物爲《江村圖》，題詩其上。以尺絹繡之，詩、字、繪、畫皆佳，見者歎爲四絕。長洲金采蘭，工針黹，繡墨準提像，衣褶天成，慈容可掬。自爲題贊，施比丘供養。盧元素，字净香，其先長白人，徙江南，歸江都錢東側室。能詩工畫，尤喜繡，有針神之目。曾賓谷轉運維揚，芍藥開並蒂三花，遍徵題咏。净香繡《三朵花圖》，並繡已作和章於上。與句容駱佩香齊名，時號"盧駱"。劉松嵐家姬元和周湘花，爲吴蘭雪夫婦繡《石溪看花詩卷》，蘭雪供之繡詩樓。崑山趙慧君，適顧春福，能繡人物山水，色鮮一一如圖繪。武進惲珠，世稱蓉湖夫人，適完顔廷璐。工紩繡。在泰安時繡《五大夫松圖》，在潁州時繡《東園圖》。尤精繪事，受筆法於族姑清於，深得甌香神髓。嘗輯《閨秀正始集》及《蘭閨寶錄》刻之。左文襄女孫又宜，字鹿孫，適新建夏劍丞。能詩，早卒。尤工刺繡，山川、卉木、蟲魚、禽獸、人物、鬼神，脱手縑幅，巧合天製。繡有《三村桃花圖》，爲世所稱。

411. 女子篆刻

清代女子工篆刻者，崑山孫鳳台，字儀九，布衣大登女，適諸生吴宗萬。大登工篆隸，鳳台傳父法，尤工鐵筆。德清梁德繩，字楚生，適許周生駕部。工詩，能書，善琴，尤長篆刻。女延礽，字雲林，畫得母傳。桐城方若徽，字仲蕙，有《閒雲閣詩鈔》。工琴善畫，長於篆刻。

412. 吴慶坻

錢塘吴慶坻，字子修，晚號補松老人。官至湖南布政使。著有《補松廬詩錄》六卷，及《悔餘集》、《蕉廊脞錄》。甲子三月十一日，卒於里居學官巷，年七十有七。子士鑑、士鎬，能世其家。臨終神明不亂，口吟一絕云："寂莫分無千載譽，蹉跎死已十年遲。平生師友王梁沈，又到相逢痛哭時。"謂葵園、節庵、乙庵也，皆已前卒。慶坻丙子鄉舉出葵園門。

413. 李寶函刻竹

嘉定李寶函，仿濮仲謙刻竹，精妙爲一時所稱。鬻技虎丘，定價不二。妻印白蘭，字幽谷，能詩，相倡和。見吴騫《拜經樓詩話》。

414. 再生緣南詞

陳端生，錢塘陳句山太僕女孫也。適諸生顏某，以科場事爲人牽累謫戍。因撰《再生緣》南詞，託名女子酈明堂，男裝應試，及第爲宰相，與夫同朝而不合併，以寄別鳳離鸞之感。曰："壻不歸，此書無完全之日也。"後壻遇赦歸，未至家而端生死。相傳許周生、梁楚生夫婦爲足成五十六回以後，始稱全璧。然今通行本結處有"我亦緣慳甘茹苦"句，又有"有子方知萬事足"之句，殊與許、梁口氣不類，豈故弄狡獪耶?

415. 濮仲謙

《陶庵夢憶》云："南京濮仲謙，巧奪天工。其竹器，一帚、一刷，竹寸耳，勾勒數刀，價以兩計。竹之盤根錯節，經其刮磨，遂得重價。"兼刻犀。《牧齋有學集·贈濮老仲謙》詩云："滄海茫茫換劫塵，靈光無恙見遺民。少將楮葉供游戲，晚向蓮花結净因。杖底青山爲老友，窗前翠竹似閒身。堯年甲子欣相並，何處桃源許卜鄰。"自注云："君與予同壬午。"按此作於戊子、己丑間，濮年當六十七八矣。

416. 兗墨

《蠶尾集·書兗墨》云：宋時最貴兗墨。《王氏談錄》云：公在彭門，常走人取兗州善煤，手自和揉，妙爲形體，光色與廷珪相上下。晁氏《墨經》云："兗州陳朗，朗弟遠，子惟進、惟迨，與易水奚氏並稱。東坡云："兗人東野暉所製墨，每枚必十千，信非凡墨之比。"其法以十月煎膠，十一月造墨，以不用藥爲貴。

自泰山、徂徠、龜、蒙、鳧、嶧，以及密州之九仙山，登州之勞山，皆產松，總謂之東山。東山之松，色澤肥膩，質性沈重，品惟上上。今製法失傳，雖語士夫，亦不能知矣。

417. 沙門島

《水滸》等說部，每言刺配沙門島。按沙門島在山東登州，距海岸數十里。其島如紗帽形，今又呼爲紗帽島。土地鹵斥，不生草木。王定國《甲申雜錄》："沙門島舊屬有定額，過額則取一人投之海中。神宗時，馬默守登州，建言今後溢額，乞選年深自至配所不作過人，移登州。上深然之，即謂可著爲定制。"是刺配至此者，亦有軍牢約束也。

418. 甘泉鄉人銘硯

嘉興錢泰吉輔宜銘硯，見所著《甘泉鄉人稿》，最錄於下：濟南行篋硯，硯背鐫長洲文璧書"一片微雲起泰山"，銘曰"我友得此西湖壖，東行匝月同車船。泰山之雲惜未見，濯以大明湖水趵突泉。"蝙蝠硯，歲庚戌，邵武八十一翁楊渺滄兆琮贈，爲余六十壽。背刻海昌陳澐銘云："自天祐，賜之福，俾爾壽，多文以爲富。"硯有冰紋也。銘曰："蟣蝨蟣蝨，羚羊峽中應候出。雨水作銘歲在庚，夜書細字瑤光明。"渤海師相硯，道光丙申得於海昌，左側刻"正立朝端，鞏如磐石"八字。右側刻"恭呈渤海師相，門生吴憓"十字。銘曰："學官歲食渤海田，此硯所獲屢豐年。"宋歙州水絃坑金文硯，《歙硯說》：水絃坑金文石凡十種。此硯旭日半輪，金光回繞，所謂"朝霞雲氣"也。咸豐癸丑秋日，南屏長老金石友六舟物色以贈。集《易》銘之曰："山澤通氣，天地絪緼。日以烜之，爲金爲文。其文炳也，雲上於天。介如石焉，君子終日乾乾。”元豐己未澄泥硯，六舟得澄泥硯，側刻“元豐己未冬十月朔旦製”十字，行楷似效坡公。屬爲銘之，曰：“元豐己未冬，賦及水居户，何人製硯敢陶土？姓名不著胡爲哉，是年詩案興烏臺。”

419.確齋詩册

予舊得確齋寸楷書《題看劍圖詩册》，書法逼似虞永興。確齋即《揚州竹枝詞》所謂“確齋老人眼失明，談詩說字氣縱横。十年三度移家去，處處堂名署晚耕”者是也。詩中有“解組中州”語。考縣志，知是沈儀。末署“丁酉春作”，蓋康熙五十五年。

420.貼黄

奏疏撮其要書於後，曰“帖黄”。外封所書事目年月，謂之“引黄”。崇禎元年，從輔臣李國楷請，章奏仿古人貼黄之法，撮要粘原本以進。

421.駝礠硯

蓬萊海邊駝礠島出石硯，色黑發墨，亦不損筆，唯温潤不如端。其峭立有致者，可設供几案間，極瘦緆之致，靈璧不能及。《牧齋初學集·駝基硯銘》云：“姚寬《西溪叢語》曰：‘登州駝基島石可琢硯，島蓋海運道也。’新城王季水遺予駝基硯，爲之銘曰：‘海島有石，取以琢硯。涉彼風濤，登於書案。世無淮安，疇復海運。晴窗摩挲，使我三歎。’”或又作“槖基”。

422.匏尊

巢鳴盛，字端明，嘉興人。明末隱居深林，遶屋種匏，小大十餘種。室中所需器皿，盡以匏爲之。檇李匏尊始於此。著《永思草堂集》,《題匏杯》一律云：“回也資瓢飲，悠然見古風。剖心香自發，刮垢力須攻。不識金銀氣，何如陶冶工。尼丘蔬水意，樂亦在其中。”

423.秦檜書

近有人於滬冷肆，以三餅金買得秦檜書，以爲得未曾有。後以千金歸蒼梧關伯衡。按蔣士銓《忠雅堂集》有《范文正手書伯夷頌五古序》云：“蘇州范氏所藏文正公在青州手寫《伯夷頌》小楷，寄西京制使江才翁舜元墨迹卷子。時公年六十三歲，明年薨於位。卷中有秦檜題詩，賈似道家藏印。前幅則文潞公、富鄭公、晏元獻、程伊川四賢詩。”同書後云：“則檜且能詩。今不知此卷尚存蘇州范氏義莊否？杭州府學宋高宗書石經《左傳》，有檜所書跋尾。”

424.陽明驛丞署尾硯

東坡《題墨妙亭》詩斷碑一片，存十二字，凡四行，行三字，曰“鐙他年”，曰“憶賀監”，曰“時須伏”，曰“孫莘老”。高廣各三寸，長四寸。文成謫龍場時得之，遂以背面作硯，左側刻“守仁”二楷字，右刻篆書“陽明山人”，側分書“驛丞署尾硯”。乾隆時歸裘文達曰修，繪圖遍徵題咏。據此，則海內流傳斷碑硯有二,一歸陽明，一歸石齋也。

425. 崇理帖

明嘉靖中，靈丘王世子俊格，善屬文。聚書數萬卷，尤好古篆籀墨跡。手摹六十餘種勒石，名《崇理帖》。

426. 吴梅村遺文

吴梅村《仝氏族譜序》、《敕贈懷遠將軍峻吾仝公墓誌銘》二文，見東鄉黎中輔《大同縣志》，今集不載。仝子字嵩山，官劉河營游擊，即順治己亥，當鄭師入攻江寧時守崇明有功[1]者。

427. 王叔遠核桃刻舟

東軒主人《述異記》載：武塘魏氏藏核桃舟一枚，刻爲《赤壁賦》。舟首尾長八分，高可二黍許。爲人五，爲窗八，爲篛篷，爲楫，爲爐，爲手卷，爲扇，爲念珠，爲對聯，神氣若生。背刻“天啓壬戌秋日，虞山王毅叔遠甫刻”，細若蚊足。又篆章一，文曰“初平山人”。

428. 元題名碑

國子監元題名三碑，一爲正泰國子貢試名記，一爲至正十一年進士題名記，一爲至正丙午國子中選題名記。新安吴楞香苑爲祭酒時，於太學啓聖祠土中獲之。楞香，康熙壬戌進士，又號鱗潭。

---

〔1〕“有功”二字，據明齋本補。

429.復庵

陳書字復庵，號上元弟子，晚號南樓老人，署款或題秀州女史。皆中年所作。南樓兼工人物，今不多見。見錢儀吉《刻楮集》。

430.唐以前印識

岳珂述唐以前印識可證者，唯開元與貞觀。在遂良則曰“褚氏”，在王涯則曰“永存”。太平公主則有“三藐母馱”，范陽竇蒙則有“審定游藝”。或著“龜益”“竇臮”之號，或分“陶安”徐祭酒嶠之印。“東海”李起居造印。之名。知章以“劍閣”稱，劍州司馬劉知章印。金繹以“彭城”別。彭城金部郎中劉繹印。懷瓘載“永寶”之字，張氏永寶張懷瓘印。周顗紀“東翰”之書。竇臮《述書賦》作“東朝”，即東晉僕射伯仁印。貴襲“亭侯”，安國亭侯，未詳其人。類分“翰囿”。翰囿竇永印。

431.連綿書

唐呂向一筆環寫百字，若縈髮然，世號“連綿書”。宋紹興時，主管崇道觀吴傳朋游絲書《飲中八仙歌》，蓋本於此。今日本人猶能作此體書。或云“綿”蓋“錦”之訛，未知孰是。

432.周定王蘭雪硯

周定王蘭雪研銘云：“割紫雲之片石兮，漾璧水之玄光。”款署“蘭雪”，背曰“東書堂寶”。嘉慶時歸翁覃溪，曾屬吴蘭雪作長歌紀其事。按定王，太祖第五子，著有《救荒本草圖說》。尊儒好士，頗有文采。子憲王，摹勒《東書堂法帖》。

433. 致石

李北海諸碑，皆手自鎸刻，所云“黄仙鶴”、“伏苓芝”，皆無其人而託名。邢子愿言鍾元常、李太和、顔平原多自書自鎸，於古所云“致石”也。

434. 青藤書屋

青藤書屋，徐文長讀書處。藤大如斗。後爲陳章侯所居。章侯沒後數年，而青藤爲風雷所壞。章侯弟子能傳其藝者，推嚴水子、陸山子二人爲最。皆見施愚山《學餘堂集》。

435. 灌嬰廟瓦

愚山有《灌瓦硯歌》，自序云：“古水李梅公司馬元鼎藏研，五瓣如梅花，質如黄玉，間作紺碧色，纍纍墳起。云是灌嬰廟瓦，請予爲詩”云。按：灌瓦硯已見洪容齋《隨筆》。

436. 方治庵刻竹

方治庵絜，善畫工寫真，能刻於竹上。李蘭九《西雲詩鈔》有贈詩云：“方子詩畫兼能事，精於鎸竹本餘技。豈知翻樣出汗青，復擅傳神到刻翠。爲我鍥作讀書圖，蕭然秋意凉眉鬚。妻孥婢僕啞然笑，宛然閩南一腐儒。”又云：“嗟乎鑱刻易犯真宰瞋，此君高節况嶙峋。屬君刻畫須擇人，毋令唐突此青筠。”蘭九名枝青，福安人。官浙江西安知縣。譚復堂、楊見山皆其受業弟子。

437. 專瓦圖錄

專瓦著錄盛於道光時。《甎錄》，嘉興馮柳東輯。《甎文考略》四卷，《餘錄》一卷，臨海宋心芝經畬輯。《竹里秦漢瓦當文存》五十一種，嘉興王鉏園輯。《千甓亭專錄》六卷，陸存齋心源輯。《嚴氏古專存》，吴縣嚴眉岑福基輯。

438. 金纖纖小影硯

金纖纖小影硯，自題一絕云："繡院微風不隔簾，瘦來小字稱纖纖。自量只有腰盈尺，一著春寒病要添。"

439. 鳳雙飛彈詞

《鳳雙飛彈詞》，陽湖程蕙英字茝儔所著。別著有《北窗吟稿》。《自題鳳雙飛後寄楊香畹》云："半生心迹向誰論，願借雙毫說與君。未必笑啼皆中節，敢言怒罵亦成文。驚天事業三秋夢，動地悲歡一片雲。開卷但供知己玩，任教俗輩耳無聞。"全書四十回，後增爲五十二回。自題卷末詩有云："易稿三番此最優，枯毫落盡漸成丘。應逢福地爲書篋，慰我辛勤二十秋。"亦頗自負。全書數十萬言，結構遣詞遠在《天雨花》、《再生緣》之上。所天有孌童之好，故託爲果報以警之。家貧，爲女塾師，書中真大雅，即隱以自寓。

440. 瘦鸞詞

馮柳東於冷攤舊書中得詞箋，題爲《歲儉偶感》，末署款"瘦鸞"，書極娟媚。詞倚《賣花聲》，云："袖薄那禁寒。羞與郎言。早拚賣却壻池田。辛苦天寒蘿屋底，又遇荒年。　繡帖未添完。針綫抛殘。嬌兒啼飯特辛酸。一盞瓦燈籬落外，廢盡秋眠。”此可與陳坤維詩並傳。

441. 白麟

《六研齋隨筆》云：成化中有士人白麟，專以伉壯之筆，恣爲蘇、黄、米三家僞跡。人以其自縱自由，無規擬之態，往往信爲真。此所謂居之不疑而售欺者。蘇公《醉翁亭記》草書，即其手筆，至刻之於石。米書《師說》亦此公所作。

442. 鑒别真贋

阮吾山云：“觀古書法，當先觀結構用筆，精神照應。次觀人爲天巧，真率做作。然後考古今跋尾，相傳來歷，辨收藏印識，紙色絹素。或得其結構而無鋒芒者，摹本也。有筆意無位置者，臨本也。筆勢不連屬如算子者，集書也。或雙鉤形迹猶存，或無精采精氣者，入眼即辨。古人用墨，無論燥潤肥瘦，俱透入紙素。僞作則墨氣浮而不實。唯畫亦然。人物顧盼語言，花果迎風帶露，飛鳥走獸，精神逼真，山水林泉，清閒幽曠，屋廬深邃，橋彴往來，石老而潤，水淡而明，山勢崔嵬，泉流灑落，雲烟出沒，野逕迂回，松偃龍蛇，竹藏風雨，山脚入水澄清，水源來脈分曉，雖不知名，定是妙手。若人物如尸似塑，花果類瓶中所插，飛鳥走獸，但取皮毛，山水林泉，布置迫塞，樓臺模糊錯雜，橋彴强作斷形，境無夷險，路無出入，石止一面，樹少四枝，或高大不稱，或遠近不分，或濃淡失宜，點染無法，或山角浮水面，水源無來路，雖不知名，定是俗筆。以此觀畫，亦不大失眼矣。唐絹粗而厚，有獨梭絹，闊四尺餘者，五代絹粗如布，宋院絹細而薄，元與宋等，第稍欠勻净。嘉興魏塘宓家所組，名宓家絹，極勻靜厚密，趙松雪、盛子昭、王若水多用此絹作畫。古絹雖歷世久近不同，然皆絲性消滅，受糊既多，無復堅韌，以指微挖，則絹素如灰堆起，縱百破極鮮明，嗅之有古香，其碎裂紋，横直皆隨軸勢作魚口形，且絲不毛。僞作者則反是。舊紙色淡而勻，表舊裹新，薄者不裂，厚者易碎。反是皆僞作也。”

443.紙

造紙始於蔡倫，有網紙、麻紙，徒傳其名。晉有子邑紙、側理紙、一名水苔紙，以苔爲之，即“陟釐”之訛。按乾隆間，江春鶴亭得側理紙，緜厚數層，連叠揭之成球，旁無端縫，購以進呈。高宗題詩其上。檢康熙時内庫，亦有一幅與此同。繭紙。日本有松皮紙。大秦有蜜香紙。一名香皮紙，微褐色，紋如魚子，極香而堅韌。高麗有蠻紙。扶桑國有笈皮紙。江南有竹紙、楮皮紙。黟縣凝霜紙。浙江有麥麩稻稈紙。吴有由拳紙、剡溪小等月面松紋紙。唐有短白簾硬黄紙、粉蠟紙、布紙、藤角紙、麻紙、黄白二色。桑皮紙、桑根紙、雞林紙、苔紙、建中女兒青紙、卵紙。一名卵品，光滑如鏡面，筆至紙多退，非善書者不能用。南唐會府紙。長二丈，闊厚如繒帛數重。陶穀家藏者，名鄱陽白。長如匹練，又曰匹紙。澄心堂紙。膚如卵膜，堅潔如玉，細薄光潤，爲一時之甲。即卵紙也。劉後村詩：“當時百金售一幅，後人聞此那復得。”宋有張永自造紙、爲天下最，尚方不及。藤白紙、研光小本紙、蠟黄藏經箋、有金粟山、轉輪藏二種。白經箋、鵠白紙、白玉版匹紙、繭紙。元有黄麻紙、鉛山奏本紙、常山榜紙、英山榜紙、上虞大箋紙。皆可傳之百世。明時大内白箋、堅厚如板，兩面研光，潔白如玉。瓷青紙、高麗繭紙、皮紙、新安玉牋、乃絕細堅韌白棉紙裁爲小幅。松江譚箋、不用粉造，以潔白荆川連紙褙厚，研光，用蠟打各樣細花。觀音簾匹紙，皆可珍。

444. 南北搨

帖有南北搨，由於南北紙之分。北紙用横簾造，其紋横，其質鬆而厚，謂之側理紙。南紙用竪簾，其紋竪。晉二王真迹，即多會稽竪紋竹紋。北紋不甚受墨。北墨多用松烟，色青而淺，不和油蠟，故北搨色淡而紋皺，如薄雲之過青天，謂之夾紗，作蟬翅搨也。南紙薄，易受墨。墨用油烟，以蠟及烏金紙水敲刷碑文，故色純黑有浮光，謂之烏金搨。見屠隆《考槃餘事》。按邢子愿云："唐宋拓帖，多用北墨北紙，微以駱駝油少澤之，其光可鑒，而無卵清膠黏氣。"則北搨亦用油也。

445. 元墨朱萬初

升庵《丹鉛總錄》云："元朱萬初善製墨，純用松烟，蓋取三百年摧朽之餘，精英之不可泯者用之，非常松也。天曆乙巳，開奎章閣，簡儒臣親侍翰墨。榮公存初、康里公子山皆侍閣下。以朱萬初所製墨進，大稱旨，得祿食藝文館。虞文靖贈之詩曰：'霜雪摧殘澗壑非，根深千歲斧斤違。寸心不逐飛烟化，還作玄雲繞紫微。'蓋紀兹事也。"又云："萬初之墨沉著而無留迹，輕清而有餘潤，其品在郭圯父子間。"又跋其後曰："近世墨以油烟易松烟，姿媚而不深重。萬初既以墨顯，又得真定劉法造墨法於石刻中，以爲劉之精藝深心，盡在於此，必無誤後世，因覃思而得之。余嘗謂松烟墨深重而不姿媚，油烟墨姿媚而不深重，若以松枝爲炬取烟，二者兼之矣。宋徽宗嘗以蘇合油搜烟爲墨，至金章宗購之，一兩墨價，黄金一斤，欲仿爲之不能，此謂之墨妖可也。”邢子愿云：“文靖與萬初帖有曰：‘今年大雨時行，土潤，溽暑特甚。萬初袖致土速數片，空齋蕭然，遂得爲一日之供，良可喜也。’[1]萬初本墨妙，又兼香癖，蓋墨與香同一關紐。方于魯以色澤規模勝，有香氣無墨氣，所以不相及。余姻家齊河尹大將軍遺一丸，胡元時物也，兩首作鋭，重可二兩，無款識，絲絲起髮理，太樸中含有光怪，似北地松煤劑，或易水耳，此差不失禰祖北法。”按祖氏楊定人，唐墨官，世貴易水墨，祖氏名聞天下。李超、李廷珪父子，亦易水人亡至歙者。故子愿云爾。劉法字彦矩，金常山人，自製墨，名曰“棲神萬壑”。同時楊文秀善墨，不用松炬而用燈煤。子彬傳其法，以授耶律文正。文正授子鑄，造一萬丸，名曰“玉泉萬笏”，北法也。萬初官廣東照磨，道園贈詩見本集中。

446.墨盒

墨盒之製，不詳始於何時。相傳一士人入試，閨人以攜硯不便，爲漬墨於脂，盛以粉奩。其説特新艷，然無確據。大約始於嘉、道之際。阮文達道光丙午，重赴鹿鳴，以旗匾銀製墨盒，其制正圓，爲天蓋地式，旁有二柱繫環内。光緒初葉，尚藏其家。京師廠肆專業墨盒者，推萬禮齋爲最先，刻字則始於陳寅生秀才。寅生名麟炳，通醫，工書畫，自寫自刻，故能入妙。時同治初元也。

---

〔1〕虞文靖帖中多誤字，據虞集《道園學古録》校改。

447.砂壺

砂壺始於金山寺僧，團紫砂泥作壺具，以指羅爲標識。有吴學使者讀書寺中，侍童供春見之，遂習其技成名工，以無指羅紋爲標識。傳董翰、趙梁、玄錫、時朋，稱四大名家。時朋傳子大彬，毁甓以杵舂之，使還爲土，範爲壺，燀以熠火，審候以出。雅自矜重，遇不愜意碎之，至碎十餘一；皆不愜意，即一弗留。大彬枝指，以柄上拇痕爲識。大彬之後，則陳仲美、李仲芳、徐友泉、沈君用、陳用卿、蔣志雯諸人。友泉有雲罍、蟬觶、漢瓶、僧帽、提梁卣、苦節君、扇面、美人肩、西施乳、束腰菱花、平肩蓮子、合菊、荷花、竹節、橄欖、六方、冬瓜段、分蕉、蟬翼、柄雲[1]、索耳、番象鼻、沙魚皮、天雞、篆耳諸式。仲美别製鸚鵡杯。吴天篆《磁壺賦》云“翎毛璀璨，鏤爲鸚鵡之杯”，謂此。吴人趙璧仿大彬壺式，而易以錫，歸復繼之，錫壺始顯。予有用卿壺，巨如罐，題十八字云：“茶熟香温有客至，一可喜。丙申春日，用卿古式。”

448.譯經潤文

《三藏法師傳》云：顯慶正月，玄奘法師在大慈恩寺，翻譯西天所得梵本經論。時有黄門侍郎薛元超、中書侍郎李義府，問古來譯經儀式如何。師答云：“苻堅時，曇摩譯，中書侍郎趙整執筆。姚興時，鳩摩羅什譯，安城侯姚嵩執筆。後魏時，菩提留支譯，侍中崔光執筆。貞觀中，波羅頗那譯，左僕射房玄

---

〔1〕“柄雲”，疑是“横雲”之誤。

齡、趙郡王李孝恭、太子詹事杜正倫、太府卿蕭璟等監閲。今獨無此。”正月壬辰敕曰：“大慈恩寺僧玄奘所翻經論既新，傳譯文義須精，宜令太子太傅尚書左僕射燕國公于志寧、中書令來濟、禮部尚書許敬宗、黄門侍郎薛元超、中書侍郎李義府、杜正倫，時爲看閲。有不穩當處，即隨事潤色之。”宋時宰相，皆帶銜譯經潤文使。

449.李廷珪

《七修類稿》云：“後梁、南唐、二蜀，其主皆好文事，各地置筆墨紙務之官。梁有張遇，蜀有李仲宣，南唐有李廷珪父子。廷珪墨形制不一，有圓餅龍蟠而劍脊者，有四渾厚長、劍脊而兩頭尖者，又有如彈丸而龍蟠者，皆用金泥。原墨一料用珍珠三兩，玉屑一兩，擣萬杵而成，故久而剛堅能削木，墜溝中經月不壞。用必先以水浸磨處，否則損硯。”按張遇，宋熙豐時人，此云後梁，未知何據。

450.料絲燈

料絲燈出滇南，以金齒衛者爲勝。用碼碯、紫石英諸藥，擣爲屑，煮腐如粉。然必市北方天花菜點之方凝，而後繅之爲絲，織如絹狀。上繪人物山水，極晶瑩可愛，價亦珍貴。蓋以煮料成絲，故謂之料絲。閣老李西涯以爲“繚綫”，書之於册，蓋一時之誤。見《七修類稿》。明薛慧字君來，咏《料絲燈》云：“淮南玉爲碗，西京金作枝。未若兹燈麗，擅巧昆明池。霏微狀蟬翼，連娟侔網絲。烟空不礙視，霧弱未勝持。碧水點葱欝，朋石染萎蕤。霞叠有無色，雲攢深淺姿。焚蘭發香氣，對竹映紅滋。明月詎須侈，夜光方可嗤。”見《列朝詩集》。按料絲燈，大璫錢能所創也。

451. 窑燒骰子

《七修類稿》言：“有築魏州城，得窑燒骰子數斗。謂骰子陳思王所製，子建當時正都於許，恐後世之莫傳也，故埋藏以需人間玩弄。”特牽强可哂。

452. 倭漆傳入中國

古有戧金，無泥金；有貼金，無描金、灑金；有鐵銃，無木銃；有硬屏風，無軟屏風；有剔紅，無縹霞。彩漆皆起自本朝，因東夷或貢或傳而有也。描金、灑金，浙之寧波多倭國通使，因與情熟，餂而得之，灑金尚不能如彼之圓。故假倭扇，亦寧波人造也。泥金、彩漆、縹霞，宣德間遣人至彼傳其法。軟屏，弘治間入貢，來使送浙鎮守，杭人遂能之。鳥嘴木銃，嘉靖間日本犯浙，倭奴被擒，得其器，遂傳造焉。宣德間有楊塤者，精明漆理，各色俱可合。奉命往日本學製漆畫器，其縹霞山水人物，神氣飛動，描寫之不如，愈久愈鮮，世號“楊倭漆”。天順中，上書訟李達、袁彬之冤，奏發錦衣門達，尤爲世論所貴。見《七修類稿》。按“塤”或作“瑄”，未知孰是。

453. 一技之長

漁洋云：近日一技之長，雕竹則濮仲謙，螺甸則姜千里，嘉興銅爐則張鳴岐，宜興泥壺則時大彬，浮梁流霞盞則壺飲道人昊十九，江寧扇則伊莘野、仰侍川，裝潢書畫則莊希叔，皆知名海內。

454.心太平庵硯

《池北偶談》云：有漁於道士洑者，得一硯，八角，製作古雅，背鐫“心太平庵”四字，蓋放翁故物。和州項副使得之，今歸淄川畢載積州守際有。

455.瀘石硯

《道園學古錄·謝書巢贈宣和瀘石硯詩》云：“巢翁新得瀘州硯，拂拭塵埃送老樵。毀壁復完知故物，沉沙俄出認前朝。毫翻夜雨天垂藻，墨泛春冰地應潮。恐召相如令草檄，爲懷諸葛渡軍遙。”今不聞瀘石可爲硯。

456.劉伯温

《道園集》有《劉伯温行卷詩序》云：“監憲伯温劉公，出示館閣諸君子送行詩文兩大卷。其一自中臺出佐浙省時賦，衆仲題，其後一卷則自著廷持節江右之賦也。”按此乃河西唐兀人沙剌班，亦字伯温，與修遼、金、宋三史，非青田也。

457.劉正奉塑記

虞集《劉正奉塑記》云：“至正七年，建護國仁王寺，詔求天下奇珍異寶造梵天佛像。得黄冠劉正奉，名元，字秉元，寶坻人。先事青州杞道錄，傳其藝。及被召，又從阿尼哥國公學西天梵相，遂爲絕藝。兩都名刹，有塑土、範金、摶換爲佛者，一出正奉之手。賜兩宫女爲妻，以昭文館大學士、正奉大夫、秘書監卿官之。嘗敕正奉，非有旨不許擅爲人造神像。梵佛多秘不得觀。

所見上都三皇廟尤古粹，造意得三聖人之微。大都長春宫都提點馮道頤，始作東嶽廟於宫之東，正奉親造仁聖帝像、炳靈公像、司命君像，及佐侍諸神：正殿仁聖帝兩侍女、兩内侍、四丞相、兩介士，其西炳靈公兩侍女、兩侍臣，其東司命君兩道士、兩仙官、兩武士、兩將軍。初欲造侍臣像，適閲秘書圖畫，見魏徵像，矍然曰：'得之矣，非若此莫稱爲相臣。'遽走廟中爲之，即日成。所謂摶换者，漫帛土偶上而髹之，去其土，髹帛儼然其像。昔人嘗爲之。至正奉尤好摶丸，又曰脱活，京師語如此。"按《元史·工藝傳》，阿尼哥，尼婆羅國人也，至元十年授人匠總管。今每訛劉元塑爲劉藍塑。張船山有《天慶宫觀劉鑾塑像歌》，又訛作"鑾"矣。

458.和珅吴卿連詩

鈔本嘉慶四年正月諭旨，皆和珅伏法事。有查鈔清單，與《庸庵隨筆》所載微異，諭旨字句間亦不同，豈所謂報房小鈔耶？中有：正月十七日，奉上諭，刑部具奏，獄中檢得和珅於十五日擅書悔詩兩首："夜月明如水，嗟予困已深。一生原是夢，卅載枉勞神。屋暗難挨曉，牆高不見春。星辰和冷月，縲絏泣孤臣。""今夕是何夕，元霄又一春。可憐此夜月，分外照愁人。對景傷前事，懷才誤此身。餘生料無幾，空負九重恩。"十八日，奉上諭，據刑部監臨具奏，呈進和珅臨刑詩一首："五十年來夢幻真，今朝撒手遠紅塵。他年應泛龍門合，認取香烟是後身。"二十日，奉上諭，據刑部會同順天府府尹具奏，奉旨管押和珅家屬。本日午刻，有和珅之妾吴氏自縊身死一案，内有吴氏淚詩十首，並自序："妾吴氏，字卿連，吴門人也。其年十五，已入平陽王第選侍。乾隆四十四年，歸和處，今又二十一春矣。分香者何人？賣履者何人？風淒日黯，如助妾之悲悼也。詩成後，投繯自盡。”“晚粧驚落玉搔頭，宛在西湖十二樓。魂定暗傷樓外景，池中無水不東流。”“香稻入唇驚吐日，海珍列鼎厭嘗時。峨眉屈指年多少，到處滄桑知不知？”“緩歌慢舞畫難圖，月下樓台冷繡襦。終夜紅塵看不足，朝天嬾去倩人扶。”“欽封冠蓋列星辰，幽時傳聞進貴臣。今日門前何寂寂，方知人語世難真。”“一朝能悔郎君才，强項雄心愧夜臺，流水落花春去也，伊周事業空徘徊。”“最不分明月夜魂，何曾芳草念王孫。梁間紫燕來還去，害殺兒家是戟門。”“蓮開並蒂是前因，虛擲鶯梭念幾春。回首可憐歌舞地，兩番空是夢中人。”“冷落癡兒掩淚題，他年應化杜鵑啼。啼時莫向漳河畔，銅雀春深燕子棲。”“村姬歡笑不知春，長袖輕裾帶翠顰。三十六年秦女恨，卿連還是淺嘗人。”“白雲何處老親尋，十五年前笑語溫。夢裏輕舟無遠近，一聲欸乃到吴門。”奉旨：已閱，欽此。第一首微訛，恐出呈進客改竄，然已明明寫出睿帝以積恨殺和珅之故矣。戟門即侍郎蔣賜棨，未幾逐歸，實緣此一詩。世傳卿連作卿憐，陳文述有《卿憐曲》，不著自縊事，謂被沒入官，且删四、五兩章，得此可以證補。

459. 星命

星命之說，始於唐貞元初李彌乾，字虛中。其法以日干爲主，以人所生年月日合看生尅、制化、旺相、休囚，取立格局，推壽夭、貴賤。至宋徐居易，字子平，並生時參合之，謂之八字。子平與麻衣道者陳圖南同隱華山。元耶律楚材又以甲火、乙孛、丙木、丁金、戊土、庚水、辛炁、壬計、癸羅推命，曰天宫五星法。世多信其說，迄今尤盛。但以八字四柱計人命，共五十一萬八千四百人而已，即以上下四刻分，亦只一百萬零六千盡之矣。今人數四萬萬，至少當有四百人相同之八字，決無四百人相同之壽夭貴賤。於是又有地域南北之分，皆遁詞也。

460. 雲麾將軍碑

萬曆六年，河南李蔭宰宛平，搆小齋，發礎得唐李邕《雲麾將軍碑》。云碑石蕪沒良鄉驛舍，裂爲柱礎。蔭輦邑署，名其齋爲"古墨"。可辨者百八十九字，首篆存"唐故雲"三字。按李秀，范陽人，開元時以功拜雲麾將軍，封遼西郡公，葬范陽福祿鄉。碑刻於天寶元年。或云李蔭掘地本得六礎，其四礎萬曆末爲京兆尹王惟儉移之汴中，餘二礎留京兆署中，不知何時又失去其一也。

461. 均窰

均窰出河南均州，避明神宗諱改禹州，以鈞天之臺屬於禹也。查初白《人海記》云：大內牡丹盛開，神廟思以瓷瓶貯之。偶江陰民有一均州瓶，高數尺許，欲得十金，或笑之。忽內臣覓進，上喜問價幾何。奏曰："二百金。"上諭："先給百金，如未肯，再給五十金。"

462. 桃花塢

吴縣城西北桃花塢，宋樞密章楶別業，六如居士卜築於此，有夢墨亭。天啓時，楊大瀠改爲準提庵。宋牧仲撫吴，爲之修葺，增建才子亭，復爲修墓。嘉慶六年，善化唐仲冕知縣事，因拓庵東別室，像祀唐、祝、文三君，顏其室曰"桃花仙館"。六如墓在胥門外横塘王家村。崇禎甲申，毛子晉嘗爲封表，置墓田丙舍，紀之以碑，已無存。仲冕訪得之，爲封植題識，賦詩八章紀事。

463. 孟永光張篤行

山陰孟永光，字月心，工寫真。明末薄游遼東。入清，以畫供奉内廷。世祖嘗命内侍張篤行受其筆法。見《池北偶談》。

464. 五官並用

崑山朱以載厚張，天資超絕。嘗於座間手書《孝子傳》，而令二人左右坐，各操紙筆，口授令書，成駢體序文、長律一篇。詩文俱工。所書《孝子傳》精楷無一訛字。以載著有《多師集》。

465. 晉瓷

岳珂《桯史》：湓城所居負山，慶元元年五月，大雨山頽，古冢出焉，碣曰"晉征虜將軍墓"。瓦甓刻瑞草，旁署"晉永寧五月造"，有匠者姓名張某，下有押字。有小瓷瓶如研滴，竅其背爲蝦蟆，形制甚古朴。此押字尚在韋陟五朶雲前。瓦碗二十餘，有甘蔗節。與《文選·弔冥漠君》文同。一燈熒熒，油如膏，見風凝結，不可抉。驪山人魚之説，固容有之云云。[1]按晉瓷見於著録者始此。

466. 宅子

王銍《默記》云：閻詢仁遇王元澤於相國寺，問荆公出處，

〔1〕按本條節略《桯史》過簡率，讀者宜尋原文讀之。

答曰："大人先遣來京尋宅子爾。"今京師人猶稱宅第爲宅子，是宋時已然矣。

467.冷淘

《默記》言："歐陽公胥夫人乳媪，年老不睡，善爲冷淘。富鄭公素嗜之。每晨起戒中廚具冷淘，則鄭公必來。"冷淘殆即今之涼粉也。何光遠《鑑誡錄》：馮涓與王鍇小酌，巡故字令，鍇舉一字三呼，兩物相似。鍇令曰："樂樂樂，冷淘似餺飥。"涓曰："己已巳，驢糞似馬屎。""似餺飥"者，或言其形制也。

468.日本刀

温公《日本刀歌》有"黄白間雜鍮與銅，百金傳入好事手"句。自注云："賈人云真鍮似金，真銅似銀。"予嘗見唐破鏡，破處晶瑩類白金，讀此始恍然。

469.冷金箋

温公有《送冷金箋與興宗》詩，云："蜀山瘦碧玉，蜀土膏黄金。寒谿漱其間，演漾清且深。工人剪稺麻，擣之白石砧。就溪漚爲紙，瑩若裁璆琳。風日常清和，小無塵滓侵。時逐賈舟來，萬里巴江潯。"按費著云蜀紙最下者冷金箋，據此當不盡然。

470.玉泉墨

元遺山有《賦南中揚生玉泉墨》，自注云："墨不用松烟而用燈油。"詩云："萬竈玄珠一唾輕，客卿新以玉泉名。御團更覺香爲累，冷劑休誇漆點成。浼袖秦郎無藉在，畫眉張遇可憐生。晴窗弄筆人今老，孤負松風入硯聲。”注云：“宫中以張遇麝香小團爲畫眉墨。”按金楊文秀始創烟煤法，此殆其人。曰南中，曰客卿，實南人也。

471. 麝香金

遺山《雪香亭雜咏》云：“鑪薰浥浥帶輕陰，翠竹高梧水殿深。去去氈車雪三尺，畫羅休縷麝香金。”自注云：“泥金色如麝香，宫中所尚。”

472. 畫家南北宗升降之由

遺山《密公寶章小集》七古，自注：“宋畫譜：山水以李成爲第一。國朝張太師浩然，王內翰子端，奉旨品第書畫，謂成筆意繁碎，有畫史氣象，次之荆、關、范、許之下。密公識賞超詣，亦以此論爲公”云云。此論畫家南北宗升降之由。

473. 曹仲婉

遺山有《題松上幽人圖》詩，自注云：“宋宗婦曹夫人仲婉所畫，上有曹道沖題詩。”此仲婉可與仲姬並稱。

474. 山谷洮石研

山谷《洮石研銘》曰：“王將軍爲國開臨洮，有司歲餽可會者六百鉅萬。其於中國得用者，此研材也。研作璧水樣。”故遺山賦云：“縣官歲費六百萬，才得此研來臨洮。”“可會”者，猶言可計也。

475. 劉遠筆

遺山《劉遠筆》七古云："老毚力能舉玉杵，文陣挽强猶百鈞。惜哉變化太狡獪，嚮也褐衣今虎文。宣城諸葛寂無聞，前後兩劉新册勳。謝郎神鋒恨太雋，雖然豈不超人群。三錢雞毛吐皇墳，尖奴定能張吾軍。何時酌我百壺酒，爲汝醉草垂天雲。"按類山稱蜀中出石鼠，毛可爲筆，其名鼥。此作毚，未詳。

476. 稻畫

西京田叟，自號瓦盆子，年七十餘。所作《堯民圖》，青縑爲地，稻樺皮爲之。暗室中作小竅取明，與主客談笑爲之。嘗戲於袖中掐蝨數枚，亂擲客衣上，客以爲真蝨而拾之，其技如此。性剛狷，自神其藝，不輕與人，己所不欲，雖千金不就也。蓋稻畫不見於書傳，當自此人始耳。見《續夷堅志》。

477. 琉璃瓦

皇統中，修內司燒琉璃瓦，煅一大鼎，三日不鎔。按燒琉璃與鼎何涉？意以古銅合之成料耳。

478. 賈叟刻木

平陽賈叟，無目，能刻神像，人以"待詔"目之。交城縣中寺一佛，是其所刻，儀相端嚴。僧説賈初立木胎，先摩娑之，意有所會，運斤如風。予因記趙州沒眼僧，能噀墨水畫布上，五采亦噀之。毛提舉家一虎，蹲大樹下，旁臥一青彪，虎目燦燦如金，望之毛髮森立，雖趙邈齪不是過。見《續夷堅志》。

479. 瓊花

鄠縣西南十里曰炭谷，入谷五里，有瓊花樹。樹大四人合抱，逢閏即花，初伏開，末伏乃盡。花白如玉，攢開如聚八仙狀。中有玉蝴蝶一，高出花上，花落不著地，乘空而起。亂後爲兵所斫云。見《續夷堅志》。按揚州后土廟即蕃釐觀，瓊花號天下無雙，爲唐宋詩人稱道。此炭谷者，乃無人過問，信顯晦不常耳。諸書記瓊花多訛爲聚八仙及玉蕊，或訛作山梔、繡毬，得遺山此記，種雖不傳，而花傳矣。

骨董瑣記卷六

480. 古錢

《續夷堅志》記東平錢信中及茶店劉六所收古錢，金錯刀尤厚重，今世所見才二三分耳。又有方寸匕，形制與錯刀同。王莽大錢作燕尾狀，比今所有大四倍，文曰“端布爲千”，背後有兩字，有“絲布”、“泉布”、“貨布”、“流布”，如是近十布。又有一銖、二銖、三銖至五銖。有内四出紋，是方孔四角金文通輪廓者，復有錢背四出文者。榆莢，其文一曰“五金”，一曰“五朱”，殆分“銖”字爲二也。既有湧金，亦有鏤金。開元錢有湧金月牙，復有鏤金月牙，有孔方之上有横湧金月牙一綫通輪廓者，亦有孔方之下一綫通輪廓者。

481. 造紙布頭紙

造紙蜀人以麻，閩人以嫩竹，北人以桑皮，剡溪以藤，海人以苔，浙人以麥麩稻稈，吴人以繭，楚人以楮。按蜀有布頭紙，取布頭機餘、經不受緯者治之作紙。見《東坡志林》。今西洋人以布造紙，不知唐宋已有之。

482.壘石

揚州名園以壘石勝者，余氏萬石園，出釋道濟手；白沙翠竹，江村石壁，出張南垣手；怡性堂宣石山，出仇好古手；九獅山，出淮安董道士手。乾隆時有王天於、張國泰，亦以壘石著，唯剗俗類石工所爲，不爲士大夫稱道。嘉道時，常州戈裕良叠儀徵樸園、如皋文園、蘇州五松園、虎丘一榭園。又孫古雲家廳山子一座，能不界條石而叠石洞。按太倉王奉常別業蘺薋園假山，亦南垣遺製，後歸畢秋帆，更名靜逸園。大江以南園亭，得南垣壘石而顯者，有李工部橫雲、盧觀察預園、吴吏部竹亭。南垣名漣，華亭人。子然繼之，游京師，瀛台、玉泉、暢春苑及王宛平治園，皆其手製。

483.金冬心

金冬心畫竹師竹石老人，自署款率題“稽留山民”。畫梅師白玉蟾，率題“昔耶居士”。畫佛像率題“心出家盦粥飯僧”。畫馬自謂曹、韓法，趙王孫不足道也。板橋贈詩云：“九尺珊瑚照乘珠，紫髯碧眼照商胡。銀河若問支機石，還讓中原老匹夫。”蓋當時鈍丁、壽門恃買賣古董爲生，即杭大宗、汪容甫、江子屏學者亦操是業。予謂張力臣亦嘗賣書畫，儒者治生爲第一義，等於自食其力耳。

484.吴窰

吴麐，字栗園，歙人。山水學黄子久。生平有古君子風。客居揚州。有景德鎮土窰，產秘色器，與唐、熊、年三窰齊名，世稱吴窰。見李斗《揚州畫舫錄》。

485. 丁鈍丁刻印十金一字

丁敬身釀酒爲生，著《武林金石錄》。工詩及書，分隸入古，尤精篆法。善鑑別，古器物入手即辨。收古泉多異品。求其篆刻者，白金十兩，爲鐫一字。晚愛龍井山水，因號龍泓居士。同見上。

486. 蠅鬚館雜記

江鄭堂藩，爲惠氏之學，通經，工詩文詞。著書甚多，有《蠅須館雜記五種》，曰《鎗譜》、《茶格》、《茅亭茶話》、《緇流記》、《名優記》。有天瑞堂藥肆爲其世業，在揚州緞子街。鄭堂善烹飪，以十樣猪頭，與吴一山炒豆腐、田雁門走炸雞、汪南谿拌鱘鰉、施胖子梨絲炒肉、張四回子全羊、汪銀山沒骨魚、江文密蛼鰲餅、管大骨董湯、鮆魚糊塗、孔訒庵螃蟹麵、文思和尚豆腐、小山和尚馬鞍橋同名於時。同見上。

487. 慮虒銅尺

江都閔義行，藏慮虒銅尺，建初六年八月十五造。廣一寸，厚五分，重抵廣法十八兩。孔東塘得之，歸於闕里。爲作《銅尺考》、《周尺考》、《周尺辨》三篇。以爲慮虒太原邑，讀若盧夷，即今五臺縣。建初，章帝年號。章帝時，泠道舜祠下得玉尺，以爲尺與周尺同，因鑄爲銅尺，頒郡國，謂之“漢官尺”，[1]或即此尺。

---

〔1〕按《晉書·律曆志》：“漢章帝時，零陵文學史奚景於泠道舜祠下得玉律，度以爲尺，相傳謂之漢官尺。”是舜祠下所得者爲玉律，即《漢書》孟康注所說之“白玉琯”，而未嘗有說爲玉尺者。

以中指中節量之，適當一寸；纍黍試之，正足一百。與《律曆志》一黍之廣爲分，十分爲寸，十寸爲尺，及何休“側手爲膚”，“按指知寸，布手知尺”之說正同。據郎瑛說，周八寸爲尺，秦比周七寸四分，前漢官尺比周一尺三分七毫。劉歆銅斛尺，後漢建初銅尺，與周同。三國吴、蜀同周，魏比周一尺四寸七毫。後魏前尺比周一尺二寸七釐，中尺比周一尺二寸一分一釐，後尺比周一尺二寸八分一釐。晉田父玉尺與梁法又比周一尺七釐，後晉比周一尺六分二釐。宋、齊尺比周一尺六分四釐，梁表尺比周一尺二分，陳尺同後晉。東魏比周一尺五寸八釐，市尺與後魏後尺同。隋開皇官尺同上。萬寶常所造木尺，比周一尺一寸八分六釐。唐尺與古玉尺同。開元尺度十寸爲尺，尺二寸爲大尺。周王朴尺比周一尺二分有奇。宋景表尺比周一尺六分有奇。胡瑗《樂書》黍尺比周一尺七分，司馬光布帛尺比周一尺三寸四分。明官尺依布帛尺，因定建初銅尺與周尺同，當古尺一尺三寸六分，當漢末尺八寸，與唐開元尺同，當宋省尺七寸五分弱，當宋浙尺八寸四分，當明部定官尺七寸五分弱，當今工匠尺七寸四分，當今裁尺六寸七分，當今量地官尺六寸六分，當今河北大市尺四寸七分。

488. 石門漢畫

石門漢畫，一面畫孔子見老子像及庖廚，一面爲一力士持盾及一鳳皇。本在寶應湖側，汪容甫移歸其家。後邑人劉寶楠、朱士端，商之其子喜孫遷歸，今尚藏畫川書院。

489. 洞庭山人

洞庭山人徐堅，字友竹。工丹青篆刻。著有《綅園詩集》。

爲畢秋帆上客。年八十餘始卒。

490. 朱青雷刻印

山左朱文震，字青雷。客平郡王邸。善畫工詩，兼工篆刻。偶宿隨園，爲袁簡齋鐫小印二十餘方，人驚其神速。青雷笑曰："以鐵畫石，何所不靡？凡遲遲云者，皆故作身分耳。"

491. 潘西鳳刻竹

潘西鳳，字桐岡，人呼老桐，新昌人。精刻竹，濮仲謙以後一人。見《板橋詩鈔》。又董偉業《竹枝詞》云："老桐與竹結知音，苦竹雕鏤苦費心。十載竹西歌吹夜，幾回燒去竹爲琴。"予有其竹秘閣一，淺刻菊花極精，款署"老桐"。

492. 贋作

板橋絕句云："西園左筆壽門書，海內朋交索向予。短札長箋都去盡，老夫贋作亦無餘。"文人游戲，何所不至，恐自來贋作者不只板橋，而板橋所贋者不止西園、壽門耳。翁文恭曾見壽門致朱筠谷前後十餘札，皆請其代筆。又有楊姓，則壽門亦公然令人作僞矣。

493. 張萱畫記

元遺山《張萱四景宮女畫記》云：一轉角亭，桷欄楹檻，渥丹爲飾，綠琉璃磚爲地。女學士三，皆素錦帕首。南向者綠衣紅裳，隱几而坐，一手拄頰，凝然有所思。其一東坐，素衣紅裳，按筆作字。西坐者紅衣素裳，袖手凭几，昂面諦想，如作文而未就者。亭後來禽盛開，一內人不裹頭，倚欄仰看。凡裳者皆有雙帶下垂，幾與裳等，但色别於裳耳。亭左湖石，右木芍藥，一素衣紅裳人翦花，一人捧盒承之。一人得花，緩步回首，按錦帕插之髻鬟之後。此下一人錦帕首，淡黄錦衣，紅裙，袖手而坐。並坐者吹笙，右二人彈箏合曲。又一人黄帽如重戴，而無瀝水，不知何物，背面吹笙。乃知錦帕有二帶，繫之髻鬟之後。一小鬟前立按拍，一女童舞，一七八歲白錦衣女，戲指於舞童之後。吹笙者紅衣素裳，箏色，笛色，板色，素衣紅裙。已上爲一幅。

一，湖石芭蕉竹樹，紫薇花繁盛。花下二女凭檻仰看，團花藍紗映朱衣，襯紅爲裙，並立者白花籠紅綃中單。三人環冰盤坐，一紅衣者顧凭檻，看花者二，白衣相對。女侍二,一挈秘壺，一捧茗器。四人臨池觀芙蕖、鸂鶒，一坐砌上。一女童欲掬水弄。操便面者十一人，便面皆以青緑爲之。琵琶一，笙一，簫笛三，板一，聚之案上，二藤杌在旁。爲一幅。

一，大桐樹下有井，井有銀牀，樹下落葉四五。一內人冠髻，著淡黄半臂，金紅衣，青花綾裙，坐方牀，牀加褥而無裙。一擣練杵倚牀下。一女使植杵立牀前，一女使對立擣。練淡有花，今之文綾也。《畫譜》謂萱取"金井梧桐秋葉黄"之句爲圖，名《長門怨》者，殆謂此耶？芭蕉葉微變，不爲無意。樹下一內人花錦冠，緑背搭，紅繡爲裙，坐方牀。繒平錦滿箱，一女使展紅纈托量之。此下秋芙蓉滿叢湖石旁。一女童持扇熾炭，備熨帛之用。二內人坐大方牀，一戴花冠，正面，九分紅繡窄衣，藍半臂，桃花裙，雙紅帶下垂，尤顯然，一膝跋牀角，以就縫衣之理；一桃花錦窄衣，緑繡襜，裁繡段。二女使掙素綺，女使及一內人平熨之。一女童白錦衣，低首熨帛之下以爲戲。中二人雙綬帶胸腹間繫之，亦有不與裙齊者。此上爲一幅。

一，大堂界畫細整，脊獸獰惡，與今時特異。積雪盈瓦溝，山茶盛開，高出簷際。堂錦亦漏丹，而楹桷間有素綠錯雜之。堂下湖石，一樹立湖石旁，其枝柯蓋紫薇也。堂上垂簾，二內人坐中楹，花帽羃首，衣袖寬博，鉤簾而坐，如有所待然。女使五人，二在楹簾間，一抱孩子，孩子花帽綠錦衣，女使抱之，搴簾入堂中，真態宛然；二捧湯液器，一導四內人外階，衣著青紅各異。三人所戴如今人鑾笠，而有瑇瑁斑，不知何物爲之。一內人擁花帽，與前所畫同。一女使從後砌下。池水凍結，枯蒲匝其中。凍鴨並臥，有意外荒寒之趣。已上爲一幅。

人物每幅十四，共五十六人。

494. 嚴氏書畫記

文嘉《嚴氏書畫記》一卷，自序云："嘉靖乙丑五月，提學賓崖何公檄予往閱嚴氏書畫。凡分宜之舊宅，袁州之新宅，省城之諸宅，所藏書畫盡發以觀，歷三閱月始克畢事。當時漫記數目以呈，不暇詳別。今日偶理舊篋得之，因重錄一過，稍爲區分，隨筆箋記一二，傳諸好事。明窗净几，時一披展，恍然神游於金題玉躞間也。隆慶戊辰冬十二月十七日，文江草堂書。"編中自晉及明，書畫四百五十六事，羲之僅三帖，獻之一帖，顧愷之、吴道子、李思訓皆各得一畫。以嚴氏父子之力，何求不獲，乃所有者僅此，爲不可解，豈真傳世者甚少耶？所記索靖《出師頌》、《千金帖》，東坡書《前赤壁賦》，皆其家舊藏。然則停雲館物亦及身而散矣。又記仇實父爲宜興吴氏摹趙伯驌《桃源圖》，酬以五十金。《子虛上林賦圖》，爲仇畫贈崑山周六觀，經年始就，酬以百金。則十洲當日聲價貴重可知。

495. 張丑題春宵秘戲圖

“絹本圖《春宵秘戲圖》卷，戊午七夕獲於太原王氏，乃周昉景元所畫，鷗波亭主所藏。或云天后，或云太真妃，疑不能明也。傳聞昉畫婦女，多爲豐肌秀骨，不作纖纖娉婷之形，今圖中所貌，目波澄鮮，眉嫵連卷，朱唇皓齒，修耳懸鼻，輔靨頤頷，位置均適，且肌理膩潔，築脂刻玉，陰溝渥丹，火齊欲吐，抑何態穠意遠也！及考粧束服飾，男子則遠游冠、絲革靴，而具帝王之相；女婦則望仙髻、綾波襪，而備后妃之容；姬侍則翠翹束帶，壓褄方履，而有宮禁氣象。種種點綴，沉著古雅，非唐世莫有矣。夫秘戲之稱，不知始於何代。自太史公譔列傳，周仁以得幸景帝，入臥內，於後宮秘戲，而仁常在旁。杜子美製宮詞，亦有‘宮中行樂秘，料得少人知’之句，則秘戲名目，其來已久，而非始於近世耳。按前世之圖秘戲也，例寫男女二人，相偎倚作私褻之狀止矣，然有不露陰道者。如景元創立新圖，以一男御一女，兩小鬟扶持之，一侍姬當前力抵御女之坐具，而又一侍姬尾其後，手推男背以就之，五女一男，嬲戲不休，是誠古來圖畫所未有者耶！吁，亦異矣！不腆博求唐宋畫跡，所遇人物山水，花禽竹石，歷數不下百幅，至秘戲等圖，得見景元真筆，何其幸哉！越五日寶米軒裝，清河牛郎記。”見《清河書畫舫》。

496. 滇中名迹

永平寶臺山，有隋大業間某僧畫壁達摩像，宋人某勒碑識之。寺屢毀於火，而畫壁不毀，至今猶存。又大理李茂家藏吴道子畫佛十六幅，一幅多者數十像，梵像唐像皆備。絹素黯舊而顔色不敝，神采如生。畫天女以煤塗兩頰，遠望之則泛粉霞，轉增妍好，最爲奇麗。昆明某氏有薛尚功手輯印譜二十餘册，分代搜集，皆爲細書考證。又大理《南詔碑》，今世通行拓本模糊無字，乃碑陰字爲人鑿去，謂和藥食之，可以却病。正面踣於地上，字迹完好。皆董幹丞説。

497. 王世雄琺瑯器

雍乾時，王世雄工琺瑯器。好交游，廣聲氣，京師稱之爲“琺瑯王”，又良工也。

498. 饒瓷

饒瓷始於唐，成於宋、元，盛於明、清，於是北窑始衰。按饒瓷陶土取諸浮梁新正都麻倉山，石末取諸湖田一二圖，釉土取諸新正都。長嶺作青黄釉，義坑作澆白器釉。設色有青色、曰石子青，產於瑞州。曰舊坡塘青，產於樂平。曰回青，即蘇麻離青，永樂時始入貢，用鎚碎之，每斤得青三兩，有硃砂斑者爲上，有銀星者次之。用時回青一兩，加石青一錢，曰上青。四六分曰中青。上青用以混水，則顔色清亮。中青用以設色，則筆路分明。油色、用豆青油水煉灰，黄土合成。紫金色、用罐水煉灰，紫金石水合成。翠色、用煉古銅水、硝石合成。

金黄色、用黑鉛末一斤，碾成赭石一兩二錢合成。金綠色、用煉過黑鉛末一斤、古銅末一兩四錢、石末六兩合成。金青色、用煉成翠一斤、石子青一兩合成。礬紅色、用青礬煉紅，每一兩用粉五兩，用廣膠合成。紫色、用黑鉛末一斤、石子青一兩、石末六兩合成。澆青、用釉水煉灰，石子青合成。純白、用釉水煉灰合成。描金、用燒成白胎上全黄，過色窑加礬紅，過爐火，貼金二道，過爐火二次，餘色不上全黄。堆器、用白泥加坯上，以筆堆成各樣龍鳳花草，加釉水，煉灰燒成。錐器、各樣坯上，用鐵錐錐成龍鳳花草，加釉水，煉灰燒成。五彩。用燒過純白瓷器，續彩，過爐火燒成。饒瓷足貴，不只傅色，尤在火候，故北窑不能及。

499.雕漆

雕漆始於宋慶曆以後，名曰犀皮，又作西皮、西毗。分戧金與剔紅。戧金以細針戧出山水、人物、亭觀、花木、鳥獸，以鑽鑽其空處，謂之“攢犀”。以滑地紫犀爲貴。底[1]如仰瓦，光澤堅薄、色如膠棗者，曰“棗兒犀”。色黄滑地、圓花有雲而堅薄者，曰“福犀”，福州所作也。元時西塘彭君寶製者，甚得名。楊匯所作，雖剔之深峻，而層數甚多，然其膏子不堅，黄地者最易浮脱。宋剔紅器，硃厚色鮮，紅潤堅重，金銀作素，剔劍環香草者佳，若黄地剔山水人物花木飛走者，雖細巧而易脱起。元時張成、楊茂作者，多硃薄不堅。有僞剔紅者，用灰團起劍環及香草形，以硃漆漆之，名曰堆紅，又曰罩紅。明時雲南大理人頗工爲此。按李君實《紫桃軒雜綴》云：“髹漆、銀、銅諸器，滇南者最佳。蓋唐時閣羅鳳犯蜀，俘其巧匠以歸，故至今擅之。”然則滇匠源於蜀匠之巧矣，惜今亦失傳。

500.螺甸

螺甸器出江西吉安、廬陵。宋器皆於堅漆上嵌銅綫，然後鑲

---

〔1〕“以滑地紫犀爲貴底”八字，原書誤作“其滑地”三字，據《格致鏡原》卷三十六校改。

以螺甸，其花色細緻可玩，以之上供內府。元時富家不限年月造者，亦工妙。見《格古要論》。

501.梨園掌故

李斗《揚州畫舫錄》云：“兩淮鹽務，例蓄花、雅兩部，以備祝釐大戲。雅部即崑山腔，花部爲京腔、秦腔、弋陽腔、梆子腔、羅羅腔、二簧腔，統謂之‘亂彈’。崑腔之勝，始於商人徐尚志，徵蘇州名優爲老徐班。黃元德、張大安、汪啓源、程謙德各有班。洪充實爲大洪班，江廣達爲德音班，江鶴亭徵花部爲春臺班。自是德音爲內江班，春臺爲外江班。”又曰：“安慶以二簧來，句容以梆子腔來，湖廣以羅羅腔來。京腔用湯鑼不用金鑼，秦腔用月琴不用琵琶。京腔本以宜慶、萃慶、集慶爲上，自四川魏長生以秦腔入京師，色藝蓋於萃慶、集慶之上。於是京腔效之，京、秦不分。迨長生還四川，高朗亭入京師，以安慶花部合京、秦兩腔，名其班曰‘三慶’。而曩之宜慶、萃慶、集慶遂湮沒不彰。春臺因外江不能立門户，亦採京、秦二腔，演《滾樓》、《抱孩子》、《賣餑餑》、《送枕頭》之類。京師萃慶班謝瑞卿，名小耗子，工演閻婆惜。揚州有謝氏一派。四川魏三兒，號長生，年四十，來郡城投江鶴亭，演戲一齣，贈以千金。郝天秀得魏三兒之神，人以‘坑死人’目之。雲崧有《坑死人歌》。小張班十二月花神衣價至萬金。百福班一齣《北餞》，十一條通天犀玉帶。京師丑脚凌雲浦，本世家子，工詩善書。廣東劉八，工文詞，好馳馬，試京兆不第，流落成小丑，絕技以《廣舉》及《毛把總到任》兩齣享盛名云。”此所述甚詳，皆乾隆間事，可作梨園掌故觀。至其傷財鬬侈，後來又何足比數。今京師菊部中人，猶傳

“外江”一語，亦自有本。

502. 汪大黌自鳴鐘

汪大黌，字斗張，號損之，歙人。工分隸，蓄碑板甚富。有巧思，能製自鳴鐘甚精。客於揚州鹽商江鶴亭家，嘗以汪所製充貢。見《揚州畫舫錄》。龍溪孫孺理，能製寸許自鳴鐘。見周亮工《閩小記》。

503. 姜娘子鑄銅

南唐後主於昇州句容縣置官場鑄銅器，皆小雲雷花紋。其質薄而輕，其色漆黑，有監場官花押。元杭州姜娘子、平江路王吉，仿句容所鑄，皆得名。花紋較粗，姜鑄較勝於王。

504. 僞古銅器

僞古銅器，先以水銀雜錫末，即磨鏡藥，敷新銅器令勻。次筆蘸釅醋，調細硇砂末敷勻。候其發蠟茶色，急入新汲水浸之，即成臘茶色。或發漆色者，急入新汲水浸之，即成漆色。若浸之稍緩，即變他色。其發純翠色者，則不入水浸，皆用新布擦令光瑩。銅腥爲水銀所匱，並不發露。又法以井花水調泥礬浸一伏時，取出烘乾，再浸再烘，三度爲止，名作脚色，即打底子。候乾，以硇砂、膽礬、寒水石、硼砂、金絲礬各等分爲末，以青鹽水化净，用筆蘸之，刷三兩度，候一兩日洗去，乾又洗之，凡三五次，以顏色停勻爲度。次掘地成坑，以炭火燒紅，令遍澆以釅醋，始納銅器其中，罨以醋糟，加土覆之。三日後取出，即生各色斑點，用蠟飾之，光瑩如玉。若須深色者，焚竹葉薰之。其點綴顏色，有寒煴二法，均用明乳香入口細嚼，去其澀味，以與白蠟相和，始配石青、四支綠、硃砂各色。所謂煴者，多用蠟；所謂寒者，乳香與蠟各半，以之隨手點成凸起顔色。其堆叠用硇繡針砂，其水銀色用水銀砂錫塗抹鼎彝邊角，上罩以乳蠟及顔色，復微露少許，以炫觀者。用手摩之，則香氣觸手，以水洗之，則顔色堅傅，不可驟去。又法鑄器成後，即入鹽硇地内，埋二三年，亦能變古，皆不易辨識，唯好古審制度者可以知之。又古銅聲微而清，新銅聲濁而閧，不可混者在此。

505.礬書

《寄園寄所寄》引《嘯虹筆記》云："金中都被圍，完顔承暉以礬寫奏告急。金人用礬及膠以鐵釘共煮，用其寫白紙上，視之無迹，以墨塗紙背，則其字畢現。"按予舊得康熙三十年虞山周鼎楷書《潛籟軒題詞》卷子。潛籟軒者，昌平楊自牧别業。亭林每謁陵，必主潛籟。竹垞首贈五言一章，屬而和者三十六人，詩四十二首，自達官貴人以至山林隱逸，一時名士，大抵皆備，尤以劉繼莊律爲難得。初以爲拓本，諦審之，筆有濃淡，暈痕顯然，正用礬所書。

506.天下第一

監書、内酒、端硯、徽墨、洛陽花、建州茶、蜀錦、定瓷、浙漆、吴紙、晉銅、西馬、東絹、契丹鞍、夏國劍、高麗秘色、興化軍子魚、福州荔眼、温州柑、臨江黄雀、江陰縣河豚、金山鹹豉、簡寂觀苦筍、東華門陝右兵、福建秀才、大江以南士大夫、江西湖外長老、京師婦人，皆爲天下第一，他處雖效之，終不及。見《寄園寄所寄》引《袖中錦》。按興化子魚，頗似青魚而小。簡寂觀在廬山歸宗寺北三里許，舊有古松十九，爲魏晉時物。温柑產於泥山者最佳，一名真柑、乳柑、御柑。宋時温州進柑，賜群臣，謂之“傳柑”。

507. 雲間淡酒

雲間淡酒。《行香子》詞：“浙右華亭，物價廉平，一道會買過三斤。打開瓶後，滑辣光馨。教君霎時飲，霎時醉，霎時醒。　聽得淵明，說與劉伶，者一瓶足足三斤。君如不信，把秤來稱。有一斤水，一斤土，一斤瓶。”見《輟耕錄》。[1]

508. 竹垞舊居

竹垞藤花書屋，在海泊寺街，今爲順德會館。愚山舊居在鐵門，今爲宣城試館。龔定庵羽琌山館在上斜街，[2]今爲番禺會館。

509. 改號娶小

王崇簡《冬夜箋記》：明末習尚，士人登第後，多易號娶妾，故京師諺曰：“改個號，娶個小。”有勸張受先娶妾者，愴然曰：“甫釋褐而即背糟糠，吾不忍爲也。”

510. 宋制公主

宋制：選尚公主者，降其父爲兄弟行，不行事舅姑之禮。

---

〔1〕按今本《輟耕錄》無此條。《宋稗類鈔》卷二十一，最後三句作“有一斤酒，一斤水，一斤瓶”。又“者一瓶”之“者”，即“這”字。

〔2〕原書漏“上”字，因番禺會館在上斜街，據補。

511. 廠製

高士奇《金鰲退食筆記》云："果園廠，在櫺星門之西。明永樂年製漆器，以金、銀、錫、木爲胎，有剔紅、填漆二種。所製盤合文具不一，剔紅合有蔗段、蒸餅、河西、三撞、兩撞等式。蔗段人物爲上，蒸餅花草爲次。盤有圓、方、八角、絛環四角、牡丹瓣等式。匣有長、方、二撞、三撞等式。其法朱漆三十六次，鏤以细錦，底漆黑光，針刻'大明永樂年製'。比元時張成、楊茂劍環香草之式似爲過之。宣宗時廠器終不逮前，因私購內藏盤合，磨去永樂針書細款，刀刻'宣德'大字。濃金填掩之，故宣款皆永器也。填漆款亦如之。填漆刻成花鳥，彩填稠漆，磨平如畫，久而愈新。其合製貴小，深者五色靈芝邊，淺者回文戧金邊，古色蒼瑩。器傳絕少，故價數倍於剔紅。二種皆稱廠製，世甚珍重之，而不可多得。廠之遺址，今爲內務府人役所居。"

512. 西十庫

西十庫爲甲、乙、丙、丁、戊、承運、廣盈、廣惠、廣積、贓罰十庫。甲庫儲顏料，乙庫紙張，丙庫絲棉，丁庫生漆、桐油、麻蠟、銅鐵，戊庫盔甲、弓箭、刀，承運庫生絹，廣盈庫羅絹、紗布，廣惠庫綵織手帕、梳攏抿刷、錢貫鈔錠，廣積庫硝磺，贓罰庫沒官衣物。光緒十六年，以庫地及帑金三十五萬兩，予天主教易蠶池口教堂舊址，擴充西苑。聞當時掘得漆蠟類百桶，他物稱是，獲利無算。

513. 玉熙宫

玉熙宫在金鳌玉蝀之西。萬曆時選近侍三百餘名，於玉熙宫學習官戲承應。院本若《盛世新聲》、《雍熙樂府》、《詞林摘艷》及御製《玉蛾兒詞》。嚴分宜《聽歌玉蛾兒》詩云："玉蛾不是世間詞，龍艦春湖捧玉巵。閭巷教坊齊學得，一聲聲出鳳皇池。"他如過錦之戲，約有百回，每回十餘人不拘，濃淡相間，雅俗並陳。又如雜劇古事之類，各有引旗一對，鼓吹送上。所扮備極世間騙局俗態，並拙婦騃男及市井商賈、刁賴詞訟、雜耍諸項。蓋欲深宫九重之中廣識見，博聰明，順天時，恤民隱。水嬉之製，用輕木雕成海外諸國，及先賢文武男女之像，約高二尺，彩畫如生，無足而底平，下安卯榫，用竹板承之。設方木池，貯水令滿，取魚蝦藻萍實其中，隔以紗障。運機之人，皆在障內，游移轉動。一人鳴金宣白題目，代爲問答。唯暑天白晝作之，以銷長夏。烈帝每宴玉熙，作過錦水嬉之戲。一日宴次，報汴梁失守，親藩被害，大慟，自後遂不復幸玉熙。梅村詩："先皇駕幸玉熙宫，鳳紙簽名喚樂工。苑內水嬉金傀儡，殿頭過錦玉玲瓏。一自中原盛豺虎，暖閣才人罷歌舞。"即咏此。孔東塘有琵琶名"小吟蟬"，上鎸"玉熙宫"三字。

514. 刻堅

明金陵李文甫，善鎸牙章。歙人方仲芳，工作黄楊。莆田林晉白，善鎸水晶，醉後縱横任意，乃不知有晶，曰"不飲則腕殊無力，遂昏昏有俗心"。吴中周爾森、以先父子，善治玉，然用沙碾法。唯歙人江皜臣治玉章，始終用刀，易如畫沙，謂

"堅者易於取勢，切玉後，恒覺石如腐"。客死温陵黄相國家，有譜一帙，其妾寶藏之。曹秋岳曰："自皜臣死，世無復有刻玉者矣。"

515.泰定聖旨

泰山岳廟有泰定聖旨一碑，云："長生天氣力裏大福廕護助裏皇帝聖旨：軍官每根底，軍人每根底，管城子達魯花赤官人每根底，來往的使臣每根底，宣諭的聖旨，成吉思皇帝、月古台皇帝、薛禪皇帝、完澤篤皇帝、曲律皇帝、普顔都皇帝、格堅皇帝聖旨裏。和尚、也里可温、先生達識蠻每，不揀甚麽差發休當者，告天祝壽者，麽道有來，如今依著在先聖旨體例裏。不揀甚麽差發休著者，與咱每告天祈福者麽道。泰安州有的泰山東嶽廟住持提點、通義守正淵靖大師張德璘，生每底執把行的聖旨與了也。這的每廟宇房院裏使臣休安下者，鋪馬衹應休拿者，商稅地稅休與者，但屬他每的水土園林、碾磨鋪席，不揀甚麽他每的休倚氣力奪要者，每年燒香的上頭得來的香錢物件，只教先生每收掌者。廟半損壞了呵，修理整治者，這的每其間裏不揀是誰，休入來，休沮壞者。更這張德璘、梁道根底聖旨與了也，無體例勾當行呵他不怕甚麽。聖旨泰定年鼠兒年十月二十三日，大都有時分寫來。"按此可與即位一詔並傳。嶽廟尚有至正四年猴兒年聖旨一碑，及北京護國寺至元十一年一碑，詞旨鄙俚皆略同，所謂"漢兒字聖旨"也。

516.庾嶺

庾嶺又名梅嶺，以漢庾勝、梅鋗得名。

517. 鵲不停

滇南有樹，名曰鵲不停，枳棘滿林，群鳥皆避去不復下。唯鴞之交也，則棲止而萃其上，精溢於樹，則瘤生焉。土人斷瘤成丸，大如鳥卵，一近人肌骨，輒自相跳躍。相傳閨閫密用，然滇中殊貴重，不能多得也。見陳尚古《簪雲樓雜說》。鵲不停即緬鈴，一名太極丸。鴞，或謂應作鵬。

518. 天聖寺畫壁

湖州天聖寺畫壁，管夫人仲姬所繪竹也，筆致蕭森，殊有遠韻。自題云："數枝密葉數枝疎，露壓烟啼秋雨餘。宋室山河多少淚，略無半點上林於。"或云：或人所題以譏之也。仲姬，德清茆山人，嘗以銀珥資得蓮葉硯隨身，令人想其高雅之風。

519. 髹工

元時攻漆器者，有張成、楊茂二家擅名。明初金陵楊塤、汪家彩皆擅漆技。又有漂霞、沙金、蚼嵌、堆漆等製，新安方信用尤有名。明隆慶時，新安黃平沙造剔紅一合三千文。

520. 研山

《尖陽叢筆》云：米海岳研山，本南唐李後主物，宣和中索入九禁，後流落人間，爲台州戴氏所有。明季新安許文穆公得之，又歸於秀水朱文恪。流傳數世，至竹垞以餽高澹人，至今尚在當湖。按海岳以硯山與王晉卿易海岳庵地，不能中悔，所謂"淚滴玉蟾蜍，向余頻歎息"也。海岳庵實一硯，以誇示客，言“未知發墨否”，倉卒未取水，客遽以唾試墨。海岳大怒，立棄此硯，客遂竊之而去。蓋知海岳好潔，故以窘之，可發一笑。

521. 香奩集

《香奩集》，和凝撰，以在政府，避議論，嫁名韓偓。凝有《演綸》、《游藝》、《孝弟》、《疑獄》、《香奩》、《籯金》六集。自爲《游藝集序》云："予有《香奩》、《籯金》二集，不行於世。”既諱其名，復欲人知，故於此序述之以見意。見沈括《夢溪筆談》。

522. 耳鑒

沈存中云：“藏書畫者，多取空名，偶傳爲鍾、王、顧、陸之筆，見者爭售，此所謂‘耳鑒’。又有觀畫而以手摩之，相傳以爲色不隱指者爲佳畫，此又在耳鑒之下，謂之‘揣骨聽聲’。”“李學士世衡家藏晉人墨迹，長安石從事竊摹一本獻文潞公。李取家帖驗之，坐客皆言潞公所收者真迹，李爲摹本。李歎曰：‘今日方知孤寒！’”紀曉嵐記《裴岑紀功碑》摹本，以火藥燒蝕之，見者皆認爲真本，反以真本爲僞。《竹葉亭雜記》云：“鏹水以真硇砂及五倍子水合成，可蝕銅鐵。徐星伯家藏舊鐵香爐，在西域時，戲取蠟油畫龍，題數字其上，置鏹水中，一宿鐵鎔一二分許，地平如鏡，字畫凸出。攜之至京，觀者以刀法之平，非秦漢以後所能，因斷爲秦漢器。”信知鑒古之難。高澹人題白陽山人畫云：“宋元之蹟，太半贋鼎。故余晚年多購勝國名人翰墨。”澹人猶作此語，孤寒者當如何？

523. 校讐

宋宣獻綬，博學，喜藏異書，皆手自校讐。嘗謂："校書如掃落葉，一面掃，一面生。故一書三四校，猶有脱謬。"

524. 裝潢

竹垞有《題裝潢顧生勤卷》詩，周嘉胄有《裝潢志》一卷，詳於款式。予嘗謂百工技藝，姓名皆可流傳，獨裝池雅事，以無識别，不甚見重於人。競貴新裝，觸手稍舊，輒復易之，徒炫美錦，不知埋没幾許名手，字畫神氣亦損。每以語收藏家，皆目笑存之。後讀《書史》，言："唐人背右軍帖，皆硾熟軟紙如棉，乃不損古紙。"又言："予每得古書，輒以好紙二章，一置書上，一置書下，自傍濾净皂角汁，和水霈然澆入紙底，於蓋紙上用手軟按拂，垢膩皆隨水出。如是續以清水澆五七遍，紙墨不動，塵垢皆去。復去蓋紙，以乾好紙滲之，兩三張背紙已脱，乃合於半潤好紙上，揭去背紙，加糊背焉。不用絹壓四邊，只用紙，免褶背重，硼損古紙，勿倒襯帖背。古紙隨隱便破，只用薄背與帖齊頭相拄，見其古損斷尤佳，不用帖補。古人勒成行道，使字在筒瓦中，乃所以惜字。今俗人見古厚紙，必揭令薄方背。若古紙去其半，損字精神，一如摹書。又以絹帖勒成行道，一時平直，良久舒展，爲堅所隱，字上却破。京師背匠，壞物不少。王詵家書畫屢被揭損，余諭之，今不復揭。予得唐文皇手詔，以棗黄綾背，詔面上一齊隱起花文。予尋重背，以台州黄巖藤紙硾熟，揭一半背，滑净軟熟，卷舒更不生毛。予家書帖，多用此紙，一一手背手裝方入笈。"元章此論，最得情理。乃知昔人裝背，皆自爲之，不假手匠人也。京師書肆喜襯書，一卷可爲數卷，計卷論直，所獲無算，書值之昂由此。購者亦喜其可以插架飾觀，最爲惡俗。繆藝風丈買書襯過者，皆拆卸使還舊觀，而以舊紙鈔書。此可爲法。

525.唐宋婦人衣飾不同

徐度《却掃編》云："湖州銅官廟偶像，衣冠甚古，其婦人皆如世所藏周昉人物畫，蓋唐人之遺迹也。"據此，唐、宋相去百餘年，婦人衣飾已不同如此。欲識變遷，唯偶像圖畫及出土土俑可以辨之，究難别年次耳。

526.鎮庫書

宋王仲至侍郎，家藏書四萬三千卷。以鄂州蒲圻縣紙鈔書，以其緊慢厚薄得中。率三四十葉爲册，恐厚則易壞。此本借人及子弟觀之，又别寫一本尤精好，以絹素背之，號"鎮庫書"，五千餘卷，非己不得見。嘗與宋次道相約傳書，互置目錄一本，遇所闕則寫寄，故能致多如此。見《却掃編》。

527.元豐瓷蓮盆

福州東嶽廟有蓮盆二，上刻"元豐元年正月，鄭德與室林三十一娘捨"。予藏宋定瓷杯，底足有篆文曰"元豐通寶"四字，較行世元豐錢稍小。

528.晴山堂法帖

江陰徐霞客，天啓甲子，母壽八十，陳眉公爲壽序，張苓石作《秋圃晨機圖》，李本寧宗伯爲之引。三老皆在七十之上，名公題咏，幾遍海內。霞客彙刻於石，爲《晴山堂帖》以行世。

529.門字不鉤

馬愈《馬氏日抄》云："門"字兩"户"相向，本無勾踢。宋都臨安玉牒殿災，延及殿門，宰臣以"門"字有句脚，帶火筆，故招火厄，遂撤額投火中乃息。後書門額者，多不句脚。按明太祖怒詹希原寫太學集賢門，"門"常有鉤，遂殺之，曰："吾方欲集賢，乃欲閉門塞賢路耶？"今城門新闢，率書"門"如常字，亦不讀書之過。[1]

530.烟壺考

趙撝叔《烟壺考》云：烟壺初製，比古藥瓶式，故呼爲瓶，後唯稱壺。壺皆以五色玻璃爲之。時天下大定，萬物殷富，工執藝事，咸求修尚。於是列素點絢，以成文章。更創新製作，謂之"套"，套者，白受采也。先爲之質曰地，地則玻璃、車渠、珍珠。其後尚明玻璃，微白，色若凝脂，或若霏雪，曰藕粉套，套色有紅有藍。漢軍閻研鄉太守爲余言："康熙間套紅藍色，今僅存者，俗稱三十六天罡。余居京師近十年，見紅者二，藍者一。"其言非虚也。有緑、黑、白者，或藍緑地，或黑地，無紅地者。套藍有紅地者，然不多見。更有兼套曰二采、三采、四采、五采者，或重叠套，雕鏤皆精絕。凡所造作，或稱"皮"，著者曰"辛家皮"，最精潔。其色屑珍寶爲之，光采奪目。曰"勒家皮"，藕粉地若冰雪，設色亦異，紅紫蒼翠，天然間迭。曰"袁家皮"，與辛家皮相

[1]"今城門"以下十七字據明齋本補。

近。别有古月軒，地則車渠，亦具五色，上爲畫采，間書小詩，壺足題“古月軒”，其題“乾隆年製”者尤美。又有雕鏤仙山樓閣，珍禽異獸，點如星在天，曰桃花洞。自此製行，遂有琢玉石，羅珍寶，以示誇耀，爭相引重，不知其爲耳孫也。昔時造壺，取便通用，式多别異，器但逾寸，且小如指節者。嘉慶後始務寬大，漫至盈握。貴家陳設有瑪瑙壺，中容二升。其初壺口徑或逾四分，後改爲窄，不得逾二分，云可使器不旁洩，盡易前法。俗士寡聞，據以置辨，皆自誣也。按吴晚亭有《咏鼻烟壺》長律四十韻，有句云：“至德綏柔遠，梯航競獻奇。圖經增瑞草，器譜注軍持。”是此製始於元時。晚亭名麟，康熙戊子舉人，曾與修《明史》。

531.銀槎

朱碧山銀槎，本孫北海物，竹垞、漁洋皆爲賦詩。後歸宋玉叔，玉叔與施愚山、曹實庵各賦長歌。玉叔殁，流傳至京，高江村復於市上得之，亦賦長歌紀事，所謂“二十年中有聚散，宋孫墓木拱可悲”是也。後歸陸丹叔費墀。嘉慶初，曾賓谷從揚州江頡雲得銀槎，邀吴蘭雪賦詩，有“一爵曾邀上苑留，三鍰猶憶江村買”句。杯首刻“岳壽無疆”四字，左刻“朱華玉造”，右刻“至正乙酉年”，杯底“槎杯”二字。一人欹坐樹腔，手持一物，刻篆文“支機”二字。杯尾詩云：“欲造明河隔上闌，時人浪説貫銀灣。如何不覓天孫錦，止帶支機片石還。”圖書“碧山”二字。其重不及三鍰，實三合許。《金石索》刻《銀槎圖》，文字不同，槎尾款識爲“至正辛丑、朱碧山製”，圖書“華玉”二字，腹底題詩云：“百杯狂李白，一醉老劉伶。爲得酒中趣，方留世上名。”皆行書。口底篆銘曰“貯玉液而自暢，泛銀漢以凌虚”

十二字。今古物陳列所有一槎，與《金石索》又不同，知所製非一，傳世尚多。孫、宋、高、陸與江、曾之授受，未必一器也。

532. 辨利禪院觀音像

辨利禪院在杭州艮山門外皋塘鄉，俗稱井亭庵，宋時古刹。乾隆中修刊院志，以所藏觀音像列入志中“藏珍”一門，備載題咏款識。同治初年，尚存五六十幀。如冠九官浙時，肆意訪求散失，合之舊藏，得百六十餘幀，中有吴道子、唐六如諸名筆，最爲珍貴。又藏華嚴字塔一幀，回環莊楷，細若蠅頭，計十兆九萬五千四十八字。改革元二之際，爲住持通慧竊至海上，鬻於外人。杭紳持之甚急，通慧乃更姓名張子謇，以賣餘者盡納之通州博物院，求張嗇公護庇，華嚴字塔亦與焉。杭紳吴子修屢索之不應。己未秋，嗇公改建狼山觀音院爲三級樓，以辨利觀音像百餘幀張於四壁，示無璧返之意，題其樓曰“趙繪沈繡之樓”。趙謂吴興，沈則余沈壽，清季以刺繡名聞海外，嘗爲意大利國王繡像，觀者驚爲神工。嗇公聘之至通州教授生徒，比沒，竟不聽其夫移柩歸，疑謗者紛起。庚辛之際，嗇公令高郵承天寺僧普煖，献所藏吴道子觀音像。高郵士紳丘民、王業修，至騰之訟牘，竟不能爭。嗇公有“土皇帝”之稱，蓋出於忌者之口；尊之者稱爲“張四先生”而不名。若至揚州裏下河，則識與不識，皆交口四先生不置矣。

533. 建文諸忠家屬盡發教坊

明成祖盡發建文諸忠妻女親戚入教坊，荼毒衣冠，最爲慘酷。王弇州《史料》引《教坊錄》云：“永樂十一年，本司韶舞鄧誠奏：有奸惡鐵鉉家個小妮子。奉欽依：都由他。”又《國朝典故》云：“鐵鉉妻楊氏，年三十五，送教坊司。茅大方妻張氏，年五十六，送教坊司。張氏旋故，教坊司安政於奉天門奏，奉聖旨：分付上元縣擡出門去，著狗吃了。欽此。”又《南京法司記》云：“永樂二年十二月，教坊司題卓敬女楊奴，牛景妻劉氏，合無照依謝昇妻韓氏例，送淇國公轉營奸宿。又永樂十一年正月十一日，教坊司於右順門口奏：齊泰婦及外甥媳婦，又黄子澄妹，四個婦人，每一日夜，二十餘條漢子看守著，年少都有身孕，除生子令作小龜子，又有三歲女子，奏請聖旨。奉欽依：由他不的，到長大便是個淫賤材兒。又奏黄子澄妻生一小廝，如今十歲也。奉欽依：都由他。”按《玉光劍氣》云：“方正學家在雨花臺下，以雙梅樹爲記。其女流發教坊，遂隸籍焉，年年登臺望酎，迨地入梅都尉家而酎絕。李道父爲郎中，落其籍，嫁商人。湯若士復訪其墓，購田祀之，有詩云：‘宿草悲歌日欲斜，清明不哭爲梅家。不知都尉當年死，也似梅花近雨花。’‘碧草誰將雙樹栽，爲塋相近雨花臺。心知不是琵琶女，寒食年年挂紙來。’”又《露書》云：“豬市伶人徐公望，善别古器。其祖牛某，不從靖難之師，子孫發教坊。甲辰有詔許自陳，公望因得除籍，仍祖姓。僧湛懷戲之曰：‘豬市裏走出牛來。’”又《亘史》：“林雲儀，其先林某殉建文之難，籍其孥入教坊司。今苗裔寖衰，於執巾司箧之流，猶可想烈士風焉。”然則《弇州史料》所稱仁宗即位，永樂二十二年十一月，御札禮部尚書吕震曰“建文中奸臣家屬，初發教坊司浣衣局，今有存者，並宥爲民，給還田土”之説，盡未實行矣。

534. 竹垞咏史

竹垞《咏史》云：“漢皇將將出群雄，心許淮陰國士風。不分後來輸絳灌，名高一十八元功。”“海内文章有定稱，南來庾信北徐陵。誰知著作休文殿，物論翻歸祖孝徵。”蓋指高澹人。卒爲所中，以帶僕充當供事出入内廷，被劾去官。後康熙庚辰，竹垞過當湖，澹人招飲，采風班演《黨人碑》。竹垞固和厚，澹人亦何地自容耶？

535. 清初教坊

京師皇華坊有東院，有本司胡同。本司者，教坊司也。又有勾欄胡同、演樂胡同。在四牌樓南。相近復有馬姑娘胡同、宋姑娘胡同，又有粉子胡同。出城則有南院。皆舊日之北里也。順治初，沿明制設教坊司。凡東朝行禮筵宴，用領樂官妻四名，領女樂二十四名。女樂由各省樂户挑選入京充補，隨鐘鼓司引進，在宫内排列作樂。八年，停止教坊司婦女入宫承應，用太監四十八名。十二年，仍用女樂。至十六年，復改用太監，遂爲定制。雍正七年，改教坊司爲和聲署，教坊之稱遂永從革除。後改昇平署，隸於内務府，皆中人也，道光時復革。

536. 玉蜻蜓

萬曆間，吴縣申時行、太倉王錫爵兩家私怨相搆。王作《玉蜻蜓》以詆申，申作《紅梨記》以報之。皆兩家門客所爲，相傳至今。

537. 明珠和珅舊居

《嘯亭雜錄》云：“成親王府在净業湖北，明珠舊居也。慶親王府在三轉橋，和珅舊居也。”按明珠孫成安，家世富厚，以迕和珅，籍沒其產，珍物重器有大内所無者。成邸之封，恰在此時，或即因以賜之。然净業北畔，實無餘地可供卜築。邊袖石《十刹海》詩："平泉花木翠廻環，相國樓臺占此間。"又云："雞頭池涸誰能記，淥水亭荒不可尋。"《天咫偶聞》謂即今醇邸。今成邸在西直門内半壁街，乃光緒初改賜者。和珅宅曾割其半以居豐紳殷德及和孝公主。豐早卒，和孝卒於道光初，門户式微已甚。咸豐時，並慶邸改賜恭王。和珅花園名十笏者，賜成邸，在海淀。未久邸廢。道光初僅餘花神廟、綠野亭。山陽潘德輿四農爲賦《水調歌頭》，所謂"一徑四山合，上相舊園亭"及"綠野一彈指，賓客久飄零。壞牆下，是綺閣，是雲屏"者是也。今爲燕京大學。

538. 妙應白塔

白塔寺白塔，遼壽昌時所建。元至正更名大聖壽萬安寺，明天順始名妙應。今甲子六月重修，於最上層得銅碑，文曰"靈通萬壽寶塔天盤壽帶，大明萬曆歲次壬辰季春月重修"。壬辰爲萬曆二十年。

539. 長春園墨

貴慶字雲西，由翰林官至宗伯。工詩文，塞上諸作，人比之明七子。善鑒墨，曲宴有所賜，名其居曰"賜墨樓"。間取金元以來古墨碎者，重造成梃，印曰"大清乾隆年長春園精造"，得之者尤以爲寶。晚乞病，結廬秘魔崖之陽，年七十餘始卒。見近人所輯《雪橋詩話》。

540. 石綠餅

石綠餅，明供御物也。徑二寸，厚四分，面文曰"龍香御墨"，背曰“大明隆慶年製”，皆正書。輪旁朱篆“重三兩八錢”五字。乾隆壬子，吴念湖得之桂未谷。錢唐吴昇秋漁時客濟南，賦詩云：“鸜鵒山南白雲子，銅精重作翡翠羽。芙蓉擣汁麝屑膠，大臼深凹三萬杵。承平天子慕開元，龍香新劑翻松丸。祖母緑裁圓鏡樣，亞姑青印小茶團。龍賓十二埋塵下，泠翠猶磨銅雀瓦。柿葉書成伴廣文，楊枝買後隨司馬。相逢爲出豹皮囊，古墨一規寒放光。賈胡欲攫眼空碧，上品只許收玄霜。雙螭蟠面金塗字，外來朱文鋟款識。年號分明銖兩真，内家製造精無二。梅花秘閣珊瑚匙，想見薇香滴露時。不是宫方修緑黛，肯教梳篋襯紅菽。三百年來雕畫筆，一朝月白飛蒼色。從今説餅亦充饑，何須邽字珍唐墨。”

541.碑式印

江秋史嘗仿漢碑式作收藏印。石高二寸，碑面修三寸，闊寸餘，上仿碑頭作穿孔式。陽文“江君之記”四字。碑文云：“君諱德量，字量殊，江都人。太守君之長子也。舉進士，官御史。世精古文。金石竹素，靡不甄綜。乃於乾隆五十七年，霜月之霜，刊兹佳石，以傳億載。”自作跋云：“趙邠卿生立圓石，達者情也。而蕩陰表頌，生亦稱諱。至寶難得，性命可輕，身實殉之。墨君弟爲予摹漢碑，獲予心哉。秋史識於問津書院學海堂。”未一年，秋史即下世，故知冒凶非吉矣。[1]

542.闞禎兆

宋于廷《贈闞吾三文學自省》詩，注云：“吴三桂敗後，其

---

〔1〕末七字據明齋本補。

圖書半歸通海闞氏。闞禎兆者，康熙間處士。有《大漁集》，版存秀山寺。”按禎兆明季諸生，工章草書。客於總督王繼文在兹幕中。凡繼文所書榜額碑記，皆出禎兆代筆。其家至今猶在，圖籍亦間有存者。宣統初，有冷某者，幕游通海，從其後人得閣帖數册，持以示予，真宋拓也。彼土人讀“闞”若“看”。

543.闕里藏先世衣冠

甘泉黄文暘秋平《掃垢山房詩集》，有《闕里孔氏所藏先世衣冠歌》云：“詩禮堂開朗日旭，文楷靈著香馥馥。[1]廣庭陳列古衣冠，冠鏤黄金帶琢玉。冠上金絲分八梁，繡章五段留春香。貂蟬想見籠中護，五折四柱何輝煌。配此冠者有禮服，青飾領緣儀肅穆。白紗中單赤羅衣，一色羅裳減七幅。開篋明明辨等威，垂紳搢笏想風徽。紫綴赤文黄間緑，白雀軒軒雲四圍。別有紵囊藏佩玉，佩分左右青組束。璜瑑瑀琚貫玉珠，丁當應節銜牙觸。另裁公服繡緋袍，大獨科花織手高。盤領右衽袖三尺，籠頭紗帽帶圍腰。紗帽齊紗兩展角，一尺二寸雙嶽嶽。匣如帽製漆斷文，護持有如石藴璞。便服猶傳忠靖冠，世廟頒制師元端。冠頂正方三梁起，兩山後列金緣寬。元端服染深青色，織金製補爲衣飾。或仿深衣素帶垂，私室委蛇歌退食。我聞服色準散官，自唐迄明制不刊。孔氏世世守林廟，階級可以証衣冠。前明太祖崇木鐸，不列散官重公爵。四十襲金皆上公，金繡龍文何顯爍。况有朝衣惹玉烟，牙笏牙牌辨紀年。或紀正德或天啓，大書特書字深鎸。又聞景泰光文治，玉帶麟袍始拜賜。袍組金花帶一圍，今日明明列篋

[1]“馥馥”，疑是“馥鬱”之訛。

笴。一衣獨異裁紅紵，穿袖禿襟金織組。此衣元朝名只孫，五百年前制已古。篋底靴鞋製特奇，五彩裂帛光離離。靴尖似欲便鞍馬，不敢强解姑存疑。”此詩可見一代衣冠制度，非比尋常泛咏也。

544.臨海大獄

順治末，奸人揑詞詐害，在南不曰“通海”，則曰“逆書”，在北不曰“于七賊黨”，則曰“逃人”。台郡守郭日燧，凌虐搢紳，臨海諸生忿具退狀，禍起，被逮者六十八人。知名之士若潘震雷玉虎、陳大捷霞西、何志清若漣、張人綱晤蕉、蔡磋芥軒亦與焉。皆流尚陽堡者二十年，始得赦歸。見《雪橋詩話》。

545.韓生平話

韓生者善平話，順治中嘗供奉内廷。王子底詩：“正平如水先皇日，行樂時時觝戲傳。江上逢君道遺事，斷腸如遇李龜年。謔語縱横許入時，舍人侍宴柏梁時。武皇沒後天無笑，說著宮車只淚垂。”此又一柳麻子矣。章帝嘗命吴薗次譜《椒山樂府》，歸玄恭撰《萬古愁》曲子亦播禁中，尤同人以“怎當他臨去秋波那一轉”八股文受知，奉敕撰樂府，與弘光般演《燕子箋》、《春燈謎》何異？世反傳爲佳話，何也？

546.板橋雜記序

桐鄉吕堃，字篔波，有《板橋雜記序》云：“曼翁當鼎革時，賸水殘山，潸潸淚眼，祖香草美人遺意，記南曲、珠市諸名姬，述其盛衰，悲其聚散，一寓睠睠故國之思。至一唱三歎，著淑慝，寄褒譏，抑微而顯矣。此自序有知我罪我之說，不誣也。特借酒於歌兒狎客、冶游艷遇之勝，使人目眙神蕩，歷百數十年都被瞞過。其曰雪衣，曰眉樓，曰董宛，曰馬嬌諸名色，大抵行役大夫之彼黍彼稷耳。所見不同，興懷則一。尤西堂一世才人，以《平康記》、《北里志》擬之，陋矣！”此序今通行本未載，故錄之爲曼翁張目。

547. 開平鐵衫

開平王鐵衫，用鐵絲環鈕，塗以黄金。其子孫在松江者捨助道院，助鑄神罏。道士惜其舊物，因藏弆焉。華亭謝鶴《北堂詩草》有《鐵衫歌》紀之。

548. 年窰墨注

查儉堂《年窰墨注歌》云：“國朝陶器美無匹，邇來年窰稱第一。不讓汝定官哥均，何況永樂之坯宣德質。即此墨注如玉壺，下廣上弇豐而虚。置之几席斑管俱，隃麋一斗可以擘窠書。清光淡淡照硯北，云是雨過天青古時色。神螭蹳踞繞其柄，鐵足迴遭黝如墨。下有小篆曲錄文，觀者從此辨僞真。君不見右軍臨池池水墨，至今猶浸越山濕，我欲從之挹殘汁。”

549. 沈錫讀書鐙

儉堂又有《沈錫讀書鐙歌》云：“循初來自由拳城，袖中貽我長明鐙。方如方壺凈如雪，垂領如舟亦如舌。南油中注無贏餘，夜夜玉蟲燒不竭。我聞欹器半列平，過分以外多覆傾。兹鐙何能獨持滿，汪汪千頃含澄清。亦聞鴟夷以酒進，宛轉灌輸流不盡。兹鐙何無灌輸勞，爓火終宵有留燼。由拳巧藝天下稀，兹鐙規制尤神奇。况是東陽裔孫作，錫經百鍊瑩鸊鵜。由拳當年誰超出，朱氏銀工楊氏錫。枯槎杯斝勢連蜷，鎗金盤匜繪纖悉。千百流傳一二無，錫工唯賸黄家壺。紛紛土物各寶貴，聲價不減張銅爐。後來之秀沈爲最，擬並前賢跨儕輩。雁足無光鳳脛殘，書臺唯爾堪長對。歌成街鼓報三更，簾底疏煙一穗青。却憶辛勤車武子，宵深何處拾流螢。”

550. 平簫

黔平溪鄭氏，取竹作洞簫，分寸節度，皆合古制。其聲清越，聽之有雌雄。家傳此技已數百年，造時必夜分，萬籟皆靜始爲之。見宋于廷《平簫曲》注。按平溪即今思縣，今貴玉屏簫，截紫竹爲之，加以刻鏤，無他奇，亦不聞思人製簫也。

551. 嘉靖壇箋

德清徐陶尊《綠杉野屋集》有《明醮壇茶字箋歌》，云：“神鼎雉羹應不數，元修一代堯齋主。青爵剛成內殿篇，白瓷屢進浮梁簿。玉泉屈注西宫清，洗滌深教甘露盛。文成五利應細啜，身佩玉印壇中擎。贊元班錄鈐山手，竊弄金甌如在手。笵銀食器已恩殊，五簋卮彝還自取。人間遺事重嗟吁，滇石龍涎知有無。且試冰芽煨地火，漫隨犧杓與沙壺。雪花當户梅英吐，瀹罷身輕無俗慮。回首笑謝紫極翁，讓我蓬萊且飛去。”

552. 齊王氏

張船山《寶雞縣題壁》詩云：“嫠也横行起禍胎，桃花馬上看重來。不貽巾幗先逢怒，欲辨雄雌已自猜。黄鵠特翻貞女調，白蓮都爲美人開。請纓便是秦良玉，可惜征苗失此才。”爲齊王氏而作也。世傳齊王氏事多半臆測。臨安胡壽芝七因《齊二寡婦行》，謂齊王氏，襄垣人，名聰兒，少孤，隨其母，以走解往來襄樊。主府役齊林家，林悅之，納爲妻。先是，太和劉之協來楚，以邪術煽誘林入夥，授《過願咒》，歛根基錢。林遂爲襄鄖總教，號大師父，流傳廣且速。川陝匪徐添德、冉文儔、張士隆、苟文明輩，皆其耳孫也。以氏收萃女流，稱二師父焉。乾隆甲寅事敗之後，之協遁無迹，誅林等十餘人。氏年未三十，遽祝髪爲優婆夷，時道齊二寡婦賢矣。乙卯冬，姚之富、高均應等以苗疆用兵，欲乘虛起事，紿以爲林復仇，實挾之號召其黨也。三年流竄，接仗百數十次，陣前未嘗一見氏。戊午三月六日，明德兩師率虓闞兼馬自川過陝，七晝夜追及陝鄖西之三叉河蓮花峰。日暝危迫，氏痛詈之富不聽早散致此，憤投崖下死，之富亦繼隕命，梟其首。七因嘗鞫其女甥陳元兒，道氏嘗語之富曰：“我爲復仇出，今憊矣，度不如志。且汝每阻我見衆，事成能奉我耶？祇供世人姍笑耳。盍早散去，我死當返故土”云云，意旋襄規逃匿也。氏兵中已蓄髪，囊有髢二，誓不再適，所傳偶姚之富，誣耳。按七因從明亮軍中最久，所述撲崖傳首，恐當時塞責之詞，與嘉慶五年獲劉之協於葉縣事，同一官文書欺妄。說部謂軍中遣人刺齊王氏，斷其一足歸，翌日賊軍爲之服喪，知齊王氏已死者，尤爲囈語。《郎潛紀聞》言齊王氏與漢陽王生情好甚篤，及起事，數招之不往，爲之憮然。然終以王生故，不加兵漢陽。所云情好，亦無左證，安知非爲他事報德耶？

553. 造紙說

造紙之法，取稚竹未柎者搖折其梢，逾月斲之，漬以石灰，皮骨盡脱而筋獨存，蓬蓬若麻，此紙材也。乃斷之爲二，束之爲包而又漬之。漬已，納之釜中，蒸令極熱，然後浣之，浣畢暴之。凡暴必平地，數頃如砥，砌以卵石，灑以綠礬，恐其萊也。故暴紙之地不可田。暴已復漬，漬已復蒸，如是者三，則黄者轉而白矣。其漬也必以桐子若黄荆木灰，非是則不白。故二者之價，高於菽粟。伺其極白，乃赴水碓舂之，計日可三石，則絲者轉而粉矣。猶懼其雜也，盛以細布囊，墜之大谿，懸版於囊中而時上下之，則灰質盡矣，粲然如雪，此紙材之成也。

其制鑿石爲槽，視紙幅之大小而稍加寬焉。織竹爲簾，簾又視槽之大小，尺寸皆有度，製極精，唯山中唐氏爲之，不授二姓。槽、簾既備，乃取紙材受之，漬水其間，和之以膠及木槿，質取黏也。然後兩人舉簾對漉，一左一右，而紙以成。即舉而覆之傍石上，積百番並醡之，以去其水，然後取而炙之牆。炙牆之製，壘石堊土，令極光潤，虚其中而納火焉。舉紙者以次櫛比於牆之背，後者畢則前者乾，乃去之而又炙。凡漉與炙，高下疾徐，得之於心而應之於手，終日不破不裂不偏枯，謂之國工，非是莫能成一紙。

水必取於七都之球谿，非是則黯而易敗，故遷其地弗良也。至於選材之良楛，辨色之純駮，鳩工集事，唯老於斯者悉之，不能以言盡也。自折梢至炙畢，凡更七十二手而始成一紙。紙槽諺云："片紙非容易，措手七十二。"錢塘黄興三過常山，山中人爲道其事，因詳摭其始末爲之說。見《雪橋詩話》。

554. 黄忠節公硯

黄忠節公硯，硯陰有戴笠像，小篆七字，曰"黄蘊生著書之硯"。

555. 趙管雙硯

一爲趙文敏硯，背有三眼，上鎸“五雲多處是三台”七字，下款“松雪珍藏”四字，旁署云：“予將北行，獨孤長老遺予佳石。質潤而妍，如新泉欲流，不能去手。星眼適符台端。因試貂毫試之。”一爲管夫人硯，背鎸《金谷詩序》，跋云：“石季倫《金谷詩序》，實右軍《蘭亭》所自出。晴窗無事，偶用褚法書此，實不敢與此老抗衡也。”末署“管道昇識”。咸豐初，鄂中陳之楨維周有《趙管雙硯歌》。按阮吾山謂乾隆時始製貂毫，據文敏題語，知前此已有之，乾隆乃仿古耳。

556. 小說禁例

康熙五十三年四月，諭禮部：“朕惟治天下以人心風俗爲本，欲正人心，厚風俗，必崇尚經學，而嚴絕非聖之書，此不易之理也。近見坊間多賣小說淫辭，荒唐鄙俚，殊非正理。不但誘惑愚民，即搢紳子弟未免游目而蠱心焉。所關於風俗者非細，應即通行嚴禁。其書作何銷毀，市賣者作何問罪，著九卿、詹事、科道會議具奏。”尋議定：“凡坊肆市賣一應小說淫辭，在內交與八旗都統、都察院、順天府，在外交與督撫轉行所屬文武官弁，嚴查禁絕，將版與書一併盡行銷毀。如仍行造作刻印者，係官革職，軍民杖一百、流三千里，市賣者杖一百、徒三年。該管官不行查出者，初次罰俸六個月，二次罰俸一年，三次降一級調用。”又道光十四年二月，特諭申禁坊肆淫書小說。據此知明季以來小說多不傳於世，實緣康熙有此厲禁。自乾隆中葉以後，託於海宇承平，禁例稍寬，《紅樓》、《綠野》、《儒林》、《鏡花》諸著遂盛行一時。雖道光申禁，而《品花》成書於丁酉，實在禁後二年，《兒女英雄》評話且出於朝士文康之手。唯小說爲道咸後重刻者，略删猥褻過甚語而已。或謂是時宫禁中流傳甚廣，故不能絕，聞孝欽頗好讀説部，略能背誦，尤熟於《紅樓》，時引賈太君自比。孝欽亡後三年，清運果終，且有頤和與大觀輝映，則悼紅一夢，不啻繫二百六十年終始之局，亦一異也。[1]

557.弄孔子

唐文宗太和六年二月寒食，上宴群臣，伶人弄孔子。帝曰："孔子古今之師，安得侮黷？亟驅除之。"又《澠水燕談録》云："元祐中，上幸凝祥池，宴從臣。伶人以先聖爲戲。刑部侍郎孔宗翰奏云：'唐文宗時嘗有爲此戲者，詔斥去之，今日豈宜有此？'"是知不獨孔道輔斥契丹一事也。

558.蛐蛐罐

石虎胡同蒙藏學校，上年掘土種花，得蛐蛐罐極多。有姑蘇彩山窑常德盛製者十一，永樂製也；淡園主人製、外青内紫者一，秋雨梧桐夜讀軒製者三十四，康熙製也；趙子玉製、署"恭信主人之盆"凡四，署"西明公"凡一，署"古燕趙子玉製"或"造"者凡六十，書"製"者較精美；又"敬齋主人之盆"一，"彩勝主人之盆"二，"韻亭主人之盆"一，"寄敬堂製"一，"清溪主人"、"珍香外史"各一。相傳校爲吴三桂舊邸，即周延儒宅，爲京師四大凶宅之一，居者率不安。此不知何人埋藏。聞故老言：

---

〔1〕"孝欽亡後"以下，據明齋本補。

道光時，長安貴人鬪蟲之風極盛，今淡園等製，流傳尚夥，且有識蟲名者。予數見之，信皆佳製，但不古樸耳。大抵其時新製，特窖藏之，爲去火氣，使不傷蟲。康熙容或有之，永樂、宣德，吾未之能信。又聞貴人蓄蟲，率同式廿四罐，列之几案，呼爲一桌。蓄多者至數十百桌。今此流風消歇久矣。

骨董瑣記卷七

559. 燕蘭小譜

《燕蘭小譜》，吴太初撰。《藤陰雜記》及《京塵雜錄》均無異詞，獨《嘯亭雜錄》以爲出於余集之手，蓋緣余眷湘雲而訛。近長沙葉氏復刻《小譜》，乃從《嘯亭》之說，可謂失稽。繼《小譜》而作者，尚有《瑞雲錄》，惜未見傳本。

560. 漁洋集外詩

《送馬生歸金陵》云："隨身缽袋與軍持，漸負年年白社期。君到獻花巖畔去，爲予一謝嬾融師。"《梓花圖爲高江村宫詹賦》云："文梓青牛事已遐，瀛山重見滿林花。九成絳雪人間少，須問仙人蔡少霞。""天半朱霞照赤城，輕綃寫貌可憐生。一從收入吴都賦，平仲君遷枉擅名。"《題趙天羽給諫寫真》云："乘願蕭然現長官，三條椽下舊安單。青城歸後唯琴鶴，添得清風竹萬竿。""何人寫出篔簹谷，位置天然巖石中。解識虎頭金粟影，此君風味略相同。"

561. 塔西隨記

京師勾闌昔萃居磚塔胡同，俗通呼"口袋底"。嘗見《塔西隨記》三卷，上卷《感舊》二十五則，中卷《證今》二十二則，下卷《雜記》十七則。其《雜記》有云：“曲中里巷在西大市街之西，自丁字街迤西曰磚塔胡同。磚塔胡同之南曰口袋底，曰城隍庵，曰錢串胡同。錢串之南曰大院胡同，大院之西曰三道柵欄，其南曰小院胡同，三道之南曰玉帶胡同。曲家鱗比，約二十户。初時只三五家，多京畿人，今則半津門人矣。初有而今存者，天喜、三喜，初有而今無者，天順、三寶，初有而今易名者，雙順之舊爲聚鳳，萬升之舊爲西連升也。”又云：“雙順、天喜、天順所居，爲其世產，餘皆貸之德小峰、明芝軒、車四，租資特昂。”餘所紀甚詳，大約始於光緒初葉，一時宗戚朝士趨之若鶩，後爲御史指參，乃盡數驅逐出城。及今三十年，已盡改民居。話章臺故事者，金粉模糊，尚一一能指點其處。卷末有《萍迹子再識》一跋，云：“烏乎！盛衰之故，其殆有先機乎？余之爲是書也，其時方太平無事，無何而驅逐令下，歌場爲之一變，又無何而團民興，其不鞠爲茂草者幾希。甚而兵敗師喪，寇入都城，咫尺之地，阻而不通。風塵回首，黯然神傷，揆之濬心之作，先後若同也，豈非先機乎？嗟乎，余生三十年來，或越或燕或汴、洛，自謂甚奔波矣，孰意更增之以喪亂乎？而猶幸是書之不與劫灰同燼也。庚子閏中秋之下三日。”

562. 張紅橋像研

張紅橋女史像研，高四寸三分，幅四寸二分，厚六分許。背刻半身像，手執如意。像左方一絕云：“摩娑牘劚紫雲根，一片瑤臺影尚存。我是洞天舊游客，春山深淺認眉痕。”款署“林鴻”，皆行書。硯左側刻篆書“瑤臺仙景”四字，有“世發秘玩”一印。右側刻“洪武十五年二月望日，王蓬居觀”十三字。硯趺刻“乾隆四十八年，於弱中齋賞此硯。嘉慶十九年，香山臧墨卿記。”皆八分書。按林鴻字子羽，福清人。洪武初官禮部員外，與高棅、陳亮同時，稱“閩中十才子”。著有《膳部集》。紅橋，閩縣良家女子，能詩，有殊色。鴻以詩爲媒，遂歸之，唱酬甚樂。鴻游金陵久不歸，紅橋苦思，感疾而沒，留玉玦一枚，絕句七首，懸一鍼牀頭。鴻歸賦詩哀之，一時和者甚衆。

563. 鬼獵圖

《靜志居詩話》云：“畫終南進士者，南唐周文矩，蜀石恪，汴京楊棐。其初類設色爲之，至龔高士聖予，易以深墨。其法師趙千里《丁香鬼》，離奇變化，自比書家草聖。於是詩林多作長歌，自聖予而外，若宋子虛、李鳴鳳、王肖翁、韓性、陳叔方、楊廉夫、李宗表、劉伯温，各事摹寫，尤以凌彥翀《鬼獵圖》一歌爲淋漓盡態。”按秋岳、兩峰皆喜畫鬼，蓋取則於聖予也。

564. 建文事迹

建文事迹，《致身》、《從亡》二錄而外，有《吾學編》、《名山藏》、《副書史》、《侍史竊》、《史概》、《奉天靖難紀》、《建文事迹》、《建文君臣逸事》、《革除漫錄》、《革除紀遺》、《遜國臣紀》、《群忠事略》、《就義編》。黃佐有《革除遺事》，高璧有《幽光錄》，袁祥有《建文私紀》，陳洪謨有《革除編年》，許相卿有《革朝志》，陸時中有《建文逸史》，姜清有《秘史》，王會有《野史》，袁褧有《奉天刑賞錄》，劉琳有《拊膝錄》，屠叔方有《朝野類編》，宋端儀有《革除錄》，朱睦㮮有《遜國紀》，林塾有《革除史補》，郁襄有《革除遺忠錄》，杜思有《革朝遺忠錄》，鄭應旂有《革除遺忠列傳》，張朝瑞有《忠節錄考誤》，徐即登有《建文諸臣錄》，焦竑有《遜國忠節錄》，汪宗尹有《表忠錄》，趙士喆有《建文年譜》，趙啓元有《遜國續鈔》，錢上升有《遜國逸書》，陳仁錫有《壬午書》，朱鷺有《建文書法擬》，劉廷鑾有《遜國之際月表》，曹升芳有《遜國正氣紀》，周鑣有《遜國忠紀》，周遠令有《讓皇帝本紀》，高世豐有《盡心錄》。

565. 阿翠硯

癸亥秋，予客滬瀆，有以阿翠硯求售者，洮河石也。背鐫小像不甚精，題分書“咸淳辛未阿翠”六字。硯之右側題云：“綠玉宋洮河，池殘歷劫多。佳人留硯背，疑妾舊秋波。己丑三月得此硯，墨池魚損去之，背像眉目似妾，而右頰亦有一痣，妾前身耶？阿翠疑蘇翠，果爾，當祝髮空門，願來生不再入此孽海。守貞記。”凡三行七十四字，皆行書，與傳世湘蘭題畫字體不類，蓋好事者摹製，與湘蘭薰爐同一作僞。或謂真硯拓本背像側坐倚几，甚精。

566. 袖珍曹操

徐松《跋義門小集》云：何義門生於順治十八年二月二十七日，初字潤千，一號無勇，因哭母更字屺瞻，印章作“峐瞻”，又有“髯”字紅文圓印，晚年號茶仙。爲人短小麻鬍，綽號“袖珍曹操”。

567. 惲玉

惲玉爲清於女史女弟，適吴而寡。工寫生，鬻畫以供饘粥。有子舍天寧寺爲僧，法名能威，字神鳳。能書畫，傳惲氏法，筆墨秀雅。與錢茶山司寇舊爲戚屬，茶山以畫供奉内廷，因延神鳳至京，爲之捉刀。傳世茶山畫筆，半出其手。茶山沒後，不久亦示寂。今人皆知有惲冰，而不知惲玉，知茶山而不知神鳳，亦隱顯之别也。

568. 横州桂香寺

廣西横州官舍大堂楹間舊繪金龍，暖閣後豎壁，出入皆自旁門，云建文曾避居之，故數百年不改也。城東二十里桂香寺，極幽静，殿旁闢一室曰潛龍殿，中塑老僧像，云即建文，旁列諸像即從亡諸臣。壁間有嘉靖時巡方御史碑文，載出亡事甚悉。見湯健業《毘陵聞見録》。

569. 雷峰塔

雷峰塔，相傳吴越王妃黄氏建，以藏佛螺髻髮，亦名黄妃塔。始擬千尺十三層，以財力未充，止建七級，復因風水之説存五級。塔舊有重簷飛棟，窗户洞達，後燬於火，唯孤標巋然。甲子九月二十有五日忽圮。塔磚皆刻磚匠姓名，間刻“吴王吴妃”四字，邊刻“王宫”二字。塔内《陀羅尼經》小卷，高二寸許，卷首畫“天下兵馬大元帥吴越國王錢俶，造此經八萬四千卷，捨入西關磚塔，永統供養。乙亥八月日紀。”下繪佛像塔圖，所謂石刻《華嚴經圖》，砌塔八面，小楷類歐陽率更者，絕未之見。

按吴乃邗溝楊氏稱號，此磚刻吴王吴妃，非吴越所創甚明，或後有增益耳。乙亥當開寶八年，是歲宋克金陵，後三年，吴越遂舉國歸宋矣。

570.點收玉寶

甲子十月朔十日，北京警衛司令鹿鍾麟，令宣統帝出宫，交出皇帝之寶、宣統之寶。翌日，於交泰殿點收玉璽二十三顆，計皇帝奉天之寶、大清受命之寶、大清嗣天子寶、天子之寶、天子信寶、皇帝尊親之寶、敬天勤民之寶、敕命之寶，以上白玉；制誥之寶、皇帝信寶、皇帝親親之寶、命德之寶、討罪安民之寶、敕正萬方之寶、巡狩天下之寶，以上青玉；皇帝行寶、天子行寶、表章經史之寶、垂訓之寶，以上碧玉；廣運之寶、欽文之璽、敕正萬民之寶、制馭六師之寶，以上墨玉。諸璽分列殿之北面及東西面，盛以鏤金木匣。尚有皇后之寶一顆，皇后宣讀册四顆。按《會典》："交泰殿貯御寶二十有五。大清受命之寶以章皇序，白玉，方四寸四分，厚一寸，盤龍紐，高二寸。皇帝奉天之寶以章奉若，碧玉，方四寸四分，厚一寸一分，盤龍紐，高三寸五分。大清嗣天子寶以章繼繩，金，方二寸四分，厚八分，交龍紐，高一寸七分。皇帝之寶以布詔赦，青玉，方三寸九分，厚一寸，交龍紐，高二寸一分。皇帝之寶以肅法駕，栴檀香木，方四寸八分，厚一寸八分，盤龍紐，高三寸五分。天子之寶以祀百神，白玉，方二寸四分，厚八分，交龍紐，高一寸三分。皇帝尊親之寶以薦徽號，白玉，方二寸一分，盤龍紐，高一寸三分。皇帝親親之寶以展宗盟，白玉，方二寸二分，厚一寸二分，交龍紐，高一寸二分。皇帝行寶以頒錫賚，碧玉，方四寸八分，厚一寸九分，蹲龍紐，高二寸五分。皇帝信寶以徵戎伍，白玉，方三寸三分，厚六分，交龍紐，高一寸六分。天子行寶以册外蠻，碧玉，方四寸八分，厚一寸九分，蹲龍紐，高二寸三分。

天子信寶以命殊方，青玉，方三寸八分，厚一寸三分，交龍紐，高一寸七分。敬天勤民之寶以飭覲吏，白玉，方三寸一分，厚一寸五分，交龍紐，高一寸七分。制誥之寶以諭臣僚，青玉，方四寸，厚二寸，交龍紐，高二寸七分。敕命之寶以鈐誥敕，碧玉，方三寸五分，厚一寸三分，交龍紐，高一寸八分。垂訓之寶以揚國憲，碧玉，方四寸，厚一寸五分，交龍紐，高二寸。命德之寶以獎忠良，青玉，方四寸，厚一寸四分，交龍紐，高二寸一分。欽文之璽以重文教，墨玉，方三寸六分，厚一寸五分，交龍紐，高一寸六分。表章經史之寶以崇古訓，碧玉，方四寸七分，厚二寸一分，交龍紐，高二寸二分。巡狩天下之寶以從省方，青玉，方四寸七分，厚二寸，交龍紐，高二寸二分。討罪安民之寶以張征伐，青玉，方四寸八分，厚二寸，交龍紐，高二寸五分。制馭六師之寶以整戎行，墨玉，方五寸三分，厚一寸四分，交龍紐，高二寸三分。敕正萬方之寶以誥外國，青玉，方三寸八分，厚一寸五分，交龍紐，高二寸。敕正萬民之寶以誥四方，青玉，方四寸一分，厚一寸五分，交龍紐，高二寸。廣運之寶以謹封識，墨玉，方六寸，厚二寸一分，交龍紐，高二寸。”較點收者，多皇帝之寶一顆。又大清嗣天子寶，本爲金，今乃白玉，豈後有更易耶？

571. 漢釜𨤲

歙縣汪萊，字孝嬰，號衡齋。湛深經義，尤通天算。著有《衡齋算學》六卷，合雜文三卷，爲《衡齋遺書》。道光甲午，門弟子當塗夏燮嗛甫爲刻於鄱陽。臧里堂《汪君别傳》云：“石埭東南郭柳家梁，有嫗劚田，得銅器二斛相附，有古篆文。孝嬰重得大者，口徑今尺八寸十分寸之九，邊侈一寸十分寸之一，腹寬底殺，容積寸二百三十六，辨其當下篆爲‘蜀郡楊旦造傳子孫’

十字。[1]小者容積一百一十寸，形與大者同，辨其當下篆爲‘陵陽子明受王孫釜作瓥用沸’十二字。劉向《列仙傳》記子明上黄山采五石脂，沸水而服，此其沸石之器。旦爲楊王孫名，可補班氏《漢書》。急分俸錢購得之，日手摩挲以爲娱樂，而甑中生塵，不爲計也。”傳後夏燮跋云：“先生既没，遺孤貧不能存，每炊烟欲斷，則攜向僦櫃中，易錢數十緡，其後六邑之商人爭覩其爲漢物也，每質輒增其母，而贖者益艱。去年招小衡之孤雲浦於長城，詢其年限未滿，急分俸代贖之。細審釜篆，先生以旦爲楊王孫之名，其實‘旦’則‘昌’之譌也，先生殆偶未之辨，里堂亦但據家狀書之，未及見原器也。”燮兄炘，字弢甫，一字心伯，著有《景紫堂全書》十七種，皆考據經術。

572. 翁覃溪後人

《安般簃詩》辛集《蕭寺又一首，傷同年黄再同》詩，有“郇成分宅君真篤”句，自注云：“翁覃溪先生家中落，衹餘一老曾孫婦，君賜卹甚至。”此詩作於光緒辛卯。又翁文恭同治《庚午日記》云：“本家覃溪翁之孫婦陳，年五十八，住兵馬司後街，稱爲四太太。覃溪祖塋在南東門外北店。”

573. 舊宮人畇珠

甲子十一月十四日，報章載《紀事》詩三首，署名舊宮人畇珠。詩云：“奉帚朝元殿，長門十二春。不應宮草緑，翻妬繡衣人。”“绛幘驚宵起，都憐子夜歌。未教辭廟淚，偷灑向宮

---

〔1〕原文如此，疑“子孫”重文爲“子子孫孫”，方爲十字。

娥。”“鸞文空結襪，蝶袖亦飄香。零亂東皇意，飛花出上陽。”後知詩乃一人別號偶園者所託也。

574. 年汝隣

年汝隣，又名王臣，字瘦生，別號寄濤，號不孤居士。本年羹堯少子，或曰其孫也。遭難後避居揚州，隱於書畫。人品孤高，畫亦絕俗。著有《瘦生吟稿》。嘗見其畫幅題句云：“江上高秋大可尋，寄濤解得獨行吟。白蘋黃葉疏林外，一片離騷屈宋心。”曰“王臣”者，所以示不臣；曰“不孤”者，所以示孤孽，其志蓋可悲矣。近人以王臣、汝隣爲二人，又以“不孤”爲“不朽”，皆誤也。

575. 陳巖野遺硯

莫郘亭《夢硯齋歌》，爲唐子方樹藝方伯作。其序曰：“方伯鄉舉前，侍尊甫以平公源準，令南越省。市中得順德陳忠烈公邦彥硯。時以平公方卸清遠事，登舟隱几，夢忠烈來候，且曰：‘某有手物託君家，好藏之。’即得硯日也。方伯因以‘夢硯’寓齋名。出處三十八年，恒與硯朝夕，而勳績照寰宇，硯得之益重矣。硯左側刻‘雪聲堂藏’四字，右側分書‘陳巖野先生遺硯’七字，署曰‘佩蘭’，背銘云：‘鬱勃者何忠義氣，黯黮者何家國淚。我爲銘之永勿替。’署‘東吴後學惠士奇’。”郘亭考得巖野曾孫世和，當天目督學時，曾以優行薦。銘即其時所作。

576. 雙谿垂釣圖

《雙谿垂釣圖》，道光癸巳，費曉樓爲孫子琴作，題咏甚多。有宗室奕繪題一律云：“少年曾釣雙谿水，一住西湖二十年。年時一去不復返，雙谿之水流依然。垂垂楊柳圖中見，緩緩歸期夢裏傳。得意莫生鄉國感，爲君三復帝京篇。”款署“爲孫子琴妹丈題句，效黄鶴樓體。太素道人奕繪。”下鈐“太素道人”及“子章”兩印，引首曰“幻園”。又西林春題《漁家樂》云：“垂柳西風吹不起，一竿閒釣雙谿水。濠上高懷差可擬，烟光裏，必有金鱗鯉。智者從來無彼此，溪山住處皆堪止。打點琴書游帝里，隨緣耳，神仙眷屬誰如子。”款署“奉題子琴妹丈清照，西林春”。鈐二印曰“泰清之印”，曰“西林春印”，引首印曰“天游”。

577. 吴履詩畫

吴竹虚畫山水小幅，自題云：“澂潭秋水鏡新揩，病葉無風落滿階。八十老翁茅屋底，從來不識縣門街。”款署“吴履詩畫”，鈐一印曰“瓦山野老”。詩畫皆似元人。竹虚著有《苦榛庵詩》，兼精篆刻。

578. 錢東生畫梅

錢東生畫紅梅，自題云“宣武坊南棉花吾同”，署款“東生錢林”，蓋對梅寫照，亦宣南掌故花也。末題五絕句云：“歲華九九度三三，已染春光滿蹬酣。認作消寒圖不似，雲仙妙手恰爲藍。”“終欲鮮濃笑鼠姑，偶同勻注貌仍癯。仙人風骨時人眼，六角紅羅外一株。”“持贈心先折贈通，風流别樣倚東風。要知太守班春去，雪後溪邊也不同。”“應使詩人冷齒牙，認桃辨杏句難誇。却煩天上調羹手，暫作人間蔡少霞。”自注云：“照不能書，屬問山太史代之，故云。”款署“紫姗太守仁兄大人正題，愚弟謝照”。按東生一字香粟，以翰林歷官學士，著《文獻徵存錄》及詩三十卷。

579.孫登鐵琴

孫登鐵琴，嘉慶中歸鐵冶亭，以贈錢唐吴崧圃相國，遂爲吴氏世寶。池上原刻雙鉤“天籟”二字，下署“孫登”，又一印曰“公和”，皆篆文。禾中項氏得此，因以“天籟”名其閣。池下補鎸“項元汴珍藏”五篆字，“墨林”聯珠印，“子京父”印。琴匣有阮芸台、梁茝林、張叔未、趙次閑題記。李蓴客獨以爲明時人僞作，非蘇門高嘯、草衣石屋者之所爲也。

580.宣德爐款

宣爐款有十六字真書者，曰“大明宣德五年監督工部宫臣吴邦佐造”，有一字者曰“宣”，篆文或圓或方，率施之仿古鼎彝或御用諸爐，皆極可貴。

581.懋勤殿書畫

懋勤殿書畫，盧鴻《草堂十志圖》卷，趙孟頫《鵲華秋色圖》卷，懷素《自序》卷，東坡自書《前赤壁賦》卷，真卿《祭姪文稿》卷，山谷自書《松風閣詩》卷，南宫書《蜀素帖》卷，過庭《書譜序》卷，子昂《朱子感興詩》卷，宋四家法書卷，南宫尺牘卷，褚河南臨獻之《飛鳥帖》卷，陸柬之書《文賦》卷，右軍三帖卷，徐浩書《朱巨川告身》卷，《開元脊令頌》卷，山谷書太白詩卷，褚河南摹右軍《長風帖》卷，歐陽文忠書《集古錄跋》卷，褚河南書《兒寬傳贊》卷。以上二十卷，不知何時移於殿後廚房南間，近始檢出，皆人間瓌寶也。書之以證他日淵源存佚。

582. 張應堯

《陶庵夢憶》云："沈梅岡忤相嵩，在獄十八年，以片鐵日夕磨之，遂銛利。得香楠尺許，琢爲文具一，大匣三，小匣七，壁鎖二。椶竹數片，爲箑一，爲骨十八。以筍以縫以鍵，堅密肉好，巧匠謝不能事。夫人匄先文恭誌公墓，持以爲贄。文恭銘骨匣曰：'十九年，中郎節。十八年，給諫匣。節耶匣耶同一轍。'銘其箑曰：'塞外氈，飢可餐。獄中箑，塵莫干。前蘇後沈名斑斑。'倩徐文長書，張應堯鐫之，人稱四絕。"予藏徐文長秘閣，畫木芙蓉，題曰"枝頭羽刷翠，江上蕊流紅"，款署"天池"。刻青極精，殆即應堯所作。《青藤書屋集·秘閣銘》有曰"刻竹爲閣，創精妙手。妙手爲誰，應堯張叟"，可證。

583. 晉瓷

《青藤集》云："柳元穀以所得晉太康間冢中杯及瓦券，來易余手繪二首。券文云：'大男楊紹從上公買冢地一丘，東極闞澤，西極黄滕，南極山背，北極於湖。直錢四百萬，即日交畢，日月爲證，四時爲伍。太康五年九月廿六日對共破莂。民有私約，如律令。'詳玩右文，似買於神，若今祀后土義，非從人間買也。二物在倪光簡冢地中，於萬曆元年掘得之。地在山陰二十七都應家頭之西。尚有一白瓷獅子及諸銅器，銅器出則腐敗矣，獅尚藏緒簡家。閩有黄兔窰，此又晉瓷之一證。"文長引閩窰爲證，必其相似也，則建窰已遠始在漢、晉之際矣。其云"銅器腐敗"，銅本爲宗廟之器，陶瓷入土不窳，故以從葬，收藏家每病陶瓷脆薄，不入賞鑒，孰知其堅久尚在金玉之上耶！

584.嚴望雲

《蕉窗小牘》云：嚴望雲，浙中巧匠，善攻木，有般爾之能。項墨林最賞重之。望雲爲天籟閣製諸器，如香几小盒等，至今流傳，作什襲古玩。又某書紀望雲爲墨林所作竹根杯，如荷葉式，附以霜螯蓮房，巧而雅。墨林題一絕云："截得青琅玕，製成碧筒杯。霜螯正肥美，家釀醉新醅。"款署"萬曆庚辰秋日，墨林山人"。別有小印曰"萬雲"。"嚴"或作"閻"。

585.繪繡

予前記清代女子工繡者，頃見坊書記繪繡紅梅一幀，題七絕云："絳雪紅霜壓樹斜，綺窗纔著兩三花。爲花寫照爲花祝，伴我清閨度歲華。"並識云："窗外紅梅，方垂垂著花，乃買絲爲花寫生，半月而成，落英滿地矣。"下未署款，唯鈐一"娟"字印，及押角一印，文曰"心血一縷"。可補前記所未及。

586.巧對

"堂堂乎張也，是亦走也；倀倀乎何之，我將去之"，譏張佩綸、何如璋也。"丹青不知老將至，雲山況是客中過"，譏閻敬銘丹初、張之萬子青、烏勒布少雲、孫毓汶萊山也。"弘德殿，廣德樓，德行何居，慣唱曲兒抄曲本；獻春方，進春册，春光能幾，可憐天子出天花"，指穆宗寵王慶祺也。"辭小官，受大官，自晝招供王介甫；舍戰局，附和局，毫無把握秦會之"，指閻敬銘甲申主和法蘭西也。“八表經營，也不過山西禁菸，廣東開賭；三邊會辦，請先看侯官降級，豐潤充軍”，上聯指南皮，下聯指陳寶箴、張佩綸，“八表經營”爲南皮巡撫山西謝恩疏中語也。見李慈銘《越縵堂日記》。

587.吴下方言

乾隆時，吴縣諸生錢思元，字宗上，一字止庵，著《吴門補乘》。《方言》一條，頗有足采，最録於此。呼婦人曰“女客”。《高唐賦》：“妾巫山之女也，爲高唐之客。”打亦謂之“敲”。《左傳》：“執其戈以敲之。”刺亦謂之“擉”。《莊子》：“冬則擉鼈於江。”相連曰“連牽”，亦曰“牽連”。《晉書·五行志》：苻堅初童謠曰：“阿堅連牽三十年。”《淮南子》：“以摸蘇牽連物之微妙。”折花曰“拗花”。元微之詩：“今朝誰是拗花人。”言人逞獨見而多忤者曰“㑌㑥”。音如列挈。《漢書》：“㑌㑥而無志節。”[1]言人無所可否而多笑曰“墨屎”。音如迷癡。出《列子·力命篇》。言人胸次耿耿曰“佁儗”。音如熾膩。司馬相如賦：“仡以佁儗。”謂人之愚者“不知萧董”。’《爾雅》：“藾，蕭董。”似蒲而細。不知萧董者，即不辨菽麥意。物不潔曰“鏖糟”。《漢書·霍去病傳》注：“盡殺人爲鏖糟。”血肉狼藉意。以網兜物曰“揌兜”。揌音海，平聲。問何人曰“陸顧”。言人舉止倉皇曰“麋鏖馬鹿”。事在兩難曰“尷尬”。同見上。

588.詩雙聲叠韻譜

譜分四目，曰錯綜，曰對待，曰纍句，曰單辭。錯綜爲古人

---

〔1〕《漢書》未見此語。按黄庭堅《山谷集·别集》卷六《論俗呼字》云：“㑌㑥，多節目也，其胸次不坦夷，舉事畫計務出獨見，以乖迕人爲賢者也。”自注㑌㑥音烈挈。

巧思，對待爲作者常例，纍句偶見，單辭最多。大率通所可通，而不强通所不通，謹守亭林、慎修家法。又以虞協侯，不從顧而從江；以妻韻室，不從段而從孔，亦爲謹嚴。前有自序及凡例八則。此書與《説文雙聲叠韻譜》同刻於廣州，俱有林伯桐駢體序文。林字月亭，番禺舉人。

589.陶然亭香冢

陶然亭後香冢，一小碣曰："浩浩愁，茫茫劫。短歌終，明月闕。鬱鬱佳城，中有碧血。碧亦有時盡，血亦有時滅，一縷香魂無斷絶。是耶非耶，化爲蝴蝶。"無姓名題署。或云爲悼曲妓蒨雲者。予讀《越縵堂日記》，乃知丹陽張春陔御史盛藻所作。張光緒初官温州知府。

590.魏默深

魏默深知高郵時，不能理事，終日著書。每聽獄，輒搔首不能語，往往至夜分，吏胥皆散去，乃罷。於廳事之旁障以紙簾，爲一小室，日坐其中，作淡墨細字，遍滿几上。室外有金橘樹二，一日二小兒上樹爭橘，墮地死，家人奔告之，猶搖筆不答。嘗寓揚州善因寺，知州日亦時詣之。所著書草稿皆藏寺中，積至兩屋。一日復至寺，寺僧方爲其祖僧作齋供，見所懸像，貌大類己，遂得心疾，盡焚兩屋之稿。今行世者，皆高郵所刻也。見《越縵日記》。

591.張婉紃

陽湖女史張綸英，字婉紃，名士翰風縣令之女。適同里孫氏。同治中，隨其子需次武昌，賣書畫自給，年七十餘矣。尤善學北碑，筆力超勁，備篆隸之法，署款曰“張女綸英”。見《越縵日記》。

592. 有明越人三不朽圖贊

《有明越人三不朽圖贊》，山陰張岱撰。岱字宗子，號陶庵，別有《陶庵夢憶》行世。此書分立德、立功、立言三門，凡一百零八人，先繪像，次撮舉生平，而繫以贊。自序與徐野公沿門祈請，得其造像，則所圖皆真容也。書成於康熙十九年庚申。道光末，書版尚存紹興南街余氏，東南亂[1]後，不知究竟矣。見《越縵日記》。

593. 依舊草堂遺稿

《依舊草堂遺稿》一卷，費丹旭撰。凡詩百餘首，詞十餘闋，多題畫之什，皆婉逸可誦。其《爲人題玉台商畫圖》一絕云：“生綃一幅擬徐黄，硯北香南子細商。笑我山妻隨荷鋤，只知晴雨較歲桑。”尤有風致。

594. 黄花衖

李蓴客移居黄花衖，《日記》云：“夜偕姬人，自西郭移居錦鱗橋下黄花衖。小舟一燈，破篋數卷。主人之面，瘦如削瓜；侍姬之鬟，亂於歷樑。倚身一襆，入霉欲斑；傳家片氈，與蠹俱徙。病僕傴背，傭婢出胸。庚横箬柴，丁倒盆盎。折足之几，半罣積塵；缺耳之鐺，尚餘焦飯。風吹帷而皆裂，月穿簶而悉空。君子

[1]“東南亂”三字據明齋本補。

固窮，道旁皆歎。”寥寥數十語，賦物寫景，歷歷如繪，讀之令人失笑。

595.包村遺事

包立身初不知書，其稱“壬戌十二年”，以尚不知有同治之號，謂其有異志者，非也。自稱東安義軍，旗分五色，以白爲主，以東、安、忠、義四字分四大營，而各統小營四，分屯四面。立身自稱統領，有文案、支應等局。外築土城僅數尺環之，出入者持符以勘驗。路中多埋弩機剡木。其地四面天險，又林木蒙翳，故賊不得進。後盡伐其樹爲薪，村堡悉露，炮火得入，遂不可守。其妹美英，纖頎弓足，能用雙刀，每分領部伍出蕩，軍中稱英姑娘。壬戌五月，賊大隊環攻，立身自捍其北，而令美英督守東西南三面。軍中無馬，烈日中巡行堵禦，凡三晝夜不少息，賊退而美英病暍死。村有包孝肅祠，爲包氏合族祠堂，立身以此爲營門，點視操防、儲軍械於此。村衆皆衣白，有斜領。器多用鳥槍，立身獨用大刀，重八十斤。軍火糧食，越西南諸村落多爲之饋送；火藥槍炮，則南門外三家峰人有胥僧鮑廿二者，爲賊軍師，潛爲之主。後事發，賊車裂以徇，立身益失所恃。而縫袋者陳趙雲守古塘，與立身犄角，先爲賊所陷。有小包村者，與立身所居隔一嶺，亦屯結以守。自古塘失，兩包村各不相聞，小包村亦陷。賊進踞馬面山，屏障盡失，糧盡絕。天久不雨，賊掘山脈，絕其水飲。七月朔，立身麾旗持刀率七百人潰圍出，奮死奪踞馬面山。卒以衆寡相懸，爲賊圍蹙，七百人中脱出者一二人而已。老弱婦女從之者萬餘人，皆死，或擠填坑塹爲滿。卒不得立身尸，故有傳其實未死者。見《越縵日記》。

596. 丁壬烟語

《丁壬烟語》，寶慶李洽撰。洽舉道光丙午舉人，有文辭而好冶游。丁壬者，起丁未至壬子。所記皆都中北里事，文筆俊潔，間載詩詞，亦頗清雅。其紀倩芙生於曲中取楊姬蓉仙，蓋河南李仁元事。後姬從死樂平之難，亦奇女子也。

597. 張日中製紐

張日中，字鶴千，毘陵舊家子。從蔣列卿學製紐，比方漢人。多以牙與木爲之，能出新意。鳥獸龜龍之屬，贔屭蜿蜒之狀，活潑生動。稍後楊璣而起，與之方駕齊名，陶碧、周斌，皆不能及。兼善橅印。

598. 柳如是巾帽鏡

鏡背銘曰："官看巾帽整，妾映點粧成。照日菱花出，臨池滿月生。"其旁刻"蘼蕪"二篆文，極遒勁。中爲夔螭，刻畫飛動。小摺疊架上刻"絳雲樓印"四字。查初白有《巾帽鏡》詩，即賦此也。此鏡道光中爲余侶梅所得，並橅河東巾帽像。宗滌樓有長歌咏之，載《躬恥齋詩鈔》。

599. 高倪修造假山

《竹葉亭雜記》云："宣武門内武公衛胡同，桂杏農觀察菖卜居焉。宅西有園，曲榭芳亭之前鑿小池，砌石爲小山，矻然蒼古，爲群石冠。苔蘚蒙密，摩娑石陰，得'萬曆三十年三月起堆叠山子高倪修造'十六字。"此又在張南垣之前矣。

600. 吕道人研

《春渚紀聞》云:“高平吕老，遇異人傳燒金訣，鍛出視之，瓦礫也。有教之爲研者，研成，堅潤宜墨，光溢如漆。每硯首必有一白書‘吕’字爲誌。吕死，湯陰人盜其名爲之甚衆，每硯不滿百錢。至吕老所遺，有以十萬錢購一硯不可得者。硯出於陶，而以金鐵物畫之，不入爲真。”又云:“悟靖處士王衷天誘，所藏澄泥研，扣之鏗然有聲，以金鐵畫之，了無痕璺。或疑是澤州吕老所作，而硯首無‘吕’字。天誘云:米元章見之，名孫真人硯。”

601. 程雪畫瓷

程雪，字笠門，歙人。工畫山水花卉。光緒中，客居景德鎮，於瓷器上作畫，極鉤勒渲染之妙，得者珍之。己庚之交，予於市上見笠門青花壺，寫小姑山圖，頗具大觀。

602. 方塘

方塘，號半畝，長洲人。以裝潢爲業。人頗雅飭。喜畫蘭，清逸無俗韻。所製素册有“竹意齋”印，宜於畫，遠近爭購之。見《墨林今話》。

603. 睡詩

“花竹幽窗午夢長，此中與世暫相忘。華山處士如容見，不覓仙方覓睡方。”“飽食緩行初睡覺，一甌新茗侍兒煎。脫巾斜倚繩牀坐，風送水聲來耳邊。”“相對蒲團睡味長，主人與客兩相忘。須臾客去主人覺，一半西窗無夕陽。”“讀書已覺眉稜重，就枕方欣骨節和。睡起不知天早晚，西窗殘日已無多。”“老讀文書興易闌，須知養病不如閒。竹牀瓦枕虛堂上，卧看江南雨後山。”“紙屏瓦枕竹方牀，手倦拋書午夢長。睡起莞然成獨笑，數聲漁笛在滄浪。”“舟中一雨掃飛蠅，半脫綸巾卧翠藤。殘夢未醒窗日晚，數聲柔櫓下巴陵。”“掃地焚香閉閣眠，簟紋如水帳如烟。客來夢覺知何處，挂起西窗浪接天。”數詩各道睡味之長，深得靜中三味，唯飽食、紙屏二章，殊不類丁謂、蔡確爲人耳。

604. 羅雲山人火畫

趙城籍班錄，工火畫。深淺陰陽，毫釐可辨，山水人物，翎毛花卉，俱有生氣，老而益工。何蘭士嘗爲作《羅雲山人火畫歌》。

605. 汪洪隙末

汪容甫遺詩有《爲某題機聲鐙影圖》詩，特不著其人。又與劉端臨札云：“陽湖有洪禮吉者，妄人也。倘得交於閣下，勿爲所欺可耳。”

606. 廷臣宴禮節

翁文恭甲申正月十七日《日記》，記乾清宮賜宴禮節云：“群臣皆蟒袍補褂、白風毛染貂帽，午正入坐。午初一刻，至南書房稍坐。旋由甬道行至丹陛，分東西班，滿東漢西，立戲毯邊外，北面。上升御座，奏事總管太監引入，就墊跪，一叩，即坐坐墊。

菜席先設，入席賜飯及湯，人各二碗。特賜御前饌，各席一器，一叩。賜奶茶人各一盂，一叩。菜席撤去換果席，賜元宵各五，一叩。食訖，進酒者起，衆皆離席立。進酒者出槅扇外，脫去外褂，仍挂朝珠，入中門跪，衆皆跪。太監實玉斝酒，授進酒者，進酒者起奉酒，矩步由中搭渡上，折而西而北，近御座跪獻訖，由西搭渡趨下，於原處叩首，衆皆就墊叩，興。進酒者後由西搭渡升，跪接虛斝，由中搭渡矩步下。於原處跪，太監接斝，酬以爵，受爵一叩，飲訖一叩，衆不叩。進酒者出，著褂入座，衆咸坐。賜酒人一杯，一叩。賜果茶，一叩。飲訖，以次趨出殿外檐下，横排一跪三叩，讓出中路石。上起，群臣退。凡叩皆就墊。午正二刻七分畢戲，三叩。”

607.順治題壁詩

“天下叢林飯似山，鉢盂到處任君餐。黄金白玉非爲貴，唯有袈裟披最難。”“朕乃山河大地主，憂國憂民事轉繁。百年三萬六千日，不及僧家半日閒。”“來時糊塗去時迷，來去昏迷總不知。不如不來亦不去，亦無歡喜亦無悲。”“未曾生我誰是我，生我之時我是誰。長大成人方知我，合眼朦朧又是誰。”“但願不來也不去，來時歡喜去時悲。每日清閒誰多識，空在人間走一回。”“口中吃得清和味，身上常穿補衲衣。五湖四海爲高客，逍遥佛殿任僧棲。”“莫道僧家容易得，皆因前世種菩提。雖然不是真羅漢，亦搭如來三頂衣。”“兔走烏飛東又西，爲人切莫用心機。世事如同三更夢，萬里乾坤一棋局。”“禹開九州湯伐夏，秦吞六國漢登基。古來多少英雄輩，南北山頭臥土泥。”“惱恨當年一念差，龍袍換去紫袈裟。我本西方一衲子，因何流落帝王家。”“十八年來不自由，江山坐到幾時休。我今撒手歸山去，管他千秋與萬秋。”詩在西山天台山慈善寺，俗稱魔王廟。見翁文恭丙戌十月《日記》。予曾往游，已無題壁，有道光時劉某所錄者尚存。

608. 錢蒙叟墓

常熟寶巖西三里許，曰劉神濱，再西三里，曰虎濱。兩濱適中曰界河沿，又曰花園濱，錢牧齋墓在焉。有碣題“東澗老人墓”五字，集坡書，字逕五六寸。嘉慶中族裔所立，本宗久絕矣。河東君墓即在左近。其拂水山莊，今爲海藏寺，距劍門不遠，有古柏一、銀杏二尚存。馮定遠班墓在言子墓下。乾隆時，邑令趙六泉額訪得，爲樹坊表。六泉，秋谷之孫也。

609. 燕九

京師正月十九日游白雲觀，曰“燕九節”。《野獲編》以爲“烟九”，云以烟火得名。又曰“淹九”，則燈市十八日畢，取淹留之義。又曰“閹九”，相傳全真道人丘元清是日就閹。

610. 分宜故第

分宜故第，相傳在繩匠胡同，以爲“丞相”之訛。又以爲在燈市。按《野獲編》云：“京師全楚會館，故江陵相第，壯麗不減王侯，特分宜舊第四分之一。右一小房，爲京師富人徐性善所得，後坐他事籍沒。自嚴及張迄徐，未三十年，三遭抄沒，其爲凶宅可知。”嘉、萬相去不遠，景倩且曾親見親居之，則分宜舊第不在燈市明矣。聽雨乃東樓之居，或因此訛爲繩匠耳。今湖廣會館猶爲四大凶宅之一。

611.鐵券

《野獲編》云：“公侯伯封拜，俱給鐵券，形如覆瓦，面刻制詞，底刻身及子孫免死次數。質如綠玉，不類凡鐵。其字皆用金填。券有左右二通，一付本爵收貯，一付藏內府印綬監備照。所謂免死者，除謀反大逆，一切死刑皆免。然免後革爵革祿，不許仍故封，但貸其命耳。此問之世爵諸公，其言皆如此。”

612.羅小華

羅龍文，字小華，徽州人。負俠名。能入水中竟日夜。家素封，善鑒古。從胡宗憲征倭，招徠江、徐諸酋，叙功爲制敕房中書。入嚴幕，與世蕃同死西市。或曰先遁去，死者族子，非龍文也。子六一，改名王延年，遊吴越間，鬻骨董自給。頗能詩。《野獲編》云：“小華墨價踰拱璧，以馬蹄一斤易墨一兩，亦未必得真者。”

613.五七九

張江陵僕游七，名守禮，號曰楚濱。入貲爲幕職。後與馮保司房徐爵同論斬，死獄中。又申時行僕宋九，名徐賓，署號雙山主人。援納京兆經歷，得覃封。與邊將李寧遠父子交，頗通賂遺。又王錫爵僕王五，名佐，自號念堂。與王弇洲僕陶正密交，亦收書畫銅窰之屬，最稱奉法。東阿于慎行爲作《五七九傳》，以詆時行，託名東海漁人。見《野獲編》。

614. 明初市易

明太祖初定天下，於直隸太倉州黄渡鎮設市舶司。司有提舉一人，副提舉二人，其屬吏目二人，驛丞一人。後以海夷狡詐無常，迫近京師，或行窺伺，遂罷不設。洪武七年，又設於浙江之寧波府、廣東之廣州府，體制一同黄渡。後寧波亦禁廢。見《野獲編》。

615. 京師河鮮

《野獲編》云："京師蛙蟹鰻蝦螺蚌之屬，予幼目未經見，今腥風滿市廛矣。皆浙東人牟利，堰荒迹不毛之地，瀦水生育，以至蕃盛。"按明制，南京貢船貢冰鮮鰣魚，例以五月十五日進孝陵，始開船，限六月末旬到京，七月一日薦太廟，然後供御。頒賜閣部詞臣，已半腐矣。

616. 許顯純

許顯純爲魏璫鷹犬五彪之一，清流之禍，受其屠毒最慘。其人實舊家也。父從誠，尚世宗女嘉善公主。顯純旁生。初以太學生入貲，授指揮僉事。擁多金，有小慧，學詩畫，以此得交士大夫。後用錦衣籍登武進士，以至長衛。見《野獲編》。

617. 牙牌

《野獲編》云：本朝在京朝士，俱佩牙牌，大小臣僚皆一色，唯刻官號爲别。公侯官爲"勳"字號，駙馬爲"親"字號，文臣"文"字號，武臣"武"字號，伶官"樂"字號，工匠等官"官"

字號，道官、協律郎、奉祀之類，亦得用“文”字號。

618. **岳王加號**

《野獲編》云：“萬曆時，加封岳忠武謚號云‘誅邪輔正大將，精忠武穆帝君，主治洞天福地、統領禋祀蒸嘗、協理三十六雷律令、贊七十二候天罡、受命上清、永揚帝化、神霄右監門靖魔忠勇岳鄂王，蕩虜大元帥’。”凡六十四字，蓋以配關祀也，然褻矣。

619. **火器**

明成祖平交趾，始得火礮。俘其相國越國大王黎澄，爲工部官，令司督造。特設神機營造火藥。其礮稱大將軍、蒺藜礮，視昔時曹操霹靂車用石者稱爲神技。弘治以後，始得佛郎機礮於粵中，轉運神捷，超舊製數倍。嘉靖十二年，廣東巡檢何儒，得蜈蚣船銃獻之。萬曆壬寅，紅毛入寇，又得紅夷礮。戚繼光復創用火鴉、火鼠、地雷等器。見《野獲編》。

620. **諂稱**

嘉靖初，張璁當國。副總兵牛某上揭，自稱“走狗爬見”。江陵當國，邊將如戚繼光位三孤，李成梁列五等，皆自稱“門下沐恩小的某萬叩頭跪稟”。繼光好文事，風雅自命。幕客郭造卿輩尊之爲“元敬詞宗先生”。寧夏總兵蕭如薰，亦稱“季馨詞宗先生”。禮部郎白若圭媚郭勛，自稱“渺渺小學生”。見《野獲編》。

621. 子石

《野獲編》云："頃己亥歲，粵東珠池內臣李鳳，命蛋人以餘技試之下巖，皮囊絞水窮日夜，久之始見，則皆如玉璞，臙褁絡包，中含奇質，斲之纔得硯材，有目所未睹。始知古所謂子石，非紫石也。所得凡百枚，水復大至，蛋人幾溺，泅以出，而下巖又復閉矣。憨師分得數十隻，歸以餉所厚宰官。今東南復見下巖，如還宣和舊觀，皆憨師力也。"按憨山以與道流耿義蘭爭勞山海印寺，被罪謫粵中。事在萬曆乙未。

622. 四川貢扇

明貴川扇。四川布政使歲貢扇一萬一千五百四十柄。嘉靖三十年，加造備用二千一百柄，蓋賞賜所需。四十三年，加造小式細巧八百柄，以供新幸貴嬪之用。見《野獲編》。

623. 扇骨

《野獲編》云："吴中摺扇，凡紫檀、象牙、烏木，俱目爲俗製，唯以椶竹、毛竹爲之者，稱懷袖雅物。其面重金亦不足貴，唯骨爲時所尚。往時名手有馬勛、馬福、劉永暉之屬，其值數銖。近年則有沈少樓、柳玉臺，價遂至一金。而蔣蘇臺同時，尤稱絕技，一柄至值三四金，冶兒爭購，如大骨董然，亦扇妖也。"

624. 豐熙僞造書

劉繼莊《廣陽雜記》云："豐熙，鄞人，與其子坊皆善造僞書。"按熙，嘉靖初以翰林學士，率修撰楊慎等伏闕議禮，廷杖謫戍，與慎遇赦不宥，沒於戍所。子坊，原任通州同知，請加尊皇考稱宗、祀明堂、配上帝以獻諂，仍罷歸田里，老死不叙。坊字存禮，解元高第，有文無行，善書知名。居家狠戾，不爲鄉里所容，卒困阨老死。父子皆好藏書，多異本，皆歸於范氏天一閣。見《野獲編》。

625. 分宜之敗

嘉靖辛酉，上與尚美人在西苑貂帳中試小烟火成災，移居玉熙。苦其湫偪，分宜因請幸南內，大觸上忌。徐階父子乘間請建萬壽宫，三月功成，被殊眷。其年七月，有鄒應龍之疏，世蕃戍而分宜逐矣。籍沒時，其孫募急卒通信，先行寄頓，大爲鄉里之患。見《野獲編》。

626. 劉文清姬人

劉文清姬人月華、春曉、四姐，皆能效公書。王惕夫詩所謂“詩人老去鶯鶯在，甲秀親題見吉光”者是也。公書常有“書付姬人”者，皆題名紙尾。今傳世法書鈐“石盦”長脚印文者，多屬代筆。四姐姓王，或云姓黄，是又一黄四娘矣。

627. 舉人罰科

萬曆二十八年庚子，第一名趙維寰，浙江平湖人，以文體被參，禮部覆試罰科。舉人之有罰科，自此始。

628. 朝房見客

《野獲編》云：“閣臣以朝房爲通謁之所，署名曰翰林院。選司權最重，亦在朝房見客，所以杜潛通也。”按此殆本於宋制，二府朝退時，聚廳見客，以杜請謁。

629. 秦良玉

莊烈帝賜秦良玉詩云：“學就西川八陣圖，鴛鴦袖內握兵符。古來巾幗甘心受，何必將軍是丈夫。”“蜀錦征袍手製成，桃花馬上請長纓。世間不少奇男子，誰肯沙場萬里行。”“露宿風餐誓不辭，飲將鮮血帶臙脂。凱歌馬上清吟曲，不似昭君出塞詞。”“憑將箸箒靖皇都，一派歌聲動地呼。試看他年麟閣上，丹青先畫美人圖。”見楊復吉《夢闌瑣筆》。

630. 蒲留仙

《夢闌瑣筆》云：《聊齋志異》，乾隆三十一年，萊陽趙起杲守睦州，以稿本授鮑以文廷博刊行。余蓉裳集時客於趙，爲之校讎是正焉。鮑以文云：“留仙尚有《醒世姻緣》小說，實有所指，書成爲其家所訐，至褫其衿。易簀時，自知後身即平陽徐崑，字后山，登鄉榜，撰《柳崖外編》。乾隆庚子，其孫某所述如此。《志異》未刊者尚數百篇，藏於家。”按留仙曾擇《志異》中《珊瑚》、《張誠》、《江城》編爲小曲，演爲傳奇。又輯古來言行，關於修身齊家、接物處世之道，成書五六十卷。柳泉在其邑東，泉深丈許，水滿而溢，小山環之，雜以垂柳，頗稱勝境，因以爲號。又作逸老園，殆晚歲境稍亨矣。

631. 顧道人硯

清初，吴郡顧德麟，號顧道人。讀書未就。工琢硯，凡出其手，無論端溪、龍尾之精工鎸鑿者，即螻村常石，隨意鏤刻，亦必有致，自然古雅，名重於世。德麟死，藝傳於子。子不壽，媳鄒氏襲其業，俗稱“顧親娘”也。嘗與人講論曰：“硯係一石琢成，必圓活而肥潤，方見鎸琢之妙。若呆板瘦硬，乃石之本來面目，琢磨何爲？”其意乃效宣德年鑄造香爐之意也。其所作，古雅之中，兼能華美，名稱更甚，當時實無其匹。鄒氏無子，螟蛉二人，皆得真傳，惜夭其一。鄒死，僅存一人，名顧公望，號仲吕，此人實鄒之姪而冒者。公望亦無子。見朱象賢《聞見偶錄》。

632. 太平五銖

趙景安《雲麓漫鈔》云：“後魏孝莊時，用錢稍薄。高道穆曰：‘論今據古，宜改鑄大錢，文載年號，以紀其始。’古錢中有太平五銖、太平百錢，孫亮時亦有‘太平’號，錢文所載則魏號也。”

633. 美人換書

嘉靖中，華亭朱吉士大韶，性好藏書，尤好宋時鏤板。訪得吳門故家有宋槧袁宏《後漢紀》，係陸放翁、劉須溪、謝叠山三先生手評，設以古錦玉籤，遂以一美婢易之，蓋非此不能得也。婢臨行，題詩於壁曰：“無端割愛出深閨，猶勝前人換馬時。它日相逢莫惆悵，春風吹盡道旁枝。”吉士見詩惋惜，未幾捐館。見吳翌鳳《遜志堂雜鈔》。

634. 會試齒錄

韓泰華《無事爲福齋隨筆》云：“自明以來，搢紳齒錄俱刻於京師西河沿洪家老鋪。予藏有嘉隆至康熙朝四十餘册會試齒錄，猶是洪氏彙印者。仁和邵位西藏有萬曆乙未至康熙二十一年進士履歷二十八册。”

635. 馮舒

馮舒，字已蒼，嗣宗先生復京子也。嘗以議賦役事，語觸縣令瞿四達。會已蒼集同邑亡友詩爲《懷舊集》，自序書“太歲丁亥”，不列清國號年號，又壓卷載顧雲鴻《昭君怨》詩，有“胡兒盡向琵琶醉，不識絃中是漢音”，卷末徐鳳《自題小像》有“作得衣裳誰是主，空將歌舞受人憐”，瞿以此下已蒼於獄，屬獄吏死之。已蒼頎長，有“馮長”之目，在獄被桎梏，自顧笑曰：“此特‘馮長作戲’耳。”見王應奎《柳南隨筆》。

636. 包壯行手製燈

揚州包壯行手製燈，太倉顧夢麟婦手製蔬菜，崇禎末名於一時，見劉鑾《五石瓠》。

637. 息夫人廟詩

泰州鄧孝威漢儀《題息夫人廟》云：“楚宫慵掃黛眉新，祇自無言對暮春。千古艱難唯一死，傷心豈獨息夫人。”清初巨公曾仕明者，讀之遽患心痛卒。見徐承烈《燕居瑣語》。

638. 命理初著述

戴文節《習苦齋筆記》云：“予識理初先生於京師，年六十矣。口所談者皆遊戲語，遇於道則行無所適，南北東西，無可無不可。至人家談數語，輒睡於客座。問古今事，詭言不知，或晚間酒後，則元元本本，博雅無出其右者。”葉名澧《橋西雜記》云：“《癸巳類稿》初名《米鹽錄》，王菽原禮部藻醵金刊行。《存稿》爲張石洲孝廉穆校刊。理初曾爲孫淵如撰《古天文說》二十卷，又爲同經堂孫氏輯緯書，皆未刊。晚年爲張芥航河督輯《續行水金鑑》若干卷。彭文勤元瑞《五代史記補注》粗具條例，以付劉金門侍郎鳳誥，侍郎延理初卒成之。”

639. 定王之獄

定王慈煥，始依樂安王，後依於瀔俞文淵。有武進民鄒廷玠，迎至西門外惲氏園，旋遷南門外唐氏園，再遷宜興路邁家。江蘇巡撫土國寶捕送南京，總督馬國柱送京師。同死者俞文淵、陳砥流，株連甚多。楊坤、俞鶡翔、馬雲龍、汪碩、蔣思宸、吴孔嘉、陳闓、房七、鄒廷玠、莊保生、於在鎔、錢岳、耿章光、萬曰吉，皆斬。曰吉臨刑，以石擲監刑官死。此順治八年至十年事也。見《大雲山房雜記》。

640. 宫僚雅集杯

宫僚雅集杯，銀製海棠式。外界烏絲花草，内鐫姓氏里居，旁鐫“宫僚雅集”四字。以量之大小爲次，十器合重二十八兩。首湯斌字潛庵，河南睢州人；次沈荃字繹堂，江南華亭人；次郭棻字快圃，直隸清苑人；次王澤弘字昊廬，湖北黄岡人；次耿介字逸庵，河南登封人；次田喜霱字子湄，山西代州人；次張英字敦復，安徽桐城人；次李錄予字山公，順天大興人；次朱阜字即山，浙江山陰人；次王士禛字阮亭，山東新城人。《浪迹叢談》言：“富海帆督部家有一具，云那文毅所賜。後於温州學博孫雨人許見一具，乃其先頤谷侍御所得。當時里中詩酒之會，必舉此杯。以杭堇浦、梁諫庵爲大户，彙前後題什，刻爲《清尊集》。大興劉寬夫位坦亦有一具，則海内有三具矣。茝林仿其式製六角沓杯，爲小滄浪七友杯，亦鎸名杯底。首安化陶文毅澍，次元和吴棣華廷琛，次涇縣朱蘭坡珔，次福州梁茝林章鉅，次寶應朱文定士彦，次吴縣顧南雅莼，次華陽卓文端秉恬。”按光緒中楊鳳阿亦有此杯，長安諸公競相借用，或即寬夫所藏也。

641. 蝶仙

什景花園一宅子，粗有林亭，舊祀蝶仙爲二位。蝶每歲一至，必於夏日雨後開霽時，所止恒在一石上，年年不爽。蝶黄白各一，純素無華。黄者鬚端有珠，蝶不大而神采異常。每來時，棲鴉皆驚起避之。祝之則集於掌上，云是明季王某夫婦同時殉難者所化也。居是宅者，曾見長髯紅袍者於亭中，倚檻望月，惜不傳其名字。《甲申傳信錄》載都指揮王國興舉火自焚，不知即其人否，然不言夫婦同命也。按什景花園本成國公適景園舊址。

642. 仁智殿

明有仁智殿以處畫士。一時在院中者，人物則蔣子成，翎毛則隴西之邊景昭，山水則商喜、石鋭、練川馬軾、李在、倪端、陳暹、季昭、蘇州人。鍾欽禮、會稽人。王諤、廷直，奉化人。朱端。北京人。見繆藝風《藕香簃别鈔》。

643. 姑嫂餅

當湖有賣餅者，以六爲數，紅紙封之，名“姑嫂餅”。初有姑嫂二人，青年守節，賣餅自活，以此得名。黄鶴樓金臺詩云：“十年不字姑將老，五夜孤啼嫂又孀。青女素娥俱耐冷，一團明月一團霜。玉屑金花一色匀，價廉多買不嫌頻。題糕别有風流筆，妒殺真州蕭美人。”注：“真州蕭美人糕，爲倉山叟所賞。”同見上。

644. 酒器譜

《瓶花齋酒器譜》一百零八種，長洲顧俠君飲其大者三十六種。同見上。

645. 芥子園

沈碧香官吏部，居韓家潭，門聯云：“十載藤花署，三春芥子園。”蓋李笠翁芥子園故址也。馬號聯云：“老驥伏櫪，流鶯比隣。”同見上。

646. 沈虹屏

平湖陸梅谷藏書甚富，刊《奇晉齋叢書》。夫人查氏，能詩工詞。妾沈虹屏，善題跋，亦能詩詞，《晏公類要》跋後云：“乾隆辛丑四月十二立夏日，是歲閏五月，春事未闌，海棠、繡球、木筆、紫荆、薔薇花尚蕃盛。新妝初畢，御砑綾衣，晏坐花南水北亭，啜建溪新茗。”書又記燕文貴《溪山蕭寺圖》後云：“乾隆丁酉九月二十三日，時花南水北亭新加塗塈，木葉淒然欲落。海上青山，微著霜色，如眉新掃。亭外一帶，芙蓉如畫。亭邊老瓦盆列佳種菊英二十餘品。亭中對設長几，一置周施章父敦，秘色柴窰，供佛手、柑花、木瓜各數個，靈璧峭峰一座；一陳法書名畫。共主君及夫人展觀及此卷，遇丫髻送新橙蒸梨至，乃相與徘徊歎賞，幾疑身不在人世。”有“梅谷掌書畫史沈采虹屏”印記，撰《春雨樓集》十六卷。梅谷得右軍《二謝帖》及《感懷帖》，建奇晉齋，聯云“門栽彭澤五株柳，案有山陰二謝書”。同見上。

647. 全謝山身後

全謝山身後，門人盧鎬配采賻以二百金，其嗣子以所藏書籍悉數歸之，即所稱“抱經樓”是也。翁覃溪身後，休寧門人孫侍御烺賻以五千金，時宜泉早歿，其家亦以所藏宋拓《公房碑》、《化度寺碑》、《嵩陽帖》、《雪浪帖》，並生平手稿四十鉅册全歸之，輦回杭州。亂後手稿歸之魏稼孫。稼孫歿，歸於吴門書肆，並稼孫《金石類藁》俱歸於藝風先生，爲鈔出覃溪未刻詩二十四卷。

648. 汲古閣十七史

淄川唐濟武日記云：“毛子晉《十七史》板，以逋賦質之故糧道盧澹巖，得四千金。已而盧負官庫將還，以子晉無以償也，乃再質之洞庭席氏。席，洞庭巨室也，以史板故，分一子住常熟。然則席氏史本毛子晉原刻也。翻本圖記云‘平江趙氏’，非席氏。”

649. 龍碗虎碗

宋帝昺駐蹕崖山，造碗供應。帝后碗以龍，王侯碗以虎，軍士無刻畫。李子虎廣文得一碗，四虎怒蟠，作長歌紀之。

650. 紅玉墓

紅玉浙人，桂撫陳文簡公詩婢也。工詩善畫。喜棲霞山，年十七卒，葬於山麓。文簡爲建青籠閣，種桃萬株。春游士女到者，無不以酒奠之。李少谷有句云：“萬樹桃花繞墓門，青籬閣廢舊花村。賣餳天氣香成海，一片盈盈倩女魂。”墓側產香茗，人呼“紅玉墓”云。

651. 馬頭驛題壁

馬頭驛壁間，有北平高氏第三女芝仙題《過秦樓》詞一闋，云：“月舊愁新，宵長夢短，今夜如何能睡。燈疑淚暈，酒似心酸，一樣斷腸滋味。獨自背著屏風，數盡魚更，懶尋鴛被。更空槽馬嚙，荒郵人語，嘈嘈盈耳。　空歎息，落絮沾泥，飛花墮溷，往事不堪題起。美人紅拂，詞客黄衫，不信當時如此。試問芒芒大千，可有黄唐，崑崙奇士，提青萍三尺，訪我枇杷花裏。”自署云：“妾良家女，爲匪人所誘，誤墮風塵，朝夕唯以淚洗面。紛紜人海中，古押衙從何處求耶？”潘紱庭《蝶園詞》謂有客自天津來，能舉其居址形貌，全稿尚多，大致淒婉動人。有才如此，淪落堪歎，然則非落拓才人所假託者矣。

652. 宋元箋簡

宋元箋簡，大半黄白二色，紙側有他色，決無花紋。贋作者則不知矣。繆藝風先生說。

653. 薛素素小像

薛素小像，絹本，高一尺八寸七分，寬七寸二分。畫闌邊石竹，下有鉤葉蘭。自題小楷云“玉簫堪弄處，人在鳳凰樓”十字二行，款署“薛氏素君戲筆”。白文印二，曰“沈氏薛”，曰“第五之名沈者”。沈德符虎臣納之爲妾，後不終，復嫁爲商人婦。《藕香篋別鈔》。

654. 娟鏡

嘉善張硯雲祖廉，得湖州薛仰峰妝鏡，背鏨“思娟”小印，因署所居曰娟鏡樓。同見上。

655. 楊忠節速客單

長洲顧氏藏楊忠節手書《速客單》曰“吴來翁，吴雪翁，武樗翁，文澄翁，江華翁，蔣介翁，楊斗翁”，凡七人。後繫一絕云：“三壺六碟五籃菜，豈復寒酸類腐儒。讀畫看詩歡竟夕，滿天月色醉歸途。”下署“門年弟廷樞具”。有名印及“遙集居”印，無月日。按東中七友，皆與公同習《書經》，舉崇禎庚午應天鄉試者，故稱“門年弟”。爲鎮江武際飛，德化文德翼，金壇江璜、蔣鳴玉、楊良弼，吴江吴昌時，無錫吴達也。吴達後降李自成[1]，見《明史・解學龍傳》。同見上。

656. 東坡寫經

海寧陳氏藏佛經，首行有“奉沙門程氏命男軾轍敬書”十一字。紙光墨采，迥不猶人，蓋東坡真迹。後不知歸於何所。

657. 漁洋後人

漁洋當太傅明珠赫奕時，有客以金箋索書壽之，力拒不從，風骨固自剛勁。惜後人式微，書卷玩好，蕩然無存。甚至《與西

---

〔1〕“降李自成”，明齋本作“從賊”。

樵讀書秋樹根圖》、《天女散花圖》亦不能守。同治中裔孫鏊，以辛酉拔貢，分發四川，補中江知縣，尚存手迹十二册。鏊頗能詩。見《藕香簃别鈔》。

658. 女冠韻香

嘉道間無錫韻香，號玉井道人，又號清微道人。築福慧雙修庵。善畫蘭石，字仿《蘭亭十三跋》，皆秀挺有骨，無閨閣柔媚。與名流聯吟狎飲，名噪一時。其踪迹約略魚玄機。倪蘭舫方伯題其畫蘭便面云："懺盡凡心謝玉臺，蘭因無地證仙才。珍珠小字綢繆印，都是禪天劫後灰。"蓋惜其才爲情累也。無錫女子丁采芝，號芝潤，船山太守外甥也。撰《懷人》詩，皆閨房清友，末即雙修庵女道士韻香。詩云："膽瓶梅亞小銀釭，瘦影珍娉漾畫窗。不見空山人聽雨，傷心楓落冷吴江。"謂韻香有《空山聽雨圖》。又自寫吴江楓影小照，後爲人所負，自盡，"吴江楓落"，竟成語讖。同見上。

659. 僮僕善畫

元曹雲西有僕夏汲清，能畫。同時黄大癡僕韓老，善畫鷹，設色有法。沈石田家僮朱太平，亦善山水。見《都公譚纂》。

骨董瑣記卷八

660.一統志局

《一統志》徐健庵開局洞庭，校輯題名者十有四人：德清胡渭，無錫顧祖禹、子士行、秦榛，晉江黃虞稷，山右閻若璩，太倉吴璟、唐孫華，常熟黃儀、陶元淳，錢塘沈佳，仁和吕澄，慈谿姜宸英、裘璉。見《藕香簃别鈔》。

661.毛子晉

錢牧齋題手校《後漢書》云："二十九日，毛子晉，邑中富人也，亂時曾有小德於予家。往年死，予不弔，是日葬於戈莊，因一行以盡故舊之情。然子晉尚以財自豪，今諸子又不逮，將來毛恐不昌矣。嗟乎！"同見上。

662.開元錢背文

唐武宗會昌五年，以廢寺銅鐘佛像鑄開元錢，各加本郡州號名爲背文。京、洛、秦、梁、荆、桂、潭、廣、福、越、洪、潤、蜀、鄂、兗、梓、襄、丹、益、宣、平、揚、藍凡二十三州。[1]

663. 司盟項鎖

包世臣《司盟項鎖賦序》云："揚州玉肆，有項圈鎖一具。圈式海棠四瓣，當項一瓣，灣長七寸，瓣梢各鑲貓精一顆，掩鈎搭可脱。當胸一瓣，灣長六寸，瓣梢各鑲紅寶一顆，掩機紐可叠。左右兩瓣，各灣長五寸，皆鏨金爲榆梅，俯仰以銜東珠。兩花蒂相接之處，間有鼓釘金環。東珠共三十六顆，每顆估重七分，各爲一節，節節可轉。白玉環九，上屬圈，下屬鎖。鎖横逕四寸，式亦海棠。翡翠周萃，刻翠爲水藻，刻翡爲捧洗美人。其背鎸'乾隆戊申造，賞第三妾院侍姬第四司盟'十六字。鎖下垂珠九鎏，各九珠，藍寶墜脚，長約當臍。估客云係老尼寄售。尼少侍貴人愛姬入都，鎖面即其小像。貴人敗，以婢故得自贖脱籍，驚悸舍身。僕覽其幹質珍麗，製作精巧，殆累萬之值也。重臺下婢，奢僭至是，他物稱之，民何以堪！自戊申以迄嘉慶戊辰，僅二十年，金玉滿堂，莫之能守，老氏明誡，其在斯矣。故爲之賦"云。

664. 李光地自書紀事

予亂後還朝，皇上隆重。予告歸後，徐健庵即很下結陳則震，云予"本觀望也，使人到本朝，也自己到耿王處，也通鄭家，幸而本朝成事，他如今就算全節"。至丙寅年再入，徐健庵即以陳則震《絕交書》送進。上疑團百出，一日使北門問予："皇上也不信，但是如此説，汝也曾求仕於耿精忠有否？"予云："予於君

---

〔1〕此條據《格致鏡原》卷三十五校改。

父前從不敢欺一語。到福州省城，是耿精忠泉州知府王者都薦去的，逼著不許還家，只得去。予見耿精忠事也多，無暇照管得此事，就託言父親病危，脱身而歸。如責備我就到耿處，即當駡賊而死，予則受罪。如説受耿精忠之僞命，實在無此。”北門入回奏。上云：“他不過是鄉紳，又無城守之責，何必責他死？所爭者受僞命不受僞命耳。”上意亦解。徐健庵又變出一段話，云予族衆萬餘，有事時，予本有霸王之志，坐觀成敗，其爲人臣，非其本志，故來朝輒去，即在朝，與二三同心譏切時政。上遂各處偵探採訪，而不得踪迹，至今方歇。

東海力託伊搜予居家事，密奏張廉訪不得。施曰：“渠薦我成功，而我害之，不祥。且渠亦無可指者。”施已受東海譖，深怨予，然不肯爲此。後因齋戒，劉子端一日步月中庭，酒後慨然語予曰：“不知老先生如此爲人，何以人必欲殺之而後快？予亦不必指其人，老先生一到京，勢已解，未至時，合朝皆爲危。罷官何足道，皆身家性命干係。”予問其狀。曰：“有人叫敝衙門動本，郭華野動本，郭華野不肯。學生家人送本稿還在。予即不知君，但耿逆變時，君之志節，人所知者。誤參一好人，予輩終身之累，豈肯爲此！”予問何事。曰：“何必言，自然是揑造語，豈患無詞！”張義山來京，語予曰：“君奔太皇太后喪時，承枉顧。問君行狀，君緩應之。予促君行，君曰何急乃爾。予不便以實告，但以聞王儼齋坐飛船，日行三百里，晝夜兼程，君似不宜遲，趕一月到京方好。君以劍溪水滔，非半月不能。予曰宜思水行，宜速陸行。助君人夫四十名，夜則執火，六日而出關，始能一月到。太皇太后明日出，君先一日至，不然殆哉。其時余大冶幾回促予參君，言是内出意。後予知其語亦不創自大冶。予亦曾熟思之，不獨不肖爲唐朝彝兩參，已幽沉海底，已無天日之望，得君爲上一語回春，百日輕陰，頃刻開霽。自道官二三年，即秉節鉞，無論張義山是有血性男子，如此舉動，狗彘不食其餘。即以事揆之，予將參君何事？君居家又不與人訟事，又不强霸人產，又不說事得財，勢必假造款件。君立朝即有不好，非巡撫所得參，所得參者，必是耿逆變時守節不固，與賊通氣之事，揑詞成案。君之功具有檔案抄報，不是傳聞私語，上即怒君，亦未必見疏；即置君於法，畢竟差大人審問，且上親鞫，亦或有之。我既出疏，是爲原告，一原一被，此是則彼非，此非則彼是。仇君者躲在一壁，以觀成敗，而我與君好友而爲死敵，殊無謂也。且勝負未可知，事皆虛揑，只恐君之勝分數還多些哩，予雖愚，愚不至此。”因大笑。予戊辰入京，不數月即左遷通政，不久即兵部侍郎，不久工部尚書缺出，上亦有回心。而衛老師、陸稼書事起，牽予入。上曰：“蠻子那有一個好人罷了，索性放一漢軍。”因放高爾位。後又稍解，而衛老師流黑龍江，又牽予入奸黨籍矣。上問北門曰：“衛已發遣，道學亦怕否？”亦不言道學爲誰。

議河工事，上忽令予前曰：“聞德格勒說汝欲另挑一條河，何處可另挑？”曰：“德格勒好亂說，臣不過說靳輔新開的河，若不淤塞沖决，糧船行可免二百里風波之險。不過如此說，何嘗說欲另挑一條河。”上曰：“即此河麽？”曰：“是。”又問：“下河如何？”曰：“臣不曾經那地方，不能遥度。據靳輔說海底高於內地，一開恐反倒灌。孫在豐等又說外低內高。這非其地打水秤，實難得其高低之形，不能定也。”問黃河。奏曰：“這就看天了。”纔說這一句，上便點頭曰：“這是黃河只看天意。”蓋靳輔是時終日以黃河汹險者，以淮水、山東山水、本身西來之水，若一水發無事，兩水發或可支，三水並發，恐難保全爲言。予不知適合此，故上一聞之輒喜。予退班，群相噪曰："李某之對皆稱旨。"東海愈急，營搆愈緊，而予殆矣。

某自幼即有"要天下太平，思見好人"一點意思，及登第入館，孝感名甚盛，又得君，竊意致太平者，必此人也。孝感氣概亦籠罩人，似不可遽窺其底裏。後頻造求見，每往必有徐健庵，及見時又不說及學問，及問所疑又不答，所問但以明末門户人語胡亂說過，心即疑之。當擬一書稿欲上之，大抵要本於至誠，喜正路人。此稿失火後始不見，爲陳則震所止而未投，曰："不可與言而言之，失言。熊老師豈道學耶？又是一路作用耳。"分房後，予即請假。上問孝感，選翰林中肯讀書、人品端正者入内顧問。熊即以張英、耿顧魯及予對。予將歸，辭益都。益都曰："君將大用矣，何言及此。"叩其故。曰："今上唯熊清約之言是聽。頃言學生不得讀鼎甲卷，前番被落，及讀君卷又落。熊曰：老師陋哉，彼李某尚何羨狀元哉，雖千狀元不與易也！其推重如此。"予言之力。又曰："雖然如此，到底去見清約，畢竟是知己。"因往見之，亦見留。予曰："某必去有三，而貧猶次之。第一父母老，本意一第爲支持門户計，初意不殿試，後爲人强勸就殿試，遂入館。夢魂中有一不適，便累日驚疑，精魄消亡。遷延至散館，又分房，已爲忍心害理，今必不可得留，一也。老師疏云：今日借債之人，即他日還債之人。今門生幸賴同鄉借貸，至今尚未借帳，如今歸尚可爲不曾借債人，二也。思爲朝廷用，亦要些須本領。讀書草草，腹中空虛，如今回讀書十年，再來追隨老師未晚，三也。"孝感曰："士各有志，君决行乎？"曰："决矣。"曰："君行志可也。"予遂歸。

按光地康熙九年成進士，授編修。十二年乞假歸。十九年召爲閣學。二十一年送母歸里。二十五年入京補原職。二十六年假歸省母，所謂“來朝輒去”者也。首段即二十五年丙寅入京事，次二十七年奔太皇太后喪事。是歲禮部劾在途逗留，下部議降五級，又以前保德格勒有學行、善占易被詰，皆寬免。及三十三年，督學順天奪情，彭鵬劾其忘親貪位。三十七年，爲直隸巡撫，御史吕履恒劾任意斷獄，給事中王原劾文選司陳汝弼，以撼光地，所謂“營搆愈緊，而予殆矣”是也。據是以推，此紀事當作於三十七、八年，時嚮用己專，所謂“至今方歇”者是也。“施”者施琅，爲內大臣時，光地薦其乘鄭經死，子少國疑，征臺灣。陳則震名夢雷，以編修陷賊論斬，光地疏救免死，後相差池者也。“張”者張右南，“衛”者衛既齊。清初猶沿明季門户之習，讀此可以具見當時傾軋情況，理學名臣面目掃地盡矣。

665. 三吴公討徐氏檄

《三吴公討徐氏檄》，其略云：徐乾學、徐秉義、徐元文三氣者，乃故棍盗徐子念之子也。子念名開法，烏龍會首，白妖黨頭，幾經按院訪拿，司理刑訊。注云：子念受倪理刑伯屏責二十四板，又經秦按院訪拿。孽孫徐樹穀、徐炯、徐樹敏、徐樹屏、徐樹聲、徐樹本。乾學、元文，固寵京師，同歷顯要。秉義、樹穀等狡脱居第，剝炙小民。族黨則有徐日巖、徐丹綠、徐孚若、徐星成等爲之心膂；姻黨則有王次劉、諸霞舉、朱雲翳、盛珍士、顧汝嘉、顧成白、葉敷文、金賓王等爲之張羅四方，兜攬心腹；沙客則有顧景元、陸漢標、許軒舉、周端培、王次巖、張三友、李民安、曹枚穎、陳孝純等爲之說合局謀，坐囤生波；惡奴則有景逢春、吴漢周、朱其書、湯雲中、徐中皇、周偕平、徐濬哲、周鳴陽、沈文若、穆勝先、任振宇、唐伯凡、沈君先、方來儀、張孟華、王端生、王克生、彭金涇、湯允中、丁雲泉、周雲章等爲之鷹犬爪牙，攫拿搏噬。以上幾等人者，其廿年前皆市井無藉棍徒也，今分擁私財百萬，傍省郡邑，廣張典館。加納州同、監生，爲[1]護身靈符；賁緣舉人、進士，實是食民狼虎。郡邑所見，如借名救荒，倉同世德，挨户派米，每歲夏放秋收，五分起息，毒逾青苗；僞稱濟貧，會名同善，沿家索錢，每月印放印收，計日盤算，法嚴白折。徐樹屏賁緣發覺，奇謀脱禍，甘受"死烏龜"之號；孫伯侯誣盗致辟，獻女求生，反速無頭鬼之哭。闤闠生男勿喜，俊龐兒每逼爲弄童；注云：趙希哲、趙蘭佩、歸脩遠、吴若闌等是。鄉城生女多愁，嬌媚娘强占爲婢妾。注云：徐升初、陳鼎三之妹，孫伯侯之女等是。致和塘載在邑乘，填沒以壯牆垣；黄昌涇素通商賈，築堤以固疆園。知止房設醮祀天，敢觖望以排上；注云：徐府聚衆百人，學習邪術於此。冠山堂唱戲迎神，起邪説以誣民。注云：湯撫院疏禁淫祠，得徐府藏匿檀香北方賢聖妖像。銅雀迷於北山，白骨成丘；注云：徐府造北園，强占百餘年之普同塔，掘棄骨殖千萬。郿塢營諸洞庭，冤聲振地。注云：徐乾學於洞庭修志，聚無賴千人。崑崙奴錢胖子，投服夏逢龍矣，賊敗而潛歸，故主之納叛何心；注云：徐府家人錢九黄，往湖廣投叛夏逢龍，及逃歸，反得邀功授職。坦腹壻張介眉，拚棄漢陽縣矣，失妻而得職，泰山之挽回有力。注云：夏逢龍之叛，張介眉棄城而走，大小姐中途失散，走至息縣陸舒城署，送歸。金甌玉燭，門旗字様堪疑；建節持鎗，侍衛戎裝可駭。尤可異者，樹穀回籍，夾帶私鹽，揺賣私錢。至於民間

[1] "爲"字上疑缺一"以"字。

之覆盆具告者，或祖父沉冤，或家產籍沒，或造訪陷[1]，或妻孥强擄；或慮事掣肘，殺人滅口，或斬人血祀，欺寡凌孤；或陷盜扳贓，制官枉法，或侵蝕錢糧，移罪賄脱。夫妻反目，徐府得金；父子析産，三王作主。注云：崑邑素有“徐三王”之號。甚至帷薄不修，姚文喪命；師徒酣賭，陳亮破家”云云。

按四柳軒主人編《東海傳奇》五十回，今只傳回目，情節與公檄相似，或出一人手筆。見《藕香簃别鈔》。

666.婉佺先生

王照圓，字婉佺，福山人。郝蘭皋先生室。書仿歐、柳，工屬文，頗有六朝人筆意。撰《列女傳補志》八卷，《叙録》一卷，《列仙傳校正》一卷，《叙讚》一卷，《夢書》一卷。齊河女史郝秋巖寄以小詩，並序云：“嫂棲霞族兄懿行室也。兄以著述馳聲天下，嫂亦文章博洽，名能與兄偶，學者稱爲婉佺先生。甲戌冬，嫂自京師以所注《夢書》、《列女傳》見寄，賦此誌謝。文星夜朗銀河北，賢媛聲華溢京國。續史無慙世叔妻，生花肯讓江郎筆。憐爾文章播上清，娥眉不媿號先生。遙遥願識瓊枝色，春夢無因到鳳城。”

667.清初戲酒

《平圃遺稿》云：“康熙壬寅，予奉使出都，相知聚會，止清席用單柬。及癸卯還朝，無席不梨園鼓吹，皆全柬矣。梨園封賞，初止青蚨一二百，今則千文以爲常，大老至有紋銀一兩者。一席之費，率二十金。以六品官月俸計之，月米一石銀五兩。兩長班

---

〔1〕此句脱一字。

工食四兩，馬夫一兩，石米之值，不足餉馬，房金最簡陋月需數金，諸費咸取稱貸。席費之外，又有生日節禮慶賀，及公祖父母交知出都諸公分。如一月貸五十金，最廉五分起息，越一年即成八十金矣。貸時尚有折數，有輕秤、低色。一歲而計，每歲應積債二千金矣。習以爲常，若不赴席，不宴客，即不列於人數。昔人謂都門宴客爲酒肉卯，予謂今日赴席爲啖債，良不誣耳。”又堂邑張鳳翔疏云：“移風易俗，當自輦轂始。邇來官員，非有喜慶典禮，每酒一席，費至二兩，戲一班，費至七兩。宜飭令節省。”

668. 刑部北監

刑部北監乃前明鎮撫司舊地。有老槐直幹參天，相傳椒山先生手植，今尚存。椒山祠即在其右，相傳即椒山獄中所居。

669. 酒人

康熙時，長洲顧嗣立俠君，號“酒王”。武進莊楷書田，號“酒相”。泰州繆沅湘芷，號“酒將”。揚州方覲覲文無鬚，號“酒后”。太倉曹儀亮儔，年最少，號“酒孩兒”。此外吴縣吴士玉荆山，侯官鄭任鑰魚門，惠安林之濬象湖，金壇王澍篛林，常熟蔣漣檀人、蔣泂愷思，漢陽孫蘭苾遠亭，皆不亞於“將相”，每會則耗酒數甕。然既醉則讙譁沸騰，杯盤狼籍，唯荆山弱不勝衣，枯瘠無澤，愈飲愈醒，終席不亂，人謂真量。見顧玉停《無益之談》。紀文達曰：“酒有别腸，信然。八九十年來，余所聞者，顧俠君前輩稱第一，繆香子前輩次之。余所見者，先師孫端人先生亦入當時酒社。先生自云：我去二公中間，猶可着十餘人。次則陳句山太僕，與相敵，然不以酒名。近時路晉清前輩稱第一，吴雲巖前輩亦駸駸爭勝。晉清曰：‘雲巖酒後彌温克，是即不勝酒力，作意矜持也。’驗之不謬。同年朱竹君學士、周稚圭觀察皆以酒自雄，雲巖曰：‘二公徒豪舉耳，拇陣喧呶，潑酒幾半，使坐而靜酌，則敗矣。’驗之亦不謬。後輩則以葛臨溪爲第一，不與之酒，從不自呼一杯，與之酒，雖盆盎無難色，長鯨一吸，涓滴無遺。嘗飲余家，與諸桐嶼、吴惠叔五六人角，至夜漏將闌，衆皆酩酊，或失足顛仆，臨溪一一指揮童僕，扶掖登榻，然後從容登輿去，神志湛然，如未飲者。僕曰：‘吾相隨七八年，從未見其獨酌，亦未見其偶醉也。’唯飲不擇酒，使嘗酒亦不甚知美惡，故其同年以登徒好色戲之，然亦罕有矣。惜不及見顧、繆二前輩一决勝負也。”

670. 試題

咸豐己未會試題“色難有事”。時文宗寵妃四人，曰牡丹春，曰海棠春，曰芍藥春，曰茉莉春，皆南人也。陳子鶴孚恩薦揚州僕婦入内，號陳媽媽，後與四春俱爲孝欽笞死。丙寅朝考題“一曰壽，二曰富”，題出《洪範》。邇時宫中壽貴人、富貴人方寵幸，同治朝宫内皆壽貴人秉筆，大學士全慶孫女也。見《藕香簃别鈔》。

671. 張四維奸案

平水生《三案紀異》張四維案云：陝西寧夏中路同知張四維，奉檄至李旺堡督催運糧，時康熙三十一年正月二十八日更餘，張妻阮氏手持腰刀一口，帶家僕到靈州參將營叫喊：“本衙門子白李夤夜入宅内强奸主母。”隨委頭目並捕役到衙，拿獲白李暨季弘謨、馬天保，監禁報鎮移道，外門役二名黄璧、王建極，家人蓋錦，發保在外。寧夏道李煥斗逐一審究。據阮氏報呈家人供：“主子奉文到李旺堡催糧，留小底等三名同門子白李在宅內看家。正月二十六日，白李失遺主子銀肥皂盒，將小底等三人捆綁要打，蒙太太吩咐出來：‘白李系門役，如何打得我家裏人？候老爺回日處斷。’本日午後，有季弘謨自李旺堡回，稱：‘奉老爺諭，今年四月內要陞轉他省，小姑娘妞妞也大了，早些斷了乳，把奶子打發出去。’奶子不肯出去，白李就要打奶子，傳奶子丈夫押領回去。到二十八日夜，白李手持腰刀入後宅强奸主母。主母叫喊小的，男婦每驚起，奔至主母臥房，將白李拿住，捆打一頓，奪得腰刀，同主母到路參軍處叫喊。”又問季弘謨：“李强奸主母，你可知道麽？”稱：“小底跟本官至红寺，僅打發回來說叫奶子出去就回家下。是夜二更時候，有塘頭把小底叫到衙門，說：‘門子白李持刀强奸，叫你作見證。’”又據張绍林供：“裏外事都是季弘謨知道的。”隨夾訊弘謨，供：“小的實說罷，這阮氏是閻起鵬的老婆，與老爺雖則成親，其實無干。閻起鵬是老爺家裏掌家，康熙二十八年進表到京便回去，至去年七月內來陝，住在靈州寺，要阮氏並女兒同回京去，如不與他，就要總督衙門去告。本官差小底去與他說：‘誰不知道阮氏是老爺的妻？都叫太太，怎麽就好與他，令人恥笑。俟陞轉起身時與他罷。你若不依，結果你性命。’他就回去了。”又問張绍林：“阮氏既是你主子妻室，如何又是閻起鵬老婆？”供：“小底主子當初在保定府娶我太太時節，誰不知道張撫院公子娶親？司道都來賀喜。這閻胖子的話是小底主子做的事，與小底無干。”又問馬天保，供稱：“小底是個百姓，小底祖父原伏侍過中路廳老爺的父親巡撫老爺，給過三張札付。中路廳到任，隨訪問小底家下，因此往來。

去年八月間，張廳官差季弘謨來到小底家裹說：‘你祖父受過太老爺大恩，又蒙老爺抬舉，有樁心事要你去做。’小的隨問：‘什麽心事？’他隨將閻起鵬來要阮氏情由說了，道：‘老爺氣他不過，要殺他除後患。’小底說：‘我是良民，殺人如何做得？’季弘謨說：‘肯不肯你自去回話。’遂同石溝驛帳房内，又親口吩咐小底，遂只得應承了。同季弘謨、白門子回到華陰廟躲了十餘天，說沒有見閻起鵬，隨賞了二兩銀子。白門子强奸阮氏情由，小底不知道。”又問張绍林：“馬天保所供都是實的麽？”供云：“都是實的。”又問白李：“你是哪裹人，多少年纪？”“小底是靈州人，年二十二歲了。”問：“你既是門子，本官著你看家，你敢大膽持刀夤夜逼奸主母呢？”供：“小底並沒有這事。二十六日沒有了本官的银肥皂盒，就是這個小廝普囊偷去。小底要難爲他，他每商量把小底捆打，拉到主母卧房前假赖强奸。”又據季弘謨供：“白門子曾對小底說，老爺說阮氏不與閻起鵬了，如今要與我了。去歲五月初間，本官令白門子强奸阮氏，不從，嚷駡一場。本官惱恨在心，於五月盡間，將毒藥置鴨内與阮氏吃。阮氏吃著嫌味不好，與阿哥吃，本官將碗打碎地下。阮氏知道，吐出鴨羹。”問張绍林：“此語可是實的麽？”回供：“都是實的。小底從沒見主子抬舉人如白門子這樣缘法厚，坐則同坐，飯則同飯，卧則同衾，俱著家人以三老爺呼之。昨二十一日絕早，主子同白門子睡著，吩咐小底每要聽三老爺使喚：‘他與你太太去睡，依從了罷，若不依從，你與我殺了。’到二十八日，白門子他叫小底幾遍，去對太太說。不知小底不敢去，隨後回復他：‘太太睡著了，沒有說。’小底每就自去睡去了。”又夾訊白門子，供：“是本官吩咐實說，非小底要去强奸。望乞開恩。”隨調阮氏，問：“多少年紀，哪裏人？”供：“氏是保定府人，年三十三歲，二十二年上嫁張同知爲妻，今十一年了。我與他成親半月，並未沾身，點了十数夜燈，他方對我說：‘名是我娶你，其實與閻起鵬娶的。’我得了這句話，咆哮起來：‘我也是好人家兒女，誰不知道你娶我作正妻，你如今做出這樣事來，我斷不肯從。’他便跪在地下磕頭，哀告救我一家性命，憐憫太太年老，外人恥笑。跪著總不起來，我沒奈何，只得依從了。今又把我許與白李。我既失身與了一個漢子，其人見在，又不曾死，爲甚麼將我再與白李？早知是這樣，就嫁個花子也不嫁他。”又問阮氏：“二十八日晚，白門子持刀强奸的事有沒有呢？”供：“是日一更時分，我在上房坐著，聽得窗外脚響，我問是誰，他說是我，我又問他是誰，他說我要來與你睡覺。我見他手裏拿了一口刀，我就把門緊緊頂上，叫喊起來。從人把他捆了。”原附按語云：“此案逾数年而始結，阮氏已投繯死，寧夏道亦物故，此案卸罪於李，承問不實，冒率通詳，而張亦以有玷官箴，革職。”

672.唐酒價宋肉價

杜少陵詩：“速令相就飲一斗，恰有三百青銅錢。”此可知唐之酒價。《東臯雜錄》載顧子敦肥偉，東坡有“磨刀向猪羊”之句以戲之，又戲書其几曰“顧屠肉案”，以三十錢擲案上曰：“且快片批四兩來！”此可知宋之肉價。

673.樺葉述聞

《樺葉述聞》八卷，長白西清撰，記載宏博，足資考證，惜未刊行。有一則云：《紅樓夢》始出，家置一編，皆曰此曹雪芹書，而雪芹何許人，不盡知也。雪芹名霑，漢軍也。其曾祖寅，字子清，號楝亭。康熙間名士，累官通政。爲織造時，雪芹隨任，故繁華聲色，閲歷者深，然竟坎壈半生以死。宗室懋齋、名敦敏。敬亭與雪芹善。懋齋詩："燕市哭歌悲遇合，秦淮風月憶繁華。"敬亭詩："勸君莫彈食客鋏，勸君莫叩富兒門。殘杯冷炙有德色，不如著書黄葉村。"兩詩畫出雪芹矣。

674. 題躞贉褫

楊升庵曰：《海岳書史》云：隋唐藏書，皆金題玉躞，錦贉繡褫。金題押頭、玉躞軸心也。贉，卷首帖綾，又謂之玉池，有引手，二色曰雙引手。標外加竹界而竹攊其覆首曰標褫。《法帖譜系》曰"大觀帖用皂鸞鵲錦標褫"是也。卷之表簽曰檢，又曰排。《漢·武紀》"金泥玉檢"注："檢，一曰燕尾。[1]今世書帖簽後。"《後漢·公孫瓚傳》"皂囊施檢"注："今謂之排。"

675. 王蟠

吴人王蟠，字鶴洲。精裝潢，舉世無出其右者。早年游於衍聖公，洎成大名、梁真定兩相國之門。所見古玩甚多，兼得其緒論，以此善於鑒别。其裝潢書畫之外，尤長製諸器物，如筆筒、香盒、香盤、爐墊、棋奩、圖章匣之類，款式工雅。晚歲僑居白門，不復能自製，多出於兒孫婦女之手，法雖親授，終難得其三昧也。十年前猶訪予吴興，今下世矣。見《退谷叢書》。

---

〔1〕按本條全錄自楊慎《丹鉛總錄》。查《漢書·武帝紀》，"金泥玉檢"乃是孟康注中之語，非《武帝纪》中本文。而"一曰燕尾"四字則并注文中也不見。

676. 陳無已天魂墨

陳無已，人知其刻苦攻詩，而不知其雅善製墨。閩鄭方域《石幢》詩云："上標天魂更書款，細字一一皆精妍。延綠齋中真好事，製作將欲垂千年。"自注："墨名天魂，有陳無已書款，墨旁有延綠齋三字。"見《魚計軒詩話》。

677. 秋水閣北山堂墨

邸學勄鐵香有墨癖，錢塘黃小松贈以兩尚書墨，一則陽書"秋水閣"，陰書"門人吴門詩上牧翁老師真賞"；一則陽書"門人范琦上芝翁龔老夫子珍藏，"陰書"北山堂"，合裝一匣。因賦詩云："北山秋水名相亞，古墨生香一樣新。記取芝香拈素手，尚書傳裹兩夫人。""白門烟柳舞東風，江上蘼蕪態不同。祇有西園舊桃李，春來得氣美人中。""先生寶墨如寶賢，隃麋百二米窗前。古人親蹟摩娑遍，此樂人間便是仙。"見《魚計軒詩話》。予藏學勄紫檀秘閣，銘爲黎二樵所鎸。

678. 壽山石

壽山在重巒複澗中，距福州府治六十餘里，有坑名五花，產石類珉。宋時采取病民，有司得請於上，以巨石塞坑路，由是取之者少。至明季，石之精英始出，其佳者俱產水坑，未數十年即盡。若發之山溪，姿色闇然，體質堅燥，雖具五色，不入賞鑒也。石之種別如下：白田、精似羊脂玉，偶有紅筋如血縷，即高雲客所云"皎潔則梁園之雪，温柔則彩燕之膚，使人入手心蕩"。黃田、通黃如爛柿者佳。更有淡黃一種，間有紅筋，亦他石所無，又有連江一種，質硬性燥，多裂紋，歷久變黑色，裂亦益深，不堪持玩。初出時，人竟爲其所愚。水洞、一名魚腦洞，通明如水晶，質膩性滑，即高雲客所云“白濯濯似冰雪，澄人心腑”。更有白色者，爲牛角洞，尚易得，又一種天藍，不多見。即高雲客所謂“如出青之藍，蔚蔚有光”是也。艾綠、色如艾葉初生，青翠可愛，不可多見，大者尤難。謝在杭品爲第一。党陽洞、精瑩略似水洞者爲上，又有黝色者，五色者，奇色者，色雖不一，而質本温潤，較勝他石。高山洞、通明媲於水洞，有掛紅者，有紅白夾半者，有奇色者，唯質實者爲下。都靈坑、五色爛斑，温純深潤，閩人罕能辨者。即高雲客所謂“如郊原春色，桃李蔥蘢”是也。芙蓉洞、質如於闐白玉，嫩而脆。將軍洞爲上，半山次之，質粗而多砂者爲下。更有紅黄紫及各奇色者，雕工相其形勢，雕琢人物山水，奇妙欲絶。即高雲客所謂“瓜穰紅白”者是也。月尾紫、以清紫光膩爲上，大者甚難得，猪肝色者不足取。奇崗。崗音艮，質堅而情理可愛，五色爛漫，即高雲客所謂“霞紅雲青相雜”者是。

679.左忠貞詩扇

《雪橋詩話》云：錢塘吴志上，偶於市肆中買得一扇，乃蘿石先生手書也。筆法精妙，詩亦古蒨。詩曰：“湖絲細軟嬰兒髮，水光灩灩春雲潔。憑將聖手擘秋毫，巨斧畫開枯桐節。十日一眼九日眉，幻出白毫光滿月。衣摺瘦健貌清古，筆墨無功蹊徑絶。白描設色種種工，活奪龍眠與松雪。横見側出燈取影，有意無意鴻没滅。絳州淳化老定武，鍼鋒摹出無差别。誰能紙上臥王濛，要使膺充走殷鐵。堂上奪示色生動，四坐欲言歌無舌。唐鉤森緊損精神，宋繡阿那少筋骨。長卿秀句奪雲烟，佳兒指上現青蓮。一家净侣團圞語，大勝詩人王輞川。長卿内子無如氏，繡佛及諸人物，行楷精絶，詩以紀之。三晉左懋第書於閒閒閣。”按此詩不見《梅花屋詩草》，蓋散佚多矣。

680. 張受之

嘉興布衣張受之，名辛，從從父叔未受金石之學，精摹泐上石。時作篆刻牙石印，古勁有韻。戴文節爲作《空齋畫靜圖》，阮文達大書“芝鶴”二字，題其幀首，蓋以伏靈芝、黄仙鶴况之。道光丁未來京師，客松筠庵。庵爲楊忠愍故廬，適忠愍九世孫承澤奉忠愍劾嵩及諫馬市兩疏稿來，壽之石。受之慨然任其事，越一年始成。寺僧心泉創屋，嵌石於壁，題曰“諫草廬”，而受之染疫，竟不起。時戊申三月二十八日也，年三十有八。江陰吴儁爲寫遺像存庵中，道州何紹基爲作傳，兼爲輓詞云：“芝鶴共千秋，爲椒山來，隨叔未去；松筠凋二友，昔悲亭父，今哭受之。”謂叔未先一月卒於新篁里也。

681. 閻古古毀譽

戴楓仲《游崇善寺記》云：“閻古古，沛豐邑。庚午舉於鄉。能詩，有名崇禎間。甲申後，不赴公車，人益敬之。王公貽上爲江北司理，慕古古名，屢訪之不肯見。越數年，貽上入燕，乃於龔司馬席上見之，即舉手向古古曰：‘弟待罪貴鄉時，望先生如景星慶雲，一見不可得，不意長安風塵中，先生亦到此。’古古默然。予聞之，以爲古古未必入燕。無何，古古入晉，以詩干驛糧道繆湘子，余未及見。今後來干太守周計百，顧余柏樹園，余邀古古游崇善寺。會吴才士潘次耕在座，古古自矜善飲，不數杯即大醉，狂歌叫罵，人皆俯首，撻‘鄭元和乞食蓮花落’一套，如吴下風流子弟，歌‘尉遲公餞别’，如明北曲老樂工，始知古古真樂府典型也。歌罷，又戒四座曰：‘伯夷、叔齊那樣人，我們不屑爲。他不在北海，到首陽作甚？’座客聞所未聞。連呼家人，索素紙二十葉，振筆題詩，吟哦自得，旁若無人。顧四座曰：‘吾才倚馬。’多半日得古詩一章，云：‘昨日霜始降，西風不甚寒。騎驢來新寺，滿院秋花環。’即顧謂人曰：‘環字妙得緊！’‘祁縣有主人，來訪楓槐端。我正相思苦，君如解醉丹。崇善昔禪林，松柏尚蟠蟠。忽爾作狂歌，宫商是哀絃。竹花九月冷，湖光頗闌刪。此中誰可語，付與菊花欄。’贈傅公它七言八句云：‘寶玉之人尋古物，飛雲鴻雁兩相撲。茫茫四海似無聲，且把長歌代痛哭。百萬峰頭一聲嘯，西風吹動黄花簌。’復狂叫曰：‘簌字即古人亦不解！’然下此字時，半日不得。‘小五臺邊望松莊，處士行藏誰可料。’贈余七言律一章云：‘昨夜風微曉降霜，故人無意酌西堂。山頭烟雨相歡喜，城内蓬蒿歎渺茫。但說林宗游洛下，誰知玄度客丹陽。余詩忘矣君鈔寫，一段情踪醒後商。’次耕戲之曰：‘先生斗酒百篇，獨不作詩贈我乎？’古古瞠也。余袖三詩歸寓。次日古古有悔意，急收之不能。後三日作四律，爲余書之扇頭，其中有佳句云：‘禪磬蕭條崇善寺，法書煨燼賓賢堂。正好緣山尋菊去，如今栗里是松莊。’松莊者，公它先生行館也。嗟乎，光岳氣分，人才凋謝，良友難再，得如古古者，豈非一時之儁才哉！述其同游之事如此。”

《帶經堂詩話》云：“康熙庚戌冬，閻古古在京師，老而狂，好使酒駡座。予殊惡閻之僭誕，抵巇以折其氣。閻赧甚，不能答，但連呼曰：‘不必言，且可飲酒耳！’未久遁去。明日西樵謂予：‘弟昨困此老已甚。’予觀閻作，但工七言八句，然卒有句無篇，又皆客氣，不合古人風調。至七言古詩，並音節亦不能解，直如瞽詞，信口演說。世人但爲其氣岸所奪耳，自法眼觀之，不免野狐外道”云云。

按楓仲雖與真山交好，特家富，喜藏書畫，非有真學真賞，且與漁洋往還，故爲之張目。真山與古古訂交，在昔南游江淮時，非楓仲所得而間也。次耕《遂初堂集》有《九日同閻古古、傅青主飲太原新寺》詩，又有《送白奄山人游三關》五古一百五十韻，極致傾倒，非不修敬禮者。所謂贈公它七言八句一章，今不載《白奄集》，而《霜紅龕集》有之，亦見真山之引重也。

682. 鈔書僮僕

《藕香簃別鈔》云：“《困學齋雜録》，汝南袁表命工徐堂録於陶齋。毛汲古影宋本，有家人劉臣、斧季甥王乃玉。黄蕘圃藏書甲於海內，門僕張秦，善於鈔書，有‘入門僮僕盡鈔書’一印。吴枚庵書有‘館生陶翰緒鈔訖’署名。蕘圃屬陸奎拙生寫《近事會元》，則西席也。友人葉鞠裳嘗興歎曰：‘安得沈虹屏、張秋月耶？’荃孫竊笑：‘我輩寒儒，焉得有此艷福，但想得一張泰耳。’爲蕘圃裝書者，錢瑞正，號半巖，謂之良工。荃孫延饒心舫三年，丁少裘五年，工於摹寫，又雇夏炳泉十年，所樂不下於蕘圃，近均薦之劉翰怡。”按邢子愿僕載禄，多讀書，能强記。張西銘僕王臣，文義淹通，後爲金閶書賈。近時翁文恭諸僕，多買賣書畫。

683. 東海傳奇

四柳軒主人編《東海傳奇》。第一回，烏龍會乳猪創業，白妖黨開法成家。第二回，倪理刑密拿廷杖，秦按院訪察收監。第三回，太母義方訓子，封翁惡病亡身。第四回，錢神有靈，兄弟連登金榜；夤緣得竅，父子盡掇巍科。第五回，狗黨趨炎歸東海，狐朋恃勢虐良民。第六回，放烟火元宵行樂，醉花燈家宴爲歡。第七回，造園林發掘骨殖，開典館盜換金珠。第八回，有風力攀親撫院，見手段鼻縴道台。第九回，樹桃李門生滿天下，縱鷹犬奴僕遍江南。第十回，景管家捐金裝佛像，老夫人發米供淫僧。第十一回，王次回後庭迷察院，陸漢標前路覓行人。第十二回，胖閣黎中和固寵眷，大卵脬吴西割恩情。第十三回，船中鏖戰，舟人受賞均分；簾下調情，皮匠設謀獨占。第十四回，互爭風姚文殞命，局鬭牌陳亮破家。第十五回，逐娘家，朱二姐空恩愛；銜妹臂，張三友沒奈何。第十六回，冒原主老沈塞糞，認親家小宋嘗尿。第十七回，死真壻佩音補缺，生假子樹敏歸宗。第十八回，頒諭祭朦朧邀聖眷，冒封誥徼倖受皇恩。第十九回，醬園硬分欽氏產，鹽場嚇詐席商銀。第二十回，利腴田，李孝子一門三產；講年誼，洪撫院百順千依。第二十一回，唐武舉折屋拖牢洞，孫司馬獻女斬橋心。第二十二回，杭縣令鐵面檢尸，陳府尊熱心吊卷。第二十三回，陷紅裙假山拷打，窩大盜黃渡分贓。第二十四回，逞豪華金□祝壽，鬬富貴八座迎親。第二十五回，正家法，顧元成甘代杖；許行取，童式度願巡更。第二十六回，章仲欽差兌雲鑄，藝初回籍販私鹽。第二十七回，樹屏買舉人，連累賓君稱死鱉；金泉得書榜，總成景祖叫封君。第二十八回，減浮糧禁司農出疏，廣賺錢污宰相清名。第二十九回，坦腹壻失妻得職，崑崙奴投賊邀功。第三十回，建雜宅勢吞墳產，媚金府威逼顧姬。第三十一回，沈嘍囉感恩上遺表，造生祠府學具公呈。第三十二回，矯聖旨洞庭開史局，詐門生傳是撞金鐘。第三十三回，許疏鋤奸，特擊司寇；傅參列款，波及中堂。第三十四回，曲案聞招齊發覺，妯娌兄弟大分離。第三十五回，獻假女，張龍池有力無用；拜乾爺，明相國重義輕財。第三十六回，快私忿殃及花子，新勢敗連累王翳。第三十七回，鬬公堂伯初仗劍，闖後宅仲質投繯。第三十八回，陳巡捕三拿家屬，盧太守兩駡奴才。第三十九回，央說合藥殺周二，逼謝儀急壞諸三。第四十回，贖揭板夜走曹枚穎，傳消息日奔何履公。第四十一回，五大頭調停受清氣，七赤鼻搖撼落多金。第四十二回，擊登聞，齊大聖赴湯蹈火；放焰口，周貢九出幽入冥。第四十三回，羊角燈生心索僕，狗肚子倚勢翻田。第四十四回，後堂鎔銀器，婁水當金船。第四十五回，衆豪奴叩頭跪私第，三公子赤脚出公堂。第四十六回，丹綠貪財拚命，樹敏有罪入牢。第四十七回，敬思子病跎設醮，師魯妻斷髮探囚。第四十八回，貼價盈門，乾學唯搓手；倒贓滿座，樹穀但搥胸。第四十九回，神僧當面指示，冤魂燈下現形。第五十回，躲申衙三瘧難愈，害中堂一命歸陰。

684.道光之立

嘉慶二十五年七月戊寅，帝暴崩，無遺詔。內務府大臣禧恩援立智親王，是爲成帝。禧恩由是貴幸無比。孝全選妃時，二次被擯，以爲决不入選矣，遂字禧寧之子，末次忽中選，並專寵。禧寧於道光中葉得顯官，畀重任，皆內援也。見《藕香簃别鈔》。

685.學政修城

清初學政考滿，若聲名平常，即罰令修密雲城及永定河工。故有“永定河邊、密雲城下相會”之諺。又云：“金吏科，銀禮科”，言禮科上下其手也。惠半農自廣東歸，亦罰修鎮江城工。

雍正硃批上諭，謂其“舉動輕佻，神氣浮亂，迂而多詐”，蓋惡其走科甲，通聲氣，督撫保薦者多也。

686.憲帝揮霍

雍正時歲終賞賜内廷大臣，每人一二萬金。蔣文肅得賞萬金，猶慮不敷餽贈親友，其妾杜立脱簪飾助之。杜即文恪生母，曾識文肅於微時。從可知當時上下之揮霍也。席吴鏊《内閣志》亦言賜張文端二萬，文肅一萬。

687.江浙藏書家

江浙藏書家，向推項子京之白雪堂，常熟之絳雲樓，范西齋天一閣，徐健庵傳是樓，朱竹垞曝書亭，毛子晉汲古閣，曹倦圃古林，鈕石溪世學堂，馬寒中道古樓，黄明立千頃齋，祁東亭曠園。後則趙谷林小山堂，馬秋玉玲瓏山館，吴尺凫瓶花齋及其子開萬樓。

688.燕臺月令

正月云：是月也，廠甸開，瓜子解悶，喇嘛打鬼，秧歌鬧於市，自鳴樂奏，闖將入夜化爲妓，烟九訪仙，和菜填倉，冰始伐。

二月云：是月也，鷄糕祀日，山桃華，城笳鳴春，香會攢印，冰盞鳴，陀羅轉，燈車賣豆，冢土加，溝始臭。

三月云：是月也，欒枝紅，丁香白，炕火遷於爐，蘆芽入饌，蒲根肥，黄瓜重於珍，榆錢爲糕，蟠桃會，靴師報祖。

四月云：是月也，民禁屠，佛豆出，芍藥王於街，茉利出窖，馬虎賣，戒壇開，酒肆臨池，妓攜伴了願，蘭蕙來。

五月云：是月也，靈符發，販蒜有稅，天壇摩壁，官捕蟾，城隍廟有市，神盆添水，甜瓜始脆，角黍弄丸。

六月云：是月也，儀官浴象，象始交，果子乾成，檳子香，海茄大於盆，蝎始孕，壁虱臭，桃奴出，閘觀果解。

七月云：是月也，蟋蟀居於市，金鐘鳴，學堂開，青蒿結，香瓜皮鏤爲燈，砧杵始急，寒衣成。

八月云：是月也，彩棚賣餅，人祭兔，鮮果入窖，渾酒熱，焦色炙於爐，蒲桃落架，雙腸貫。

九月云：是月也，青蠅癡，染坊賑乞，花糕樹幟，婦歸必返，酸棗搗爲糕，西風夜吼，地皮白，炕火復燃。

十月云：是月也，曆乃頒，鵪鶉居手，蒲簾在户，羊始市，蛄蛄入於懷，僧道課經，豆腐凍，山兔化爲猫。

十一月云：是月也，滑擦聚冰，拖牀爲渡，黄芽菜皮剝，鹿角解，遼貨集，土有禁，苦菜食其根。

十二月云：是月也，莽式演於庭，窗眼出，皮球踢，太平鼓伐，鐵枝登架，造化吃，戲園剪，庖丁爲上客。見《藕香簃別鈔》。此百年前舊事也，今有不可解者矣。

689. 京師招牌對

昔有人戲集京師招牌爲對者，云："甘露齋祖傳狗皮膏，香雪堂神效烏鬚藥。""冬季諷經，秋爽來學。""立道堂誠意高香，修德居細心堅燭。""四世馬公道膏藥，三代王麻子金針。""經蒙任附，槽道俱全。""通天蠟燭，道地藥材。""裱背頂槅，兑換銀錢。""細皮薄脆，多肉餛飩。"俱可入《燕京夢華錄》。

690. 思翁鬻田券竹垞析產券

《耐冷談》云：董思翁手書鬻田券，可與朱太史析產券並傳。券云：“十二保田一百畝，收銀四百兩，此田二房第三孫爲永業。八年七月十九日，思翁。”今田已屢易主，置產者必欲得其原券，亦千秋韻事也。吴香竺刺史曾見之，紀以詩云：“百畝易得銀四百，如假許由以鄭璧。祖孫授受本一家，書券不被他人挐。山谷租驢顔乞米，古人緩急皆一體。此田展轉易幾人，此券流傳墨尚新。”

李金瀾明經藏有竹垞太史爲兩孫析產券，清風儉德，可爲世法。券云：“竹垞老人雖曾通籍，父子止知讀書，不治生產，因而家計蕭然，但有瘠田荒地八十四畝零。今年已衰邁，會同親族分撥，付桂孫、稻孫分管，辦糧收息。至于文恪公祭田，原係公產。下徐蕩續置蕩七畝，併落地三分，均存老人處辦糧，分給管墳人飯米。孫等須要安貧守分，回憶老人析箸時，田無半畝，屋無寸椽，今存產雖薄，若能勤儉，亦可少供饘粥，勿以祖父無所遺，致生怨尤。倘老人餘年再有所置，另行續析。此照。康熙四十一年四月日。竹垞老人書。稻孫田地數，吴江縣田一十八畝五分，馮家村田一十畝四分五釐，婁家田三畝七分，又史地五分，馮子加地六分五釐，婁家橋墳地三畝六分，屋基池地四畝四分五釐，通四十一畝八分五釐。見析徐尚賢、盛輔宸。”嘉興馬汾澹于作一詞，調寄《八聲甘州》，云：“只叢殘一紙，抵家箴，遺墨閲星霜。蕭然貧宦，無多負郭，書券分將。大好文孫競爽，耐得淡虀黄。想見垞北，瓦屋斜陽。並少金留諛墓，但關門苦守，絮語家常。　溯蓬山舊事，回首太茫茫。幸當年青蓮交契，有後昆，隻字寶琳琅。還驚喜，風花寒食，未替杯漿。”

691. 澄心堂紙

梅聖俞《咏澄心堂紙》，曰“滑如春冰密如繭，把玩驚喜心徘徊。蜀箋脆蠹不禁久，剡楮薄慢還可咍”，則厚密可知。曰“幅狹不堪作詔命”，則其狹可知。曰“慎勿亂與人剪裁”，曰“心煩收拾乏匱櫝”，則其長可知，故曰“匹紙”也。曰“江南李氏有國日，百金不許市一枚”，則貴重可知。相傳《淳化閣帖》皆此紙所搨，歐公《五代史》亦用此屬草。然觀此詩，所謂“書言寄去當寶惜”，又言“於今已踰六十載，棄置大屋牆角堆”，則搨帖屬草，恐非真事也。鄒炳泰《午風室叢談》云：澄心堂紙，光潤滑潔，故劉原父云“斷水折圭作宮紙”。李伯時作畫好用澄心堂紙。余嘗見伯時真迹，亦莫能辨。建業澄心堂，即今內橋中兵馬司遺址。

692. 青金石紅絲石

淄州淄川縣梓桐山石門澗，有石曰青金，色青黑相雜，其文如銅屑。或云即自然銅也。理細密。范文正公早居長白山，往來於此，嘗見其石。皇祐末，公知青，遣石工取以爲硯，極發墨，頗類歙石。今東方人多用之，或曰“范公石”。然不耐久，久則不免斷裂。嘉祐中，唐彥猷守青社，得紅絲石於黑山，琢以爲研，其理紅黄相參，文如林木，或月暈，或如山峰，或如雲霧花卉。石自有膏潤，浮泛墨色，覆之以匣，數日不乾。彥猷作《硯錄》，品爲第一，以爲自得此石，端溪、龍尾皆置不復視矣。見《澠水燕談錄》。

693. 萬宜樓

汪柳門築萬宜樓藏書，其子不肖，以萬五千金售之。有人見其額，詫曰：“前定矣，不云‘萬五樓’乎？”聞者大笑。見《藕香簃別鈔》。

694. 陳省齋

陳潢，字天一，號省齋。錢塘布衣。佐靳文襄幕，薦授道銜，是爲幕賓授銜之始。文襄諸舉措皆出省齋贊畫，故膺殊遇。

695. 圓明園

清自憲帝後，多居於圓明園。憲帝所居曰樂志山村，鄂文端賜居問津處，相距半里許，足見其君臣接對之密。成帝居慎德堂，顯帝居九州清晏。今道光瓷彩繪最名貴者有慎德堂款，疑即成帝御製，以比雍乾之古月軒也。

696. 甘鳳池

甘鳳池之獄，株連至一百八十五人，實爲大獄。顧紀載不詳，亦不識如何定案，似未遭駢戮，此則憲帝之大操縱也。據雍正七年，浙督李衛拿獲不軌奸匪密摺，陳敘甘鳳池及同案諸人案情供詞甚詳，特撮錄之，以見一斑。

甘鳳池，煉氣粗勁，武藝高强。各處聞名，聲氣頗廣。止據將少年無知，曾於一念和尚事內有名。夾訊兩次，經馬逸姿開脫之處，直認不諱，此外概不吐露。經其子甘述，將伊父平日實情及同類相好之人姓名行徑大概說出，始驚懼。悉將江寧之周崑來名瑀，自稱明朝周王之後，張曉夫名天球，與之同志，兩人名字寓有尋王、求王之意。夏林生，在河南固始縣賣花生理。安慶算命之浙江人蔡翳子，常州陸劍門，會天文六壬奇門，知兵法。鎮江旗下潘朝輔，賣私鹽，有大志，結交往來過客。平湖陸同庵，自言遍天下凡才能學問之人俱會過，終日往來各處，看形勢，謀爲不軌。鳳池頗曉天文兵法，因其自負本領，人欲得以爲將帥，無不與之邀結往來。鳳池蒼猾異常，止皆虛諾，彼此通聲，總未實在插入。隨身密帶二本，將各省山川關隘險要形勢，攻守機宜，備悉登記，并於身所到處，將方隅遠近，逐一增注。

張雲如，非僧非道，自幼不娶。在江寧已數十餘年，初稱高淳縣人。據胡愷公質伊本係故明後裔，則又認爲王姓，繼與張家，原從太平府之當塗縣遷居。堅稱止有孤身，並無親屬在籍。看其狡猾光景，似屬前明瓜葛，以相命坐功、文武筆籙、邪術符法收授門徒，傳符二道，練習天皇功法，輔助海中真主，明年可以出頭。有黨徒李尊彝、圓實和尚跟隨，比較武藝。圓實和尚處搜出之傳授符印邪書，内皆遁甲神箭、壓魅生死、練習妖狐、役使鬼神、樟柳人耳報等術。江南總督范時繹、臬司馬世烆優禮之爲師。

周崑來，供原籍河南商丘人，久住江寧。本姓朱，雖稱非係明代宗室，已將曾在一念和尚案内同已正法之逆犯葉伯玉，往蘇州見過僞朱三。又名王士元，即江湖老人白似雪，暫認叔姪。事後再叙支派，並與另案充發叫化孟嘗君王子丕，相好莫逆。

陸劍門，於松江提督柏之藩處作幕，以性情未合辭歸。自負有才，求名不遂，輒萌鬱勃之志，遍游南北十省。如濟寧、溧陽二叛案内逆犯宋南朝、馮衡南、包六癡，皆其相與。康熙五十三年，在京遇平湖貢生陸同庵，即告以陝西有賈姓舉事，雲南人張殿臣爲輔，並海外相近吕宋山島内有朱家苗裔，勸同庵入夥。五十六年，又同假中書王臣、御史畢文襄，至伊家投妄書。陸劍門亦認曾受兵備軍儲御史官銜，書内僞號，係東明龍飛六年乙未十一月，而投書者，則供爲閩人高晴主僕。

陸同庵，顛魔一般，終年辛苦，寢食在船，將蘇、松、常、鎮、杭、嘉、湖等處城垣河道，橋梁隘口，親身細看，記載收藏。且有擬改官名、制度、刑法、禮文等項著作。於崑山買有小友堂花園，教習徒衆黨羽爲事，不甚歸家。其奴僕並所蓄猫犬，就本人姓氏、毛片黑白，呼爲老爺，轉自稱爲相公。詰訊之時，猶稱一匡天下，胸中疑團未釋，並推服逆惡吕留良學問。

范龍友，無錫生員。教習拳棒，結交頗衆。雍正五年，因其徒奸淫事發，被縣查拿，各處逃遁。見醫人李九徵之女，欲謀爲妾，哄以“大事成時，封爲守備，女更榮貴”等語，現在不曾嫁人。李九徵貧困無聊，亦遂捏造海内四方山有朱姓聚集，遣劉尚文聘人之詞。龍友急圖就聘，給與銀兩，夥同舉人華介綏及金甸南、華希渭等，逼迫九徵同往乍浦，尋訪劉尚文通海。龍友又改姓名爲張貞一，與陸劍門、甘鳳池等往來，設壇扶乩，設僻處空房一所，正在聚集煉法。

697. 金瓶梅

《茶餘客話》云：“《繡像水滸傳》鏤板精緻，藏書家珍之，錢遵王列於書目。其像爲陳洪綬筆。袁中郎《觴政》以《金瓶梅》配《水滸傳》爲外典，版刻亦精。此書爲嘉靖中一大名士手筆，指斥時事，如蔡京父子指分宜，林靈素指陶仲文，朱勔指陸炳。又云有《玉嬌李》一書，亦出此名士手，與前書各設報應，當即世所傳之《後金瓶梅》。前書原本少五十三回至五十七回，今所刊者，陋儒所補，膚淺且多作吴語。後來唯《醒世姻緣傳》仿佛得其筆意。然二書皆托名齊魯人，何耶？”李日華《味水軒日記》云：“萬曆四十五年十一月五日，伯遠攜景倩所藏《金瓶梅》小説來，大抵市諢之極穢者，而鋒焰遠遜《水滸傳》。袁中郎極口贊之，亦好奇之過。”按今傳世《金瓶梅詞話》五十三至五十五回與通行本不同，有乘船出游事，口氣亦不類，殆即所謂吴語。詞話之序，題萬曆丁巳，正四十五年，未知即味水所見否。

698.架松

磋礤門外東北二里許，肅武王墳在焉。庭有六松。其北二松最大，二松中之東一株尤大，皆以架承之，故曰“架松”。松凡九層，所蔭幾五七丈，虬龍飛舞，高才丈餘，真天下之奇也。光緒戊子，翁文恭猶及見之。見所爲《日記》。

699.昊十九

《紫桃軒雜綴》云：浮梁人昊十九者，能吟，書逼趙吴興。陶輪間與衆作息，所製精瓷，妙絕人巧。嘗作卵幕杯，薄如雞卵之幕，瑩白可愛，一枚重半銖。又雜作宣、永二窑，俱逼真者。而性不嗜利，家索然，席門甕牖也。余以意造五彩流霞不定之色，要十九爲之，貽之詩曰：“爲覓丹砂到市廛，松聲雲影自壺天。憑君點出流霞盞，去泛蘭亭九曲泉。”樊御史玉衡亦與之游，寄詩云：“宣窑薄甚永窑厚，天下馳名昊十九。更有小詩清動人，匡廬山下重回首。”十九自號壺隱老人，今猶矍然。江浦陳亮伯先生云：“昊乃吴之訛，世無昊姓也。”

700.海鹽腔

《紫桃軒雜綴》云：“張鎡字功甫，循王之孫，豪侈而有清尚。嘗來吾郡海鹽，作園亭自恣。令歌兒衍曲，務爲新聲，所謂‘海鹽腔’也。”然則實始於南宋矣。予前據《棗林雜俎》，以爲始於元澉浦提舉楊氏者，蓋誤。

701.硯災書厄

蕭功曹見李倉曹家歙硯頗良，曰：“此三災石也。字法不奇，硯一災；文詞不贍，硯二災；窗几狼籍，硯三災。”見《紫桃軒雜綴》，蓄硯者不可不知。歸玄恭謂：“書不幸於滅絶與流亡，尤不幸於幽囚。”見《歸玄恭文續鈔》，藏書者不可不知。

702.六硯齋

李竹懶以六硯名齋。六硯者，其一林宗硯，剉一角，謂其有完德而巾角墊也；其二璧硯；其三洮河石；其四卵石，僧曇旭游蜀得之峨嵋深雪中。按紀文達《槐西雜志》云：“牟丈瀜家有一硯，天然作鵝卵形，色正紫，一鸜鵒眼如豆大，突出墨池，中心旋螺，文理分明，瞳子炯炯，拊之膩不留手，叩之堅如金鐵，呵之水出如露珠。無款識銘語。匣亦紫檀根所雕，背有‘紫桃軒’三字，平生所見宋硯，此爲第一。後以此硯忤上官，恚而撞碎”云云。似即卵石，然竹懶不言有眼，且得之蜀中，亦未言宋也。其五唐硯，闊三寸，高五寸，厚幾及寸。其六唐硯，左足玷闕，銘之曰“剖騰虹，刖其足。蕩奇雲，坦其腹。寧缺而嶢嶢，毋寧全而碌碌。”《雜綴》中尚述及一硯，銘，並筆墨匣之。當在六研之外。

703. 汝窰

汝窰用瑪瑙末作釉，當時止供御，絕難得。余倅汝，見温指揮使家一小罌。見《紫桃軒又綴》。按汝窰多秘色，此云瑪瑙釉，則殷紅矣。《武林舊事》載張俊進汝窰器皿若干事，則供御有證。

704. 搨書人

《紫桃軒又綴》云：唐翰林搨書人劉秦妹，臨寫右軍《蘭亭》及《西安帖》。張天駿有廝養婢善書，觀者嘖嘖嗟賞。搨書意即摹拓也。

705. 纏脚

《輟耕錄》云：“扎脚自五代以來方爲之，如熙寧、元豐以前，人猶爲者少。近年則人相效，以不爲者爲恥也。”又云：“浙西之人以草爲履而無跟，名曰靸鞋，婦女非纏足者通曳之。”據此，則纏足之風實盛行於元，蓋所以示别於胡人也。浙西偏遠，其風稍遜，亦猶有清一代粵桂尚多赤足者，唯士大夫家不事農作，乃摹擬中原耳。

706. 裱背十三科

《輟耕錄》云“裱背十三科”：一織造綾錦絹帛，一染練上件，一抄造紙劄，一染製上件顏色，一餬料麥麵，一餬藥礬蠟，一界尺裁版捍帖，一軸頭，一餬刷，一鉸鍊，一絛，一經帶，一裁刀。餬刷，椶軟者謂之平分，椶硬者謂之餬擲，大小得中者謂之粘合，狹小者謂之寸金。裁尺，極等闊者曰滿手，次等者曰三指，又次等者曰兩指，最狹者曰單指。

707. 元押

《輟耕錄》云：今蒙古、色目人之爲官者，多不能執筆花押，例以象牙或木刻而印之。宰輔及近侍官至一品者，則用玉圖書押字，非特賜不敢用。然則玉圖書有品級限定。今傳世銅元押，皆士庶所用也。

708. 采繪法

《輟耕錄》記采繪法特詳，繪畫者及鑒别宋元畫者，不可不知也。爰備錄之。

凡面色，先用三朱、膩粉、方粉、藤黄、檀子、土黄、京墨合和襯底，上面仍用底粉薄籠。然後用檀子、墨水斡染。面色白者粉入少土黄，燕支不用。燕支則三朱。紅者，前件色入少土朱。紫堂者，粉檀子老青入少燕支。黄者，粉土黄入少土朱。青黑者，粉入檀子、土黄、老青各一點。粉薄罩，檀墨斡。已上看顔色清濁加減用，又不可執一也。

口角，燕支淡，如要帶笑容，口角兩筆略放起。

眼中白染瞳子外兩筆，次用烟子點睛，墨打圈，眼梢微起，有摺便笑。

口唇上，燕支蓊。鼻色，紅燕支徽籠。

面雀斑，淡墨水斡。麻，檀木斡。

髯色，黑者依鬢髮渲，紫者檀墨間渲，黄紅者藤黄、檀子渲。

髮先用墨染，次用烟子渲。有間渲、排渲、亂渲，當自取用。

手指甲，先用燕支染，次用粉染根。

凡染婦女面色，燕支粉襯，薄粉籠，淡檀墨斡。

凡染法，白紙上先染，後却罩粉，然後再染提掇。絹，則先襯後背。

凡調和服飾器用顏色者，緋紅、用銀朱、紫花合。桃紅、銀朱、燕支合。肉紅、粉爲主，入燕支合。柏枝緑、枝條緑入漆緑合。柳緑、枝條緑入槐花合。官緑、即柳枝緑。鴨頭緑、枝條緑入高漆緑合。月下白、粉入京墨。柳黄、粉入三緑標，并少藤黄合。鵝黄、粉入槐花。磚褐、粉入煙合。荆褐、粉入槐花、螺青、土黄標合。艾褐、粉入槐花、螺青、土黄、檀子合。鷹背褐、粉入檀子、煙墨、土黄合。銀褐、粉入藤黄。珠子褐、粉入藤黄、燕支。藕絲褐、粉入螺青、燕支。露褐、粉入少土黄、檀子合。茶褐、土黄爲主，入漆緑、煙墨、槐花合。麝香褐、土黄、檀子、煙墨合。檀褐、土黄入紫花合。山谷褐、粉入土黄標合。枯竹褐、粉土黄入檀子一點。湖水褐、粉入三緑。葱白褐、粉入三緑標合。棠梨褐、粉入土黄、銀朱合。秋茶褐、土黄入三緑、槐花。油裹墨、紫花、土黄、煙墨。玉色、粉入高三緑合。鮀色、粉漆、緑標墨入少土黄合。毯子、粉土黄、檀子，入墨一點合。藍青、三青入高三緑。金黄、槐花粉入燕支。鴉青、蘇青襯，螺青罩。鼠毛褐、土黄粉入墨合。不老紅、紫花、銀朱合。葡萄褐、粉入三緑、紫花。丁香褐、肉紅爲主，入少槐花。杏子絨、粉墨、螺青入檀子合。毯綾、紫花底，紫粉搭花様。番皮、土黄、銀朱。鹿胎、白粉底，紫花様。水獺氈、粉入土黄。牙笏、好粉一點，土黄粉凝。皂靴、用烟黑標。柘木交椅、粉、檀子、土黄、烟墨合。金絲柘、同上，不入墨。紫袍。三青、燕支合。凡合用顏色，細色、頭青、二青、三青，深中青、淺中青、螺青、蘇青、二緑、三緑、花葉緑、枝條緑、南緑、油緑、漆緑、黄丹、飛丹、三朱、土朱、銀朱、枝紅、紫花、藤黄、槐花、削粉、石榴、顆綿、燕支、檀子。其檀子用銀朱淺入老墨、燕支合。

709. 仿建初銅尺

葉東卿志銑，於嘉慶壬申，仿作漢建初銅尺，平安館、蘇齋、文選樓各藏其一。蘇齋題其尺櫝云："鄭君禮注費人猜，未得周遺矩樣來。今日手量銅式出，班劉竹引爲誰開。""寶匣熊熊氣躍龍，河豚米老贗何從。從今不仗朋枚釋，箱篋長收古鼎鐘。"

710. 江珠

碧岑女士江珠，鄭堂女弟，以多病號"小維摩"。偕鄭堂受經於汪大紳、余古農，歸吴縣吾半客學海。以嘉慶甲子卒。半客檢其詩藁刊之。《爾雅》、《列女傳》均有補釋，未成書。有句云："紅豆流傳頗有名，抱書兀兀類饑傖。媿予質陋文思薄，敢道娥眉不讓兄。"見《雪橋詩話》。

711. 宣鑪說

《梁谿詩鈔》秦東田賜谷《宣鑪說》云：明宣德間，詔仿秦漢以來鑪鼎彝器古式，命司禮監會同工部督造。凡千百十件，以供大內及各官釋道之用。質料之美，鍛鍊之精，皆非民間所能辦。其料乃暹羅風磨生鑛之洋銅，及日本之紅銅，加以倭源之白黑水鉛、賀蘭國之洋錫，至天方之番硇砂、三佛齊之紫礦、渤泥之紫礦臙脂石、琉球之安瀾砂，以及石青、石綠、硃砂、文蛤、古墨、雲南白黑棋子等，皆所以助其色澤之用。爰自八鍊、十鍊以至十二鍊而後成。有棠梨、熟梨、猪肝三色。以上質料。

其式有商夔、龍九子、鳳九雛，再岫龍耳、沖天耳、三足乳、雙魚耳、釜底天雞、錦邊九鳳、穿花飛鳳、貼耳、環耳、獅首、象首、豸首、角天雞、馬蹄、鈐金、戟耳、橋耳、三足、朝冕、四足、三元、太極，並雜款井口、獸面、九箍、桶子、如意、方式、夔龍、梵書、虎面、百摺、冲耳、橘囊、朝官、馬蹄、大小臺几等鼎。以上式樣。

鑪鑄成，分進陳設乾清宫、坤寧宫及各妃王府，各官府，衍聖公府。其索耳一種，則分賜各神廟、祠壇並學宫。押經、法箋、鉢盂三種，則分賜各經廠、各寺觀，爲釋道二教用者。以上陳設。

以上各種或大字款，或小字款，或無款，或鍾王體，或歐體。以上款識。

其正色則有鈐金、流金、臘茶、藏經四種。臘茶以水銀浸搽入肉，薰洗爲之。藏經以金爍爲泥，數四塗抹，火炙成赤。鈐金、流金，金銀絲片嵌減，俱實用赤金白銀若干兩。其在上半名覆祥雲，下半名涌祥雲。若流金單傅本色，則有蠟茶、藏經本色。又有蠟茶鈐金，最佳。又有蟹殼青、栗殼色、棠梨色、熟梨色、棗紅色、硃砂斑、雞皮皺。其藏經栗殼，更有淡者一種。硃砂斑者，番硃砂點入，名金帶石榴鑪。雞皮色，迹如雞皮，拂之實無迹，火氣久而成也。或謂鑪之舊者爲覆手，必有青緑色，却不盡然，予家索耳宣鑪覆手頗黑。押經鑪有高足、棋足二種。謂棠梨，子白果赤，以赤爲主。梨色生者青，熟者肉白皮黄，若煮熟者又不然，此當以樹頭霜打熟者爲主。熟梨色嫩黄。猪肝色深紫。三代及秦漢間器，流傳世間，歲月浸久，色微黄而潤澤者，曰蠟茶色，可知原是古銅器也。藏經色，黄極亮極，稍類赤金色。總由其質料之美，鍛鍊之精，故質純而嫩，晶瑩透脱而無一膜之隔，色嬌而雅，鮮潔膩潤而有油然之光，真足爲希世寶。以上色澤。

明末國初間有周文富、湯子祥二家。湯善用補法，周則鑪身、耳、底三件裝就。然二家亦稱好手，餘則施家北鑄，其僞造宣鑪誠有如《日下舊聞》所云者。今時下又有對銅鑪。以上仿造。予因今之賞鑒家以耳爲目，故特表出，並繫以詩。

712. 雙真記

雲間曹家駒《說夢》云：朱雲萊藉魏閹延引，升北太常。閹敗家居，聲伎自娱。郡中後輩，好譏論之。有張次璧者，作一傳奇，名《雙真記》。其生名京兆，字敞卿，蓋以自寓也。旦名惠玄霜，其净名佟遺萬。“佟”者以朱爲鄉人也，“遺萬”諧其遺臭萬年也，詆斥無所不至。雲萊大恨，訟於官，陳眉公爲之解紛，致札當事，追書札當堂銷毁，置其事不問。

713. 擲盃記

萬曆時，松江朱文石冢宰，寶宋宣和玉盃，名“教子昇天”者。内戚平湖陸氏篡取之，竟成兩姓之禍，卒還於朱而碎之。《韻石齋筆談》與《說夢》、《雲間雜識》記其始末最詳，而詞微異。時有諸生許令則名經眉者，爲作《擲盃記》。

鄧之誠——著
欒保群——校點

骨董續記·骨董三記·松堪小記

新校本 修訂版

骨董瑣記全编 下册

山西出版傳媒集團
山西人民出版社

目錄

骨董續記

題　辭………………………………………………… 003

自　序………………………………………………… 004

骨董續記卷一……………………………………… 005

達受收藏 / 005　　王五癡鑄銅佛 / 005　　周王造像 / 005　　回回財神銅像 / 006　　刻玉法 / 006　　宋寶祐牙印 / 006　　明陸炳晶印 / 007　　東宮書府印 / 007　　然于 / 008　　莫雲卿論古器 / 008　　唐開元禪社首玉冊 / 009　　天發神讖碑 / 010　　宋人仿古銅器 / 011　　古器說 / 011　　天尊一鋪 / 012　　漆墨 / 013　　劍州千佛巖石窟 / 013　　楊惠之塑像 / 014　　潘鐵 / 014　　胡了凡戈蓼汀製簫 / 014　　鑄鏡法 / 014　　補寶玉器 / 015　　劉貞甫 / 015　　丘山胡桃 / 015　　蘇州周老製樂器 / 016　　利嘛 / 016　　漢漆署款 / 016　　濮仲謙水磨器 / 017　　製墨 / 017　　筆工范至用 / 018　　紹美製紫檀界方 / 018　　包燈 / 019　　朱松鄰 / 019　　邵局 / 019　　金壇岱岳偶像 / 019　　周文舉筆 / 019　　韓風子補硯 / 020　　名匠楊談 / 020　　南唐名墨 / 020　　諸葛筆 / 020　　婺工王用和 / 021　　水造 / 021　　漫花 / 021　　沉香暖

閣 / 022　　剪花樣 / 022　　畫壁用黃沙搗泥 / 022　　宋人林泉治玉 / 022　　木工喻浩 / 023　　裱匠 / 023　　戴文魁 / 023　　馮巧梁九 / 024　　張進中製筆 / 024　　施文用 / 024　　江西塑工 / 025　　犀毗 / 025　　楊惠之塑天王像 / 025　　蘄竹 / 025　　梅籃 / 026　　花利佛 / 026　　胡文明 / 026　　孫雪居 / 026　　輪船之始 / 026　　劉永暉竹骨扇 / 027　　周丹泉 / 027　　季水黃黃裳錫茶注 / 028　　陳宗淵 / 028　　永樂時翰林善書 / 028　　翻身鳳皇 / 029　　冷謙 / 029　　施清 / 030　　陸遠 / 030　　文佩 / 030　　張綸英 / 030　　松雪自製箋 / 030　　馬士英 / 030　　梁不廛 / 031　　楊貴妃寫經 / 033　　明兩京門額 / 033　　文文山書慈幼二字 / 033　　薛素素手繡大士 / 033　　金粟山藏經紙 / 034　　隗囂碗 / 034　　鸚鵡啄金杯 / 034　　秘色 / 035　　金花定碗 / 035　　宋瓷采色 / 035　　瓷簪 / 035　　吳孺子 / 036　　楊宛叔 / 036　　趙涓 / 036　　祈禹傳 / 037　　趙忠毅尺牘 / 037　　乾隆癸酉日記 / 038　　寫本順治康熙時憲曆 / 039　　盛伯希收藏 / 040

骨董續記卷二 …… 041

端笏 / 041　　黃背書 / 041　　瓦缶沃盥 / 041　　劉海蟾 / 041　　國手劉仲甫 / 042　　鬌兩髻 / 042　　宋時稅重 / 042　　謝叠山妻死節 / 042　　元史譯文證補 / 043　　升斗口狹底闊 / 044　　庫路真 / 044　　舞獅子 / 045　　唐宣州紅綫毯 / 045　　樂天病肺詩 / 045　　綠絲布白輕裕 / 046　　箸下酒五殷酒 / 046　　繡佛 / 046　　唐宋官選 / 046　　瘦馬 / 047　　傳甄 / 047　　二娘子家書 / 047　　唐代歲入之數 / 048　　李芚客殿試策 / 048　　會子 / 053　　元代鹽引 / 053　　告身 / 053　　宋帝節約 / 053　　舉令 / 054　　毛衫 / 054　　嬻妗 / 054　　宋世官蜀者不得攜家 / 054　　秦檜不事聚斂 / 054　　特奏名 / 055　　轉對 / 055　　宋制臺省班 / 056　　臚傳紀事 / 056　　唐時俸錢 / 057　　宋人服飾 / 058　　交子 / 058　　忽雷 / 059　　曆日後附甲

子/059　余國柱之貪/059　康熙時盜風/059　慈仁古松/060　朧韃子/060　東嶽廟劉元塑像之毀/060　鉢露那國/061　盧思道詩/062　白衣觀音/063　劉孜/064　唐珏葬宋六陵事/064　散聖/065　鄭所南/065　南宋亡國之慘/066　李卓吾/067　眼鏡/067　檮杌閒評/067　明珠墓/068　通天犀/068　世本/068　五通/069　梁山濼/069　燈花婆婆/069　寸磔/070　廷杖/071　亭林年譜/072　庚子大運傳辦瓷器/072　王琪刻杜工部集/075　茶博士/075　咱們/076　五色石/076　鸚鵡杯/076　馬昭/076　東坡咏弓足詞/077

骨董續記卷三 …… 078

真賞齋賦/078　分宜嚴氏籍物/079　李明仲所著書/080　紹興稽古錄/081　大食薔薇露/081　醉拂菻/081　龍茶/082　沙魚綫/082　灰布/083　歐希範五臟圖/083　胡語/083　白花蛇/083　約指/084　宋太祖鐵桿棒/084　擲錢/084　冊府元龜/084　朱尊度著書/085　榮遇集/085　丘八/086　土生波斯/086　以女求官/086　雙陸/086　荔枝牡丹之始/087　茶和薑鹽/087　宋起居注進御/088　元林松泉墨/089　明惠祥高騰祝海鶴造琴/089　錢唐古迹/089　藕絲燈/090　朱巽收藏/090　五絕褚欣遠摹書/090　澄心堂白麻紙/090　硬黃紙海苔紙/091　元劇十二科目/091　阿井阿膠/092　鰉魚/092　鞋杯/092　冰清/093　文寶齋六掌櫃沈師爺/093　伎人馬盼謝天香能書/093　潤筆/094　十四樓/094　李和鑒定石刻/095　閹割/095　故宋朱夫人/095　烏思道/095　翰林雇馬錢/096　雜技/096　古泉著述/096　五代時祆廟/097　斑竹/097　李燾櫥屝/097　文思要覽/097　火正後人/098　爪哇燈盞/098　銅持硯/098　石炭絲/098　佛朗國

馬/099　晁氏客语/099　骰子選格/099　容齋詩話紀歲時/100　糖霜/100　唐宋南方之盛/101　唐時酒令/103　消夜/103　阮逸/104　錢氏私誌詆毀歐公/104　團茶所直/106　泉州諸番/107　德化白瓷/107　蒲壽庚/107　顏思齊/108　川扇/109　蜀錦/109　大慈寺畫壁/109　潤州鶴林寺/109　袁海叟墓/110　顏杲卿墓/110　鄭虎臣宅/110　岳墳檜/110　琴操/110　神木廠/111　韓文公墓/111　穢冢/111　萊公泉/111　北方金石之學/112　光流素月鏡/112　昇元牙造像/113　政和雕漆/113　杭大宗善畫/113　趙昭/114

骨董續記卷四 ……………………………… 115

造送查嗣庭家一應抄錄書籍字札細册/115　吳大家畫梅/117　謝在杭小影/117　十硯先生歌/117　銅琴/118　漢玉日晷/118　漢紬/118　沈關關/119　夏永/119　婦工刻字/120　京師名宿舊址/120　偽宋元瓷/122　關帝姚彬像/123　半畝園/123　豹字牌/123　文思院/124　內坊之印/124　馬湘蘭小印/125　河東君青田石書鎮/126　魏武帝書/126　竹懶書例/127　黃子久工詞曲/127　蘇黃書/128　黃霖/128　永嘉五年磚/128　趙飛燕印/129　古銅鏡/129　楊忠愍腰裂硯/130　陳白沙硯/130　清明上河圖/130　沆瀣同甌/130　南漢買地莂/131　待十府龜符/131　雍正除樂戶惰民丐戶籍/132　李自成/132　弘光降臣/132　奏銷案/133　外蒙古墓/134　麻狀元胡同/134　應州木塔/134　宋文憲墓/135　武后像/135　劍柏/135　大慈寺銅佛/135　鄭成功墓/135　月下老人祠籤詞/136　蘆溝橋/138　郎世寧墓碑/138　趙州橋/138　米元章鮑明遠辛幼安墓/139　杜子美舊居/139　明墨羅小華第一/139　三雅/139　庚申都城戒嚴事記/140　羅隱墓/148　大梁/149　莫

骨董三記

骨董三記卷一 155

津門聞見錄 / 155　　雁宕山樵 / 159　　毛嶽生詞 / 160　　義和拳告白 / 160　　跰跰戲 / 161　　錢南園 / 161　　韓蘄王墓碑 / 164　　邵亭填詞 / 165　　鄒漢勳 / 165　　天仙昭鑒 / 168　　津事回目 / 168　　花仲胤妻 / 170　　和珅通西番字 / 171　　結銜 / 171　　董廷獻 / 172　　鄂貌圖 / 172　　陳夢雷與李光地絕交 / 175　　剩和尚之獄 / 184　　卓爾堪 / 185　　劉菊窗夫婦 / 186

骨董三記卷二 192

郎窰雨過天青 / 192　　漢瓷 / 192　　李杜墨迹 / 193　　齊王氏 / 193　　德宗請脈記 / 198　　王化貞 / 205　　太平道 / 213　　建州 / 213　　奕繪太清春合題黃慎山水册 / 215　　石濤 / 215　　乾嘉杭州衣食風尚 / 216　　守陵密記 / 216

骨董三記卷三 226

張文祥 / 226　　宋景詩 / 240　　陳潢 / 241　　張獻忠公牘文 / 243　　施不全 / 243　　李如柏納滿洲女爲妾 / 243　　撫夷局 / 244　　程庭記康熙六旬萬壽 / 244　　彭士望山居感逝詩 / 246

骨董三記卷四 263

安南詔書 / 263　　順治出家 / 265　　保皇會 / 267　　屈翁山集外文 / 275　　康

熙乙未會試 / 284　乾隆僞皇孫 / 285　王雱慧力寺輪藏記 / 287　乾隆御製香盤詞 / 288　俞理初刻印 / 288　張穆 / 288　板屋 / 289　三眼花翎 / 289　續開大科 / 289　四庫全書副本 / 290　物初壽賈似道 / 291　明代宮中不纏足 / 292　嘓嚕子 / 292　蒙古婦人阻撓開礦案 / 293

骨董三記卷五 ……………………………………… 298

錢江事輯 / 298　晉辟雍碑 / 309　顧咸正一案刑部提本 / 313　朱衣道人案 / 324

骨董三記卷六 ……………………………………… 336

陳啟新 / 336　閻百詩壙 / 336　程允元 / 337　寒夜錄記張獻忠事 / 337　清代封奏之始 / 338　乳公 / 338　戴文節藏研 / 338　龍舟侍宴記 / 340　蕉園焚誦 / 342　楊龍友死難 / 342　冀旭畫雁 / 343　五采花翎 / 343　獻賦始末 / 343　三朝元老 / 346　寧德公主 / 346　周彬 / 347　福佑寺 / 347　雙柳灣 / 348　顧二娘製硯 / 348　腰斬 / 348　十四聖人 / 349　閻百詩客於雍邸 / 350　景愚軒綴聞 / 350　鄭和印造大藏經 / 351　吳梅村詩 / 352　虹橋板 / 353　文信國硯 / 353　味菸園 / 353　博學宏詞 / 354　格致鏡源 / 354　趙忠毅公鐵如意銘 / 354　群書拾補識語 / 354　儒林外史 / 355　王叔遠核桃舟 / 355　阿膠 / 355　顧橫波香熏 / 356　門海 / 356　溫體仁詩 / 356　鏨鎖 / 357　華山碑 / 357　宣和紅絲硯 / 358　唐絹似紙 / 358　拙政園楠木廳 / 359　顧亭林與葉方恒搆怨 / 359　戴鶴畫玻璃方弘雕刻 / 360　登樓社 / 360　璧雲甸 / 361　長生殿 / 361　蒙古活佛謝摺 / 363　和琳妾殉 / 363　岳飛別記 / 363　岳少保誣證斷案 / 368

松堪小記

明代坊里均役碑 / 375　　明代優免事例 / 380　　清初優免事例 / 383　　張獻忠題詩 / 384　　張獻忠舉名士 / 385　　崇禎帝謚號五易 / 385　　一念和尚 / 386　　罰學政修泰山祠廟 / 388　　榮木堂集外詩 / 388　　錢江題宣南六客圖詩 / 391　　康雍時都城茶園 / 391　　柳如是硯 / 392　　煙禁回目 / 392　　洪大全弟婦許香桂 / 393　　張正隆妻郝氏 / 394　　戊戌政變實錄 / 395　　江陰續志紀事五則 / 398　　胡光墉 / 406　　榮祿與剛毅交惡 / 409　　楊崇伊 / 412　　記金聖歎 / 413　　沈廷揚事證 / 414　　書宋琬兩入詔獄事 / 419　　記楚女詩 / 422　　內務府籍沒逆印 / 425　　嘓嚕 / 425　　越縵堂日記 / 426　　識大錄 / 426　　圈地 / 426　　明珠園子爲雲間葉洮所築 / 427　　王祖畬 / 427　　門杖 / 427　　殿試立書 / 427　　圖書集成 / 428

骨董續記

題辭

文如居士既成《骨董瑣記》，又以其暇，筆之爲餘集若干卷。稗官昉自《虞初》，著錄班《志》，其源遠流長，濫觴於經，溜於史，餘波所衍，渟而爲諸子百氏之言，六朝、唐文人爲之，宋、明以降，學士大夫爲之。其善者鳩異聞，徵墜掌，采善鋤惡，庀徵藏者要删。居士史才，少長承平，多見故書雅記。晚遘艱屯，崎嶇於鉤黨戎馬之間。爲歌詩連犿哀豔，善道人杯酒間意中事。自詭不得當史職，文獻之所摭，見聞之所蓄，一以此寓焉。亦有閭閻小智，野老佚談，一意采奇辭奥旨，使讀者可驚可愕可歎可喜。君尚有《西南紀寔》、《戊午決錄》、《鑄鼎錄》，著二十年魍魅狀，如牛渚燃犀。書成，不敢問世，藏其副，異日者待檮杌氏焵訪之。癸酉九月爾田題。

自序

《瑣記》之刊，在丙寅秋冬之交，耻於學殖日荒，徒作無益，姑以刊印，爲一結束云爾。不謂刊费之繁，拮據稱貸，生計遂大困。方將發憤治劉宋六十年間事，爲沈約書作注，而四方兵起，所以使人愁歎者，視甲子所遭爲猶過之。僮僕散去，躬自灑掃提挈，佐室人理饔飧，局促經營，期得一飽，端居讀史，輒格格不中條理，時作時輟。回視《瑣記》餘稿尚復盈寸，當勤於參稽，時偶遇與《瑣記》相發明者，結習不改，别紙錄之。其朋從見好，不虞而譽，每以古物相是證，亦略爲之考釋。積搞遂多，不忍捐棄，董理成卷，名曰《續記》。嗟乎！畫蛇猶且不可，況添足乎？予之放廢其終不可救藥乎？使得際遇承平，稍遂其生，幸能從容畢其所業，以勉附於有用之學，豈非甚願，然而何可得也！悲夫！丁卯二月二十二日文如居士識。

714.達受收藏

釋達受得大曆懷素小草《千字文》真迹，及貞元懷素小草《千文》六十三歲書於零陵者，爲建墨王樓以寶之。復建玉佛閣，藏所得天平玉佛及東魏武定玉佛。又建百八古磚研齋以藏磚；礲磚作鏡軒以藏書畫金石；建樓題曰大願船，以供奉六朝玉石銅造像。礲磚、墨王、玉佛三額，爲阮文達道光十八年七十五所書，皆在南屏。

715.王五癡鑄銅佛

王五癡，明末人，蓄明時錢數萬貫，入清後，盡鎔其錢以鑄佛像，皆巨軀，有五癡題字。周孝子子佩茂蘭有《王五癡積制錢爲佛像五軀送供虎丘禪院》詩，見達受《寶素堂金石書畫編年錄》。

716.周王造像

明周王造像，背有文曰："周王欲報四恩，命工鑄造如來佛像一樣五千四十八尊。"又座中文曰："周府欲報四恩，命工鑄造佛相。”又座下文曰：“洪武丙子四月吉日施一樣五千四十八尊。”同見上。

717. **回回財神銅像**

丙寅冬，於法蘭西人亞當處，見回回財神銅像。高三寸許，深目高鼻，鬈髪作頭陀狀。跪一足，手持一寶瓶。座側有文曰：“襄陽府竹山縣巡檢司舍人□□，成化十年敬造。”知是時回回財神之教盛行，且竹山尚屬襄陽，舍人猶襲宋元之稱，極可珍異。

718. **刻玉法**

屠隆《考槃餘事》云：“近刻玉章，並無昆吾刀、蟾酥之說，唯用真菊花鋼鍛而爲刀，闊五分，厚三分，刀口平磨，取其平尖鋒頭爲用。將玉章畫篆文，以木架鈐定，用刀隨文鐫之。一刀弗入，再鐫一刀，多則三鐫，玉屑起矣。但不可以力勝之，則滑而難刻。運刀以腕，更置礪石於傍，時時磨刀，使鋒鋩堅利，無不勝也，别無他術。今之鍥家，以漢篆刀筆自負，將字畫殘缺，刻損邊旁，謂有古意。不知顧氏《印藪》六帙，可謂遍括古章，内無十數傷損，即有傷痕，乃入土久遠，水銹剝蝕，或貫泥沙，剔洗傷損，非古文有此。欲求古意，何不法古篆法刀法，而竊其傷損形似？可發大噱。若諸名家，自無此等。”之誠按：《柳南隨筆》載何義門譏鄭谷口八分書如人體患惡瘡，意亦相同。

719. **宋寶祐牙印**

同姓諸侯王子牙印，逕一寸，龜紐，制作極精。側鐫“皇宋寶祐，敕下宗文閣造”五行十字，行書。之誠按：宋理宗寶祐元年，以母弟嗣榮王之子孜爲皇子，賜名禥，封永嘉郡王，進封忠王。後立爲皇太子，即帝位，是爲度宗。此必將立爲皇子時所賜，故曰“敕下”也。不言王子而曰“諸侯王子”者，或依高宗擇立普安故事而仍舊稱也。不言元年者，史例但繫年號，則元自見也。宗文閣不見《宋史》，疑爲皇子講讀之地，一時權置，無官屬，故史官略之，得此可補史闕也。己巳四月，蒼梧關伯衡游杭得此印，因爲之舉証如此。

720. 明陸炳晶印

陸炳晶印，陽文“廿九玉佩左都督，守一金丹大世仙”十四字。印逕一寸。之誠按：《明史·佞倖傳》：陸炳以世宗乳媼之子，官左都督，領錦衣衛，屢加至太保兼少傅，入直西苑，侍修玄。《明史》有“同列多父行”，則炳之年少可知。左都督之官極尊貴，有明一代無少年驟進者，此言“廿九玉佩左都督”，則爲陸炳可知。下語不知所謂，是時爭以祠醮媚上，世宗曾推尊皇考爲仁化大帝，皇妣爲妙化元君，自號飛元真君，加號忠孝帝君，再號萬壽帝君，皆見《佞倖·陶仲文傳》。此“守一金丹大世仙”，或爲當時授炳道號也。己巳三月，得於燕市破攤。印頗有篆法，喜而藏之。

721. 東宫書府印

牙印，逕今尺一寸許，高如之，中有穿孔。兩面深刻，一曰“東宫書府”四字叠篆，一曰“問安餘暇”四字玉筯文，皆陽文甚精。之誠按：有明一代，唯仁、光在儲位甚久，餘皆孩提。據

《酌中志》稱，光廟在青宫淡薄，此印封作極簡，必光宗物無疑。庚午春，丁闇公以五餅金得於廠肆同古堂，以拓本見餉，因爲之賦四絕句云："汝亦宫人子最卑，廿年淡薄住迎禧。問安兩字含餘怨，不道恩疎國本危。""闈鑑推敲獄未休，茄花已上美人頭。重翻冷局恣威福，未必王安勝魏侯。""海内含冤爲大東，皦家坑當辨遺蹤。可憐門户紛朝局，奴寇縱横黨正訩。""樂府詩篇雜咏傳，苦搜法物大明年。泰昌一代無多日，入眼分明印最鮮。"或謂内閣大庫藏書有"東宫書府"印記，爲仁宗青宫時所鈐，其印與此印大小篆法俱異。

722. 然于

吴大澂清卿藏漢鏡銘文曰："初興辟雍建明堂，然于覂上作侯王，子孫復具建中央。"見越縵堂同治十一年十月《日記》。之誠案：然于即單于，與吐蕃之稱贊、波斯之稱沙，蓋一音之轉，皆始自匈奴也。

723. 莫雲卿論古器

莫雲卿《筆麈》云："得商彝周鼎，則知古人制作之精，方爲有益，不然與在賈肆何異？今世所見古器，有商金銀及文王鼎罇匜古製，便謂商周之器，更無爲之辨證者。蓋漢人好制作，今之玉器在漢人製者，極爲精巧。且其人近古，或以三代之物，用其樣式爲之，遂各因其代名之耳，豈必盡爲真商周邪？間有盗發古冢而出者，亦如沅江九肋鼈矣。此好古博雅之士所當知也。漢人器如博山鑪之類，以其無青緑，遂謂漢銅器不爲古。豈知三代殉葬之物甚多，而漢人鮮用，故入土者少。若漢物入土，其青緑去三代當不甚相遠。今玉器血浸尸古，尚是漢代所出，何銅器入土反無古色耶？此可不辨而明也。古器得土氣多者多青，得水氣多者多綠，水土雜者青綠間發。蓋唯古帝王之陵墓，造作堅固，不爲水所入，或置石几上，几不腐壞，而器常懸虛，其得土氣最清，且無泥污，故有純青翠者，此上品也。其他民間或卿士大夫之冢郭中，不能無土，且不能無水沁，故青綠間發者多。純綠者則自江海大津中，或水若無土者。故金銀器絕無古者，爲世道流通致用之物故也，可以見古今人嗜利之心同矣。”見《珊瑚網·法書題跋》卷十七。之誠按：此論殊未確。漢人器物與三代形制各異，自有款識，决無摹製三代款識之理。其作僞者，皆宋人所爲也。奇晉齋刻《筆塵》，不載此則。

724.唐開元禪社首玉册

民國十七年，泰安車站少北蒿里山閻王廟駐軍，於廢塔下五色土中，掘出鏤花石礣，方五尺。內有細鏤金匱，中納玉牒十五枚，長約一尺，寬二寸許，刻玉爲隸書。其文曰：“維開元十三年，歲次乙丑，十一月辛巳朔十一日辛卯，嗣天子臣隆基，敢昭告於皇地祇：臣嗣守鴻名，膺兹丕運，率循地義，以爲人極。夙夜祗若，訖未敢康。賴坤元降靈，錫之景祐，資植庶類，屢惟豐年。或展時巡，報功厚載。敢以玉帛犧齊粢盛庶品，備兹瘞禮，式表至誠。睿宗大聖真皇帝配神作主，尚饗。”之誠案：此唐玄宗封禪玉册也。《唐會要》：玄宗問：“玉牒之文，前代帝王，何故秘之？”禮官博士賀知章對曰：“玉牒本是通於神明之意，前代帝王所求各異，或禱年算，或思神仙，其事微密，是故莫之知。”玄宗曰：“朕此行皆爲蒼生祈福，更無秘請，宜將玉牒出示百僚。”即史所載《祀天牒辭》。玄宗復於辛丑享地皇祇於社首之泰折壇，睿宗大聖貞皇帝配祀，五色雲見，日重輪。藏玉册於石䃭，如青壇之儀。《會要》及《開元禮》、《通典》、《大唐郊祀錄》、兩《唐書》，皆缺册文未載，即此新出土者是也，可謂發千載之秘。玄宗封禪之壇，史稱在泰山下，去山趾五里，西去社首山三里，當即今蒿里山地。玉册制度，據《會要》稱：“山上作圓臺四階，謂之封壇臺，上有方石再累，謂之石䃭。玉牒玉册，刻玉填金爲字，各盛以玉匱，束以金繩，封以金泥，皇帝以受命寶印之。納二玉匱於䃭中，金泥䃭際，以天下同文之印封之。”今泰折壇所藏者既已出世，則封壇所藏當不能終閟。此玉册聞爲軍人所得，並拓本亦不得見。其異於史者，文中“十一日辛卯”與《通典》同，足證《會要》稱“辛丑”之誤。《會要》明言玉匱金繩，此乃爲金匱者。據《通典》麟德二年《儀注》：“玉册三枚，皆以金編玉牒爲之。每牒長尺二寸，廣寸二分，厚三分，刻玉填金爲字。又爲玉匱一，以藏正座册，爲金匱二，以藏配座册，各長尺三寸。”張說《東封儀注》當仍麟德故事，以金匱藏玉册。惜不得原拓本尺寸，以證一代典章制度。

725. 天發神讖碑

皇象天發神讖碑，在南臺廄支槽，洛人楊益爲御史大夫掾史，移置學中。見陸友《研北雜志》。天璽紀功碑，石裂爲三，舊在縣學尊經閣下。嘉靖乙丑，閣毁於火，碑遂毁。又閣上舊藏南雍書板《十三經》、《二十一史》、《通典》、《通志》、《玉海》，亦一炬而盡。見甘熙《白下瑣言》。

726. 宋人仿古銅器

翟公巽知越州日，製漏、鼎、壺、槃、權、鉦，各有銘。命其子耆年作篆甚奇。古鼎之銘曰："公巽父作牧，命工浩範金作鼎于觀命壺氏司漏，時若昏明，惟兹祁永用，保其無斁。"壺之銘曰："唯建炎戊申三月癸丑，公巽父作壺，審漏節，其永保。"盤之銘曰："公巽父作坫，司漏節，其永保。"權之銘曰："公巽父作金漏，用衡石，其永保。"鉦之銘曰："建炎戊申六月癸丑，作鉦永保。"見陸友《研北雜志》。

727. 古器說

"虞夏而降，制器尚象，著焉後世。由漢武帝汾陰得寶鼎，因更其年元。而宣帝又於扶風亦得鼎，款識曰：'王命尸臣，官此栒邑。'及後漢和帝時，竇憲勒燕然還，有南單于者，遺憲仲山甫古鼎，有銘，而憲遂上之。凡此數者，咸見諸史記所彰灼者。殆魏、晉、六朝、隋、唐，亦數數言獲古鼎器。梁劉之遴好古愛奇，在荆州聚古器數十百種，又獻古器四種於東宫，皆金錯字，然在上者初不大以爲事。獨國朝來，寖乃珍重。始則有劉原父侍讀公爲之倡，而成於歐陽文忠公，又從而和之，則若伯父君謨、東坡數公云爾。初，原父號博雅，有盛名。曩時出守長安，號多古簋、敦、鏡、甗、鑮、彝之屬，因自著一書，號《先秦古器記》。而文忠公喜集往古石刻，遂又著書名《集古錄》，咸載原父所得古器銘款。由是學士大夫雅多好之，此風遂一扇矣。元豐後，又有文士李公麟者出。公麟字伯時，實善畫，性喜古。則又取生平所得暨其聞睹者，作爲圖狀，說其所以，而名之曰《考古圖》。傳流至元符間，太上皇即位，憲章古始，眇然追唐虞之思，因大崇尚。及大觀初，乃仿公麟之《考古》，作《宣和殿博古圖》。凡所藏者，爲大小禮器，則已五百有幾。世既知其所以貴愛，故有得一器，其直金錢數十萬，動至百萬不翅者。於是天下冢墓被伐殆盡矣。獨政和間爲最盛，尚方所貯至六千餘數百器。遂盡見三代典禮文章，而讀先儒所講說，殆有可哂者。始端州上宋成公之鐘，而後得以作大晟，及是又獲諸制作，於是朝聖郊廟禮樂，一旦遂復古，跨越前代。嘗有旨以所藏列崇政殿暨兩廊，召百官而宣示焉。當是時，天子尚留心政治，儲神穆清，因從瑣闥密窺，聽臣僚訪諸左右，知其爲誰，樂其博識，味其議論，喜於人物，而百官勿覺也。時所重者，三代之器而已，若秦漢間物，非殊特蓋亦不收。及宣和後，則咸蒙貯錄，且累數至萬餘。若岐陽宣王之石鼓，西蜀文翁禮殿之繪像，凡所知名，罔問巨細遠近，悉索入九禁。而宣和殿後又創立保和殿者，左右有稽古、博古等諸閣，咸以貯古印玉璽，諸鼎彝禮器，法書圖畫盡在。然世事則益爛漫，上志衰矣，非復前日之敦尚考驗者。俄遇僭亂，側聞都邑方傾覆時，所謂先王之制作，古人之風烈，悉入虜營。夫以孔父、子產之景行，召公、散季之文辭，牛鼎象罇之規模，龍瓿雁燈之典雅，皆以食戎馬，供爔烹，腥鱗沒滅，散落不存。文武之道，中國之恥，莫甚於此，言之可爲鳥邑。至於圖錄規模，則班班尚在，期流傳以不朽云爾。作《古器說》。”見蔡絛《鐵圍山叢談》。今世盛言古物，而寶器多淪海外，讀此當感慨何如！

728. 天尊一鋪

安祿山進玉石天尊一鋪。天真並侍坐真人、玉女神、天丁力士、六樂童子，及獅子、辟邪、香爐、玉案三十六事，故呼之一鋪。見姚汝能《安禄山事迹》。

729.漆墨

自來摩崖題壁，久而不駁落。據曾慥《高齋漫録》稱："東坡與章子厚同遊鳳翔南山諸寺，抵仙遊潭。東坡不敢過潭書壁。子厚平步以過，用索繫樹，躡之上下，神色不動，以漆墨濡筆大書石壁上曰：'章惇、蘇軾來遊。'"乃知以墨和漆，故能禁風雨也。

730.劍州千佛巖石窟

遂安方象瑛渭仁，康熙二十二年典試四川，著《使蜀日記》。記成都亂後，通衢瓦房百十所，均皆誅茅編竹爲之。其民多江、楚、陝西流寓，土著僅十之二。額賦大縣不過五十金，或一二十金，甚至四五金。所記金石，閬中龍山驛瑞筭碑；成都武侯祠裴度碑，柳公綽書；眉州三蘇祠東坡書馬券、乳母任氏墓誌刻石；涪州江心雙魚刻石，上各三十六鱗，旁有石稱、石斗，見則歲豐；雲陽對江飛鳳山古刻"鳳凰巖"三字，皆可備言金石者取資。其記千佛崖云："八月十七日始更舟。凡陸行，由朝天鋪上朝天闕、大小梅嶺、大小二郎，曰南棧，視北棧尤險峻，舟行避險也。晚發嘉陵江，仰睇朝天諸山嶺，高入天際，崖半石穴數千，亦古棧閣故迹也。下有千佛崖，鑿石爲崖，鏤諸佛羅漢大小數百，或立或坐，變相畢具。川東諸處亦有之。"據此，蜀中亦有石窟矣。蜀中佛寺多唐時所建者，此或出於武周時歟？

731. 楊惠之塑像

楊惠之將塑楞伽山，乃爲大義净三藏咒其土，故至於今，跂行喙息、蠉飛蠕動一切獸禽皆不敢至山。又楊惠之以塑工妙天下，爲八萬四千手眼觀音，不可措手，故作千手眼。今之作者皆祖惠之。見陳眉公《太平清話》。

732. 潘鐵

屠隆《考槃餘事》云："近有潘鐵，幼爲浙人，被虜入倭。性最巧滑，習倭之伎，在彼十年，其鑿嵌金銀倭花樣式，的傳倭製。後以倭敗還省，徙居雲間，所製甚精，價亦甚高。"

733. 胡了凡戈蓼汀製簫

《考槃餘事》云：會稽胡了凡、雲間戈蓼汀製簫，可稱江南二絕。

734. 鑄鏡法

凡鑄鏡，煉銅最難。先將銅燒紅，打碎成屑，鹽醋搗荸薺拌銅，埋地中。一七日取出，入鑪中化清。每一兩投磁石末一錢，次下火硝一錢，次投羊骨髓一錢，將銅傾太湖沙上，別沙不用。如前法六七次愈妙。待銅極清，加椀錫，每紅銅一斤加錫五兩，白銅一斤加六兩五錢。所用水，梅水及揚子江水爲佳。白銅煉净一斤只得六兩，紅銅得十兩，白銅爲精。鑄成後開鏡，要好錫一錢六分，好水銀一錢。先鎔錫，次投水銀取起，入上好明礬一錢六分，研細聽用。若欲水銀古，用膽礬、水銀等分入新鍋，燒成豆腐渣樣，少許塗鏡上，火燒之。若欲黑漆古，開面後上水銀，完入皂礬水中浸一日取起。諸顏色須梅天製造。上色後置濕地，一月外方可移動，則諸顏色與秦漢物無二，百計不能落矣。二法欒子晉得自黄桂峰先生。見馮夢禎《快雪堂漫錄》。

735. 補寶玉器

楊儀《高坡異纂》云："巡檢常中孚得異術，能煮銅爲白金。凡寶玉之器有損者，補之器好如新。後以術動宣廟，陞授吏部郎中。每用其術，必引入便殿，屏絕左右爲之，雖親嬖不得視也。"陸友《研北雜志》云："漢銅馬式藏周公瑾家，其初破爲數段，鑄工以藥銲栅之，復完如新。"

736. 劉貞甫

宋犖《筠廊偶筆》云："碭山劉貞甫，造銅器精巧絕倫。嘗爲萬年少造準提像，高二寸許，三年而成。臂十八，手中各有所持。一手擎七級浮圖，每級四面各佛一尊，法像莊嚴，所謂神工鬼斧也。貞甫曾爲予造圖章二，一龜紐，一天鷄紐，俱精妙可玩。"

737. 丘山胡桃

陳貞慧《秋園雜佩》云："丘山邑人，雕刻精工。所製胡桃墜，人物、山水、樹木豪髮畢具。余見其有漁家樂、東坡遊赤壁、百花籃，詩意有'夜半燒燈照海棠'、'春色先歸十二樓'數事。窗閣玲瓏，疎枝密樹，掩映斐亹，即善繪者無逾其精巧。他有效者，便見刀鑿痕，終不及其雅煉。"

738. 蘇州周老製樂器

《文獻類編》：聖祖諭旨云："諭李煦、曹顒：朕集數十年功，將《律曆淵源》御製書將近告成，但乏做器好竹。爾等傳於蘇州清客周姓的老人，他家會做樂器的人，並各樣好竹子，多送些進來。還問他可以知律吕有人一同送來。但他年老了，走不得，必打發要緊人來纔好。"

739. 利嘛

聖祖諭旨云："烏絲藏舊佛中最重者，莫過利嘛。利嘛之原，出自中國。永樂年間宫中所造者爲第一，烏絲藏仿其形像，煉其銅體造者，亦是利嘛，頗爲可愛，如今甚少。近世又仿利嘛，而十不及一。"之誠按：利嘛即無量壽佛。

740. 漢漆署款

日本人發掘朝鮮漢人墓中，所得漆器，署款分工至繁。

永始元年，蜀郡西工造乘輿髹汨畫紵黄釦餔槃，容一升。髹工黄，上工廣，銅釦黄，塗工政，畫工聿，汨工威，清工東，造工林，造護工卒史安。長孝丞曙、掾譚、守令史通主。

元始三年，蜀郡西工造乘輿髹汨畫木黄耳棓，容一升十六龠。素工豐，髹工贛，上工譚，銅耳黄塗工充，畫工譚，汨工戎，清工政，造工宜，造護工卒史章。長良丞鳳、掾隆、令史寬主。

元始四年，蜀郡西工造乘輿髹汨畫紵黄塗辟耳槫，容三升。蓋髹工吕，上工浩，銅辟黄塗工古，畫工級，汨工戎，清工口，造工宗，護工卒史章。長良丞鳳、掾隆、令史褒主。

居攝三年，蜀郡西工造乘輿髹汨畫紵黄釦果盤。髹工廣，上工廣，銅釦黄塗工充，畫工廣，汨工豐，清工平，造工宜，造護工卒史章。長良守丞巨、掾親、守令史嚴主。

741.濮仲謙水磨器

蘇州濮仲謙水磨竹器，如扇骨、酒盃、筆筒、臂擱之類，妙絕一時。亦磨紫檀、烏木、象牙，然不多見。或見其爲柳夫人如是製弓鞋底板二雙。見劉鑾《五石瓠》。

742.製墨

何薳《春渚紀聞》紀墨最精詳，蓋性有偏嗜也。其紀製銘云：永徽二年鎮庫墨曰“唐水部員外郎李慥製”，諸李之祖也。李廷珪墨曰“臣廷珪四和墨”，柴珣墨作玉梭樣，銘曰“柴珣東瑤”，東坡墨曰“雪堂義墨”，曰“海南松煤”、“東坡法墨”。支離居士蘇澥浩然墨，大觀間，劉無有取其製銘，令沈珪作數百丸。晁季一墨曰“寄寂軒造”。大室常和墨曰“紫雪峰造”。東魯陳相墨作方圭樣，銘曰“洙泗之珍”。嘉禾沈珪墨銘曰“沈珪對膠，十年如石，一點如漆”。

其紀膠法云：西洛王迪，用遠烟鹿膠，極輕，自有龍麝氣。真定陳贍，遇異人傳和膠法，就山中古松取煤，用膠置之，濕潤不蒸，每斤只售半千。宣和間，斤直至五萬。法傳其婿董仲淵、張順。嘉禾沈珪，用漆烟，取古松煤，雜脂漆滓燒之得烟。云韋仲將法，止用五兩膠，李氏渡江，始用對膠，而密不傳。一日，與張處厚於居彦實家造墨，而出灰池失早，墨皆斷裂。彦實以所用墨料精佳，不忍棄。遂蒸浸以出故膠，再以新膠和之，墨成，其堅如玉石，因悟對膠法即再和膠也。九華朱覲善用膠，作軟劑出光墨。李承宴亦作軟劑。黃山張處厚、高景修，起竈作煤，製墨用遠烟魚膠。常和、汪通輩，即就二人買烟，令之用膠，止各用印號耳。蒲大韶墨用油烟，半以松烟和之。永嘉葉谷作油烟。潭州胡景純取桐油燒烟，名桐華烟，如點漆。潘衡用海南松煤。三衢蔡瑫雜取樺烟，獨爲最下。

其紀墨工云：崇寧已來，墨工如張孜、陳昱、關珪、弟璝、郭遇明，皆精於樣製。墨工名多相蹈襲，沈珪之後有關珪，張遇之後有常遇、潘遇，張谷之後有潘谷、葉谷，陳瞻之後有梅瞻。父子相傳者，沈珪之子宴，常和之子遇，潘谷之子遇。

743. 筆工范至用

郭天錫手錄詩文雜記，有《贈筆工范至用》詩："光分顧兔一毫芒，遍灑春風翰墨場。得趣妙從看劍舞，全身功貴善刀藏。夢花不羡雕蟲巧，試筆曾供倚馬忙。昨遇山僧餘習在，小書紅葉試新霜。"見《珊瑚網・法書題跋》十。

744. 紹美製紫檀界方

《珊瑚網・法書題跋》云：余有紫檀界方一對，首鐫行書云："兀坐草玄，風后爲奸。爾往鎮之，世掌我編。敬仲銘，紹美製。"界圍雕鏤花鳥極精工，信出名手。上飾漢玉昭文帶，一粟米文，一臥蠶文，血蝕殊古而瑩潤，面刻"草玄閣佳器"，故楊鐵厓珍玩焉。

745. 包燈

通州有所謂包燈者，相傳包釋修孝廉時爲友人作燈未竟，公車促之，不赴，俟作畢始行。此包燈所自始。近日通州教場前每歲燈市，猶曰“包燈市”。其實不出本處，皆來自大江以南也。見王應奎《柳南續筆》。

746. 朱松鄰

嘉定竹器爲他處所無，他處雖有巧工，莫能盡其傳也。而始其事者，爲前明朱鶴號松鄰，子纓號小松，孫稚征號三松。三人皆讀書識字，操履完潔，而以雕刻爲游戲者也。今婦人之簪有所謂朱松鄰者，即以創始之人名。見王應奎《柳南續筆》。

747. 邵局

宋紹興中，秦檜修禮樂以文太平，用內侍邵諤主之。時方造輅及鹵簿儀仗，百工皆隸之，謂之邵局，故渾儀禮器猶鑄諤姓名。陸友《研北雜誌》。

748. 金壇岱岳偶像

金壇縣治東北二里有岱岳廟，宋元符三年建。偶像衣冠甚古，其婦人皆如世所藏周昉畫人物，壁畫亦大觀三年作。陸友《研北雜誌》。

749. 周文舉筆

王子復堂得故宋宮人所藏德壽供奉筆兩枝，上刻云“臣周文舉進”。陸友《研北雜誌》。

750. 韓風子補硯

吾子行云：韓風子，錢唐人，或云名文善。善補硯，雖百碎者，但不失原屑，補之若無損者。亦能修古銅器，唯硯爲絕精。居蒲橋，四面土牆，門若狗竇，夜宿一古櫃中。與人言，無尊卑皆爾汝。得錢即付酒家，一舉而盡。是亦異人爾。見陸友仁《研北雜誌》。

751. 名匠楊談

金明池，始太宗以存武備，且爲國家一盛觀也。其龍舟甚大，上級一殿曰時乘。既歲久，紹聖末，詔名匠楊談者新作焉。久之落成，華大於舊矣。獨鐵費八十萬斤，他物稱是。蓋樓閣殿既高巨，艦得重物，乃始可運。見蔡絛《鐵圍山叢談》。

752. 南唐名墨

韓熙載工翰學，四方膠煤多不協意，延歙工宋逢燒墨，命其所製曰“化松堂”，墨曰“元中子”，又自名“麝香月”。徐鉉兄弟工翰染，崇飾書具。嘗出一月團墨，云價值三萬金。皆見鄭文寶《江表志》。

753. 諸葛筆

宜春王從謙喜書札，學晉二王楷法。用宣城諸葛筆，一枝酬十金，勁妙甲於當時。從謙號爲“翹軒寶帚”。見鄭文寶《江表志》。近世筆工，宣州諸葛氏，常州許氏，皆世其家。安陸成安游、弋陽李展之徒，尚多馳名於時。見朱彧《萍洲可談》。之誠按：諸葛筆至宣和已衰，見蔡絛《鐵圍山叢談》。

754. 婺工王用和

賈師憲用婺州碑工王用和，翻刻定武《蘭亭》，凡三年而後成，至賞之勇爵。絲髮無遺恨，幾與定武本相亂。又縮爲小字，刻之靈璧石，號“玉枕蘭亭”[1]，所謂“世綵堂小帖”者。世綵堂，廖氏堂名也。其石後泉州蒲壽庚航海，載歸閩，中途被風墜水。或謂尚在，特不全耳。見周密《志雅堂雜鈔》。蒲氏當宋元之際，世專泉州市舶之利，乃亦好收羅古玩，其富厚可知。

755. 水造

司德用寄售者，又有篦刀一把，其鐵皆細紋花。此乃用銀片細剪，及並鐵片細剪如絲髮，然後團打萬搥，乃成自然之花。其刀背水槽窊處，皆上垛用荆砂碾出。其刀靶如合色烏木，即雞舌香木，乃西域木也。此刀乃大金時水總管所造，上有滲金鎸“水造”二字。一刀所直鈔十定，今無復有此良工也。見周密《志雅堂雜鈔》。

756. 漫花

鹿肉王家有小鼎小瓶，皆純黑，而花紋皆漫花。漫花者，必是一用皮垛上於牀碾出，其黑疑是用漆填法，或別有一等墨染之法使然。蓋其下有網文甚新，故知其非古物也。見周密《志雅堂

〔1〕《志雅堂雜鈔》本作“群玉蘭亭”。

雜鈔》。

757.沉香暖閣

沉香連三暖閣一副，窗槽皆鏤花精妙，其下替板亦鏤花。板下用抽屜打篆香於內，香氣芬郁，終日不絕。前後皆施錦綺簾幕及掛屏、官窰瓶，粧飾侈靡，舉世未見。周密《志雅堂雜鈔》。

758.剪花樣

向舊都天街有剪諸色花樣者，極精妙，隨所欲而成。又中瓦有俞敬之者，每剪諸家字，皆專門。其後忽有少年，能衣袖中剪字及花朵之類，更精於二人，於是獨擅一時之譽。今亦不復有此矣。見周密《志雅堂雜鈔》。

759.畫壁用黃沙搗泥

《韻語陽秋》云："余時隨先文康公至汝州，嘗至龍興寺，觀吴道子畫兩壁。一壁作維摩示寂、文殊來問、天女散花，一壁作太子游四門、釋迦降魔成道，筆法奇絕。壁用黄沙搗泥爲之，其堅如鐵。"之誠頗疑畫壁何能經久不壞，讀此乃悟。明清以來，畫壁之風頓息，當由不知此法，亦緣畫家只習盈尺縑素，無此畫壁妙手耳。

760.宋人林泉治玉

陸友《研北雜志》云：曾見白玉荷杯，製作精妙，上刻"臣林泉造"。

761. 木工喻浩

東都相國寺門樓，唐人所造。國初木工喻浩曰：“他皆可能，唯不解卷簷爾。每至其下，仰而觀看，立極則坐，坐極則臥，求其理而不得。”門内兩井亭，近代木工亦不解也。寺有十絕，此爲二耳。見陳師道《後山叢談》上。之誠按：歐陽修《歸田錄》“喻浩”作“預浩”，云：“開寶寺塔在京師諸塔中最高，而制度甚精，都料匠預浩所造也。塔初成，望之不正，而勢傾西北。人怪而問之，浩曰：‘京師地平無山，而多西北風，吹之，不百年當正也。’其用心之精蓋如此。國朝以來木工，一人而已。至今木工皆以預都料爲法。有《木經》三卷行於世。世傳浩唯一女，年十餘歲，每臥則交手於胸，爲結搆狀，如此踰年，撰成《木經》三卷，今行於世者是也。”又據《玉海》九十一李誡《營造法式》，云“世謂喻皓《木經》精詳，此書蓋過之”，則作“預”者非。

762. 裱匠

柴桑《京師偶記》云：“朝廷需用裱匠，吴郡特送四人。初到，即發下細腰葫蘆一枚，令裱其裏。一人沈思良久，乃去蒂，入碗鋒其中，令三人互搖之，使極光潔。然後用白棉紙浸一宿，調勻灌入，即傾去。俟乾復灌，如是數次，然後進御。破之，徹裏有紙，更無補綴之痕。”

763. 戴文魁

戴文魁者，天下之巧人也。藏諸樂器一櫃中，作發機引之，八音並奏，移宫换徵，不差纍黍。此人貌極醜怪，聞都下諸貴人特愛之。其所製弓戲亦極生動。蓋近日所尚者皆百戲雜藝之人，而優伶爲最。見柴桑《京師偶記》。

764. 馮巧梁九

王士禎《居易錄》云：重建太和殿，自乙亥六月二十五日鳩工。李少司空貞孟元振言：有老工師梁九者，董將作，年七十餘矣。自前代及本朝初年，大内興造，梁皆董其事。一日手製木殿一區，以寸準尺，以尺準丈，不逾數尺許，而四阿重室，規模悉具，殆絶技也。初，明之季有工師馮巧者，造宫殿，自萬曆至崇禎末，老矣。九往執役門下數載，終不得其傳，而服事左右不懈益恭。一日九獨侍，巧顧曰："子可教矣。"於是盡傳其奥。巧死，九遂隸籍冬官，代執營造之事。

765. 張進中製筆

王士禎《居易錄》[1]云：元時張進中者，字子正，都城耆老。善製筆，管用堅竹，豪用鼬鼠，精鋭宜書。吴興趙子昂、淇上王仲謀、上黨宋齊彦皆與之善。尚方時有所需，非進中製不用也。每自持筆以入，必蒙賜酒。今京師未有以善筆名者矣。

766. 施文用

《戒庵漫筆》云：弘治時，吴興筆工造筆進御，有細刻小標記"筆匠施阿牛"。孝宗見而鄙其名，易之曰"施文用"。

---

〔1〕按此條見王士禎《香祖筆記》。

767. 江西塑工

陳繼儒《養生膚語》云：吾鄉佘山廟塑像甚工。聞寺僧云，舊有一塑工某姓，來自江西。經歲餘，塑諸像。金澤寺像亦其人所塑，成而病，諸侶欲爲延醫。工却之曰："無以爲也。吾想像臆度，盡吾神矣，此所以病也。世豈有藥物能復吾神哉！"竟死。仙廟諸像今具在，諸剎罕見其匹。

768. 犀毗

漆器稱犀毗者，人不解其義，譌爲犀皮。《輟耕錄》失於考究，遂據《因話錄》改爲西皮，以爲西方馬韉之說，大可笑也。蓋毗者，臍也。犀牛皮堅有文，其臍旁四面文，如饕餮相對，中一圜眼，坐臥起伏，磨礪光滑。西域人剸而剜取之，以爲腰帶之飾，極珍愛之。曹操以犀毗一事與人，即今箱嵌條環之類是也。後世髹漆，仿而爲之，曰"白犀毗"焉。有以細石水磨，混然成凹者，曰"滑地犀毗"焉。黑剔爲是，紅剔則失本義矣。見馬愈《馬氏日抄》。

769. 楊惠之塑天王像

慧聚寺有毗沙門天王像，形模如生，乃唐楊惠之所作。初學畫，見吳道子藝甚高，遂更爲塑工，亦能名天下。徐稚山侍郎以此像得塑中三昧，嘗記其事，謂其旁二侍女尤佳，且戒後人不可妄加塗飾。近爲一俗工修治，遂失本意。見龔明之《中吳紀聞》。

770. 蘄竹

陶晉英《楚書》云："蘄竹爲器，抽削如絲，纖巧甲於天下。

竹則以色瑩者可簟，節疎者可笛，帶鬚者可杖。”

771.梅籃

永嘉閨婦以青梅雕，剜脫核，鏤以花鳥，纖細可愛。以手擘之，玲瓏如小盒，闔之復爲梅，謂之“梅籃”。李太白詩云“珍盤薦雕梅”，豈即梅籃歟？見文林《瑯琊漫鈔》。

772.花利佛

缺名《雲間雜誌》云：“本一禪院所藏花利佛，以圓錫匣盛之。匣近如盂，內雕定一山，圓如其匣。用檀香刻成三世佛、觀音、文殊、普賢、彌勒、地藏。觀音兩旁有善財、龍女、十八羅漢。大不逾兩黍，而耳目手足，豪髮畢具，真鬼工也。”

773.胡文明

《雲間雜誌》云：“郡西有胡文明者，按古式製彝鼎尊卣之類極精，價亦甚高，誓不傳他姓。時禮帖稱胡爐，後亦珍之。”

774.孫雪居

《雲間雜誌》云：“吾松紫檀器皿，向偶有之。孫雪居始仿古式，刻爲杯斝尊彝，嵌以金銀絲，繫之以銘，極古雅。人爭效之。”

775.輪船之始

《宋史·岳飛傳》：“楊么負固不服，方浮舟湖中，以輪激水，其行如飛，旁置撞竿。”《金佗續編·鼎湖逸民楊么事述》云：“程吏部偶得一隨軍人，元是都水監白波輦運司黄河埽岸水手木匠都料高宣者，獻車船樣，可以制賊。”又云：“打造八車船樣一隻，數日併工而成。令人夫踏車於江流，上下往來，極爲快利。船兩邊有護車板，不見其舟。但見船行如龍，觀者以爲神異。乃漸增廣車數，至造二十至二十三車。大船能載戰士二三百人。”又云：“賊得車船之樣，又獲都料匠手，於是楊么打造和州載二十四車大樓船，楊欽打大德山三十二車船。”又云：“楊欽獻策云：‘么所恃者舟楫，如望三州、大小德山之類，非一丈水不可行。洞庭湖水，舊不及丈，么置堰閘，十餘年間所以瀰漫。欽本任閉塞之責，盡知其詳。乞二十人往開堰水入江，使舟船不能動。又么船皆用車輪，乞以青草數千百萬束散之湖中，其輪必有窒礙。’王從之，兩月果破賊。”據此所述製法甚詳，乃出於都料匠高宣。所謂三十二車者，大船有三十二輪，且知輪齒必相銜接。其異於今者，唯不用汽機，而用踏輪駛行耳。

776.劉永暉竹骨扇

李日華《味水軒日記》萬曆三十八年六月九日記云：“盛德潛以正德中吴人劉永暉所製闊板竹骨扇一柄贈予，曰：‘扇工雖瑣細，然求如此渾堅精緻者，其法絕矣。’”

777.周丹泉

李日華《味水軒日記》萬曆三十九年正月二十三日記云：“夏賈出吴氏鞭竹麈尾傳觀，其形如閩中龍蝦，彎曲相就。其堅如石，其色如黄玉。上端受棕尾處，菌縮齟齬，有類蓮花跗者五六莖，真異物也。予二十年前，目睹吴伯度以十二金購於吴人周丹泉。丹泉極有巧思，敦彝琴筑，一經其手，則毀者復完，俗者轉雅，吴中一時貴異之。此物乃丹泉得於所交黄冠者。”

778.季水黄黄裳錫茶注

李日華《味水軒日記》萬曆四十三年正月二十九日記云：“里中黄黄裳者，善鍛錫爲茶注，模範百出，而精雅絕倫，一時高流貴尚之。陳眉公爲作像贊。又乞予數語，漫應之：‘道剖而器，德降而藝。既爲世資，亦用資世。古之至人，若倕若般，若歐若扁，咸卓有所樹而不見其細。嗟嗟黄裳，朴貌古心，自發靈慧。取材從革，妙兼治化，既成而傲兀於罍洗甂甋之間，覺灑然而有以自異者歟？若夫巖芽吐白，槐燧燎青，春雪騰沸，注虛挹盈，酒餘狎坐，吟壇策勳。嗟嗟黄裳，生可以杖履於又新、君謨之堂，歿可以俎豆於竟陵子之楹者也。’”

779.陳宗淵

劉昌欽謨《懸笥瑣探》云：文廟選中書舍人二十八人，專習羲、獻書，以黄文簡淮領之。文簡薦翰林五墨匠楊宗淵，越陳剛中之後臨搨逼真。因命有司除其匠籍，宗淵遂入士流。雅善山水，又能寫神習書，未久叙中書，歷事三朝，以刑部主事致仕。

780.永樂時翰林善書

姜南《學圃餘力》云：“文皇時翰林善書，如解大紳之真、行、草，滕用亨之篆、八分，王汝玉、梁用行之真，楊文遇之行，沈民則之真、篆、八分，皆知名當世。”

781. 翻身鳳皇

張思聰善摹古帖，自名“翻身鳳皇”，最能亂真。唐蕭誠僞爲古帖，以示李邕，曰：“此右軍真迹。”邕欣然曰：“是真物也。”誠以實告，邕復視曰：“細看亦未能辨，但稍欠精神耳。”吴中近有高手，贋爲舊帖。以豎簾舊粗竹紙，作夾紗搨法，以草烟末香熏之，火氣逼脆本質，用香和糊，若古帖臭味，全無一毫新狀，入手多不能破。其智巧精采，反能奪目。見屠隆《考槃餘事》。

782. 冷謙

冷謙字起敬，湖湘人。明初爲協律郎，郊廟樂章，多所撰定。張三丰嘗跋謙所畫《蓬萊仙弈圖》云：“《蓬萊仙弈圖》者，龍陽子湖湘冷君所作。君武陵人，名起敬，龍陽其號也。中統初，與邢臺劉秉忠仲晦從沙門海雲，書無不讀，尤邃於《易》及邵氏《經世》，天文、地理、律曆以至衆技，多通之。至元中，秉忠恭預中書省事，君乃棄釋從儒。游霅，以與故宋司户參軍趙孟頫子昂，於四明史衛王彌遠府覩唐李思訓將軍畫，頃然發之胸臆，遂效之。不月餘，其山水人物窠石等無異將軍，其筆法傅彩尤加纖細。神品幻出，由此以丹青名當時。隸淮陽，遇異人，授中黄大丹，出示平叔悟真之旨，穎然而悟如己作。至正間則百數歲，其緑髮童顔，如少壯不惑之年。時值紅巾之暴，君避地金陵，日以濟人利物，方藥如神。天朝維新，君有畫鶴之誣，隱避仙逝，則君之墨本絕迹矣。此卷乃至元六年五月五日爲予作也。吾珍藏之。吾將訪冷君於十洲三島，恐後人不知冷君胸中丘壑三昧之妙，不識其奇仙異筆，混之凡流，故識此。特奉遺元老太師淇國丘公，覽此卷則神清氣爽，飄然意在蓬瀛之中，幸珍襲之，且以爲後會云。時永樂壬辰孟春三日，三丰遯老書。”見《高坡異纂》。

783. 施清

德清陳尚古《簪雲樓雜說》云：“郡中施清善繪事。庭前有玉蘭二本，當春槁，清力培之，入夏與菡萏爭艷。賦詩志異。”

784. 陸遠

陸遠字清寰，松江人，喜繪事，工著色花鳥。見《簪雲樓雜說》。

785. 文佩

文煥妹文佩，字季筠，適鳳全。工畫花鳥，精刺繡。清季鳳全死難西藏後，投池自盡以殉之。

786. 張綸英

張綸英身短，作書必立榻上，懸腕書之。適孫，早寡，依母弟漢陽知縣曜孫以終。

787. 松雪自製箋

松雪摹靖節像，其紙亦松雪齋自製箋，粉中隱起八分書“子昂”二字。見《珊瑚網·名畫題跋》八。

788. 馬士英

王叔明《雙松圖》，有八十三翁馬士英題“聽松圖”三字。

見《珊瑚網·名畫題跋》十一。殆與叔明同時人。

789.梁不廛

之誠於己未游晉，無意中得梁不廛《東山勝概圖》，寫窮冬風雪、荒寒索莫之境，極見胸襟。其自題詩十章，《山中》云："纔到山中一事無，山中日日看山圖。相逢野老忘名姓，始覺身居太古徒。"《亂後山莊值雪》云："暝色臨深夜，明看雪滿山。兵戈初戰後，烟火幾家殘。細水經沙塞，留灣怪石寒。樵人迷去路，空戴凍雲還。"《東山四咏·谷口留雲》云："山闕雲補合，樹少鳥啣栽。深居忘歲月，但看桃花開。""谷口山横處，山深欲問津。桃花浮水出，應有避秦人。"《山中值雪》云："山中無客到，一逕入幽窅。雪落山上寒，雲深不知曉。""水凍石還瘠，雲迷山亦寒。柴門深晝掩，正好雪中看。"《山寺清松》云："寺借山幽僻，山還寺點妝。水流山澗下，松落水生香。""松風落日静，山寺晚涼開。門傍清谿水，應有山僧來。"《深巖隱居》云："高鳥投林去，淮南好隱栖。豈是倚山静，中原多鼓鼙。""幾家聞戰伐，數處斷村烟。何似深巖叟，遁迹不知年。"印章曰"天外野人"，曰"蘆鶿居"，曰"梁檀之印"，曰"蒹葭主人"，曰"石崖居士"，曰"不廛"。按傅青主《霜紅龕集·太原三先生傳》云："太原老諸生梁檀者，先回回人。聰慧人未曾有。工繪事，年三十許，前後殫精臨模古人山水人物花鳥蟲魚，無所不造微，即不屑細曲，一味大寫取意。然亦應人責，得意畫極少。字不合格，而孤潔秀峻，自標一宗，要無俗氣。家亦貧。舊居南關，小齋傍水，號蘆鶿齋，古書桐琴，獨寤歌也。三十四年間，回向精奉其教主事，日夜懺悔，不敢散逸。山同宿三五夜，以一牀子臥山，自臥地上一席，聽之終夜不睡，時時呵斥喚歎，如先生責讓幼學者。山聞之起，深敬省，如聞晨鐘，乃知其教之嚴靜，非異端也。今七十矣，而奉其教不衰，可不謂用力於仁者哉？傅山曰：梁君居蘆蕩時，山恒以續事訪之，梁老輒歎曰：'有登天堂法不問，乃屑屑問此！'然謂山可與言，爲出其教青紙金書經，制度精净，爲山講之。然大概講之，嚴克微細，頗近西洋天學。而復詳辨之，非西洋學也，西洋似頗畔道矣。山敬之，不敢議。齋壁挂青紙泥金畫一幅，法用小李，宫殿層複。指謂山曰：'此天堂圖也。'又畫果樹一幅，寫其教分布枝葉之相。顧壁間琴上有燕子結巢焦尾，山奇之，爲賦《燕巢琴》一篇記之。出齋門而東臨所謂蘆蕩溪者，青渺渺然，映帶乎消索門庭。山指顧曰：'梁伯鸞在其中哉！'遭亂後，避居西山一年，有即事詩畫手卷子，山未全見也。"據此圖，"蘆蕩齋"乃"蘆蕩居"也。謂"避居西山一年，有詩卷手卷子"，殆即指此。云"未全見"者，或不止一本。唯誤"東山"爲"西山"耳。梁輩行既高，爲青主所敬事，且數從問畫，知青主之畫，實出於梁而微變之。梁能小李將軍法，亦不專守一家也。《霜紅龕集·雜著家訓》云："梁樂甫先生字，全不用古法，率性操觚，清真勁瘦。字如其詩，文如其人，品格在倪瓚之上三四倍，非人所知，别一天地也。"據此，知不廛本字樂甫。青主論書專重人品，如云"字不能庇人"，此云"高倪瓚三四倍"，其推崇可謂備至。梁之高節，幸得此語而傳。惜今人只重青主，而不知重青主所重之人，非聾盲而何？《霜紅·題梁樂甫畫》有句云："伯鸞風雨臼，蘆蕩水晶宫。"其《燕巢琴》一篇有句云："我亦請與爾主人申盟兮，終不改弦而更張。"知其相要之心深且久矣。

790. 楊貴妃寫經

真定大曆寺有藏，雖小精巧，藏經皆唐宫人所書，經尾題名極可觀。佛龕上有匣，藉匣古錦儼然。有開元賜藏經敕書，及會昌賜免拆殿敕書。有塗金匣藏經一卷，字體尤婉麗。其後題曰："善女人楊氏，爲大唐皇帝李三郎書。"見趙溍《養疴漫筆》。

791. 明兩京門額

馬愈《馬氏日鈔》云："我朝南京城門額，皆詹孟舉書。北京大明門額，皆朱孔易書。"又云："正統間，京師營造衙門，其牌額皆程南雲書。"

792. 文文山書慈幼二字

某人買得文文山榜書"慈幼"二字，元明人題跋極多。之誠按：鄭元祐《遂昌山樵雜錄》云："宋京畿各郡門有激賞庫，郡有慈幼局。遇盗發，郡守開庫募士，故盗不旋踵擒獲。貧家子多厭之，輒不育，乃許抱至局，書生年月日時，局有乳嫗鞠育之。他人家或無子女，却來取於局。歲祲，子女多入慈幼局，故道無抛棄子女，信乎其恩澤之周也。積雨雪亦有鈔，雖小惠，然無甚貧者。"據此，文山必爲慈幼局所書也。慈幼即後來育嬰所本。

793. 薛素素手繡大士

李日華《味水軒日記》萬曆四十年十二月十一日記云："門人石夢飛攜示薛素素手繡大士，精妙之極，可謂針絕。上繡《般若心經》一卷，字如菽，得趙子昂筆法。聞素素作此以壽沈純甫司馬者。人但知其能挾彈馳騎與散筆蘭竹耳，何意多奇若是。”

794. 金粟山藏經紙

李日華《味水軒日記》萬曆四十二年正月十二日記云：“海門寺大悲閣，舊貯《藏經》兩函萬餘卷，其字卷卷相同，殆類一手。其紙幅大小紅印，曰‘金粟山藏經紙’，間有元豐年號，五百年物也。其紙内外皆蠟，無紋理，與倭紙相類，造法今已不傳，想即古所謂白麻者也。當時澉浦通番，或買自倭國而加蠟歟？日漸被人盜去，四十年而殆盡，今無矣。金粟山即在澉城南十二里，有金粟寺，紙即此山所造。”

795. 隗囂碗

宋犖《筠廊偶筆》云：“杜詩‘秦州城北寺，傳是隗囂宫’。家玉叔兄分巡秦州，時地震，城北寺裂開丈餘，得古瓷一窖。年來散去殆盡，僅餘碗二杯一。康熙癸卯冬，玉叔示予於長安。體質厚重，髣髴龍泉窰，古色陸離，如漢玉酌，土香可愛。一碗面闊五寸，内外純素。一碗差小，内波文拱起，似吴道子畫水。盃貯一合，有魚四頭，亦拱起，游泳宛然，真異物也。”之誠按：如所狀形制，與今世所傳龍泉無異，疑是宋元物，非隗囂也。

796. 鸜鵒啄金杯

陳貞慧《秋園雜佩》云：“窰器前朝如官、哥、定等窰，最有名，今不可得矣。余家藏白定百折盃，誠茶具之最韻，爲吾鄉吴光禄十友齋中物，屢遭兵火，尚巋然魯靈光也。國朝窰器最精者，無逾宣、成二代，宣乃不及成。宣則雞紋粟起，佳處易見；

成則淡淡穆穆，饒風致，如食橄欖，妙有回味。余友吴問卿家藏鸜鵒啄金杯，高足磬口，一名四妃十六子，又名太平雙喜，淡白中見殷碧離離之色，真如撒卜嵌空，櫻桃的歷，寶光欲浮，使人不能手近。每過雲起樓，促膝飛觥，出成盃勸酒，醉眼婆娑。覩此太平遺物，不勝天寶琵琶之感。”

797.**秘色**

曾慥《高齋漫録》云：“今人秘色瓷器，世言錢氏有國日，越州燒進，爲供奉之物，不得臣庶用之，故云秘色。”據此知秘者中秘之謂，與御窰、官窰同義。之誠前以青瓷解之，非是。

798.**金花定碗**

金花定碗，用大蒜汁調描畫，然後再入窰燒，永不復脱。周密《志雅堂雜鈔》。

799.**宋瓷采色**

洪邁《容齋詩話》云：“彭器資尚書文集有《送許屯田》詩，曰：‘浮梁巧燒瓷，顔色比瓊玖。因官射利疾，衆喜君獨否。父老爭歎息，此事古未有。’注云：‘浮梁父老言：自來作知縣，不買瓷器者一人，君是也。作饒州不買者一人，今程少卿嗣宗是也。’惜乎不載許君之名。”之誠按：宋瓷有采色者，即此詩“顔色比瓊玖”一句可證。

800.**瓷簪**

李日華《味水軒日記》萬曆四十年四月十七日記云：“徽賈

處一白瓷竹節簪，纖細巧妙之極。頂鑄一壽字，僅如粟，而楷整有法；中一卍字如芝蔴，而豪髮不失，且內外具白釉瑩然，殆類鬼工也。”

801. 吴孺子

陳眉公《太平清話》云：“吴孺子狀如老猿，有木癭爐及曲木几，光净如蠟，所至焚香掃地而坐，以諸物自隨。瓶中花枝狼籍，則以散琴裀間臥之。能畫山水，有黄鶴筆法，余有之。其圖書露居三十年，真山澤之癯也。最愛一瓢，偶破之，大哭，一時名士皆有破瓢詩。”《静志居詩話》云：“吴孺子，字少君，金華人。嘉隆以黄冠游吴楚間。有《吴少君集》六卷。性至巧，手製器。製一瓢精絕，過荆溪爲盗所擊，王元美爲作《破瓢歌》。嘗煉白堊爲竈，名玉雪廚。用緑蕚枝條爲杖，名紫玉杖。最愛青苔，天新雨，輒尋牆陰階面，得一苔磚，必詫人。”

802. 楊宛叔

田弘遇招楊宛叔於閣中，令幼女受學，得秘聞宫中事。見《崇禎宫詞》。

803. 趙涓

趙涓，寧波人。其姑少從諸女郎入山中游，人迹既遠，忽遇二女子在松下對弈。趙就問之，二女子少爲指示侵綽聯斷之説。初亦不知弈爲何事也，歸以告其父母，心異之，從親戚家借得棋子試之。又無人可與爲敵，乃以意授兄子涓。涓僅得其概，數日間，名著郡中。然素號國手者，對涓便縮數子。當時鄞人樓得達、江陰相子先皆以棋知名，得入供奉憲廟。初，涓至京，並召入，與二人弈，每以盒盛賞銀，多少無定數，勝者叩頭，啓盒取之。二人連日不能勝，夜出私叩涓曰："吾以棋取上寵，顧今君累勝，名已著矣。若數局不一復，且將得罪。計上盒子中賞銀雖多，不過三兩，今願以銀一錠爲君壽，乞詐敗以示與君能相上下。"涓許之。明日入，樓先對局。涓詐敗，樓叩頭啓盒中，乃補錦衣百户空名御札及一牙牌也。帝初欲官涓，涓竟不得。帝歎曰："孰謂天子能造命哉！"卒官樓。後范洪亦得涓分數，視涓姑高下益懸絕矣。見楊儀《高坡異纂》。

804. 祈禹傳

歸安茅鑣，鹿門先生第三子，字石鸞。一夕鳩匠工及内外謄寫者百餘人，廣厦列炬如晝，鑣危坐其中，或以口語，或以手授，隨筆隨刊，天將曙，百回已竣。述一人百遇，盡屬妙麗，題曰《祈禹傳》，序目評閲具備。明日中以遺友人。見陳尚古《簪雲樓雜説》。

805. 趙忠毅尺牘

於友人處見趙忠毅尺牘。其一："弟固知七廣至，緣此月十六日以前，皆有不得已之事，過此方能奉候。菊子不日即還本巷。翠卿尚在家弟處，弟過兄處，當攜二子與俱。夜爲醒酒氈，豪舉數日，以贖逋慢之罪。吾兄可呼玉立待我，黄二姐不必言矣。佳卷亦容攜往。弟趙南星稽顙復事。"書中菊子、翠卿、黄二姐，似皆當時樂妓，故云本巷。按繆藝風丈《藕香簃别鈔》云："明趙忠毅抗節中朝，身爲黨魁，人但見門庭高峻，不可梯接，而未知軒牖闊闢，通俠縱酒，坡公後風流跌宕，一人而已。《打棗竿》者，公所戲作吴歈，以譏里人子之背交附勢者。”令觀此札，豈不信哉！明季流風，東林面目，胥可知矣。

806. 乾隆癸酉日記

從廠肆見一《乾隆日記》，不署姓名，記中有“拜先祖復聖位下”語，當爲山東之顔，行誼無可考。記有“觀潛庵志傳疏稿，因爲先祖言行錄”語，又有“覲東谷《金石圖考》，讀孝靖祖遺詩”語，又有“教場一巷故宅有來爽樓”語。與紀文達至交，記中有“曉嵐爲七弟撰傳”語。《文達集》無此傳，而《懷人》詩有曲阜顔明經懋僑，不知即其人否。又稱其兄字曰寰中。其人似是一孝廉，嗜酒，客居宋蒙泉家，爲之集《山左詩鈔》。記中屢稱李鐵鍋斜街、王寡婦斜街，又稱往内城三和齋購靴，孫瑞人宫贊居賈家胡同，于敏中第在米市胡同，皆可備掌故。稱西域戴進賢所製《日月五星躔度圖》極精，似亦頗留心學問。最錄三事於下：

梨園　廣和樓觀和邸和成，演《平齡會》，皆孫子不經之事。魏染孔户部正堂寓供奉梨園，則海大司農之善慶班，奏《紅梨》、《逼休》、《單刀》、《茶坊》、《釵釧》諸雜劇。

富户　故事，光祿歲豕，悉殷實編户典領供億。豕户小馬馬劉裕泰既籍沒，以俞長庚代之，而俞歲供鵝鴨，例得別募。時稱殷富若柴俞、烟郭、珠子袁、銅吕、緞鋪王、爐頭趙、爐頭任、花匠劉、米鋪祝、園頭閻王張、瘦陳、窮張、黑臀劉、白臉張等，尚二十一户。石道西才三數家，悉占籍都城。故向有“西富東貴”之喻，謂前門左右也。

春聯　李笠翁昔在京師，顏其門曰“賤者居”。翌日，對舍亦增一額曰“良者居”。又其門榜一聯云：“天下文章盡於是，漫勞車馬駐江干。”一夜爲人易“天下”二字爲“紅顏”。曉嵐少時，於除夕書“不”字若干，伺人定，出，遇“出門見喜”春帖，凡“見”字悉以“不”字易之，自虎坊橋至猪市幾遍。此與徐文長客蘇州，見無字春帖，悉題“閉門家裏坐，禍從天上來”事相類。

807. 寫本順治康熙時憲曆

寫本順治十一年曆，長四寸五分，寬二寸五分。總月半頁四行，太陽出入時刻半頁十二行，每月曆半頁六行，紀年半頁十行。後附官銜，如敕賜通玄教師、加二品通政使司通政使、掌欽天監印湯若望，立法其官監正宋可成，夏官正李祖白，加正五品中官正賈良琦，秋官正宋發，冬官正朱光顯，五官保章正劉有泰，五官保章正陳正諫，五官靈台郎加二級李之貴，五官挈壺正揚弘量，五官司曆戈繼文，五官司曆張問明。有神位方向圖，無忌日圖。內容與通行刻本無異，唯蠅頭細楷書，蓋宮中所用。又康熙十九年曆一册，長寬款式書寫並同。官銜爲監正加一級宜塔喇，治理曆法、加通政使司通政使、仍加一級南懷仁，主簿加一級阿莫索峨，主簿加一級劉應昌，春官正加二級孫有本，夏官正加俸二級、又加二級何雒書，中官正加俸二級、又加二級薛文炳，秋官正加二級張問明，冬官正加俸二級、又加二級何天錫，五官司曆加俸一級、又加二級周統。並袁珏生所藏。之誠按：順治十八年《搢紳錄》，欽天監官敕賜通玄教師、加通政使司通政使、用二品頂戴加一級、管欽天監印務事湯若望，字道未，大西洋人。是時沿明例，醫工雜流皆得加卿銜，若望非真爲通政使也。

又按南懷仁卒謚勤敏。見近人《簷醉雜記》。

808. 盛伯希收藏

盛伯希祭酒，自謂所藏以宋本《禮記》、《寒食帖》、刁光胤《牡丹圖》最精，爲三友。身後爲其養子善寶斥賣。至今意園已爲日人中山商會所有，蓋無餘物矣。三友以壬子夏歸於景樸孫。後《禮記》爲粵人潘明訓所得，《寒食帖》歸於日本人菊池惺堂，《牡丹圖》初歸蔣孟蘋，復賣於美國人。有得當時善寶與景所立契約，言："今將舊藏宋板《禮記》四十本、《黄蘇合璧寒食帖》一卷、元人字册一十頁、刁光胤《牡丹圖》一軸及《禮堂圖》一軸，情願賣與景樸孫先生，價洋一萬二千元正，絕無反悔。日後倘有親友欲收回各件，必須倍價，方能認可。恐口無憑，立此爲據。善寶押。舊歷壬子年五月二十日。"蓋祭酒爲肅宗，景慮後患，故要約爲此。祭酒所遺不下數十萬金，十餘年間，蕩然無遺，人絕未見其揮霍。亦喜購古物，嘗以二千金買陸子岡雕玉美人，侗厚齋所藏明人書畫扇數十柄亦歸於善，然每貴買而賤賣之。一日侗爲予道其童騃狀甚詳悉，予忍笑聽之。

骨董續記卷二

809. 端笏

何薳《春渚紀聞》云："元符以來，殿庭朝會及常起居，看班舍人必秉笏巡視班列，懼有不盡恭者，連聲云'端笏立'。"蔡絛《鐵圍山叢談》云："哲廟惡百官班聯不肅，而後臺吏號知班者必贊言'端笏立定'。"何言"看班舍人"，蔡言"臺吏知班"，殆爲一稱也。

810. 黄背書

《春渚紀聞》云："陳手執一黄背書，若書肆所市時文者。"

811. 瓦缶沃盥

《春渚紀聞》云："宣義郎萬廷之，中劉輝榜乙科。家蓄一瓦缶，蓋初赴銓時，都下銅禁甚嚴，因以十錢易之，代沃盥之用。"

812. 劉海蟾

《春渚紀聞》云："鳳翔聖祠，有食牛肉及著牛皮履靸過者，必加殃咎。一日有人苧袍青巾，曳牛皮大履，慢言周視而出。道士張守真焚香啓神，神乃降靈曰：‘此人實新得道劉海蟾也。既已受度，未肯便就仙職，折旋塵中，尋人而度。’”《四朝聞見錄》云：“熙寧元年，有異人號海蟾翁劉易者，寓天慶觀。”

813. 國手劉仲甫

《春渚紀聞》載江西國手劉仲甫與祝不疑弈棋事，謂“劉於邸前懸一幟，曰：‘江南棋客劉仲甫，奉饒天下棋先。’”是江西亦可稱江南，本唐時江南西道也。“饒”即“讓”。其曰“贏籌”，即今言“采”。曰“覆局”，曰“斂子排局”，謂勝予曰若干路，皆與今稱小異。曰“棋會”，曰“國手棋集”，曰“受子”、“爭先”、“分先”，今猶是稱。

814. 髽兩髻

《春渚紀聞》云：“施奶婆年六十餘，髽兩髻，明其尚處子也。”即今言“抓髻”。

815. 宋時稅重

《春渚紀聞》云：“東坡帥杭，都商稅務押到匿稅人吴味道，以百千就置建陽小紗，得二百端，因計道路所經場務，盡行抽稅，則至都下不存其半，乃假東坡名銜緘封。”據此，知北宋商稅已重，有名銜者免稅，又可見宋之優於士大夫也。

816. 謝叠山妻死節

郭天錫手鈔《諸賢遺稿》云：“謝叠山，字君直，妻李節婦，以君直故，與二子繫金陵獄。一將官欲得之，李紿曰：‘爾能脱我械繫，乃可議此。’將以爲然，禱上下釋其獄。李即具湯沐，約翌日出。是夕伺二子熟寐，解衣帶自經死。藁葬城東濠。二子故釋。後數年，子定之復往裹骨歸葬。卷吾李先生謹思贈詩云：‘猝猝多瓶屈，齒齒獨雉經。借渠施粉黛，聊與照丹青。孤櫬何年寄，重泉底處扃。有人能縮地，不隔短長亭。’”見《珊瑚網·法書題跋》十，較《宋史·列女傳》所紀爲詳。

817. 元史譯文證補

洪文卿與許竹篔手札云：“金楷理記問之學，無人可及，其偏執自是，先入爲主，是其一病。正惟其病，故其人可用，置於使館，尚覺可惜。彼固有爰居不樂鍾鼓之情，然利之一字，西人所重，可以動之。將來當勸合肥用之。”又云：“弟自去秋即有志於俄事，而覺朔方備乘之臆鑿，乃俄之先與蒙古爲緣，不考元事，不能詳俄事。而蒙古與俄開釁，始於西域之師，則尤須考西域。因此而擬作《元史補傳》。若西域，若旭烈兀諸王，一一爲之補傳。蓋華書失載，而回書綦詳，有西人譯西書以補《元史》，爲自來讀《元史》者指迷抉誤，度閣下亦嘉許之也。特斯事體大，有許多華書須查，而皆一時不可驟得，不稔能與瓜期俱備否。矻矻伏案，已歷三時，大得金楷理之助，他人不足共斯役也。”此函據後所述中俄新疆條約將屆滿期事，當是光緒十五年所致，則《元史譯文證補》實經始是時，且賴金楷理之助。張孟劬先生言：“曾於沈子培處見洪稿，甚樸實無華，此後付刻，皆子培爲之潤色，兼定新名。其未刻稿尚多，仍舉以還陸鳳石，復交柯鳳蓀。柯《新元史》中取洪稿列傳凡十餘篇。後原稿輾轉爲湘人陳毅索去，云將續刻。陳死，遂不知流落何所矣。金楷理能言元時西域事，别有紀載，子培嘗及見之。”

818. 升斗口狹底闊

今之升斗，口狹底闊，起於賈似道。元至元間，中丞崔彧言其式口狹底闊，出入之間，盈虧不甚相遠，遂行於時。見王應奎《柳南隨筆》。之誠按：秋壑作公田法，大爲元代之利，不意升斗之制復利賴百世。[1]

819. 庫路真

《唐書·地理志》："襄州貢漆器庫路真二品十乘，花文五乘。"《容齋四筆》以庫路真爲漆器，引《唐書·于頔傳》有"襄陽漆器"[2]爲證，又引《唐書·職官志》武德七年改秦王、齊王下領三衛及庫真、驅咥真，並爲統軍，疑是周隋間西邊方言。之誠按：皮日休《文藪》有《誚虛器》一篇云："襄陽作髹器，中有庫路真。持以遺北虜，給云生有神。每歲走其使，所費如雲屯。吾聞古聖王，修德來遠人。未聞作巧詐，用欺禽獸君。吾道尚如此，戎心安足云。如何漢宣帝，却得呼韓臣。"日休此詩，當作於咸亨中，其時正羈縻突厥、回紇，故曰"每歲走其使"。據《元和郡縣志》襄州貢賦，開元貢庫路真，元和貢只云漆器，或已罷斥，不遺北虜矣。容齋引庫真、驅咥真爲喻，謂爲西邊方言。按《南齊書·魏虜傳》舉北魏語言呼內左右爲直真，外左右爲烏矮真，曹局文書吏爲比德真，擔衣人爲樸大真，帶杖人爲胡洛真，

---

〔1〕"之誠按"以下據明齋本補。

〔2〕《于頔傳》原文作"襄有髹器"。《容齋隨筆》所引亦同。

通事人爲乞萬真，守門人爲可薄真，僞臺乘驛賤人爲拂竹真，諸州乘驛人爲咸真，殺人者爲契害真，爲主出辭受人爲折潰真，貴人作食人爲附真，三公貴人通謂之爲羊真，意“真”者人也。胡洛真與庫路真之音略似，未知即帶杖人否。《唐志》稱之爲“乘”，皮詩則言“有神”，其制如何，終不可曉。容齋謂白樂天曾有一說而未之見，今檢白集亦未得，或容齋偶然誤記耳。

820.舞獅子

樂天《西涼伎》云：“西涼伎，假面胡人假獅子。刻木爲頭絲作尾，金鍍眼睛銀貼齒。奮迅毛衣擺雙耳，如從流沙來萬里。紫髯深目兩胡兒，鼓舞跳粱前致辭。應似涼州未陷日，安西都護進來時。”今世俗有舞獅子者，其製與樂天所咏者同，予在蜀、粵屢見之。

821.唐宣州紅綫毯

樂天咏《紅綫毯》詩有云：“太原毯澀毳縷硬，蜀都褥薄錦花冷。不如此毯温且柔，年年十月來宣州。”之誠按：《元和郡縣志》卷二十九云：“宣州自貞元後，常貢之外，別進五色綫毯及綾綺珍物，與淮南、兩浙相比。”

822.樂天病肺詩

“肺病不飲酒，眼昏不讀書。端然無所作，身閑意有餘。雞栖籬落晚，雪映林木疏。幽獨已云極，何必山中居。”予壬申病肺，有勸以居山者，每咏此詩婉謝之。

823. 綠絲布白輕褣

《樂天集·元九以綠絲布白輕褣見寄》詩云："袴花白似秋雲薄，山色青於春草濃。""褣"字不見字書。周密《齊東野語》云："紗之至輕薄者曰輕容。"即今之銀條紗類也。王建宮詞："嫌羅不着愛輕容。"李賢詩："蜀烟飛重錦，峽雨濺輕容。"據此褣、容當是一字。

824. 箬下酒五酘酒

樂天有《錢湖州以箬下酒，李蘇州以五酘酒相次寄到》詩。

825. 繡佛

《樂天集》中有繡佛三事。一繡阿彌陀佛，贊曰："金身螺髻，玉豪紺目。"一繡救苦觀音菩薩一軀，長五尺二寸，闊一尺八寸，紉針縷綀，絡金綴珠。贊曰："集萬縷兮積千針，勤十指兮虔一心。"皆爲白行簡妻京兆杜氏作。一爲繡西方阿彌陀佛與閻浮提云："夫範銅設繪，不若刺繡文之精勤也。"爲弘農郡君楊蓮花作。

826. 唐宋官選

《長慶集》四十六《策林》論選舉云："國家公卿將相之具，選於丞郎給舍；丞郎給舍之材，選於御史遺補郎官；御史遺補郎官之器，選於秘著校正、畿赤簿尉。"歐陽修《奏事錄》云："朝廷用人之法，自兩制選居兩府，自三館選居兩制。入三館有三路，往時進士高科一路也，大臣薦舉一路也，因差遣例除一路也。進士五人已上及第者，皆入館職。第一人有及第纔十年而即輔相者。

今第一人及第者，兩任近十年方得試館職。而第二人已下無復得試，是高科一路塞矣。往時大臣薦舉，隨即召試，今但令上簿，候館閣闕人與試，上簿者永無試期，是薦舉一路又塞矣。唯有因差遣例除者，半是年勞老病之人也。”

827. 瘦馬

世俗出資買女調習，爲人作妾者，謂之“養瘦馬”。義不可解。《樂天集·有感》云“莫養瘦馬駒，莫教小妓女”，或唐時已有此稱。

828. 傳氈

樂天詩：“青衣傳氈褥，錦繡一條斜。”今人婚時，新人下綵輿，以紅氈替換貼地，即本於此。

829. 二娘子家書

囗囗囗離日久，思戀尤深，耐煙水以阻隔囗囗囗翹空深瞻慕之至。季夏極囗囗囗囗尊體起居萬福。即日二娘子榮侍外囗囗囗不審别後尊體何似。伏維順時，倍加保重，愚情祝望。二娘子自離彼處，至今年閏三月平善，與天使司空一行到東京，目下並得安樂，不用遠憂。今則節届炎毒，更望阿娘彼中骨肉，各好將息，懃爲茶飦，噉好將息，莫憂二娘子在此。今寄紅錦一角子，是團錦，與阿姊充信，素紫羅裹肚一條，亦與阿姊，白綾半疋，與阿娘充信。比擬剩寄物色去，恐爲不達，未敢寄附，莫怪微少。今因任次，謹奉狀起居。不備。女二娘子狀拜上阿娘几前。六月二十一日。通狗末廝，窶珠外甥，計得安樂。今寄團巢紅錦兩角，小鏡子一個，與外甥收取充信。

此二娘子家書，坿於敦煌寫經表背，爲歙縣許君疑庵所得。其曰“充信”者，皮日休《答陸龜蒙》詩云：“明朝有物充君信，𣚦酒三瓶寄夜航。”《白氏長慶集》有《寄兩榼與裴侍郎》詩云：“貧無好物堪爲信，雙榼雖輕意不輕。”唐人寄書，必致物料示信。明末人猶有書帕侑函，不知何時直目書札爲信，而無充信之物矣。書中有“閏三月到東京”語，有唐一代，閏三月爲貞觀元年、貞觀二十年、麟德二年、儀鳳元年、開元二十一年、天寶十一年、大曆六年、元和四年、太和二年、大中元年、咸通七年、光啓元年，五代爲天福七年，宋爲建隆二年、太平興國五年，此不知何屬。洛陽之改東京，在天寶元年，此必爲天寶以後人，或大中後收復河湟，張義潮以瓜、沙、肅、甘十一州內屬時所作也。

830. 唐代歲入之數

《通鑑》引《續皇王寶運錄》：“大中七年，度支奏：自河湟平，每歲天下所納錢九百二十五萬餘緡，內五百五十萬餘緡租稅，八十二萬餘緡榷酤，二百七十八萬餘緡鹽利。”按此時户計爲一百七十萬。此條爲自來言歲計者所未採。唐世錢絹並用，故《通典》稱開元租、庸、調，歲入爲五千二百二十餘萬端、匹、屯、貫、石，資課、勾剝四百七十餘萬。此只言緡，知元和以後已銀錢並用，銀即所謂鋌銀。

831. 李莼客殿試策

《越縵堂日記》：“庚辰四月二十一日，昧爽，赴中右門接卷入殿，辰刻跪受題旨，巳刻對策直書。不起草，首尾俱不同俗例，灑灑二千餘言，不落一字，未刻交卷，頗自熹也。”有人得其試策，楷法不工，豪無館閣氣，自填年四十六歲，實少實年十歲，三代爲曾祖策堂，祖欽，父泰。其試策云：

臣對：臣聞制科之設，自漢以來，所以待非常之人士，得與者以爲極選。而沿習既久，敷衍揚頌，剿襲陳言，千喙一談。進身之始，先市以僞，非特辱盛舉也，其自待已甚薄。由此入仕，不能抒所學以治民導俗，宣力國家，蓋亦明甚。

欽惟我皇上冲齡蒞阼，聖智夙成，凡典學之要，察吏之法，厚生之本，整武之經，惟日孜孜，罔有不逮，豈假愚管，以裨萬一。乃聖懷謙挹，咨求讜言，將擇涓勺以補江河，取爝火以增日月，開聰闢明，無隱不照。臣幸際斯會，用敢竭其一得之愚。

伏讀制策有曰：“執中之訓，爲道統所自歸。”夫中者，天下之大本。民受天地之中以生者，衷也，即性命也。帝德王道，同出於此，無性命外之理，亦無理外之數。《洪範》所言五行庶徵，皆“皇建其極”一語有以賅之。漢儒善言理者，莫如董仲舒，其天人三策，發揮性命，推極陰陽，所言春秋災異，亦與《洪範》五行相證明。而朱子止取其“正誼”、“明道”二語，猶未滿其推說徵驗者，以爲理具而數可無言也。隋之王通，所著《中說》，依託《論語》，言雖近似，罪在僭經。其人無可考見，不足深論。唐之韓愈《原道》爲純，其優劣荀、揚，未爲定論。有宋大儒、濂、洛、關、閩，廓清衆論，獨標宗旨，綜其大要，不外誠、明、敬、靜四端。元儒許衡、許謙，並興南北。明儒其始，大抵本金華四先生之學。其後宗派日出，以河東薛瑄爲朱子正傳，餘莫及也。

制策又曰：“親民者莫如守，與民最親者莫如令。”誠以治民之本，自卑近始，漢詔所謂“與吾共治天下者，守令是也”。而自來任此者，多不得人。天下之爲令者至多，其選輕而途雜，不特朝廷耳目所難周，即大吏亦不能遍察之。臣竊以爲欲祛其弊，在慎選天下之督撫，而尤在慎選天下之郡守。我朝定制，以翰林、御史、部曹資深膺上考者，出爲知府，則擇之未嘗不嚴，任之未嘗不重。而治效鮮聞者，則以郡守仰給於州縣，下吏得因事持之，遂不免遷就見好，優游待遷，疾苦利弊，不復深問。誠能重其祿，壹其權，凡屬縣之考覈，專其責成，部民之利害，由其興革，課最則增其秩，任久則超其擢，斯縣令有所畏，而皆勉於法，民近則性習，而事無不舉。故《史》、《漢》《循吏傳》所紀，皆賢守相，而令長則缺而不書也。

制策又以‘虞書九德、周官六計皆曰廉’爲問。蓋廉者所以定上下之分，導風俗之原，君臣交儆，率由此道。而才與廉之分，陛下尤加意於此，以爲才之不逮，止於怠事，廉之弗尚，必將虐民。此雖堯舜之用心，不過如此。臣以爲欲興廉者，當務乎本。本之謂何？則在屏雜流，省冗事，絕貨賄之門，嚴苞苴之禁，而尤在減枝官，并衆職，而給其用。蓋官少則糈易豐，用給則法易守。養其廉恥者至，而或簠簋不飭，則必誅矣。

制策有曰：“自古求治之主，罔不躬行節儉，爲天下先。”臣益以知陛下自治之誠，遠非前代所及也。經傳之格言，三代之令辟，所稱儉德，皆不爲民情之向背，而以爲主德之盛衰。至於兩漢文、景、明、章，皆號恭儉，而世尤稱美文帝者，非徒以惜百金之費，集上書之囊也。蓋文帝以高帝甫定天下，民氣未復，故託言黃老，淡泊無爲，愛養樂利，實有與天下更始之心。民之被其澤者深，故稱之者久。否則漢世者宣帝、元帝，屢罷工作，後世若晉武、隋文，及唐之明皇，亦皆以禁奢淫、焚服玩見書史册，而稱道弗及，豈非務名與務實之分哉！唐太宗時，張藴古進《大寶箴》曰：‘壯九重於內，所居不過容膝；罷八珍於前，所食不過適口。’宋太祖曰：‘以一人治天下，不以天下奉一人。’明太祖曰：‘惟儉養性，惟侈蕩心。’凡此所言，皆闇符古訓，而紀言者以爲美談。蓋考三君之行事，爲出宫人，毁蜀器，服澣衣，類能行其所言，章章可述。臣惟願陛下常存“惟懷永圖”之心，崇儉黜浮，不爲名譽，則百度自謹矣。

制策又曰：‘整軍經武，國之大經。’臣考古者兵農不分，遂人與司馬法之制，雖不可强合，而賦法甸法，相爲表裏。故國無養兵之費，野無不教之民。《易·師》之取象爲“地中有水”，藏至險於大順，蓋其義也。管仲相齊，参其國而武其鄙，在國則爲軍，在鄙則爲農。觀其爲書，於工商農之外，别爲士鄉，而云公與國子、高子各分帥三鄉，則兵民固已分矣。後世設兵之善，莫若唐者，以太宗所定府兵之制也。關中及諸道皆置折衝、果毅，府兵皆在田，長吏以時肄之，無事則番上，有事則征調。至高宗時，而其制漸廢矣。馭將之善，莫若宋者，以太祖鑒唐末五季之弊也。諸道節度使不治民，而以文臣莅之，籍諸鎮驍桀，以爲禁兵，功臣宿將，皆優爵寵禄，罷其事任。至南渡後，而其制又變矣。要之唐制實暗合周禮，而惜其行之不久。宋制則禁衛廂團諸軍，皆養之官，耗費日鉅，而諸道虚弱，兵額單零，一旦有事，其勢立踣，禁軍遠涉，多不及事。此其得失参半，不如府兵之善者也。夫使唐能常用其府兵，則必無天寶之禍；宋能因禁軍之制而善變之，則雖金人敗盟，兩河之間，猶可爲守，不致行千里之境如無人也。明之京師，宿重兵約三十萬，畿內約三十萬，五衛勳臣，分掌禁旅。大率兵不素練，營多失伍，影射冒占，半出市人。嗣後或廢或置，至於各營已虚，而歲餉如故。迨正德中，群盜並起，乃調發邊兵，徵及楚蜀、兩廣、苗猺，天下騷然，慬而後定。自此禁旅不出京師，而征調日繁，用兵動至數十萬，加餉加賦，而事日亟矣。凡此皆前代得失之林也。昭代兵制，内外繫維，無畸輕偏重之勢。然自咸豐之初，海内多故，兵不可用，始以募勇，東南各省，藉以克定。馴至兵益不振，而勇以日驕。今各省漸復額兵之制，散遣勇營，選其精鋭，以補士伍。而防營未能盡徹，游勇未能悉歸者，則以將佐貪名糧之利，督撫徇情面之私，無他故也。

臣伏望我皇上，本中和以端蒙養，舉廉吏以飭治綱，崇儉節以清嗜欲，詰戎政以奮武略。而方今天下之患，尤在於民俗之奢，軍卒之窳。俗靡則民益貧，軍惰則民益玩，民貧且玩，而求至治，勢必不能。故一人儉而天下無不儉者，非規旦夕之利也；禁旅强而諸道罔不治者，非幸一時之功也。古人制治於幾先，見效於未兆，胥由於此。臣末學新進，罔識忌諱，干冒宸嚴，不勝戰慄隕越之至。臣謹對。

越縵頗自負此策，謂徐蔭軒惜其不得鼎甲。以今觀之，殿陛之間，頃刻千言，自亦難得，唯策中兵制頗乖舛，只足欺當時無目人耳。書式皆不空擡，凡自命高魁者乃如此，知越縵非無意高魁者。然策中寫一古[1]字，以“撤”作“徹”，又倒書“節儉”爲“儉節”，果吹毛以求，得居二甲已爲甚幸矣。

---

〔1〕“古”，明齋本作“别”。

832.會子

元時，宋會子五十一貫，準中統鈔一貫。見陸友《研北雜志》。

833.元代鹽引

元時天下鹽課，歲以引計者二百五十六萬四千有奇，以鈔計者歲入百六十六萬一千餘定。見陸友《研北雜志》。

834.告身

宋制，凡兼官皆無告，說書亦只敕黄，惟侍讀、侍講有之。唐陳尚庭縣尉告，天寶三載，丞相李林甫、韋陟、景融三人名後，有稱“陳尚庭四十三載”。俱見陸友《研北雜志》。

835.宋帝節約

太祖錫后詔云：“朕親提六師，問罪上黨，未有回日。今七夕節在近，錢三貫與娘娘充作戲錢，千五與皇后，七百與充節料。”又泰陵時舊文簿注，一行曰：“紹聖三年，八月十五日，奉聖旨：教坊使丁仙現祇應有勞，特賜銀錢一元。”見《鐵圍山叢談》。娘娘者，宋禁中稱乘輿及后妃，多因唐人故事，謂至尊爲官家，謂后爲聖人，嬪妃爲娘子，至謂母后，亦同臣庶家曰娘娘。丁仙現者，俗稱之曰丁使。新法行，因設宴於戲場中，使作爲嘲諢，肆其誚難。王介甫必欲斬之，神廟乃密詔二王取丁仙現，匿諸王邸，即其人也。皆見《叢談》。仁宗嘗與宫人博，纔出錢千，既輸却，即借其半。宫人皆笑曰：“官家太窮，又借。”不肯盡與。仁宗曰：“汝知此錢爲誰錢？此非我錢，乃百姓錢也。我今日已妄用百姓千錢。”見施彥執《北窗炙輠錄》。

836. 舉令

范文正公始建請：舉縣令佐，有出身三考，無出身四考，有舉主，始得作令。見張耒《續明道雜志》。

837. 毛衫

南唐平，徐鉉入朝，見朝中士大夫寒月衣毛衫，乃歎曰：“自五胡猾夏，乃有此風。”鉉鄙之不肯服，在邠州中寒疾死。見張耒《明道雜志》。

838. 嬸妗

經傳中無“嬸”與“妗”字。“嬸”乃“世母”二字二合呼，“妗”字乃“舅母”二字二合呼。見張耒《明道雜志》。

839. 宋世官蜀者不得攜家

凡官於蜀者，既不得以子屬行，及到官，例置婢。見施彥執《北窗炙輠錄》。

840. 秦檜不事聚斂

施彥執《北窗炙輠錄》云：“張子公爲户侍，苦用度窘，欲出祠部改鹽鈔，見秦丞相。秦曰：‘且止。若干年不出，若干年不改鹽鈔矣。’張乃具陳當時利害，俱不聽。張怒，乃勃然曰：‘相公言大好看，勢不可行，今日事勢若此，安得沽虛譽，妨事實，一旦緩急，相公何處措辦！'" 據此，知秦檜不事聚斂，蓋[1]有沽譽之心也。

841.特奏名

《鐵圍山叢談》云："國朝科制，恩榜號特奏名，本錄潦倒於場屋，以一命之服而收天下士心耳。亦時得遺才，但患此曹子日暮途遠而罕砥礪者。又凡在中末之叙，得一文學助教之目而已，或應出仕，蓋止許一任。"

842.轉對

《愧郯錄》謂："在京職事官轉對，始於唐興元年九月之詔：'正衙及延英坐日，常令朝官三兩人，面奏時政得失。'宋藝祖建隆三年二月御札：'今後每遇內殿起居，依舊例次第差官轉對，並須陳時政闕失，明舉朝廷急務。其間或以刑獄冤濫，或是百姓急苦，並可採訪聞奏。凡關利病，得以極言，朕當擇善而行，無以逆鱗爲懼。如有事干要切，即許非時上章，不必須候輪次，亦不得收拾閒慢之事應副詔旨。仍當直書其事，不得廣有牽引。卿等或屢朝舊德，或間代英材，當思陳力事君，豈得緘言食祿。佇裨闕政，用副旁求。'" 之誠按：轉對即輪對，以在京職事官輪次而對也。宋制：京朝官輪對而外，許以專章白事，意在旁通衆情，實爲臣下交閧之由。明代因之不改，其弊相等。

---

〔1〕"蓋"，明齋本作"尚"。

843.宋制臺省班

王溥爲相，以舊族先朝令德，固優待之。故事，一品班在臺省之後，特制分臺省班於東西，遂爲著式。見釋文瑩《玉壺清話》。

844.臚傳紀事

繆彤《臚傳紀事》云："二十日，殿試。二十一日，到禮部領三枝九葉帽頂。二十二日，傳臚唱名畢，隨禮部堂上官，捧黃榜，從御道出，跪送至龍亭內，鼓樂迎至東長安門，張掛順天府。府尹迎彤等三人至廠內，簪花酌酒，用儀從送至順天府赴宴。謝恩表，舊例前科狀元代作，所以尊前輩，以其知體式也。唯辛丑榜眼李子靜先生在任，彤與張、董兩同年登堂求見，投門生帖，用贄儀二十四金，賞長班、管家銀八兩，俱照例也。二十五日，到禮部與恩榮宴。讀卷官自滿漢大學士以下，收卷官、掌卷官自翰林科部以下，監試御史及巡緝供給各官俱與宴。皇上遣內大臣佟國舅陪宴。彤一席，榜眼探花一席，諸進士四人一席。用滿洲桌，銀盤果品食物四十餘品，皆奇珍異味，極天廚之饌。御賜酒，三鼎甲用金碗，隨其量盡醉無算。宮花一枝，小絹牌一面，上有'恩榮宴'三字，狀元用銀牌。四月初二日，午門外賜彤袍帽，水晶金頂凉帽一頂，鑲蟒石青朝衣一件，玳瑁銀帶一條，荷包、牙筒、刀子俱全，馬皮靴一雙，當時更易，率諸進士行三跪九叩頭禮。榜眼、探花以下，俱折鈔五兩。初六日，著賜袍入朝，親捧謝恩表，跪丹墀下，內閣收進。匣用黃綾，包用銷金龍袱。初七日，國子監釋褐。二十日，吏部引見。二十二日，奉旨授彤秘書院修撰。二十四日，吏部宣旨。二十五日，入朝謝恩。至內閣見滿漢大學士，行一拜三叩頭禮。舊規兩拜六叩頭，大學士受一答一，今滿洲大學士省答拜之禮，止行一拜禮。見學士二揖。二十八日，到任。先謁孔廟，次謁土地祠。三十日，到教習老師處投帖。五月五日，會同館諸同年於金魚池。二十六日，進衙門，候教習老師大[1]到任。歸寓。放假三日，然後進館讀書。"

845. 唐時俸錢

《容齋詩話》卷六云："白樂天仕宦，從壯至老，凡俸祿多寡之數，悉載於詩，雖波及他人亦然。其立身廉清，家無餘積，可以概見矣。因讀其集，輒叙而列之。其爲校書郎曰'俸錢萬六千，月給亦有餘'。爲左拾遺曰'月慙諫紙二千張，歲愧俸錢三十萬'。兼京兆户曹曰'俸錢四五萬，日可奉晨昏。廪祿二百石，歲可盈倉囷'。貶江州司馬曰'散員足庇身，薄俸可資家'。壁記曰'歲廪數百石，月俸六七萬'。罷杭州刺史曰'三年請祿俸，頗有餘衣食。移家入新宅，罷俸有餘資'。爲蘇州刺史曰'十萬户州尤覺貴，二千石祿敢言貧'。爲賓客分司曰'俸錢八九萬，給受無虛月。嵩洛供雲水，朝庭乞俸錢。老宜官冷靜，貧賴俸優饒。官優有祿料，職散無羈縻。官銜依口得，俸祿逐身來'。爲河南尹曰'厚俸如何用，閒居不可忘'。不赴同州曰'誠貪俸錢厚，其如身力衰'。爲太子少傅曰'月俸百千官二品，朝廷雇我作閑人'，'又問俸厚薄，百千隨月至'，'七年爲少傅，品高俸不薄'。其致仕曰'全家遯此曾無悶，半俸資身

---

〔1〕"大"，查《臚傳紀事》刻本，似作"人"字，亦難通，疑爲誤字。

亦有餘’，‘俸隨日計盈錢貫，祿逐年支粟滿囷’，‘壽及七十五，俸占五十千’。其泛叙曰‘歷官凡五六，祿俸及妻孥。料錢隨官用，生計逐年營’，‘形骸僶俛班行內，骨肉勾留祿俸中’。其他人者，如陝州王司馬曰‘公事閒忙同少尹，俸祿多少敵尚書’。劉夢得罷賓客，除秘監，祿俸略同，曰‘日望揮金賀新命，俸錢依舊又如何’。《贈洛陽長水二縣令》曰‘朱紱洛陽官位屈，青袍長水俸錢貧。’其將下世，有《達哉樂天行》曰‘先賣南坊十畝園，次賣東郭五畝田。然後兼賣所居宅，髣髴獲緡二三千。但恐此錢用不盡，即先朝露歸夜泉。’後之君子，試一味其言，雖日飲貪泉，亦知斟酌矣。觀其生涯如是，蘇東坡云‘公廩有餘粟，府有餘帛’，殆亦不然。”之誠按：據此，可以考唐時俸祿之制。

846. 宋人服飾

江鄰幾《醴泉筆錄》云：“司馬公又說：‘婦人不服寬袴與襜，製旋裙必前後開胯，以便乘驢。其風始於都下妓女，而士大夫家反慕之，曾不知恥辱如此。’”又：“涼衫以護朝服，以褐紬爲之，以代毳袍。”“韓持國云：‘始於內臣班行，漸及士人，今兩府亦然，獨不肯服。’”《筆錄》又云：“錢明逸知開封府時，都下婦人白角冠，闊四尺，梳一尺餘。諫官上疏禁之，重其罰，告者有賞。”又云：“京師風俗，將爲婚姻者，先相婦，相退者爲女氏所告，依條決此婦人。物議云云，以爲太甚。”

847. 交子

張乖崖以劍外錢緡輜重，設質劑之法，一交一緡，以三年一界換之。始祥符辛亥，今熙寧丙辰，六十六年，計已二十二界矣，雖極智者不能改。見釋文瑩《湘山野錄》。

848.忽雷

鰐魚名忽雷。歐陽紹與雷鬭，人號忽雷。秦叔寶馬亦名忽雷駮。又御器琵琶名大小忽雷，馮道子琵琶名遶殿雷。見謝肇淛《文海披沙》八。

849.曆日後附甲子

《文海披沙》卷八云："今曆日之後，留六十甲子，其來已久。宋至道二年，司天楊文鎰建言：六十甲子之外，更留二十年。太宗以爲當存兩周甲子，共成上壽之數，使期頤之人，猶見本年號。下司天議之，遂爲定式。不知國朝六十之制，又從何時而變也。"之誠按：清制曆日後附兩周甲子，亦不知何時而變。

850.余國柱之貪

余公罷相，倉皇出都，以節中所收蠟燭贈一親故，鬻之得八百金。又有一屋新漆葫蘆，云是相國夏日偶需此以押簾旌，門下士競獻之，皆鏤金錯綵，積之遂滿一屋也。見柴桑《京師偶記》。

851.康熙時盜風

《京師偶記》云："紙糊套在真定贊皇縣境，其中萬山層叠，與北直、河南、山西二省之地犬牙相錯，逕路叢遶。國初以來，有積寇盤踞險要，賦稅不供，招納亡命，時出四劫，自淮巖寺以內吏不敢問。于公成龍再撫北直，慮爲肘腋之患，特疏聞於朝，以重兵躡之。有十餘人出降，其餘孽猶竄伏山谷中。拊循之責，是在守土者。”之誠按：清初據險自守以抗清，如交山之類，皆義士也，不當以盜論。《偶記》又云：“于公成龍撫北直，於大道築長牆以禦響馬。趙恒夫有詩云：‘百里長牆攔馬賊，綠林昨夜繞官衙。’”則真盜矣。柴桑此記大約作於康熙丙子，乃近畿盜熾如此，則內地可知矣。

852. 慈仁古松

柴桑《京師偶記》云：“己未春，初至京師，即往相國寺看古松。離奇屈曲，俱作龍形，不覺歎絕。丙子秋，復理游屐，古松無一存者。”據此，知道光時慈仁展禊諸詩所咏者，已爲康熙以後補種。今所存，又道光以後補種者。

853. 臊韃子

柴桑《京師偶記》引葉子奇《草木子》云：“元朝北人，女使必得高麗，家童必得黑廝，不如此謂之不成仕宦。”今旗下貴家，必買臊韃子小口，以多爲勝，競相誇耀。男口至五十金，女口倍之。按：所云黑廝，或即崑崙奴之類，清初亦有蓄之者。所云臊韃子，乃指蒙古。[1]

854. 東嶽廟劉元塑像之毀

王士禎《居易錄》云：“庚辰三月，朝陽門外東嶽廟火，殿

---

〔1〕此九字據明齋本補。

廡皆燼，獨左右道院無恙。特發內帑，並令在京在外大小官員捐助。並以裕親王監視之。閱歲始畢，上親臨幸焉。廟中仁聖帝、炳靈公、司命君、四丞相像，皆元昭文館大學士、正奉大夫、秘書監劉元所塑。元最善搏換之法，天下無與比，至是皆毀於火。

855.钵露那國

馬愈《馬氏日抄》云：戴德潤一日過予，曰："西域人進駝雞在會同館中，盍觀焉？"遂與之偕往。至則雞高四五尺，毛紫赤色，長距大喙。又有鳥如鷹狀，頭有二角，與鷹無異，身皆黃金色。解國人語言，順其指揮。觀畢，值通使卜馬琳相遇，問其國夷，乃西域钵露那國人也。具道其使臣坐臥尊嚴，言語不苟，飲食潔精，言行有禮。德潤欲往窺之，琳曰："彼有擯者，不可得窺，我導子見之，彼弗敢慢。"如其教以往，及門，擯者膝行以告，召琳入與語，乃具衣帽請見。予二人入，使乃降牀相迎，揖後拱手再四，仍升牀，盤膝而坐。余二人對牀坐窗下，琳坐右側胡牀上。琳以國語與彼通訪謁意，彼復拱手相謝。觀其所戴帽如僧帽毗盧式相似，乃白鳥羽爲之者，頂上嵌一紅鶻石，週圍有金絲相間。髮垂向後，若四五寸長。珥金兩環。衣淡紫大袖，如道家氅衣。內裙繫在胸次，垂兩紫帶甚闊，躡革履，去履升牀。須臾茶至，乃已茶也，各注少許於椰杯中啜之。茶罷，一擯者捧一小黑盒，膝行上供果。使臣取一枚在手，命以取相傳，余輩各取一枚。果如橄欖形而色黃白。彼先食之，余輩皆食。果味甘辛，核如棗，心與肉不相粘。擯者持盒去，不再進，蓋珍之也。余二人但以目視彼，不能通一語。坐少頃，與琳語欲辭去。琳耳語云："食彼茶果，敬之至也。有手帕之類在手，可酬謝而去。"袖中俱無，余只有天蠶絲所縫摺疊蒲葵扇，世亦艱得，即出以爲謝。琳致意焉，使臣把玩再四，拱手笑謝。余輩告辭，彼命琳留坐。擯者移熏爐在地中，枕內取出一小盒，啓香爇之，香雖不多，芬芳滿室。即以小盒一枚，盛香一枚，與琳語久之，命以酬扇。琳傳其語云："此特迦香也，所爇者即是，佩服之，身體常香，神鬼畏伏。其香經百年不壞。今以相酬，祇宜收藏護體，勿焚爇之。國語特迦，唐言辟邪香也。"余諦視之，香細爇淡白如雀卵，臭之甚香。連盒受之，拜手相謝。辭退間，使臣復降牀躡履，再揖而出。歸家，爇粒米許，其香聞於鄰屋，經四五日不歇。連盒奉於先母，先母納篋笥中，衣服皆香。十餘年後，余尚見之。先母即世，篋中唯盒在，而香已失矣。嘗讀《博物志》云："漢武帝時，弱水西國，有人乘毛車渡弱水來獻香者。帝謂是常香，非國所乏，不禮其使，留京師久之。帝幸上林苑，西使奏其香。帝取看之，大如燕卵三枚，與棗相似。帝不悦，付外庫。後長安中大疫，宮中皆疫病，帝不舉樂。西使請見，請燒所貢一枚，以辟疫氣。帝不得已聽之，既爇香，宮中病者登日盡差，長安中百里盡聞香氣，九月餘日，香猶不歇。帝乃厚禮之，遣送還國。"觀於此，則香之驅病辟邪，理或有之，但偶未之試耳。

856. 盧思道詩

北齊盧思道聘陳，陳主令朝貴設酒食，與思道宴會，聯句作詩。有一人方便譏刺北人云："榆生欲飽漢，草長正肥驢。"爲北人食榆，吳地無驢，故有此句。思道援筆即續之曰："共甑分炊水，同鐺各煮魚。"爲南人無情義，同炊異饌也，故思道有此句，吳人甚愧之。又散騎常侍隴西辛德源謂思道曰："昨得羌嫗詩，唯得五字：‘皂陂垂肩井。’苦無其對。”思道尋聲曰：“何不道‘黄物插腦門’？”見劉敞《南北朝雜記》。之誠按：《北史》唯有開皇初奉詔郊勞陳使，不及使陳事。此條見《太平廣記》二百四十七引《談藪》，原父《雜記》皆撮錄《廣記》，並及題目，頗亦足以證史。

857.白衣觀音

龔明之《中吴紀聞》卷四云：“慧感夫人，舊謂之聖姑，或以爲大士化身，靈異甚著。祝安上通守吴邦，吴邦事之尤謹，每有水旱，唯安上禱祈立驗。後以剡薦就除台守，既至錢唐，詰旦，欲渡江，夢一白衣婦人告之曰：‘來日有風濤之險。’既覺，頗異之，卒不渡。至午，颶風倏起，果覆舟數十，獨安上得免。一夕盜之祠中，竊取其旛，平旦，廟史入視之，見一人以旛纏其身，環走殿中。因執以問，答曰：‘某實盜也，夜半幸脱，已逾城至家矣，今不知潛制於此。神之威靈使然，敢不伏辜。’建炎間，賊虜將至城下。有一居民，平昔謹於奉事，夢中告之曰：‘城將陷矣，速爲之避。謹勿以此告人。佛氏所謂劫數之説，不可逃也。’不數日，兵果至。其他神驗不一，後加封慧感顯佑善利夫人。今參政范公作記。”張堯日《嘉禾百咏》云：“唐咸通間，郡中有木在水濟人，遇净則浮，逢膻則沈。人知其異，取鎸觀音像。纔畢，面目手指皆有光采，人稱木紋觀音，又作目紋。初在五臺院，後以兵火移精嚴寺東廡。紹興十一年，邦人禱賜，重新其宇。先是郡守曾侯，曾夢白衣人曰：‘我當此方致雨，奈面目不净，三十里無所見，不能與衆聖會。’明日詰之，果匠者用雞子、牛膠調粉故爾，遂改新之，乃應。”之誠按：曰聖姑，曰衆聖，皆非佛徒所宜有。故世有疑爲聖瑪麗亞者，謂景教經禁後，尚傳於民間也。

858. 劉孜

鄭獬，字毅夫，嘗作《吴江橋》詩寄劉孜叔林。劉時爲吴江尉，亦有和篇，皆刻之石。鄭詩題云《寄同年叔林秘校》，劉於詩前具位加“榜下”二字於其上，乃原父之弟也。見龔明之《中吴紀聞》四。然則三劉當稱敞、邠、孜矣。

859. 唐珏葬宋六陵事

元人撰《東園友聞》，引華亭夏頤所説：宋太學生會稽唐珏，字玉潛，收葬宋諸陵。有《夢中》詩四首。其一曰：“珠亡忽震蛟龍睡，軒弊寧忘犬馬情。親持寒瓊出幽草，四山風雨鬼神驚。”其二曰：“一抔自築珠丘土，雙匣親傳竺國經。只有東風知此意，年年杜宇泣冬青。”其三曰：“昭陵玉匣走天涯，金粟堆寒起暮鴉。水到蘭亭轉嗚咽，不知真帖落誰家。”其四曰：“珠凫玉雁又成埃，斑竹臨江首重回。猶憶去年寒食節，天家一騎捧香來。”又作《冬青行》二首：“馬箠問髐形，南面欲起語。野麕尚純束，何物敢盜取。餘花拾飄蕩，白日哀后土。六合忽怪事，蜕龍掛茅宇。老天鑑區區，千載護風雨。”又曰：“冬青花，不可折，南風吹凉積香雪。遙遙翠蓋萬年枝，上有鳳巢下龍穴。君不見，犬之年，羊之月，霹靂一聲天地裂。”元人鄭元祐《遂昌山樵雜錄》紀此事，則以收葬高、孝事歸於永嘉林景曦，且謂葬於永嘉。景曦有《夢中》詩十首，其一絕曰：“一抔未築珠宫土，雙匣親傳竺國經。只有春風知此意，年年杜宇哭冬青。”又曰：“空山急雨洗巖花，金粟堆寒起暮鴉。水到蘭亭轉嗚咽，不知真帖落誰家。”又曰：“橋山弓劍未成灰，玉匣珠襦一夜開。猶記去年寒食節，天家一騎捧香來。”餘七首尤悽惋，則忘之。又有《冬青花》一首曰：“冬青花，冬青花，花時一日腸九折。隔江風雨清影空，五月深山落微雪。移來此種非人間，曾識萬年觴底月。”之誠案：謝翱《晞髮集》卷四有《冬青樹引别玉潛》詩，則《冬青行》爲唐珏首唱可知。元祐所記，已在宋亡五十六年後，或傳聞之誤，或唐、林共改葬之，事亦未可知。

860. 散聖

《遂昌山樵雜錄》記宋僧温日觀事，謂：“惟鮮于伯機父愛之。温時至其家，每索湯浴，鮮于公必躬爲進澡豆，其法中所謂‘散聖’者，其人也。”之誠按：日觀爲葛嶺瑪瑙寺僧，僧法殊無所謂“散聖”，甚不可解。

861. 鄭所南

鄭元祐《遂昌山樵雜錄》云：“閩人鄭所南先生，諱思肖。宋有國時，其上世仕於吴，宋亡遂客吴下。聞有田數十畝，寄之城南報國寺，以田歲入爲祠其祖禰。遇諱日必大慟祠下，而先生併館穀於寺焉。先生自宋亡，矢不與北人交接，於友朋坐間見語音異者，輒引起。人知其孤僻，故亦不以爲異。其上世本業儒，而先生於佛老兩教則喜之。平日喜畫蘭，疏花簡葉，不求甚工。其所自賦詩以題蘭，皆險異詭特，蓋以攄其憤懣云。吴人好事者爲板刊其所謂《錦錢集》者於世。若先生在周爲頑民，在殷爲義士，蓋不易窺其涯涘云。”

862. 南宋亡國之慘

鄭元祐《遂昌雜錄》所紀多禾黍之悲，如曰："尤公爲江浙平章，每出見杭士女出游，仍故都遺風，前後雜沓，公必停輿，或駐馬戒飭之曰：'汝輩尚懵懵睡耶？今日非南朝矣。勤儉力作，尚慮不能供徭役，而猶若是惰游乎？'時三學諸生困甚，公出，必擁呼曰：'平章今日餓殺秀才也！'從者叱之。公必使之前，以大囊貯中統小鈔，探囊撮予之。遂建言學校養士，從公始。"又曰："國初，富初庵先生占宋故都：'其地五六十年後會見城市生荆棘，不如今多也。'今杭州連厄於火災，復困於科徭，視昔果不逮。"又曰："倪元鎮出應門户，不勝州郡之朘剝也，貲力遂耗減。"據此，則胡元入據中原、削平江南後，民不堪命可知。又引鄧光薦詩曰："行不得也哥哥，瘦妻弱子羸牸馱。天長地闊多網羅，南音漸少北語多。肉飛不起可奈何，行不得也哥哥。"引汪水雲詩曰："西塞山前日落處，北關門外雨來天。南人墮淚北人笑，臣甫低頭拜杜鵑。"又曰："錢唐江上雨初乾，風入端門陣陣酸。萬馬亂嘶臨驚蹕，三宫灑淚濕鈴鸞。兒童賸遣追徐福，厲鬼終當滅賀蘭。若說和親能靖國，嬋娟應是嫁呼韓。"皆極沈痛。其紀楊連真伽發宋陵寢，並發林和靖墓，與周密《癸辛雜識》所謂"東南無不發之墓"，足相印證。又紀趙宛丘言，"一日哨馬南歸，睹一纍囚，兩足凍垂墮，呻吟饑凍馬足間。宛丘之父問囚爲誰，囚嚬蹙曰：'吾南宋官人，廬州通判胡某，城破爲所虜'"云云。官人如此，則人民之爲俘虜者，困苦更不堪問矣。《癸辛雜識》謂"凡今之北人虐南人，蓋有數；若南人恃北勢以虐南人者，此神明之所甚怒，罪無赦。"委之於數，誠痛心之論。而胡元所以虐中國者，乃得藉以窺見一斑。若《輟耕錄》所載“想肉”，言食人事，又忍之甚者矣。

863. 李卓吾

陶晉英《楚書》云：“蘄黄之間，近日人文飆發泉涌。然士風與古漸遠，好習權奇，以曠達爲高，繩墨爲恥，蓋有東晉之風焉。然其一段精光，亦自鏟埋不得。毋論士大夫，即女郎多有能詩文者，如周元孚董夫人輩。又毋論詩文，近且比丘尼輩出，高談禪理，如所云澹然、明因、自信等。余蓋於李卓吾《八觀音問》中崖略見之。李以菩薩身自任，雖迹太奇，其與耿司寇以學問相傾，不啻剸刃。”

864. 眼鏡

向在京師，嘗於指揮胡籠寓所，見其父宗伯公所得宣廟賜物。如錢大者二，其形色絕似雲母石，類世之硝子，而質甚薄，以金相輪廓而衍之爲柄，紐制其末，合而爲一，岐則爲二，如市肆中等子匣。老人目昏，不辨細字，張此物於雙目，字明大加倍。近者又於孫景章參政所再見一具，試之復然。景章云：以良馬易得於西域賈胡滿剌，似聞其名爲“僾逮”。見文琳《琅琊漫鈔》。

865. 檮杌閒評

《檮杌閒評》，不詳撰人。其所載侯魏封爵制辭，皆不類虛構。述忠賢亂政，多足與史相參。繆藝風《藕香簃别錄》云：“弘光朝，工科給事中李清，爲其祖李思誠辨冤。思誠由翰林轉福建副使，與吕純如比，而媚稅監高寀。逆賢用事，仍復原官，歷升禮部尚書。頌美逆奄，有‘純忠體國、大業匡時’等語，故入逆案。按《酌中志》云：‘河南右布政使仰志完，輦三千金饋崔呈秀，謀升京卿，爲邏卒所獲。思誠寓呈秀比鄰，乃卸罪於思誠，因之革職。’映碧欲辨三千金之誣則可，欲辨入逆案之冤則不可。‘純忠體國，大業匡時’是何等語，尚以爲不當入逆案耶？《檮杌閒評》亦載此事，因心疑亦映碧所撰。”之誠案：《檮杌閒評》紀事，亦有與《三垣筆記》相發明者，總之非身預其事者不能作也，謂之映碧所撰，頗有似處。

866. 明珠墓

藝風丈《藕香簃別鈔》云：英煦齋《皂角屯龍母宮》詩云：“金谷已生周道草，石龕猶賸相公牌。”原注：“康熙明相墓道，近在咫尺，頽敗過甚。佛殿東楹佛龕内，尚供相公石主。”《別鈔》又云：“積水潭上高廟，是明相家祠。”

867. 通天犀

宋人競貴通天犀。姚寬《西溪叢話》云：“犀以黑爲本，其色黑而黄曰正透，黄而有黑邊曰倒透，正者世人貴之。其形圓謂之通天犀。”張世南《游宦紀聞》云：“通天犀腦上角，千歲者長且鋭，白星徹端，能出氣通天，則能通神，可破水駭鷄，故曰通天。《抱朴子》曰：‘通天犀有白理如綿者，以盛米，鷄見則駭。其真者刻爲魚，銜入水，水開三尺。’俗所謂離水犀者是也。犀胎時，見物象戾天，則形於角上，故云通天。”

868. 世本

《西溪叢話》謂“姓氏之學，若以聖賢所本，如子姓、嬀姓、姬姓、姜姓之類，各分類聖人受姓所從來，以迄《春秋》所紀，用《世本》、荀況《譜》、杜預《公子譜》爲法，則唐虞三代，列國諸侯，皆可成書。”據此，則姚寬猶及見《世本》矣。

869. 五通

《輿地紀勝》云：“五通廟在婺源縣。大觀三年賜廟額，宣和五年封通貺、通祐、通澤、通惠、通濟侯。乾道、淳熙屢封，各八字。其告命云：‘江東之地，父老相傳，謂兄弟之五人，振光靈二千載。’”

870. 梁山濼

宋時梁山濼久爲盜區[1]，說部因附會宋江事。據孫升《孫公談圃》云：“蒲恭敏宗孟知鄆州。先是，寇依梁山濼，縣官有用長梯窺蒲葦間者。恭敏下令，禁毋得乘小舟出入濼中，賊既絕食，遂散去。”考《宋史》本傳，宗孟知鄆州在熙寧時，傳中亦及治梁山濼盜事。晁以道《晁氏客話》云：“蒲傳正因鄆州梁山賊事，責詞云：‘汝不以龔、黄爲心，朕獨不愧孝宣之用人乎？’”王荆公欲決濼爲田，劉貢父譏以再掘一梁山濼，當亦在此時。

871. 燈花婆婆

李日華《味水軒日記》萬曆四十五年二十二日記云：“從沈景倩借得《燈花婆婆》小說閱之，乃鶯脰湖中一老獼猴精也。宋咸淳中，攪震澤劉諫議家，遇龍樹菩薩降滅。”

---

〔1〕“盜區”，三聯本原作“澤國”，不妥，據明齋本改回。

872. 寸磔

世俗言明代寸磔之刑，劉瑾被四千二百刀，鄭鄤三千六百刀。李慈銘《日記》亦言之。此謽也。據《張文寧年譜》記劉瑾被誅事云：“奉旨劉瑾凌遲三日，剉尸梟首，仍畫影圖形，榜示天下。”又云：“即呼本吏隨邀該司掌印正郎，至西角頭，劉瑾已開刀矣。凌遲刀數，例該三千三百一十七刀，每十刀一歇一吆喝。頭一日，例該先剮三百五十七刀，如大指甲片，在胸膛左右起。初動刀，則有血流寸許，再動刀則無血矣。人言犯人受驚，血俱入小腹，小腿肚剮畢，開膛，則血皆從此出，想應是也。至晚，押瑾順天府宛平縣寄盜縛數刻，瑾尚食粥兩碗，反賊乃如此！次日則押至東角頭。先日瑾就刑，頗言內事，以麻核桃塞口，數十刀氣絕。又謂剉尸，當膛一大斧，胸去數丈，逆賊之報亦慘矣。”

又據計六奇《北略》紀鄭鄤事云：“十一年八月二十一日黎明，臠割之旨乃下。外擬原不至是。許曦是早來促同往西市，俗所云甘石橋下四牌樓是也。時尚無一人，止有地方夫據地搭廠，與竪一有丫之木在東牌坊下。舊規殺人在西而剮在東也。廠則坐總憲、司寇、秋卿之類。少停，行刑之役俱提一小筐，筐內俱藏貯鐵鈎與利刃。時出其刀與鈎穎以砂石磨厲之。辰巳二刻，人集如山，屋皆人覆，聲亦嘈雜殊甚。峚陽坐於南牌樓下，坐筐籃中，科頭跣足，對一童子囑付家事，絮絮不已。傍人云：‘西城察院未到，尚緩片刻。’少頃，從人叢中舁之而入，遙望木丫，尚聞其‘這是何說’者連詞。於鼎沸中，忽聞宣讀聖旨，結句聲高：‘照律應剮三千六百刀！’劊子百人群而和之，如雷震然，人盡股粟也。砲聲響後，人皆跂足引領，頓高尺許，擁擠之極，亦原無所見。下刀之始，不知若何，但見有丫之木，指大之繩勒其中，一人高踞其後，伸手垂下，取肝腑二事置之丫巔。衆不勝駭懼。忽又將繩引下，而埊陽之頭突然而興，時已斬矣，則轉其面而親於木，背尚全體，聚而割者如蝟。須臾，小紅旗向東馳報，風飛電走，云以刀數報入大內也。午餘事完，天亦闇慘之極。歸途所見買生肉以爲瘡癬藥料者，遍長安市。二十年前之文章氣節，功名顯宦，竟與参朮甘皮同奏膚功，亦大奇矣。”

之誠按：《北略》所述與《張譜》已微有不同，豈正德、崇禎相去已遠，行刑已略有變易耶？《張譜》親預監斬，其言自極可信。《北略》言三千六百刀，或聞聽之訛，且謂“律”載，《大明律》亦無此規定也。然《張譜》謂剮三日，則明明與尋常凌遲不同，或三千三百五十七刀爲加等之刑，故名寸磔。

873. 廷杖

明代廷杖，每於午門下行之，不知其杖法若何，何以每每致死。據《張文寧年譜》所記逆瑾在午門前打問情形云：“舊例午門前只於錦衣衛直房門首，是日拏瑾纔定，不知何官傳言：‘上御門！’‘拏瑾向前！’‘拏到午門御道東跪！’”又云：“錦衣衛掌衛事指揮劉璋出班跪奏，請旨打多少，亦不聞傳語，須臾即起云：‘有旨打四十。’當值官校齊聲答應訖，有一官大聲云：‘打四十，擺著棍，五棍一換打！’每一宣言，則各官校齊聲答應如前，響振殿庭。劉瑾則洗剝反接，二當駕官揪其腦髪，一棍插背挺直，復有一闊皮條套其兩膝扣住，一棍壓定，用棍打其前腿，名曰攔馬。五棍畢，一官叫喚，邀喝答應，一一如前。打四十後方問。”之誠按：《明史・刑法志》亦言廷杖令錦衣衛行之，他書記被廷杖者，亦五棍一換，有“打著問”、“與好生打著問”之旨。張譜所記，頗與之同，疑“打問”即廷杖也。

874. 亭林年譜

張穆撰《亭林年譜》，略於亭林行事及一時交游，唯以詩文目散見於年下，頗病疏略。張本蓋本於上元車明經持謙字秋舲所輯，車本於崑山吴廣文映奎，吴本於亭林撫子衍生。桐城胡雒君虔，大興徐松星伯，皆嘗撰次《亭林年譜》，未刻。見甘熙《白下瑣言》。平步青景孫有《校補顧亭林年譜》，見《越縵堂日記》。

875. 庚子大運傳辦瓷器

得九江關光緒二十六年分大運傳辦瓷器報銷清册四種。曰《雜項錢糧清册》，如裝費、運費、工人工食之類，計用銀九千五百六十五兩二錢。曰《傳辦瓷器清册》，凡分大運琢圓瓷器，賞用瓶盤碗盅，各瓷祭器三項，皆以面積折成尺寸，再計坯胎工費，分泥土釉料、做坯工飯、做細工飯、雜用人夫工飯、雜項器具傢伙、柴價、炭價、鑲方工飯、顔料畫彩工飯、畫填工飯、吹色工飯、燒爐工飯、每件款字等費。花瓶則有接雙耳工料等費。攤爲每件價值若干，燒成瓷器，分上色、次色及破損件數。上色進呈，次色變價，破損存查。計是年呈進者，其大運琢器：天青釉四方象耳瓶五十六件，每件原製價一兩四錢六分；均釉四方杏元雙琯瓶一百五十四件，每件一兩六錢九分；哥釉四方杏元雙琯瓶六十五件，每件一兩六錢五分；哥釉四方八卦瓶七十件，每件一兩五錢五分；廠官釉太極紙搥瓶三十一件，每件一兩二錢；

青花起綫玉堂春瓶二百十九件，每件二兩四分。其大運圓器：彩夔鳳串花大碗四百三十一件，每件二兩三錢；彩八吉祥串花九寸盤二百九十七件，每件一兩三錢；青西蓮五寸盤一百二十五件，每件九分八釐；青西蓮五寸大碗二百十九件，每件二錢三分；青雲鶴八卦中碗一百二十九件，每件一錢二分五；彩水仙花酒盅一百十四件，每件八分二釐；紅龍盅一百十六件，每件七分六釐；青雙龍茶碗三十五件，每件八分三釐；霽紅七撇口九寸盤二百七十件，每件七錢五分；青雙龍滿尺盤五十二件，每件三錢一分；嬌深黃暗龍湯碗二十六件，每件二錢二分；嬌黃暗龍中碗三十九件，每件三錢三分；嬌黃茶盅二十件，每件一錢二分；嬌黃暗龍墩式中碗四十三件，每件三錢一分；藍地彩黃雲龍九寸盤三百一件，每件一兩三錢；青夔鳳滿尺盤四十二件，每件一兩三錢；青花三果班子中碗十九件，每件一錢一分；填白釉寶燒紅團鳳中碗十九件，每件一錢二分；嬌黃暗龍撇口湯碗十九件，每件二錢一分；藍地彩黃雲龍茶碗五十五件，每件三錢三分，青雙龍六寸盤二十件，每件一錢二分；青花蠶紋壽字滿尺盤三十五件，每件三錢一分；霽紅六寸盤一百四十件，每件五錢六分；青木樨花茶碗三十七件，每件八分九釐；五彩寶蓮中碗三十八件，每件三錢三分；紅地白竹茶碗七十一件，每件四錢三分；霽青中碗五十八件，每件四錢九釐；青三友人物六寸盤二十五件，每件一錢五分；紫金釉湯碗二十八件，每件五分三釐；五彩暗水綠龍六寸盤二百五十六件，每件九錢二分；東青釉紅團鳳中碗十八件，每件二錢四分七釐；五彩蠶紋如意七寸盤一百二十七件，每件五錢六分；五彩鴛鴦荷花茶盅十三件，每件一錢二分；內青花外彩荷花大碗五百七十二件，每件一兩三錢；霽青白裏茶碗十六件，每件二錢七分；五彩八寶茶碗十七件，每件四錢六分；紅海水青花八仙大碗三百九十九件，每件九錢二分；內青花外彩荷花碗二百六件，每件七錢八分；五彩八吉祥碗一百九十六件，每件九錢六分；綠花桃澆黄碗十四件，每件二錢二分；內紫龍外雲鶴澆黄五寸碟三十四件，每件四錢四分；內紫龍外雙蚩澆黄三寸碟二十三件，每件二錢六分；四號澆黄碗十六件，每件二錢四分；青雲鳳五寸盤十四件，每件一錢一分；內紫龍外葡萄澆黄四寸碟十四件，每件三錢四分；五彩龍鳳中碗三十三件，每件六錢。其奉旨賞用：青花起綫玉堂春瓶一千二百十四件，每件原製價二兩四錢七釐；白地五彩百蝶玉堂春瓶一千三百四十三件，每件八兩五分；白地五彩紅百蝠玉堂春瓶一千六百六十九件，每件八兩六錢；天青釉描金皮球花玉堂春瓶一千一百八十一件，每件十二兩三錢；哥釉四方八卦瓶四百五十五件，每件一兩五錢；均釉四方杏元雙琯瓶四百七十四件，每件一兩六錢九分；白地紅雲龍足尺大盤一千九百六十二件，每件三兩五錢；五彩八吉祥串足尺大盤二千一百十三件，每件三兩九錢；裏外霽紅七寸盤三百十五件，每件八錢一分；青雲鶴八卦中碗三百三十一件，每件一錢二分；裏外霽青七寸盤二百七十六件，每件八錢一分；五彩果碗三百七十八件，每件八錢一分；紅龍酒盅二百九十件，每件七分六釐。其預備御茶膳房賞用、粥菜之差使用：白地紅五蝠五寸碟二千三百一件，每件五錢四分；青西蓮五寸碟六百三十九件，每件九分八釐。預備敬事傳房賞賜應用：紅龍酒盅九百八十二件，每件七分六釐；水仙花酒盅六百三十六件，每件八分二釐。其各瓷祭器，奉天殿後殿供鮮應用：粉定大白瓷盤八十一件，每件原製價三錢四分；小白瓷盤四百十四件，每件九分一釐。供鮮應用，大白瓷盤二百六十四件，每件一兩三錢七分。壽皇殿供鮮應用：大白瓷盤三十九件，每件三錢四分。奉天殿後殿供鮮應用：粉定小白瓷盤八百五十五件，每件九分一釐；大白瓷盤二百三十一件，每件一兩二錢七分。壽皇殿應用：黄瓷碗七百五十九件，每件一兩二錢五分。計共用銀七萬五千三百零六兩。曰《各瓷次色變價清册》，計一萬七千九百十五件，照製造實發銀價減三成變繳，計共三萬二百三十三兩二錢。曰《報銷瓷務清册》，燒造二萬四千九百八十八件，計共用銀八萬四千八百七十二兩。

讀此亦一朝掌故也，不特可知當時瓷值，而清季每年傳辦瓷器，實費不過五萬兩，皆動支九江關常税。御用瓷之數，雖減於賜用及祭用之數，然亦多無益之費也。聞後來洪憲造瓷四萬件，報銷至二百四十萬元，冒濫可知。既有次色變價之例，則官窰瓷器，流轉人間，當復不少，乃不數數見，何耶？若非餽遺内務府官吏，即爲並未燒造，姑爲浮報，以乾沒三成之費。暇當訪之曾任九江道者。是年官九南道督理關務兼管窰廠者，明某也。

876. 王琪刻杜工部集

嘉祐中，時方貴《杜集》，人間苦無全書。蘇守王琪家藏本，讐校素精，即俾公庫使鏤板，印萬本，每部爲直千錢。士人爭買之，富室或買十許部，既償省庫，羨餘以給公廚。見陳眉公《太平清話》。

877. 茶博士

今世稱茶博士，未知所由始。據陳詩教《花裏活》云：“常伯熊善茶。李季卿宣慰江南，至臨淮，乃召伯熊。伯熊著黄帔衫，烏紗幘，手執茶器，口通茶名，區分指顧，左右刮目。茶熱，李爲啜兩杯。既到江外，復召陸羽。羽衣野服，隨茶具而入，如伯熊故事。茶畢，季卿命‘取錢三十文酬煎茶博士’。鴻漸夙游江介，通狎勝流，遂收茶錢茶具，雀躍而出，旁若無人。”則茶博士之稱，在唐已有之矣。

878.咱們

周密《癸辛雜識》記河間府燒餅，主人曰：“咱們祖上，亦是宋民，流落在此。”據此，則“咱們”之稱，元初已有之。

879.五色石

陳眉公《太平清話》云：“甲午八月，游秣陵，賈客以白瓷盎貯五色石子售之，索價甚高。其石出六合山碼磁澗，村中裹糧負鍤，從雨後覓之。山深無人烟，往返六十里，甚則幾至凍餓得病死者。於是吴人從澗旁結草棚以市酒食，而負石者始衆。此風唯萬曆甲午始見之。”陳貞慧《秋園雜佩》云：“寸許石子，索價每以兩計。”

880.鸚鵡杯

鸚鵡杯即海螺，產於文昌海面。頭淡青色，身白色，周遭間赤色數稜。好事者用金廂飾，凡頭、頸、足、翅均備。見明顧岕《海槎餘錄》。

881.馬昭

崇禎癸未重九日，寒山趙子惠來吾禾，訪女史黄皆令，攜其先世凡夫所遺物欲售，余因得觀此卷，陸宅之書。並衡山手錄《甫田全集》、李北海墨迹、宋元人畫，及古澄泥硯作陰陽對扇開合、仿宋白玉飛鸞、楊萱彩描漆囊、魚耳宣爐種種。又子惠近作云："盛夏非關逼歲除，凱風偏不借吹噓。抽毫那有生花筆，展卷寧無蠹字魚。妝束有懷人杳渺，榮枯不定任親疏。斷雲孤月魂無倚，荏苒年華獨掩居。"款題"扶風馬昭"，從夫姓也。詩與字不下其先陸卿子，至寫生逼真其母氏文淑也，惜不免去婦歎耳。佳人薄命，自古爲然矣。見《珊瑚網·法書題跋》九。

882. **東坡咏弓足詞**

"塗香莫惜蓮承步，長愁羅襪凌波去。只見舞回風，都無行處蹤。偷穿工樣穩，並立雙趺困。纖妙說應難，須從掌上看。"見《珊瑚網·法書題跋》十七。

骨董續記卷三

883. 真賞齋賦

豐道生爲梁溪華氏作《真賞齋賦》。其藏書云："暨乎劉氏《史通》、《玉臺新咏》，上有"建業文房"之印。則南唐之初梓也；聶宗義《三禮圖》、俞言等《五經圖說》，乃北宋之精帙也。荀悅《前漢紀》、袁宏《後漢紀》，紹興間刻本，汝陰王銍序。嘉史久遺；許嵩《建康錄》、陸游《南唐書》，載紀攸罕。宋批《五禮》，五采如新；古注《九經》，俞石澗藏，王守谿跋。南雍多闕。蘇子容《儀象法要》，亟稱於諸子；張彥遠《名畫記》，鑒收於子昂。相臺岳氏《左傳》、建安黃善夫《史記》、六臣注《文選》、郭知達集注《杜工部詩》、共九家，曾噩校。曾南豐序次《李翰林集》、三十卷。《五百家注韓柳文》、在朱子前齋中諸書，《文選》尤精。《劉賓客集》，共四十卷，內《外集》十卷。《白氏長慶集》、七十一卷。《歐陽家藏集》、删繁補闕八十卷，最爲真完。《三蘇全集》、《王臨川集》、世所傳止一百卷，唯此本一百六十卷。《管子》、《韓非》、《三國志》、大字淳熙本，乙巳刊於潼川轉運司公帑。《鮑參軍集》、十卷。《花間集》、紙墨精好。《雲溪友議》、十一卷，范攄。《詩話總龜》、一百卷，阮閱編。《經鋤堂雜誌》、八卷，霅川倪思。《金石略》、鄭樵著，笪氏藏。《寶晉山林拾遺》、八卷，孫光憲刻。

《東觀餘論》、樓攻媿等跋，宋刻，初印紙墨獨精，卷帙甚備，世所希見。《唐名畫錄》、朱景刻。《五代名畫補》、劉道醇補。《宋名畫評》、《蘭亭考》，十二卷，桑世昌集。皆傳自宋元，遠有端緒。”

又其器物云：“若齋中柴桑小几，寶晉舊物，下有芾字押。白金羊鼎，乃商時諸侯所用之器。子石硯，色紫若嫩肝，一眼經寸餘，有黄暈，淺深八重，間以質青花點。傳唐三藏自西域歸，過峨眉山寶見谿，見兩石子鬭，攬得其一，以爲硯，常有五色光。又古玉小熊，長不及寸，腹下篆刻文曰‘能使人不衰’，細如粒米。古玉印章，有‘東漢楊彪文先四代相印’朱文，虎紐雕刻精工，神韻生動，旁皆碾花。又一印曰‘三槐之裔’，通身古臥蠶朱文，螭紐，刻深而奇，温潤無比。高宗吴后二印，‘賢志堂印’白文螭紐，‘賢志主人’覆斗臥蠶，俱精絕。其白玉螭紐三印，改刻瓢印曰‘真賞’，方印曰‘華夏’，一曰‘真賞齋印’，扁，則李西涯八分書，以米元章有‘平生真賞’印也。”見《珊瑚網·書憑》二十三。

884.分宜嚴氏籍物

《珊瑚網·書憑·跋嚴氏書品》云：“其石刻法帖，共三百五十八。誥賜及欽賜詩賦外，聖諭至二千八百七十八道。累朝實錄八部，計五百七本。手抄宋元書籍二千六百十三本，沒入大内。一應經史子集等，計五千八百五十二部套，發各儒學貯收。一應道佛各經訣，計九百一十四部套，發各寺觀供誦。而所籍錠金、條金、餅金、葉金、沙金、碎金，及金器金飾，共三萬四千五百餘兩。内首飾之奇者，有大珠猫睛‘天上長庚’、‘人間壽域’二副。净銀及銀器銀飾，共二百二萬七千二百餘兩。玉器計千件，最古者有始建國元年注水玉匜、晉永和鎮宅世寶、紫玉杯盤。玉帶計二百餘條，犀象、瑇瑁、諸香帶稱是。金鑲牙筯二千餘雙。珠寶琥珀共重五百七十餘兩。珍奇器玩共三千六百五十餘件，內有嵌寶金象駝、水晶鐙二架，上具寶蓋，珍珠絡索。柴窰計二十四件。外有珊瑚樹六十株，金鑲龍卵甕五個，古刺水薔薇露十三罐，空青五枚，硃砂計六百四十餘斤，沈香、奇楠計五千餘斤。織金妝花段絹、綾綢紗羅、葛瑣伏蕉布共一萬四千三百三十餘匹。男女衣服及貂裘襖，共一千三百餘件，內宋錦二百餘匹。弓鞋之珍麗者至一千八百雙。金銀鉸、川扇、墩扇、襄扇、倭扇、團扇、戈折扇、玳牙諸香扇，共一萬七千六百餘柄。名琴共五十四張，有清流、春雪、寒玉、激玉、響泉、冰泉、秋月、垂月、霜鐘、秋風調古、一天秋、萬壑松、雪下鐘、秋澗泉、玉琮琤、玉壺冰、清廟之音、咸通之寶、鳴雷震電、九霄鳴佩、月下冰玉、萬壑松聲、流水高山、蒼龍噴玉、寒江落雁，及鎏金古銅琴、大理石琴，餘盡斷紋金徽，水晶玉軫足。古硯除端溪、龍尾外，有漢未央宮硯、銅雀臺硯、唐天策府製貞觀上苑硯、宣和殿硯、東坡天成硯、玻璃石二面硯、崑璧硯、白玉硯。都丞文具六副。內佳玩不可枚舉。古銅鼎彝罇壺之類，計一千一百二十七件。”

885. 李明仲所著書

李明仲誠所著書，有《續山海經》十卷，《古篆說文》十卷，《續同姓名錄》、《營造法式》二十四卷，《琵琶錄》三卷，《馬經》三卷，《六博經》三卷。見陸友《研北雜志》。

886.紹興稽古錄

京師人有《紹興稽古錄》二十册，蓋當時所藏三代古器，各圖其物，以五采飾之，又槭其款式而考訂之。如《宣和博古圖》而加詳。近世諸家所收者咸在焉。陸友《研北雜志》。

887.大食薔薇露

舊說薔薇水，乃外國采薔薇花上露，殆不然。實用白金爲甑爲甑，採薔薇花蒸氣以成水，則屢採屢蒸，積而爲香，此所以不敗。但異域薔薇花，馨烈非常，故大食國薔薇水，雖貯琉璃缶中，蠟封其外，然香猶透徹，聞數十步，灑著人衣袂，經十數日不歇也。至五羊效外國造香，則不能得薔薇種，第取素馨、茉莉花爲之，亦足襲人鼻觀云。但比大食國真薔薇水，猶奴爾。見蔡絛《鐵圍山叢談》。

888.醉拂菻

《鐵圍山叢談》謂："太宗時得巧匠，因親督視於紫雲樓下造金帶，得三十條，匠者爲之神耗而死。以一賜曹彬，一自御之，後隨入熙陵。餘二十八條命貯之庫，號鎮庫帶。"又謂"中興之十三祀，有來自海外，忽出紫雲樓帶，止以四夸視吾。其金紫磨也，光艷溢目，異常金。其文則醉拂菻人皆笑起，長不及寸，眉目宛若生動，雖吴道子畫所弗及。若其花紋，則有云七級，層層爲之鏤篆之精，其細微之象，殆入於鬼神而不可名。且往時諸帶方夸不大，此帶乃獨大至十二稻，是在往時爲窮極巨寶"云云。

889. 龍茶

建溪龍茶，始江南李氏。號“北苑龍焙”者，在一山之中間，其周遭則諸棄地也，居是山號正焙，一出是山之外，則曰外焙。正焙、外焙色香必迥殊，此亦山秀地靈所鍾之有異色已。龍焙又號官焙，始但有龍鳳、大團二品而已。仁廟朝，伯父君謨名知茶，因進小龍團，爲時珍貴，因有大團、小團之别。小龍團見於歐陽文忠公《歸田錄》。至神祖時，即龍焙，又進密雲龍。密雲龍者，其雲紋細密，更精絕於小龍團也。及哲宗朝，益復進“瑞雲翔龍”者，御府歲只得十二餅焉。其後祐陵雅好尚，故大觀初龍焙，於歲貢色目外，乃進御苑玉芽、萬壽龍芽。政和間，且增以“長壽玉圭”。玉圭凡廑盈寸，大抵北苑絕品曾不過是，歲但可十百餅。然名益新，品益出，而舊格遞降於凡劣爾。又茶茁其芽，貴在於社前則已進御，自是迤邐宣和間，皆占冬至而嘗新茗，是乃人力爲之，然不近自然矣。茶之尚，蓋自唐人始，至本朝爲盛。而本朝又至祐陵時，益窮極新出而無以加矣。見蔡絛《鐵圍山叢談》。之誠按：蔡氏云南唐李氏始有“北苑龍焙”，據陳詩教《花裏活》云：“僞唐陳履掌建陽茶局，潔敞焙舍，命曰‘玉茸’。”亦爲南唐焙茶一證。詩教明人，而稱“僞唐”，必撮錄宋人筆記。又據葛立方《韻語陽秋》云：“盧仝《謝孟諫議茶》詩，有‘手閱月團三百片’句，李郢《茶山貢焙歌》有‘蒸之護之香勝梅，研膏架動風如雷’句，皆指團茶而言，特陽羡茶而已。”然則團茶又不只始於南唐也。

890. 沙魚綫

《鐵圍山叢談》謂“吕大防丞相召种和師服飯，舉筯，沙魚綫甚俊”。之誠按：沙魚綫，似即今所謂魚翅根。

891. 灰布

鄭景望《蒙齋筆談》云：“余守許昌時，洛中方營西內門甚急，宋昇以都轉運使主之。其屬有李寔、韓溶二人，最用事。宮室梁柱，闌檻窗牖，皆用灰布。期既迫，竭洛陽城內外豬羊牛骨不充用。韓溶建議掘漏澤園人骨以代，昇欣然從之。”

892. 歐希範五臟圖

慶曆間，杜杞待制誘殺廣南歐希範，剖腹刳其腎腸，因使醫與畫人一一探索，繪以爲圖。見鄭景望《蒙齋筆談》。

893. 胡語

《晉書·佛圖澄傳》“秀支替戾岡，僕谷劬禿當”，此羯語也。《安祿山事迹》：“祿山小名軋犖山，突厥呼戰鬬神爲軋犖山也。使射生官供解鹿，取血煮其腸，謂之熱落河。又曳落河八千餘人。”謂番人稱健兒爲曳落河。

894. 白花蛇

《大金弔伐錄》：“金人向宋索白花蛇。”之誠按：張耒《續明道雜志》云：“蛇號白花者，治風，本出蘄州，甚貴重。出黃州者，雖死，兩目有光，治疾有驗。土人能捕之，歲貢王府。黃人言：‘此蛇不采食，蟠草中，遇物自至者而食之。’其治疾亦不盡如《本草》所載。余嘗病疥癬，食盡三蛇而無驗。”又陶晉楧《楚書》云：“蘄蛇頭有方勝，尾有指甲，兩目如生，自刳腸盤屈而死者，可以已風。粘罕至汴，宋人餽遺甚厚，一無所取，獨索白花蛇，爲治風之用。足覘金初風氣，勃焉而興，非無故也。”

895.約指

《續明道雜志》云：“張文定子恕說：藥金一兩許，公令作四指環，其一公以奉其父，其一與其夫人，其一長子，其一自服。”據此，知男子亦御約指也。

896.宋太祖鐵桿棒

藝祖微時以至受命後，所持鐵桿棒，棒純鐵耳，生平持握，而爪痕至今猶存。見蔡絛《鐵圍山叢談》。說部謂趙匡胤“以一條桿棒打平天下”，知亦有所本。《叢談》又謂藝祖御筆，自署“鐵衣士”。

897.擲錢

孫鑑宗《西畬瑣錄》云：今人擲錢爲博者，戲以錢文面背分勝負，曰字曰幕。蔡絛《鐵圍山叢談》云：“光獻在父母家時，與群女共爲撚錢之戲，而后一錢輒獨旋轉盤中，凡三日止。”據此，撚錢即擲錢也，今小兒女尚戲爲之，名爲“猜幕”。

898.册府元龜

楊大年奉詔修《册府元龜》，每數卷成，輒奏之。比再降出，真宗常有簽貼，有少差誤必見，至有數十簽。大年殊服上之精鑑，而心頗自媿。竊揣上萬幾少暇，不應能爲此，稍訪問之，乃每進本到，輒降付陳彭年，彭年博洽，不可欺豪髮，故謬誤處皆簽貼以進。大年乃盛薦彭年文字，請與同修。自是進本降出，不復簽矣。見張耒《明道雜誌》。修《册府元龜》，王相欽若總其事，詞臣二十人分撰篇序，下詔須經楊億删定，方許用之。見釋文瑩《玉壺清話》。《册府元龜》凡一千卷，三十一部，千一百四門。門有小序，譔自李維等六人，而竄定於楊億。其書只采六經、諸史、《國語》、《國策》、《韓》、《孟》、《晏》、《淮南》、《吕覽》、《韓詩外傳》及《修文御覽》、《藝文類聚》、《初學》等書，即如《西京雜記》、《明皇雜錄》等，皆擯不採。其編修官供帳飲饌，皆異常等。王欽若以《魏書》、《晉》、《宋書》有索虜、島夷之號，欲改去。王文正公謂舊文不可改。又如杜預以長曆推甲子多誤，皆以誤注其下而不改。帝下手詔："凡悖逆之事不足爲訓者，删去之。"復親覽，摘其舛誤，多出手書詰問，或召對指示商略。凡八年而成。然開卷皆常目所見，無罕覯異聞，不爲藝家所重。見百歲寓翁《楓窗小牘》。

899.朱尊度著書

朱尊度本青州書生，好藏書，高尚其事。閒居金陵，著《鴻漸學記》一千卷、《群書麗藻》一千卷、《漆書》數卷行世。見鄭文寶《江表志》。

900.榮遇集

《北窗炙輠錄》云："青陽衍治《周禮》，赴上舍試。其鄰坐有人，過午猶閣筆。衍即與卷子令體之。榜出，衍魁，其人本經第二人。文至今載《榮遇集》中。"此《榮遇集》或即後來闈墨。

901. 丘八

前蜀馮大夫涓，恃其學富，所爲輕薄。王蜀太祖問："擊檢之戲，創自誰人？"大夫對曰："丘八所置。"見何光遠《鑑誡錄》。

902. 土生波斯

賓貢李珣，字德潤，本蜀中土生波斯也。少小苦心，屢稱賓貢，所吟詩句，往往動人。尹校書鶚者，錦城烟月之士，與李生常爲善友。遽因戲遂嘲之，李生文章掃地而盡。詩曰："異域從來不亂常，李波斯强學文章。假饒折得東堂桂，胡臭熏來也不香。"見何光遠《鑑誡錄》。據此，知唐時蕃人在内地，屢世雜居，且冒漢姓讀書應舉矣。

903. 以女求官

陳太師敬瑄任西川日，有愛姬徐氏，甚有美色，即徐令長女也。其父自郫城宰欲求彭牧，以紅綃數寸，書二十八字遺其妻，私示其女。議者以徐冒進而乖父子之道。其詩曰："深宫富貴事風流，莫忘生身老骨頭。因共太師歡笑處，爲吾方便覓彭州。"見何光遠《鑑誡錄》。今日此輩不少，尚不如徐之質直耳。

904. 雙陸

雙陸之制，初不用棋，但以黑白小棒槌，每邊各十二枚，主客各一色，以骰子兩隻擲之，依點數行，因有主客相擊之法。故趙摶《雙陸》詩云："紫牙鏤合方如斗，二十四星銜月口。貴人迷此華筵中，運木手交如陳鬬。"見葛立方《韻語陽秋》。燕京茶肆設雙陸局，或五或六，多至十餘，博者蹴局，如南人茶肆中置棋具也。見洪皓《松漠記聞》。

905.荔枝牡丹之始

世但知唐南海郡貢荔枝事，而不知《後漢書·和帝紀》南海舊獻荔枝，十里一置，五里一堠，奔騰阻險，死者堆路。世但知牡丹盛於唐，而不知北齊楊子華“畫牡丹處極分明”之句。

906.茶和薑鹽

唐人飲茶，皆以煎烹，陸羽《茶經》諸書可証。茶和薑、鹽，不知始於何時。葛立方《韻語陽秋》載子由《煎茶》詩云：“煎茶舊法出西蜀，水聲火態猶能諳。相傳煎茶只煎水，茶性仍存偏有味。”此茶之佳者也。又云：“北方俚人茗飲無不有，鹽酪椒薑誇滿口。”茶出南方，北人罕得佳品，以味不佳，故仍以他物煎之。陳后山《茶詩》云：“愧無一縷破雙團，慣下薑鹽枉肺肝。”東坡《和寄茶》詩亦云“老妻稚子不知愛，一手已入薑鹽煎”。若茶品自佳，雜以他物，適敗其味爾。茶性冷，鹽導入下經，非養生所宜。山谷謂“寒中瘠氣，莫甚於茶，或濟以鹽，勾賊破家。”薛能《鳥嘴茶》詩亦有“鹽損添當戒，薑宜著更誇”之句。據此，知煎茶始於南方，而和薑鹽則北俗所嗜，或即始於宋世也。沈德符《萬曆野獲編》謂以沸水點茶，始於洪武時。非也。沸水點茶，即瀹茗，宋人書中往往見之。即子由詩“煎茶只煎水”可證。徐釚《本事詩》載明郭登《西屯女》詩云：“解鞍繫馬堂前樹，我向廚中泡茶去。”泡茶似與瀹茗不同。《南窗紀談》謂：“客至設茶，欲去則設湯，不知始於何時。然上自官府，下至閭里，莫之或廢。有武臣楊應臣獨曰：‘客至設湯，是飲人以藥也，非是。’故其家每客至，多以蜜漬橙、木瓜之類爲湯飲客，或者效之。”據此，知吴自牧《夢粱錄》有七寶擂茶，而明人章回説部中有“點胡桃、松子泡茶”之類，或即本於此，而混茶與湯爲一。尋湯與茶，初本不甚分別。陳詩教《花裏活》引黄魯直詩云：“曲几蒲團聽煮湯，煎成車聲繞羊腸。雞蘇胡麻留渴羌，不應亂我官焙香。”《題小龍團半鋌》也。又載劉曄嘗與劉筠飲茶，問左右云：“湯滚也未？”衆曰：“已滚。”筠曰：“僉曰鯀哉。”曄應曰：“吾與點也。”皆謂煮湯以點茶也，後始分爲客至茶、客去湯耳。王定國《隨手雜錄》記與文潞公論司馬康不肯證邢恕語言，謂“潞公即索湯，余引去”，知索湯以示逐客意，猶清代之端茶送客也。《南窗紀談》謂“設湯恐其語多傷氣，故其欲去則飲之以湯”，是湯即藥餌之類。宋時嘗以茶藥同賜大臣，則茶和椒薑，本同湯設，固不足怪。後來苦茗自甘，論香驗色，南北無異，則明以後之風氣也。又明人章回説部中有“嚼香茶”者，殆宋龍團之遺製歟？

907.宋起居注進御

梁周翰爲史館修撰，與李諤分領左右史。周翰兼起居郎，因上言：“自今崇德、長春二殿，皇帝宣諭之言，侍臣論列之事，望依舊中書修爲《時政記》。其樞密院事涉機密，亦令本院編纂，每至月終，送史館。自餘百司，凡於對拜、除改、沿革、制置之事，悉條報本院，以備編錄。仍令郎與舍人，分直崇政殿，以記言動，別爲《起居注》，每月先進御，後降付史館。”從之。《起居注》進御，自周翰等始也。見《宋史·文苑傳》。釋文瑩《玉壺詩話》紀此事甚不備。文人不足以知史事，孰謂雜史皆可信耶？

908. 元林松泉墨

大德間錢唐林松泉，以製墨名於時。見陳撰《玉几山房聽雨錄》。

909. 明惠祥高騰祝海鶴造琴

弘治間，錢唐惠祥、高騰、祝海鶴以造琴擅名。見《玉几山房聽雨錄》。

910. 錢唐古迹

《玉几山房聽雨錄》云：靈隱寺後山九師堂，後漢陸文該暐隱居。生花坊，潘閬故居。萬松嶺，爲冲晦處士徐復故居，沈文通題爲“高士坊”。泰和坊北侍郎橋，郎叔廉簡所居，孫沔表其宅曰“仁壽”。問水亭有張子野先人舊廬。癸辛街，周公謹密所居。生花坊，吾衍所居。壽安坊，乃一笑居士張昱故居。棗木巷西，乃范石湖舊居。蒲橋，乃楊誠齋所居。白龜池，朱少章弁、仇仁近遠所居。西馬塍，張伯雨所居。太乙宫前，喬夢符吉甫舊居。筲箕泉，黄子久所居。涌金門外有揭曼碩草堂。四璧山，爲虞堪故居。寶石山有王叔明故居。鹽橋，崔遵晦故居。七寶寺巷，陳孟雍熙故居，後徙獨山，棲隱不仕。清寧巷，馮具區故居。井亭橋，望陽山人劉子伯元安故居。下關門，莫叔明所居。龍泓洞之左，唐丁隱君故居。隱君名學，字翰元，濟陽人，讀老莊書，善養生，能鼓琴。里仁坊，鄧士齊所居。鳳皇嶺，宋金一之應桂隱居。一之楷法率更，畫學龍眠。東廂隅四條巷，宋誠夫本故居。

甘泉坊快雪齋，郭天錫畀所居。大滌山，鄧牧心牧隱居，園前爲宋畫院故址。

911. 藕絲燈

蔡絛《鐵圍山叢談》："錢唐龍華寺，昔藏獻門槌、頌《金剛經》拍板與藕絲燈三物，爲吴越錢王從婺州雙林寺取來者。藕絲燈乃梁武帝時物，謬言藕絲織成，疑但當時之上錦爾。所織紋，實華嚴會釋氏說法相狀，凡七所，即所謂七處、九會者是也。有天人、神鬼、龍象、宫殿之屬，窮極幻妙，奇特不可名。政和後，索入九禁。宣和初，大黜釋氏教，因復以藕絲燈賜宦者梁師成，靖康間籍沒，而藕絲燈不知所在。"簡齋先生《賦王秀才所藏梁織佛圖》詩："似聞法猛籍絲像，當時已不隨烟灰。"

912. 朱巽收藏

宋薛道祖紹彭臨《蘭亭序》，有杭朱巽印記。臨川危素謂："宋末在錢唐，唯巽與賈似道兩家所蓄古書畫甚富，且精好。"見《輟耕錄》。

913. 五絕褚欣遠摹書

《南史·張融傳》："宋文帝曰：'天下有五絕，皆出錢唐。'謂杜道鞠彈棋，范悦詩，褚欣遠摹書，褚胤圍棋，徐道度療疾也。"見《輟耕錄》。

914. 澄心堂白麻紙

會稽金埴《巾箱說》云："予家世傳李後主澄心堂紙一番，

內有經緯。乃曾王父太常府君所珍，世父子敦諱炯公，藏之數十年，從不以示人，予未一見也。弟墨香堂攜之長安，陳太守奕禧香泉不惜百日之功，手書册子十幀，與予弟易之去，而題詩一幀之後云：'南唐澄心紙，一番值百金。當時歐與梅，品題赫藝林。更有黃白麻，用之宣玉音。桑根兼布頭，古製不易尋。子族浙東舊，遺滕儲夙購。而腴滑澤顏，中含經緯皺。落墨心手融，膩欲貼肌肉。我以書易之，行狎勞爬梳。若賞深幽際，應求古雅餘。追慕獲機難，祛篋呈瓊琚。曾聞一鶩字，滿價五十萬。興到疊礦村，群鵝即酬願。儻得家法傳，脫手復何恨。'墨香素工書，雖輕棄先人法物，而從此盡得香泉衣缽。其書署香泉名，香泉幾不能辨，嘗舉以似人曰：'得吾書法者，海內十八家，吾兒第一，次則金墨香矣。'後香泉進於內庭，御鑑甚褒，以染濡宸翰焉。"

915.硬黃紙海苔紙

《巾箱說》云："闕里孔稼部東塘歿載餘，予重過其居，索觀其家藏唐硬黃、宋海苔側理二紙，與嗣君榆村衍誌坐黃玉齋，摩挲半月，洵法物也。後閱孔翰博宏興毓埏所著《拾籜餘閒》，載列甚晰。云硬黃紙長二尺一寸七分，闊七寸六分，重六錢五分，紙質之重，無逾此者。海苔側理紙長七尺六寸，闊四尺四寸五分，紋極粗疏，猶微含青色。"

916.元劇十二科目

戲曲至隋始盛，在隋謂之"康衢戲"，唐謂之"梨園樂"，宋謂之"華林戲"，元謂之"昇平樂"。其元人雜劇則有十二科名目：

曰神仙道化，曰林泉丘壑，曰披袍秉笏，曰忠臣烈士，曰孝義廉節，曰叱奸罵讒，曰逐臣孤子，曰鏺刀桿棒，曰風花雪月，曰悲歡離合，曰烟花粉黛，曰神頭鬼面。見《巾箱說》。

917.阿井阿膠

阿井在故阿城，今東阿、陽穀界首，乃濟水元眼，色碧而重，攪濁即澄，汲出日久而味不變。《禹貢》傳曰："東阿，濟水所經。取其井水煮膠，謂之阿膠。"又《水經注》曰："阿城北門西側皋上有井，巨若車輪，深六丈。今不盈數尺矣。歲常煮膠，以貢天府"是也。法選純黑驢，飲以東阿城内狼溪河之水。至冬，取皮浸狼溪河一月，刮毛滌垢，務極潔净。加人參、鹿角、茯苓、山藥、當歸、川芎、地黄、白菊、枸杞、貝母十味，同入銀鍋。汲阿井水，用桑木火熬三晝夜，漉清，再熬一晝夜，成膠，色如鏡，味甘鹹而氣清和，此真阿膠也。見《巾箱說》。

918.鰒魚

《漢書·王莽傳》："憂懣不能食，但飲酒啖鰒魚。"光武時張步據青徐，遣使獻鰒魚。宋劉邕嗜食痂，以爲味似鰒魚。《說文》云："鰒音薄。"師古曰："鰒音雹，雹與薄音同。"之誠按：今直隸、山東人讀薄音正如雹，俗訛作"鮑"。《唐書》"俎登鮑魚，饌去邪蒿"，其訛已久矣。

919.鞋杯

世人皆以鞋杯屬之楊鐵厓。之誠按：《墨莊漫錄》王深輔道《雙鳧》詩云："時時行地羅裙掩，雙手更擎喜瀲灩。傍人都道不須辭，儘做十分能幾點。春柔淺醮葡萄暖，和笑勸人教引滿。洛塵忽浥不勝驕，剗蹈金蓮行緩緩。”據此詩，實不始自鐵厓。

920. 冰清

錢唐沈振蓄一琴，名冰清，腹有晉陵子銘云：“卓哉斯器，樂唯至正。音清韻古，月澄風勁。三餘神爽，泛絕機靜。雪夜敲冰，霜天擊磬。陰陽潛感，否臧前鏡。人其審之，豈獨知政。大曆三年三月三日下底，蜀郡雷氏斲。”鳳沼內書“貞元十一年七月八日再修，士雄記”。聲極清實。山莊陳聖與名知琴，少在錢唐，從振借琴彈，酷愛之。三十年，聖與官太常，會振姪述鬻冰清，索百千，不售。未幾述卒，其妻得二十千鬻於僧清道，轉落於太一道士楊英。久之，聖與以五十千購得，極珍秘之。或以“晉陵子”杜牧之道號，篆法類李義山筆，亦莫可辨。又不知士雄何人也。見《澠水燕談錄》。

921. 文寶齋六掌櫃沈師爺

同治初，文祥、寶鋆、恭王、沈兆霖同入軍機，一時有文寶齋、六掌櫃、沈師爺之謔。恭排行第六。時又有“去了一個六，又來一個六，錢糧二兩還照舊”之語。北音讀“六”若“溜”，肅順亦行六也。見繆藝風《藕香簃別鈔》。

922. 伎人馬盼謝天香能書

《紫桃軒雜綴》云：徐州伎人馬盼，學東坡書，能得其仿佛。坡書《黃樓記碑》，其中“山川烟雲”字皆盼筆。坡笑許之，遂劖石不復易。又某書記鉅野西北有穠芳亭，邑人當秋報賽，延王維翰書額。未至，有妓謝天香者進曰："祀事已畢，殽核具將，不飲奚俟？"衆曰："候維翰書碑，未至耳。"謝曰："予獨未能耶？"遂以裙裾濡墨，大揮"穠芳"二字。未竟而維翰至，續書"亭"字，如出一手。王謝遂爲夫婦。今石刻尚存。

923. 潤筆

《紫桃軒又綴》云："潤筆之貽，古人不却。歐陽公倩蔡君謨書《集古錄叙》，以古銅筆格、李廷珪墨、澄心堂紙潤筆。王岐公撰《龐潁公神道碑》，以古書畫及杜荀鶴及第試卷潤筆。薛紹彭爲米元章書《會稽公襄陽丹陽二夫人誥》，以智永臨右軍帖潤筆。馬仲塗求君謨書，以精婢潤筆。"之誠按：器物相貽，古道不廢，即云貨財，亦異掠取。未若今人稍知執筆，略事塗抹，即聲氣交通，身價自重，累百盈千，取之不厭，全出市道；其人既沒，遂無過問者。品格日卑，藝事斯下。正如竹懶所云："書繪二事，吴中極衰，緣業此者以代力穡，居此者視如藏賈。蘇、黄、米、蔡，董、巨、荆、關，皮毛徒遺，命脈久斷矣。"

924. 十四樓

述"秦淮十四樓"者，率以風月當之，其初特酒樓也。之誠按：《野獲編》云："太祖二十七年，命工部於江東門外建十酒樓，曰鶴鳴、醉仙、謳歌、鼓腹、來賓、重譯、清江、石城、樂民、集賢，嘗賜儒臣舉子宴於酒樓。後又增作五樓，以處侑酒歌伎，曰輕烟、淡粉、梅妍、柳翠。其一失傳，本爲十五樓也。"

925. 李和鑒定石刻

李和，錢唐人，國初尚存。鬻故書爲業。尤精於碑刻，凡博古之家，或有贋本，求一印識，毅然弗從。其印文"李和鑒定"石刻印。見《輟耕録》。

926. 閹割

或傳閹人以所割勢，納石灰升中，懸之屋梁，比歿，則以之附棺。故群閹諱言"升"並諧音諱及"生"字，如不曰"某先生"而曰"某先"也。然據《輟耕録》言："沈生自割，瘡口流血，經月不合。閹奴教以煅勢搗粉，酒服而愈。"則前説懸梁，似又不然。豈瘡口有合有不合者，不必煅服耶？明時閹人各有"名下"，清代則呼爲"徒弟"，亦如市井之投師也。

927. 故宋朱夫人

景炎元年丙子正月十八日，伯顔入杭，少帝及謝、全兩后以下皆入元。五月二日抵上都。十二日安定夫人陳氏、安康夫人朱氏與二小姬，沐浴整衣，焚香自縊。朱夫人遺四言一篇於衣中云："既不辱國，幸免辱身。世食宋禄，羞爲北臣。妾輩之死，守於一貞。忠臣孝子，期以自新。丙子五月吉日泣血書。"明日奏聞，上命斷其首，懸全后寓所。見《輟耕録》。胡元之亂，可謂極矣。

928. 烏思道

世言田文鏡幕客鄔先生，善伺世宗意，爲文鏡具密疏參隆科多。因之文鏡寵眷終身，敬禮鄔先生，事必咨而後行。日必致五十金爲束脩，否則明日襆被行矣。鄔先生日以五十金拯貧者。世宗稔知其賢，嘗批文鏡請安摺："問鄔先生安。"文鏡卒，鄔不知所終，蓋受詔入宮參預機密云。之誠按：此流傳之訛也。文鏡幕客烏思道，浙江人，文鏡素識。適游食上蔡，因延之入署，並言只令其查對文移，核算錢穀，至於機密大事，進退人才，素不與聞。見硃批上諭文鏡所具密奏。

929. 翰林雇馬錢

康熙庚辰恩例，給翰林官之貧者十八人，雇馬錢月三兩。

930. 雜技

乾隆間有雜技鐔子王者，爲撮弄老手，三子皆世其業。烏程人朱錦山，能陳二十四種樂器於前，以口及左右手足動之，皆中節，又能奏各種曲，間以搊戰等聲，並臻其妙。嘗給事和珅邸中，將敗先一年辭去。嘉慶乙亥，趙億孫於吴興座上見之，仍藉舊業餬口，億孫爲賦長歌。

931. 古泉著述

嘉道以後，談古泉者日精。劉燕庭有《古泉苑》，又《論泉絕句二百首》，金蒨穀著《晴韻館古泉述記》，翁宜泉著《古泉彙考》，錢同人著《古泉著述考》，瞿木夫著《古泉補正》，戴文節著《古泉叢話》，吕堯仙著《運甓軒泉譜》，鮑子年著《觀古閣泉說》，沈寶虞著《泉寶所見錄》，李竹朋著《古泉匯》，視前人張端木之《錢錄》，金忠淳之《古錢錄》，方嵩年之《錢譜》，宋振譽、慶凝父子之《續泉志》，張崇懿之《錢志新編》，馬昂之《貨布文字考》，倪模之《古今泉略》，有過之無不及也。

932. 五代時祆廟

范魯公質，當周祖自鄴起師向闕，京國罹亂，魯公遁迹民間。一旦坐封丘巷茶肆中，忽一形貌醜陋者前揖相公："相公無慮。"時暑中，公執一葉素扇，偶寫"大暑去酷吏，清風來故人"一聯在上。陋狀者奪其扇曰："今之典刑，輕重無準，吏得以侮法，何啻大暑耶？公當深究獄弊。"持扇急去。一日於祆廟後門，一土偶短鬼手中持其扇，乃茶邸中見者。見《玉壺清話》。此祆廟之猶存於五代者。

933. 斑竹

竹有黑點，謂之斑竹，非也。湘中斑竹方生時，每點上苔錢封之甚固，土人斫竹浸水中，用草穰洗出苔錢，則紫暈爛斑可愛，此斑竹也。見魏泰《臨漢隱居詩話》。

934. 李燾櫥屜

周密《志雅堂雜鈔》云："余鄉聞李獻可自號雙溪囗史。云：昔者李仁父爲《長編》，作大木櫥十枚，每櫥作抽屜二十枚，每替以甲子誌之。凡本年之事，應有所聞，凡片紙必歸木匣，却就每匣分月日，先後次第，井然有條，可爲法也。"

935. 文思要覽

《志雅堂雜鈔》云："王井西收得唐時古書一册，名《文思要覽》。今在伯幾家。"之誠按：《唐書·藝文志》："《文思博要》

千二百卷，目十二卷，貞觀十五年上。”《玉海》引《中興書目》：“《文思博要》一卷，大中十年秘書監楊漢公奏：排理亂書，得此書第一百七十二卷一卷，墨蹟今藏於皇朝秘閣。乾道七年，錄副本藏之集庫。”意公謹所見即此本而名不同者，或偶然誤記。

936.火正後人

元豐間，米芾自號恭門居士，其印文“火正後人芾印”，其後並不用之。見周密《志雅堂雜鈔》。

937.爪哇燈盞

爪哇燈，盞形如箕，銅鑄。上有國王國后二坐像，旁有一人立於側，龜胸形醜。其側有兩人頭，殊不可曉爲何物，恐非燈盞。徐子方以五千得之，甚可怪也。横逕四寸，縱逕約三寸。見周密《志雅堂雜鈔》。

938.銅持硯

容齋出銅持硯一，狀如箕，而長近一尺。其上作一倭人，坐硯池上，其下復有海獸類蜼，四足，以前雙足撫倭人之身，其上作牛。與其他皆細花紋甚精。蓋秦漢間物也。見周密《志雅堂雜鈔》。

939.石炭絲

霍清夫云：火浣布乃是北方石炭之絲，撚而織之，非火鼠須也。見周密《志雅堂雜鈔》。據此，知元時北方已自能織火浣布矣，其時工藝進步可知。乃後來不聞有製者，何也？豈西域人所織耶？

940. 佛朗國馬

權衡《庚申外史》云：“佛朗國進天馬，黑色五名，其項高而下鉤，置之群馬中，若駱駝之在羊隊也。上因歎羡曰：‘人中有脫脫，馬有佛朗國馬，皆世間傑出者也。’”之誠按：楊鐵厓亦有咏《佛朗國馬》詩。佛朗國即《明史》之佛郎機，蓋東方人統以稱歐洲人者。

941. 晁氏客语

晁說之以道《晁氏客語》議論頗多，然亦有舊聞足紀。紀范純夫事尤詳。

禁中諱“危亂傾覆”字，宫中皆不敢道著。

新法：户主死，本房無子孫，雖生前與他房弟姪，並沒官。女户只得五百貫。

《唐書》不書詔，列“奸臣”於“夷狄”後。

西方興師，歲用六百萬，人命在外。以此知富公以十萬和親於北，爲利不細。深甫云。

賜第五甲，舊法無出身。

銅雀臺瓦，驗之有三：錫花、雷布、蘚疪三者是也。然皆風雨雕鎸，不可得而僞。

942. 骰子選格

房千里作《骰子選格序》云：“以六骰雙雙爲戲，以數多少爲進身官職之序，而且條其選黜之目焉。東坡以流俗狂惑，經營儻來，惴惴唯恐後於他人，何異投骰者心動於中而色形於外，欲求勝人者哉？王逢原《綵選》詩云：‘卒無及物效，徒有高人氣。昏昏忘所大，擾擾爭其細。’其理信然。”見黄徹《䂬溪詩話》。

943. 容齋詩話紀歲時

洪邁《容齋詩話》一，有紀歲節者數端。

唐文宗開成元年，歸融爲京兆尹時，兩公主出降，府司供帳事繁，又俯近上巳曲江賜宴，奏請改日。上曰：“去年重陽，取九月十九日，未失重陽之意，今改取十三日可也。”

今人元日飲屠酥酒，自小者起。相傳已久，然固有來處。後漢李膺、杜密以黨人同繫獄，值元日，於獄中飲酒，曰：“正旦飲酒，從小者起何？”晉時人問董勳云：“正旦飲酒，先從小者，何也？”勳曰：“俗以小者得歲，故先酒賀之；老者失時，故後飲酒。”《初學記》引《四民月令》云：“正旦進酒，次第當從小起，以年少者起先。”

今人謂寒食爲一百五者，以其自冬至之後至清明，歷節氣六，凡爲一百七日，而先兩日爲寒食，故云。

944. 糖霜

《容齋詩話》三云：“糖霜之名，唐以前無所見。自古食蔗者始爲蔗漿，宋玉《招魂》所謂‘胹鼈炰羔有柘漿’是也。其後爲蔗餳，孫亮使黄門就中藏吏取交州獻甘蔗餳是也。後又爲石蜜，《南中八郡志》云‘笮甘蔗汁，曝成飴，謂之石蜜’，《本草》亦云‘煉糖和乳爲石蜜’是也。後又爲蔗酒，唐赤土國用甘蔗作酒，雜以紫瓜根是也。唐太宗遣使至摩揭陀國，取熬蔗法，即詔揚州上諸蔗，榨瀋如其劑，色味愈於西域遠甚，然只是今之沙糖。蔗之技盡於此矣，不言作霜，然則糖霜非古也。歷世詩人模奇寫異，亦無一章一句言之。唯東坡公過金山寺，作詩送遂寧僧圓寶云：‘涪江與中泠，共此一味水。冰盤薦琥珀，何似糖霜美。’黃魯直在戎州，作頌答梓州雍熙長老寄糖霜云：‘遠寄蔗霜知有味，勝於崔子水晶鹽。正宗掃地從誰說，我舌猶能及鼻尖。’則遂寧糖霜見於文字者，實始二公。甘蔗所在皆植，獨福唐、四明、番禺、廣漢、遂寧有糖冰，而遂寧爲冠。四郡所產甚微，而顆碎、色淺、味薄，纔比遂之最下者，亦皆起於近世。唐大曆中，有鄒和尚者，始來小溪之繖山，教民黃氏以造霜之法。繖山在縣北二十里，前後爲蔗田者十之四，糖霜户十之三。蔗有四色，曰杜蔗，曰西蔗，曰艻蔗，《本草》所謂荻蔗也，曰紅蔗，《本草》所謂崑崙蔗也。紅蔗止堪生噉，艻蔗可作沙糖，西蔗可作霜，色淺，土人不甚貴，杜蔗紫嫩，味極厚，專用作霜。凡蔗最困地力，今年爲田蔗者，明年改種五穀以息之。霜户器用，曰蔗削，曰蔗鎌，曰蔗凳，曰蔗碾，曰榨斗，曰榨牀，曰漆甕，各有制度。凡霜，一甕中品色亦自不同，堆叠如假山爲上，團枝次之，甕鑑次之，小顆塊次之，沙脚爲下；紫爲上，深琥珀次之，淺黃又次之，淺白爲下。宣和初，王黼創應奉司，遂寧常貢外，歲别進數千斤。是時所產益奇，牆壁或方寸，應奉司罷，乃不再見。當時因之大擾，敗本業者居半，久而未復。遂寧王灼作《糖霜譜》七篇，具載其說。予采取之，以廣聞見。”

945. 唐宋南方之盛

《容齋詩話》五云：“唐世鹽鐵轉運使在揚州，盡斡利權，判官多至數十人，商賈如織。故諺稱‘揚一益二’，謂天下之盛，揚爲一而蜀次之也。自畢師鐸、孫儒之亂，蕩爲丘墟。楊行密復葺之，稍成壯藩，又毀於顯德。本朝承平百七十年，尚不能及唐之什一，今日真可酸鼻也！”又卷六云：“國家承平之時，四方之人以趨京邑爲喜。蓋士大夫則用功名進取系心，商賈貪舟車南北之利，後生嬉戲，則以紛華盛麗而悅。夷考其實，非南方比也。讀歐陽公《送僧慧勤歸餘杭》之詩可知矣。‘越俗僭宮室，傾貲事雕牆。佛屋尤其侈，眈眈擬侯王。文彩瑩丹漆，四壁金焜煌。上懸百寶蓋，宴坐以方牀。胡爲棄不居，棲身客京坊。辛勤營一室，有類燕巢梁。南方精飲食，菌笋比羔羊。飯以玉粒秔，調之甘露漿。一饌費千金，五品羅成行。晨興未飯僧，日昃不敢嘗。乃茲隨北客，枯粟充饑腸。東南地秀絕，山水澄清光。餘杭幾萬家，日夕焚清香。煙霏四面起，雲霧雜芬芳。豈如車馬塵，鬢髮染成霜。三者孰苦樂，子奚勤四方。’觀此詩中所謂吴越宮室、飲食、山水三者之勝，昔日固如是矣。”之誠按：觀容齋所記，可以知其時南方之盛矣。故方勺《泊宅編》紀方臘之言曰：“天下國家，本同一理，今有子弟耕織，終歲勞苦，少有粟帛，父兄悉取而糜蕩之；稍不如意，則鞭笞酷虐，至死弗卹；糜蕩之餘，又悉舉而奉之仇讐；仇讐賴我之資，益以富實，反見侵侮，則使子弟應之；子弟力弗能支，則譴責無所不至，然歲奉仇讐之物，初不以侵侮廢也。”又曰：“聲色狗馬、土木禱祠、甲兵花石糜費之外，歲賂西北二虜銀絹以百萬計，皆吾東南赤子膏血也。二虜得此，益輕中國，歲歲侵擾不已。朝廷奉之不敢廢，宰相以爲安邊之長策也。獨吾民終歲勤動，妻子凍餒，求一日飽食不可得”云云。蓋是時國家歲計所入，幾盡責之東南，其富厚可知。經南宋之後以入元，觀陸友《研北雜志》所記元代户口云："太宗即位之八年夏，括户得一百十一萬。至世祖至元七年，復增三十餘萬户。十一年取宋，得户一千一百八十四萬八百餘户。二十六年，合南北之户，總一千三百一十九萬六千二百有六，口五千八百八十三萬四千七百一十有一。"據此，則元時北方户口，曾不敵南方十之一，故南宋雖偏安，南方極盛之基，則成於斯時。

946. 唐時酒令

《容齋筆記》云："白樂天詩：'鞍馬呼教住，骰盤喝遣輸。長驅波卷白，連擲采成盧。'注云：'骰盤、卷白波、莫走鞍馬，皆當時酒令。'予按皇甫松所著《醉鄉日月》三卷，載骰子令云：'聚十隻骰子齊擲，自出手六人，依采飲焉。堂印，本采人勸合席，碧油，勸擲外三人。骰子聚於一處，謂之酒星，依采聚散。'骰子令中，改易不過三章，次改鞍馬令，不過一章。又有旗幡令、閃壓令、抛打令，今人不復曉其法矣，唯優伶家，猶用手打令以爲戲云。"

947. 消夜

今人以夜中飲食爲"消夜"。方岳《深雪偶談》載薛深沂叔《客中守歲》詞云："一盤消夜江南果，吃果看書只清坐。罪過梅花料理我。一年心事，半生牢落，盡向今宵過。此身本是山中臥，纔出山來便差錯。手種青松應是大。縛茅深處，抱琴歸去，又是明年課。"

948.阮逸

世傳王氏《元經》薛氏《傳》、關子明《易傳》、《李衛公問對錄》，皆阮逸所著，以草示蘇明允，而子瞻言之。見陳師道《後山談叢》二。辛諫議子有儀，嘗與阮逸善，一日謂逸曰："君未娶，我有一相知，無子，家饒財，有女求婚。其家房緡二千，當爲營之，苟成，以一千謝我。"逸唯唯。姻既成，逸以前約語其婦翁，婦翁難之。有儀怨甚，乃以逸有"易立太山石，難芳上林柳"之句告謀不軌。逸下吏，全家流竄。後有儀爲海州都曹，至淮舟沒，憑轎子浮水上得脫。既至岸，舟人雖小兒悉免，有儀家人無一存者，唯長子由他道免。及官滿歸洛，長子忽失所在，視之得尸井中。世以爲阮逸之報也。見王定國《甲申雜錄》。

949.錢氏私誌詆毁歐公

歐文忠任河南推官，親一妓。時先文僖罷政爲西京留守，梅聖俞、謝希深、尹師魯同在幕下，惜歐有才無行，共白於公。屢微諷而不之恤。一日宴於後園，客集而歐與妓俱不至，移時方來，在坐相視以目。公責妓云："末至何也？"妓云："中暑往凉堂睡著，覺失金釵，猶未見。"公曰："若得推官一詞，當爲償汝。"歐即席云："柳外輕雷池上雨，雨聲滴碎荷聲。小樓西角斷虹明。闌干倚遍，待得月華生。　燕子飛來依畫棟，玉鈎垂下簾旌。凉波不動簟紋平。水晶雙枕，傍有墮釵横。"坐皆稱善，遂命妓滿酌賞歐，而令公庫償釵。咸謂歐當少戢，不惟不卹，翻以爲怨。後修《五代史·十國世家》，痛毁吴越，又於《歸田錄》中說文僖數事，皆非美談。從祖希白嘗戒子孫毋勸人陰事，賢者爲恩，不賢者爲怨。歐後爲人言其盜甥，表云：“喪厥夫而無託，攜孤女以來歸。張氏此時，年方七歲。”內翰伯見而笑云：“七歲正是學簸錢時也。”歐詞云：“江南柳，葉小未成陰。人爲絲輕那忍折，鶯憐枝嫩不勝吟，留取待春深。十四五，閑抱琵琶尋。堂上簸錢堂下走，恁時相見已留心。何況到如今。”歐知貢舉時，落第舉人作《醉蓬萊》以譏之，詞極醜詆，今不錄。見錢世昭《錢氏私誌》。

之誠按：誌中稱“大父”爲寶文閣知台州者，若在世昭，當作曾大父，即《宋史》三百十七《錢惟演傳附子暄》字載陽，以父蔭累官駕部郎中，知撫州，移台州，進少府監，權鹽鐵副使，官制行，爲光祿卿，出知鄆州，拜寶文閣待制者是也。所稱爲“先王”者，即《宋史》二百四十八《公主傳》秦魯國賢穆明懿大長公主，仁宗第十女，下嫁吴越忠懿王之曾孫，右領軍衛大將軍錢景臻，爲暄之子，後封彭城王者是也。所稱爲“伯兄”，“壽享正七十有九”者，若在世昭，兄當作父，即《宋史·外戚傳》錢忱爲景臻之子者是也。所稱爲叔父太尉者，即景臻庶子，官德慶軍節度使，見《繫年要錄》者是也。所謂“爲從祖希白”者，即《錢惟演傳》之錢易，爲惟演從弟者是也；若在世昭，當稱從高祖。所稱爲“內翰伯”者，史稱“錢氏三世制科，易、明逸皆掌書命”，此即明逸，若在世昭，當稱伯曾祖者是也。勞格《讀書雜識·宋人世系考》，兩浙錢氏有錢景瞻，世昭或即景瞻所出，不可考矣。書中所稱皆有人有事，然不應輩行顛倒如是。若謂錢愐所記，然亦不應稱希伯爲從祖，稱明逸爲內翰伯，俱不可解。考惟演以附丁謂逐寇準，爲馮拯所惡，始終不得入相，及沒，謚曰文墨，改文思，復改文僖。而明逸爲吕夷簡所知，希章得象、陳執中意，首劾范仲淹、富弼，更張綱紀，紛擾國經，凡所推薦，多挾朋黨。疏奏二人皆罷，故始終與正人立異，世昭致憾於歐陽，固有由來。特謂“梅聖俞、謝希深、尹師魯同在幕下，惜歐有才無行，共白於公”云云。梅、尹與歐交誼始終不薄，何至有此！其謂《十國世家》痛毀吴越者，今觀《錢俶傳》“錢氏兼有兩浙幾百年，其人比諸國號爲怯懦，而俗喜淫侈，偷生工巧，自鏐世常重斂其民，以事奢僭，下至雞魚卵鷇，必家至而日取。每笞一人以責其負，則諸案史各持其簿列於廷，凡一簿所負，唱其多少，量爲笞數，已則以次唱而笞之，少者猶積數十，多者至笞百餘，人尤不堪其苦。又多掠得嶺南商賈寶貨。”世昭殆指此而言。然五季之亂，繁徵暴斂，無地不然，吴越壯丁錢之爲民害，至宋真宗時始除。他書多紀其重斂，《五代史記》特奮筆不爲諱而已，非故作曲筆也。《歸田錄》中及惟演者二事，一稱其儉約，一稱其好讀書，唯稱思公而不稱僖，且及其子弟竊珊瑚筆格事，然不得謂之爲微辭也。《私誌》摭拾之詞，略與《碧雲騢》同。世知有《碧雲騢》而不甚稱《私誌》，故筆之於此而略辨釋之。《醉蓬萊》詞，諸書不載，俟考。

950.團茶所直

歐陽修《歸田錄》云：“茶之品莫貴於龍鳳，謂之團茶，凡八餅重一斤。慶曆中，蔡君謨爲福建路轉運使，始造小片龍茶以進。其品絕精，謂之小團，凡二十餅重一斤，其價值金二兩。然金可有而茶不可得，每因南郊致齋，中書、樞密院各賜一餅，四人分之。宫人往往鏤金花其上，蓋其貴重如此。”之誠按：《南窗紀聞》稱臘茶一餅直四十千，較歐陽時所直又增十倍矣。

951. 泉州諸番

陳懋功《泉南雜志》云："《泉州市舶稅課》云：香之所產，以占城賓達儂爲上。沈香在三佛齊名藥沈，真臘名香沈，實則皆不及占城。渤泥有梅花腦、金脚腦，又有水札腦，登流眉有薔薇水，占城、賓達儂、三佛齊、真臘、渤泥、登流眉皆諸番名。"

952. 德化白瓷

德化縣白瓷，今市中博山佛像之類是也。其坯土產程寺後山中，穴而伐之，綆而出之，碓極細滑，淘去石渣，飛澄數過，傾石井中，以漉其水。乃摶埴爲器，石爲洪鈞，足推而轉之，薄則苦窳，厚則綻裂，土性然也。初似貴，今流播多，不甚重矣。或謂開窰時，其下多藏白瓷，恐傷地脈，復掩之。見陳懋功《泉南雜志》。

953. 蒲壽庚

岳珂《桯史》云："番禺有海獠雜居，其最豪者蒲姓，號白番人，本占城之貴人也。"又云："泉亦有舶獠，曰尸羅圍，貲乙於蒲。"陳懋功《泉南雜志》云："宋德祐二年十二月，蒲壽庚反知泉州田真子，以城降於元。考《泉州府志》，田真子，晉江人，文文山同榜進士，爲州司馬。蒲壽庚其先西域人，與兄壽宬總諸番互市，因徙於泉。以平海寇得官。壽庚頑暴寡謀，壽宬爲之畫策，密畀壽庚以蠟丸裹表，密出降元。今但知壽庚之叛宋，而不知壽宬之主謀也。其子師文，尤暴悍嗜殺。孫勝夫，其黨也。余按《宋元通鑑》云：'我太祖皇帝禁泉人蒲壽庚、孫勝夫之子不得齒於士，蓋治其先世導元傾宋之罪，故終夷之也。’”又云：“泉南號文章之藪，而載籍甚少。何怍庵先生曰：蒲氏之變，泉郡概遭兵火，無復遺者。”周密《志雅堂雜鈔》云：“玉枕蘭亭，其石後泉州蒲壽庚航海載歸閩中。”又《癸辛雜識》云：“泉南有巨賈南番回回佛蓮者，蒲氏之壻也。其家富甚，凡發海舶八十艘。癸巳歲殂，女少無子，官沒其家貲，見在珍珠一百三十石，他物稱是。省中有榜，許人首告隱寄債負等。”

之誠按：佛蓮之稱，或與佛郎一音之轉，有解怍巴林者，恐非是。《雜識》言官沒其家資者，據晁以道《晁氏客語》云：“新法户主死，本房無子孫，雖生前與他房弟姪，並沒官，女户只得五百貫。”至是尚沒收佛蓮資財。知南宋沿用荆公新法，始終不改。

954. 顏思齊

陳懋功《泉南雜志》[1]云：“臺灣山甚高，亦多平原，可耕藝，周圍五十里，自有土番居之，多巢棲而不火食者，無所求於中國。明天啓時，漢人顏思齊誘日本人屯其地，鄭芝龍附之。未幾，荷蘭人由洋中來，假地日本，久而不歸，遂築城而有之。本朝順治十八年，鄭芝龍之子成功，京口敗歸廈門，欲取臺東，鹿耳門水漲，遂艤舟向臺。荷蘭戰不勝，拒守久之，乃棄城去，成功始以夜郎自待矣。傳其子經、孫克塽，外通諸番，内擾濱海。今上康熙十八年，始命將征之，一戰而克澎湖，師至臺灣而克塽降。兵不血刃，遂定其地。東西五十里，南北三千里，置郡一、

[1] 按本條言及入清之後事，自非錄自明人之《泉南雜志》，實見於徐懷祖《臺灣隨筆》，當是文如先生筆誤。

縣三。郡治之外，則番人居之，仍其舊俗。”

955. 川扇

川扇不知起自何時，然李德裕有《畫桐華鳳扇賦》云：“未若繪兹禽於素扇，動凉風於羅薦。”則唐時此地已嘗製之矣。竹本蜀所富有，第不甚堅厚，紙則出嘉州彭縣，輕細柔薄，惟可製扇。是其來已非一日，欲不充貢得乎？見何宇度《益部談資》上。

956. 蜀錦

蜀錦之名，其來久矣。城名錦官，江名濯錦，而《蜀都賦》云“貝錦斐成，濯色江波”。《游蜀記》云：“成都有九壁村出美錦，歲充貢。宋朝歲輸上供，轉運給其費，府掌其事。元豐中建錦院，歲募軍匠五百人。”其錦之名凡三十餘種，今惟蜀藩製之，名無多而價甚昂，不可易得。見何宇度《益部談資》中。

957. 大慈寺畫壁

東坡云：“古今畫水，多作平遠細皺，其善者不過能爲波頭起伏。唐處、孫位始出新意，盡水之變，號稱神逸。其後蜀人黄荃、孫知微，皆得其筆法。嘗於大慈寺四壁作輸瀉跳蹙之勢，洶洶若崩岸也。知微死，畫法中絕。”今大慈寺故在，四壁安能復覩？見何宇度《益部談資》中。

958. 潤州鶴林寺

陳眉公《太平清話》云：“余與徐道寅過潤州鶴林寺，有馬素塔。唐人詩‘因過竹院逢僧話’，即此地也。米元章愛其松古沈秀，誓以來生爲寺伽藍，擁護名勝。公沒時，鶴林伽籃無故塌下。里人知公欲還宿願於此，至今祀於寺之左偏。余謁之，乃袍笏像也。”

959. 袁海叟墓

《太平清話》云：“袁白燕海叟墓，在吾鄉郡城外龜蛇廟之東。”

960. 顏杲卿墓

顏杲卿墓，在曲阜舊魯城内顏之推墓内。顏真卿墓，在杲卿墓左。見《太平清話》。

961. 鄭虎臣宅

鄭虎臣宅，在蘇州舞鶴橋東，居第甚盛，號半州。四時飲饌，各有品目，著《集珍日用》一卷，並《元夕潤燈實錄》一卷。見《太平清話》。

962. 岳墳檜

岳墳檜樹劈開，天順時杭州郡丞馬偉爲之。見《太平清話》。墓前鐵鑄秦檜夫婦，成化時浙江布政使司參政周木爲之。見王應奎《柳南隨筆》。

963. 琴操

萬曆十七年，臨安樵者發一古冢，乃琴操墓，有殘碣，東坡居士書。墓中有銅鉢盂，流金戒珠一串。樵人分珠不平，訟之官，因掩之。墓在玲瓏山。見《太平清話》。

964. 神木廠

京師神木廠所積大木，多永樂時舊物。木各有名，刻字爲記。其最大者曰“樟扁頭”，又曰“張點頭”，圍徑二丈餘。又王二姊、嫌河窄、混江龍等名，朽爛棄擲，對面人立，尚不相見。見《茶餘客話》。

965. 韓文公墓

《太平清話》云：“修武縣東北三十里曰南陽，韓文公之故里也。里人呼其地曰韓莊，又曰韓村。愈自上世居此。”按李漢爲愈作行狀，曰昌黎人，而愈亦嘗自稱昌黎。又皇甫湜爲愈作墓誌銘，不言鄉里。李白作愈父仲卿碑，曰南陽人。劉昫《舊唐書》列傳亦曰昌黎人，蓋本諸行狀。歐、宋《新唐書》乃增曰鄧州南陽人，蓋本諸愈父碑，而加“鄧州”二字也。昌黎，古韓氏通稱，如李必曰隴西，崔必曰博陵，孫必曰樂安耳。今修武之韓莊有愈墓存焉，則愈之爲修武人明矣。

966. 穢冢

秦檜墓在建康，墓上豐碑矻立，不鎸一字，蓋當時士大夫鄙其爲人，兼畏物議，故不敢作神道碑。及孟珙滅金回，屯軍於檜墓所，令軍士糞溺墓上，人謂之“穢冢”。見姜南《風月堂雜識》。之誠按：豐碑不鎸一字，乃麗牲之碑，古人多有之。

967. 萊公泉

武陵縣六十里有萊公泉，在甘泉寺，舊名甘泉。寇萊公南遷過此，題於東楹曰：“平仲酌泉經此，回望北闕，黯然而去。”未幾，丁謂得罪南遷，亦道經於此，題西楹曰：“謂之酌泉禮佛而去。”淳熙中，張南軒榜曰“萊公泉”。范諷詩云：“平仲酌泉回北望，謂之禮佛向南行。烟嵐翠鎖門前路，轉使高僧厭寵榮。”崔嶧詩云：“二相南行至道初，記名留咏在精廬。甘泉不洗天涯恨，留與行人見覆車。”見姜南《學圃餘力》。

968.北方金石之學

北人爲金石之學者，大興之翁，偃師之武，階州之邢雨民，武威之張介白，皆爲世推重。他如查恂叔著《嘉祐石經考》，徐星伯著《西域水道記》，多錄碑刻全文。邊袖石與南樂段筠坡錫由，嘗佐沈匏廬撰《常山貞石志》。宛平楊翰息柯著《粤西得碑記》一卷，李光庭著《吉金志略》四卷，初渭園著《吉金所見錄》十六卷，翟文泉著《隸篇》四十五卷，海豐吴子苾有《攟古錄》，漁臺馬鐵橋星垣有《漢碑錄》，文安陽袁民有《安陽金石錄補遺》，偃師段襄亭嘉謨宰武功，輯《金石一隅錄》。通州劉錫侯得《唐李丕墓志》及《瀛州景城主簿彭君權殯志》，證明東漢漁陽郡治潞。萊陽趙北嵐自署所居爲《百漢碑齋》。益都楊栩與桂未谷、郝蘭皋友善，有《徙建北齊臨淮王碑記》。棲霞牟農星房有《鄭固碑跋》。日照許印林有《永建五年孝山堂食堂題字釋文》、《格伯敦考釋》。太谷温元長忠善、濰縣陳簠介祺、福山王蓮生懿榮、宗室盛伯羲昱，弆藏尤富，考訂亦精。

969.光流素月鏡

吴興費閏生藏鏡，逕營造尺五寸。篆文銘曰：“光流素月，質稟玄精。澂空鑑水，照迴凝清。終古永固，瑩此心靈。”又楷書三字曰“大吉利”。王静安定爲唐鏡。之誠題其拓本云：“出世玄精嗟隱閟，孤忠曾此鑑秋豪。流傳紙本紛憐惜，何處光流素月高。”謂閏生後失去此鏡也。

970.昇元牙造像

昇元牙造像，高二寸許，背文曰：“昇元二年，太歲在戊戌，奉佛三寶弟子吕建敬造。”分兩行書，字作八分體。譚仲修舊物，今歸袁珏生侍講。

971.政和雕漆

袁珏生侍講藏宋雕漆小合，逕不及寸。金底上刻雲龍，鱗鬣筋肉，骨角爪牙，夭矯飛動，宛若生成。平生所見雕漆，此爲第一，迥非明漆可比。底刻“政和年製”四字，隸書，刀法圓勁，必出當時名手。蓋裏刻“宫寶”一印，篆文，似後來加款，或永宣造器時曾徵入九禁，審其精美，爲鎸此二字，以爲宫中之寶器也，則尤足貴矣。

972.杭大宗善畫

吴退庵《杭郡詩集小傳》云：“太史喜弈而不能工，所居在許衙巷，嘗與巷口筆工施載華對局，終日不倦，蓋施技更劣也。”之誠按：大宗曾卜居鳳山門外，面臨之江，以“江聲草堂”顔其額。華秋岳爲作圖。大宗墓在留下大馬山，距西溪王家塢樊榭墓，僅三里許。道光戊子，汪獨翁訪得之，爲樹碑石，並合祀大宗徵君於交蘆庵，以徵君配蔣、姬人朱月上，及大宗配蔣、姬人張姜祔祀。又龔定庵撰逸事狀云："越七年，大宗外孫之孫丁大，抱大宗手墨三十餘紙鬻於京師市。有繭紙淡墨一紙半，乃大宗原疏也。按大宗與丁隱君敬身爲親家，每議論古今，必推案交詬乃已。其婿丁健早卒。隱君候潮門外之樓燬於火，所蓄頓盡。復買屋張紗巷。"據定庵所狀，隱君之後，亦甚不振矣。定庵又云："世無知大宗善畫者。自珍得其墨畫十五葉。雍正己卯歲，自杭州如福州，紀程之所爲也。"今傳世者多畫梅。之誠昔得畫幅山水，老屋寒鴉，秃樹怪石，澹宕蕭條，頗具逸致。畫無款識，唯鈐一印曰"江聲草堂"，豈大宗所作耶?

973. 趙昭

大宗《寄巢集·題女士趙昭雙鉤水仙》："寒山木落澗泉分，小宛堂開辟蠹芸。留得外家殘稿在，一叢寒碧寫湘君。"樊榭詩云："名同班氏最清華，知道停雲是外家。點染春心冰雪裏，只消葉底兩三花。"《玉臺畫史》云："趙昭，字子蕙，寒山隱君女，母文端容俶。適平湖馬班。後遭家難，昭遂入空門，字德隱。結茅庵西洞庭山，二十餘年始卒。有《侶雲居遺稿》。"之誠按：所謂家難者，與其夫仳離也。

骨董續記卷四

974. 造送查嗣庭家一應抄錄書籍字札細冊

《查抄查嗣庭清册》，之誠從珏生侍講借抄一過，云：

查家家藏往來字札並手錄書籍編後，計開：《二十一史》抄本十九套又七本，共一百十四本。抄白明史二本。稿本《酌中集》一套八本，又《酌中集》八本。宋翰林《燕石集》四本。《羅亨信集》一本。《唐珣集》一本。《唐文粹》二本。《十七帖述》一本。《孝義》一本。《野獲編》四本。《南渡大略》一本。《南宋六陵遺事》一本。《杜工部古詩》一本。《熊勿軒集》二本。《聲畫集》二本。《辛巳泣蘄錄》一本。《汴圍濕巾錄》一本。《外篇香草》一本。《中興禦侮錄》一本。《禹貢》二本。《後漢摘典》一本。《姚東泉集》一本。唐詩二本。《十七史蒙求》二本。《建炎朝野記》一本。《唐摭言》四本。《漁隱叢話》二十本。《錢氏家寶》二本。《目科》二本。《青溪弄兵錄》一本。《禮記》二本。《玉壺清話》二本。《東林點將錄》一本。《幸存錄》一本。《野獲編》一本。《放翁劍南詩》一本。《竊憤錄》一本。《靖康孤臣錄》一本。雜錄古典二本。陳子元書一本。《東華集》一本。查前案學孝試册二十四本。查氏自作詩文並帳目雜記十本，二帙，作一包。《萬壽頌奏疏》一本。

《秋錦詩抄》一本，尺牘一本，《擬四書題》一本，書夾板號目一本，《丙申詩抄》一本，《秋興集》一本，《戊戌詩抄》一本，《瘦竹齋公車新藝》一本，海汾日用帳目一本，雜錄詩文二帙。以上十本、二帙一包。

撿搜查嗣庭一應字迹、書札、詩文開列於后：一應新舊來往書札共一百三十三件，一伊致他人書札共一十七件，一切新舊家書一百四十一件，伊戚友書札共一百八十四件，一衆人託帶京書十四件，一詩文雜稿一百九件，一零星雜錄詩文一包，一細字小文章共六十五張，一紙綾字對共二十二件，一紙箋字對共十七件，一雜鈔共十一本，一款扇十柄。

册後署雍正四年十月，鈐有巡撫浙江等處地方提督軍務關防。

之誠按：雍正硃批上諭："雍正四年十月二十五日，浙撫李衛密奏，派刑部額外郎中朱論瀚，赴海寧海汾橋搜查情由，將一應字迹钞錄書本封固送部。"此即其清單。又按《東華錄》載："查嗣庭官侍郎，典試江西，以所出題目爲'君子不以言舉人，不以人廢言'，及'日省月試'，及'山徑之蹊間，介然用之而成路，爲間不用，則茅塞之矣，今茅塞子之心矣'，怨望譏刺。查其寓所行李日記二本，訕謗聖祖，以翰林改授科道爲可耻，以裁汰冗員爲當厄，以欽賜進士爲濫舉，以戴名世獲罪爲文字之禍，以趙晉正法爲因江南流傳對句所致，以科場作弊之知縣方名正法爲寃抑，以清書庶常復考漢書爲苛刻，以庶常散館爲畏途，以多選庶常爲蔓草，爲厄運，以殿試不完卷黜革之進士爲非罪。熱河偶然發水，則書'淹死官員八百人'等語，皆誣妄。逮治死於獄中，仍戮尸梟示。子澐坐死，舉室充發。"又繆煥章《悔餘年譜》："悔餘以弟嗣庭獲罪投案，繫獄半年，免死放還，翌年即逝，年七十八。”嗣庭女徙邊，《柳南隨筆》載其題壁云：“薄命飛花水上游，翠娥雙鎖對沙鷗。塞垣草沒三韓路，野戍風淒六月秋。渤海頻潮思母淚，連山不斷背鄉愁。傷心漫譜琵琶怨，羅袖香銷土滿頭。”

975.吴大家畫梅

大宗《赴召集題休寧吴大家畫梅》云：“玉骨含芬妙琢詞，謝庭何處見風期。閑來却借諸兄硯，手寫寒香入㘭枝。”

976.謝在杭小影

《榕城詩話》云：“謝在杭小影一幀，予得見於鼇峰坊薛士玉家。豐頤隆準，粹容充悦。姬人桃葉，就其所執之卷而舒之，流觀盼睞，翩若燕翔。童子煮茶，石鼎沸聲，與松籟互答。蓋曾鯨所寫也。考公《居東集》有《雪夜寄侍兒》詩，又有《壬寅元日寄桃葉侍兒》詩，又有《客中夢桃葉侍兒》詩，《鑾江集》中又有《六憶詩寄桃葉侍兒》，又《代答詩》，則公之繾綣於桃葉者深矣。”

977.十硯先生歌

《榕城詩話》云：“永福黄莘田任，罷官四會令，以千金購硯，以千金購侍兒金櫻，明艷絕世，妙解文翰，兼工詩竹。有《夜來香》絕句云‘知隔絳紗帷暗坐，謝娘頭上過來風’。莘田豐髯秀目，工書，好賓客，詼嘲談笑，一座盡傾。家居食貧，僦屋委巷。二女，長曰淑窕，字姒洲，次曰淑畹，字紉佩，皆擅詩名。一門風雅，自號‘十硯先生’。錢唐吴中林廷華，以經生守興化，爲作《十硯先生歌》云：‘十硯先生淡無欲，作官不戀五斗粟。

歸來傲殺黃菊花，俗塵不敢閒相觸。叩門唯有陳學圃太史趙明序予，城北徐公嫺雲交倍篤。室中更喜吟伴多，飢來頓頓餐珠玉。研癖不顧千金讎，詩成自謂萬事足。今春見我絕糧詩，大笑謂我未免俗。相別先生二十日，近狀直登高士錄。聞有陽翟大賈人，推轂先生造門數。先生堅臥竟不起，謂此衡茅不足辱。賈人歸攀長者車，寄去無事若踐踽。囊中自有千黃金，可爲先生具醽醁。先生笑謂我不貧，明月清風皆我屬。田荒偏喜令威瘦，水清且給陶泓浴。三山作靈不待買，倚閣年年眉黛綠。此身一落阿堵中，入山恐愧紅躑躅。春風春雨日杜門，把筆自譜游仙曲。'"

978. 銅琴

陳亮伯說：上元黃殿撰思永藏古銅琴，青綠斑爛。款式與平常琴無異。中有銘十二字曰"魯正叔作，子子孫孫永壽用之"。庚子之役，爲日本人所得。後八年，復由日人鄭永昌歸之黃氏。其子中慧，以萬金質於美利堅人。

979. 漢玉日晷

漢玉日晷，光緒初歸化出土，湹陽端方得之，今不知究竟矣。玉正方，得漢尺一尺。中刻綫端各繫數目，始於一數，以至九十，其中"七"字與"十"字形制相同，唯"十"字中畫稍短耳，與小篆異文。蓋西漢初年物也。

980. 漢紬

《汪穰卿筆記》云："光緒末，西人斯丹於燉煌長城下，得漢紬二端，同出一幅。一廣尺許，長寸許，上寫曰：'任城國古父紬一匹，幅廣二尺二寸，長四丈，重二十五兩，直錢六百一十八。’一廣漢尺二尺二寸，長寸許。紬有波紋，色淺黃，一處微綠。”之誠按：西漢至晉俱有任城國，屬兗州。相如《子虛賦》徐廣注：“齊東阿，繒帛所出。”蔡邕《女誡》曰：“繒貴厚而色尚深。”《漢書·貨殖傳》曰“文采千匹”，師古注曰：“文，文繒也。采，帛之有色者。”《外戚傳》“盛綠綈方底”。《匈奴傳》“赤綈綠繒各六十匹”，《鄴中記》載“青白黃綈”。《說文》曰：“綈，厚繒也。”《急就篇注》：“綈，厚繒之滑澤者也，重三斤五兩。今謂之平紬。”《說文》：“紬，大絲繒也。”《急就篇》注：“抽引麤繭緒紡而織之曰紬。”《北史·樂良王傳》：“王好衣服，碧紬袴，錦爲緣。”《北魏書·蠕蠕傳》：“賜黃紬被褥三十具。”《高車傳》：“遣使賜赤紬十匹。”是厚帛爲繒，厚繒爲綈，大絲繒爲紬。此有波紋而色淺綠微黃，所謂“文采”是也，唯重二十五兩，豈紬有細緻者乎？

981.沈關關

楊卯君，字雲和，沈君善之側室。工於繡佛。其女關關，字宮音，尤能出新意。嘗墨繡顧茂倫《濯足圖》，尤悔庵題《漁家傲》一闋云：“我夢吴江烟水皺，綸竿擬挂垂虹口。不道逋翁濯足久。枕且漱，滄浪一曲天如斗。深院玉人閒譜繡，紛香妙寫溪山友。宛轉綵絲盤素手。林下秀，小名獨占毛詩首。”見近人《然脂餘韻》。

982.夏永

夏永，字明遠。以髮繡成滕王閣、黃鶴樓圖，細若蚊睫，侔於鬼工。唐季女仙盧媚娘，於一尺絹上繡《法華經》七卷。明遠之製，庶幾近之。見近人《然脂餘韻》。

983. 婦工刻字

松郡馬家婦，善刻字。嘗梓許觀察鶴沙詩集，許贈詩云："五月行吟寄瀼西，漫勞紅女爲災梨。詩逢孌媼能詮解，句出歌鬟定品題。墨汁有時沾翠黛，銀鈎終日費柔荑。諸君可有香奩咏，消受閨中學印泥。"見近人《然脂餘韻》。

984. 京師名宿舊址

香嚴齋，龔芝麓居，在宣武門左。春暉堂，陳邦彥居，在宣武門右。小秀野堂，顧俠君居，在宣外三忠祠。樂賢堂，德定圃居，在史家胡同。古藤書屋，在海泊寺街，金之俊第，有古藤二株，龔芝麓亦曾居之。康熙初，何御史蕤音元英寓此，名丹台書屋。康熙甲子，竹垞自禁垣移居於此，後遷槐市，詩所謂"不道衰翁無倚著，藤花又讓别人看"。後析爲三四宅，即今順德縣館。田山薑故居在方壺齋，即永光寺西街上，又遷横街，己未冬遷粉坊胡同。商寶意故居在香爐營。寶意詩："我昔弱冠游神京，僦居曾記香爐營。"梁葯亭寓在永光寺。姜西溟、湯西厓、吴元朗、查聲山，同寓西草廠胡同。得樹堂，漁洋舊居，在保安寺前。梁敦書移寺石於庭，名曰垂雲。時晴齋，汪文端由敦得松雪《快雪時晴帖》，因以名齋，在椿樹三條胡同，復賜第東四十三條。邵青門舊居在保安寺街，與漁洋居相對，與陸冰修隔一牆。查查浦嗣瑮居半截胡同。野航齋，徐蘋村侍郎所居。懷歐舫，陸侍講肯堂所居。秦鑑堂大士居半截胡同。愛日堂，陳文簡元龍居，在繩匠胡同。陳句山居賈家巷，又粉坊胡同。齊次風居半截胡同南，移賈家巷句山舊居。張月槎漢、張南華鵬翀，皆居賈家胡同。席龍堂，王文靖熙怡園額。青箱堂，王文貞崇簡堂額。碧山堂，徐澹園司寇，在繩匠胡同，今休寧館。冠山堂，亦徐健庵堂額。四松亭，張總憲若溎、吴少宰嗣爵所居，即怡園一隅。秦蕙田、姜度香，皆居繩匠胡同。聽雨樓在北半截，有醉經堂、古藤書屋、得石軒、松石間精舍、槐蔭館、緑天小舫、桐華書屋，汪荇舟、韋約軒皆曾居之。清遠堂，紀太僕復亨堂名。東井書室，在順承門大街，吴眉庵侍郎應棻寓。棗東書屋，查他山居。魏染胡同東有飼鶴軒，即吴梅村故宅，湯西厓曾居之。所謂“旁人錯比揚雄宅，異代應教庾信居”，即此。一經齋，在魏染南端，金檜門總憲第。晚紅堂，在孫公園，彭維新、吴省欽居之。蘭韻堂，即晚紅堂，沈雲椒居之。緑雲書屋，在横街，程文恭景伊舊居。寶言堂，在韓家潭，王文莊第，有夢舫室。溧存堂，在外郎營，徐文穆本第。曹文敏秀光居米市胡同。石芝盦，四川營四川會館，秦良玉駐兵處。黄叔琳居李鐵拐斜街。雙槐軒，在保安寺傍，山陽陳黄門台孫居湘管齋，陳無軒焯館虎坊橋韓城王公邸，宋芝山爲作《湘管齋圖》。清勤堂，在楊梅竹斜街，梁文莊賜第，有藤花，後改旅店。緑雨樓，陸文裕深舊邸。青藤館，在珠市口西，陳澤州邸。秋碧堂，梁清標邸，有蕉林書屋，刻《秋碧堂法帖》。看雲樓，在梁家園，李雨村居。十二研齋，在宣武之右，汪蛟門居，夢入廣庭，得十二研，因名其齋。一峰草堂，在斜街南端，喬侍讀萊所居，竹垞有詩贈之。接葉亭，在爛熳胡同，湯西厓舊居，張南華、沈椒園先後居之。錫壽堂，在接葉對門，王文恭頊齡舊居。懺園，在增壽寺西，王文靖之弟中丞燕別墅。晚翠閣，顧俠君寓，似在西便門。宋牧仲舊居銀錠橋。雨餘書屋，在興化寺街，于文襄舊第。絢春園，在定府大街，尹文端第，又名晚香園。野園，在燈市口，介少宗伯第，即佟府花園，傳爲嚴世蕃第。紀文達居虎坊橋。湯文端金釗居西長安街中街。明嘉定伯周奎第，在博家大門。倭文端仁居西城察院之左。姚伯元居東鐵匠胡同，有龍秋館、竹葉亭、小紅鵝館。傅文忠恒第在東單二條。劉文清公第在驢市胡同西頭，南北二宅，北宅後改食肆。瑛夢禪居勾欄胡同，與文清鄰巷。半畝園，在弓弦胡同內排子胡同，李笠翁所創，後改會館，麟見亭河帥得之。松文清筠第在東直門二條胡同。洪文襄承疇第在南鑼鼓巷路西。小西涯，在松樹街東頭，李公橋西壖下第一家，法梧門祭酒舊居。慶似村居在定府大街冰漿局。阮文達公居阜城門內之上岡，名蝶夢園。許文恪乃普第在石老娘胡同極東，道北一第。彭尚書啓豐第在麻綫胡同極東道北。鄂文端第在帥府胡同，即明武宗威武大將軍府。潘文勤祖蔭居米市胡同、際會堂對門法華庵。相傳後鐵廠義學爲張得天故居。翁覃溪故居在保安寺街。祁文端居宣武門外四眼井。翁文恭居東單頭條，袁爽秋亦居之。李莼客居鐵門，後遷保安寺街。錢竹汀居繩匠胡同，移潘家河沿，又橫街。

985. 僞宋元瓷

《天咫偶聞》云："近年都中忽出僞元瓷，其釉水、椶眼、沙底、鐵足，一一逼真。聞一家丁隨官九江，曾學其技，歸而用北方土燒之，不能工，殊類元瓷，乃仿造之，遂大獲利。賞鑒家所得，半是物也。亦頗自秘其技云。"按《崔東壁遺書》，乾隆中，磁州有人造僞宋瓷。

986. 關帝姚彬像

《天咫偶聞》云："姚彬盜馬廟，在藥王廟東，相傳始於隋代。其像塑威猛生動，帝君正坐，左顧怒視彬。彬袒裼赤足，繫髮於柱，勇悍不屈之色可掬。七將皆仰視帝旨，而意屬於彬。馬在右而左顧，若長鳴仰訴者。馬裝飾奇古，尾亦有飾。塑手之高，非劉元不辦。"之誠按：此廟及像，毀於庚子之難。

987. 半畝園

麟見亭得半畝園而改葺之，以結構曲折稱勝。有永保尊彝之室，專弆鼎彝；琅環妙境，專藏書；退思齋，專收古琴；拜石軒，專陳怪石供、大理石屏，端硯、印章纍纍；佛寮，專供唐銅魏石。正室雲蔭堂，中設流雲槎，爲康對山物，乃木根天然榻，寬長及丈，儼然若紫雲之垂於地。左方有趙寒山草篆"流雲"二字，思翁、眉公皆有題字。本在康山，阮文達取以贈見亭者。又有流波華館、近光樓、曝畫廊、先月榭、知止軒、水木清華之館、伽藍瓶室諸勝。

988. 豹字牌

吴騫客藏豹字銅牌，上有穿，兩面有文。正面隱起作豹像，横刻"豹字陸伯拾號"，凡六字。背面文六行，云"隨駕養豹官軍勇士，懸帶此牌，無牌者依律論罪，借者及借與者罪同"凡二十七字。蓋正德間創立豹房，守衛軍士所配也。此牌傳世尚夥，與騫客同時藏者尚有數人。予友丁闇公亦得一枚。

989. 文思院

宋官印有“少府監製”，南宋則“文思院製”，或“文思院下界製”。之誠按：《通考》：“文思院，太平興國三年置，掌造金銀犀玉工巧之物，金彩繪素裝鈿之飾，以供輿輦册寶法物及凡器服之用。隸少府監。紹興三年，併少府監入文思院，分爲上下界。上界造作金銀珠玉，下界造作銅鐵竹木雜料。監官三員，文臣，係京朝官。隆興二年，併禮物局入文思院。”陳師道《後山談叢》云：“文思殿奉帝者之私，凡物必具。宣后當國九年，不索一物。”江休復《醴泉筆錄》云：“文思院使，不知從何得此名。或曰量銘‘時文思索’，或說殿名，聚工巧於其側，因名曰文思院。”吴處厚《青箱雜記》云：“《考工記》‘㮚氏掌攻金。其量銘曰：時文思索。’故今世攻作之所，號文思院。”明有文思苑，尚沿此稱。

990. 内坊之印

“内坊之印”，牙印，辟邪紐，逕今尺一寸二分許。玉筯朱文，深刻，細邊欄已蝕。之誠按：此隋印也。《唐六典》：“唐設詹事府，沿隋門下、典書二坊領坊局制，設左右春坊。以左春坊領六局：司經掌侍奉及經史圖籍，宫門掌東宫殿門鎖鑰及啓閉之事，内直掌符璽傘扇几案衣服之事，藥藏掌和劑醫藥之事，齋師掌大祭祀湯沐洒掃鋪陳之事。右春坊兼領内坊，置典内二人，掌閤内諸事，諸坊局小吏各有差。”考唐制以詹事擬尚書令，二坊擬門下、中書，六局擬六部，然則内坊當似翰林院矣。隋制典書坊舍人八人，唐復爲太子舍人四人，掌侍從表啓、宣行令旨是也。隋唐皆有太子内坊丞、勳衛，階八品。唐有太子内坊丞，從七品，太子内坊典直，九品，其職當同於典內，或時有增損也。然則內坊非官名，曰內者，示別於二坊，曰坊者，意即後世文房書房之稱。故《輿服志》太子及太子妃表啓教令，以內坊印行之。考宋景祐鑄印令式，大者二寸一分，至小者州縣印寸八分，與唐制同。又乾德三年，蜀鑄印官祝温柔，言其祖思言，唐禮部鑄印官，世習繆篆，《藝文志》所謂"屈曲纏繞以摹印章"者也，因悉令温柔改鑄諸印。然則唐宋印文皆用叠篆。又今存宋印多寬欄，唐印欄粗細互見，而皆細朱文。此印細邊欄，方一寸二分許，而爲牙製玉筯文，獨古樸有法，故知爲隋印也。牙官印古多有之，釋達受藏白文"騎督之印"，即漢牙印也。宋制東宫官屬不常設，仁宗、神宗、孝宗、光宗陞儲時，有主管左右春坊事二人，以內臣兼，同主管左右春坊事二人，以武臣兼，承受官一人，以內侍兼，朱文公所謂"東宫官屬不備，宜仿舊損益"者是也。明制，詹事多由他官兼掌，宫僚不備，坊局僅爲翰林轉徙之階，自無內坊之制。且明印皆寬欄九叠篆，故知决非宋明之印也。

991.馬湘蘭小印

彭邦鼎《閒處光陰》云："舊有勝國名妓馬湘蘭印章一枚，壽山石，方徑寸四五分，厚約三分餘，瓦紐。中鎸'浮生半日閒'五字，白文大篆。四圍鎸'壬子穀日，偕藍田叔、崔羽長、董玄宰、梁千秋社集舟中。女史馬湘蘭索刊'，款曰'雪漁'。其石瑩潤完好，文字亦復整全。從兄春農屬意久，余之楚，即用之誌別。迨春農聞貴賓西先生貴慶藏有馬湘蘭硯，彼此傳玩，各欲取以成耦。乃强爲立說，作五古一章，韻至數叠，相持不下。先是互炫其物時，鮑覺生先生桂星在座，固知兩家皆健鬬，因以一詩解之，而此印竟爲賓西先生有矣。”又《碧香詞》有《咏湘蘭小印》云：“湘蘭小印花乳石，約高二寸許，四方，文曰‘聽鸝深處’四字，白文，邊款‘百穀兄索篆，贈湘蘭仙史，何震。’”之誠按：《憶雲詞》有《咏湘蘭遺硯》云：“硯背有雙眼，百穀小篆‘星星’二字。馬自銘云：‘百穀之品，天生妙質。伊以惠我，長居蘭室。’”不知賓西所藏即此硯否。又程春海亦家藏湘蘭小硯，背鐫湘蘭小像，遍徵題咏。祥符周穉圭之琦賦《三姝媚》詞，有“想鏡中眉樣，半蛾偷借”，及“忍取南朝遺墨，青溪恨惹”句。

992.河東君青田石書鎮

《冬青樹館集》云：“河東君青田石書鎮，長二寸有半，廣二之一，刻山水亭樹，款曰‘仿白石翁筆’，小篆頗工緻。面鐫‘崇禎辛巳暢月，柳蘼蕪製’。張秋水咏之云：‘寫罷烏絲笑破錢，筆牀硯匣日周旋。歸家園裏傷心樹，轉手滄桑二百年。山莊紅豆正花開，花底齊牢酒一杯。展向春風重太息，絳雲書卷久成灰。’”按盱江黄樹椿嘗得半野草堂牙章，及河東君水晶小印。又蔣春雨《論印絕句》云：“有友人示青田凍白文小方印‘如是’二字，傳爲河東君物。”

993.魏武帝書

楊升庵謂朱文公書法出於魏武。魏武書行世者甚少，唯《賀捷表》元時尚存，文公所學必此。劉恭父學顏魯公書《鹿脯帖》，文公以時代太近誚之。劉云：“我所學者，唐之忠臣；公所學者，漢篡賊耳。”此足證升庵不妄。

994. 竹懶書例

《山居隨筆》云：林居多暇，士及友索書者坌集，因戲定規條，以示掌記曰："大滌洞左界翰墨司散仙竹懶示例，諭掌書僮等知悉。邇自漁郎啓閟，鳥逕通幽，雖彌明非世俗之書，而楊、許洩真靈之唆。何妨洒墨，聊戲摶沙。即開乞樹之門，且撤躲婆之石。凡持扇索書者，必驗重金佳骨，即時登簿，明注某日月，編次甲乙，陸續送寫，不得前後攙越。每柄爲號者取磨墨錢五文，不爲號三文。其爲號必係士紳及高僧羽客，方許登號，不得以市井凡流，朦蔽混乞。每遇三六九日辰刻，研墨，量扇多寡，斟酌墨汁，稟請揮寫。如乞小字細楷者，收筆墨銀一錢，磨墨錢只三文。寫就藏貯候發，亦明白登記某日發訖。其有求書卷册，字多者磨墨錢二十文，扁書一具三十文，單條草書每幅五文。紙色不佳或澆薄滲墨者，不許混送。昔山陰讒口，自籠羽人之鵝；莆陽奢望，竟驅暱友之婢。我悉貸除，以潤汝輩。既居橘栗术葛之儔，應修玄楮泓穎之職。恪供乃事，毋横索也。己巳閏月示。"之誠按：潤筆甚薄，或竹懶有意矯之。近人潤筆，所知者戴文節扇例五錢，吴讓之書扇三百文，兼畫加二百文。光緒中京師畫扇潤筆多不過一金，他亦稱是。近來乃有數十百金者，其風扇於海上，遍於各處，非妖而何？

995. 黄子久工詞曲

鍾嗣成作《録鬼簿》，載其友工詞曲者，稱黄子久乃陸神童之弟，在姑蘇琴川子游巷居。幼時螟蛉温州黄氏，因而嗣焉。其父年九旬時方嗣，見子久曰："黄公望子久矣。"先充浙西憲吏，以事論經理田糧獲直。後在京爲權豪所中，改號一峰。原居松江，以卜術閒居。目今棄人間事，易姓名，爲苦行凈堅。又號大癡翁。公望學問不待文飾，至於天下之事，無所不知，下至薄技小藝，無所不能，詞曲落筆即成，人皆師尊之。尤能作畫。

996. 蘇黄書

東坡戲山谷曰："魯直字清勁，而筆勢太瘦，幾如樹梢挂蛇。"山谷曰："公字不敢輕議，然間覺褊淺，甚似石壓蝦蟇。"學蘇黄者，不可不知。

997. 黄霖

昔年買得黄霖畫花鳥，署"雍正己酉小陽，蘇橋菊老人寫於成都之三喜堂"。按《墨林今話》："黄霖，江南人，家蜀最久。善畫菊，自號菊隱老人。年八十餘，猶吟誦不輟。有《歸農》云：'我愛騎驢懶坐車，兒肩書籍僕擔花。出城未到青羊市，先問橋頭賣酒家。'《畫蟹》云：'不食霜螯二十年，未曾舉箸口流涎。何時得到江南去，明月蘆花繫釣船。'"今成都青羊宫花市，尚自二月朔迄望日止，士女嬉游，風物恬美。之誠丁巳重客蜀中，數數往游，每讀菊隱詩，不禁神往。唯霜螯不肥，正所謂"到無蟹處有監州"耳。

998. 永嘉五年磚

道光中，廣州北門外聚龍岡，古冢傾圮，墓磚出焉。許青皋以重價得數十方。磚長漢尺一尺五寸，寬九寸，厚二寸。磚側文曰"永嘉五年辛未，宜子保孫"，曰"永嘉六年壬申，子孫昌，皆侯王"，曰"辟邪不祥"，曰"子孫千億，皆壽萬年"，曰"陳仲所造"。因推年定爲晉懷帝時磚。青皋又得《景祐登科録》，以南漢殿材作櫝，共藏之。磚後歸許星臺，築三十六磚吟館。《登科録》歸南海伍崇曜，後歸黎氏，有林佶人楷書文、陸、謝三傳列於卷首。録中年籍缺者甚多，疑爲明初繙刻，非原本也。海寧王靜庵言，曾見嘉靖翻刻本，極精。

999. 趙飛燕印

吴石華《題趙飛燕印拓本》詩四首，序云："玉印徑寸，厚五分，潔白如脂。紐作飛燕形。文曰'婕好妾趙'四字，篆似秦璽，獨'趙'字以鳥迹寓名。嘉靖間藏嚴分宜家，後歸項墨林，又歸錫山華氏及李竹懶家，最後嘉興文後山得之。仁和龔定庵舍人以朱竹垞所藏宋拓本《婁壽碑》相易，益以朱提五百，遂歸龔氏。此册乃何夢華所拓也。"詩云："碧海雕鎪出漢宫，回環小篆字尤工。承恩可似綢繆印，親蘸香泥押臂紅。""不將名字刻苕華，體製依然出内家。一自宫門哀燕燕，可憐孤負玉無瑕。""黄門詔記未全誣，小印斜封記得無。回首故宫應懊悔，再休重問赫蹏書。""錦裹檀薰又幾時，摩娑尤物不勝思。烟雲過眼都成録，轉憶龔家婁壽碑。"之誠按：《定庵集》有四詩咏之，稱有説載之文集中，今不傳。印後歸潘德畬，復歸陳簠齋，《十鐘山房印舉》有此印拓本，作蟲鳥篆，即趙君魏所謂芝英篆。唯"趙"作"娋"，即使可通，而位婕好者不只飛燕一人，終嫌附會也。

1000. 古銅鏡

《桐陰清話》云：嘗見古銅鏡一面，團圓不過二寸許，背有銘云："月樣團圓水樣清，好將香閣伴閒身。青鸞不用羞孤影，開匣當如見故人。"

1001.楊忠愍腰裂硯

楊忠愍公腰裂硯，銘曰："余不能書，故無佳硯。入獄次日，望湖贈此硯，伴我寂寥，意誠佳也。相依既久，而乃知此硯才德之優。昨夜忽然腰裂，鏗然一聲，驚我夢寐，是豈知予之將死，而不忍爲他人用耶？噫，異矣！"硯初爲錢文端所藏，嗣入其女孫奩具，歸於李穆堂之子艾。至堂從李氏以文易得之。見《桐陰清話》。

1002.陳白沙硯

《桐陰清話》云：咸豐丁巳八月六日，予於羊城小市購得古硯一方。修廣六七寸許，沿左刻銘曰："玢幽净理，予懷清澄。古峁中發，造化多能。成化十五年春月白沙銘硯。"

1003.清明上河圖

《清明上河圖》摹本，互有詳略，相傳以演丑驢雜劇者爲佳，蓋譏林靈素也。海寧周幼圃利親句云："妙繪難從東武尋，流傳摹本重兼金。誰知藝事存規諫，下降仙卿記姓林。"即咏此。見《桐陰清話》。

1004.沆瀣同甌

臨川李薌甫秉銓，於京師琉璃廠購得髹漆木碗。面逕七寸有奇，底口坦平，周身作連環方勝紋，雕縷工細，作深赤色。碗底有“沉瀣同甌”四字，陽文楷書，濃金填抹。見《桐陰清話》。

1005.南漢買地莂

《桐陰清話》云：咸豐丁巳七月，予游白雲山，路過下塘村酒家。出觀石碣一方，長六寸，廣一尺，首刻符一道，後楷書三百三十三字，分九行。首行下行，次行上行，三行復下行，餘數行亦然。其文曰：“維大寶五年，歲次壬戌，十月一日乙酉朔。大漢國内侍省扶風郡殁故亡人馬氏二十四娘，年登六十四，命終魂歸后土。用錢玖萬玖阡玖伯玖拾玖貫玖伯玖拾玖文玖分玖毫玖釐，於地主武夷王邊，買得左金吾街咸寧縣北石鄉石馬保菖蒲觀界地名雲峰嶺下坤向地一面。上至青天，下極黄泉，東至甲乙麒麟，南至丙丁鳳凰，西至庚辛章光，北至壬癸玉堂。陰陽和會，動順四時，龍神守護，不逆五行，金木水火土，並各相扶。今日處券，應合四維分付受領，百靈知見，一任生人興功造墓，温葬亡人馬氏二十四娘，萬代温居，永爲古記。願買地内侍省扶風郡殁故亡人馬氏二十四娘，義賣地主神仙武夷王，賣地主神仙張堅固，知見神仙李定度，證見領錢神仙東方朔，領錢神仙赤松子，量地神仙白鶴仙，書券積是東海鯉魚仙，讀券亢是天上鸖。鸖上青天，魚入深泉。崑山樹木，各有分林。神仙若問，何處追尋。太上老君敕青詔書，急急如律令。”

1006.待十府龜符

符龜形，銅製，並頭長寸許，寬少殺。蓋裏同字陽文，腹裏同字陰文，皆篆書。四周楷書曰：“雲麾將軍待十府、烏揚衛翎府中郎將員外，旦旦阿伏師，出第一綺大利上稱。”右邊合處

“㕯”字，左邊“第三”二字。

1007.雍正除樂户惰民丐户籍

雍正元年，御史年熙奏：“山西省樂户，另編籍貫，世世子孫，勒令爲娼。紳衿地棍，呼召即來侑酒。間有一二知耻者，必不相容。查其祖先，原是清白之臣，因明永樂起兵不從，遂將子女編入教坊。乞賜削除。”奉旨：“此奏甚善，交部議行，並查各省似此者，概令改業。”嗣御史噶某奏除紹興惰民，蘇撫尹繼善奏除常熟昭文丐户。見《茶餘客話》。

1008.李自成

順治二年閏六月，靖遠大將軍英親王阿濟格疏稱：“我兵追躡李自成，凡十有三戰，窮追至賊老營。賊立竄入九公山，隨於山中遍索自成不得。有降賊及被擒賊兵，俱言自成遁走時，隨身僅二十人，爲村民所困，不能脱，遂自縊死。因遣素識者往認其尸，尸已朽不可辨，或存或亡，再行察訪。俘獲自成兩叔妻妾，獲金印二，又獲僞汝侯劉宗敏並妻媳，僞總兵左光先，及術士僞軍師宋矮子，又獲太原府故明晉王二妃。其自成兩叔及劉宗敏，俱斬於軍前。”見《茶餘客話》引《通志》。之誠按：世因此遂有自成遁石門夾山寺爲僧之説，謂康熙甲寅二月始卒，年約七十。其墓碣稱“奉天玉和尚”。寺有遺像，高顴深頤，鴟目蝎鼻，與《明史》所載相同。詳見江賓谷昱志所爲《李自成墓記》。

1009.弘光降臣

順治二年五月，定國大將軍和碩豫親王多鐸既定江南，奏疏報捷。其略曰："我兵於四月五日自歸德府起行，沿途郡邑，望風投順。十三日，離泗州二十里，夜渡淮。十七日，距揚州城二十里列營。十八日，薄城下，招諭守揚州閣部史可法、翰林學士衛胤文及二道四總兵降，不從。二十五日取其城，獲可法斬之，並戮其據城逆命者。五月初五日，至揚子江，陳於北岸。初九日，黎明渡江。初十日，聞僞福王率馬士英及太監等遁去，命貝勒洪巴圖魯尼堪等往追擒之。十五日，我兵至南京。明忻城伯趙之龍，率魏國公徐州爵、保國公朱國弼、隆平侯張拱日、臨淮侯李祖述、懷寧侯孫維城、靈璧侯湯國祚、安遠侯柳祚昌、永康侯徐宏爵、定遠侯鄧文囿、項城伯韋應俊、大興伯鄒順孟、寧晉伯劉允基、南和伯方一元、東寧伯焦夢熊、安城伯張國才、洛城伯黃周鼎、成安伯柯永祚、駙馬齊贊元、內閣大學士王鐸、翰林程正揆、張居、禮部尚書錢謙益、兵部侍郎朱之臣、梁雲搆、李綽、給事中杜有本、陸朗、王之晉、徐方來、莊則敬，及都督十六員、巡捕提督一員、副將五十五員，並城內官民迎降。其沿途迎降者，興平伯高傑子高元照、庸昌伯劉良佐、提督李本深、總兵胡茂正等二十三員，監軍道張健、柯起鳳、副將四十七員，馬步兵共二十三萬八千三百。"見《茶餘客話》。據此，則史忠正實由被禽正命，殆無疑義。

1010.奏銷案

順治十八年，四輔臣柄政時，江南巡撫韓某題：蘇、松、常、鎮並溧陽一縣欠十七年錢糧，內鄉紳浦音、吴汪度等八百六十九人，其致仕候選在籍者俱革職，在官者分別降調，青衿貢監黜者一萬七千九百餘人。士子游學四方，有人詢其前程者，輒曰“奏銷了”。見《茶餘客話》。

1011. 外蒙古墓

俄人葛塞洛瓦，於癸亥、甲子之間，發現庫倫直北招莫多附近敖漢山麓，蘇珠克圖古墓二百二十處。經一年之久，共掘十二處，遂爲蒙人所阻。墓中方廣五六丈許，叠木爲牆，飾以壁衣，皆錦緞也，率織成隸書“新神靈廣成壽”各字。有銅鬲、銀牛、馬鞍、馬鞭、蒙古靴及盛黑黍之罐。黑色髮，以黄緞束之，别有髮辮約尺餘。墓中有一男二女、六女、八女、三十女者。女或辮或髻，其繡襪尚完好。又得一玉印，方不及寸，文曰“細天私印”。其他器物甚夥，皆移置列寧格勒博物院中。葛塞洛瓦著《北蒙古發現古墓記》，紀其事甚詳，謂爲匈奴單于之墓。葛塞洛瓦年六十餘，專研考古學，數游歷西藏、四川、新疆、甘肅、蒙古等地。

1012. 麻狀元胡同

今京師西四牌樓麻狀元胡同，或以爲“馬”之訛。之誠按：陳尚古《簪雲樓雜説》云：“順治壬辰，滿洲蒙古始放進士五十人，狀元麻勒吉，授弘文院修撰。後易名馬中驥，蓋博雅君子也”云云。則實麻勒吉所居矣。

1013. 應州木塔

宋犖《筠廊偶筆》云：應州木塔甚奇。馮訥生主政雲驌有《登塔》詩一帙，序略云：“塔建自遼，叠木爲之，七級八面，高見數十里。朱闌碧瓦，玲瓏飛竦。登之河水一杯，孤城如彈也。”

1014. 宋文憲墓

王士禛《隴蜀餘聞》云：宋文憲濂墓，在成都東門外六七里淨居寺文殊殿後。墓皆磚甓甃成，高如連阜。其上修竹成林。殿外二華表尚在。北爲明月池、清風亭、文殊殿，即宋、方二公祠。今惟文憲像存。

1015. 武后像

《隴蜀餘聞》云：唐武后生於利州，今廣元縣也。縣西南江上有皇澤寺，則天石像尚存，乃是一比丘尼。

1016. 劍柏

《隴蜀餘聞》云：自劍州以南，盡梓潼縣界，古柏千株，皆大數十圍，形狀詭異。有一株根裂爲二，巨石負之，如贔屓之狀，又有一根而三四幹者，高皆入雲，蜀道奇觀也。是正德中劍州守李璧所植。

1017. 大慈寺銅佛

成都大慈寺後殿接引佛銅像，背銘曰"李冰鑄，永鎮蜀眼"七字，陽文，大逾四寸。劉心源幼丹守成都時，曾於元日攜氈墨手拓之。今銅像尚存。

1018. 鄭成功墓

鄭成功墓在南安縣康店鄉覆船山，與其五世祖樂齋，父芝龍木主，母翁氏，即芝龍日婦田川氏。妃董氏，子鄭經及妃唐氏合塋。

尚有六世祖淑慎媽及七世祖兩棺。乃康熙三十八年五月二十二日改葬者。民國己巳五月十二日，爲盗發其五世祖墓。成功八世裔孫鄭明雨、鄭潤澤尚居安海，石井之鄭亦百餘家，乃共發成功墓，取其珍物，以杜盜念。骸骨無損，內玉帶一條，嵌玉十七枚，髮釵二枝，護心鏡一枚，朱色龍履二雙，龍袍七襲，摺叠整齊，觸手即壞。誌銘已毀，尚可讀，稱“成功字明儼，封延平王，據雲厦兩島，取海外臺灣，闢疆置縣，矢志抗虜。子鄭經嗣立，守東寧，大舉圖恢復”云。

之誠按：芝龍以康熙十八年十月磔於京師，故葬其木主。又據鄭白麓撰《成功傳》，劉香曾發芝龍父詔祖墓，故芝龍殺香復仇。康熙十三年，黄梧叛降清，封海澄公，駐漳州，發鄭氏墳，誅求親黨。故覆船山只有其五世祖墓，亦漏而未遭發掘者也。破臺時，成功柩曾送至京師，不知何時發回改葬。據光緒《東華錄》，光緒元年正月初十日上諭：允沈葆楨之請，於臺灣府城爲成功建立專祠，並予追謚。以康熙間曾爲成功立祠南安也。後追謚成功曰忠節。見李慈銘《越縵堂日記》。

1019. 月下老人祠籤詞

月下老人祠，在西湖，即白雲庵，以籤詞著，癡男怨女之所宗也。詞頗拉雜，蓋好事者爲之。一，關關雎鳩，在河之洲，窈窕淑女，君子好逑。二，落霞與孤鶩齊飛，秋水共長天一色。三，缺。四，斯人也而有斯疾也。五，踰東牆而摟其處子則得妻，不摟則不得妻。六，風弄竹聲，只道金佩響；月移花影，疑是玉人來。七，斯是陋室，惟吾德馨。八，期我於桑中，要我乎上宫，送我乎淇之上矣。九，則父母國人皆賤之。十，又道是養兒待老，積穀防饑。十一，自剪芭蕉寫佛經，金蓮無復印中庭。清風朗月長相憶，玉管朱弦可要聽。多病不任衣更薄，宿妝猶在酒初醒。隔年違别成何事，卧看牽牛織女星。十二,一則以喜，一則以懼。十三，不有祝鮀之佞，而有宋朝之美。十四，誰謂荼苦，其甘如薺。晏爾新婚，如兄如弟。十五，君子審禮，不可誣以奸詐。十六，意中人，人中意，則那些無情花鳥也情癡，一般的解結雙頭學並棲。十七，德者本也，財者末也。十八，非獨內德茂也，蓋亦有外戚之助焉。十九，或十年，或七八年，或五六年，或三四年。二十，何如，子曰可也。二十一,十畝之間兮，桑者閑閑矣。二十二，久旱逢甘雨，他鄉遇故知。洞房花燭夜，金榜掛名時。二十三，只一點故情留，似春蠶到死尚把絲抽。二十四，兩釋纍囚，以成其好。二十五，可妻也。二十六，維熊維羆，男子之祥。維虺維蛇，女子之祥。二十七，有所不行，知和而和，不以禮節之，亦不可行也。二十八，夫婦也，兄弟也。二十九，其孰從而求之，甚矣人之好怪也。三十，話别無長夜，相思又此春。瑤姬不可見，巫峽更何人。運石疑填海，乘槎與問津。遙情每未注，誰共爾爲隣。三十一，越翼日戊午，乃社於新邑，牛一，羊一。三十二，可以託六尺之孤，可以寄百里之命。三十三，仍舊貫如之何，何必改作。三十四，脩其歉矣，遇人之不淑矣。三十五，虛設夜静水寒魚不餌，笑滿船空載明月。三十六，求則得之，舍則失之。三十七，妻也者，親之主也。三十八，不得乎親，不可以爲人；不順乎母，不可以爲子。三十九，惟舊昏媾，其能降以相從乎。四十，良人者，所仰望而終身也，今若此。四十一，重重叠叠上瑤臺，幾度呼童掃不開。剛被太陽收拾去，却教明月送將來。四十二，逸其人，因其地，全其天，昔之所難，今於是乎在。四十三，遐爾壹體，率賓歸王。四十四，後生可畏，焉知來者之不如今也。四十五，不愧於人，不畏於天。四十六，害女紅者也。四十七，五百英雄都在此，不知誰是狀元郎。四十八，故好而知其惡，惡而知其美。四十九，兩世一被，形單影雙。五十，雖有善者，亦無如何矣。五十一，雲從龍，風從虎，聖人作而萬物覩。五十二，其所厚者薄，而其所薄者厚。五十三，成也是你母親，敗也是你蕭何。五十四，不思舊姻，求爾新特。五十五，永老無別離，萬古常團聚，願天下有情的都成了眷屬。

1020.蘆溝橋

查慎行《得樹樓雜鈔》引《饒州府志》云："蘆溝石橋，上饒人楊麒所督建者。麒字仁甫，正德中進士，歷官工部尚書。"

1021.郎世寧墓碑

郎世寧墓，在阜城門外天主堂，其碑題"耶穌會士郎公之墓"，右題"乾隆三十一年六月初十日，奉旨：西洋人郎世寧，自康熙年間入值內廷，頗著勤慎，曾賞給三品頂戴。今患病溘逝。念其行走年久，齒近八旬，著照戴進賢之例，加恩給與侍郎銜，並賞內府銀三百兩料理喪事，以示優恤。欽此。"左題臘丁文。

1022.趙州橋

張鷟《朝野僉載》云："趙州石橋，其工磨礱密緻如削，望之如初月出雲，長虹飲澗。上有勾欄，皆石也。勾欄並爲石獅子。"陸友仁《研北雜志》云："趙州石橋，色深碧而累甃堅緻，中爲大洞跨水，兩旁橋基各爲小洞三，若品字。多前人題刻。”《趙州志》云：“安濟橋在州南五里洨水上，乃隋匠李春所造。奇巧固護，甲於天下。”按：趙州石橋長二十四五丈，寬約三丈，下爲一大孔，橋基兩端各二孔。橋南關帝閣榜爲嚴嵩所書。

1023. 米元章鮑明遠辛幼安墓

米元章墓，在丹徒黄鶴山。芾之父左衛將軍贈中散大夫，母贈丹陽縣太君閻氏，皆葬於此。鮑明遠墓，在蘄州黄梅縣南里許。辛幼安墓，在鉛山州南十五里陽原山中。皆見陸友《研北雜志》。

1024. 杜子美舊居

杜子美舊舍，在秦州東阿谷，今爲壽山。下有大木，至今呼爲子美樹。陸友《研北雜志》。

1025. 明墨羅小華第一

《茶餘客話》云：“明人墨，以羅小華爲第一，方正邵次之，方于魯又次之。龍忠迪、查文通、蘇眉陽、汪中山、邵青丘、汪仲嘉、丁南羽、潘嘉客、吴名望，皆名重一時。小華墨以鹿角膠爲上上品，龍柱次之，華山松又次之。”

1026. 三雅

《茶餘客話》云：“江左酒人以顧俠君爲第一。少時居秀野園，結酒人社。有飲器三，大者容十三斤，其次遞殺。各先盡三器，然後入座。因署其門曰：‘酒客過門，延入與三雅，詰朝相見決雌雄。匪是者，毋相溷。’酒徒慴服而去。在京師日，稱爲‘酒帝’。方觀文觀年少，號‘酒后’，莊書田楷、繆湘芷沅號‘南北相’，黎寧先致遠號‘先鋒’，皆萬人敵也。後來以予所見，如勵侍郎滋大，李臬使寧人，陳太僕句山，涂侍郎石溪，顧京兆息存，亦論觴政，足稱後勁。近日則素爾諾、索琳兩侍郎，亦一時之雄。”之誠按：陳眉公《太平清話》云：“孫漢陽太守以紫檀仿古製刻三雅杯，銀絲填漢篆字，客至拋骰行酒，么二季雅，二四中雅，五六伯雅。”

1027. 庚申都城戒嚴事記

七月二十二日，桂相自天津到報六百里，言暎夷以六十人入覲，請約共口條，不知所請何事。上允准。該夷探知僧王有備，以爲天朝誘彼，遂免約，欲率衆入，不遵旨，聲言起隊，而實未嘗行。該夷連游勇、土匪等共五六萬人。文俊六百里加緊飛奏。

二十三日，文俊到報，上有北幸熱河意。鄭親王端華、御前大臣肅順贊成。軍機大臣兵部尚書穆蔭請召見，不許。穆在“奉三無私”外免冠解褂，大哭欲投河。太監攔阻云：“恐驚駕。”穆曰：“天下大勢皆去，尚畏驚駕耶！”遂得召見。頓首問：“地方官聞警先逃，何罪？”旨：“斬。”穆碰頭曰：“皇上聖明。”因力陳可戰斷不可和勢。上問：“欒善已陳亡，是戰必無勝理。”穆對曰：“有旨不准僧王進攻，故有是敗。”先是有旨不准僧王戰，伊奏他若來攻，豈有束手待斃理，硃筆扛之。因命穆往，親王載亦同行。以上步軍統領衙門筆帖式成林言。

二十四日，該夷率數千兵至通州，與怡王、穆尚書會。夷酋巴嗄里，該國水師提督，廣東稱伊爲巴大人，一口京話。甚倨傲，又增四條，議未决。桂相國自天津到六百里加緊報。

二十五日，桂相國自天津又到六百里加緊報。有旨：令大、宛兩縣拿兩套車，並大車六百餘乘。都察院遞封奏，御史等遞封奏。是日，九門及內外城均增城班。八旗六十歲以下、十六歲以上，或城班，或巡街，漢軍拉砲車上城，市井哄然矣。是日刑部詐監，幸機洩嚴防，未成亂。

二十六日，桂相又到六百里加緊報。上行志堅，合朝文武奏留聖駕，恭王、惇王哭留，園子亂一日，議未定。

二十七日，六部九卿合朝留聖駕，並陳唐玄宗、明正統事。又言：若留監國人無能者，必誤事，其害尚淺；有才者倘一擅專，則有不可設想之大禍。仍不聽。

二十八日，惇王由西陵回，大哭諫不可行。上曰："汝何待？"王曰："如有不測，奴才死於慕陵。"各大臣都察院又遞封奏留聖駕。勝帥遞封奏，言皇上向來聖明，斷不出此策，必有蠱惑聖聰之小人，請指出誅之，以定人心。恭王、惇王面奏留駕。至未刻無旨，文武皆欲委職去，有云先殺端華、肅順而後去者。二宮門侍衛皆紛云"進京伺候，赴熱河不去"等語。大宮門外調來各旗營馬匹，皆欲散。端華傳旨："令黄布城先行。"德全云："不預備。"是日召見端華，因衆議撤下端華先散。肅順傳旨提內庫銀，堂郎中云："不敢開庫。"又提户部銀，周中堂亦不准開庫。紛紛至申刻，惇王大哭，欲自戕。上大哭，始有硃諭："所拿車均在馬廠遣散。"時肅順云："不可全散。"惇王云："我的話均散。"圓明始安定。

二十九日申刻，中外得硃諭，人心大定。以上聞之都察院副憲聯康並侍衛等。

八月初一日，聞蒙古兵到無數，或云十萬，或云數十萬。早城班兵、巡街兵均分上下班，晚復嚴傳上城。

初二日，勝保、伊勒東阿請調下。端華問："你們明日起身？"伊答是。勝云："我還不走，次日請令箭始行。"勝降三品卿，仍戴頭品頂戴花翎黄馬褂，言："係軍功特賞，並無降我頂戴褫馬褂旨。"又聞伊面奏："調安徽苗練季練、陝西固原竿子來勤王，此舉大失算。無論道路遙遠，鞭長莫及，外兵一入，恐有驅狼得虎之害。"

初三日，朝中市上無别事。諸王大臣及富家均搬徙，紛紛出城，多入西北山一帶。睿親王福晉不行，言守神堂祠堂不敢動。

初四日，怡王由通州到六百里加緊報，聞係盟約不成，已會戰，僧王擒夷酋巴嗄里等三十餘人。

初五日，怡王、桂相、穆尚書等均到京。申刻，解喫夷九人交刑部。上諭與喫夷決戰，懸賞格，人心頗壯。

初六日，解夷酋巴嗄里等二十餘人交刑部。

初七日，僧王敗績，勝帥受創回。未刻，閉内外城，僅留西直門。先是，僧王恐八旗兵受傷，用蒙古兵馬隊當先，大兵復繼。蒙古從未經戰陣，見賊炸砲甚凶，賊砲子似葫蘆形，打出復炸開，碎子亂飛，沾身即起火，連打連燒，蒙古人遂反奔。衝及我八旗隊，死者枕藉，遂大敗。勝急接應，而瑞營已遁，遂受傷。僧王退守朝陽門關鄉東大橋扎營，瑞營於安定門教場。勝縋城入養傷。城門閉，並以土屯門。賊營於三家店，又分屯小營數處。閉門者恐敗兵一擁入城，又恐蒙古兵入城内，立刻紛紛，東城尤甚。南北小街一帶，買米買麵叫煤者盤旋如蟻，人聲鼎沸，是日出城聽戲送殯者，均關於城外，米麵價頓長一倍，豬肉二吊錢一斤。取錢本一吊取八百六十，至是改七百。上燈時，滿街嚷跑紅旗，係爲安人心。起更後，朝陽門聲嚷僧王砲到，快開門。城上答以明早驗明方開。是日，賽尚阿因捐拉米滑車，賞加侍郎銜。

初八日，滿街無賣菜者。或言賊敗，或言一半天攻城，有言穿破爛的可不受窮了，家家自危。未刻，聖駕北行。端華、肅順擁駕出東宫門，侍衛等十之三四。后妃紛紛上車，毫無關防。上乘端華舊車，轎子空抬走。聞晚住石槽，膳房行李俱未到。上進小米粥半盂，一夜無被褥，大哭。僧王摺子趕到，苦勸駕回，許之。次日仍北去，惇王趕上護行。酉刻，城中始知，人心大散，均紛紛懷去志矣。惠親王綿愉率眷屬先逃。時太皇太貴妃喪未殯，侍郎文豐啓問，王顧不來。似此不忠不孝，人人得而誅之。肅親王華豐亦率眷屬先逃。

初九日，啓順治門、西便門。有賣菜者飯後至衙門打聽有無差使。無差使。是日無論窮富，均跑反一日，人心不定。

初十日，又啓前門、彰義門，住户鋪户出城者愈多，車載駝裝，各門紛紛不斷。門領、門千總攔門索銀錢，每車每駝三四兩不等，至月底，大獲利。東城亦有青菜豆腐，然奇貴。之誠按：後來庚子之變亦如此。

十一日，至安定門城上看安侯，聞於初三日已籌有口分，每人每五日鈔票貳吊。又見城外東南一帶烟起冲天。

十二日、十三日、十四日，均無事，尚有點染過中秋節者。

十六日，送印鑰，聞東直門角樓下，哦夷北館内出土，城上兵稟鑲黄旗營總，答云："你確知道他們挖地道麽？"遂不敢言。我聞急至文山處，賽大人之子。告以圍館挖濠，扼其别計。

十七日，至安定門城上，同安侯走看北館挖濠矣。安侯送至角樓回汛。我至東直門、朝陽門兩次，見城外東面烟火冲天。日暮，由朝陽門下城回。是日勝帥加侍郎銜，總統各路援兵。

十八日、十九日、二十日，連日上城，見夷兵或數十，或數百，在土城上下，間有到城濠者。傳諭不准開槍砲。

二十一日，大學士桂良、三品卿恒祺，由刑部迎巴夏里至高廟，致嘆夷和書。桂、恒連日赴部，說巴嗄里令致函講和。巴曰："諸公若至我處，亦如此相待耶？今有死耳。"因請至高廟，極意供奉，伊始致函彼國。其略曰："昨見恭王，人尚明白，相待甚好，可退兵候講和。"復有夷字數行，不知何語。一日縱敵，千古之害，當事者不知何心！爲之一哭。

二十二日，夷隊至安定門角樓，穿廂黄旗營，屯正黄旗營房，毀地壇。守城兵稟克王："可開砲矣！"王曰："有我在，開砲者斬！"城北一帶，盡換白旗。嘆夷向以藍旗戰，白旗和，故北面皆易白。

二十三日，勝帥出西直門，晤瑞相。瑞營於黑寺。問："汝有何計？"瑞曰："戰。"勝曰："不勝當如何？"曰："退守要隘，防其赴熱河路。"勝曰："伊本不知路，汝扼要守之，是告其行在路也。勝則攻，敗則令兵漫散，勿遠離。賊況不知北竄路，亦不敢便攻城。"瑞曰："諾。"

二十四日，僧王、勝帥與賊戰於安定門教場，瑞相先奔，旗幟亂。僧王、勝帥亦敗。瑞跑長興店，僧退彰義門，勝走天靈寺。夷兵焚掠海甸一帶，並燒大宫門，侍郎、總管内務府大臣、副都統文豐死之。恭王、桂良、文祥逃至長興店，明善奔熱河。先是，步軍統領衙門筆帖式成林，送母赴易州回，至園見文祥，言園子宜嚴防。文曰："賊來確乎？"成曰："目下時勢，若待確悉，恐無濟矣。"話未竟，探馬報賊至土城，遂同見王。王遣成調勝帥兵，甫行，聞西門閉，賊已至海甸焚掠。王與桂良、文祥均逃長興店，文豐不行，赴後湖死。善走熱河，賊遂焚掠海甸、老虎洞、陳府、掛甲屯、德勝門關鄉等處。賊回，土匪又搜掠，名曰掃營。城中數驚，惟望西北一帶，烟焰迷天，逃者愈多，死者間有。

二十五日，恒祺送巴嗄里出城，城上均換白旗，大纛去頂。

二十六日，赴魁元店送家信。

二十七日、二十八日，夷兵拆地壇磚石砌砲臺，城牆往來如無人。兵欲開砲，不准。有黄旗砲章京持克王馬嚼曰：“再不開砲，城亡矣！”王曰：“你不要命，我還要腦袋的。開砲以違旨論！”

二十九日，開安定門，恒祺延敵入。夷兵上城，守城王大臣官兵盡被逐。城上竿掛大英、大法五色旗，三日後始撤掉。砲口向內，東至角樓，西至德勝門，夷兵皆佈滿城門把守，禁我國人出入。因而東南三面城上官兵，均紛紛下城矣。左翼屯炮子河，右翼扎象房。午刻，夷兵由安定門走四牌樓，赴東交民巷哦夷南館，晚回，仍拒安定門。城中幾大亂，人人自危。我自盡計已備，俟彼 ·入巷口焚掠，即令眷屬死，住户現逃者死者不免。然城上賊不越境，城下賊不過海壖，滿城中雖獲苟全，而賊用意險，心愈難測。

九月初一日，至前門拈香，在户部門土坡上，見西北烟障迷天。值西北風，滿城皆松木氣，不知焚燒何處。

初二日，仍烟焰迷天，一日未散。

初三日，赴安定門，見賊告示：“大英國欽命陸軍大將軍，爲剴切曉諭事。照得前以大英、法欽差大臣，與大清國欽差大臣怡穆，原定本國立派員，將在通攜帶各事宜備辦。該員准此，往返途間，爾軍營只靠免戰白旗爲保全之據。詎於八月初四日，突被僧王伏兵，將我員弁襲獲，致我英法兩國用兵，將該軍掃除四散。今茲進兵，在京城外扎營。都城一門，已爲我軍據守。旋因查出前所襲之員弁等，以暴虐相待，甚有數名處死，被害甚爲慘烈，殊堪痛恨。此事毫不與民相涉，惟有中華官吏是問。因思交兵爲使之吏，不應加害，而彼軍獲我員弁人等，首先處以酷虐，理合設法償報，當令人將圓明園内宫庭殿宇，立行拆毁外，更向大清國索要賠卹之項，以便分給遭害之家或給被難之人，以示撫卹。爾中國官吏，果能照此速辦，則京城内外居民亦照津通相待，均可照常安堵無慮。倘若其項在於限内措交，抑或不願者，即日定約，復知本將軍，則亦斷難保其不後悔也。爲此曉諭軍民、京城内外人等知悉，切切特示。大英一千八百六十年庚申十月十六日，咸豐十年九月初二日。"逆夷告示貼於安定門内，始知圓明園、綺春園、暢春園、静明園、玉泉山、萬壽山於初一日均被焚掠。然賊已在城内，我軍無計可施，死生静聽於彼矣。

初四日，巡防處粘與英夷和局已成告示，令軍民相安。

初五日，巡防大臣請恭王入城議換和約，不至。王遣筆帖式成林來見恒祺，巴嗄里推病。

初六日，巡防大臣復請王，言若不至，英夷即開砲。王至天靈寺，不敢進城。

初七日、初八日，王仍不來。巡防大臣派順天府送夷人皮衣。

初九日，赴信局送家信。午刻閉彰儀門。巴嗄里聞王不來，率馬隊數千，持槍砲打白旗，由安定門外繞西直門、阜城門、西便門至天靈寺，言王如不來，即焚掠京師。旋整隊還。

初十日，恭王入城，禮部先演和約赴會禮，夷兵紛紛往來街市矣。

十一日，恭王會英國使額爾金於禮部，和議成。英國人居怡王府。禮部懸花結綵，紅毡鋪地，恭王在部候。八漢軍兵，每旗四百，善撲營百人，均便帽常服，懷短刃，暗護王。午刻，巴嗄里先至，率兵搜羅畢回報。申刻，額爾金乘八人金頂轎，奏樂，率馬步隊約二萬，持銃佩刀至。免冠以手扶頭，居客位，甚倨，換和命巴嗄里傳語。王居主位，命筆帖式成林與彼答話。赴席即行，該夷除率來馬步隊，又有跕牆子軍。安定門至交道口，大佛寺至馬市西口，丁字街至東長安牌樓，兵部街北口至禮部，共四段，每段約四五千人。額爾金奏得勝樂還住怡王府。是日至小街，見恭王告示云“大英國暫住怡王府，大法國暫居賢良寺，居民鋪户，相安勿驚”等語。又至西堂子胡同書珩處看詢，順路出西口丁字街，見該夷跕牆兵，持銃佩刀，目不瞬，身不側，極嚴整。銃頭皆有短刺，極鋒鋭，遠則放銃，每銃五響，近則刃刺。額爾金大隊過，如按隊徐行，不惟火器軍器非我國比，其紀律尤非我國所及。堂堂天朝，竟任夷隊縱横，爲之大哭。

十二日，恭王會法國使葛羅於禮部。法國人住賢良寺。巴嗄里仍先至。午刻，葛羅來，乘四轎，奏樂，率馬隊、步隊、牆子軍如前。至部，王迎。葛羅甚悦，免冠交從者，先以手扶頭，復持王手極歡，遜客位而後坐。出洋鈔三枚，一係國王像，一係國母容，一係中國使用鈔樣。申刻行，住賢良寺。初開安定門，英夷欲照圓明園例，焚掠後和議，法國不從，云：“汝與中國有隙，然已開城議和，若如此行，我國先行，汝與中國戰，我坐觀成敗耳。”英夷始不妄舉，歸於和約矣。

十三日以後，英法二國人乘馬坐轎，遊街市，至景山、金鰲玉蝀、鐘鼓樓、觀象臺樓，以千里眼眺望。時至天主堂，擬興工。是日至衙門，是請告假送眷屬赴安徽。

十九日，恒祺同英法二國百餘人入東長安門、天安門、端門、午門，登禁城樓，以千里眼眺内廷。該夷凡遊處皆畫去。

二十日至二十四日，該夷自入内後，益無忌。前門外買衣物，或竟入人家，或直進府第。格貝子府、肅王、鄭王、容貝子府第，均遊過，尚未入内肆行。各巷大門均閉户，往推門硬入，好在無亂行者，然家家自危。

二十五日，粘法英二國和約告示。大清大皇帝、大英大君主、大法大皇帝、大清大皇帝，均平列，所謂千古未見未聞之事，名分至此掃地。大英國共五十六條，續九條；大法國四十二款，補遺六款，續增十款。各款條例，讀之令人憤懣，不禁大哭。英法二國數人同左右翼長，沿街令步兵營粘貼。

二十六日，法國人退。二十七日，英國人亦退。均在天津海口索欠款。

補記：八月初七日之敗，大學士瑞統八護軍兵扎八里橋北。敵至橋南，我軍赴橋上迎敵。敵用砲炸飛攻，我軍尚死拒無退志，忽炸砲飛墜橋北，瑞懼，即命開砲。衆僉曰：“前有我軍。”瑞曰：“顧不來矣。”連開二砲，傷我兵無算。第三砲炸裂，瑞先奔，衆遂潰。上賞兵銀二十萬兩，城中兵留八萬，出隊兵分十二萬，瑞營兵無一得賞者，不知此項，消歸何處。夷兵雖勝，仍不敢率進，屯土城外一帶，登高測量，時遣騎或數十或數百來窺，或至河邊飲馬。而堂諭不准開砲。兩白旗營房及居民婦女數百，藏盆窖內。漢奸貪利，引英夷至，少者娟好者盡掠去，餘盡被汙，極老極小者多被淫死。夷人淫凶，固不足道，而漢奸之喪心自殘，雖萬剮不足蔽辜，萬劫不得超生矣。英夷酒禁極嚴，安定門有偷賣與夷飲者，並殺之梟示。和約後，夷酋均各歸館，夷兵多犯禁私飲，往往醉臥，該酋亦作不知，軍令不復如前肅矣。福餘圃記。

此不知何人所記，以紅紙作蠅頭細書，自庚申七月二十二日起，迄九月二十七日止。凡所聞者，皆謂聞之某人，餘皆目擊之事，故所紀爲得其真。所鈔英人告示，謂令人將圓明園內宮廷殿宇立行拆毀，以爲報復，是圓明之焚，實英人所爲，得此可爲鐵案矣。篇末署“福餘圃記”，而函封署“先伯西眉日記”，或即西眉所爲。按西眉爲死難謚壯敏、江南提督福珠洪阿之孫，巡撫豫山之子，與盛伯希交好，頗有文采，沒於清季。唯不知其名，俟訪之。原題“都城戒嚴事記”，輒爲加“庚申”二字。

1028. 羅隱墓

謝皋父嘗至新城，聞故老言羅隱給事家在縣界徐村之水塢，家碣猶存。梁開平四年沈崧誌。見陸友《研北雜志》。

1029.大梁

魯公崇寧末不入政事堂，以使相就第於闔閭門外，俗號梁門者。修築之際，往往得唐人舊冢，或有誌文，皆云“葬城西二里”。大梁實唐宣武節度，梁門外知已爲墓田矣。見蔡絛《鐵圍山叢談》。

1030.莫愁

洪邁《容齋詩話》：“莫愁者，郢州石城人。今郢有莫愁村。畫工傳其貌，好事者多寫寄四遠。《唐書·樂志》曰：‘《莫愁曲》者，出於《石城樂》。石城有女子名莫愁，善歌謠。’古詞曰‘莫愁在何處，莫愁石城西。艇子打兩槳，吹送莫愁來’者是也。李義山詩‘不及盧家有莫愁’，此莫愁者洛陽人。梁武帝《河中之歌》曰：‘河中之水向東流，洛陽女兒名莫愁。莫愁十三能織綺，十四採桑南陌頭。十五嫁爲盧家婦，十六生兒字阿侯。’近世周美成樂府《西河》一闋，專咏金陵，所云‘莫愁艇子曾繫’之語，豈非誤指石頭城爲石城乎？”

1031.前蜀宫殿

張唐英《蜀檮杌》云：“王建僭即僞位，下僞詔，改堂宇廳館爲宫殿：大衙門爲宣德門，獅子門爲神獸門，大廳爲會同殿，毬場門爲神武門，毬場廳爲神武殿，蜀王殿爲承乾殿，清風樓爲壽光閣，西亭子廳爲咸宜殿，九頂堂爲承乾殿，會仙樓爲龍飛閣，西亭門爲東上閤門，亭子西門爲西上閤門，節堂南門爲日華門，行庫角門爲月華門，萬里橋門爲光夏門，笮橋門爲坤德門，大東門爲萬春門，小東門爲瑞鼎門，大西門爲乾正門，小西門爲延秋門，北門依舊大元門，子城南門爲崇禮門，中隔爲神雀門，東門爲神政門，西門爲興義門，鼓角樓爲太定門，北門爲大安門，中隔爲玄武門，昌橋爲應聖橋，舊宅爲昭聖宮，堂爲金華殿，摩訶池爲龍躍池，設廳爲韶光殿，軍資庫爲國計庫，衙庫爲內藏庫，衙內麴佑庫爲齊天庫，衙內雜庫爲廣潤庫，賞設庫爲常盈庫，賞設行庫爲殿前庫，南倉爲天富倉，贍軍東庫爲左金藏庫，北倉爲太倉，甲仗庫爲天武庫，舊三使院爲彰信門，當尚書省，於舊使院置御史臺，於府司置府城，爲皇城使，防城使司依舊，兩馬步使爲左右街使，廂虞候爲街巡使，後槽爲飛龍廄，客司爲客省使，樂營爲教坊使，廚爲御食廚，戟門添置三十六戟，神策營爲粮料司，六軍爲支計院。成都府移在子城之外，遂穩便處置立。府所司新西宅爲天啓宮，堂爲玉華殿。"讀此可知前蜀建置規模，兼知唐時藩鎮堂宇廳館廚廄倉庫之雄。唐英又言："王氏宮殿皆題匠人孟得姓名，爲孟知祥據蜀之兆。"《五國故事》言："初，王氏在蜀建創宮殿，皆紀大匠孟德名氏於梁，俄而終爲孟氏所處。"則歷前後蜀，宮殿皆大致未改。

1032.明末京城市肆

明末京城市肆，著名者如勾闌胡同何開門家布，前門橋陳內官家首飾，雙塔寺李家冠帽，東江米巷黨家鞋，大柵欄宋家靴，雙塔寺趙家薏苡酒，順承門大街劉家冷淘麵，本司院劉鶴家香，帝王廟街刀家丸藥。凡此皆名著一時，起家鉅萬。至鈔手胡同華家，柴門小巷，專煮猪頭肉，內而宮禁，外而勳戚，皆知其名，薊鎮將帥，走馬傳致，亦見當日太平勝致也。見《明內廷規致考》。之誠按：《茶餘客話》亦引此條而詞微異。

1033.明代裝潢名手

王弇州藏古蹟最多，尤重裝潢。有强氏者精此藝，延爲上賓，居於家園。又湯氏者亦擅此藝。時有汪景純在白門，得右軍真迹，往聘湯氏，厚遺儀幣，張筵下拜，景純朝夕不離左右，閲五旬始成，酬贐甚厚。又吴人莊希僑寓白門，與湯、强名相埒，其人亦慷慨誠篤，士大夫多與之游。見《茶餘客話》。

1034.明制衣袖

《茶餘客話》云："明洪武六年，定儒士生員袖長過手，回不及肘三寸。庶民衣去地五寸，袖過手六寸，袖椿廣一尺，袖口廣五寸。軍人衣去地七寸，袖過手五寸，袖椿廣七寸，不得過一尺，袖口僅出拳。"又云："明制文臣衣至踝，武臣去地五寸，軍士去地尺。文臣袖回至肘，武臣與手齊，軍士出拳。"

1035.王良常刻印

王虛舟客淮陰，歲暮將歸，渡江至松石齋，與叔祖虛谷先生别。待舟子未至，見案上有斷鎖匙一，遂取匣中石，以斷匙刻"虛谷"二字，蒼秀中饒生動之致，印出儼似禿筆書。邊壽民、程水南諸印章，皆蒻翁手筆。見《茶餘客話》。

1036.刻玉

刻玉章者，國初推江皜臣、林兆熊，後來張炳、李德先、朱宏晉皆不失用筆之法，故饒古致。外此皆用金剛鑽漸次鏤字，與治器者無以異，故不貴也。見《茶餘客話》。

骨董三記

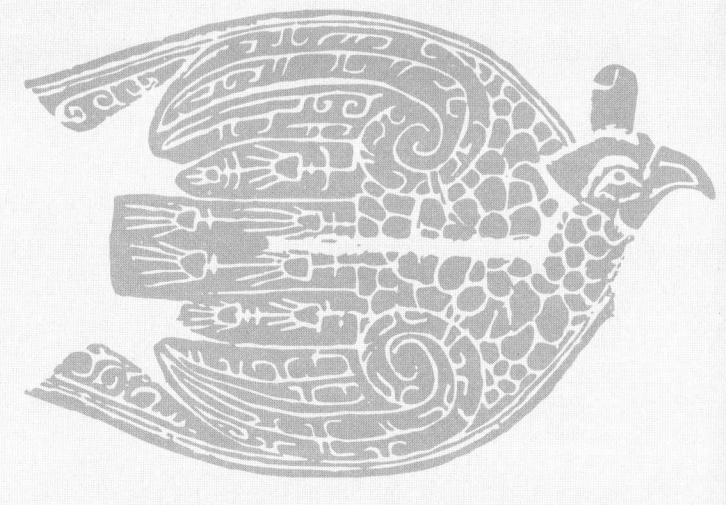

骨董三記卷一

1037.津門聞見録

鈔本《津門聞見録》，不著撰人。記咸豐十年，英兵自京師退出，在天津勾留逾年，至同治元年四月始撤兵，仍留大沽砲臺英兵千人。其事皆出目擊，且有他書所未及者，特摘録之。

咸豐十一年正月，上以天津鹽道崇厚加侍郎銜、辦理天津、牛莊、登州三口通商大臣。

十八日，英國馬步全隊移於南門外，操演車砲，約闔城官長往觀。崇厚、孫治、冷慶俱到，獨石府尊不往。

英夷將天津街道民房莊村廟宇，全行寫畫而去。

二月初四日，英法兩國兵丁數百，由津北上。

英人在津，逢子午時，放冲天砲一枚。

先是，英夷將東門外城濠墊平，至二月中旬，甕洞内水深三尺。石府尊有事出城過此，夷兵用水潑之，府尊大怒，令差役拿過，滿杖六十大板，帶回衙門，轉送英官孟干處發落。

天津道孫治，奉上憲文出示津民，言捻匪擾亂東省，黎民受害不輕，爾等急出資團練。夷官見示，往見本地官曰："津民遷居多次，富家尚未還津，資從何出？有我兵在此屯紮，不必多慮。爾等若畏賊到，要跑就跑，何必預爲害民？”

三月十一日，英官因捻匪擾害東省，從城內分兵馬千名，屯紮海光寺，以防不測。

南門內張永年，在夷營買騾一匹，轉賣與麵鋪楊青司，差役要稅，因此口角稟官。二十三日，將買賣者拿去，加十倍處罰，鋪人不認，打六十板，滿月開枷。張永年假作認罰，聲言下堂急辦錢文，暗自逃出，往見夷官數次。夷官帶夷兵數十，將楊青司擄去，收於黑屋，踰日始行放出。

二十六日，法兵千名由津往北塘。其先正月間，有天津無恥之人甘爲毛奴者，言法夷見伊本國來信，多有下淚者。有隨夷廣人通夷語者，言法船多隻至安南，要傳教通商。安南國防備，用砲擊毀多船，傷人無數。法夷從津往安南復仇，止留數百人在津，後又言法夷已佔安南城池數座。

院考將近，衆紳士往見夷目，請將學棚借出修理，夷目應允讓出。至四月初四日，夷人因前日大雨，甕洞水深數尺，出入不便，夷人往見縣主，教挖城濠。縣主不聽，夷人重占學棚。縣主往見英官孟干，許以挑濠放水，夷人方讓學棚。

四月初旬，夷人將東南城角拆開一孔，言出入方便。闔城官員不能禁止。

十七日，英兵因大雨連綿，從海光寺移營城內。城內城隍廟、天后宮等處神像皆撤。又拆城磚墊治道路。本地官無敢言者。

英國商人在天津開設怡和洋行，由津派夥計赴湖州買絲，船載洋銀六萬餘圓及制錢貨物，請領執照開行。至四月二十一日巳刻，駛至章練塘里許湖面，適遇提督曾秉忠兵船與粵匪接仗，兵船誤認英船爲賊船，將洋銀物件搬取分散。英國商人因以控告，追贓僅得十分之五，拿問官弁數十人。

二十四日，學院楊由津起程，夷人將轎攔住，用玻璃將臉照畫而去。按即照像。

五月初五日午未二時，城內外失火九處，說者多諉咎夷人挖城之故。

二十三日，彗星見於西北，六月中旬始沒。

女夷之來津者，多在街市行走，或騎或轎或步行，津民聚而觀之，相與嘲笑，不以爲忤。有一夷女騎白馬，服黑衣，長裙細腰，面如脂粉，側身馬上，款段而行，有男夷隨之。殆女夷之尊貴者。

初十日夜間大雨，至十二日巳時止。十八日大雨，二十二日、二十九日、八月初五日又雨。雖得雨而歉收不可挽矣。由蝗災盛行，翻毛蟲損秋禾尤甚。

七月十七日寅時，當今在熱河山莊升遐。二十日晚間，津郡得信哭臨，本縣出示禁止宴樂剃頭。傳聞先帝病亟時，出旨召恭親王數次，鄭、怡二王隱秘不宣。及恭親王至熱河請安，數日不得召見。有老太監勸恭親王速行回京，若再遲延，恐被肅順暗算。先帝升遐，獨召陳孚恩至熱河辦理大喪。恭親王帶同桂良、周祖培等至行在，載垣等肆行攔阻，不令入見兩宮。恭親王大罵："此乃家事，何敢攔阻！"及見太后，始悉怡、鄭之奸，肅順之逆，暗寫密旨，回京即行拿問。十月初三日，王大臣等在德勝門接駕，兩宮置新君於懷，見者無不垂淚。恭親王傳旨，在德勝門內將怡、鄭拿問，又派睿親王仁壽、醇郡王奕譞迎拿肅順。初六日，怡、鄭賜死，肅順以大逆不道，同日斬於西市。三人定罪時，端華言："老六，你做得好事！"肅順答："事到臨頭何說！"臨刑言："二王不聽我言，果死於婦人之手！”端、肅本同胞兄弟，以言詞便給，頗隨先帝之意，京師臣民無不以“端三肅六”目之。肅又外號“蕭去頭”，今果驗矣。

七月末旬，夷兵又在海光寺紮營。

八月初口日，天交未刻，細雨如毛，忽迅雷一聲，天崩地裂。

八月間，捻子分十三股竄至山東沿海，有至烟臺者。花旗夷目三人往見之，言要銀有銀。捻索二百萬不攻烟臺，夷許三十萬，言語齟齬，立殺夷目二，其一割耳放回。二十四日，夷約會鋪民架砲山口鳴之，捻聞砲聲立遁。夷隊追數十里而回。二十六日，天津英法官得信，運砲開船，限八個時辰到烟臺。

英國將上下園、紫竹林廟以下八村地面，共一百二十六家，盡行佔踞。紫竹林以上至砲臺，則爲法國佔定。定九月初八日發地價，限三日内一齊遷出。其所佔莊名有段家莊、小土地廟、碾盤莊、王家莊、崔家莊、轉角房、大井莊、花園，内有王氏故塋，萬曆乙卯立。

十月初三日黄昏，自閘口遠望西南十餘里間，火光連亘數里，或如執炬，或如籠燈。人皆驚駭，有疑爲捻子來者。好事者策馬探之，或行五六里，或行十餘里，竟無所見。其光歷二時頃而滅，不知何異。

十月十一日未時，雷雨大作。

十二月，天津知府石贊清，超擢順天府府尹。

同治元年正月初七日，天津各官知浙省被陷，風聞賊將從海外北犯。各官往見英目，請將大沽兩岸砲臺暫借防堵。英目言英兵屯紮海口，斷無撤退之意，爾中國一則錢粮不足，二則槍砲不精，三則官弁貪財怕死，斷不能禦敵。各官無語，逡巡而退。

初十日，總督文煜、提督成保帶京兵一千至津，請英官教習隊伍。大沽協兵二千，從山東撤回天津西門外屯紮。

是月初一日夜間，興龍街火燒數十家。二十五日，洋貨街大火燒百餘家。二月二十一日，火燒鍋店街三十餘丈。三月十七日，鍋店街復火，燒至估衣街、北閣、竹竿巷、針市街、茶店街口，連綿數里之廣，無一得免者。

二月十三日，大沽協兵自天津往北塘防堵。

二十六日未刻，自天津北望，塵土蔽天，大風忽至，晝晦，城外尤甚。行人死者甚多，船隻傷毀，不計其數。歷一晝夜，至天明，風始稍殺。次午，風又大作，接連三日不息，唯不如第一日之烈耳。一人自衛攜銀回家，爲風所仆，死於道旁溝中，土掩其身，僅露辮梢而已。又有五七人，在鹹水沽窪中牧羊百餘頭，生者二人，其餘人羊俱杳。宜興埠窪中温姓，雇工於麥地除碱土，二十餘人盡死。軍粮城死十人。此皆耳聞目見，其餘更不可知。

四月二十六日，郡城内外所屯夷兵盡往上海，止留英官數人及通商夷人。又大沽砲臺留英兵千餘。

五月之初，疫自奉天至大沽于家堡流行。天津以二十五日至六月初六日二十日間爲最甚，至六月十三、四日稍息。後聞此疫遍於天下，蓋自津而南也。我鄉百餘家，死者四十餘人。河北一僧治疫有效，每日往診者萬人，衆稱活佛，本縣示禁不止。後疫息，僧術亦不靈矣。異哉！

1038.雁宕山樵

范鍇《潯溪紀事詩》："幾編樂府與彈詞，今古何人可賣癡。

爭似一聲漁唱起，曉風殘月是芳時。”注引《瑣錄》：“明陳忱，字遐心，號雁宕山樵。其先自長興遷潯，閱數傳至忱。博聞强識，好作詩文，鄉薦紳咸推重之。惜貧老以終。所著如《癡世界樂府》、《續二十一史彈詞》及詩文雜著，俱散佚不傳。惟《後水滸》一書，託宋遺民刊行。”

1039.毛嶽生詞

陳小雲《湘烟小錄》有毛嶽生生甫題詞云：“朗玉弟有朝雲之感，自制《臺城路》數闋，攄其愁懷。以蘇、辛之高亮，寫姜、張之幽遠，覺文通《别》、《恨》二賦，尚有遜其淒處。因復倚聲，代寄餘意。　秦淮幽恨埋無地，垂陽半堤秋水。鏡篋霜飛，簾鉤月冷，多少明眸如此。金釭愛紫。怕消瘦郎腰，墜鬟重理。脈脈香塵，舊歡如夢更餘幾。　殘荷珠靜乍洗，記添香夜坐，鈿映花麗。寶帳寒憎，璚梳塵涴，魂怯小闌昏愁倚。亭亭瘞矣。付篁綠啼禽，亂熒幽隧。暗憶猶憐，洞簫知怨起。”今《休復居集》有詩文無詞，蓋散佚多矣。譚獻《篋中詞》亦未選及。

1040.義和拳告白

鈔本劉以桐《都門聞見錄》記庚子事。書中有義和拳告白一紙，諱“拜”音同“敗”，故言“全勝”。“本周”二字不解，若是人名，不應言“全”。近人《簷簃叢記》記義和拳所倡名目，所謂“一龍”，光緒帝也；“二虎”，禮、慶二王也；“羊”者，百官也。二毛子，三十以上之人也；三毛子，四十以上之人也。洋人謂之狗，洋錢謂之狗鈔，洋砲謂之狗銃，洋槍謂之狗桿，火藥謂之散烟粉，鐵帆謂之鐵蜈蚣，電報謂之千里桿，上陣曰殺狗，帽子曰開天寶蓋，皮帽曰暖兜，酒曰降神湯，烟曰救睡藥，棍曰二郎神，靴曰黑脚裹，水曰雷公湯，餅曰老君糧，箸曰小二郎神。改“洋”字爲“羙”，謂水火夾攻也；“清”爲“掅”，謂扶清也。二字大師兄用之表文中。

告白

各團諸位師兄，今爲西什庫洋樓無法可破，

特請

金刀聖母、梨山老母每日發疏三次，大功即可告成。再者，每日家家夜晚掛紅燈一個時辰，京城内可遍爲傳曉。

新城板家窩本周拱手仝勝

西四牌樓磚塔胡同口袋底粮台

1041. 蹦蹦戲

蹦蹦戲，一名奉天評戲。十餘年前始入京師，其聲靡靡，市井之人爭趨之。楊同桂《瀋故》謂“蹦蹦”即“蓬蓬”之音轉。遼時有《榛蓬蓬歌》，每叩鼓和“榛蓬蓬”之音爲節而舞，人多喜而效之。劉子京詩所謂“自古黄沙埋皓齒，不堪重唱蓬蓬歌”是也。然則其來已遠矣。

1042. 錢南園

莫友芝《書畫經眼録》稿本，有錢南園五札，羅平寶蘭泉侍御藏。

其一云：弟灃頓首。比西路差事已畢，民樂歲豐，想政事之暇，梁孟齊眉，子婦侍側，宦途中猶然家庭之樂，可勝景羡。令姪久在都，愧不能纖豪爲情，實以大挑諸公出京，少有所累，頓至積爲大苦，雖竭蹶治一酒食猶難耳。殊堪笑話。得張扶九書，知七月末已委署萍鄉，餘者略無所曉也。令姪之便，奉此請安不一。曙齋二哥大人。弟澧頓首再拜。

其二云：澧頓首二兄大人。令姪來，草草一札，想已蒙鑒矣。寒節諸應迪吉。得胡友薌書，頗念仲本，大意總以吾兄勿惜嚴訓爲祝。今月十四日，澧忝授江南道御史，敢不黽勉勤職。所需車馬衣服，本已預計，因大挑諸公不敢膜視，遂至一空所有。今乃爲計甚急，情知廉俸必無贏餘，但無可奈何，仰求爲澧轉措百金，即於歲内寄至。不一二年，榮擢入覲，澧當謹備，以充行李，决不食言。十一月十七日。澧頓首再拜。

其三云：弟澧敬請曙齋二兄大人近安。去冬一札，特有所懇，不審達否。澧自改官以後，諸凡大窘，所有應用車馬衣服，勢不得不稍爲置頓，是以冒味於帳行中暫一挪用。詎意一衮一叠，子母幾於相侔。倘及今不更爲計，勢將伊於胡底。仰祈二兄拯我兹難，務爲多方設措，借給紋銀三百兩。將來有需在家製備物件之處，澧當陸續歸還，以供零用，决不食言。兹特具借券一紙爲據，務望即付來脚。雲霓之望，佇祈垂原。迫切迫切！三月十八日辰刻。

其四云：澧頓首曙齋二兄大人。前於五月中歸自山左，始讀諭札，並知不辜澧所望，隨一札託信成轉致。洎大姪來，又奉教諭，感愧何如。比想諸務安適，可勝仰羡。澧近狀大姪所悉，窘不可名，尤冀惠愛，再假我數十金，以卒此歲。企切之至。澧頓首再拜。

其五云：澧頓首曙齋二兄大人。自交水得六郎偕行，六郎數有家報，但屬請安，而不親數字，知如胞不以相苛也。澧犬馬之齒，已逼桑榆，不揣此行，筋力大屬不支，又不自謹，途次染疾。藉非六郎提挈，幾不免於棄瘞道邊。想趨庭時，能爲道其詳也。六郎明達周慎而勤於學，吾曾未見其匹，昂霄聳壑，不過轉眼間事。德門大器，所鍾有在，曷勝顒羨。兹以十一月廿四南歸，計造膝下，正際春融，指日授官有地，杖履又多一逍遙之所。神仙陸地，匪吾老友而誰！賤軀藥稍收效，但精氣久虧，不任作勞，數字陳情，蓋十餘次停筆，以抒攣筋，正不審平復當在何時也。廿三日辰刻。謹頓首。

曙齋之子欲峻跋云：此錢侍御南園先生手札，先君戊子鄉薦同年也。與先君爲莫逆交，聯鑣馳驛，會試後，先君補趙州學博，先生游公安萬荔村明府幕中。辛卯，捷禮闈選館，告假省親趙州彌渡。蘇提學治喪，先生以弟子徒步千里執紼，先君亦蘇公門下士，相遇握手者旬日。嗣入都，由翰林保御史，洊升通政使。長安久居，薄俸不給，就館城内徐宅。每日出城，由正陽門賃驢至宣武門，步入雲南館，與同鄉小聚，復由驢背還。其苦儉如此。適先君以保薦至都重聚，益相洽。己亥，先君出宰洪洞。是年有甘肅四十三逆回之擾，進師凱旋，皆經洪邑，先生時有函問。函内所稱“令姪”，爲族兄迎詔，以孝廉掣衛缺，往還燕晉，藉以贈答。張扶九諱翀，太和同年，後爲贛縣令。胡友薌乃弟仲平，孝感會元胡牧亭先生之嗣；牧亭侍御，戊子座師也。仲平居洪洞幕中數年，其謂歸自山左，蓋先與劉石庵相國馳驛赴濟南各郡，密辦所奏案，至所挪之金多代助鄉人。此四函皆寄洪洞書。猶有遺失者，如庚子典試廣西，出都時寄函云：“現已得差，寄到百金，竟不須用，送修會館官。”後此項爲同鄉出宰者貸用不償。先生於湖南學政聞訃家居，先君亦引疾歸林，訪先生於昆明，先生猶云："前留修會館之金，予當賠還。"二老翁相視而笑。癸丑八月，先生服闋入都，偕峻行。途中爲峻竄改詩稿，跋文藝，評古今人物，昕夕歡甚。次襄城，染寒疾，至直隸白河危極，强扶到都。湘潭周侍郎石舫，先生其門人也，診視至冬至，始漸瘥。峻還滇，因有最後一札。此行先生長子嘉榴甫八齡，當先生垂危之夕，峻偕之臥。後爲處州太守婿，游庠，就親浙江，未婚而夭。次子嘉棠，癸酉拔貢，現爲寧洱教諭。三子嘉棗，邑庠彥，舉孝廉方正。嗟乎，先生自乙卯再授侍御，入軍機，隨駕熱河，途中染疾，回京而逝，時年五十九。宇內失霖雨蒼生之望。溯先生之功業文章，自諸生以至提學，著作如林，薦章彈疏，彰彰在人耳目。先伯兄欲博曾隨湖南考試閱卷，所贈翰墨真草甚夥，諸子姪輩分藏珍寶。埒兒檢所藏五札，裝潢成幅，因述札中大略示壐、埒兩兒，知鄉先達與先君子同袍之誼如斯云。道光八年戊子五月。欲峻書於閩南鹾署。

之誠案：欲峻字松溪，以拔貢生歷官蘇松太道、寧紹台道。工書。予有其臨《蘭亭序》直幅，學趙神似。惜此跋序次拙劣，然足存南園遺事。埒字蘭泉，其仲子也。道光九年進士，官吏部主事，改御史。咸豐七年，與侍郎黄琮奉旨在籍辦團，以事同被革職。馳逐聲華，交游甚盛，嘗爲先外舅尊人莊少甫先生書扇，臨《爭座位》，可入能品，今在寒家。清末予客滇中，昆明華允三爲言蘭泉後人不振。羅平鄉間老屋，藏書滿樓尚存，屢屬訪之未果。此册今不知流落何許，恐已不可踪迹矣。

1043.韓蘄王墓碑

韓蘄王墓在靈巖，墓有五，其妻妾白、梁、鄭、周，封秦、揚、楚、蘄四國夫人，皆祔。碑高約三丈餘，廣七尺許，厚九寸許。額居三之一，文居三之一。額題“中興佐命定國元勳之碑”，楷書二行，字徑八九寸許，宋孝宗御筆也。行間一行題“選德殿書”四字，字徑二寸餘。方小璽押“德殿”二字間。文，趙雄奉敕撰，周必大書。文一萬三千餘言，小楷書，大才六七分許，甚端嚴，剝蝕不多。見莫友芝同治八年正月二十五《日記》。

1044.邵亭填詞

邵亭詞不經見，其《叢稿》中一闋云：“玉梅花下成歡聚，春光正好拋人去。夢逐海東頭，雪殘明海樓。　歸期知不遠，爭奈勞心眼。拚了上元燈，和衣臥月明。”

1045.鄒漢勳

鄒叔績手札，蓋致莫子升庭芝者：子升六兄大人左右。北歸風雨淒其，始聞途次平安，旋即人至，手書見訊，并錄示唐宋諸文有關於貴陽者，感激之至。見借《九域志》、《水道提綱》，餽我數月粮矣。吾兄爲外郡之人，尚懇懇拳拳，如郡中人略不省照情耶！即承起居安善，藝業精閎，爲頌爲慰。別時惠我瑤函，因編討之事，卒無一刻暇，稽遲奉和，罪無可逭，望知我者有以原之。執手前期，償於何日，聚散之情，愴於懷而此爲言，讀之淒然欲斷。蒙以推步明算之說下訊，知若谷之懷，百度尋常，漢勳豈敢無言。本朝推梅定九爲絕學，而定九之書，最明朗易讀，似言九數之學者，必從此入門。既讀此書，而後《算經十書》可讀，而後《幾何原本》可讀，而後《割圜記》可讀，而後《測圓海鏡》可讀，而後《數理精蘊》可讀。吾兄深思異人，三角勾股當不足以見難。而推步則以梅氏及李文貞公爲先導，既乃讀《曆象考成》，知見行憲法所用諸根。先悟其理，次求其根，然後時時布算，不少間斷，當亦無難者。漢勳學此竟業，半途而廢，豈復有老馬之知，謹以所聞於父兄師友，爲曝芹之獻，或衿其平實，不以爲訕笑也。《且蘭地考》，謹已錄入，所借二書，必當珍護，决不少有油墨污染，敢遺失乎？子尹先生惠書，並寄湘泉先生書，及《遵義志》，均於月前收到，即同日作答，諒不訝其遲也。北望依然，爲欲共話，古人云心印者，今日之謂乎？考古究微，日無暇晷，知先生一息千里，追風躡電，未足以諭。而漢勳僕僕隨人，鬱鬱無悰，舉平生著述之清趣，一委棄之於方志中，而又不克明察地理，山脈水道，茫然不知，乃抗顔稱著述於大邦，顧之慙憒環生。它日倘能討尋沅、潕、辰、酉之源於川黔之東，尚可少雪斯恥，否則畫餅乾館之誚，萬世不能逃也。首寒，伏冀順時珍衛。不盡區區。漢勳頓首。來脚已給大錢一千二百文。

又一札云：子升先生仁兄大人閣下。歲餘無書奉訊起居，坐俗塵紛冗，甚爲歉仄。其間得奉哲兄郘亭先生去秋手書，續又奉今春書，知吾兄滯母斂且期年。夏中此間院試，始覯通省拔萃單，知吾子褎然舉矣。不知自悲其窮，翻爲吾先生狂喜數日，逢人便誇此吾良友，不知人之揄揶。其騃如此，亦可謂大不省人事也已。秋月桂子滿君家庭院，知不足爲賢者重，從此弟昜振轡禮闈，驤〔1〕王路，亦其分中事，當其勉爲賢士大夫也。曾滌笙閣學遂歷工、禮二侍，騰踏如許，竟爲吾湘品位極隆之人，石梧宫保已告退。從此吾輩愈宜少識字矣。春間有復郘亭先生書，不知已登記

〔1〕“驤”字前應漏一字。

府否。此間居停者有好善之譽，而迫於爲子弟科名之學，抑又多方城外縣公之癖，見真輒駭，居甚悶悶也。習安有修志之說，發端於前署守胡詠芝先生、署令魏君二人。近日居停自習安道過，有已曾面訂之說，云束脩火食，紙筆鈔胥，總以三百二十金，欲見委於區區，俟彼處致書各屬，即有關聘來也。此公語多滑澾，不可捉定，且予東歸之念甚濃，又南中知己皆已遷去，其間詠芝又有書見訪，彼處近楚，足一月停，便買舟泛漁去矣。所以不遽辭者，意欲讓之哲舅弟也。儻於月内接到關書，即以急足別賚書相商。八九月間，肅哲兄到彼起手，至十冬月，必有條緒。並轡入都之日，料在臘、正之間。少停止以俟采訪，禮闈同捷之時，可寄書湘中，弟當復作黔游以蕆其事。如或告捷之後，哲舅弟有一人南旋，即不需區區之往返於此邦矣。彼雖滑澾之語，吾且爲認真之談，將候大令已調簾，場後或可見面，未及致書，望以此意告之，即以弟書相示可也。安龍賢士大夫，惟張蔚齋副車及貴同年曾君爲予所識，皆質直尚信，且工詩博覽。坐此邦書籍絕無，又少通人往來，頗枯寂耳。再有託者，省肆中有川中合刻《天下郡國利病》、《讀史方輿紀要》二書，意欲購之，望吾兄同蔚齋督賓，果係全書與否。見以數金交蔚齋爲定銀，弟到省日全交，其價以十三四金爲率，多則不願也。如可成購，更望吾兄同蔚齋查出貴州數本，交蔚齋帶歸，以便入之此郡之志也。不情之求，想知己不予責。將候處一駕必須過訪通刺告門者，直云郘亭之弟，勿過於高尚，切禱。即請文安，伏祈省納不一一。七月初九日。愚弟鄒漢勳頓首。

之誠按：後一書當是道光己酉家興義時所作，以子升爲是年拔貢生，而鄭子尹《巢經巢詩鈔》有《贈叔績興義》詩可據也。

前書或前一年所作。時叔績方修《貴陽府志》，子尹詩註所謂“志稿百餘卷，體例詳正，考據精博，未及刊而去”，蓋盛推之。書中於湘鄉頗致譏訕，蓋不相習也。《文正集》有《新化鄒君子哲墓誌銘》，作於乙巳。子哲爲叔績族屬，不應不見此志，豈見而輕之耶？

1046.天仙昭鑒

碧霞元君廟，殿三楹，無窗屏。下列厚板，上以大銅鐵條爲直櫺，疏排之，以便投錢。啓殿出二匣，一金銀嬰孩十餘枚，元寶二，一碧霞元君之石印徑數寸，鏤“天仙昭鑒”四字。元君座下乃泉源，塞之以安座，夏月水輒泛溢殿中。見張榕端《海岱日記》。榕端字子大，號樸園，河南磁州人。康熙三十五年，以內閣學士奉命祭泰岱、沂鎮、東海。

1047.津事回目

此亦見《津門聞見錄》，皆紀庚辛事。言爲小潘者所撰，不知何人也。

督水軍紅毛報怨，修土壘白骨含冤。○垂天象星芒類火，賣洋馬日本獲金。○圍北塘我師失計，繞南郭彼將屯兵。○洩軍機地雷罔效，僧邸在北塘埋地雷，夷人偵知之。含怨氣天日無光。○撤黄旗鹽官出署，張赤幟黠鬼登樓。夷插紅旗於東樓。○犒兵丁海張送餅，占梁子潮勇爭舟。○下燕書漢奸授首，訪豖突水會齊心。○駕肩輿脚行得利，帶毛賊頭等揚威。○奉耶穌凜遵天主教，集海鰍齊紮水師營。○敞大門首飾樓被搶，出小攤骨董部開張。○緩行船夷人探水道，添話柄富户盡泥門。○責更夫丁家住夷鬼，書號簿辛某稱太爺。〇換番錢局中權子母，受鬼棒杖下辱辛公。〇不觀兵豈是閻王樂，認乾女居然鬼子藍。〇聖藥王甘讓和蘭國，天成號新開地獄門。〇下流人帶毛游柳巷，上海道辯口退英夷。〇設陰謀英營演劇，挾私意滄勇燒船。〇善將兵，夷子思以易天下；活見鬼，鳥獸不可與同群。〇形體類猿猱，朱服群推大英國；飛鳴渡鴻雁，畫船爭集勝芳橋。〇出楊園而入楊村，有慚文望；居相位而無相業，如此良人。〇恐負聖明恩，賢太守焉能事鬼；專司支應局，窮秀才不肯讓人。〇焚舟而罔恤時艱，國人可殺；贈簟而隱卹民命，海水知寒。〇固磐石於津門，石郡侯貞如介石；化雕梁爲鬼窟，梁紳士遠避强梁。〇回子接家丁，太息回舟沈碧水；冷官雖棄甲，不將冷署讓紅夷。〇會館入山西，咸看馬超披練服；雄兵來塞北，共驚羊祜帶金環。邊兵有帶金環者。〇火藥房燒僧邸哭，烟花樓破女夷來。柳墅被佔。〇馬嘶天后宫中月，燕赴風神廟裏秋。風神廟設宴。〇樂將軍去愁燕壘，姚縣尊來執馬鞭。〇七禽未服蠻王孟，萬馬長驅海客查。〇巴人遠覓朝天路，姚令連催載鬼車。〇算脱燕姬出旗籍，聞邀蠻子掌文書。〇文學何堪成武庫，夷人據儒學。民居不幸附官衙。夷據都司廨，附署民居皆破佔。〇未必牽羊如鄭伯，有誰驅鱷效文公。〇辛苦允推賢父母，甲兵誰護小朝廷。〇重换白旗防匪棍，久聞黄道駐神祠。黄道憲駐水月庵。〇太守有心歸地府，石郡守被執，誓不欲生。庸臣無面反天津。〇奉札明庭催國課，掩旗暗地議鄉團。〇張膽不妨興土木，張繡崖葺屋，自謂濟貧。狀頭也解避弓刀。〇大家練局推張老，太守氈廬夢謝公。〇焦頭上客良心喪，洩氣生員到口吞。〇乘龍竟阻紅顏女，時停婚嫁。牽犬生憎黑色兒。言黑兒。〇如花貌想三娘子，女夷。攀桂情殷衆鋪民。津人留桂相。〇糧臺坐穩孫觀察，旗仗迎歸石使君。〇十八拍吹邊月冷，五千人擁陣雲陰。○自是蕃王能漢語，夷有能說官話者。莫疑管叔有留言。○傳箭共同梟賊首，太守靖盜。攫金難饜蜑人心。夷人索幣。○望蔭路人空引領，穆蔭。清談名士孰傾心。譚國學。○蒲口遠來知餌敵，爲夷饋食。花翎雖拔尚勤王。僧王。○高樓日落廻仙馭，大漠霜寒擁帝羓。○想是叫門真怕鬼，如何睡榻竟容人。○移驃騎營因避舍，我師移營。賣盧龍塞也邀名。○團練使潛藏黑堡，鄉紳遠害，避敵梢直口。上農夫早刈青禾。○六龍欲下芙蓉殿，單騎誰回藥葛羅。○入貢旅獒雖藉口，連營屯馬是何心。○只有弦高爲鄭賈，張繡崖。更无平仲入澶淵。○有幸热河堪駐蹕，無邊苦海莫回頭。○誤爲火箭天應笑，七月初五日雷電，崇運憲疑爲火箭，令人往探。轉到輪船海亦鳴。○犬似勝人猶戀署，運署義犬。神難制鬼亦移家。○面如鐵者皆窮鬼，額爾金爲彼大臣。○欲向終南尋進士，空將三北惜夷吾。○華士倡言辭北闕，鄭王。冷曹奉調往東安。冷總兵。○可知人面非嘉菽，人面豆。早有仙心識亂桃。夷到津時，相傳有一老人食亂桃，呼云："亂桃不亂胃。"與"亂逃不亂衛"叶音。○賊入賊營真膽敢，有竊英人物件者。兵藏兵器尚心驚。自夷入城後，兵勇無不偃旗息鼓者。○海濱不見僧行脚，僧邸。河北真逢鬼大頭。"大頭鬼，上河北。"津諺語。○萬年宰相開東閣，桂相請英人。並馬番兒到北倉。夷探北倉廒。

1048. 花仲胤妻

《見聞搜玉》云：花仲胤爲伊川令，久不歸，其妻寄詞云："西風昨夜穿簾幕。閨院添消索。最是梧桐零落。教奴獨自守空房，淚珠與燈花共落。"胤拆簡，見"伊"字作"尹"字，遂回寄云："頓首啓情人，即日恭維問好音。接得綵箋詞一首，堪驚，寄與音書不志誠。不寫伊川題尹字，無心，料想伊家不要人。”妻復答之：“奴啓情人勿見罪，閒將小書作尹字。情人不解其中意。共伊間别幾多時，身邊少個人兒在。”

1049.和珅通西番字

乾隆御製《平定臺灣二十功臣像贊》：“大學士三等忠襄伯和珅。承訓書諭，兼通滿漢。旁午軍書，唯明且斷。平薩拉爾，亦曾督戰。賜爵勵忠，竟成國幹。”又御製《平定廓爾喀十五功臣圖贊》：“大學士三等忠襄伯和珅。國家用武，帷幄絲綸。事殊四朝，原注：謂漢、唐、宋、明。清文漢文。蒙古西番，頗通大意。原注：去歲用兵之際，所有指示機宜，每兼用清漢文。此分頒給達賴喇嘛及傳諭廓爾喀敕書，並兼用蒙古西番字。臣工中通曉西番字者，殊難其人，唯和珅承旨書諭，俱能辦理秩如，勤勞書旨，見稱能事。”見《八旗通志》卷首六。

1050.結銜

高鶴《見聞搜玉》八卷，實詩話之類。首題云“皇明賜進士第、南京户科給事中、前省試第一人、山陰高鶴纂輯，外孫庠生陳汝元校梓。”此與孫廷銓撰《畢自嚴墓碑》自稱“光禄大夫、内秘書大學士、前少保兼太子太保、吏户兵三部尚書、賜貂玉、侍經筵、奉敕校定律令、南郊合饗分獻五岳壇、戊戌己亥以來文武科讀卷、今予告、益後學孫廷銓頓首拜撰”者同一不經。又見《瑯環集》三卷，獺祭之書，署“清逸真人李謫仙、海山院主白香山門人躭雲陳太初”，更奇。實則其來甚早，《履齋示兒編》已題“廬陵鄉先生孫奕季昭撰”，特非自題耳。

1051. 董廷獻

武進徐尚之書受《教經堂談藪》云："《說鈴》載董廷獻嘗創建武進會館於京師，以布衣召對文華殿。按廷獻本姓趙，其子入國朝，一終錦衣衛指揮，一漢中太守。今吾友董秀才玉路，則指揮玄孫；上舍超然，則太守之玄孫也。偶同上舍論吾鄉宦游京師者倍於他邑之衆，而會館獨無，蓋自其先修葺後，會遭亂，因廢而莫舉耳。史又載廷獻附周宜興，以蔣拱宸疏繫獄，不知其子姓蕃衍至今，乃更多文人也。"

1052. 鄂貌圖

《北海集》二卷，鄂貌圖撰。有洪承疇序云："予少時雖略涉五七言，然興會所及，往往直抒迅掃，無能工勤模學，入專家之堂奧。壯而游諸四方，覩名山之題咏，人士之風尚。聞近年以來，不特臺閣有體，而北地而吴而齊而白下而楚而閩，紛紛異同。予蓋閩人也，猶不習閩派之云何，而況其他哉。迨于役白下，及秉節入楚，得與鄂先生同事。先生從龍勝流，瀏覽古今，所過山川，對景抒目，贈答故舊，託志言懷，具風人之深致，每屬短刺長箋，若以予之工勤於詩有專家之聞望焉者。先生佐籌戎府，耳目睹記，所習朱鷺鐃歌，壯軍容而賞讌集耳。乃憂民念國，采風問俗，微言婉話，吐含於山川贈答之中，亹亹盡，不特《風》之終而《雅》之始矣。則所謂臺閣者，先生自有夙成之體，紛紛異同，不俱爲先生所竊笑耶！固與予直抒迅掃若有合契也，故叙言之如此。順治庚子，温陵洪承疇拜題。"

又有徐元文所爲《特授光禄大夫、内秘書院學士、兼禮部左侍郎加一級鄂公傳》云："公諱鄂貌圖，字麟閣，號遇羲，姓張佳氏。其始祖諱穆圖巴顏，世居長白山鄂莫和索洛之地。遞傳至曾祖諱瓜喇，遷居輝發。祖諱代廕布祿，又內遷於葉赫之南，地名張尼和樂居焉。父諱吴巴泰，母覺羅氏，世有隱德，歲甲寅生公。丙辰，我太祖高皇帝建號東土，識者以爲公產實應運云。公幼有器局，姿貌魁傑，善騎射，尤好儒術。閒購一書，輒攻苦窮日夜。兼通兵家言，能爲詩古文辭。凡有所作，未嘗屬草，時稱其有文武才，聲譽雄於東土焉。弱冠即以古名臣大儒自期，故學業早成，卓然有用世之志。會國號初立，制度草創，大臣宿將，悉跋行伍，朝儀掌故、文章禮樂之事，多所未及。公於是時，雖已有令名，而未被擢用。然公卒用文學進身，以功名顯，由此始也。太宗文皇帝御極，興教厲俗，崇獎儒風，引用經術之士。崇德戊寅，乃拔公一等秀才，賜紬布，每召進譯講書史。辛巳，公應制舉，登鄉薦第一人，賜頂戴，選入內院翻譯《會典》。越三年，世祖章皇帝入關定鼎，念公有扈從勳，授內秘書院侍讀，奉命纂修太祖高皇帝、太宗文皇帝實錄，及翻譯《詩》、《禮》二經、《通鑑》諸書。考校精核，書成，輒荷獎命，賜白金文綺。先是，官制初定，從龍諸臣量材委授，內外相錯，公獨以文名，得參華選，見親信。上知其材武可任，時流賊李自成已走死，餘黨尚十餘萬據關中，即命公隨和碩豫親王由潼關入擊破之，遂定陝洛。尋從王下江南兩浙，以次削平。上優詔褒美，賜賚有加。丙戌，隨征南大將軍多羅貝勒征閩，單騎說降其帥鄭芝龍，海隅底定。事聞，賜文綺八，良馬二。丁亥，又隨和碩鄭親王南征川湖，所嚮底定。兵臨辰沅九溪十二土司及諸生苗猺獠，先爲所煽誘者，皆受印號來歸。至是朝廷凡五用兵，完師凱旋，公之功居多。辛卯還朝，進内弘文院侍讀學士。兩遇覃恩，特授通議大夫，加拖沙喇哈番，又加拜他喇布勒哈番。是年秋，充考試官，主順天府鄉試，取士稱得人。癸巳，進内秘書院學士，隨和碩安親王出塞，征喀爾喀部落，下之。甲午，八閩復叛，上命鄭親王世子率大兵進討，仍命公從。既至黄梧，以其衆降。公按行漳泉濱海諸處，凡修築十四城，而海道以安。丁酉，覃恩特授資政大夫，又特授光禄大夫，加一級。戊戌，改中和殿學士，兼禮部左侍郎，仍帶加一級。再從多羅信郡王取雲貴，深入險阻，皆悉底定。移兵撫江，剿撫蠻部，諭以朝廷威德而還。辛丑，復改爲内秘書院學士，仍帶加一級。是年秋班師，道感寒疾，卒於天津之楊村，享年四十有八。上震悼，遣官諭祭，賜金五百兩，命造墳塋，廕其二子。長賽圖，今官監察御史，次賽良，三等侍衛，並以才賢世其家。公强記博聞，才藻華贍，早歲驟登館閣，使得抒其文章謨議之盛，足爲開國文臣冠冕。而以善謀，曉暢軍事，故每有大征伐必命公，委任備至，諸王將軍亦樂引爲助。戰守剿撫之宜，往輒得其要領。而性尤仁恕，凡遇擒獲，必體察矜宥，全活者甚衆。自秦、楚、江、浙、甌、閩、滇、黔，無不遍歷。出入幕府十餘年，東西南北，縱横萬里，未嘗一日安其身於禁近之地。及乎永清大定，而公已不待也。然其勳業爛然，慶流後嗣，公之名豈淺鮮哉！生平所著詩有《北海集》行於世，蓋留什一於千百。其在行間，飛書馳檄，表箋露布，皆磨盾立就，爲人所傳誦。而羈旅登臨、感時紀物之篇，山巔水溪，或有能見之者，然亦多散佚不存。後檢笥中，復得遺稿一册。令嗣長君不忍湮棄，因編爲續集，以附於末。嗟乎！公素負大志，文章固其餘事，獨其奉命征討，在外日久，所經歷半出炎嶺瘴海、深箐溪峒間，躬親戎馬，蒙犯霧露，故其卒也，年齒不及中壽，爲朝論所惜云。論曰：功名之際，士之所以表見而垂後世也。昔吉甫文武，以憲萬邦；却縠詩書，而堪元帥。余觀學士鄂公，殆其人歟？向使公以文學侍從，從容風議，無智名，無勇功，豈足酬其志哉！若其處遭遇之隆，感激奮身，盡瘁以沒，比於古人以死勤事之義，嗚呼，又何其忠耶！崑山後學徐元文拜撰。”

此外有康熙十一年張玉書，康熙乙卯曹禾，康熙丙辰陳廷敬，康熙壬戌施閏章、李天馥諸序。詩皆律體，多流連光景之作，頗有秀句。五言如“踈柳眉臨鏡，驚颸甲動鯨”，“珠翻荷蓋老，香潤籬菊寒”，“映渚星涵碧，依簾燭漏紅”、“暫寒刁斗急，欲暮管弦留”，“清隨孤鶴遠，淒傍一山幽”；七言如“衰謝喜逢春在眼，昇平實望世銷兵”，“小節鶯花春晝寂，重門珠翠雨天愁”，“繞院雨花松韻滿，閉關午夢鳥聲殘”，皆可誦。唯《蘇州》三首之二云：“當日奉傳檄，閶門水涌波。隔湖漁火競，夾岸羽旗多。白髪經時換，清秋載雨過。湖中有林屋，太息尚橫戈。”爲略及時事。是時方當入關之始，而其士流已能吟哦，依附風雅，與遼、金初起時迥不相侔，此有清一代八旗文風所以尚盛也。

1053.陳夢雷與李光地絕交

陳夢雷《與李厚庵絕交書》云：

不孝學識庸淺，刻本作陋。穉年得繆通籍，性復剛褊寡合，不能與俗俯仰。老年兄以桑梓鉅望，道貌沖和，折節下交，繆以遠大相許，不孝亦不自量其晉闒，思託附驥尾，相與有成。每探賾析微，窮極理性，罔間晨夕，自謂針芥之投，庶幾終始也。豈意彝險易操，初終殊態，狡刻本作猜。忮其心，險幻其術，幾陷不孝喪身覆巢而不毁也。嗚呼痛哉！不孝釋縶之日，不勝憤懣，號於司寇，然粗述相負大略耳。其於不可告人之隱，猶未忍宣之於衆也。而老年兄怙終迷復，善於飾非文過，不稍加咎省，竊恐不孝雖箝口結舌於絕域，而鄉里憤悱，朝紳公論，從此而起。九臯聞天，或至村簿指摘，則交誼瓦裂，厚道零替，由後追昔，豈不愴然。是用布其顛末，鮮所忌諱，惟老年兄平心靜氣察之，幸甚。

昔甲寅之變，不孝遁跡僧寺，逆黨刃脅老人追尋，不孝挺身往代。刀鈹林立，蹀尸蹀血，不孝恬不爲動，見賊不跪，語不爲屈，以爲苟得全親，一身死不足恨耳。逆怒將置於刑，已復放歸，不孝即削髮披緇，杜門旬日。逆賊分曹授官，不以相及，自幸得免。賊臣教以遍加網羅，防杜不測，遂脅以僞官，然不孝就拘而往，不受事而歸，辭其印札，不赴朝賀，瘠形託病，三年一日。此通國所共聞，有心所共歎，不假不孝一二談也。

年兄家居安溪，在六里之外，萬山之中，地接上遊，舉族北奔，非有關津之阻，徜徉泉石，未有徵檄之來。顧乃翩然勃然，忘廉恥之防，徇貪冒之見，輕身杖策，其心殆不可問。不孝以素所欽仰之心，猶曲爲解諒，謂不過爲怯耳。故年叔初來，不孝即毅然以大義相責，令速勸阻。又恐年叔不能堅辭，不足動聽，復遣使輔行，而年見已高巾褎袖，投見耿逆，遂抵不孝家矣。不孝方食，駭懣投匕而起，然思隻手回天，孤立無輔，舉目異類，莫輸肺腑，冀年兄至性未滅，愚誠可感，庶幾將伯之助。故嚴詞切責，怒髮上指，聲與淚俱。先慈恐不孝激怒難堪，遣人呼入，家嚴出以婉詞相諷，至自述“老朽以布衣受封，已甘與兒輩闔闢共斃”，年兄亦爲改容。

家嚴乃呼不孝與年兄共議，促膝三日，凡耿逆之狂悖，逆帥之庸闇，與夫虛實之形，間諜之計，聚米畫灰，靡不備悉。不孝又謂以皇上聰明神武，天道助順，諸道行將刻本衍。次第削平，矧小醜區區，運之掌股者哉！年兄猶以爲落落難合。及不孝引楊道深與年兄抵足一夕，年兄既深服其才，且見其勝國衣冠之遺，猶有不屑與賊共事之意，始信前言。不孝於是定計，不孝身在虎穴，當從楊道深以潰其腹心，離耿繼美以隳其羽翼，陰合死士以待不時之應。年兄遁迹深山，間道通信，歷陳賊勢之空虛，與不孝報稱之實蹟，庶幾稍慰至尊南顧之憂。年兄猶慮既行之後，逆賊有意外之誅求，欲受一廣文以歸。不孝謂不得一潔身事外之人，軍前不足以信，若後有徵召，當堅以病辭。萬一賊疑怒至，發兵拘捕，吾寧扶病而出，以全家八口爲保，年兄始慨任其事。臨行之日，不孝訣曰："他日幸見天日之功成，則白爾之節；爾之節顯，則述我之功。倘時命相左，鬱鬱抱恨以終，後死者當筆之於書，使天下後世知國家養士三十餘年，海濱萬里外猶有一二孤臣，死且不朽。"嗚呼，當此之時，不孝揚眉怒目，隕涕欷歔，天地爲之含愁，鬼神爲之動色，凡有血氣，聞之當無不扼腕酸心、捐軀赴義者！嗚呼，息壤在彼，而忍忘之乎！

年兄既行，耿、鄭搆兵，音耗莫通。不孝兩次遣人出關，終不得達，意年兄當已代陳天聽。而年兄猶豫却顧，及至耿逆敗衂，聞招撫之令，始遣紀綱抵省，謂不孝能勸諭歸誠，乞與其名。噫嘻，不孝託病拒逆，何由進帷幄之言！年兄自在泉郡，何由與勸降之策！其爲術豈不疎乎？然不孝所喜者，年兄刻本有此二字。已乃心王室，意在見功，事蔑不濟。而彼時耿逆猜忌方深，城柝嚴密，片紙隻字，不能相通。且紀綱頗稱解事，可宣心腹，因備告以耿逆勢未窮蹙，不肯歸誠。今幸耿繼美已被離間，出鎮浦城，內生疑端，海賊雖已連和，彼此未忘瑕釁。不如各散流言，使二逆相圖，以分兵勢。一面遣人由山路迎請大兵，道由松關，一鼓可下，臨城不順，則內應在我。反覆丁寧，兩日遣歸。蓋自張誥回後，不孝方幸年兄之克有成功，而不虞其萬一相負也。

親王入境，年兄抵省相見，乃詭言謂：“爾時假道汀州，恐爲耿氏捉獲，則我可幸全，爾立齏粉矣。今幸同見天日，爾報國之事非一，吾當一一入告，爾俟吾奏聞之後，然後進都。”又作詩相贈，不諱省中誓約之言，美不孝反周爲唐之功，不孝亦遂安心以待，豈疑有護短貪功之意乎！

丁巳之秋，與年兄束裝赴闕，而年兄以聞訃歸，不孝見年兄方寸已亂，不復與商，遂以戊午之春入都請罪，蓋亦自信三年心迹，輿論共嗟，不必待人而白，初刻本有此字。不料道路阻隔之先，京師之訛言百出也。及到，始知以陳昉姓名之故，誤指不孝曾爲僞學士，殊爲駭然。而銓部無據呈代題之例，吾鄉撫軍又易新任，於是遣人具呈歸家，蓋將以具疏可否請於撫軍，然後詣闕席藁。在都僦邸閉户，公卿大臣未通一刺，一二師友通問，不孝一語不及年兄，今從前在都諸君歷歷可問耳。不孝家人歸時，值年兄以通道迎請將軍事聞，上重念年兄從前請兵之勞，温綸載錫，晉秩學士。親王亦信年兄昔日之節，親屬子弟，皆借軍功給禮委官，昆從顯榮，僮僕焜耀。是不孝無功於國家，而所造於年兄者豈淺鮮哉！

夫酌清泉者必惜其源，蔭巨枝者必護其根。年兄當此清夜自省，宜如何報德也，乃功高不賞，但思抑不孝以掩其往事之愆。時家嚴以撫軍在泉，遣使具呈請咨到京，而年兄竟留其呈詞，不令投致，巧延家人，三月不遣。又恐同人别爲介紹，貽書巧說，阻其先容。不孝在都半載，不聞音耗，五千里遠道，傍皇南歸。嗚呼，年兄竟用心至此耶！

所幸者，寧海將軍駐師泉郡時，或誤傳不孝入都道斃者，泉之人士扼腕嗟歎，囂然謂“學士辭僞請兵，實陳某，今不爲代白，使鬱鬱賫恨以死，天道寧復可問！”語聞將軍，詢於年叔，而年叔亦抱不平之憤，慷慨爲述始末，遂使不孝數載不發之隱衷，一旦暴於年兄家庭之口。蓋冥冥之中，哀愚忠之被抑，忌凉薄之滿盈，天誘其衷，非人力所能損益也。不孝抵家，將軍召至軍前，恩禮有加，罔測其故，尚意爲年兄揄揚之過，戴德不遑。

而年兄抵郡，不思事由公論所致，但疑不孝泄其語於將軍，陽爲具揭代白，而於吴都統及内閣覺公之前陰行誹謗，二公竊笑而已。及至具揭之日，將軍都統面詰年兄之負心，年兄慚惶引咎，自許入都代陳。不孝見揭帖不盡隱諱，心猶信之，及覺公語以將軍得聞始末之由，且述年兄向渠極言不孝入都托足無門，至爲師友所厭，皆勸令南歸，而泉之人士皆謂將軍已悉其詳，故年兄不敢諱，其具揭實非本心，不過欲留不孝軍前，以阻入都之路者。不孝聞之，惘然驚惋，不食積日，蓋自是始知年兄用心之險，然未敢盡以爲信也。

不孝疏上，奉嚴旨，年兄入都，遂趦趄囁嚅，竟負將軍面約之言。及徐弘弼狀下於理，不孝繕疏自明，年兄排闥直入力阻，後潛具密疏，草率了事，而不孝已逮西曹矣。年兄疏上，益都駭歎，謂陳某苦心如此，而厚庵前乃語我，謂“陳某十七年入都，爲耿逆探聽消息”，前後何刺謬耶！不孝聞之，舉以相質，年兄巧於回護，謂益都高年聽聞之誤。不孝心雖疑之，然事非情理所堪，猶願其或不出此也。不孝既坐繫，廷訊在即，年兄慰勞，堅稱徐弘弼所告赦後謀叛，原與不孝無涉，樞部因疏内有名，一概混拘，不由上意，一訊即釋，不必多言。指天誓日，厚貌深文，足以動人聽信。不孝智昏神昧，始終受欺，對鞫之日，指斥逆黨，而赦後之事，置不予爭。又思寧人負我，毋我負人，事既得白，年兄行藏，不肯一述於衆聽，一念堅忍，竟陷不測之罪。嗚呼痛哉！

不孝三載，千辛百折，寢食不寧，使其鷸蚌相持，腹心内潰，孫武之死間，直以八口之性命殉之。卒之王師入境，由海寇掣肘於後，耿繼美納款於前，萬里孤臣，未嘗無籍手以報聖明於萬一。然先事未達於宸聰，使血誠一無可據，而梓里傳聞，皆知不孝外示病羸，陰約内應，諸逆震駭，怒目齾牙，卒受其先發制人之毒，事有固然，又何怪乎！使年兄不受約於先，則不孝當別遣人通信，不許代白於後，則不孝當早進京自明，徐弘弼誣告之言，何自而至哉！即使其初相誤，非出有心，使不孝對鞫之時，知徐弘弼以赦後事誣告，則親王入境，不孝曾啓陳諸逆帥觀望可疑，宜加防備，逆賊水師戰船，宜早收羅。徐弘弼所告在十六年之後，不孝具啓在十五年之冬，舉此一端，足破其妄，何俟指陳纖悉，以累朋友之清節高名乎！

爰書既定，朝野有心，莫不憤歎。年兄不自咎悔，對人反責不孝以十四年紀綱到省，不與回書，且責不孝以不死，以自明其易地必死也。嗚呼，捐軀致命，惟事後始可相信，安有責人以死，而人遂信其能死者乎！姑無論六百里望風委贄，能死與否，人臣當萬死一生之際，一飯不忘君，用間出奇，忘身冒險，天地鬼神，共臨共鑒，亦安在其必死也！至於紀綱回郡，未有回書，三日促膝之談，何事不悉耶？凡人交際瑣屑，尚不肯盡形筆墨，不孝所約何等事也，敢宣尺牘乎？年兄片紙相投，亦不過寒温數語，其勸諭耿逆之言，亦自口致。假使不孝裁答，其肯綮亦不敢筆之於書，負心者出以示人，是請兵一事與不孝渺不相關之確據也。

自不孝定案之後，洊歷寒暑，年兄遂無一介復通音問，其視不孝不啻握粟呼雞，檻羊哺虎，既入坑穽，不獨心意不屬，抑且舞蹈漸形，蓋從前牢籠排擠之大力深心，至是而高枕矣。及六年叔入都，親臨慰視，激烈抵掌，欲叫閽代請，而年兄堅謂事已得釋，若重瀆聖聽，恐反滋疑，事脱有不測，吾焉肯相負。遂使年叔不敢輕爲舉措，揮淚而別。

今歲之春，聞上問者至再矣，諸王大臣未見密疏，何所容議？然奏請者有人，援引釋放之例者有人，年兄此時身近綸扉，縮頸屏息，噤不出一語。遂使聖主高厚之恩，僅就免死減等之例，使不孝身淪廝養，迹遠邊庭，老母見背，不能奔喪，老父倚閭，不能歸養。而此時年兄宴然擁從鳴騶，高談闊步，未知對子弟何以爲辭，見僕妾何以爲容，坐立起臥，俯仰自念，果何以爲心耶？

夫忘德不酬，視危不救，鄙士類然，無足深責。乃若悔從前之妄，護已往之尤，忌其事之分功，肆下石以滅口，君子可逝不可陷，真誰能堪此也！獨不思當日往返，衆目共瞻，今不恤輿論之是非，但思抑一人以塞漏，遂至巧言以阻寮友，而不計人議己之薄；造端以欺師相，而不計人疑己之誣；陽爲陰排於大帥之前，而不思人惡我之反覆。掩耳盜鈴，畏影却走，平日讀書何事，談理何功，豈非所謂目察秋毫，而不見其睫者耶？

嗚呼，年兄至是已矣。知人實難，擇交匪易。張、陳凶終，蕭、朱隙末，讀書論世，謂其利名相軋，苟一能甘心遜讓，何至有初鮮終。豈知一意包容，甘心污斥，而以德爲怨，禍至此極。向使與年兄非同年同里同官，議論不相投，性情不相信，未必决裂至此。迴思十載襟期，恍如一夢，人生不幸，寧有是哉！不孝將具疏呼冤，則非臣子思過之義；將昌言示衆，則非絕交不出惡聲之仁。誠恐回遹畢露，掩覆末由，悔吝孔多，噬臍將及。每追昔日過從之歡，覺張、陳、蕭、朱之戒，可爲於邑。是以修書謝絕，兼布腹心。或者年兄戒迷復之凶，敦德之義，溯泉蔭之本源，悔下石之機智，補牘詳陳，無所隱諱，免冠引咎，積誠動天，聖主必嘉其遜讓，朝野亦頌其義聲。失之東隅，收之桑榆，則改過不吝，有光古人。不孝雖已割席，敢不拜在下風，以承嘉譽。承惠資斧，已藉鄭肇老先生代璧，執鞭之暇，聊致區區，西向揮涕，不知所云。

○得一道人曰：不是一番寒澈骨，那得梅花撲鼻香。若非遭際至此，則此篇奇文，何自而來？今上達九閽，萬人歎賞，彼蒼不可謂無意也。台鼎雖尊，其如千秋公論何哉！

○氣盛言達，南宋以後好手。刻本無。

○黄叙威曰：叔夜之《絕交》，孝標之《廣論》，一則曠達過情，一爲感觸世故。先生不幸，身自遭此，乃千百年來未有之事。噫，安得立請上方斬馬劍，一取此輩頭乎！又曰：前面多少含忍，後面則痛心已極，無復可奈，不知是淚是血，是筆是墨。其文氣一往奔注，有怒浪翻空、疾雷破柱之勢。後死有人，當不令如此大節遺落天壤也。刻本有此二則。

之誠按：《絕交書》今載《松鶴山房文集》。此本字句數處小異，批無後二則。玩“上達九閽，萬人歎賞”語，度當時或曾單行。據李光地《榕村語錄續集》，丙寅年再入，徐健庵即以陳則震《絕交書》送進，上疑團百出，蓋在發遣之後五年矣。按夢雷以康熙二十年戍尚陽堡。夢雷詆光地欺君賣友，護短貪功，阻入都之路，抑上奏之疏，以掩往事之愆。《榕村語錄續集》卷十皆有此事，張旺，《語錄》作朱旺，徐弘弼作張弘弼，未知孰是。若爲解嘲。夢雷謂其"遏抑"，則辯以"欲使立功爲昭雪地"；謂其"負心"，則辯以"若强入其名，事不可知，萬一被發覺，豈不是我倒害他身家性命"；謂其"潛具密疏，草率了事"，則辯以"疏爲東海代草，一字未移"；原疏見國史列傳《光地傳》。謂其謁耿爲"忘廉恥之防，徇貪冒之見，輕身杖策，心不可問"，則辯以"爲僞官群小所逼，將有宗族之禍，遷延至福州，預託父病得歸"：皆屬强辭。唯夢雷所謂"遣紀綱抵省，謂能勸諭歸誠，乞與其名"，光地一語不及，而謂爲夢雷畫三策，最相矛盾，蓋所謂自審於己，莫知其端也。大約兩人皆熱宦，當事變時，即知"皇上神武，天道助順"，恐不可信；兩人皆觀望，且自視甚高，不肯輕於從逆，受不重不輕之官。熟權利害，乃定一去一留之計。蠟丸本雖不盡出夢雷，而非光地獨決，則可必也。事後光地由此峻擢，夢雷論死，人皆爲夢雷不平。王掞爲序《松鶴山房文集》，盛稱其志節。徐乾學同年友善，夢雷數與乾學書，皆存集中。徐、李方搆，得夢雷爲奇貨，聖祖亦有借以督過光地之意，遂至糾結不解。平心論之，夢雷辭直，光地乃謂"部中以無庸議覆，他還要作官，所以可笑"；又謂"丙寅還朝，正值海上平，皇上喜不可言，那時閩中形勢，細及民情，何一不問？若爲之言，有何不可復還之處？渠自斷生路耳。"是不惟快意之談，且明明謂夢雷不應由徐以進《絕交書》，谿刻之情，如見肝肺，玷辱"理學"二字矣。夢雷有《擬劾直隸巡撫李光地疏》，雖未上而存之集中，目光地爲"奸人"，爲"狗龜不若”，非光地自取乎？光地一生負謗。《鮚埼亭外集》紀光地外婦生子，《鄭齋雜記》謂其父傭工於外，光地生於土窖，《池上草堂筆記》謂其父爲人傭，《醒睡錄》謂其父通女僧而生。雖非盡實事，《霞外攟屑》稱“光地父兆慶諸生，見韓菼《有懷堂集》撰其母吳墓表”。之誠按：韓集有《吳淑人墓志銘》，稱“贈公諱某，績學力行，克反其身，以刑其家”，未言其爲諸生也。要之必有招致之端。彭鵬劾其“貪位忘親，爲人子而甘於喪心，爲人臣而甘於挾術”，可謂深中其隱。平景孫《霞外攟屑》引盛百二《書〈曆象本要〉後》，證光地刻《曆象本要》乃竊楊道聲之誠按：即《絕交書》中之楊道深。言文之書，一刻再刻，不著作者之名。而李清植《榕村年譜》遂謂：“四十八年，《曆象本要》成，既脫稿，郵致宣城，就正於梅定九，然後付板”，非挾術巧取而何！夢雷事不詳，唯略見《福建通志》及《奉天通志》，謂聖祖東巡盛京，夢雷獻詩稱旨，蒙恩召還。教習西苑，侍誠親王禁庭，奉敕編輯《圖書集成》三千餘卷，御書“松高枝葉茂，鶴老羽毛新”聯賜之。夢雷晚號松鶴老人，以此。雍正初，復緣事謫戍，卒於戍所，子孫遂家遼陽。

1054. 剩和尚之獄

《施愚山集·顧夢游傳》：“僧祖心，憤世佯狂，與夢游爲方外交，至則主其家。禍發連繫，刃交於頸，夢游辭色不變，卒免於難。”《奉天通志》卷二百二十一：“函可字祖心，廣東博羅人。明尚書韓文恪日纘之長子。崇禎十二年，時年二十九，以出世自號剩人。順治丙戌，坐文字獄。五年，入瀋陽，焚修於慈恩寺。戊戌四十九齡，僧臘二十，圓寂於遼陽千山之龍泉寺。”《郝浴文鈔》有《遼陽州千山剩禪師塔碑銘》：“乾隆四十年，寄諭盛京工部侍郎兼奉天府府尹富察善云：‘千山僧函可，因獲罪發遣瀋陽，刻有詩集，曾否占住寺廟，有無支派流傳，碑刻字迹？’旋奏請將雙峰寺所建碑塔，盡行拆毁，及《盛京通志》内所載事迹，逐一删除。報聞。”之誠按：函可獲罪之由，據《貳臣傳·洪承疇傳》，順治四年十月，駐防江寧總管巴山張大猷，以察獲遊僧函可、金臘等五人，攜有謀叛蹤跡，牒承疇鞫訊。承疇疏言：“函可乃故明尚書韓日纘之子，出家多年，乙酉春自廣東來江寧印刷藏經，值大兵平江南，久住未回。今以廣東路通，向臣請牌回里。臣因韓日纘是臣會試房師，遂給印牌。及城門盤驗，經笥中有福王答阮大鋮書稿，字失避忌，又有《變紀》一書，干預時事。其不行焚毁，自取愆尤，與隨從之僧徒金臘等四人無涉。臣與函可世誼，應避嫌，不敢定擬，謹將書帖牌文封送内院。”得旨下部議，以承疇徇情私給印牌，應革職。上以承疇奉使江南，勞績可嘉，宥之。是時承疇以招撫南方總督軍務大學士駐江寧，方倚之收拾東南，乃以巴山爲江寧總管，盤驗之事，歸於滿軍，不啻監視承疇。由是言之，降臣殊不易爲。祖心頗事吟咏。順治十年，李呈祥以言事謫瀋陽，與之交好。《東村集》有與祖心唱和詩甚多。郝浴亦同時謫居相識，故爲作塔銘。呈祥有《與湄村、貽上兩公商刻祖東集金塔鈴》詩，謂《金塔鈴》爲剩人禪師遺詩。今祖心有《千山詩》行世，是後來所刻。

1055. 卓爾堪

《四百家遺民詩》十六卷，卓爾堪撰。爾堪字子任，江都人。末附其《近青堂詩》一卷，以自附於遺民之列。所選詩有一人先後數見者，殆隨得隨刊，不得以體例純之。當時逸老披剃者多，仍錄其詩者，從其志也。所錄皆置身枯槁、寂莫自甘之士，其馳騖聲華、出處可議者，概從擯棄，取舍可謂謹嚴。搜羅不遺，一代遺民之作大約具備。今其本集多半不傳，賴此猶得見其梗概，裒集之功，過於標榜風騷、藉通聲氣者遠矣。朱彝尊《曝書亭集》有《贈卓處士》詩云："忠貞公後族蟬聯，一代遺民藉爾傳。辛苦遼陽有過所，原注云：其先世入關過所尚存。篝燈重話革除年。"爾堪爲靖難忠臣卓敬之後，其世次詳吴偉業所爲《卓海幢墓表》。爾堪因先世遼東戍籍，故官署遼陽，以表忠貞。近人輯《八旗文獻》者，遂以爲漢軍旗人，蓋沿沈德潛《國朝詩别裁》之誤。至謂爾堪於康熙乙卯從靖逆將軍李文襄征閩，爲右軍前鋒，李文襄證以梅文鼎《績學堂文鈔·卓子任山塘話别題辭》，爾堪從軍，信有其事，然意别有在，非圖膴仕也。不然，朱彝尊安得稱之爲處士乎？

1056. 劉菊窗夫婦

葛周玉《般上舊聞》八卷，蓋仿張貞渠丘《耳夢錄》而作，多述其先人及鄉里舊事，筆墨卑冗，且不免涉及怪異，瑣屑殊不足觀。唯輯李鵬九、劉菊窗夫婦事甚備，兹最錄之。

劉夫人菊窗脊儀，歸李鵬九圖南。《山東通志》夫人小傳云："劉氏，舉人李圖南繼室，濱州虞城令劉嘉隆女。生而夙慧，讀書曉大義，善吟咏，兼工水墨花卉，自號菊窗女史。所著有《翡雪編》、《菊窗吟稿》。年二十九卒。"予刻其詩及詩餘，其《中元夜雨感懷》云："月華愁不見，寂寂坐南軒。樹老風聲勁，蟲多夜雨繁。燈分千里夢，雨斷幾人魂。遙憶悲秋客，淒淒靜掩門。"風格蒼老，不可多得。吾邑輒傳贋作《香奩》、《閨怨》等篇，不惟率意，且失婦德。先父《思齋閒話》云："李鵬九恃才傲物，不諧於時，輕薄子以劉夫人能詩，假託作爲各體，連編累牘，敗其名節，後人不可不辨。”今無有知此事者矣。詩餘尤工，雖李易安無以過之。其《漫筆·憶王孫》云：“風敲竹葉夢頻驚，疎月朦朧掩畫屏。雁唳寒雲度遠聲。信難憑，一任蘆銜過洞庭。”其《夜雨·憶王孫》云：“香殘寶鴨怯寒宵，雨打梧桐碧葉飄。雁咽秋雲度小橋。恨無聊，一夜霜風送海潮。”其《怊悵·昭君怨》云：“惆悵落花飛絮，無計可留春住。去住總銷魂，怕黄昏。　天外月華如練，咫尺瓊樓不見。玉笛一聲幽，使人愁。”其《餞春·點絳唇》云：“鳩喚鶯啼，曉來夢斷愁無數。清明已去，那更多風雨。　飛盡楊花，都是無情絮。春何處，隴雲煙樹，恰是春歸路。”其《漫興·浣溪紗》云：“青杏枝頭帶雨妍，梨花爭雪柳爭棉。小闌干外擲金錢。　碧玉簾鉤翻紫燕，絳桃花蕊啄紅鵑。夕陽芳草奈何天。”《獨倚·南鄉子》云：“獨倚小欄前，拾得飛花貼翠鈿。池上爭泥雙燕子，翩翩，輕掠梨花落玉錢。　春色不禁憐，那更閒庭叫杜鵑。月轉薔薇深院靜，淒然，香滿蒼苔蝶未還。”其《花掩·踏莎行》云：“花掩重門，春閒清晝。離鉤簾箔風吹皺。鶯鶯燕燕不勝情，釧金腕壓纖羅瘦。　目斷天涯，鴻歸時候。王孫何處尋芳彀。空餘芳草盼斜陽，啼鵑淚濕嫣紅透。”其《春閨·踏莎行》云：“檻外鶯啼，簷前風驟。金鉤雙控簾垂繡。玉簫懶傍畫屏吹，香箋短句閒吟就。　翠竹枝篩，芭蕉影溜。綠楊似與腰爭瘦。秋千斜挂月痕輕，花凝珠露沾衣袖。”其《秋月·蝶戀花》云：“落葉空階風繚繞，慘澹桐陰，金井銀蟾小。小院深沈人不到，闌干閴寂茶烟裊。　簾外霜飛秋漸老，目斷天涯，腸斷西風早。欲託音書鴻雁杳，反教淚濕忘憂草。”其《暮春·鳳皇臺上憶吹簫》云：“冷冷清清，風風雨雨，那更春意闌珊。漸荼蘼香減，楊柳烟殘。試聽黃鸝細語，似唱出三叠陽關。傷情處，一溪山。　潺湲，武陵舴艋，載得春歸去，何日重還。任簾移花影，繡譜慵看，生怕又留愁住，梳洗罷，懶畫眉端。空惆悵，雙鴛屏〔1〕，明月樓間。”見卷三。李鵬九圖南之《息園詩文稿》，劉夫人菊窗之《緋雪編》、《菊窗吟稿》，皆未梓而佚。予搜集劉菊窗古今體詩十三首，詩餘十首，並李鵬九題辭名《和雪吟》，板在予家。見卷三。李鵬九、劉菊窗詩，昔有合稿，今已無。訪求諸城李漁村《澄中集》内《噰鳴集序》云：“壬子歲，遇鵬九於歷下。年少能詩文，歷下士大夫爭識之。予一見别去，未及論其詩也。後十年，來國門，相顧驚歎。鵬九年已及壯，猶繫麻鞋，求當於有司。予羈迹於此，蓋亦將匆匆老矣。此十年中，時序之推移，山川之遼闊，予與鵬九聚散其間，豈不重可慨耶！已出其《噰鳴集》，索序。《噰鳴》云者，鵬九所撰著，合内子《菊窗吟》而命之者也。夫詩三百，要於思無邪。周文王盛時，以《葛覃》、《卷耳》風天下，天下翕然化之。自聘享贈答，以及燕婉儆戒懷思，咸有禮以相維，故執翿由房，雞鳴于役，著之篇什，而奉之爲經，夫亦曰得性情之正云爾。後世禮教寖衰，《懊儂》、《子夜》之歌，淫褻慆蕩，顯中於人心，而漫爲風俗，無惑乎詩愈盛而愈衰，防維不立，温柔敦厚之旨已忘也。鵬九篤志食貧，《上林》、《羽獵》之辭，代馬、河梁之感，既窮其變，而極其所志矣。復有淑媛以爲之配，刻燭擊缽，此唱彼和，閨門之内，儼若良朋。居則瓊玖雜佩，出則采絲盈襜，莫不發乎情止乎禮義，渢渢然静好之音也。彼孝標致嗟於悍室，道韞飲恨於王郎，孰若

〔1〕“屏”下應缺一字，疑是“上”字。

斯之相得益彰歟！即古人椎髻操作，手挽鹿車，夫婦之際，前史侈爲美談，卒未聞有風雅起於房帷，定文之樂不煩疆外之索者，鵬九殆視古人有加矣。予序之以見兩才相遇，爲希世難遘之盛事，其緣情綺靡，典而則，婉而有禮，依然執翿由房、雞鳴于役之遺也。傳曰：'身不行道，不行於妻子。'讀《菊窗吟》，益可以知鵬九矣。"先本生父小謙公云：李鵬九一子夢壽，菊窗所生，資性樸拙，無其父母瀟灑風味。嘗弔人喪帖，書陽春弟，見者稱爲無愧鵬九兒。夢壽一子癡獃，窮餓以死，無嗣。見卷四。

李鵬九《秋詞》兩套，寫男女之情，意緒迷離，本事無考。第一套云：霜林夜夜送秋聲，綻黄花，陶廬蔣徑。閒雲迷遠渚，晚雨漲前汀。雁唳寒城，又攪動悲秋興。北新水令。芳樹不禁風姨横，去聲。葉落鳴蟬靜。商飈太薄情，何事吹殘，百花夢醒。去聲。玉樹漫彫零，丹楓新染相思症。南步步嬌。對寒山翠嶼遥晴，碧柳金梧，誰與悽清。滿地繁霜，一天凉月，半盞殘燈。供書幌琴囊香鼎，伴芸窗藥竈茶鐺。案列酒經，帳繞梅馨。總難當風雨重陽，遥相憐牛女雙星。北折桂令。河鼓箱方架，天孫錦未成。銀潢霧鎖烏橋磴，玉蟾桂冷嫦娥鏡，瓊樓斧折吴剛柄。都化做烟波杳冥。甚日嬴女吹簫，看他鸞鳳交頸。南江兒女。空盼著下緱山子晉笙，有幾個飯胡麻天台甑。俺也曾覓玉杵樊雞船，[1]不能彀飲瓊漿桃源娉。上聲。教衡陽雁遠修盟，無奈他湘江竹珠淚凝。去聲。欲待要題紅葉御溝瞑，去聲。還恐怕織迴文錦字更卿卿。爲伊行銷繳了肝腸硬。癡情對良宵，空自語惺惺。北雁兒落帶得勝令。寂莫西園蝶，飄搖黄菊英。金風斜捲紅粧靚。咽秋砧，恨未平。咽秋砧，恨未

[1]"雞"字疑有誤。此句用裴航遇神仙樊夫人而得玉杵事，與雞無干。

平。南繞繞令。都是這般落莫呵，怎怪他悲秋客百感生。寒鴉枯木噪荒陵，半天風露冷瑤京。步彩雲難乘，瞻秦樓難凭，幾時個歸來月下許飛瓊。北收江南。金井闌寒蛩呼名，石屋陰小鳥啼晴。可憐宵閒庭花影。悶無端，心轉驚。悶無端，心轉驚。南園林好。月初斜，窗逾明，纔歇酒正醒。去聲。羅浮夢隱約三更，響琉璃風入檽。翡翠衾冰寒玉冷，流蘇櫥脂殘粉賸，珊瑚枕淚交涕並，孔雀屏星搖月映，合歡扇香銷珠迸。去聲。只落得愁盈恨盈。呀，難道是便做了那椿佳病。北沽美酒帶太平令。西風偏妒桃花命，美前程浮萍斷梗。若不是徹骨的風流覺未曾。南尾。

第二套云：丹楓一片暮林疎，望天涯雲歸秋渚，風聲畫角，月魄映方諸。簾捲蝦鬚，看明河，垂朱户。新水令。衣薄偏驚凉飆遽。腕壓生寒玉，輕霜染佩琚。深院蕭條，黄花映緑，蕩子浪游。初凭樓，倚遍闌干曲。步步嬌。繡屏開，香燼金爐。風裊涎烟，雲散綺疏。聽笛弄西風，砧催别院，綆歇轆轤。助人愁，蟬鳴秋暮，伴離魂，月掩幃孤。病也怎却，悶也怎舒。下銀箭殘漏無情，敲鐵馬夢覺須臾。折桂令。月落光猶在，情留夢不舒。傷心雁唳樓東賦，伊人未返桃花渡，閒庭空老蒹葭露。此際幽懷難語，儘帶緩同心，衣寬紈素。江兒水。顫巍巍蘭欹竹影扶，絮叨叨砌敗寒蛩聚。亂紛紛魂消落葉風，急煎煎夢斷空階雨。他倩衡陽帛繫書，俺向瀟湘灑淚竹，都緣是秋相誤。這情懷半分明，半模糊，躊躇甚閒愁却付予。嗟吁，恁癡魔誰與驅。雁兒落帶得勝令。衰草飛霜急，平沙落雁呼。離愁滿眼交何處。付寒山與晴湖，付寒山與晴湖。繞繞令。呀，早知道這般樣，索興呵，也不該直爲情愚。天遙人遠意何如，鴻音鱗信總成虛。歎紅鸞命孤，憶青衫淚濡，便驌驦典盡爲誰沽。收江南。難道是欺諸誑諸，故做出愁歟病歟。俺只爲流光幾許，怕負却五雲車。園林好。破彤雲月影蘇，驚飛籜砧聲度。寒衣未擬寄征途。覷沙溪雙鷓鴣，一聲聲別愁萬斛，一絲絲柔腸千縷。任梅帳杯傾香醑，經蘭房衣沾冷霧，盼秦樓蒼茫烟樹。簫閒鳳拘，呀，想藍橋搗玄霜，不如歸去。沽美酒帶太平令。金風幻出愁無數，待劈雲箋，擬成秋譜，試問蝶老東窗夢有無。尾聲。見卷四。

劉夫人有手集類書，名《菊窗簪筆》，多僻典。目錄爲夫人親筆，蠅頭小楷，如姑射仙人，無半點俗氛氣。典字畫稍滯，相傳爲其侍兒筆跡。今在予家。予所見夫人書法，亦僅此也。見卷四。

李鵬九夫人劉菊窗，工水墨花卉，不肯輕作。嘗見鵬九與先祖兩帖，知曾求畫，今予家已無存者。帖云："愁病相尋，聊借彩林圖紓牢落耳，非果能爾爾也。强顔索箋，已自赧煩，不謂傾庫借之，遂致王逸少有不節之嫌。於公傷惠，於我傷廉，胥失之也。復辱銀鹿寵頒，重以雲章燦郁，拜嘉明德，何日忘之。俟塗鴉後，有堪塵覽者，敬當求政。但性不耐劇，圖成後，率付祖龍，屢勸不省，未忍相强耳。三五日即東行矣，肅言申謝，餘悰縷縷不盡。晚南頓。"又帖云："曩欽明德，齒頰猶馨，聆塵誨，如飲醇醪，久而忘醉也。台諭索畫，存者無幾，重思嘉惠之辱，敢不呈覽，但恐無足覽者耳。初三前後，即東行矣。太史公集並太平三書，祈賜覽。晚圖南頓首。"帖邊際又云："鄙筆頗多，不嫌，當爲更掃數十幅。"想鵬九亦能畫，特不傳耳。見卷五。

骨董三記卷二

1057.郎窰雨過天青

許志進《謹齋詩稿・癸巳年稿下・郎窰行戲呈紫衡中丞》云：“邇來傑出推郎窰，郎窰本以中丞名。”又云：“中丞嗜古得遺意，政治餘閒程藝事。”又云：“比視成宣欲亂真，乾坤萬象歸陶甄。雨過天青紅琢玉，貢之廊廟光鴻鈞。”所謂“雨過天青紅琢玉”，即所謂“郎窰蘋果青”，今人乃以滿紅爲貴，豈不甚謬。又云：“俗工摹效爭埏埴，百金一器何由得。”然則當時僞造者，其值且甚昂矣。郎廷極字紫衡，或作垣，號北軒。官江西巡撫。頗能詩。謹齋迭與倡酬。阮葵生《茶餘客話》二十二：“漕督郎北軒廷極在淮時，頗嚴明，逾年即卒。北軒爲東撫郎永清之子，兄弟皆任督撫、將軍。”

1058.漢瓷

《謹齋詩稿・漢瓦壺歌序》：“癸巳嘉平廿有八日，家弟樞臣來言，有鬻瓷罌於市者，色似今瓷稍青，而形質特古，篆刻‘綏和元年，湯官王昌鍊黃塗，壺容若干斤，重如之，主守護掾’云云。余曰：此漢器也。綏和爲孝成改元年號，湯官乃少府官屬，此必甲觀畫堂中物。急揮取酒金購之。形似漢銅素壺，高一尺三寸，底作鐘鼎款，篆楷相雜，凡三十七字，有不可識者。爲漢成舊物無疑，但不知何以與饒瓷相似，今人不復能辨矣。先是，閻文學以瓦罌見貽，製如銅壺而有帶，青綠斑駁，似非三代下物，云得自城南古冢中。余感其歲久零落，得歸於余，爲識而咏之。”按：此尚在隗囂碗之前，當亦明器。

1059. 李杜墨迹

少陵《賀城陽王太夫人加壽鄧國太夫人》詩卷，後有山谷跋尾，爲宣城蔣氏珍藏物。卷中題“廣德元年冬十月”。正史、本集皆無之。太白《廬山瀑布》詩卷，爲吴僧石濤藏玩。皆見《謹齋詩稿·丙申年稿上》。

1060. 齊王氏

周凱《内自訟齋文集》二，紀邪匪齊二寡婦之亂云：

齊王氏，世稱齊二寡婦，襄陽城中人。分巡湖北安襄鄖荆道衙内茶役王某之女。年十六，襄陽縣總差役齊林娶爲第四妾，居黄龍增。初，安徽奸民劉松傳混元教於河南鹿邑，案發，遣戍甘肅。復使其徒宋之清、劉之協傳教楚豫隴蜀間。襄陽則樊學明、齊林爲首，與陝西韓龍、四川謝添繡謀爲不軌。時湖南貴川苗民騷動，方用兵，約同時舉事。適樊學明死，遂推齊林爲首，期以嘉慶元年正月十五日破襄陽城，城中民或外徙，城外民或内徙，風謠四起。署襄陽縣知縣張翶，與襄陽府知府張三綱、巡道王正常同城，訪查俱莫得實。會除夕，城中市廛極盛處十字街，發石取土，民莫敢言。翶素習一老庫書，或云即樊學庸。召入内署密詢。庫書曰："感使君德，今不敢不以實告：某日城當破，吏請先出使君眷屬。發十字街土者，將以和酒盟衆也。"問其首，不告。窮詰之，曰："事至此，毋問，吏亦與焉。"翱怒，起坐廳事，召皂役嚴鞫，搜其身，得小册，皆僞稱，知齊林爲首，老庫書爲相。齊林侍側，見事露走，衆役皆走。翱收老庫書於内署，元旦天未明，奔告知府。計無所出，共白巡道，按册僞職頭目有名者，半皆道府縣吏役及營卒。正常曰："吾聞回民不入教。襄樊故多回民，善技擊，有充役者。"覆按册無其民，乃召其老，告之故，激以義，集回民三百餘人。翱率以從，閉城大索，勒兵守城。時齊林之黨悉在城外，城中不過數百人，不能拒，盡獲之。出老庫書與之質，皆不諱，駢誅於道署之西，凡一百餘人，懸齊林首於小北門。時正月三日也。

襄樊戒嚴，馳稟大府。大府以擅殺故，將逮問。代者未至，而黃龍壋賊起。齊林之徒曰劉啓榮、王廷詔、張漢潮、高均德、曾大壽、樊學明之子樊人傑，及張添倫、王光祖、姚之富，謀爲齊林發喪復仇。衆莫適主，遂以齊林妾齊王氏爲主而統屬焉。年二十，衣盡白，假名白蓮教，二月二日起事。三月，攻襄陽城不克，焚掠樊城而去。曾大壽違令，齊王氏斬之，令益肅，横掠豫楚間。是時荆州則有聶傑人、張正謨、劉宏鐸、覃正潮起枝江，踞灌灣腦。荆門則有熊道成、陳德本，破當陽縣，踞其城池。南則有楊子敖起來陽，譚貴起旗鼓寨。鄖陽則有曾士興、曹海陽起竹山，破竹山、保康。漢陽則有楚金貴、魯惟志起孝感，宜昌則有林之華、覃加耀起長陽，皆齊林所糾約也。湖廣總督畢沅、湖北巡撫惠齡分兵剿捕。上命西安將軍恒瑞會剿，又命前四川總督鄂輝、前西安將軍舒亮爲領隊大臣。調直隸提督慶成，領各省總兵官、滿漢官兵赴楚剿辦。命廣州將軍明亮協剿，川、陝、豫、直各省總督守禦要隘。聶傑人諸賊皆先後撲滅，而襄陽之賊齊王氏獨熾。

是年九月，四川賊起，徐添德與弟添壽、王登廷、張泳、趙麻花起達州，王三槐、冷添禄，與張子聰、度向瑤、符曰明起東鄉，破東鄉縣，羅其清與苟文明、鮮大川起巴州，通江則有冉文儔、冉添元諸賊，太平則有龍紹周、唐大位、王國賢諸賊。

十一月，陝西賊起，馮得仕踞安康之將軍山，翁禄生、林開泰起米溪，王可秀、成自智起安嶺，胡知和、廖明萬、李九萬起汝河、洞河。於是三省皆有賊，統謂之教匪。

維時苗疆未靖，總統贈郡王、大學士、貝子福康安，四川總督和琳，與經理苗疆後路、駐酉陽之權四川總督、大學士孫士毅，皆先後病卒。上以領侍衛內大臣額勒登保、德楞泰接辦苗疆軍務，調廣州將軍明亮、雲南提督鄂輝，由楚前往協剿，均受總統之任。命兩江總督福寧權四川總督，總統湖北來鳳軍務。西安將軍恒瑞既追賊入楚，陝甘總督宜綿與巡撫秦承恩，剿殺陝西馮仕得諸賊，俱平之。四川之兵半調赴苗疆，權總督侍郎英善，練鄉勇與兵剿之。二年春，苗疆平。

上命威勇侯額勒登保、襄勇伯明亮、子爵德楞泰，與陝甘總督宜綿，入川會剿。徐添德、王三槐欲棄東鄉北走太平，適齊王氏爲楚省官兵所敗，率其黨由豫陝入川，至通江，與徐、王二賊合。於是定以青黄紅藍各色爲號，設掌櫃、元帥、先鋒、總兵、千總諸僞稱。襄陽之賊齊王氏爲黄號，以王廷詔、姚之富、王光祖、樊人傑爲首，伍金柱、伍懷志、辛聰、辛天、龐洪勝、曾之秀、齊國謨、伍金元附之。白號以高均德、張添倫爲首，宋國富、楊開甲、高二、高三、馬五、王凌、高斗、魏學盛、陳國珠、高見奇、楊開第附之。藍號以張漢潮爲首，李潮、李槐、詹世爵、陳傑、劉允恭、張什、冉學勝、戴世傑、趙鎰、崔宗和、胡明遠附之。時劉啓榮已被擒矣。四川之賊達州徐添德稱青號，王三槐、冷添禄稱東鄉白號，龍紹周稱太平黄號，羅其清稱巴州白號，冉文儔稱通江藍號，各以其黨附。分股既多，賊氛益熾。大股數千人，小股千餘人，下者亦數百人，會聚方山坪，擾四川。

六月，尚書總統惠齡，率楚省滿漢官兵追齊王氏入川，與將軍伯明亮、子爵德楞泰，總統宜綿，分道剿之。齊王氏與姚之富、徐添德、王三槐、冷添禄諸賊，擾夔州之雲陽、奉節，沿途奸民響應。雲陽則有林亮功稱月藍號，踞開縣白巖山；奉節則有龔文玉稱綠號，踞鐵瓦寺。

八月，齊王氏由奉節回楚。將軍伯明亮、子爵德楞泰、尚書總統惠齡，水陸分追入楚。齊王氏之回楚也，四川徐、王二賊未與同行，留其黨王光祖、樊人傑與之合。川中之賊均受其愚，推之爲長。數語本勒保《平教匪紀事》。令諸賊從大寧趨太平，隨路勾結，與太平黄號龔紹周合。又結巴州白號羅其清、通江藍號冉文儔諸股，向通江、巴州、儀隴滋擾。而襄陽藍號張漢潮，復由陝入川，破通江縣城。領侍衛内大臣侯額勒登保、權西川總督福寧，駐軍湖北長陽堵剿。時湖廣總督畢沅卒於軍。陝甘皆有賊闌入，上命威勤侯勒保以貴州平苗之兵進剿四川，代宜綿爲四川總督，使宜綿回陝甘任。三年正月，上以額勒登保、福寧、德勒泰、明亮剿辦遲延，先後降革，留副都統銜立功自贖。四川提督穆克登阿、護軍統領舒亮，均以遲延被逮。各路軍兵無不奮勇立功。

齊王氏初與姚之富有私，以姚之富爲前軍，自爲後軍，至是有夫婦之名，各股賊漸引去。既敗於陝西山陽縣之三岔河，將入鄖陽，被圍卸花陂，亦曰木子園，山頂曰一碗水。官軍四面圍截，糧絕乏水，多疫死。凡三月，副都統銜明亮、德楞泰攻之急，自度不免，與姚之富墜崖死。獲其一足，鋭履存焉，餘賊識之，遂以聞。年二十二。其黨分股各賊擾川、陝、楚三省，兵至則竄，兵遠則出，往來衝突，訖無定向，兼及甘肅、河南。

四年正月，純皇帝升遐，睿皇帝親政。詔責統兵諸臣老師糜餉，久延歲月。以四川總督勒保爲經略大臣，節制川、楚、陝、甘、豫五省，采堅壁清野之議，令居民結寨團練，自爲守禦。賊無所掠，勢漸窮蹙，而蔓延猶盛，徐添德諸賊入楚。勒保被逮，命以額勒登保代之，德楞泰、惠齡爲參贊大臣，領各總統直省將軍、督撫盡力剿捕，詔下切責。是年，張漢潮殲於陝，王光祖、高均德誅於川，其餘黨冉學勝、高三、馬五等賊竄入甘肅。五年，殲齊王氏之侄齊國謨於儀隴。六年，誅王廷詔於川陝交界之鞍子溝。高三、馬五等賊由甘入川，俱就擒。七年，斬張添德於巴河。參贊大臣德勒泰追樊人傑於竹山，斃諸河。襄陽賊首盡滅，四川、陝西諸賊亦次第殄滅，餘孽竄入南山老林。復進兵搜捕，至九年八月，誅夷浄盡。事平，封賞有差。

計自襄陽倡亂，重煩廟算幾十年，費國家帑金數千餘萬，被擾之區免錢糧以數十億萬計。頻年轉戰，兵民受其困累，而戾氣所鍾，乃始於一弱女子，亦異焉哉！始聞教匪之所以愚民者，“真空家鄉，無生父母”八字，其詞無理而悖。比守襄陽，聞有“逢三不開口，逢三不出手”之隱語暗記。習其教者，有患相救，有難相死，不持一錢，可以周行天下，故愚民陷焉。其僞遺經咒猶末也。《平定三省教匪方略》成，進呈，上改“教匪”爲“邪匪”。又聞堅壁清野之議行而賊乃敗，經大臣勒保呈覽，深荷聖賞俞允，其議出自蘭州知府龔景瀚云。

1061.德宗請脈記

《光緒東華錄》卷二百十一：光緒三十三年十月己卯，軍機大臣奉旨：“內務府奉主事陳秉鈞等請假回籍一摺，陳秉鈞、曹元恒著分班留京供差，兩月更換一次。其留京供差之費，每月賞給津貼銀二百兩，由內務府給發。”

此《德宗請脈記》，杜鍾駿撰。鍾駿字子良，江都人。原書每半頁十一行，每行廿七字。凡“皇上”、“皇太后”字樣皆擡頭。每頁有“京華印書局刷印”七字，大約民國七八年所印。其時杜在北京懸牌行醫。其記云：

光緒戊申，予在浙江節署充戎政文案。馮星巖中丞汝騤，方調贛撫，將行矣，適德宗病劇，有旨徵醫。馮公召予曰：“擬以君薦，君意何如？”予辭曰：“駿有下情，敬爲公告。一宦囊無餘，入京一切用費甚緊，無力賠累。一內廷儀節，素所未嫻，恐失禮獲咎，貽薦者羞。”馮公曰：“已飭藩司籌備三千金，以待不時之需。內務大臣繼子受祿、奎樂峰峻、增壽臣崇，皆我舊好，內廷一切可無慮也。軍機袁項城、南齋陸元和兩尚書，皆爲函託，如何？”予唯唯，請再熟商。

次日，中丞攜酒食來吾室曰：“官無大小，忠愛之心，當有同情。君必一行，我已電保。”即示電稿云：“浙江候補知縣杜鍾駿，脈理精細，人極謹慎，堪備請脈。”屬俟旨下即起程。又次日，奉上諭：“馮汝騤電奏悉，杜鍾駿著迅速來京，由內務府大臣帶領請脈，欽此。”於是定七月初三日起程，攜僕三人，航海至津。謁見北洋大臣楊公蓮甫，楊公約予次早同乘花車赴京。

十六日，由內務府大臣帶領請脈。先到宮門，帶謁六位軍機大臣，在朝房小坐。八鐘時，陳君蓮舫名秉鈞，先入請脈。次召予入，予隨內務府大臣繼大臣至仁壽殿，簾外有太監二人先立。須臾揭簾，陳出，繼大臣向予招手入簾。皇太后西向坐，皇上南向坐。先向皇太后一跪三叩首，復向皇上一跪三叩首。御案大如半桌，皇上以兩手仰置案端，予以兩手按之。惟時予以疾行趨入，復叩頭行禮，氣息促疾欲喘，屏息不語片時。皇上不耐，卒然問曰："你瞧我脈怎樣？"予曰："皇上之脈，左尺脈弱，右關脈弦。左尺脈弱，先天腎水不足。右關脈弦，後天脾土失調。"兩宮意見素深，皇太后惡人說皇上肝鬱，皇上惡人說自己腎虧，予故避之。皇上又問曰："予病兩三年不愈，何故？"予曰："皇上之病，非一朝一夕之故，其所虛者，由來漸矣。臣於外間治病，虛弱類此者，非二百劑藥能收功。所服之藥有效，非十劑八劑不輕更方。"蓋有鑑於日更一醫，六日一轉而發也。皇上笑曰："汝言極是，應用何藥療我？"予曰："先天不足，宜二至丸；後天不足，宜歸芍六君湯。"皇上曰："歸芍我吃得不少，無效。"予曰："皇上之言誠是。以臣愚見，《本草》中常服之藥，不過二三百味，貴在君臣配合得宜耳。"皇上笑曰："汝言極是，即照此開方，不必更動。"予唯唯，復向皇太后前跪安而退。皇太后亦曰："即照此開方。"行未數武，皇上又命內監叮囑："勿改動。"是時軍機已下值，即在軍機處疏方。甫坐定，內監又來云："萬歲爺說你在上面說怎樣，即怎樣開方，切勿改動。"指陳蓮舫而言曰："勿與彼串起來。"切切叮囑而去。予即書草稿，有筆帖式司官多人，執筆伺候謄真。予方寫案兩三行，即來問曰："改動否？"予曰：

“不改。”彼即黄紙謄寫真楷，校對畢，裝入黄匣内，計二份，一呈皇太后，一呈皇上。時皇太后正午睡，賜飯一桌，由内務府大臣作陪。飯畢，奉諭：“汝係初來插班，二十一日係汝正班。”當即退下。至晚，有内使來傳云“皇上已服你藥，明早須伺候請脈。”

次早請脈情形，大致與昨日同。飯畢，皇太后傳諭改二十二日值班。予向内務府大臣曰：“六日輪流一診，各抒己見，前後不相聞問，如何能愈病？此係治病，不比當差，公等何不一言？”繼大臣曰：“内廷章程，向來如此，予不敢言。”嗣見陸尚書曰：“公家世代名醫，老大人《世補齋》一書，海内傳誦。公於醫道三折肱矣。六日開一方，彼此不相聞問，有此辦法否？我輩此來，滿擬治好皇上之病，以博微名，及今看來，徒勞無益，希望全無。不求有功，先求無過，似此醫治，必不見功，將來誰執其咎？請公便中一言。”陸公曰：“君不必多慮，内廷之事，向來如此，既不任功，亦不任過，不便進言。”予默然而退，以爲此來必無成功也。

於是六日一請脈，至八月初八日，皇太后諭繼禄曰：“外間保來醫官六人，是何籍貫、官職、年歲，一一細詢。並諭令彼等各接家眷來京。”繼禄曰：“頤和園左近覓六處住房，頗不容易，何不令彼等分班以體恤之？”皇太后曰：“現在不是分班麼？”繼乃請兩人一班，兩月一换。皇太后以爲然，並問：“伊等飯食每月幾何？”繼曰：“陳秉鈞每月三百五十兩。”即奉旨曰：“外省所保醫官六人，著分三班，兩人一班，兩月一换，在京伺候請脈。張彭年、施焕著爲頭班，陳秉鈞、周景燾著爲二班，吕用賓、杜鍾駿著爲三班。每人每月給飯食銀三百五十兩。欽此。”

是日皇上交下太醫院方二百餘紙，並交下病略一紙云：“予病初起，不過頭暈，服藥無效。既而胸滿矣，繼而腹脹矣，無何又見便溏遺精，腰疫脚弱。其間所服之藥，以大黄爲最不對症。力鈞請吃葡萄酒、牛肉汁、雞汁，尤爲不對。爾等細細考究，究爲何藥所誤，盡言無隱。著汝六人共擬一可以常服之方，今日勿開，以五日爲限。”退後六人聚議，群推陳君秉鈞主稿，以彼齒高望重也。陳君直抉太醫前後方案矛盾之誤，衆不贊成，予亦暗擬一稿，以示吕君用賓。慫恿予宣於衆，予不願。乃謂衆同事曰：“諸君自度能愈皇上之病，則摘他人之短，無不可也。如其不能，徒使太醫獲咎，貽將來報復之禍，吾所不取。”陳君曰：“予意欲南歸，無所顧忌。”予曰：“陳君所處與我輩不同。我輩皆由本省長官保薦而來，不能不取穩慎。我有折衷辦法，未悉諸君意下如何。案稿决用陳君，前後不動，中間一段擬略爲變通。前醫矛盾背謬，宜暗點而不明言。”衆贊成，囑擬作中段，論所服之藥，熱者如乾薑、附子，寒者若羚羊、石膏，攻者如大黄、枳實，補者若人參、紫河車之類，應有盡有，可謂無法不備矣。無如聖躬病久藥多，胃氣重困，此病之所以纏綿不愈也。衆稱善，即以公訂方進，進後皇上無所問。

八月初一日，賞給綢緞二疋，紋銀二百兩。初三日，隨同王大臣謝恩。是日大雨不止，候至一鐘之久。皇太后捲簾以待，雨略小，王大臣百官即在雨地謝恩，予亦雜於衆中。

初三日，又荷賞秋梨、月餅各一大盒。

一日，予方入值，於院中遇内監，向予豎一指曰：“你的脈理很好。”予曰：“汝何以知之？”渠曰：“我聽萬歲爺說的，你的脈案開得好。我告聲你，太醫開的藥，萬歲爺往往不吃，你的方子吃過三劑。”言訖如飛而去。

一日，皇上自檢藥味，見枸杞上有蛀蟲，大怒，呼內務府大臣奎俊曰："怪道我的病不得好，你瞧枸杞上生蛀蟲，如此壞藥與我吃，焉能愈病！著汝到同仁堂去配藥。"奎唯唯照辦。次日繼祿奏曰："頤和園距同仁堂甚遠，來回非數點鐘不可，配藥回來，趕不上吃。不如令同仁堂分一鋪子來，最爲便當。"允之。

一日，傳諭開方須注明藥之出處，以何省爲最好。越日分電各省，著雲南貢茯苓，浙江貢於朮，河南貢山藥。又同事中有用鮮佩蘭葉者，即電江南貢佩蘭，端午橋制軍貢佩蘭葉五十盆。

一日，入值請脈。內務府大臣繼祿，囑到內務公所云："兩江總督端方在江南考醫，以報紙刊皇上脈案爲題，取中二十四本，派員進呈御覽。如賞識何人之奏，即派何人入京請脈。"皇太后一笑置之。予等見其所取之卷，有謂當補腎水者，用六味地黃丸；有謂當補命火者，用金匱腎氣丸；有謂宜補脾胃者，用歸芍六君之類；有謂當氣血雙補者，用八珍之類；有謂當陰陽並補者，用十全大補之類，皆意揣之辭也。

有蕭山舉人張某者，見報載陳蓮舫請脈案，以爲御醫藥不對病，長篇大論，具稟於浙撫增子固中丞，請其電奏。中丞以該舉人有忠君愛上之心，却其電奏，將原稟寄予。予復中丞書云："論醫與論文不同，文貴翻案以出新，醫須徵諸實驗。諺云：'熟讀王叔和，不如臨症多。'坐而言者，未必能起而行也。該舉人具忠愛之忱，誠堪嘉賞，當將此意，轉告同人，有則改之，無則加勉也。"

自分班後，予即移住楊梅竹斜街斌陞店。至皇太后萬壽前數日，謁奎大臣，詢萬壽在即，我等是否上去祝嘏。奎曰："汝等有貢，已經備賞，如何不去？"時外間傳言皇上在殿上哭泣，問其有無此事。奎曰：“誠有之。一日皇上在殿泣曰：‘萬壽在即，不能行禮，奈何！’六軍機同泣。頭班張、施兩位之藥，毫無效驗。君等在此，我未嘗不想一言：俾君等請脈，然君子愛人以德，轉不如不診爲妙。”

十月初十日，赴海子祝嘏。皇太后於儀鸞殿受賀，以菊花紮就“萬壽無疆”四字。十一日，皇太后諭張中堂之洞曰：“皇上病日加劇，頭班用藥不效。予因日來受賀，聽戲勞倦，亦頗不適，你看如何？”張曰：“臣家有病，吕用賓看看尚好。”皇太后曰：“叫他明日來請脈。”次日，兩宫皆吕一人請脈。吕請皇太后脈，案中有“消渴”二字。皇太后對張中堂曰：“吕用賓說我消渴，我如何得消渴！”意頗不懌。張召吕責曰：“汝何以說皇太后消渴？”吕曰：“口渴誤書。”越日復請脈，皇太后亦未言。

第三日，皇太后未命吕請脈，獨皇上召請脈。至十六日，猶召見臣工，次夜内務府忽派人來，急遽而言曰：“皇上病重，堂官叫來請你上去請脈。”予未及洗臉，匆匆上車，行至前門，一騎飛來云：“速去速去！”行未久，又來一騎，皆内務府三堂官派來催促者也。及至内務公所，周君景燾已經請脈下來，云皇上病重。坐未久，内務府大臣增崇引予至瀛臺，皇上坐炕右，前放半桌，以一手托腮，一手仰放桌上。予即按脈。良久，皇上氣促口臭，帶哭聲而言曰：“頭班之藥，服了無效，問他又無決斷之語，你有何法救我？”予曰：“臣兩月未請脈，皇上大便如何？”皇上曰：“九日不解，痰多氣急心空。”予曰：“皇上之病，實實虚虚。心空氣怯，當用人參。痰多便結，當用枳實。然而皆難著手，容臣下去，細細斟酌。”請脈看舌畢，因問曰：“皇上還有别話吩咐否？”諭曰：“無别話。”遂退出房門外。皇上招手，復令前，諭未盡病狀，復退出，至軍機處擬方。予案中有“實實虛虛，恐有猝脫”之語。繼大臣曰：“你此案如何這樣寫法，不怕皇上駭怕麽！”予曰：“此病不出四日，必出危險。予此來未能盡技，爲皇上愈病，已屬慚愧，到了病壞，尚看不出，何以自解？公等不令寫，原無不可，但此後變出非常，予不負責。不能不預言。”奎大臣曰：“渠言有理，我輩亦擔當不起，最好回明軍機，兩不負責。”當即帶見六軍機。六軍機者，醇邸、慶邸、長白世公、南皮張公、定興鹿公、项城袁公。醇邸在前，予即趨前言曰：“皇上之脈疾數，毫無胃氣，實實虛虛，恐有內變外脫之變，不出四日，必有危險。醫案如此寫法，內務三位恐皇上駭怕，囑勿寫。然關係太重，擔當不起，請王爺示。”醇邸顧張中堂而言曰：“我等知道就是，不必寫。”即遵照而退。

次日上午，復請脈。皇上臥於左首之房，臨窗炕上，喘息不定，其脈益疾勁而細，毫無轉機。有年約三十許太監，穿藍寧綢半臂侍側，傳述病情。

至十九夜，與同事諸君均被促起，俱聞宮內電話傳出：“預備賓天儀式。”疑爲已經駕崩。宮門之外，文武自軍機以次，守衛森嚴。次早六鐘，宮門開，仍在軍機處伺候，寂無消息。但見內監紛紜，而未悉確實信息。至日午，繼大臣來言曰：“諸位老爺們久候，予爲到奏事處一探信息，何時請脈。”良久來，漫言曰：“奏事處云：皇上今日沒有言語，你們大人們做主。我何能做主？你們諸位老爺們且坐坐罷。”未久，兩內監來傳請脈。於是予與周景燾、施煥、吕用賓四人同入。予在前先入，皇上臥御牀上，其牀如民間之牀，無外罩，有搭板，鋪氈於上。皇上瞑目，予方以手按脈，瞿然驚寤，口目鼻忽然俱動，蓋肝風爲之也。予甚恐，慮其一厥而絕，即退出。周、施、吕次第脈畢，同回至軍機處。予對内務三公曰："今晚必不能過，可無須開方。"内務三公曰："總須開方，無論如何寫法均可。"於是書"危在眉睫，擬生脈散"，藥未進，至申刻而龍馭上賓矣。先一時許，有太監匆匆而來曰："老佛爺請脈。"拉吕、施二同事去。脈畢而出，兩人互爭意見。施欲用烏梅丸，吕不謂然，曰："如服我藥，尚有一綫生機。"蓋皇太后自八月患痢，已延兩月之久矣。内務諸公不明丸内何藥，不敢專主，請示軍機，索閲烏梅丸方藥，見大辛大苦，不敢進，遂置之。

本日皇太后有諭："到皇上處素服，到皇太后處吉服。"次晨召施、吕二君請脈，約二小時之久，施、吕下來，而皇太后鸞馭西歸矣。

請脈開方，每於謄寫後，必詳細校對，恐有訛字。及皇上病篤時，一日者同事脈案中"腿瘦"之"腿"字，誤爲"退"字。皇上見之詫曰："我這腿一點肉都沒有，不成其爲腿矣！"因調閲原稿，原稿有肉旁，遂置不問。

皇上病篤之際，皇太后有諭曰："皇上病重，不許以丸藥私進，如有進者，設有變動，惟進藥之人是問。"

1062. 王化貞

傅國《雲黄集》久佚。壬辰秋，忽濟南有人藏殘本十一册，予得見六十三、四卷，凡一册。中有《故都察院僉都御史遼東巡撫王公元起墓誌銘》，力爲王化貞訟冤，謂世人袒熊抑王，由於齊楚分黨，可謂偏見。然所誌與《明史》略有同異，因録之以供探討。

故遼撫王公元起之赴義也，出所自爲狀，遺孤垓以屬余誌其墓，以余曩共事行間，能悉其微，且局外人無所飾避，能奮筆也。嗚呼！人忍其未殊之一息，而以其不欲沒者累余，此亦千古之悲矣。夫不顓於遼事之大經，遼案不足定也。當遼陽未潰，奴自虎踞其穴時，迫飢略食，其恒耳，又無可指期，易怠難奮。利用“守在四夷”之經，要使隻輪無入，而爲戰局入虎穴，與失守入之者，皆誤。遼陽失，而我虛千里甌脫遺之奴，如離穴之虎，鄙遠四顧矣。又晝遼水天塹，獨冰堅兩三月險共之耳，過此即高枕臥矣。易一奮一，不奮即怠。

利用“先發制人”之經，我先發則彼備我，彼先發則我備彼，發則氣倍，備則氣奮。如奕棋者，第爭一先後著耳。而爲守局以自怠待彼奮，而謬以已奪之氣應方倍之氣者，皆誤。此余前在遼廣時，已以此議暴之天下，今猶可從爛報中覆案者，非至今日故從事復牽率爲公辭也。

遼陽之潰，我兵十六萬人，一日夜盡鳥獸散。廣寧士民，盡火其居，老幼相隨，如雲而西，哭聲震天地。奴分十三部，直犯京師，西夷亦乘間縱奇兵略近塞，烽火直徹薊密，千里如沸。廣寧偵騎，十里外不敢東。廣寧城中，一日數驚，街巷平空無人。前撫軍薛公國用，總兵李公光榮，皆稱病篤，堅臥謀死。都尉以下皆密治嚴，謀夜發。山海直左抵列水，九百里幅幀，已非我有矣。朝議亟換薛撫，人如赴水火，無肯往者。

臺省藉藉謂公方飭兵寧遠，東距廣寧三百里近，可朝命夕及，又宿得西虜心，能搏虜衆諳邊，詔即以公代薛撫廣寧。屬余適西報天子過寧遠，公以乙夜拜命，以丙夜過余計議，要亟反往局，無搜間徒，枉殺齊民，第計反彼間爲我間，諜之誤之。且奴初得遼陽，人心未定，日夜虞我之東邊也，所嚴防者三岔徑道也。夫我之與奴，衆寡相萬矣，我唯拙於用衆，故奴巧於用寡。如今以偏師出不意，鈔其寬鎮，爲直趨鴨緑者，彼自不得不應。計從奴穴南抵寬鎮，七百餘里遠，我挑其勤遠，而陳大衆三岔且東，彼又自不得不悉衆而西五百里以應，力已兩分中虛矣。然我之此兩路皆虛也，計從廣寧東北出黄泥窪間道來，兩日已擣奴穴。比奴西、南兩路應者反救，十日乃至，而穴已夷矣。彼進退無據，我前後夾擊，是我以虛綴彼實，而以實乘彼虛，不旬月，奴可殲也。

兩人借箸良久，議皆合，公大喜。馳去，一日夜入廣寧，廣寧民不可知，見兵不滿七百耳。適指揮岳宗太自河東來，言虜入河東，屠我人無遺種，至掘燒人墓中骨摸金。公榜其狀中衢，以衆集澤宫，曉以利害大義，決之策，以死中求生。曰："以虜之淫虐如彼，即避去，遺田廬與若細耳，能忍爾墓中之骨皆灰乎！且朝廷必不開關延逃，爾輩去又無所往，終又不得不入奴，入奴即盡魚肉矣。以廣寧户口三十萬，益之老幼未傅[1]者，六十萬不止。若人持一梃，北首爭死敵，計奴兵不能萬，我以六十乘一，必一得當也，而田廬妻子墳墓猶可相保。是求必生乃死，死又辱，求必死乃生，生又榮也。"中語輒不禁哭失聲。衆皆哭失聲，誓共往殺賊，人心始知奮有氣，兵民之集者日益衆，廣寧又一都會，如平昔闤然矣。

西虜故信公，相懽也，公復從藉兵爲犄角，非實持虜佐我乘奴，解其不佐奴乘我，姑假其虛聲，所以益壯我而餒寇耳。且西

---

〔1〕"傅"，疑是"簿"字之誤。

虜既許我助兵擣奴，黃泥窪奴地也，我可不明言假而虜自鉥我與俱，則奴在握中矣。此皆公用虜之隱意，而我不覺，虜亦迄不覺者也。內計已定，則別遣毛文龍潛浮海，以密計陰結金、復、海、蓋四衛豪勇者，便內應。約王師東渡海，受記者皆起應我，無殺，無記者皆奴，殺不留。四衛皆私部署已定，無奴人。文龍遂襲奴鎮江，縛其僞將領佟養真等七十餘人，獻俘闕下。河東無不響應，往往舂米以待我。故將領慕義者，爭傳我兵過河矣，則奴人東西皆欲遁。會西虜虎墩兔憨，亦遣其貴臣英恰以助兵至，軍聲益振。奴大懼，悉輦遼陽累重歸穴，墮遼陽城欲棄去。

當是時，若定如前議者，僞陳兵三岔，假夷黃泥窪限入殲奴，收故地，咄嗟間也。而朝廷起故經略熊公廷弼，持尚方來節制之矣。蓋時局方向楚，不欲齊得專功也。熊故愎，雅不欲人軋己而見其長。又前經略遼陽時，積與公相失，尤不欲公之得共事軋己。至則下令諸將，勿得輕動挑奴，奴兵果已先悉鋭救鎮江。公數請之熊，亟出師乘虛，不許。請亟以一隊援鎮江，出歸順者於水火，又不許。四衛皆結聚山中，下壘石拒奴，延頸望王師，久不得，奴以鐵器蹙，盡屠之。毛文龍跳入朝鮮鎮江，諸路皆復沒入奴，歸順之衆，無孑遺者，於是河東西望始絕，我忠義者皆解體矣。天啓辛酉八月也。

余以是決廣寧之必不守，附書轉餉工部張公廷玉上之，謂廣不日覆，廟堂不能辭其責者職此。於時若罷熊而專任公，遼猶可爲，而廟堂故瞠也。冰之堅，則三岔爲夷途矣，我不先彼，則彼必先我，理勢之自然也。公以其間率師數次渡河，軍容甚壯，人皆奮，欲急往收功。余每於其出，輒手書臾之必東，無以士戲。如是者凡三出，纔及河，則熊輒尚方遮止：諸將領敢東渡者，視劍。公危詞上請必往剿，不則願以初服去。詔第爲兩人和解不中制。

其明年正月之十九日，奴大入，傳者謂熊見公守廣寧久無恙，冰且解，朝議漸皆嚮公，欲晉公以流伯填遼，罷熊去。以故熊益懺，計及兵未解撓之，密遣所私孟承勳等詆奴入。公夜駕過余計，主堅壁，無賊遇，候啓蟄矣，河涷一夜解，奴孤軍歷重地，不慮進退谷耶？度不能五日留。我以天下力，不能持五日哉？且語且笑熊癡，即夜授計總兵劉渠："以兵十萬壁鎮武，誡以勿動，策奴至必先攻西平，西平以羅一貴閉門綴。已而別遣周應乾率所部千人間行，襲其海州，盛火具金鼓，爲繞出其後者。又別遣金礪以死士三千，夜襲其大營，爲衝其中者。則奴不得不亂，而我大衆壁如故，奴可不戰走也。"渠唯唯受計去，而熊從後施尚方督戰矣，曰："若日抵掌欲你好往殺賊，今賊至，慣懦觀望，以西平委之耶？如西平尺寸慭，其視劍！"於是渠不敢如公計，蒼黄東出，與虜遇，我衆見虜皆爭遁，渠强視之，墮馬死，衆遂大潰西馳，廣寧陴兵亦皆聞風潰，夜縋城西馳，城中廑川湖兵數千，不能軍。熊故以兵東駐右屯也。告之急，請移右屯兵並軍廣寧，示堅守，牢衆心，幾猶可撑拄。乃熊已宵遁入閭陽，又復以是日自閭陽遁入大陵，西馳二百里矣。

廣寧士民懲羅一貴之守西平不下，奴入無少長盡屠也，閧戴香往迎，人持梃擊殺不往迎者，謀執公以贄爲功，幾可免屠。參將江朝棟，急以所部數十人入，共推輓公以行，曰："誰故破敗我成功者，我死則其故益不白，彼且謂我降虜去，愈甚口自快，無可質矣！"公罵止之，不能禁，已爲衆捧擁上馬出城矣。公益無可奈何，引佩刀欲自頸城下，衆共奪去其刀。過閭陽、寧遠，皆號哭投馬留，欲收求散卒復東。叵奈輓之而西者如蛇赴壑，且亘望不見其際也。及關，關吏初議閉關不納，公馳書曉之曰："關東事已去，此衆迫欲生，不納且爲變。"於是關吏盡令卸其馬與兵入之，計入兵民二百八十萬有奇，私從不與焉。關人皆指公私語曰："此皆已奴屠肉矣，王公功以妬僨，敗非繇己，而能全此三百萬命也，視渡蟻何如哉！"蓋人心之憐公德公如此。

其以逮入也，識不識皆爲流涕。遼士民柏之煥等，伏闕訟公冤狀，章累數十上。西虜至叩關請自免歲賞，願效力復廣寧，贖公罪。朝鮮王亦累奏如西虜。天子亦心惜公才，猶豫不忍殺，故遲至十餘年，久繫待問。己巳，以虜急，盡論殺諸久繫者，上御筆圈公爰書中"天下之癡心人，天下之殺心人"二語，謂爲定論。諭撫臣曰："此人真心爲國，爲人所誤，實可原。"壬申，孔賊陷登圍萊，勢張甚，秦晉山寇日披猖，多單城邑，殺鹵吏民，風鶴數警，朝廷懲前寬政，欲持公重申畫一風死守，而公始不免矣。

嗚呼惜哉！公名化貞，別號肖乾，文起其字。世爲青之諸城人。祖封太守公隆，父太守公潔舉，隆慶丁卯鄉書，歷江西撫州知府。母陳宜人，贈恭人。公以萬曆丁酉舉於鄉，癸丑成進士，授户部主事。以才推擇，從福藩之國，能制中謁不敢肆，所過官民倚賴之。改正郎，司餉宣鎮。撫順之陷，遼撫李維翰逮，周永春繼之，永春請得公備兵寧前，爲後勁。或爲公危之，勸勿就。公曰："疾病攘夷，人臣之節也，可以危辭乎？"奮而往。寧前，遼咽喉地，虜三十六部逼處，時出沒盜邊。公密佈援伏徼之，虜入輒得，得則縱去不殺，虜始感伏，益親公爲用。方奴事之棘，輪蹄終夜行出戒如内地，故最有聲邊道。尤精工池術，生死人不可數，著有《痘疹秘方》、《產鑑應急驗方》、《普門醫品》行世。爲人儻蕩好談論，口如懸河，雅自詭經世，宜可勝艱大，然用之於遼，若見爲不效，竟死，哀哉！夫方其計收鎮江，縛僞守，舉四衛，風行千里，勢如破竹，令奴人牧馬以待，却車而北，效邪不效邪？岳忠武制於金牌，公制於尚方，皆功垂成中隳，飲恨死，天乎天乎！廣武之策，繞朝之鞭，古今恨其不用，猶曰局外。今公乃在局内，用矣，一段奇謀，又竟付之廣武之策、繞朝之鞭也，天乎天乎！公所爲寫憤深室，梓行余勸戰三書，而自序之曰："無謂秦無人也。"

公生萬曆癸酉，迄壬申年，適六十矣。娶臧恭人，子一，即垓，諸生，娶李氏。銘曰：一淵兩蛟，返自賊些。田城共鼓，音如噎些。以李郭之名將，並則踣些。謂公不知書，疇以公書，謂公知書，疇左書而右息些。嗚呼哀哉！如公之蛾眉，轜金甌以弋些。爲人所誤，聖言允極些。功垂就而見毁，志未竟而賫殁些。嗚呼！是惟公之室有氣如虹，有碧如月些。厥草長丹，厥木長北些。我作公銘，儼公之來，猶呼過河，衝髮怒目些。酸風汨起，天日俄黑些。誰從同器，追別薰蕕，存公熱血些。

之誠按：傅國别撰《遼廣實錄》，見《丁丑叢刊》。述廷弼初爲經略時，國以户部郎中督餉，與相齟齬，故深惡之。化貞則同鄉、同年、同皆主戰，故深喜之。其摭廷弼之罪，曰妬功，曰先逃。化貞嘗五出矣，無功而還，何必妬之？先逃則廷弼之所以論死也。至謂張鶴鳴將專任化貞，罷廷弼，故廷弼陰挑敵使攻西平，此必無之事。自薩爾滸一戰，滿洲以數千騎覆三路數萬之師。《遼事實錄》曰八萬，《遼廣實紀》曰十二萬，號稱四十萬。明政昏亂，廟堂無策，守且不能，何有於戰！廷弼稍稍更事，力主防守。其三方布置，漫言進取，姑以塞衆望而已。國集中《策問》六十四所言，及與化貞共計，皆紙上談兵，動則必敗，且必速敗。然言戰易動觀聽，爲人所喜，故言路主化貞出兵。張鶴鳴力主化貞，内閣葉向高亦主化貞，化貞既敗，猶後廷弼七年始棄市，可以知當時之公論矣。《明史》目化貞爲庸才，《明史·張鶴鳴傳》。庸，固也，然化貞與袁應泰皆喜任事，未嘗不足取，特國盛美之，以爲功敗垂成，則偏執之見。盛稱遼瀋陷後，廣寧之固，此敵之不來，非化貞之功也。又稱鎮江奇捷及四衛之復，事在虛實有無之間，足以動中朝無知者之聽。國身在行間，不應同聲誣枉。且國嘗謂毛文龍乞兒無賴，廣寧再失，衍水屢犯，不聞其一矢西嚮，牽制安在矣？本集六十三《趙季卿行述》。安能復鎮江四衛，以爲化貞之功乎？至謂敵聞化貞將渡河，懼欲棄遼陽北去，直同夢囈。西平之敗，《明史·熊廷弼傳》言廷弼乃復出關，至右屯，議以重兵内護廣寧，外扼鎮武、閭陽，乃令劉渠以二萬人守鎮武，祁秉忠以萬人守閭陽，又令羅一貫誌作一貴，是。以三千人守西平，令曰："敵來，越鎮武一步者，文武將吏誅無赦。"敵至廣寧而鎮武、閭陽不夾攻，掠右屯餉道而三路不救援者，亦如之。西平圍急，化貞信中軍孫得功計，盡發廣寧兵畀得功。及祖大壽往會秉忠進戰，廷弼亦馳檄渠赴援。二十二日，遇大清兵平陽橋，鋒始交，得功及參將鮑承先等先奔，鎮武、閭陽兵遂大潰，渠、秉忠戰沒沙嶺，大壽走覺華島。西平守將一貫待援不至，與參將黑雲鶴亦戰沒。此誌但言"授計總兵劉渠，以兵十萬壁鎮武，誡以勿動，金礪死士三千，夜襲其大營，渠衆壁如故，敵可不戰走，別遣周應乾襲海州，熊馳尚方督戰，如西平尺寸愁，其視劍。渠蒼黃東出，墮馬死，衆遂大潰西馳。”與事實不符。劉渠一總兵，安能將十萬人？即此可知其謬。遼陽之陷，國寳逃歸。《明史·袁應泰傳》。自謂以間入關，《遼廣實錄》。再起督餉，由廷弼之薦，《明史·熊廷弼傳》。廣寧之潰，當亦同逃，以致削籍。安致遠《紀城文稿·傳鼎卿逸事》言“督餉不如法，削籍歸”者，誤也。王士禛《古夫于亭雜錄》記國事，本於致遠。

1063.太平道

《雲黄集》六十二《鑑玄竊玄弦玄三子傳》：“吾益時劇，朐、諸略復有譌言之禍，相煽以太平兵某日起。當事遽信以爲實然，大驚且懼，亟部亦射梨求迹。射爭受賕修隙，快其意所欲，引爲盟書，載若干姓名，謬爲部署，投其人舍中，或强納其懷袖。滿志即置去，不即一切指爲太平道，縛詣吏。吏方鋭要奇功，多殺爲快，輒按籍殲之，不覆案。日所梟懸以百數，尸糜爛令辟中者滿五十人，爲輩不可容，乃一出之垣東，飼烏犬。不數日又復如是，皆齊民也。至以一肉失德，十口併命，薄暮落，烏聲起，邑野相屬，魏魏達旦不可聞，道路往往爲臭陂。吾人之生此，曾不及蚤虱！”之誠按：此所述明季之亂極矣。又按《臨朐縣志》引《筒丸錄》，國遼東歸，蓄三貓，曰鑑玄、竊玄、弦玄，死爲立冢，多樹松柏，穹碑突兀，題曰“黄龍氏葬八蜡處”。

1064.建州

《雲黄集》六十四《策》云：“考奴地東際海，西際松花江，南際鴨綠，北際烏龍，總計毛憐建州諸種前，幅幁不滿千里，不能當我一大縣。永樂初，悉境内附，朝廷爲置建州等衛百八十有四，兀者等所二十，都司一，曰奴兒干。官其酋爲都督，歲一入貢。哈兒赤故奴部板升夷，以父教場死王杲亂，李成梁憐之，假以都督，俾有王杲故地。始以邊民吳大受利其材木，媒蘖之於開原隊率林宗舜，繼復以貪將馮有功積盜其材木，爲奴所隱恨，潛殺其盜木者。有功匿情而報寇邊，當事不察，亦遂以寇邊報，而釁遂結不可解，於是乎有撫順之入。討賊何事，而令宿暴於先甲，機遙決於重申，又令爭長相軋之頑將先登。酣方中聖，危乘薄險，我是有三路之敗。暮氣已歸，中權虛擁，我是以有開鐵之潰。愎者既認賊以爲子，憒者遂開門以揖盜，我是以有遼瀋之潰。一柄兩操，交踦互妬，我是以有廣寧之潰。奴之勇敢善射，耐飢渴，喜戰鬬，上下巖如飛，浮馬渡江河不以舟楫，此自其習然。夷稽其前世，每數十年輒一起作亂。成化中則撒赤哈產察，正德中則加哈叉、竹孔革，嘉靖中則李撒赤哈，萬曆初則王杲。其加哈叉、竹孔革、李撒赤哈等之爲亂，皆旋撫定無論，論其大者，董山滿住挾北虜入，殺虐吏民無算，朝廷以武靖伯趙輔、協都御史李秉討之。輔、秉分三路擣其穴，又預移朝鮮嚴兵遏其東，誅董山滿住，此我之一大創奴也。撒赤哈以產、察、連三衛，深入大掠鳳集諸堡，入塞五六百里。朝廷以侍郎馬文升討之。文升先用好語慰撫稍定，陰求其所親趙安，以招降爲名，詗之知且大入，密設三伏待之，斬獲無算，此我又一大創奴也。王杲連破我鎮西、鐵嶺諸堡，殺我將吏，鋒不可當。朝廷以總兵李成梁討之，成梁一面講折往復，至二年所，賊意已玩狃講，我兵一夕鼓行，直入賊紅力寨中，斬首千餘級，俘王杲京師磔之，此我之又一大創奴也。此皆本朝故事之可行於今者也。”

1065. 奕繪太清春合題黄慎山水册

《奕繪、太清春合題黄慎山水册子》，其一云：“流光西注水東馳，造化真成一小兒。難得梅花與良友，相逢同作大家詩。利欲驅人似馬馳，不如歸去學癡兒。山中共享餘年樂，坐對寒梅賦好詩。”其二云：“貴賤賢愚各有群，草鞋踏破亂山雲。蒼苔白日松林靜，細檢新茶供老君。筠籃挑入亂峰群，雨後香茶採霧雲。富貴半緣兒女累，消閒踪迹總輸君。”其三云：“紛紛南宦往來船，役役勞生絕可憐。輸却峽中猴子樂，長藤密樹過千年。長藤不系往來船，風雨蓬窗最可憐。極目蒼茫烟水闊，兒孫生長不知年。”其四云：“浩浩蒼波萬古流，江干紅樹讀書樓。簪纓誤入人間世，耽閣閒眠數十秋。蒼波日夜鎮長流，江上何人築小樓。烏帽閒眠對江水，飽看紅葉萬山秋。”其五云：“昨夜神龍返故潭，曉來漸信值初三。峽中板屋聽江漲，賴有扁舟繫屋南。山下沈沈百尺潭，山頭細細月初三。到處雲山好風景，賞心何必定江南。”其六云：“南郭青風雪後天，偶逢書畫米家船。乾隆庚午黄公寫，彈指人間八十年。又是東風解凍天，雪消誰買下江船。疲驢破帽仙人筆，小謫方壺近百年。”“道光十四年甲午，太素道人次韻。”印章曰“奕繪”，朱白文；曰“奕繪之印”，白文；曰“子章子”，白文。“甲午上元同次黄子韻”，印章曰“臣清之印”，白文；曰“清吟”，曰“長生”，朱文。考《玉牒》第五册，榮親王下貝勒奕繪媵妾顧氏，顧文真之女。疑王府包衣也。

1066. 石濤

梁佩蘭《六瑩堂二集》七《贈石濤道人》云：“亂後王孫成

白首，對來風雪況寒林。”據此知石濤爲明宗室。詩作於康熙癸未冬。

1067. 乾嘉杭州衣食風尚

沈赤然《寒夜叢談》三：吾鄉婦人衣袖，乾隆十餘年間率廣八寸，後增至一尺，漸又增至一尺二寸，卅年以來，皆尺五六矣，幾與僧道衣等。又其初衣皆對襟無緣飾，邇時又有揚衿、大衿之製。而無論衫襖裙褲，必以青繒遍緣數層，非此則謂之村。始僅城市如此，既而鄉鎮婦女亦無不以此爲美觀。於是一衣一裙之費又加半。

余幼時見凡燕客者，約則五簋，豐則十品。若倉卒之客，不過小九盤而已。其後日漸盛設，碗必如斗，盤必如盆，居山必以魚鼈，居澤必以鹿兔，所費已倍往昔矣。近年以來，吾杭富人一席之費，幾至六七千文，蓋又務爲精別相高，雖羅列數十品，絕無一常味也。甚而有某姓者，嘗以錢五十千治一席，又以十千買初出鰣魚二尾爲嘗新。

1068. 守陵密記

柏葰，咸豐朝官大學士，以積忤載垣、端華、肅順，罹戊午科場之禍，橫尸西市，世頗冤之。予遍求當時官私記載，證以舊聞，撰爲《戊午科場大獄記》，以破近人紀事之誣。夙識柏葰之孫崇彝，就其家求手澤之猶存者，以資發明，因得讀自訂年譜及日記數十册。日記中記東陵事甚悉，蓋咸豐四年，自尚書降副都御史，出爲馬蘭鎮總兵，循其職守而屬筆者也。馬蘭設鎮，兼內務府大臣，體制崇峻，責在守陵，而實兼護長城諸隘，略仿明制昌平巡撫而變通之。昔無鎮志，得此稍足以彌補其缺。觀所記從葬妃嬪頗多，有近人紀載未及者。又祭器金銀各有規制，裕陵且備書畫法物，今皆無可踪迹矣。惜隨手孱錄，旁行斜上，前後不相條貫，因竭數日之力，爲之排比，復取對他書而確，而後犁然有秩。然一字一句，皆遵舊文，非予所能附益。特爲題曰《守陵密記》。

陵境東西廣二百一十五里，南北延袤三百六十三里。東至鮎魚關十五里，西至寬甸峪十五里，南至興隆口十六里，北至分水嶺二十里。

馬蘭口東至遵化城七十里，西至薊州界二十里，南至石門驛十五里，北至邊外二十里。康熙二年建立孝陵，設副將一員，分制左右二營。二十七年，奉移孝莊文皇后梓宮，暫安正紅門外。東爲暫安奉殿，後爲永停殿。雍正二年，建昭西陵。前一年，升副將爲總兵，添中軍游擊一員，並寬展後龍風水一帶，安豎紅樁。其紅樁外之大安口、鮎魚關、黄崖將軍關、牆子路五關，向屬三屯營副將所管。經鎮臣范時繹奏請，歸併馬蘭鎮管轄。雍正十三年，因霧靈山爲風水之大源，後龍之正脈，但山後係古北口曹家路所屬，經鎮臣吴正奏准，將曹家路黑、吉二關歸併馬蘭鎮管轄。

馬蘭峪舊城，不知創於何代。城門三，東曰永熙，西曰長泰，南曰馬蘭谷。新城在昭西陵東二里。景陵旗員役及金銀庫，康熙二十年立，二十七年文皇后梓宮來添建，接修員役同住。

馬蘭關，年代莫考。舊城二座，東城南門曰馬蘭谷關，西城門二，東曰永鎮，南曰建安。

曹家路城，創自嘉靖二十四年。門四，東曰威遠，西曰曹路營城，南曰延勝，東南未題額。

吉家營城，創自萬曆二十四年。門二，東曰鎮遠，西曰吉家營城。

牆子路，創自萬曆三年。門三，東曰永熙，西曰安邊，南曰迎薰。

鎮羅關城，創自萬曆二十九年。門三，東曰鎮羅，西曰永勝，北曰安邊。

鎮羅下營城，嘉靖四十五年重修。門二，東曰北邊雄鎮，西曰鎮羅營門。

黄花山營，順治十五年葬榮親王時添設。

御書閣，康熙五十三年冬，仁皇謁孝陵詩一首，本地官恭建，供御製詩龍牌。

昭西陵庫，在新城南門裏昭西陵禮部衙門内，康熙二十七年建。孝陵庫，在馬蘭峪城裏禮部衙門内，康熙二年改都司舊署爲之。景陵庫，在新城昭西陵庫北，康熙二十五年建，雍正七年賞銀二萬兩貯此，稱永濟庫。又永恩庫，在馬蘭關城裏永恩當内，雍正八年賞銀五千兩。

陵牆内荒草，年例九月初一日開割，閏年則在八月初一日。總兵先期出示，曉諭各陵滿漢軍民等，届期入圍牆割草，仍令守口官兵搜查出入，不許夾帶木植、火鐮、烟包等器。次年三月，出示禁止。

風水禁牆内回乾野樹，年例十月間由游擊千把查報，派員運出，會同内務府秤兑斤數。除充陵寢薪柴外，其餘賞給各陵官兵。

鎮屬兵丁，首重防護。向例每年二月十五日開操。三月十五日以後派兵尋覓野雞，立夏後搜捕小鹿，預備九月恭進。八月初旬，派兵二百名出口芟割火道。十月底工竣回營，即出運風水圍牆內回乾野樹，事竣赴演，封印日停止。計一年之內，操演並無常期。

昭西陵在孝陵之南，孝莊文皇后康熙二十六年升遐，雍正二年建。每年清明、中元、冬至、歲暮、忌辰五大祭。各陵唯冬至不舉哀。中元供西瓜十五個、香瓜一百二十個。玉碗，乾隆五十三年十二月二十九日由軍機處領到。又金器五件，重一百零三兩七錢。鍍金銀器一百零三件，重一千七百四十兩零。銀器二十八件，重三百九十九兩一錢九分。儀樹一千零二十三株。太監無，膳人七，茶人五，領催二，差役二十八，樹户二十。

孝陵在州西北七十里豐臺嶺，康熙二年以奉安賜名鳳臺嶺，又封爲昌瑞山。乾隆六年七月，署總兵布蘭泰奏進《昌瑞山萬年統志》，奉硃批："知道了。然只可藏之汝衙門而已。"世祖章皇帝奉安於此，孝康章皇后西向，每年六大祭。端敬皇后祔東向，八月十九日忌辰一小祭。金器四件，重一百六十九兩。鍍金銀器二百八十七件，重四千四百兩零。銀器十七件，重四百十二兩零。龍鳳門前石像生及望柱十九對，盤龍松又儀樹四萬三千六百八十株。首領一，王雙喜；太監一，焦福。膳人七，茶人五，領催二，差役二十八，掃院一，樹户七十。榮親王衙門每年清明、歲暮二祭羊紙，銅器五件，領催一，差役五。

孝東陵，在孝陵之東，孝惠章皇后奉安於此，每年五大祭。貞妃正月初七日忌辰，悼妃三月初五日，恭靖妃四月初三日，寧慤妃六月二十一日，端順妃六月二十六日，淑惠妃十月三十日，恪妃十一月三十日，共七祭七次。陵後福金四位：筆什赫尼捏福金，塞母肯額捏福金，唐福金，牛福金。格格十七位：一京幾，二揑幾呢，三賽寶，四邁及呢，五厄音朱，六額倫朱，七梅，八蘭，九明珠，十蘆耶，十一布三珠，十二阿母巴偏五，十三阿幾格偏五，十四丹姐，十五秋，十六瑞，十七朱乃。以上清明、歲暮二祭羊紙。妃園寢後嬪五位，貴人八位。以上清明、中元、冬至、歲暮四祭羊紙。常在三位，格格四位，答應八位。以上清明、歲暮二祭羊紙。玉碗御臨董其昌字，乾隆五十三年領到。又盤龍松。又金器四件，重一百四十兩零。鍍金銀器一百零四件，重一千七百八十一兩零。銀器十五件，重三百五十九兩零。妃前銅器五百六十件，重一千零九十五斤。首領一，太監三，膳人九，茶人七，領催二，差役三十八。

景陵，在昌瑞山東，康熙二十年建。聖祖仁皇帝及孝誠、孝昭、孝懿、孝恭四后，每年九大祭。敬敏皇貴妃祔，七月二十五日忌辰一小祭。皇貴妃園寢，乾隆四年建，爲惇懿皇貴妃、慤惠皇贵妃。妃園寢康熙二十年建，爲温僖貴妃十一月初三日祭辰，慧妃四月十二日，惠妃四月初七日，懿妃八月二十五日，順懿密妃、純裕勤妃、定妃、榮妃閏三月初六日，平妃六月二十日，良妃十一月二十日，宣妃八月初八日。妃園寢後殿爲八嬪：端嬪、僖嬪、熙嬪、襄嬪、謹嬪、靜嬪、通嬪、穆嬪；十貴人：馬貴人、尹貴人、勒貴人、新貴人、文貴人、藍貴人、伊貴人、布貴人、常貴人、袁貴人；九常在：尹常在、包常在、路常在、壽常在、常常在、瑞常在、貴常在、徐常在、石常在；九答應：凌答應、春答應、慶答應、曉答應、秀答應、治答應、妙答應、牛答應、雙答應。靈芝四匣，白玉碗一件，青玉碗四件，底刻誠昭懿恭字樣。陵圖二，在東暖閣。金器三件，重一百十八兩零。鍍金銀器三百六十六件，重五千二百三十四兩零。敬敏皇貴妃前鍍金銀器五件，重十四兩零。銀器六十三件，重七百九十兩零。皇貴妃園寢金器三件，重五十八兩零。鍍金銀器十七件，重三百三十九兩零。銀器一百四十四件，重一千二百六十兩零。三處大小儀樹三萬三千五百株。温僖貴妃前銀器九十九件，重一千六百兩零。妃十一位前銅器八百五十八件，重一千六百三十四斤。端憫公主前銅器八十六件，重一百五十二斤。順郡王二公主前銅器件斤。首領一，太監三，俱無。膳人二十三，茶人十六，領催四，差役八十七，樹户七十，園丁十。奉聖夫人園墓，園丁十五，樹户七十。理密親王園寢，領催一，差役七。

裕陵在孝陵之西，峰名勝水峪。乾隆七年定，八年興工，壬丙兼巳亥向。奉安高宗純皇帝及二后，慧賢、哲憫、淑嘉三貴妃。純惠皇貴妃園寢，爲純惠皇貴妃、慶恭皇貴妃。次爲貴妃五：忻貴妃、愉貴妃、循貴妃、穎貴妃、婉貴妃；妃六：豫妃、舒妃、容妃、芳妃、惇妃、晉妃；嬪六：儀嬪、怡嬪、恂嬪、慎嬪、誠嬪、恭嬪；貴人十二：秀貴人、福貴人、瑞貴人、新貴人、慎貴人、金貴人、武貴人、順貴人、祿貴人、白貴人、鄂貴人、壽貴人；常在四：張常在、奎常在、平常在、寧常在。東暖閣佛樓御筆雕漆對，挂屏、聖容二軸，玉如意一，表二，孝賢皇后輓詩二册，玉寶二方，唐獅硯滴、成窰鍾二，漢玉玩器十九件，文徵明春秋榮杖，柯九思《九成宫》、趙孟頫《秋郊飲馬圖》一册，《道德經》一册，錢選《柯山圖》一册，鄧文遠章草真迹一册，董其昌一册，馬遠一册，御臨董其昌各家書法册頁二册，御筆“十全老人之寶”洗，玉册十片，御製《石鼓文序》一册，硯十方，御製《雞雛圖》桌屏一件，御製緙絲《心經》一册，御製詩一册，聖製《抑齋記》碧玉册玉板八塊，碧玉寶一方，御題青白玉碗二，瓷蓋鍾二，青白玉鍾一，雙耳凸花青玉碗一，金裏雕漆鍾二，碧玉碗一，扎古扎牙木碗一，漢玉靶紫檀木銀叉子一，白玉鍾一,五彩雞缸瓷杯二，瑪瑙晶圖章八方，玉萬年甲子一份，陵圖一軸。金器一件，重一百零五兩。鍍金銀器三百二十六件，重四千七百兩。銀器十五件，重三百八兩零。儀樹一萬零七株。太監一，張士林，膳人九，茶人七，領催二，差役三十八，掃院一，樹户七十三。貴妃前鍍金銀器二十四件，重三百六十兩。銀器六十五件，重七百六十七兩。儀樹一萬一千零七株。純惠皇貴妃前金器三件，重五十八兩。鍍金銀器三十二件。銀器一百三十六件。膳人十，茶人六，領催一，差役三十七。五位貴妃前銀器各八十件，各重九百八十九兩。六位妃前銅器各七十八件，各重一百四十一斤。端慧皇太子園寢，乾隆七年定，八月興工於朱華山。葬者爲二阿哥，孝賢皇后所生，曾書名於正大光明殿，殞後追謚爲端慧皇太子，在中石圈。七阿哥悼敏皇子，追封哲親王，及九、十阿哥三位，在左石圈。十三、十四、十六阿哥三位，在右磚圈。八公主在左天前池。端慧太子像圖一軸，嘉慶四年三月十五日，榮郡王綿億送到。太子前金器三件，重一百三十六兩零。鍍金銀器四十五件，重六百兩。銀器七十四件，重八百六十一兩零。儀樹一千三百六十株。領催一，差役十九。端憫固倫公主園寢，爲端憫公主，順郡王、慧郡王二公主。十二阿哥園寢，爲十二阿哥，追封多羅貝勒，及福晉老貴人園寢。中位蘇媽拉媽媽，左位老貴人。銀器四十四件，重八百一十三兩。

盤山行宫。山在薊州西二十五里，舊名四正山，又名田盤山，一名盤龍山，一名東五臺。雲罩寺爲上盤，以松勝；古中盤爲中盤，以石勝；晾甲石爲下盤，以水勝。盤山北面最峭，無路，路在南面，有三：東則玉石莊入山，至甘露庵，岐而爲二；西則自大嶺入山。自都門至盤山百八十里，至通州四十里，燕郊二十里，夏店二十里，三河三十里，段家嶺二十里。入山四十里，過公樂徑，經杜家吉素及許家台，夾樹槐柳，中爲輦路，以達於白澗莊，行宮在焉。東南二十里外，即出入山海孔道也。行宮始於乾隆九年，至十九年，命蔣溥等修《盤山志》。宮周十三里有奇，殿宇群房共一千五百四十六間，游廊等處傾圮甚多。後宮澮懷堂、清音齋，已拆去修吉山廟中宮寢殿。延春堂前五、中七、後三三捲棚塌。林壑幽美不如靜宜，水木清華不如圓明。石多則粗，泉少不潤，擬之避暑山莊，又無曠遠幽秀之致。蓋墨客緇流，未覩天家離宮别館之完美，震於其名，遂不覺揄揚過當耳。內園總管一員，養廉銀三十五兩，與熱河各總管同，仍食本身俸。千總二員，每人六十兩。兵四十名，每人二十四兩，又地五畝。兵皆三藩後人。中宮後有庫存鋪墊。兵丁錢糧，一年分四季放。盤山內八景，曰靜寄山莊，聽政處曰知仁樂處，東曰松巖寒翠，燕見臣工，又東爲鏡瀾亭，踰橋東北漸高，登山之始。太古雲嵐，西曰引勝齋，曰暢遠樓，曰接要樓，後有軒曰韻松，東曰壽萱堂。層巖飛翠，中有澮懷堂，西曰擷翠樓，曰雲起閣。清虛玉宇，在行宮之東稍北，閣體正圓。鏡圜常照，山莊之西得概軒之前，梵宇門榜曰竺招提，額曰鏡圜常照。衆音松吹，水南趨爲小石城、婉鑾草堂，堂之東曰衆音松吹。盤山三勝，可畫得之。相毘連者曰翠帀亭，曰清嘯亭，曰松湍流韻。四面芙蓉，亭與霞標亭相望。貞觀遺踪。唐文皇晾甲石，長可五六尋，衡倍之，實一石，以凹凸分爲二。外八景曰天成寺，門之樓額曰江山一覽。輦路由蓮花池而上，可三里許。舊名福善寺，路坦境勝，僧房前牡丹紫者甚高。萬松寺，在舞劍臺之東，本名衛公庵。崇禎中僧勝雲重修。有神宗書“清心”

二字，聖祖書“樂天真”三字，改名萬松寺。舞劍臺，盤山五峰昔稱五臺，其西即唐李靖舞劍處。盤谷寺，即青溝禪院。康熙十七年聖祖賜額盤谷寺，御筆“定力周圓”扁，“一聲清磬動耶靜，萬叠浮雲假也真”聯。今廢。雲罩寺，舍利塔峙挂月峰，看雲尤勝。寺後有峰曰自來，與挂月接。舊有無梁殿址。舊名降龍庵，萬曆年改雲罩寺。紫蓋峰，稱奇特者首標紫蓋，居人稱爲中臺，且云爲盤諸剎龍脈所發，無廟。千相寺，遼統和五年重修，昔有尊者巖下澄泉，忽見千僧洗鉢，刻石略如其數。去麓可三里許。殿有賜額“雨花佛地”。舊名祐唐寺。浮石舫。在上甘澗北東峰頂。行宫内新增六景，曰半天樓，有亭摩青在西北，已塌。樓有聯“海水一杯，齊州九點”，又“日月先光，雷雨在下”。池上居，曰披雲棧，曰款烟扉，水冬夏不竭。農樂軒，觀瀾亭之東，墾爲方田。雨花室，上山西北少平坦，搆宇深林中，爲雨花室。内有雲林石室、對山亭、罨翠亭。泠然閣，北出爲平步巖、攙雲寺。小普陀。近東澗高敞地，結亭曰極望澄鮮。下北折爲石潭，有竹建宇奉大士，名小普陀。坿載十六景，曰古中盤，唐高僧寶積宴坐處，不知創自何代，即正法禪院。聖祖書“門外一峰”匾。有桃源洞，已圮。上方寺，寺去平地幾二十里，山高氣寒。御書“雲濤花雨”匾，“石澗蒼苔皆佛性，松搖晴籟有禪機”聯。少林寺，嵩之少林爲禪宗祖庭，此寺之始無考，舊名法興寺。御書“禪旨直趣”匾。雲净寺，自山頸北上而東折，有泰安年石幢，故小剎也。舊名净業庵，今無。東竺庵，在松樹峪。峪多土，宸游自雲罩歸，必駐蹕於此。舊名彌陀庵，雜植花卉。御書“大尼渲光”匾，“請問庭前柏樹子，莫瞞扇上犀牛兒”聯。東甘澗，水夾小山而流，相距只一里許。東爲東甘澗，上築精舍觀音庵，今無。西甘澗，净土庵。蓮花峰，昔人曰東臺，曰削玉，曰九華，聖祖更今名。雙峰寺，山西偏如童角之丱，寺當其陽，對舞劍臺。相傳鄂公敬德監造，舊名重巒禪院。法藏寺，殿左有古松。僧言此松爲盤山第一，不虚也。倚法船石，望六王砦。昔時蓋有屯兵於此者。舊名茶子庵。青峰寺，山行三四里，至幽絕處曰青楊峪。寺曰青峰，在法藏之南里許，今止一層。天香寺，在行宫西北二里許，旃檀樹下，薝蔔林中，同稱香界。賜“無止法味”匾，“楊柳外曉風殘月，净瓶中白日青天”聯。有紫荆一。感化寺，山之陽自玉石莊而東，一望坦夷。志稱田疇入山躬耕處也。爲唐時舊刹，舊名寶積寺。先師臺，舊稱黄龍尊師焚修處。有塔在焉，今無。水月庵，砂嶺西走，平如孔道。迤北而東折，則法藏、青峰諸寺也。嶺南盡處，有泉仰出，池如半月，今無。白巖寺。距行宫十里，盤之東盡處也。各外寺俱有御座房，今皆瓦礫僅存。

葛山行宫，正門在隆福寺之西半山腰，即坐攬烟霞。後層佛堂，又後鬬防宫。正殿碧巘丹楓，前爲天半舫，樓上爲召對之處。後有翼然亭，可望鹽山口。西爲半山敞廳。御題六景曰翠雲山房，曰翠微室，曰碧巘丹峰，曰天半舫，曰挹霞叫月，曰翼然亭。

桃花山行宫，在桃花寺之西。東曰湧晴雪，西曰吟清籟。後有座落，山泉叠石流出，曲折池中，即滁襟泉。寺東太后宫三楹，甚逼窄。御題八景曰湧晴雪，曰小九叠，曰吟清籟，曰坐霄漢，曰雲外賞，曰滁襟泉，曰點峰石，曰繡雲壁。

骨董三記卷三

1069.張文祥

同治九年七月二十六日，兩江總督馬新貽被刺，薨於位，當場獲刺客張文祥。一時人情洶懼，以爲必有主使。朝命江寧將軍魁玉，飭令藩司梅啓照審理，復命漕運總督張之萬會審，最後始由刑部尚書鄭敦謹，會同兩江總督曾國藩覆審定讞。人猶以爲未允，及今異說百出。原案曾送軍機處存案，今不知存否。從邸報中得鄭曾原奏云：

刑部尚書臣鄭敦謹、兩江總督臣曾國藩跪奏，爲會同覆審凶犯行刺緣由，請仍照原擬罪名，及案内人犯按例分別定擬，恭摺會奏，仰祈聖鑒事。内閣抄出同治九年十一月初二日奉上諭：魁玉、張之萬奏，審明謀殺制使匪犯情節較重，請比照大逆問擬，並將在案人犯，分別定擬罪名一摺等因。欽此。臣鄭敦謹遵於十一月十七日請訓後，趕即束裝率同隨帶司員，星馳就道。因沿途雨雪阻滯，於十二月二十九日行抵江寧，會商督臣曾國藩，將全案人證，逐一傳齊。臣鄭敦謹督飭司員刑部滿郎中伊勒通阿、漢郎中顏士璋，臣曾國藩札委江安糧道王大經、江蘇題補道洪汝奎，會同審訊。先將凶犯素識之陳養和、陳澱甲、王星三，並凶犯之同居妻嫂羅王氏，親戚王張氏，及結案後續獲之武定幗、姚安心等，隔别研鞫，詳細推求。於凶犯張汶祥私通海盜，屢次代爲銷贓；並髮逆擾後，該犯之妻羅氏攜帶資財，改嫁吴姓，該犯逃回，查知控縣，只斷還羅氏，未得追出資財；及聞巡撫閲邊，欲藉呈辭聳准，傾陷吴姓，又未蒙收審，吴姓得計，復勾引羅氏逃走，嗣經該犯追回，逼使自盡；該犯仍時常怨恨，後在湖州府新市鎮私開小押店，又折本歇業；迨同治七年二月，往杭州一次，八年九月往江寧一次；九年春間，該犯貧苦無奈，於四五月間，在軍犯陳溵甲等小鋪幫忙；至七月初九日，該犯聲稱欲往江寧訪友，攜帶洋銀數元，並隨身衣被，即由新市鎮起程前往各等情，供招明晰，歷歷如繪。而如何到江寧，如何行刺，則供不知悉。

復提訊容留該犯居住之周廣彩，曾寓該犯之朱定齋、張全，並與該犯同船到寧、指送投店之柯春發等，嚴究當日在船在店踪迹，有何人來往，向何處行止。據柯春發供稱："六月十一日，與張汶祥在蘇州搭船相遇，同船八日，見其常約同夥鬬牌閑談，自誇其能，可以投效出力，並未吐露别情。"朱定齋供稱："張汶祥於六月十九日到店，令其找保，延至七月初二日，並未找得保人，即將其辭出。"張全洪稱："張汶祥於七月初二日到店，延至初九日，亦因未找得保人不留。"周廣彩供稱："張汶祥於七月初七、八日到伊飯鋪用飯，每餐計錢二十餘文，據稱訪友未遇，欲借伊飯鋪暫住，言明每宿交錢十文。伊見其光景甚苦，一時應允。隨於初九日到鋪，每日吃飯住店，共錢五十餘文"各等語。研詰再四，均稱並未見有來往相熟之人。

臣等復飭承審各員，將案内人證，旁引曲喻，逐細推求，别無異説。惟據陳養和、武定幗及羅王氏等，供出髮逆頭目陳莛瀠，於攻打寧波時，用紅旗並護軍告示，保護該犯房產，後將該犯約去帶隊，曾隨陳莛瀠攻打諸暨縣包村。陳莛瀠被殺，該犯幫同王樹勳等，竄擾安徽、江西、廣東、福建四省。迨賊陷漳州後，該犯始同時金彪逃出。

細詰屬實，遂監提張汶祥嚴究行刺根由。該犯語言狂悖，據稱馬總督係回教中人，聞其甘肅回首勾通，伊起意刺殺，係屬報效。當嚴諭以“馬新貽素性忠直，且受國厚恩，該犯有何憑據敢污衊大臣？”該犯又稱係馬總督差弁時金彪告知。迨提同時金彪當堂質對，該犯始猶狡賴，及用嚴詞訶斥，反覆駁詰，該犯理屈詞窮，無可置辯。當即加以刑訊，復據供稱：“因馬總督家係回教，伊料行刺必得重罪，因而捏詞誣陷，又攀時金彪作證，希冀輕減罪名。”察其所供情節，恐有不實不盡，隨即一面熬審，詰問主使情由，一面調以凶刀，令當時搶護凶刀之方秉仁看視屬實，即飭傳諳練仵作，當堂查驗，確係佩帶小刀，刃鋒白亮，量視血廕，計透三寸五分，驗無藥毒。又飭取前督臣馬新貽受傷衣服四件，均有浸成血片，方圓大小不等。按原衣刀痕比對受傷部位，查係右肋近下，當取具仵作切結，及官醫當日診視傷痕驗狀存案。連日熬審該犯，狂悖言詞，刁狡計倆，未能得逞，漸有輸服認罪情狀。即據供認聽受海盜龍啓澐等指使，並挾私怨行刺，及時金彪等先後容留詳細情形，仍與原供無異。

臣等親提覆訊，緣張汶祥籍隸河南河陽縣人，時金彪籍隸河南杞縣人，劉學籍隸安徽壽州人，周廣彩籍隸湖北漢陽縣人。道光二十九年，張汶祥折變家產，貨買氈帽，至浙江寧波販賣。適遇已故軍犯羅法善，問係同鄉，漸相熟識，因在寧波放印子賬生息。即娶羅法善之女羅氏爲妻，生有一子二女。子名長幅，即幅糠，女長名寶珍，已許唐姓爲妻，次女名秀珍，許給王磬恒爲妻，過門童養。至咸豐年間，張汶祥開小押店生理，隨顧陳養和在店幫夥。十一年十一月，髮逆將至寧波，張汶祥將衣服銀兩並洋錢數百元裝入箱隻，交羅氏帶同子女出城避亂，張汶祥與陳養和在店看守。有與該犯素識之陳荁瀊等，在賊中充當後營護軍。賊陷寧波時，暗差王樹勳至張汶祥鋪内保護，門口插賊旗一面，並貼護軍告條一張，得免搶掠。迨城中遍立賊館，隨將張汶祥約去，並將陳養和裹脇同行。後陳荁瀊等帶同張汶祥攻打諸暨縣包村，經包村團衆將陳荁瀊等轟斃，張汶祥倖免，曾向陳養和告知陳養和後遇便逃出。張汶祥在僞侍王李世賢隊下爲後營護軍，竄擾安徽、江西、廣東、福建等處。同治三年九月間，賊陷漳州。時金彪被擄，張汶祥詢係同鄉，代求免死，留在一處。張汶祥因見賊勢不支，暗與時金彪商護同逃。至十二月間，乘便同時逃出，投提督黄少春營薙髮，欲獻計破賊報效。該營以無確保未收，酌給盤費回籍。

張汶祥失志，又同時金彪由大門行至福州。四年春間，時金彪經人薦至浙撫馬新貽署中當差，張汶祥在福州當勇，後隨搭李姓海船回至寧波。查知羅氏被吴炳燮奸佔，並騙去銀錢，至六月間報經鄞縣，訊係羅氏改嫁，斷令將羅氏領回，銀錢無憑訊斷。張汶祥心懷不甘，又因窮苦無法，向素識之王老四、陶孝揚、英建二、武德沅等，王老四轉託相識之龍啓澐、李沅和、楊中和等，各幫給錢文，又開小押店營生，代賊銷贓圖利。

後張汶祥同龍啓澐等來往熟識，遂聽從龍啓澐、王老四、李沅和、李海、楊中和等，乘坐陶湘幗海船，一共七人，往定海一帶行刺。未經得手，龍啓澐等即投入藍田大股海寇夥内，張汶祥仍回寧波。至五年正月，浙撫馬新貽閲邊至寧波，張汶祥起意借巡撫威力，傾陷吴姓，隨寫呈詞攔輿喊控，欲聳動巡撫，准爲嚴追銀錢。馬新貽擲還呈詞未准，吴炳燮聞知得意，向人譏笑，又乘間勾引羅氏逃走。經張汶祥控府批縣，追出羅氏給領。張汶祥忿極，逼令羅氏自盡。

是年九月間，張汶祥與龍啓澐、王老四在酒館會遇，張汶祥以告狀不准，致吴姓欺辱，現在人亡家敗等情向述。龍啓澐等亦告訴從前投入藍田大股，不幸遇馬巡撫派兵往捕，致陶湘幗、李沅和、李海、楊中和等均被殺死，伊等幸得逃回。又誇張汶祥素講朋友義氣，可以爲衆人報仇，並可洩自己之忿。張汶祥被激，允許遇便下手，各散。

六年七月間，張汶祥聞陳養和在湖州新市生意甚順，即將子女託羅王氏照管，找至新市欲夥開小押。經陳養和告知，現值馬巡撫告示禁止小押，招人開張典鋪，如欲仍開，只好小做。張汶祥遂租房開張，迎接妻嫂羅王氏，帶伊子女同來新市。嗣該處土棍，以違禁私開，屢向訛詐，遂致本利俱虧，張汶祥貧極愈忿。

七年二月間，至杭州城，訪知時金彪在巡撫衙門當差，暗喜，即往見時金彪，託其謀求衙門差使，並未告知别情。時金彪以巡撫已升閩浙總督，無從代謀差使，因念舊情，留在署中款待兩日。張汶祥未能下手，仍回新市。

八年八月二十六日，張汶祥訪聞馬新貽調任兩江總督，即託言訪友，行至江寧，探知時金彪已隨升任藩司李宗羲進京。正慮無由到總督署内，瞥見督署牆上，貼有每月二十五日考課武弁榜文，以爲得計。九月二十五日，張汶祥至箭道窺伺，見總督散時，標下多人擁衛，又慮棉衣護體，未敢妄動。心中暗計，俟來年夏間，衣衫單薄，再圖下手。於是又回新市。

九年四月間，張汶祥暫在陳溵甲等鋪內幫忙，至六月初九日，自新市上船。初十日下午，至蘇州搭換船隻。十一日開行，十八日抵江寧。十九日進城，先在朱定齋客寓待至考期，往箭道窺探情形，又輾轉挪在周廣彩飯店，暗將小刀磨利。七月二十五日，張汶祥早往等候，時因天雨，改遲一日。及二十六日卯刻，前督臣馬新貽在署右箭道演武廳校射，向准應課武弁隨帶夫役，並許衆人出入觀看。至巳刻，馬新貽校畢，從演武廳後步行，由西角門回署。張汶祥在角門外傍南立待，適有前督臣馬新貽同鄉武生王成鎮跪道求幫，既經武巡捕葉化龍等攔問，馬新貽仍向前走。甫至西角門口，張汶祥即拔身帶小刀，乘衆不備，口內呼冤，用刀猛力撲戳，致傷前督臣馬新貽右肋近下。前督臣被傷聲喊，差弁方秉仁上前，立將凶犯張汶祥拿住。拿獲凶刀。中軍副將喻吉三聞信，督同差弁將該犯綑縛。馬新貽求治無效，至次日身故。

據方秉仁拿住張汶祥時，該犯有“養兵千日，用在一時”之語。屢經執此語嚴鞫，該犯堅稱實因常受龍啓澐諸人幫助，今伊代朋友復仇，即爲自己洩恨，該犯前曾受人恩惠，既經龍啓澐等指令報仇，故當時被獲時，說出此語，實無另有主使及知情同謀之人。

該犯家內貧苦，並無存蓄，業經前次委員查明。該犯到江寧後，日用錢只數十文，亦經客店供晰。臣等再三研訊，該犯所供堅執如前。業經熬審二十餘天之久，該犯屢次絕食，現已僅存一息，奄奄垂斃，倘旦夕殞命，轉得倖逃顯戮，自應迅速擬結。查律載謀殺制使者斬，律註云：决不待時。又謀大逆者凌遲處死。

若女許嫁已定歸其夫。又例載反逆案內子孫，實係不知謀情者，無論已未成丁，均解內務府閹割，發往新疆給官兵爲奴。又同治九年《奏定續纂條例》，內開：例內載明應發新疆等處者，俱改發極邊足四千里充軍，係爲奴人犯，到配後加枷號六個月。又容留外省流棍者，照勾引來歷不明之人例，發近邊充軍。又《奏定續纂條例》內開：住户開設烟館，照開場聚賭例治罪，應杖一百，徒三年。又不應爲而爲，事理重者，杖八十各等語。

此案張汶祥先經私開小押，代賊銷贓，後復隨髮逆打仗，竄擾數省，迨倖免後，又聽從海盗行劫，嗣因伊妻羅氏爲吴炳燮謀娶，業經斷還，仍以未得追給銀錢，故於馬新貽在浙撫任內閲邊時，攔輿妄控，欲藉呈詞聳准，傾陷吴姓，馬新貽因非重情，不爲收審，本屬照例辦理。該犯輒懷恨在心，繼以感受龍啓澐等資助，膽敢允許爲夥賊洩怨，甘犯法紀。至巡撫出示禁止小押，招人開張典當，尤爲便民之計，亦復因怨成仇。漏網餘生，復萌野性，業已兩次陰謀逞凶，未經得便，仍敢潛至江寧，窺探總督校射已畢常步行回署，遂混入署傍箭道，乘間逞凶，將前任督臣馬新貽刺傷殞命。若按謀殺制使律，擬斬應決不待時。該犯曾隨髮逆打仗，又敢刺害兼圻大員，窮凶極惡，誠如聖諭，實屬情同叛逆，自應按謀反大逆律問擬。

張汶祥應即照謀反大逆凌遲處死律，擬凌遲處死，恭候命下，即將該犯綁赴市曹，明正典刑，以彰國法而快人心。該犯之子張長幅，即幅糠，上年獲案時，年甫十一，現年十二歲，年幼無知，實係不知謀情，應如原審所擬，照反逆案內子孫實係不知謀情者，無論已未成丁，均解內務府閹割，發往新疆，給官兵爲奴例，擬即解送內務府，俟到京後，發往新疆爲奴，仍照奏定新例，改發極邊烟瘴足四千里充軍，係爲奴人犯，到配後加枷號六個月。惟張長幅年甫十二歲，尚未成丁，應於到配後從寬免其枷號。該犯之女寶珍、秀珍，均許嫁已定，亦不知情，應如原擬，照律各歸本夫。該犯所供世代單傳，别無親屬，亦無財産，應行知河南原籍查明辦理。

時金彪前在巡撫府内當差，張汶祥至杭聞知，到署相訪，欲窺便行刺，時金彪並不知情。惟撫署重地，容留兩日，事雖未發，情不可恕。把總時金彪亦應如原審所擬，革去把總，比照容留外省流棍，照勾引來歷不明之人，發近邊充軍。該犯雖係把總，並未食俸，應照常人一體辦理，即行發配。

周廣彩開張歇店，不知别情，惟未能查明來歷，留張汶祥住店存身，致釀禍變，亦應如原審所擬，於容留外省流棍，照勾引來歷不明之人，發近邊充軍罪上減一等，擬杖一百，徒三年。朱定齋、張全，於張汶祥來店，即令找保，後雖因無保辭出，究已容留數日，應與送張汶祥投店之柯春發，均如原擬，照不應重律，各擬杖八十，折責發落。劉學充當督署橋頭，因詐賭革退，乃復開設烟館，按開設烟館，照開場聚賭例，罪上滿徒，該犯復指引王成鎮跪道求幫，適在凶徒乘機行刺之先，雖訊無同謀情事，究屬玩法。劉學應請照開設烟館於開場聚賭例上加一等，擬杖一百，流二千里，到配折責安置。所有軍流徒罪各犯，即由犯事地方定地發配。

武生王成鎮，已經前督臣馬新貽兩次幫給錢文，並不即時回籍，又復倩劉學指引跪道求幫，雖訊不知情，殊屬不安本分，亦如原擬革去武生，免其發落。陳養和被賊裹脇後，隨乘間逃出，應照不忘故土乘間來歸例，免其治罪。羅王氏係張汶祥妻兄之婦，因管子女，與該犯同店，不知謀情，律無同居外親、無服婦女緣坐之文，應與王張氏均無庸議，俟案結後，飭令回籍。續獲之武定幗、姚安心，訊無別情，並與訊無不合之家丁張榮，均無庸議。軍犯張瀫甲、徒犯王星三，仍解交原配安置。張汶祥之凶刀衣物等件，案結後收存縣庫備查。海盜龍啓澐、王老四等，業經行文浙省密拿，仍請旨飭下浙江巡撫楊昌濬，一體嚴拿務獲另結。

至初審原奏聲稱督標中軍副將喻吉三，武巡捕葉化龍、唐得金，差弁方秉仁、劉雲青、朱信忠、潮枝桂、冉雄彪、蔣金錢鰲、王長發、費善樂等，本有捍衛稽查之責，惟突遇凶匪行刺，力難保護，儘先守備方秉仁首先拿獲凶犯，守備劉雲青，把總朱信忠、潮枝桂幫同獲犯，功過尚足相抵，請免置議。提督銜記名總兵、前署督標中軍副將喻吉三，督同隨弁，登時將凶犯綑縛，武巡捕官藍翎儘先游擊葉化龍，因攔問求幫之王成鎮，以致趕救不及，酌量情形，擬請將喻吉三革去提督銜，降二級調用，葉化龍降二級調用，武巡捕把總唐得金，差弁千總費善樂，馬兵冉雄彪、王長發、蔣金鰲，均請斥革，以示懲儆等語。應仍如所擬懲辦，除全案供招，咨送軍機處備查，並分咨刑部存案外，所有臣等會同覆審，仍照原審定擬緣由，是否有當，謹恭摺由四百里馳陳，伏乞皇太后、皇上聖鑒。再臣鄭敦謹於拜摺後，即率同隨帶司員回京覆命。謹奏。臣鄭敦謹、臣曾國藩片。

再此案前經署督臣魁玉，撫臣張之萬定擬具奏：朝廷軫念重臣，特飭臣等覆加提鞫，經臣等督飭司委各員，將張汶祥熬審二十餘日，該犯堅供如前。證之案內各犯，亦不能供有別情。是該犯供詞，尚屬可信。玆仍照原擬，將該犯照叛逆人犯定擬，自是毫無冤抑。惟該犯以從逆潛逃之匪，復膽敢挾嫌刺殺兼圻大員，其凶玩險狠，尤爲罪大惡極。恭候命下，將張汶祥明正典刑，凌遲處死，並請於馬新貽靈柩前摘心致祭，以儆凶玩而慰忠魂。是否有當，臣等未敢擅便，謹附片具奏，請旨遵行。謹奏。

同治十年二月初六日，奉上諭："前據魁玉、張之萬奏審明馬新貽被刺一案，將凶犯張汶祥比照大逆問擬。案內人犯分别定擬罪名，並請將馬新貽照陣亡例議卹建祠。當以案情重大，該犯所供各節，恐尚有不實不盡，特派尚書鄭敦謹前往，會同兩江總督曾國藩，再行研究實在情形，從嚴懲辦。並據給事中劉秉厚等，太常寺少卿王家璧，先後奏請嚴究主使情節，復經諭令鄭敦謹、曾國藩等悉心推鞫，務得確情，以成信讞。兹據鄭敦謹、曾國藩奏覆審凶犯行刺緣由，並無另有主使之人，請將該犯仍照原擬罪名，比照謀反叛逆凌遲處死，並摘心致祭等語。此案張汶祥以漏網髪逆，復通浙江藍田海盗，因馬新貽在浙江巡撫任內戮伊夥黨甚多，又因伊妻羅氏爲吴炳燮誘逃，呈控未准審理，其在新市鎮私開小押，適當馬新貽出示禁止之時，心懷忿恨，竟敢乘間刺害總督大員，實屬罪大惡極。既據鄭敦謹、曾國藩等審訊確實，驗明凶器，亦無毒藥，並無另有主使之人，着即將張汶祥凌遲處死，並於馬新貽柩前摘心致祭，以彰國法而慰忠魂。其子張長幅着照所擬按例懲辦。該故員公忠體國，歷次剿辦海寇，殲除積年匪首，地方賴以安靖，詎以盗匪遺孽，挾仇逞凶，倉猝殞命，實堪悼惜。前已有旨將馬新貽照總督例賜卹，入祀賢良祠，著再加恩照陣亡例賜卹，並於江寧省城建立專祠，用示朝廷篤念藎臣有加無已之至意。提督銜記名總兵、前署督標中軍副將喻吉三，武巡捕儘先游擊葉化龍，把總唐得金，千總費善樂，馬兵冉雄彪等，失於防護，咎有應得。喻吉三著革去提督銜，降二級調用，葉化龍著降二級調用，唐得金等均著斥革，以示懲儆。餘着照所擬辦理，該部知道。欽此。”汶祥本名文祥，爰書中於犯人例改惡名，文之爲汶，世之爲茌，隆之爲瀧，雲之爲澐，福之爲幅，康之爲糠，國之爲幗，皆非原名。

之誠案：張汶祥事，傳說不一，大要皆未見此結案原奏，其或偶見之者，未必以爲信讞。原供可疑之處甚多，苟且擬結，亦實不足以稱信讞。歐陽昱《見聞瑣錄》謂親聞之與審某公，言最後得二供。其一，張爲馬招降某等八百人，後馬盡誅某及八百人；其二，張有一妻二妾，妻爲吴三少爺誘逃，張呈控於馬不理。問官將此二事入爰書，而馬弟不欲，必欲以多戮寇盗致張復仇爲辭。南皮謝不敏曰：“二事可删，唯供不可易。”今觀原供固無殺降之事，而妻逃呈控，及爲藍田海盗復仇，則無所謂删，亦無所謂不可易也。張一妻外只有同居親戚羅王氏、王張氏，並非張之二妾。《瑣錄》所言，同於夢夢，乃謂親聞之與審者，何耶？江寧將軍魁玉奏報馬新貽被刺身故，言當即飭令藩司梅啓照等，督同府縣提訊，該犯語言顛倒，堅不吐供，再三研詰，始據供稱係河南人，名張汶祥。而訊其行刺之由，則一味閃爍，毫無確供。斯則某書始終無供之所由來也。八月初十日，漕運總督張之萬奉命會審，奏報起程摺内，有“凶犯當時拿獲，業經署督臣魁玉督飭司道各員熬審月餘，辦理必能詳慎，第該犯自罹重辟，自必任意狡供，冀稽顯戮，而案情重大，更未便徒事刑求”等語，微示不欲刑求之意。此某書言魁、張擬結時，承審某官因未用刑，不肯署名之所由來也。當時朝野皆疑别有隱秘，故劉秉厚、王書端、王家璧先後奏請嚴究主使。比魁、張擬上，十一月初二日，奉諭恐尚有不實不盡，復派刑部尚書鄭敦謹，會同曾國藩再審。國藩於八月初三日自直督調任兩江，即具摺引疾力辭，若不欲與其事者然。既不得請，乃於九月二十五日入京陛見，經江蘇巡撫丁日昌奏催，始於是月十五日請訓出京，閏十月二十二日抵江寧接印履任，則魁、張結案之奏已上矣。暨鄭敦謹於十二月二十九日馳抵江寧會審，據《曾文正公日記》，十年正月二十七日記會審之事，不過提集凶犯人證點名一次而已。國藩不欲深求，必有不能深求者在。

當時馬弟爲馬造行述，竟摭及丁惠衡事，以爲熱心任事，失好同官，隱刺丁日昌，疑丁主使。丁惠衡事在八年九月，丁日昌因公出省，在署無服族人都司丁炳，於九月初一日，帶同家丁周興、范貴，夜赴善長妓館閑游，與水師勇丁滋鬧。親兵營游擊薛蔭榜帶兵巡夜，棍責勇丁，致水師炮船勇丁錢有得因傷殞命。日昌公畢回省，得知此事，奏請嚴懲，奉諭交馬新貽審辦。後聞從子監生丁繼祖及惠衡亦在內，復自行檢舉。至九年四月，日昌以新貽擬結此案，未代其聲明治罪，又未將其子丁惠衡從嚴懲革，具摺請咎。言“公出時，曾囑惠衡將署內家丁小心照料，加意稽查。迨訪聞滋事，有惠衡跟丁范貴，疑伊亦在場，忿怒所逼，欲以家法處死。惠衡懼死潛逃，乃至今半年之久，猶復懼責不歸。致臣九旬老母，寢饋難安。督臣僅請照例擬處，尚覺情浮於法，應請旨將鹽運使銜分發補用知府丁惠衡即行斥革，庶以小懲大戒，臣子或肯奮志潛修，不致終於自暴自棄，”並自請交部嚴議。得旨惠衡革職，日昌免議。觀日昌此奏，必以新貽不應牽涉其子，因深致怨懟，始請重懲。當時督撫不和，自有其事，特何至主使行刺？馬弟竟以形之筆墨，則其意所不可，而隱致疑惑，當更有出於此等事之外者。

《湘綺樓日記》同治十年正月十八日記云：“還過筠仙，遇唐蔭、左壬叟，言王孝鳳劾丁巡撫謀殺馬總督，其言不經。今未見王彈章，不知作何語，或與馬弟聲應氣求者歟？”新貽起家牧令，雖在兵間，然無殊勳特績，數年之間，致位督撫，竟代國藩總督兩江重地，亦必有爲之張目，隱倚以抗湘淮諸帥者。此國藩之所以遲回審顧歟？故敦謹奏上，一如原擬，僅多摘心致祭以平馬氏之憤、安回衆之心而已。

今觀原供，罅隙甚衆，實未得真情。文祥處心積慮，謀之數年，始獲一逞，且被獲時有“養兵千日，用在一時”之語，必有所爲，豈區區資助之龍啓澐足以當之。至呈控不准，目爲挾嫌，無論其事甚小，與復仇相較輕重不倫，即文祥尚不殺誘逃之吴炳燮，而謂必欲殺不准詞訟之巡撫，有是理乎？文祥在道光二十九年到浙以前之踪迹，何以不一根究？文祥於同治四年，與龍啓澐等乘陶湘幗海船，一共七人，往定海一帶行刺，未經得手，何以不究其所欲刺之人爲誰？恐與五年在寧波攔輿喊控，均志在馬新貽也。然則蓄謀行刺，至少當始於四年，何以不從此處嚴究？自九年七月二十六日馬新貽被刺，至十年正月，歷時半年有餘，案中要犯龍啓澐、王老四，何以不能嚴緝務獲，而必待案結後，拿獲另結，何也？所謂藍田海寇者，據《清史稿·馬新貽傳》：“象山寧海有禁界地曰南田，方數百里，環海土寇丘財青等處窟其中，遣兵捕得財青置之法，南田乃安。”然則龍啓澐等非有名目之人也，何以不咨行浙撫查問藍田全案，及龍啓澐等投入藍田經過情形？所叙供詞，實支離破碎，必別有隱情，不能宣之於衆，乃敷衍含糊了之，甚至安徽巡撫英翰原奏，所謂“受傷之處，皮肉内縮，並未出血，頸項浮腫，十指甲青色，係以毒藥傅於刀上，以致深入要害，不能醫治”者，僅以仵作一語，斷其無毒。鄭敦謹且聲明拜摺後即行回京，此等不俟命而行之事，使在雍、乾之世，必遭嚴譴。而其所以必如此者，深知朝廷方務姑息，不致不允，兼示此案無法再事推求也。於是朝廷先以魁玉之請，奉諭馬新貽着賞加太子太保銜，照總督例賜卹，並入祀賢良祠，伊子馬毓楨加恩賞給主事，分部行走；復以英翰之請，予謚端愍，於安徽立功地方建立專祠，事迹宣付史館；至是復因敦謹等之請，照陣亡例賜卹，於江寧建立專祠，後繼有請者，得於杭州、海塘俱各立祠。身後之典，備極恩榮，實緣是時甘新未平，慮以此寒內地回人之心，故獎之唯恐不力，非僅篤念藎臣也。

方未結案時，上海爨演《刺馬》新劇，附會穿插，而官不禁，一時不經之語，離奇之事，流傳蠭起。曾見莫友芝手書日記十年二月十五日文祥被誅云："始終無一呻吟痛苦狀，真荆軻、聶政之流也！"言外之意，若深許之。《湘綺樓日記》同治九年十二月十九日云："屺山兄過，久談馬穀山事。谷永、耿育論朝廷不宜發揚貴臣陰事，余嘗韙之。鄭尚書若知此，必以實奏而寢其事，潛消其謚傳及卹典，而罷其舉主可也。其罷舉主，但云所薦非人，而密以事奏，則得大體耳。"又同治十年二月二日云："尚哉云鄭尚書已刑訊張文祥，作海寇定案。"又十一年九月十七日云："無若鄭尚書屈殺張文祥也。"湘綺所謂陰事，當即霸佔婦人。莫、王皆與督撫納交，所聞必較確。嘗聞友人費閏生言：魁玉後調任成都將軍，閏生先德彬如先生客其幕中。一日魁罵其材官之有淫行者曰："馬制台尚爲女人喪命！"此一語可與所謂"陰事"互相發明。聞父老言：文祥嘗於夜中炷香數十步外，以尖刀擲之，香滅爲度，習之三年，百發百中。觀其行刺深入肋下要害三寸五分，其勇力可知。世皆哀其苦志復仇，每不以爲賊，而以爲俠，故謂供詞之外，必有實情，而決非如人所揣測者，則可斷言。至若不觀原供，而謂並戮其子之類，未免誕妄。

先是，前一年八月十七日，山東青州府知府王汝訥，青州營守備金國彥，於黎明致祭龍神廟時，爲青州營步兵趙連城用刀扎傷致死。連城被捕，又拒傷多人，訊係考拔馬粮未得，起意殺害參將舒泰、守備金國彥，誤傷汝訥。後汝訥、國彥照沒於王事例議卹，趙連城解赴青州凌遲處死。是年二月三十日黎明，有籍隸天台縣、在嵊縣剃頭營生之龐押新，持柴刀扒牆走入縣署上房，將知縣嚴思忠，並其女及妾嚴王氏，僕婦王氏、李氏砍傷。其女立死，思忠逾時死，其妾於初四日死。龐押新殺人後，身披女衣，手執柴刀，在街跳躍，口出胡言，爲典史李承湛督飭兵役將龐押新拿獲。言語顛狂，類有瘋疾，後以瘋狂論誅如律。故王書端奏中以"年來戕官行刺之案屢見迭出"爲言，即謂青州、嵊縣之事也。

1070. 宋景詩

宋景詩，山東堂邑人。咸豐十一年六月爲勝保所撫，率之入豫，積功保至參將。同治二年，復入沛霖股内。沛霖既死，景詩潛踪往來曹、東、歸、陳、徐、兗之交，變姓名許連陞，攜帶利器到處授徒，並攜五色小旗，爲人誦咒治病多驗，人共呼爲許半仙。技藝過人，能使飛錘飛鏢，百發百中。安徽巡撫英翰，於九年秋遣總兵劉永清密緝。永清改裝尾跟，自秋徂冬，追逐數千里，由山東以至河南。適有黄宗孟、趙克振與景詩素識，願擒之贖罪，山東練總靳守富、刁文煥，亦欲借以自效。宗孟誘說景詩回皖北，糾合捻子餘衆。二月初一日，行至亳州界溝集，永清先竊其利械，會總兵牛師韓統帶之山右軍，及守富所領練勇，生擒景詩。經英翰奏報，於十年二月二十三日正法，傳首肇事各地。以上略見京報所載英翰原奏。是年二月十二日上諭：山東巡撫丁寶楨，於直隸吴橋縣拿獲倡教部四，即高世，審明正法。部四世習離卦教，咸豐九年與其徒張玉懷、宋景詩同起兵。景詩一作“景師”。

1071.陳潢

《清史稿·靳輔傳》附《陳潢傳》云：陳潢，字天一，浙江錢塘人。負才久不遇，過邯鄲吕祖祠，題詩壁間，語豪邁。輔見而異焉，蹤迹得之，引爲幕客，甚相得。凡輔所建白，多自潢發之。康熙二十三年，上巡河，問輔：“孰爲汝佐？”以潢對。二十六年，輔疏言潢十年佐治勤勞，下部議授潢僉事道銜。二十七年，郭琇劾輔，辭連潢。輔罷，潢削職銜逮京師，未入獄，以病卒。輔復起，疏請復潢官。部議以潢已卒，寢其奏。潢佐治河主順河性而利導之，有所患，必推其致患之由。工主覈實，料主預備，而主計不當過省，省則速敗，所費較所省尤大。慎固堤防，主潘季馴束水刷沙之說，尤以減水壩爲要務。有潰决先固兩旁，不使日擴，乃修復故道而疏引河以注之。河流今昔形勢不同，無一勞永逸之策，在時時謹小慎微。而尤重在河員之任。張靄生采潢所論，次爲《治河述言》十二篇。高宗以靄生河圖能得真原，命采其書入《四庫》，與輔《治河奏迹》並列。

之誠按：曹鑣《信今錄》卷十載潢事，與此大異，云：“康熙十五年，常熟縣人陳潢，流寓清江浦，在某庵中訓蒙，館穀十千文。適一道士入避雨，潢款以飯，雨連兩晝夜，潢無怠色。道士感之，謂曰：‘我有書二，一藥方，可習以活人，一《行水金鑑》也。任君擇其一，即以贈。’潢願受治水書。時黄河連年潰决，靳文襄任安徽巡撫，所屬廬、鳳諸郡叠被災，上疏劾河臣王光裕。上命調靳輔任總河，靳實懵於此事，因將眷屬由中路赴濟寧署。時河督在濟寧，即於十七年移駐清江。而微行至浦，查訪土人言語，且物色能事者。偶步入庵少憩，見案上所看書乃治河事，談次亦楚楚，心甚傾服，欲重價購其書，不可，議薦以館，婉相商，令覓一友人替其席，而遄赴新館，終未告以姓名。翼日有人接去，至大第内，潭潭源處，供給飲食甚周。詢之僕役，亦含糊相答。越月，主人來謁，即前相晤者，自具道所以。自後靳諸事倚潢，潢亦直任不疑，更張擘畫，河道大治。靳曾以名薦上，被旨引見。對命時，陽爲錯誤，蓋道士前相囑，有‘切勿做官’語。然在河府榮重已極，積銀數十萬，以糖桶寄紹隆寺，後竟迷失，寺得以大熾，今湛真寺是也。既而總漕桑格與靳不協，並忌潢，延之飲宴，中以毒。輿至河府，病已作，急命人操紙筆，口授河岸屯田事宜，寫未竟，不能言矣。道士後忽在四川，忽在廣東，大著神奇。於河署中接彼字一封，大約告以‘急流勇退，保全身命’，其字體頗怪，不盡可識。此常熟秀才陳亦麟歷歷言之。麟乃潢族弟，而年齒絕遠者也。”鑣所述流傳之言，極不足信。潢著有《歷代河防總纂》二十八卷，今有石印本行世，署“秀水陳潢撰”。前有康熙三十年靳輔序，稱：“余自康熙十六年奉命視河督事，吾友秀水陳天裔先生實左右之。二十三年，御駕南巡，閲河工，從容問予曰：爾必有通今博古之人爲之佐。余於是以公對。其後三年，余創築重隄之議，起翟家壩至高家堰，長一萬六千丈，疏請公協力區畫。天子於是賜公僉事道銜，使公佐余治，卒以排群議成大功”云云。無一言及潢牽連被逮，及病卒京師事，亦未序兩人締交之始。潢爲秀水人，所謂錢塘、常熟，皆非也。《史稿》吕祖廟題壁詩，見袁枚《隨園詩話》，其詩云：“四十年間公與侯，雖然是夢也風流。我今落魄邯鄲道，要向先生借枕頭。”大約潢人奇事奇，故傳説滋多。

1072. 張獻忠公牘文

楊山松《孤兒籲天録》十六：賊下令云：“照得朱賊楊嗣昌，昔天曾調天下兵馬，敢抗天兵。嗣昌幸早死，於吾忍矣。今過武陵，乃彼房屋土田墳墓在此，只不歸順足矣，爲何拴同鄉紳士庶到處立團！合將九族盡誅，墳墓掘盡，房屋盡行燒毁，霸占土田查還小民。有捉楊姓一人者，賞銀十兩；捉其子孫兄弟者，賞千金。爲此牌仰該府”云云。令中“於吾忍矣”，是獻忠語氣。“朱賊”之稱極新。嗣昌及祖墳六代被發，改葬時，嗣昌只餘一顱，其妻存半身。崇禎十六年事。

1073. 施不全

顧公燮《消夏閒記》云：“康熙時蘇州施撫軍世綸，係將軍琅之子，以功蔭。貌甚奇：眼歪，手瘫，足跛，口偏。”

1074. 李如柏納滿洲女爲妾

《啓禎詩選》：周宗建《邊事有感》四首，有句云“胡女自專幃幄重，將軍終負策書盟”，自注：“李如柏納胡女爲妾。謠云：女婿作鎮守，遼東落誰手。”許重熙《五陵注略》言：李如柏取奴兒哈赤姪女爲妾，生子。

1075.撫夷局

咸豐十年，設撫夷局於嘉興寺，奏准於內閣、部院、軍機處各司員章京內，滿漢各挑取八員，輪班入值，一切俱傳照軍機處辦理。又奏准司員輪班辦事，以五日爲一班，滿漢各四員到署，每日派一員住宿。又奏准於司員十六人內，擇滿漢各二員作爲總辦，再擇二員作爲幫辦，辦理摺奏、照會、文移等事。其機密要件，內閣各員繕寫。關稅事件，由户部司員經理。各站驛遞事件，由兵部司員經理。見《總理衙門會典底稿》。按此條不載《光緒會典事例》，局設未久，即改總理衙門。

1076.程庭記康熙六旬萬壽

程庭字且碩，江都人。著《若庵集》，一卷文，二卷詩，三卷詞，四卷《停驂隨筆》，五卷《青帆紀程》，蓋鹽商附庸風雅者也。《隨筆》記康熙癸亥六旬萬壽入都祝嘏事：

三月初七日，四更，赴暢春園。因是日內大人未得間啓奏，遂留以待。按暢春苑乃明季武清伯李皇親園亭舊址，今上因之，置爲御苑。苑周遭約十里許，垣高不及丈。玉泉山之水，走十餘里，繞入宮內流出。宮牆後則列諸王池館。東則有悟真庵，尼僧也。北則永寧觀，羽士處焉。聖化寺，喇嘛處焉。正西則廣仁宮，南則萬壽寺，皆緇流處焉。苑門南嚮，迎以紅欄，欄內立銅獅二，遍身作翡翠色。每當朝期，群臣方由此出入，平日則東紅門二，西鐵門二，唯視上所臨御焉。十二日，至苑奏進物摺子。先是，請旨於西頂寺令寶華僧衆禮懺，敬祝萬壽，因至西頂。十七日，聖駕由苑回宮，庭等跪迎於西直門道上。巳刻，皇太后鑾輿先入城，舁用阿監十二名。後車十二乘，朱輪黄幰，窗開玻璃。每輛阿監八人，居前挽靷者三，夾翼扶輪者二，殿後推轂者三，皆團花茜襖絳帽黄纓。少頃，則有華旗芝蓋、月扇雲麾、隼旟翠節、豹尾金幢，執持者披天青紵袍，遍排織金壽字。次列教坊全部，象管龍笙。次則侍衛從官，蟒衣名馬，各捧彤弓盧矢、寶劍鸞刀，金交椅、金几案各一，金盆、金盒、金提爐各二，瑞烟繚繞。中露赭黄曲柄小蓋，上御大輦，舁用三十二人。諸親王服團龍繡袍、珠冠玉帶，徒步扶輦。十八日，午門朝駕畢，聖駕即赴暢春苑，同人仍趨至昨日俯伏處祇候。皇太后暨諸後宫車乘馳過後，鹵簿鑾儀若斧鉞戈戟、旌旋旗節之屬，較昨陳列者不同，持杖宿衛皆乘騎矣。鐃吹畫角，嘹唳悠揚。繡服諸郎，各手控御馬，共二十騎。雉尾團扇中御駕肩輿，舁者十六人。輿四面不施軒欞，上服織金赭龍袍，外籠石青團龍緞褂。庭隨至西苑，有旨傳入苑中觀皇會。入西栅門，旁即虎圈豹房，栅門以内，雖王公大人，非奉旨不敢擅入。時則緣竿橦索，吐火吞刀，傀儡偃師，魚龍角觝，諸戲畢備。更有裝成抬閣數十座，皆暗藏機捩，幻出神工，或海市蜃樓，或鳥歌獸舞。皇會畢，復傳至買賣街。街在柳陰中，牽蘿爲屋，中列周鼎商彝，琿璖靺鞨，官哥柴汝，窰色離奇，米蔡蘇黄，法書光怪。二十二日，上奉皇太后乘車幸西頂拈香。守堤士卒佩刀環列。頃之，一卒趨而前，手持黄籤一枝，高尺許，寬經寸，衆呼“籌下矣”，遂挨站更遞，不敢刻留。至五籌下時，即起駕時也。守堤者急汲水遍灑堤上，以防塵起。侍衛宫監飛騎沿堤而來，後勒立仗馬五對，牽纜黄頭僅十數人。上與皇太后共坐一飛仙船，不施丹藻，窗眼數楞，唯中間四扇，嵌以雲母，餘皆襯空明素紙。前有獨立小舟二，各載侍衛數人。水道儀從，如是而已。二十四日，赴西苑，啓奏進呈筵席摺子。二十五日，五鼓，赴西苑。是日皇上召直隸各省老人叩祝萬壽者，共七千餘人，輪班入苑，賜酒食銀帛各有差。年八十以上者，至尊手賜酒一爵。八十以下者，親王、貝勒舉觴。凡老人拜起，悉命侍衛左右扶掖之。二十六日午刻，群佇候於西鐵門。内侍魏公持奏摺出，蒙上賜收紫毫筆十箱。跪懇再四，復蒙收彩箋千幅。所進筵席，奉旨全收，着於二十八日備進。二十八日，恭進漢席百筵，餑餑滿席百筵，蒙恩收進，隨跪辭回南。本日未下旨。二十九日，内侍魏公傳旨：着於初二日起程，可先於初一日齊集鐵門伺候。四月初一日，雨雪寒甚，群赴西鐵門候旨。至晡時，賜克食。叩謝畢，遂辭出。

記中“群赴齊集”語句，當時祝嘏者不止程庭一人，鹽商而可具進物摺子，又從來之所無也。

1077.彭士望山居感逝詩

彭士望爲“易堂九子”之一。明亡，力謀恢復，堅苦卓絕，不改其志。明季已爲湖東道，乃推魏禧爲魁率，身自下之，尤爲難得。著有《恥躬堂詩鈔》十六卷，《文鈔》十卷，多紀事之作，不求工於文，而奮厲沉痛，最爲動人。《冬心》詩尤爲世所稱。兹錄其《山居感逝》詩，不啻一部南明史，並錄《詩鈔自序》及陸麟書所爲傳，以見生平。予別撰有《易堂九子考》。

《彭躬庵先生傳》，鎮洋陸麟書子愉撰：“彭士望，字躬庵，南昌人。父晳，明季以諸生遊公卿間，名籍甚。士望少自負，不屑爲庸人。年十六，補縣學生，與新建歐陽斌元輩相厲爲有用之學。晳聞漳浦黃道周平臺召對語，歎曰：‘鐵漢也。’臨卒，語士望當師之。士望畢殯葬，即往謁道周，則道周觸思宗怒，繫詔獄，因傾身營救之。而國子監生涂仲吉以疏救道周下獄，辭連士望。士望走鎮江，見東林諸公謀。會宜興周延儒再起相，道周得論戍，事解。甲申變聞，故兵部職方司主事楊廷麟謀起兵，士望爲募兵九江。福王稱號，有以蜚語中廷麟者，並及士望，乃罷。而楚崇陽王華堞薦士望，以兵部司務宣諭楚豫。至南都，部司索賂，與同薦六人怒叱之，遂弗用。閣臣史可法督師揚州，招士望。時斌元亦先在，士望至則進奇策，請用高、左兵夾攻，清君側之惡。斌元助之。可法駭曰：‘君年少氣銳，果爾，得爲純乎？’由是憚兩人。兩人辭歸。時乙酉歲四月也。六月，金聲桓入南昌，士望挈妻子走建昌，因至寧都，依魏禧居翠微峰巔。後與禧兄弟輩講學於此，所謂“易堂諸子”者也。當是時，楊廷麟守贛州，進吉安，而諸將徐必達等氣驕不遜，以士望與必達雅故，乃强起之，假授湖西道，護諸將，諸將始戢。丙戌，改湖東。湖東治臨江。居戎馬間，擁羸卒數百，士望脫文法，謹偵諜，一意殫力民事，民愛護之。數月免。逾月，贛州破，廷麟赴水死。士望遂自廢，躬耕食力，間以相地術遊江南北。復教授寧化，而爲學益力。時江西講學者，易堂外，在星子者曰髻山，南豐曰程山，士望皆與往復。大抵以陽明、念庵之說爲宗，而歸於有實用可試諸行事。嘗謂天下學者之病在於虛，經義氣節，曠達文章，延而至於理學經濟，皆虛病也。又曰：‘學者凡病皆可醫，惟僞不可醫。’欲以此激發後學而造就之，使有用於世。生平嗜朋友，海內宿望，結納殆遍。其規諍過失，竦切深痛，而樂道人之善，夕聞一士，迫不待旦，至於老不衰。卒年七十四。士望自廢後，常以不死自恨，顧心非徼倖反側之徒，金聲桓之將叛，故大學士姜曰廣與其謀，召士望，士望辭去不顧云。所著有《手評通鑑》二百九十四卷，《春秋五傳》四十一卷，詩文集四十卷。三子：厚德，厚本，厚下。迄於今凡八世，皆籍寧都，以文學科第世其家。論曰：明自嘉靖後講學日盛，率皆竊姚江之近似而失其真，猖狂恣肆，以至國亡。躬庵始亦講學，既而曰'不可以身謗聖賢'，遂止。而發學者之痼，一言蔽之曰'虚'。掃除積習，以待來者，豈不偉哉！"

《恥躬堂詩集自序》："此予年譜，亦交譜遊譜也。予五歲就塾師，夜歸，太宜人燈下授以古詩聲律，命作對句，殊有警者。十歲作《除夕》詩，有'萬户共迎新日月，千門不改舊山河'之句，太宜人大喜。十一，太宜人見背。十二，舅父李復泰字梅甫，泰興人，命作《臘梅》詩，援筆立賦，中有'縱横金英非爲子，從無酸氣不知貧'句。舅父驚異，笑曰：'是兒有志操，非碌碌者。'十六補弟子員，攻制藝，且家會城，浮湛交遊，耽逐聲色，嗜爲情艷詩。近三十始交遊歐陽憲萬，斌元，晚名秉元。知天下將亂，留心人才，爲經濟之學，謂前所爲詩不足道，盡焚去，無一存者。故予詩斷自庚辰始。先己卯，家大人即世，家大人見黄漳浦召對辭，顧望歎曰："鐵漢，鐵漢！汝他日立朝當效之。"庚辰，爲周旋漳浦先生黄道周。之逮，始至陪京，晤大司馬，李邦華。馳書金吾郭承昊。爲營護。俄太學生涂仲吉字德公，漳州。之獄，辭連予，禍且不測，已至京口，主郡守程峋，同客陸運昌、沈壽民、周鑣，郡人談允謙、錢邦芑。謁宜興相君周。延儒。漳浦得戍，事乃解。壬癸，避兵泛家饒、吉，饒主王剛，吉主曾文饒。馴至甲申大故。四月至九江謁督府。彭繼咸。赴友人毛鈺，任濟世帥師。急難，得交楚嚴生。愷。九月，被薦。楚崇陽王華堞，薦以兵部司務宣論楚豫各砦。同梅惠連之焆、王綱、歐陽斌元、舒益生、許大任。六人已得旨，黔人馬士英。擯之。與中州孟御之，岡驌。歷陽戴敬天，重。烏程韓茂貽，繹祖。龍眠周農夫岐。盟，别去。乙酉春，應聘廣陵，居督師史可法。幕府，未幾謝歸。六月，棄家產，同林確齋林本朱議霶。盡室依魏凝叔禧。於寧都。九月，清江故人楊廷麟。手書敦迫，始赴贛。督府李永茂，禮侍郎劉同升，兵侍郎曾應遴。十月，有湖西之役。監護諸帥曹志建、周之蕃、吴長蔭、徐必達、吴玉簡、童以振。丙戌春，再命湖東。督湯來賀，撫揭重熙。九月，聞變。十月，屠贛城。督萬元吉同楊公文武百十人並殉。田尚書仰。强欲屬以兵事，同赴贛，不從，返翠微山中，就諸子易堂。易堂李騰蛟，丘維屏，林時益，即議霶，魏際瑞，魏禧，彭任，曾傳燦，魏禮。丁亥三月，從湖西偕憲萬會城，始展先墓。應浠湖先生姜曰廣。之召，及諸義舊。胡以寧、吴尊周、黎士彥。戊子正月，寧都友人多難，復返會城。值兵起，偏究人情，爲《畫龍》、《江上》、《送春》三絕句，遂還山中。六月，吴竟魯參。至易堂，始談學。冬，避地東隆，爲揭司馬即重熙。兵驅歸。己丑，土亂，居易堂。庚寅，寧都城破。四月，同確齋往就憲萬，乃得訃，始聞方背庵嘉渭晚名止，貴池人。之死。以事留盱汝間，主許世英，邑人周分封、傅占衡。道天峰，楊益介隱所。更入匡廬訪庵，僧慶宜。縱談三日夜。辛卯詣姑孰，晤區湖寄公、沈士柱。栖碧即黎士彥。諸子。就止山即曾傳燦。京口。見後雲門僧，即韓繹祖。相持痛哭。夏五月，遊廣陵。邑人李顧，寓公劉、瞿、余、張、余、秦。同三茅山道士、張仲符。錢塘卓子姚志倬。班荆野寺。福緣庵僧德宗。歸山作《廡下吟》十首。壬辰，再出，有翠微之難。歸，始舉長男。厚德。遷巘山。癸、甲、乙、丙，遊止不時，僅一適癡山、陳孝逸。西溪生，即傅占衡。以謠詠舉，未越境。造謠陳宏緒。丁酉，遷冠石間，至南豐，就謝約齋、文洊。程山諸子師文洊，友邵睿明、黄扉、李萼林，門人封濬、甘京、黄熙、曾曰都、湯口口、危龍光、李其聰、口德贊。談學。

戊戌還草湖，依桂樹爲廬居之。同居長婿胡映日，幼婿黃建來就學。從二弟士時、士貞。門人任安世。傭魏伯子田，即際瑞。爲隸農自給。僧藥地原方以智。自廬山來訪。己亥秋亂，復歸冠石。庚子二月，舉男。厚本。未十日，復出詣星子，留髻山宋之盛隱所。四閱月。白石赤岡，查世球、查轍隱所。道觀匡廬，與徐州廢孝廉閻汝梅。東林信宿，恨未一見稽田。吴錫祖。冬，適鄱湖，主史簡、史堅，晤許琮、王應乾、陳萬幾、王覺。省髯兄。即周剛。辛丑，適皖。主方中發、楊森、方中德。造土室荆臺客，即周剛。訪西頑道人。錢秉鐙。出當塗，主曹臺嶽。留采石，歲盡復歸。壬寅，於舊京寓公主墳，茇舍其孫子，胡長庚、胡長口。及夏黃公。夏商。徘徊儀、揚間。主羅京、劉師峻。癸卯，留京口半歲，主潘陸。談子遠客不得見。允謙。即遊吴門。主陳璧，晤顧有孝、陳濟生、程杓、施諲先。歸偕魚廉即陳璧。之閩南，省寒支僧。李世熊。爲寧化諸子黎菜、伍如舟、王士陟、劉康世、伍口口、伍承鼎、伍承雋、謝憲斌、王士超。强延師席，卜南廬居之。甲辰正月，始出館，盜即夕入冠石家。復遷翠微。九月，舉少男。厚下。今乙巳，居南廬，凡再歲。評兩漢三國晉《鑑》粗畢。嗚呼，此予生平之跡也矣。方少年安居盛世，不自謹飭，虛擲十五年歲月。而立而後，妄意驅馳，顧盼淩厲，而世難身危，雷電奔迫，死生呼吸，若涉淵冰。哀大地九萬里，無立錐自容，以至播遷流離，備嘗艱苦，妻子凍餓，勞生硯稼。嗚呼，可哀也矣！詩自庚辰迄今乙巳，共二十六年，編爲十卷，大都舉無足存，傳與否未可知。予之跡固在是，而予恥在躬，雖天地晦暝，民物閉消，無時得釋。則又即以此詩爲予罪譜，誰曰不宜？康熙三年仲冬月，南州彭士望譔。”

《山居感逝，示弟士時、士貞，婿胡映日，令貽穉子厚德。戊戌臘月二十日》：“人生立大業，求友在專誠。但觀千金裘，一腋何能成。識我自兒時，終身懷一曾。文饒，泰和人。弱歲雖穉狂，心已薄儒生。獨擇王歐交，王綱，樂平；歐陽斌元，新建。勝於同胞兄。高談每達曙，細大必我繩。里仁游項家，游允達、弟允通，豐城。項承覺，弟承祥、承詔，新建。孝友足儀刑。孝廉胡與汪，胡海定，南昌，汪思湛，新建。各不愧其名。過從多好懷，問以劉明經。不息，豐城。日於北門聚，飲御兼晦明。向立已卯年，門巷高軒盈。日出有傾蓋，夜遊無停觥。不苟命師友，卓卓賢公卿。師李邦華，吉水；姜曰廣，新建；黄道周，漳州。友見中篇。庚辰黨禍起，輒欲死李膺。黄公道周以直諫謫江西藩幕，巡撫解學龍首薦，上怒並逮，時禍洶洶不測。予周旋送之淮上。淮陽溯歸舟，獨與太學同。涂仲吉，黄同鄉，南國學生，同送至淮返。氣矜吴與馮，顧我特開扃。吴應箕，貴池；馮京弟，慈谿。俱於南京閉關選書。冰雪葉御史，洗岕爲躬烹。樹聲，浙江黄門人。以予不飲，洗芥躬酌。周沈棹炎暑，觸闇尋江汀。周鑣，金壇；沈壽民，宣城。夜覓予上湖。覲廉還令君，鼓掌客中逢。何謙，崑山。復任南昌，過白下。居停大司馬，李公邦華。繹絡走冠纓。而我初無營，澹宕金陵城。明年適京口，傳以檻車徵。黄、解俱杖下詔獄，仲吉入都門抗疏理黄，上震怒，杖百，究主使者。時傳逮黄同官楊廷麟並六孝秀，予訣家，次南都候旨。元輔召初出，微言善解鈴。時特召元輔周延儒，道出鎮江，言將訟釋黄、解。予以楊書迎謁，屬其幾諫，恐觸上忌。後諸公得戍，予亦幸免。此邦妙山水，主人逢李邕。程峋，吉安，知鎮江府。放翁忽旅亡，陸運昌，浙江，日同遊宴，暴卒。懷歸心忡忡。南還見詹尹，詹兆恒，廣信，巡江御史。津送藉艅艎。兹行得方子，方嘉渭，黄池，捐重貲，棄家遊方外，師事歐陽學《易》。數聞予候逮，即偕南行，力任調護。寄託盡生平。歸來始閉關，慕法古袁閎。車馬大江側，叩户仍無停。壬午罷秋試，甲申值天崩。兩月嘗四喪，委身濟時傾。是時王歐出，史吕交幣迎。史可法，北直，吕大器，四川。俱南兵部尚書、侍郎，一時詔令奏議，多王、歐手筆。我則任居守，慷慨初言兵。朱虛時過從，朱滂、弟懷，盱眙。張楚來石朋。胡以寧，南昌；鍾掄芳，永豐；林全春，福清；舒並其，廣濟；毛鈺、任濟世，俱九江；許世英，金谿。時左兵潰逼九江，江省震動，胡與左善，衆謀扼下流門，以計戢之。楊公廷麟最韙其議。楊臨江，胡、任、毛俱朱戚友。臨江太史公，桓桓爲主盟。南都議策立，姜公不爲應。南都議立福藩，姜時爲翰林學士，獨不肯署名。史亦有違言，史復馬書有“不忠不孝不仁不知”之語。馬乃專國程。先是，鳳督馬士英得福藩，移書南都大僚，問所立。史時爲兵部尚書，復書云云，姜又不署。馬以黄得功、劉良佐二軍擁衛，奄至城下，諸大僚倉卒出迎。既立，史、馬、姜俱入内閣。馬持書迫之，起用魏黨，史不從。馬以書呈上，史懼，求出揚州，招撫高傑。馬益寵任專柄。署兵部事侍郎吕大器，疏馬十四罪，解任去。馬以其黨阮大鋮爲兵部尚書，兼總樞政。阮使宗室朱統𨫼攻姜去之，相與納賄快怨，謀起大獄，以訖於敗。姜公政府時，宣諭謂我能。楚宗朱華堞薦予同王、歐、梅之熉、舒益其、丁大任六人，宣諭楚豫。姜即日擬旨部覆。史公亦幣交，是冬之南京。四方士畢至，俊傑咸自矜。卓犖韓公子，祖繹，湖州。瞻視獨非恒。即身往其家，薪米爲經營。梅孟楚豫豪，梅即之熉，黄梅；孟同驌，杞縣。好我無遺情。戴唐與周方，戴重，和州；門人唐倜，當塗；周岐、門人方其義，俱桐城。師徒盡鍧鍧。載書告天地，是日刑特牲。同盟二十餘人。曰有龔進士，棻，南昌。義舊不我忘。挽我宿太僕，調劑如和羹。萬元吉，南昌。時爲太僕少卿。萬素與臨江太史忤，以予暱太史，頗不怪，龔爲交歡。是夕客偕寢，蹴舞聞雞鳴。梁以樟，北直，同宿太僕邸中。乙酉上元夜，大内縱觀燈。將相宴燈市，鼓吹方喧騰。三月十九日，其節爲隨弓。千夫雨花臺，哭聲震蒼穹。海内名士結雨花大社，以烈皇帝諱日，爲隨弓節，哭臨千餘人。何其傑爲記。何，紹興。我聞儲君南，捕之置禁墉。時有僧自稱定國公，送太子至，馬集多官審驗，云非是，下之獄。我與王韓朱，聚泣蕭寺中。朱盛澂，弟盛隆，楚宗。二朱忠憤極，願死向朝中。三人曰無然，速禍其奚庸。奮筆夜造檄，乘月榜要衝。檄辭頗峻，用紅柬紙大書。奸膽亦果寒，長繫相牢籠。詰旦下嚴旨，邏吏索其踪。旨令五城兵馬大索造匿名榜子人。若無與兹舉，相見各喑聾。內事日以非，報聘遊廣陵。史督師時鎮揚州。督師掣兩肘，以死畢忠貞。興平伯高傑既死，所部十二鎮十餘萬人，督師請自領其軍，用高營總兵李本深爲提督，分防淮豫。內批不允，以翰林衛□加兵部侍郎總督。諸鎮咸忿恨，因盡撤河南守兵五萬人歸。督師令禁不止，北遂入。凡督師用人請餉，俱下部議延擱，其裁制皆此類。幕下多長才，竟亦何所成。吴易、施鳳儀、周岐、唐時謨、胡汝琿，俱南直；李本澤，陝西；辛廣恩，北直；韓繹祖，浙江；吴爾壎、黄師正，俱福建，及王、歐諸子。遂歸及夏五，亂迫南揚舲。同行爲朱方，朱即霶，方即嘉渭。交與王歐併。浮家阻盱水，益國兵初揚。邂逅虬髯翁，寓公爲保寧。周府郡藩，流寓建昌。一語及先帝，不覺哭失聲。先賊陷開封，保寧被執，詭立功自結，從賊歲餘。所至用小册子潛記事宜。一日馳善馬走，晚入覲方略稱旨，特命嗣封，恩禮異數，語及一慟幾絕。止我不爲留，風飈惜鞲鷹。保寧有異表，知兵善騎射，益國命爲帥，特羈縻，不用其策。黄禮忠陷建昌，保寧歸之，將有所爲。後禮忠爲金聲桓刺死，兵戰潰，保寧不知所在。擇木未敢苟，三駕寧都行。初意但依劉，迭主誠相當。劉兆泰，寧都，甲申曾檄陳當事討賊。入省寓予家。劉與同邑魏書爲密友。一見魏秀才，禧，寧都。一見如舊識，談至四鼓，遂定交，以家寄託。因之家金精。易堂自兹始，求志得從容。魏避亂，同父兆鳳、兄際瑞、弟禮，挈家居翠微峰。予與林時益即朱議霶，同往依之，遂名易堂。禧父嘗舉崇禎間師儒，率家人講六藝，童子升歌，諸友講學，衡鑑古文詞，間作詩，有偕隱之樂，不苟仕進。時同里彭任、李潛蛟、曾師度、丘維寧，相與過從講學。贛州義師起，一日書再通。楊公廷麟棄家入贛，與翰林劉同升，吉水，贛撫李永茂，南陽，起義贛州。楊聞予隱寧都，貽書敦趨，一日再至。太史與太僕，賜劍職專征。李內召，以萬公元吉代，晉兵部尚書。總督楊，晉大學士兼兵部尚書，督師江楚，並賜尚方劍印。是即楊萬公，傷哉賚志終。乙秋恢吉安，首捷功徐童。徐必達，九江；童一振，南直。俱贛師。一戰贛城下，鋭往張先鋒。張琮，福州，總兵掛先鋒將軍印，丙戌四月，吉再陷，北逼贛，督師率兵往援，張力不繼，遂敗。撫兵敗爲止，脱穎南昌中。江撫劉廣印，陝西，陣獲歸於南昌。臬司張幕戰粵兵不勝，脱獄而返。護軍方少年，奔殿抗群凶。即曾傳燦。粵寇蹂贛地，內外並急，曾父應遴，崇禎兵科都給事，議招降之。事聞，晉兵部侍郎、僉都，以長子傳燈及燦並兵部主事，監新營軍援贛。至是敗，燦同予門人謝大茂止不去，潰師稍集，時年二十二。最烈死楊陳，楊行第四，臨江督師標將；陳烈，南昌總督標將。死詳後。從義丙戌冬。丙戌十月初四日，贛陷，楊萬死之。不愧忠誠府，甘向長平坑。贛士民死守力戰，賜名忠誠。圍六月，援絕城陷，死者百萬。文武數十人，喪元都激昂。姓名詳後。豈直南將軍，言笑從睢陽。我死應在兹，其時官湖東。楊公表薦我，謬以四字評。疏略云："原任推官某，忠直廉敏，通達經術。向在督師輔臣史可法軍中，洞曉機宜，甚爲可法所重。臣廷麟亦深知之，宜特擢分守湖東道，賜敕書關防"云云。受命在危難，至今慚冥冥。自從戊已來，江城爲之空。金、王之難，圍城九月，人相食。城陷，死者數百萬。親知漸已盡，歸鶴歎伶仃。一身九死餘，奄忽又十齡。何歲不有死，哭野空頻仍。死者亦多門，共三十六門，詳後註。志士骨縱橫。但勿死婦手，即夕隨所令。維憶庚辛間，采隱樂群英。延陵志絕業，吴參，南直。易堂先蒸蒸。一時談學甚盛。衆才爻象似，發揮無雷同。朱晦翁、陸象山、薛敬軒、王陽明四先生學，各從所近入，亦有不言學、讀書學古者。正學表鄉閭，謝公亦已夐。名文洊，南豐，躬行力踐，不事虜。同邑紳士深敬重之，有及門者。撤皋久未有，今乃見南豐。謝同李劉良，南城。李萼林、邵睿明、黃扉，門人甘京、封濬、黃熙、魯曰都、湯其仁，俱南豐。吴搏、新城。甘與謝友，後竟師事。西山接星子，楊宋誠國楨。楊益介，新建；宋之盛，星子。楊孤苦高節，世不多見。宋同其志操。七隱隱髻山，竹林查最良。宋之盛與查世珠、姪職、吴一聖、夏偉、周祥發、于卓，號髻山七隱。峨冠髮有餘，天嶺遙相望。楊益介隱西山上天嶺。宋徒采義實，險阻盡遐荒。孰捐未死身，而爲死者忙。宋命門人章於今，臨川，采江西死義事實作傳。徒步艱險，歷諸郡縣，三年始成集。吉士節義雄，文山爲之宗。劉孟欽、弟仲錞，吉水。周遠今、周鼎泗、周懋極、周世祚，俱安福；周琊，廬陵；賀貽孫，永新；程士鵾，永豐。俱我生平交，冥冥飛群鴻。江左偉沈談，沈士柱，蕪湖。談允謙。其人洵錚錚。相知二十載，老至彌堅凝。一時偕隱流，落落參南邦。曹鳴遠、郝錦、陳璧、萬壽祺、胡長庚、潘陸、曹臺嶽、湯燕生、方文、湯纘禹、顧有孝、范又蠡、錢邦寅、蕭雲從、方中履、戴移孝、梅磊、王屋、趙澳，俱南直；李長詳，四川；沈中柱，浙江；嚴慥，湖廣。豈非弓劍地，歷年三百長。更多雪庵徒，雪庵原郭都賢，後雪門僧原韓繹祖，槁木原梅之熉，背庵原方嘉渭，西頑原錢秉鐙，無識原鄢見，以廉原周琊，澹菊原蕭時釵，獨濁原傅傭，雪茅原吴尊周，自山原高岱。雪崖、澹然、妙月俱不知姓名。讀騷涕泗滂。揮手謝妻子，瓶笠孤翱翔。守價不爲移，賣藥同韓康。余玄中，浙江；吴石門，北直；鄢繼思，南直。醫世雖不瘳，獨喜傳其方。時有二少年，一伯一中丞。姚志卓，浙江；黎士彦，新建。屈己兄事我，怒呵猶順承。可惜蹈江海，黄鳥徒哀傷。更有一老翁，破產圖再興。既耄氣不衰，壯志能冥升。脱略舊師生，八拜何忘形。朱穆天際來，朱東觀，浙江。客久裘蒙茸。飄葉不歸樹，當作河西傭。烈士曾一去，即任濟世。泣送爗之岡。生平笑荆卿，倉卒死暴嬴。久交無後言，薄俗良可懲。布衣乃孤憤，萬字莊甫，新建。兩目竟青盲。好友收其胔，餒鬼絕蒸嘗。芑山愛南遊，張自烈，袁州。托跡似許衡。令弟東皋棲，行藥採二苓。咄咄西溪生，傅占衡，臨川。日夕癡山從。陳士驥，臨川。較書倦垂翼，歌醉聊徜徉。楚調詩怨誰，周分封臨川有楚調詩。老死向容光。生子類儷等，天以善其藏。吾徒有鄧蔡，鄧源，樂安；蔡景定，新建，予門人。執義能文章。弱壯甘布衣，自許何愚狂。勿以嗟來微，死向道路傍。吾宗志高尚，流涕入文場。狂言棄諸生，授徒娛若翁。彭文亮。涂鄭尚其操，涂日誥，新建；鄭之弘，進賢。亦以求童蒙。黃冠餓辟穀，稱疾時支牀。程元極，新建，托度疾爲鍊師。五經掃地時，高蹈誠終藏。程以五經舉鄉。孱士自行汲，何一泗，新建。有時仍休糧。髻山稱同年，苦節同其風。宋文盛隱居髻山，何、宋同舉己卯。善交祝仲子，祝應鰲，臨江。久敬同晏嬰。近聞老益貧，好我力不勝。內弟日相於，仰止丈人峰。祝妻父熊極峰化，臨江死義，詳後註。化子兆行。同里黃解元，騰達，臨江。絕意向南宮。不忍背其師，黃座師周鳳翔，甲申死北京。願齊編户氓。秋山似張悌，肯負諸葛公。鄒瑄，臨江，一字秋山。楊公同年，交厚。及門得兩生，師死志彌强。金士聲、蕭鼎璧俱臨江，楊公門人。島客義不返，生同練公鄉。曾文德，峽江，棄家居厓門。練公子寧，殉建文難。一時三相君，烈烈推臨江。曾櫻與同郡楊公廷麟、晏日曙，俱以宰相死義。王孫各竄伏，名不能悉。困苦無完裳。誰爲杜杜陵，見汝哀徬徨。萬曆末年時，異志窺朝廷。削跡以觀時，其志莫能量。我曾見其人，或道或復僧。道士張還初，北人。僧以埋庵稱。浙人。竟死向草中，泯沒隨蓬螢。其流志各殊，世外抱孤忠。巖棲獄瘐死，耿耿戀明王。茅山張冲符，東江芊醇醇，西山張逍遙，揚州僧德宋。嗟我日月徂，旅食道益窮。四十有九年，歷歷春一夢。傭田活衆口，低心死晦農。予壬辰自翠微徙巘。丁酉，自巘徙冠石。戊戌，復自冠石徙草湖，傭友田，率二弟、門人任安世躬耕，自名晦農。我無舟與車，故交落晨星。我生已如歿，我歿墳徒青。眼中惟易堂，慰我雙酸睛。冠石老長沮，林時益隱居冠石，率其子楫孫，故人子任瑞、吴正名躬耕，暇則讀書咏詩，與子弟婿門人相唱和。窮年相耦耕。古桂覆霜屋，予土室名樹廬，依桂下。枯梅立寒楹。檻前有枯梅，圍三尺許，古幹昂藏，留爲死友。人事已如此，天道亦何憑。汝曹已長成，誰與爲股肱。今我不爲述，後生誰爲聽。已矣萬山寂，歲晏掩柴門。”

“死者亦多門”註記：

一磔死。陳士奇，漳州，四川巡撫。癸未蜀陷被執。王賜，新建，巴縣知縣，癸未縣破被執。詹兆恒，廣信，南御史。乙酉在籍起義被執。蕭行禮，臨江，劄委參將。乙酉攻城被執。楊行弟四，臨江，督師標將；陳烈，南昌，總督標將。俱丙戌贛陷被執死。徐士驥，吉水，諸生。癸未獻賊破縣城被執，大罵截舌肢解。共計七人。

二叢箭射死。周之藩，貴州籍，福建總兵，封忠孝伯。丙戌汀陷，駕誑敵緩追者，敵隨覺，縛樹上馳射死之。計一人。

三闔門死。侯峒曾，嘉定，通政使。乙酉在籍起義，城陷。弟岐曾，子姪一門爭死。幼子智含爲僧盡隱寺，易字元鑑，病死，竟絕。

四洞腹死。鄧林奇，南昌，九江總兵。乙酉見敵不屈求死，敵手刺之洞腹。共二人。

五刑死。蔡懋德，蘇州，山西巡撫，死山西。袁繼咸，袁州，侍郎總督，死北京。吴易，蘇州，主事封伯，死南直。梁于涘，江都，萬安縣知縣，死江西。胡海定，南昌，汜水縣知縣致仕，起義饒州，死婺源。汪碩畫，徽州，九江總兵，死江西。朱議漇，江西，宗貢，浙江巡撫，死廣信。朱盛濃，湖廣宗室，封通山王，死南直。唐倜，當塗，行人，死浙江。江長吉，徽州，副將，死江西。林大典，福建，監紀推官，死江西。

郭應衡，龍泉，維經子，兵部主事，死江西。鄒子儒，吉水，元標孫，中書，死江西。姜之英、姜之和，新建，官生生員，曰廣子姪，死南昌。胡守愚、胡守愿，南昌，俱童穉，父澹起義出亡，兄弟爲仇縛送，爭死南昌。鄒萬墺，臨川，生員，死南昌。劉天駟，新建，贛副將，死南昌。聶昊，永豐，監紀推官，陳龍、熊飛、蕭韻，俱永豐，贛督師標將，死南昌。帥師，九江，副將，與原任總督余應桂起義都昌，死南昌。王瑶，臨川，布衣，帥謀主；吴斗、張以戴，俱帥部，並死南昌。李王英，九江，布衣，死九江。周鼎瀚，安福，侍郎少詹，死湖廣。馮京弟，慈谿，巡撫，死浙江。徐敬持，廣信，進士，死江西。余鵾祥，辰州，副使，死南直。張簡，蕪湖，監軍，死南直。揭重熙，臨川，兵部尚書，死福建。共計三十四人。

六自刎死。林全春署贛令，城陷死。朱盛瀊，湖廣宗室，雲南知州，起義兵敗死。計二人。

七縊死。李邦華，吉水，左都御史，縊北京。姜曰廣，新建，大學士督師，己丑城陷，縊於敕賜故翰林郭思顔仁臣之心坊下。熊化，臨江，大理聊，縊於家。曾櫻，峽江，少師，縊海上。彭錕，寧都，兵部員外，冠帶同妻李氏縊於家。朱奇，江西，宗貢，縊新建僻鄉。雷德復，進賢，吏科，縊湖廣僧舍。共計八人。

八餓刑死。黄道周，漳浦，大學士督師，被執南京，不食刑死，計一人。

九水死。楊廷麟，臨江，大學士督師，死贛城塘中。萬元吉，南昌，兵部尚書督師，死贛江。龍菉，南昌，吏部員外，死贛江。徐必達，九江，贛總兵，死吉安螺川。黎士彦，新建，應皖巡撫，死峽江。共計五人。

十交刃死。劉兆泰，寧都，廩生，丙戌遇兵死。胡從治，南昌，貢士，戊子遇兵死。共計二人。

十一解都斷首死。吴應箕，貴池，生員，起義被執，解歸南京，不肯見敵，求解者斷首。計一人。

十二杖死。僧德宋，臨江人。計一人。

十三夾死。陸本，丹徒，生員，事敗被執，拷訊最慘，因求硯筆供狀，乃書自贊，又濡墨大書一“死”字，擲筆死。計一人。

十四獄死。毛鈺，九江，生員，乙酉起義。計一人。

十五揚州圍城死。施鳳儀，蘇州，兵部主事；胡珵，桐城，參謀知縣。俱從史督師死。計二人，餘不能悉。

十六贛州圍城死。郭維經，龍泉，吏部尚書；萬發祥，新喻，翰林編修；彭期生，海鹽，太僕少卿嶺北道；姚奇允，南直，御史；黎遂球，廣東；周瑚，南直；黄肇基，湖廣；錢謙亨、符遡中、楊建鴻，俱臨江；曾嗣宗，寧都，俱兵部主事；楊文琦，寧都；王其宏、王其巄，俱安福績燦子；劉肇復，士禎子；黄尚賓、符廷中，俱臨江，俱監紀通判推官；陳石課，廣東；童以振，南直，俱總兵；盧象觀，後府經歷；劉曰佺，舉人；蕭道方，生員。俱同楊、萬二督師死。共計二十二人。餘不悉。

十七江西圍城死。自金聲桓、王得仁、宋奎光、郭天才、楊毓外，俱不知姓名，俱同姜督師死。方嘉渭，貴池，布衣，國變爲僧，戊子秋以事入圍城死。李之榮，泰興，台寧總兵，爲海忠伯田仰總兵，不從迎降，金、王舉事，亦不復出，居圍城死。共計二人。

十八憂憤勞瘁發病死。楊文薦，湖廣，吏科，贛陷，執歸南昌，嘔血死。劉同升，吉水，侍郎詹事，憂勞病死。龔孟明，南昌，棻子，兵部主事監事，嘔血死，棻竟絕。吕大器，四川，兵部尚書晉閩粤大學士，不拜，憂勞死。胡以寧，南昌，總兵，封進賢伯，始謀金、王舉事，先期病死。萬字莊甫，新建，布衣，目盲絕食死。徐作霖，新建，生員，病死。共計七人。

十九疑死。史可法，北直，少傅，督師揚州城，求死，爲標將史龍江持之，死亂軍中。計一人。

二十腸潰病瘡死。戴重，和州，推官，起義湖州，力戰却敵，中矢腸潰，出血斗餘，病死。計一人。

二十一王事兵亂死。劉季鑛，吉水，同升弟四子，侍郎少詹；程峋，永豐，兵部尚書。俱死廣西。共計二人。

二十二僧死。韓繹祖，烏程，敬子，起義，屢辭要職不就，棄妻子祝髪，自稱後雲門僧，陷海入獄，備嘗艱險，病故鎮江。梅之熉，黄梅貢士，世襲錦衣，國變，盡散貲僕，築僧舍，自號槁木，日夜數千拜，病死。萬壽祺，南徐州，舉人。同楊廷樞起義，臨刑得釋，即日爲僧，名明志，築隰西草堂居之。嘗寫真六幅，一廷試，二廬墓，三授經，四泛湖陳兵，五偕妻紉蘭抱甕，六披紅僧衣，袒右，牽一小驢，怒視。尋病死。舒益其，廣濟，生員，國變爲僧，字未嘯。死時囊惟硯一擔。共計四人。

二十三坐脱死。耆僧觀衡，時官迫之不肯見，沐浴坐脱死。計一人。

二十四蹈海死。黄賡，徽州，武狀元。姚志卓，杭州，封仁武伯。姚父母弟妹妻盡死難。共計二人。

二十五暴死。何謙，崑山，北昌平巡撫，國變歸里，馬、阮持之，卒死於舟，不名一錢。計一人。

二十六獄自盡死。周鑣，金壇，禮部員外，忤馬、阮下獄，敕令同雷縯祚自盡。計一人。

二十七蒙難客死。朱華壥，襲楚王，死將樂。朱華堞，崇陽王，死廣西。李永茂，南陽，大學士兵部尚書，死廣西。熊明遇，進賢，兵部尚書，死福建。涂伯昌，新城，御史，死寧都。胡澹，南昌，御史，死寧洋。王鉉，四川，副使，死吉安。黎士奇，新建，兵部主事，死吉安。項順心，福建，同知，死湖廣。朱議洞，宗貢，知縣，死廣東。張壽眉，新淦，通判，死寧都。黄尚實，臨江，通判，死雩都。朱議汸，宗貢，潯州通判，死豐城。萬實，南昌，生員，死建昌。共計十四人。

二十八直諫刑傷發病死。涂仲吉，漳州，南監生，以直諫下獄拷訊，弘光間授翰林待詔，不就，歸病死。計一人。

二十九賣藥死。鄔繼思，丹徒，國變，棄諸生，賣藥死。計一人。

三十勤職死。朱統鎮，宗室，進士，將樂知縣。庚辰練兵修城，治艦習水戰，敵不敢犯，死官。馮元飈，兵部尚書，南北交訌，挾病調度，死官。共計二人。

三十一老貧餓死。朱統鈫，宗貢，五經舉人。國變年七十餘，日食一糜，手錄小楷註五經不輟，竟死。計一人。

三十二民變死。鄭元勳，江都，進士，傳訛激變死。計一人。

三十三客死。汪思湛，新建，舉人，己卯以友義死徽州。萬時華，南昌，保舉北歸，死揚州。鄧履中，新建，舉人，死南直。陸運昌，浙江，進士，知縣，死鎮江。趙純武，四川，貢生，死江西。胡學海，南昌，總兵，死南康。共計六人。

三十四考終死。舒曰敬，南昌，進士，知縣。陳函輝，台州，進士，知縣。馮元仲，慈谿，貢士。徐遂東，太倉，總兵。金有聲，紹興，贊畫。王績燦，安福，御史。劉士楨，萬安，太僕卿。李邦英，吉水，曲靖府推官。蕭琦，廬陵，兵部尚書。曾文饒，泰和，貢士，癸未吉安陷，賊執不屈，縱歸。鍾掄芳，永豐，乙酉秋病革，喜曰："吾得爲明進士矣。"歐陽斌元，新建，奇才博學，閣部交聘，屢薦授要職，不就。弘光詔令，吕史奏疏，多出其手。遊元達，豐城，獲鹿知縣。癸未，北兵入畿輔，守禦有備，縣獨全。行取，以弟病告歸。魏兆鳳，寧都，詔舉孝友廉潔。曾應遴，寧都，兵部侍郎、僉都。招降粵寇，贛賴其利。吴廷猷，南昌，羽文次子，戎政侍郎。戴魁明，新昌，萊州知府。黄中澹，廣昌，廣東潮州知府。黄震，廣昌，舉人，國變不與計偕。周分封，臨川，舉人，守義。許世英，金谿，保舉好義。陳穎士，臨川，生員，守義。高良貴，新建，生員，好義。程良傑，新建，生員，少年好義。萬曰佳，新建，舉人。余正垣，南昌，貢士。劉斯陸，南昌，生員。項承祥，新建，生員。萬時升，南昌，監生。李甠，豐城，官生。劉徵孝，泰和，生員。歐陽友奇，泰和，貢士。程士龍，永豐，貢士。李穎，豐城，舉人。自曰佳以下，俱江西知名士，死乙酉前。共計三十七人。

三十五盗焚死。游允通，豐城，生員，救友横死。計一人。

三十六爲僕焚死。徐世溥，新建，保舉。計一人。

三十七誤客刑死。舒忠讜，進賢，舉人。或强之入宣大幕，值姜瓖授翰林，城陷刑死。計一人。

三十八隱死。道士張還初，洛陽。僧埋庵，杭州。共計二人。

右共三十八門，計二百許人，俱係師友知戚，不敢泛及。中有傳聞未確者，更求訂正。

骨董三記卷四

1078.安南詔書

咸宜爲阮福時年號，元年當中國光緒十一年，以不堪法人之虐，逃至三猛十州接壤之地。後三年，爲法人所執，流北非阿爾及爾。此其初逃出順化時號召勤王之詔也，可補記載所未及。

北圻軍次　爲摘録事。前奉上諭，内略叙國家遭此多難，神人共憤。凡有敵愾之心，無論官軍士庶，或赴甘露城護駕，或當地方起義，苟可以殲滅金仇，扶翊國祚，皆當隨其心力爲之。朝廷功賞，自有成典。欽此。各等因。輒奉摘録，俾各敏應，須至摘録者。右摘録北圻各轄官民士庶週知。咸宜元年，柒月拾五日。越南高平下省奉鈔。有小方印，文曰“高平布政”。

諭自古馭戎之策，不出戰、守、和三者而已。戰之則未有其機，守之則難期得力，和之則所求無厭。當此事勢，千難萬難，不得已而用權。太王遷岐，玄宗幸蜀，古之人亦有行之者。我國邇來偶因多故，朕以沖齡嗣位，其於自强自治，不暇爲謀。西派横逼，現情日甚一日。昨者他兵船增來，責以所難，照常款接，一不之受。都人震懼，危在旦夕。謀國大臣，深惟安社重朝至計，與其俯首聽命，坐失先機，曷若伺其欲動而先應之。縱然事出無奈，猶得有此今日之舉，以圖善後之宜，亦係審度辰勢起見。凡預有分憂者，想已預知，知而預爲之，切齒衝冠，殲仇敵愾，誰無是心哉！執戈擊楫，奪槊運甓，亦豈無其人哉！且人臣立朝，徇義而已，義之所在，死生以之。晉之狐偃、趙衰，唐之郭子儀、李光弼，古何人也。朕凉德遭此變故，不能竭力斡旋，都城淪陷，慈駕播遷，罪在朕躬，慚惶無地。惟倫常所繫，百辟卿士，無大無小，必不朕遐棄。智者獻謀，勇者獻力，富者出貲以助軍需，同澤同胞，不辭艱險，當如何而可扶危持顛、亨屯濟蹇者，不靳心力，庶幾天心助順，轉亂爲治，轉危爲安，復宇歸疆，此一機會。宗社之福，即臣民之福，與同戚者與同休，豈不韙歟！若夫愛死之心，重於愛君，謀家之念，切於謀國，官則托故遠避，兵則離伍潛逃，民則不知好義急公，士則甘於棄明投暗，縱能偷生世上，衣冠而禽犢，胡思爲之！醲賞重罰，朝廷自有典型，毋貽後悔，其凜遵之。欽此。咸宜元年陸月初貳日。

諭：頃因法派橫迫，畿輔播遷，勤王一念，率普同然。當此有事需才，必須破格拔擢，方期幹濟。原工部尚書黃佐炎，經準開復東閣大學士銜，充節制軍務大臣便宜行事。其參佐亦要多人，俾資商委。原山興宣總督阮廷潤，著開復總督原銜，兼充協統軍務大臣。原諒平巡撫吕春葳，著陞授總督，兼充參贊大臣。原提督謝現，著陞授都統。原副官奇領副領阮文如，著陞授領兵。均充提督。原布政阮文甲，著授山西巡撫，兼充參贊。原領布政阮高，原贊襄阮善，著各陞授布政。原領布政武桶、督學吴光輝，著各陞授鴻臚寺卿。均充贊理。原知縣黃廷經，著賞授北寧省按察，仍充贊襄。各各隨在糾集紳豪兵勇，隨機剿辦。仍開報黃佐炎知之，以便調度。爾阮廷潤等，各宜倍加奮勉，一乃心力，立奇功以邀厚賞。餘尚存慷慨機勁千人，有應量授何銜，著由黄佐炎察辦，欽此。咸宜元年陸月初三日。

1079. 順治出家

《大覺普濟能仁國師通琇玉林年譜》云：

順治十六年三月十五日，面聖，即以方外禮接見，供養西苑之萬善殿。世祖一日至萬善殿，問："師心在七處不在七處？"師云："覓心了不可得。"世祖問："悟道的還有喜怒哀樂否？"師云："喚甚麽作喜怒哀樂？"世祖云："山河大地從妄念而生，妄念若息，山河大地還有也無？"師云："如人睡醒，夢中之事，是有是無？"世祖問："如何用功？"師云："端拱無爲。"世祖問："如何是大？"師云："光被四表，格於上下。"世祖問本來面目。師言："如六祖所言參。"世祖云："六祖如何說？"師云："不思善，不思惡，正恁麽時如何是本來面目。"世祖問："思善思惡時如何？"師云："好善但好善，惡惡但惡惡，正好無惡惡時即參者。好善惡惡是我作用，我不思善不思惡時面目，漸要一切交參。第一要動裏參，動中得力，靜中愈勝，古人所謂從緣薦得相應捷也。"世祖問："如何是孔顔樂處？"師云："憂心悄悄。"世祖退，命近侍傳諭云："恨相見之晚。"

自閏三月初一至四月八日，於萬善殿奉御旨請上堂者四。凡上堂，御駕必躬行禮，請親臨聽法。下座後，御駕必復臨西苑謝法。世祖請師起名，師辭讓。固謂師曰："要用醜些字眼。"師書十餘字進覽，世祖自擇"癡"字，上則用龍池祖法派内行字。後凡請師說戒等御札，悉稱弟子某某，即璽章亦有"癡道人"之稱。凡師弟子，俱以"法兄"、"師兄"爲稱。至四月八日，道場圓滿，師即辭歸。臨行時，世祖謂師曰："和尚付門人茆溪之偈，最好送和尚回山之舟，即載入京師。"因命茆公隨舟同天使入京。

順治十七年，封師號大覺普濟禪師，紫衣金印。秋七月，世祖馬上有省，詔師入京。十月十五日，到皇城內西苑萬善殿，世祖就見丈室，相視而笑，日窮玄奧。世祖謂師曰："朕思上古惟釋迦如來捨王宫而成正覺，達摩亦捨國位而爲禪祖，朕欲效之，何如？"師曰："若以世法論，皇上宜永居正位，上以安聖母之心，下以樂萬民之業。若以出世法論，皇上宜永作國王帝主，外以護持諸佛正法之輪，內住一切大權菩薩智所住處。"上意欣然聽決。十七日，奉御旨，於景山爲孝獻皇后陟天道場。二十八日，茆公奉旨南還。十二月初八日，奉旨爲一千五百比丘僧說菩薩戒。

十八年正月初二日，奉旨往杭請茆公爲上保母秉炬。初三日，中使馬公奉旨至萬善殿，云："聖躬少安。"師集衆展禮。御賜金安《楞嚴經》。繞持大士名一千，爲上保安。初四，李近侍言："聖躬不安之甚。"初七亥刻駕崩。初八日，皇太后旨："請師率衆即刻入宫，大行皇帝前說法。"初九寅刻，新天子登位矣。二月初二日，奉旨到景山，爲世祖安位。十五日，得旨南還。師乘御馬至大行皇帝前，遶持《楞嚴》諸品神咒，問訊而去。

又《續指月錄》云："玉林聞森首座爲上凈髮，即命衆集薪燒森，上聞，遽許蓄髮，乃止。"

又《三岡識略》云："玉林爲世祖起名曰慧塞，字曰山臆，又字曰幼庵。"

又《玉林高弟行森圓照禪師語錄》云："今上召師爲世祖章皇帝進火訖，奉旨還山。"

1080.保皇會

戊戌政變後，康有爲設保皇會，世多不詳其事。昔年得小册子，題曰："保救大清皇帝公司序例"，所謂會者，殆即指此。此册刊於光緒二十五年己亥冬，内附一紅紙條曰："閱本號《清議報》，附送此書，分文不取。"末鈐印記曰"上環和昌隆代理"，蓋香港派報處。是時康黨《清議報》設於橫濱，梁啓超主之。《知新報》設於澳門，《公司序例》不刊於報紙，而隨報紙分送，未悉其故。初，有爲逃亡赴日本，爲清廷詰責，日政府資以七千金，俾往美洲。此册印行，當有望於華僑。曰"公司"者，華僑所樂聞也。

書中夾傳單二紙，曰"皇帝光緒二十五年十二月二十七日上海合埠士商泣血公啓"，曰"駁詰十二月二十四日僞諭"，數西后八大罪。蓋端郡王之子溥儁立爲大阿哥，欲乘機倡議保皇。其黨麕集江浙，謀舉大事，意在收劉坤一爲己用。不圖經亨頤聯名請歸政一電後，無響應者。庚子難作，其黨說東南督撫自保，意不在自保，而在保皇。坤一更事多，不肯輕發。張之洞則以《清議報》詆之，命梁鼎芬招朱强甫維柔主編《正學報》，以相抵攔，皆不能驟合。於是有唐才常、富有貴爲之役，爲之洞所覆。自是保皇會之名，唯洋溢海外，康、梁竟分道揚鑣。又因販古董、買巴西橡膠地皮，屢致内訌。光緒固無恙，言"保皇"者，不復能聳聽聞矣。"保"之一字，由密詔"朕位幾不保"而來。然梁啓超、王照在日本致鬨，即由此詔，至今有無真僞，疑終不能明也。

《公司序例》分爲"序"及"例"兩端。序凡七八千言，大約歷數國勢之危，曰"土地人民分割"，曰"失路權"，曰"失利權”，曰“失兵權”，曰“失用人之權”，曰“允許各國圈地”。案即勢力範圍。又舉亡國之慘，曰“重税之苦”，曰“凌辱奴賤之苦”，曰“驅逐之苦”，曰“絕種之苦”，歸極於西后之罪惡，光緒之聖明，以明保救之意。唯言户部籌六千萬兩，以修蘆漢鐵路及購鐵甲船者，皆爲西后挪作修建頤和園之費。又言光緒囚於瀛臺，西后以火鉗燒灼皇上足骨，食饌雜以硝粉，務極醜詆，皆非實事。今談康事者，多據其《年譜》，實則事有載有不載，有載而不以實者。此《公司序例》即不載於譜者，不可不察，故略論述之，而錄《保救大清皇帝公司例》於下：

一、此公司欽奉光緒二十四年七月二十九日，皇上交軍機楊鋭帶出康工部密詔："朕惟非變法不能救中國，而太后不以爲然。今朕位不保，可與同志妥速密籌，設法相救。"今同志專以救皇上，以變法救中國、救黄種爲主。

一、遵奉聖詔，凡我四萬萬同胞，有忠君愛國救種之心者，皆爲公司中同志。

一、此公司爲保救大清皇帝公司，即保種公司、保國公司，亦爲保工商公司之事，皆同一貫。以保國保種非變法不可，變法非仁聖如皇上不可，此公司最名正言順。

一、各地各埠，皆公舉值理，持簿勸講，以任此事，值理人數以多爲貴。蓋亡國亡種，人人有份，無可推辭也。凡值理皆得爲本埠公司中議員。

一、每埠於值理中公舉忠義殷實數人爲董事，專任一埠公司事。凡收支捐款、通信各埠辦事，皆主之。有事與各值理公議，即爲議長，並幫同總理辦事，即爲總埠議員協理。

一、每一大地合衆埠，公舉一尤忠義豪俠著名者爲總理。如美國、加拿大、南洋、澳洲、日本等處，又如美國中之大埠，古巴、檀香山或紐約，皆可立總理。南洋亦然。近地各埠公司事，皆統任之。有事與各埠董事及本埠中公舉有才望之人爲議員者商議，則爲議長，隨時商告公司長。

一、立通信人。中國之患在於不通，內地則省府州縣不通，外埠亦各地不通，故有才能而不知，有忠義而不達，外人誚吾爲一盤散沙，故雖有四萬萬人，實散爲一二人而已，安得不弱乎？今各埠立一書記，專主通信各埠，每月互相寄信，總理、董事、值理互相寄相，公函私札、合影單片，交互往來，人人相識，埠埠相通。共談國恥而激忠憤，並講工商進益、變法保護之事，則血脈相通，體質自盛。

一、立總公司所。擇近內地通海外者爲之。澳門《知新報》，横濱《清議報》，皆港澳、日本忠義殷商合股所辦，主持正論，激昂忠愛，薄海共信。今公推爲總公司所，兩報即爲本公司之報。凡同志皆閲此二報，各埠捐款，皆彙匯《知新報》、《清議報》妥收，有報館印章及總公司所印章、總理印章之收單爲據。而《知新報》與香港接近，皆握外洋之樞，尤爲辦事之主。港澳皆公舉忠義殷實巨商爲大總理，總管收支各款及公司中各事。更立協理、幹事、書記數人，皆公選通才志士任之，以通各埠，任各事。兩報地名，今將西字附印。

一、立公司長，主公司中各事，皆聽指揮。宜公舉維新忠臣、才望最著、薄海信仰者任之。其維新志士有才望者，將陸續公舉爲公司長、總公司議員。應公商者，與各議員、總理、董事公議。

一、凡我同志齊心協力，其有害吾同志者，公司中志士必報此仇。皇天后土，共鑒此言。

一、同志份金捐美洲銀一圓，即中國銀二圓。以爲本公司支用，其捐千萬份者皆可。

一、公司中捐款以招養忠義之士，奔走、講勸、通信才能勞力之人，及開報印紙，傳於各地，發明大義，鼓舞大衆。大款咸集，則爲銀行輪船，以保君國，外護工商。其遵詔設法各事，要皆籌救君國之用，不暇瑣及。

一、求救爲皇上密詔，賞功爲有國大典。況功之高者，莫如救駕，酬勞之厚，尤出非常，此千古罕有之遇也。苟救得皇上復位，公司中帝黨諸臣，必將出力捐款之人，奏請照軍功例，破格優獎。皇上必垂俞允，凡救駕有功者，布衣可至將相，古來常見。願共發憤，立致貴顯，不拘出身，無失機會。今將預擬請獎之格開列。一、公司中捐款無論多少，將來作爲五金煤礦股份，即以公司中憑票換給股票，均分利息，其十份以上者，分別差等，加賞功牌。一、捐款自百圓以上者，以中國之銀計。及總理、董事、值理出力者，除捐款作開礦股份外，分別差等，奏請賞給官階。一、捐款萬圓以上，及總理、董事、值理各議員異常出力，及勞歿王事者，應特奏請破格，給予世爵，分別差等，子孫襲封。其捐五千圓以上者，有欲承辦開礦工商等事，皆優予權利，至破格封爵。及捐二三千圓，並得工商礦利。當聽聖恩，一、出力之人，由各埠總理、董事存記於公司長，分別差等，皆賞義士銀牌，或奏請賞職銜功牌。一、出力捐款之人，或未便出姓名者，由總理、董事密記於公司長，到時分別差等，一律奏請獎敘。其有無名氏之款，雖不能賞給官階，亦准持票憑換五金礦股票。一、皇上嘉許，或施破格之恩，更從優存。凡我同志，上念捨身之聖主，下思自保其身家，各勵忠義，垂名千秋。出洋者烟酒燒夜，動費巨金，况兹自顧身家國種，預購礦務利權乎？我同胞同志，富者輸財，能者出力，各盡其心。

一、各埠皆立三連票簿據，騎縫皆寫《千字文》號數，蓋印本公司及總理或董事印章，以一爲收銀之憑票。一爲總公司之存票，一爲本埠之存票，票中備記姓名爵里事業，以便將來换取礦務股票及授功牌職銜，其不願者聽。其各三連票簿，皆由總埠分給與各埠董事管理，以便收銀給據。惟簿册體式，應同一律。

一、捐款姓名數目，願登報者登之，不願者不登。若自願刻報者，告知書記，函告登報，以表彰忠義。其公私函名願否登報者同。

一、各埠董事按月將所收捐款，彙匯總公司一次。如不滿百金者，或小埠交總埠彙匯一次。並按月或按季，將本埠公司中情形，寄一函於總公司。有事則總理、董事宜函告公司長，幸勿逾限。

一、各埠皆以忠義報效，惟通信及奔走勸說人支辛金盤費，截留餘款支之。惟公司開支、各埠截留之款，按季彙報總公司。

一、總公司之總理管收支者，皆殷實巨商，其款皆分放銀行。其有支銷千萬之數，皆公司長公函，總理簽名，始準支發。

一、各埠同志，皆宜酌設公司所，旦夕之暇，來復之日，七日來復。共到公司所互談國事，共勵忠義，及保工商、期進步之事，隨時量力捐資，不支正款。會中共議擴充本公司之事，宜多閲報。横濱《清議報》、澳門《知新報》、星架坡《天南報》，皆爲本公司之報，必宜購閲，以知本公司之事。書記主持公司所，每來復日集衆。

一、公司中各事各地議員，各埠總理、董事、值理，皆可隨時函商公司長，及互相函商公司事，隨時議例損益，函宜寫名。

一、海外志士仁人同志救國者，望隨時貽書本公司見教。或寄書贈相於公司長者，請寄總公司所，或交各埠公司所代寄亦可。凡我同志，必以多通信，多寄相，多聚談，然後血脈通而氣體盛。

一、各埠情形不同，其辦事人數、收支存放銀款各情，勸講各法，由各埠議員自議。除此例之外，不必由總公司限定，惟當函告總公司。凡某埠公司成，即當先報總公司，並迅速匯款，不可遲。

一、誦《救聖主歌》。各國人民皆有頌其君主歌詩。宴會公聚，皆大衆高歌。今爲歌辭，凡我公司中同志會聚，皆宜歌之。歌詞五章："我皇上之仁聖兮，捨身變法以救民。維百日之新政兮，冠千古而聳萬國人。""痛奸賊之篡廢聖主兮，盡撤新政而守舊。日賣地而賣民兮，嗟吾四萬萬人共將爲奴絕種而罔後。""哀瀛臺之幽囚兮，渺海波之浩隔。痛衣帶詔之求救兮，伊中外而求索。望黃種忠愛之壯士兮，思捨身救民之恩澤。共洒血以救聖主兮，乃可以新吾國。""皇上之不變法兮，可以不廢。皇上之救民兮，遂喪實位。皇上之捨身爲我民兮，胡不隕涕。""皇上之不復位兮，中國必亡。皇上之復位兮，大地莫强。同志洒血而憤起兮，誓光復夫我皇。"

一、各地報館，願作爲本公司報者，即通行公司中同志閱看，廣其銷流。其本不足者，由本埠董事、值理酌量資助。

一、上書救主。總督劉坤一曾抗奏保救皇上，以勢薄未成，天下稱忠。本公司先上書太后，請歸政皇上，各埠分上，次則電奏，再次則合各埠簽名。千百萬公請歸政，陳說利害，人心擁戴，西后已悔，當肯相從，否則亦畏人心，不敢害皇上。同志再行設法簽名，以多爲貴。此事但請歸政，並無得罪，宜爭忠義，萬世流芳。

一、中國賣地鬻權日急，皇上幽囚經年，公司中同志宜亟發忠憤，日夜念之，奉詔速籌一切急辦，如救火追亡，以救君國。凡各埠見此序例者，望大呼同志，立即舉行，勿延遲以誤大局。光緒二十五年月，海外保救大清皇帝公司同啓。

皇上密詔如左，凡我中國臣民讀者皆哀痛發憤。

朕惟時局艱難，非變法不能救中國，非去守舊衰謬之大臣，而用通達英勇之士，不能變法。而太后不以爲然。朕屢次幾諫，太后更怒。今朕位幾不保，汝康有爲、楊鋭、林旭、譚嗣同、劉光第，可與諸同志妥速密籌，設法相救。朕十分焦灼，不勝企望之至。特諭。

右七月二十九日諭康有爲、楊鋭、林旭、譚嗣同、劉光第五人，由楊鋭帶出。朕今命汝督辦官報，實有不得已之苦衷，非楮墨所能罄也。汝可迅速出外求救，不可延遲。汝一片忠愛熱腸，朕所深悉，其愛惜身體，善自調攝，將來更效馳驅，共建大業，朕有厚望焉。特諭。

右八月初二日諭康有爲一人，由林旭帶出。

保大清皇帝公司總理董事值理印發。

又一册曰《海外宜合公司以救君國演説》其中三條，專言籌款，亦並録之。

第一，當每埠公立公司，各立董事、值理，總埠立總理，公舉忠義才能殷實之人爲之。第二，當埠埠相通識，相聯結，不論萬里，每月每水，互相通信，互相寄相，互激忠義，互講工商進步，互講變法條理。俾知識日開，熱心日加，群力日合，起大公司，成大商業，皆易而辦，一切事亦出於此矣。第三，當籌公費以開銀行，購輪船，將來爲開礦山、築鐵路之用。今外洋各處輪船，中國無一焉，此固五萬萬人之耻。而海外五百萬人切身之用，乃不自立，此真海外之旅人大恥也。若夫內地銀行，皆俄、德、美人以紙易我現銀，此亦宜自操利權者。至五金煤鐵之礦，天山及阿爾泰山，萬里皆是。阿爾泰山者，蒙古語金山也，曾見一塊金，重二十五斤者。各省鐵路，皆以與人，中國人無一焉，此亦宜自辦一二路，以收回中國自有之利權。其他茶、絲、瓷器、樟腦、工商百事之利，有待大公司而後舉之者，不可勝數。而我同胞萬里奔走，爭毫絲之利於外國禁逐之地，乃舍自己固有之利，真可惜也。

今通籌之，若海外五百萬人，扯算計之，每人能以烟酒之餘，人捐美洲銀五圓，合中國銀十圓，則有五千萬矣。先開銀行，印銀紙行之，可得一萬萬零二千五百萬矣。以三千萬辦輪船，以三千萬辦鐵路，以三千萬開礦，以五百萬辦雜業，他日礦路輪船有股者分利無窮。以三千萬辦一切救國事，以養才能之士、忠義之人，立國體以行之，則中國立可救矣。旅海外者，隨意糜費烟酒無算，若能以之自救身家，人出數圓，衆合一心，則中國立救，事之易豈有若此！若各埠值理能出公議，以國法行其捐法，雖取之極微，或百之一，或十數之一，而力苟有常，尤易成大事。其他練商兵，遣游學，養律師，一皆取法於國律，以組織經緯之。則無論中國敗亡若何，苟有團力，有財力，有人才，未有不能自保者也。天留五百萬海外之同胞，或專以救中國乎？智者不失時，時乎時乎，失此時機，京師內亂，內地分爭，雖有聖者，無能爲計。書不盡言，但粗陳其表面而無大礙者，惟我同胞共發忠君愛國之心，無遲遲以貽亡國亡種之恨也。

1081.屈翁山集外文

屈大均《與石濂》二書及《花怪說》，載於潘耒《救狂砭語》，而不見《翁山文鈔》、《文外》。鈕琇《臨野堂尺牘》於耒之攻訐，頗爲之惜，謂“《救狂砭語》既刻，石濂亦刻《惜蛾草》與相抵攔。徐虹亭兩致書石濂，爲之調停”。之誠案：徐釚《南州草堂集》無致石濂書，殆與大均俱以其輕薄角口而删之。唯《遂初堂外集》不删，足徵耒褊性。玆錄大均三文。

石濂與安南交通，在當時目爲犯法，在今日則語海者亦必察之佐證也。劉世馨《粤屑》四云：“石濂俗姓徐，刻《離六堂集》，今日懷拜將軍，明日懷張方伯、丁榷使、陳廣州等。初與屈翁山善，及後相失，翁山致書攻之，言其偷詩。又作《花怪篇》譏之。石欲首其《軍中草》，翁山懼，遂絕交。潘稼堂游粤，不爲所禮，乃究其出身及私通外洋，摘《五燈會元》書内違礙語，以至一切隱事，作《救狂砭語》一卷，刻而傳播。又兩致書辱石。石復書言其索詐，潘益怒，歸途遇吴留村任廣東廉使，盡告之。吴下車即禽石下獄，不能窮治，僅押解回籍。”之誠按：世馨必曾見翁山二書、《花怪說》及《救狂砭語》，然言吴事大誤。據國史《大臣傳・吴興祚傳》：康熙十五年，任福建按察使。十七年，陞福建巡撫。二十一年，陞兩廣總督。二十八年，去任。三十六年，歿。潘耒游粤，據《遂初堂集》在三十八、九年，時興祚久逝矣。禽石濂者，按察使許嗣興也。王士禛《分甘餘話》四云：“押發江南原籍，死於道路。”嗣興後爲福建巡撫。藝風丈《藝風堂文續集》二，有《石濂和尚事略》，言“石濂解至贛州，止於山寺，又復興起，皈依甚衆。江右李中丞基和又逐之，押發原籍，死於常山途次。”所述較詳，惜未知所本及事在何年。考《實録》康熙四十年六月，許嗣興任廣東按察使，四十三年七月，遷河南布政使，李基和四十四年四月離江西巡撫任，事必在此二三年內。時彭鵬正爲廣東巡撫，有名强項，乃不能窮治，《古愚心言》中無一字及石濂者。潘耒卒於四十七年，猶及見石濂之敗。方貞觀《南堂詩鈔》六有《過長壽庵》二首，蓋弔石濂也。詩云：“紺殿琳宫舊法輪，幾年七寶竟成塵。山僧偏愛知名士，憲府難容出世人。水榭潮頭衝檻斷，影堂風脚裊幡頻。唯餘詩卷長留在，還爾西來未壞身。”“帶礪河山歎劫灰，空門何必感蒿萊。風高宛柏潛形至，行滿波旬驀地來。野性自應招物議，諸奴未免利吾財。多情惟有聽經鶴，猶戀支公舊講臺。”詩作於雍正丁未，距石濂之敗已二十年，長壽久廢，恩怨亦盡矣。“山僧愛才”，指石濂爲吴綺身後刻《林蕙堂集》。“諸奴利財”一語，却得此事真際。貞觀必有確聞，非漫爲石濂鳴不平也。嘗謂石濂、文覺與衍斯道，爲一輩人，皆有過人之才，不得志，遁入彼教，而又不甘於空門者。文覺助清世宗興阿、塞、年、隆諸大獄，予别有述。

屈翁山與石濂書

詩之爲道，以雅爲貴，觀其詩可以知其德。人無德以養其心，其詩必出於不雅，則爲小人之詩矣。然今之爲詩，求其爲小人已不可得，大抵剽竊以爲工，攘奪以爲事，欺心誑世，聾聵一時，以爲名利之資而已。拾他人之涕唾，作藝苑之穿窬，廉恥之道盡喪，詐僞之心日高，此乃詩之盗賊，罪服上刑，凡操觚染翰之儔，皆得而誅其慼惡，蓋天下之最不祥人也。不惟學士家有之，即釋僧亦有之。

昔皎然禪者有云："詩有三偷，偷句最爲鈍賊。"詩非僧之本色，能安其本色而不爲詩，即爲詩而安其本色，不行偷竊，此則僧之有德爲可重者。今兄之《離六堂集》也，試返問於心，出於己者幾何？出於人者幾何？將他人之鏤心雕腎、嘔出精血而得者，不難攫取以爲己有，或全用，或半用，或句中改一二字而點金成鐵，或全章改五六字而以魚目亂珠。即如僕之集中詩云云，兄詩云云，如此類不可悉數，在《翁山集》中已竊至數十處，他人之集，蓋不知其幾矣。

然則兄之真詩，亦何在乎？集中牛鬼蛇神、不成文理者十而四五，其兄之所作乎？兄學佛人也，佛以偷盜爲諸戒之首，以不昧心爲人道之門，奪人句以爲己物，比於"殺越人於貨，閔不畏死"，其罪殆有甚焉！

僕之詩於古人百不及一，謬得虛名，然天下人愛之，未有若兄愛之之篤也。愛之且欲有之，有之不可得且欲，則姑割其膏腴，取其精髓，以裝飾兄之土軀木偶。一旦僕先朝露，則將毀其版，沒其書，而改爲兄一大部集，如齊丘之於《化書》，向秀之於《莊》詁乎？

然或非兄意。兄凡有所作，大抵倩人代筆，或者其人以兄賄薄，不忠於兄，將僕佳篇佳句塞責，兄瞢然不察，爲其所陷耳。陷兄於惡而兄不知，方且揚揚得志，以爲吾詩精妙，高出時僧，使天下贊兄詩者皆口是而心非，玩弄兄於股掌之上，以爲笑具，此其人誠兄之罪人也。

請兄舉《離六堂集》版而焚之，其已裝潢，亦付水火，或擇其一二純出於己者刻爲一集，名之曰《石濂真稿》，質諸天地，證諸鬼神，無一昧心之語，乃始流布。使僕之詩復得完璧而歸，毋致與藺相如之頭俱碎。

兄之與僕也，譬若共命鳥然，又如腹蟹，蟹在瑣蛣腹中爲瑣蛣取食，瑣蛣以蟹之飽飢爲飽飢也，蟹甚勞而瑣蛣甚逸，僕之嘔心得句以供兄之饜飫，兄之蟹奴也，兄巧而僕拙矣。使天下皆盡如兄之巧，則天下又安有拙之人乎？

雖然，僕之殘膏賸馥，儘可以饜飫數人，分其蹄股一臠，亦足以成貫休、齊己。兄愛僕詩，僕誠不惜以十之二三相餉，然僕集已梓成矣，天下人無不傳而誦之矣，僕雖欲舉以與兄，天下人未必與也。非其有而攫取之，兄求富而反貧矣；盜他人之名以爲名，求榮而反辱矣。兄今氣傲心高，以爲大善知識，可以弔詭炫奇，欺弄一世。使有識君子不惟不信兄詩，且不信兄《語錄》，因兄一人，並不信天下之詩僧與天下之爲禪宿者，是則兄又爲天下善知識之罪人，非僅詩人之罪人已也。

見幾不俟，非大智勇者不能，請即行焚版，毋待明日。僕登高遙望，有火光烈烈自招隱堂而出，將合掌贊歎，以兄爲過量人也。自此益與兄親厚，從容暇豫，將爲兄細言風雅之道，使兄日聞所未聞，其爲益正未有艾。不然者，僕以此書並僕詩兄詩相同者合成一編，布之海內，爾時兄毋以僕爲刻薄不先言。語云“夫人必自侮，而後人侮之”，惟兄其熟計焉。

屈翁山復石濂書

昨致書與兄，言詩耳。詩本非兄所長，僕之盡言有益於兄不少，而兄乃大怒罵，裂眥嚼齒，椎胸頓足，舉世間所有醜惡之語以相訶詆。無論僕罪不至是，即至是亦豈可疾之已甚，以市井小人之口舌相加耶！朋友忠告，貴以善而道之。僕作書，氣甚和平，詞亦婉雅可誦，言詩之外，未嘗旁及他事，庶幾有古人善道之風。見不悔悟，乃亦指摘僕詩見復，僕兹幸矣！若非言兄之過，僕何以得聞其過？使僕得長聞其過，自此以後，雖終日言兄之過可也，第恐兄不能有此虛懷耳。

兄所指摘十餘句，皆僕本之太白者。僕平生好嗜太白，以太白爲師，薰以水沈之香，浣以荼蘼之露，而後敢開卷帙。三十年來，非太白不存乎耳目，非太白不留於心思，見於羹牆，形諸夢寐，故所爲詩，多有似太白。聲音笑貌，具體而微，得其精者於神明，得其粗者於字句，全用之不嫌其全，半用之不嫌其半，而僕亦能與之後先輝映，彼此爭雄，蓋化魚目以爲明珠，而非點純金而爲鍇鐵也。僕之心亦甚光明，天下之人皆見，不以爲非，即使太白復生，亦當掀髯大笑，以僕爲肖子肖孫，不則亦以爲衙官，置之門下，其不肯以盜竊而擯之於千里之外亦明矣。大抵善用古者，即古人可以作我，取彼臭腐，化以神奇，禪家所言“瓶盤釵釧，共作一金，酥酪醍醐，並成一味”，其喻最精。不善用古者，生吞活剝，食而不化，徒見穿窬之迹，未有鎔鑄之工，則兄之《離六堂集》是也。

僕本無才，故多借資於太白，其不能盡出胸臆，削去陳言，亦猶空水不可以爲酒，徒火不能以成丹，亦或以重賄倩人代作，而斯人者以太白佳句塞責，然斯人則甚有功於僕。如太白云“吾心似秋月，碧潭光皎潔”，僕則云“吾心皎皎如秋月，光映澄潭無可說”；太白云“愁隨一片月，挂在九華松”，僕則云“我有羅浮月，長懸四百峰”之類，使天下之人皆知僕之詩本之太白，以與太白並稱，斯人之力也，僕之幸也。

而兄以重賄倩人代作，而斯人乃以僕佳句塞責，斯人則亦有功於兄，使天下人皆知兄之詩本之翁山。如僕云“歲寒雁門雁，來及江南春”，兄則云“秋來雁門雁，飛過江南江”；僕云“如何亡國恨，盡在大江東”，兄則云“未識累朝亡國恨，如何都在大江東”；僕云“無邊羌笛怨，散作雁門秋”，兄則云“吹來羌笛怨，散作廣陵秋”之類，得與翁山並傳，使天下人不知兄盜竊翁山，抑翁山盜竊兄，斯人之力也，兄之幸也。

而兄乃以僕包藏禍心，於兄詩多所改易，將僕句爲兄之句，自盜竊其詩以與兄，致陷兄於鈍賊而不知。信斯言也，則太白亦嘗自竊盜其詩以與僕邪？兄歸罪於僕，則僕亦將歸罪於太白邪非也？蓋太白以僕之有深愛，故以其精神爲僕之精神，以其文字爲僕之文字，《禮》所謂“致愛則存，致慤則著”，存之於上而洋洋，著之於左右而赫赫，太白之於僕，誠有莫大之恩私，而僕之所以師事之極其誠篤也。今兄之於僕也，愛其詩則欲殺其身，惡其忠告則加之以痛罵巧詆，誣人之非以飾其非，成人之過以文其過，既無虛受之德，又少自訟之美，抑何待人之薄而待己亦失於厚邪！僕愛太白之詩，尊以爲師，雖欲爲之服勞奉養而不可得；而兄之於僕詩，既咀嚼其英華，復髣髴其面貌，乃欲譖於所識之有司，使之身膏鐵鉞而後已，豈僕之愛太白也以愛爲愛，爲婦人女子之仁，而兄之愛僕也以殺爲愛，所謂倒行而逆施，爲黄祖之於禰衡，閭丘曉之於王昌齡邪？僕雖死，生氣猶復凜凜，魂將上爲列星，魄將下爲金石，以與天壤俱弊。僕不讎兄，或恐天下後世有讎兄者，爲僕作一祠宫，以鐵鑄兄之像，跪於門外，溺而擊之，如檜之於武穆也者，人之欲不朽兄，蓋甚於欲不朽僕也。兄既言則必能行，能行則僕必將受禍，兄其勉之，兄所以爲不朽之計也得矣。

僕亦何辨，獨以兄書中别有邪言，以僕不終於僧，爲三教罪首，則不可不辨。夫僕之爲僧也，蓋以弱冠時國破家亡，無所依歸，故逃於壞衣髹髮耳。親雷峰之教，受天界之法，欲報之亦何必以僧？如必以僧，亦未可以報。且天界所言多本儒者，其《原道》一書，亦與僕言儒相表裏。僕今言儒，乃天界之真孝子，天界得僕而言儒，其勝於得僕而言禪也又明矣。即雷峰亦未嘗以僕不終於僧爲罪也，所云“背義”，不過代兄作一問五家宗旨之書耳。若夫大佛寺初上堂法語，則範成兄代兄所作，或稍涉雷峰，然非僕之筆也。

嗟夫，僕嘗爲僧，僧之事最幽昧險譎，變詐不窮，所作多爲陰惡不可告人，而所號爲善知識者尤甚。其中曲折崎嶇盡知之。嗟夫，天下之爲僧者亦衆矣。方其服，圓其頂，髟其鬢鬚，謂皆佛之令子，毋乃謬乎！僕平生絕無他長，惟有爲僧不終，毅然反俗，爲光明正大之舉。且棄拂子，舍傳衣，推倒寶華五座，即善知識亦不屑爲，洞上正宗三十四代祖師亦羞惡而不肯作。知者以爲僕智量過人，不知者以爲背畔佛祖，誠有如兄所云“三教罪首”者矣。

若夫爲僧終而所行多有不合於佛者，如盜竊名號以惑人視聽，畫春圖以導人之淫，媚妖尼以營己之慾，奪人田以肥其囊橐，發陰事以寘人刀砧，作奇技淫巧器物以諂諛顯貴，一炎一凉，變生頃刻，種種賤行，與道相乖，其得罪於佛何如也？

“童真”、“童年”，字面原自不同，僕之文誠不可改。兄改“童年入道”爲“童真見道”，僕殊不慊於中。夫“童真”者，自少至壯，未嘗見男女二色，以至於死，故爲之童真。僕誠愚，不知兄乃真童真，然亦以兄所寫春宮過於精妙，故有此大疑耳。昔人聞隔壁釵釧聲，以爲破戒，阿羅漢因宫女捧足，便失神通。兄應酬之暇，即以淡繪蛾眉、濃描黛綠爲事，作金釵之十二行，備房中之二十四法，素女仰伏之態，極其形容，牡丹採戰之神，窮其鉤索。在兄以爲游戲之具，在僕以爲妖蠱之媒；在兄以爲木人之見花鳥，無所容心，在僕以爲聖僧之遇摩伽，終毁戒體；在兄以爲歡喜之佛無礙菩提，在僕以爲生死之根終嫌聲色。僕誠愚，不知兄之已得三昧自在，向曾作《花怪》一篇以相諷，尚未奉覽，爲友人攫取而藏。經今一載，此稿忽出於友人笥中，非友人藏之不密也，或鬼神欲泄漏之耳。

兄垢習未除，佯狂自穢，紅其小衣，膏其美髮，柔聲下氣，百態逢迎，人以爲名妓者有之，以爲妖人者有之。僕爲兄作序，妄相稱贊，人幾以僕爲兄之匪人。今序已承見還，不勝慶喜，然何不以僕代兄所作《離六堂集自序》一並見還？不敢用僕姓名以污僕，亦豈可用僕之文以污兄乎？

兄今果能大改前非，將《語録》及《離六堂集》删削一通，凡出於己者留之，非出於己者悉以還人，以其真誠無妄，信乎己以信乎友，則是非尚可潛滅，道行尚可進修，所謂亡羊補牢，未爲晚也。若猶是掩過遂非，以怨報德，以毒口駡人爲能事，以險心殺人爲長才，則兄自甘暴棄，無可如何，雖兄之私暱，亦且望而畏避之矣。

兄復書滚滚數千百言，言而不文，“之乎者也”等字皆顛倒錯亂，不成章句，蓋盛氣所致，故怒駡有餘而義理不足。僕所畏者義理，不畏怒駡。義理之所在，談言微中，簡而文，温而理，絕去枝葉，此乃吉人之辭也。尊書具在，僕將合刻之，傳之天下以爲詞場一笑。兄如復有書來，則僕亦必源源奉報，不憚往復，至十而終，十者數之終也。想至此，兄亦辭窮力詘，詖淫邪遁，皆無所用之矣。

然此書亦非兄筆，兄口占之，代者某某書之耳。兄更宜厚其賄賂，求善屬文者爲之操筆，更廣布細作，伺僕陰私，一一籍記之以爲聲罪致討之端。昔人云："甑已破矣，顧之何益。"兄今既與僕絕，亦何所憚而不爲耶？可以殺僕，則可以殺天下之賢人君子，自此而天下以兄爲凶險人，不敢以善知識相目矣。然而僕不恨兄也，恨兄則墮兄術中，兄慎毋以爲憂。僕有命也，非兄所得而生殺也。《花怪》一篇，並祈省覽。罪罪。

花怪

長壽院有一禪者，性嗜種花。花有佛桑一樹，開時花數百朵，色皆黃，獨一花忽變爲絳。禪者以問余，余曰："嘻！是花之爲怪。夫黃，正色也，惟正乃中，故《易象》曰'黃中'。花稟天地正中之德，其色乃黃。此一花乃不安於黃，忽變爲絳，以與同本諸花相異，其毋乃好怪以媚人邪？然吾意花之不能爲怪，必有感而召之者。花無象，以人爲象；花無心，以人爲心。心之邪正，花不能隱，故觀其花而其人之賢否可識焉。吾聞禪者工繪事，每爲當路士大夫作春圖，舉閨房之秘戲曲折，一一得其精微，徐陵所云'優游俯仰，極素女之經文；升降盈虛，盡軒皇之圖勢'，即至好色人不能擬諸形容者，而禪者乃能無微不顯，無幽不出，盡其神而窮其變，豈其得於畫師粉本，抑由前生宿慧耶？禪者亦嘗以其童真入道誇於人矣，而其好奢麗、尚粉飾之染習未能忘。其髮髻美其長，鬖髿至眉，面玉色，脣丹鮮，紅襦彩履，薌澤竟體，豈其誤入摩登伽之室，或婆須密女之房，或蓮花色比丘尼之舍，戒體一虧，奇變頓解，遂能形於圖畫，千態萬狀，因其及爲者，即可推測其不及爲者邪？况夫屨貌蕃夫人觀書之影，與周小史割袖之圖，觀想精微，通神入妙，使人驚以爲老蓮復出，仇英重來，以爲絕技，豈非尤好怪之至者耶？吾想其含毫吮墨之時，蘭若清虛，蒲團闃寂，二三小師而外，萬象冥然，無人見其情狀，惟花見之，忽然變黄而絳，花不能自爲主也。禪者傳人男女之神，花亦傳禪者之神而已。然此花大慈，其將以爲禪者告也。不然，絳亦花之所多有耳，嶺南爲祝融之宅，大火之房，其花若木棉、山丹、木槿之屬，無一非絳，絳固嶺南花之正者也。而獨於一本之中，以其一絳獨異於諸黄，使諸黄遂不得終爲同類，且自有一絳而諸黄之色盡削，人皆憾夫諸黄不與此一絳俱變，然則諸黄際此，其亦有不平於中也耶？一絳叛夫諸黄，諸黄之不幸也。子云'惡紫之奪朱'者，紫奪朱，絳叛黄，吾將欲剪而去之，毋使世人爲其所蠱，其亦所以扶持名教也耶？"

1082.康熙乙未會試

汪景祺《西征隨筆》記："宿遷徐用錫館選後，掃安溪相國之門，社虎城狐，無所不至。乙未分校禮闈，持安溪之勢，一手握定。榜發，士論大譁，安溪亦不能安其位。臺臣董之燧劾其苞苴關節，安溪力救之，繼而徐用錫、儲在文等敗缺大露。先帝面詰安溪，安溪引咎，徐、儲諸人皆削職去，安溪因以不振。"之誠案：乙未爲康熙五十四年，所謂"不能安其位"者，是年六月，光地引年求退，得旨給假二年，至五十六年四月，始還朝也。所謂"先帝面詰安溪"、"安溪引咎"，即雍正二年上諭"徐用錫奸險小人，李光地亦爲所愚。聖祖詰責，李光地具疏認過”也。所謂“安溪因以不振”，即所薦何焯入直上書房，漸被疏斥，安溪七七之年，不敢祈退，康熙五十七年沒於京任是也。《史料旬刊》紀乙未科場，有無名子致光地一書及回目，於光地極其醜詆。有云：“閣下僅受一名人墨迹册頁耳。”又云：“聖眷日隆，人望日損，物議日起，衆怨日歸。”之誠案：是科總裁王項齡，即回目所謂王大司空，爲鴻緒之弟，光地始終與徐、王搆怨，致書必王氏兄弟所爲，以傾光地，而光地以之呈進，力爲申說解免者。回目亦詆項齡無能，則故作遁辭，以示無與。及之燧疏上發還，劉謙先已削奪，乃以他事褫徐用錫、儲在文職，光地恩遇亦大減矣。《榕村語錄》、《續錄》記黨爭事甚晰，獨不及此者，知《語錄》、《續錄》成於光地五十以前耳。

1083.乾隆僞皇孫

《嘯亭雜錄》記“乾隆庚子有僞皇孫，自稱履端郡王永珹次子。訊之不實，遣戍伊犁，後爲松筠所斬”。之誠案：沈垚《落帆樓文集》有《文清松筠公事略》，記此事特詳。云：“上以公不先奏落職，以四品頂戴留庫倫辦事。初，孝賢純皇后從高宗純皇帝南巡，崩於濟南行宫。及梓宫回京，上悲甚。皇四子謁見，以上前不敢喪服。上望見大怒，以爲不孝，切責之。皇四子旋薨，未有子。四十五年，上復南巡，回鑾至涿州，有僧攜男子投訴上前，言是皇四子遺體，以服中生，不敢留，展轉寄僧舍，生十四年矣。男子狀貌奇偉，顧盼非常，見軍機大臣福康安、和珅皆直斥其名。上見之心動，遣中官問皇四子福晉。福晉問管事臣金三合：‘可質言否？’三合懼及己，對曰：‘上意未可測，若直言是遺體，自承罪也。’福晉懼不敢質言，大臣亦無能辨真僞者。公後至，奮然曰：‘此僞也！皇孫尊貴，必不戀惜小物，今乃屢顧所佩扇囊，决非是。’乃命大臣訊之，遂以民劉六之甥郭二格詐稱皇孫定案。上命誅僧，戍郭二格於伊犁。郭二格之遣戍也，沿途官吏皆謂爲真皇孫，莫測上旨，供張甚厚。郭二格指揮徵索，所爲多不法。至是郡王福康安由喀什噶爾至京，奏言郭二格在戍所稱皇孫，煽惑厄魯特，恐生他變。上命改戍黑龍江。五十二年春，郭二格行至庫倫，入見公，索器物甚廣。公先以沿途不法事具奏矣，姑就其欲。翌日又見公，公曰：‘汝今無前往。’郭二格曰：‘汗瑪法遣我往，敢不前行。’公曰：‘汝今猶稱皇上爲汗瑪法乎？皇孫帝子無如汝不法事。皇上以汝小民無知，爲妖僧所煽誘，故貸汝生命，遣戍遐方。汝不思生余之恩，加意斂束，反多事徵求，長此不改，我密奉諭旨治汝詐稱之罪。’即縛出絞殺之。事聞，舉朝大駭。上益以明决重公。”據此，僞皇孫實絞於庫倫，非斬於伊犁也。《雜錄》言始叱皇孫爲僞者，軍機章京保成，《事略》則以之屬於松筠，未知孰是。《雜錄》言“聞其邸太監楊姓者云：履王次子痘時，實未嘗殤，側福晉王氏玉牒作完顏氏，內務府總管公義之女。暗以他尸易之，而命王之家僮薩凌阿者，暗負出邸，棄之荒。嫡妃伊墨根覺羅氏。所撫而哭之者，非真也。與《事略》所言“服中所生，福晉不敢質言”，又“沿途官吏皆以爲真皇孫”者，皆未言其必僞。而松筠敢於擅誅者，揣摩上意未决，欲以膽識博殊遇耳。况有福康安奏發其事於先，又何憚而不爲乎？唯《事略》所言服中生子實誤。據《皇朝文獻通考》，孝賢崩於十三年，永城之母淑嘉皇貴妃薨於二十年，若服中所生，皆不應至四十五年年僅十四。據玉牒，永城以四十二年薨，年三十九，子六人。則所謂“皇四子旋薨，未有子”者，亦誤。堯頗能證古事，尤善言地理，而致此乖舛，至以孝賢崩於德州舟次爲崩於濟南行宫，落筆即錯。又謂郡王福康安，考國史《福康安傳》，五十二年封一等嘉勇公，六十年封貝子，嘉慶元年五月卒，晉封郡王爵銜。五十二年以前，安得有郡王之稱？豈據行述叙次，未嘗稽考歟？

1084.王雱慧力寺輪藏記

王雱《慧力寺輪藏記》，見崇禎《清江縣志》。寺在郡城南外二里許瀕江，即唐歐陽處士宅。寺始南唐，盛於宋。有新喻章穎《重修慧力寺記》天聖二年之冬。及雱此記。雱事實附《宋史》三百二十七《安石傳》，謂雱未冠爲文數萬言，嘗作策二十餘篇，又作《老子訓傳》、《佛書義解》。策及《老子》曾鏤板，今其文皆不傳，此記爲吉光片羽矣。行文極有筆力，宜安石有譽兒之癖。其辭曰：

臨江慧力禪院無藏經，僧善周主持之明年，始募衆得錢寫經，作轉輪藏貯之。藏前設佛、菩薩、龍神之像數百軀，刻雕金碧之麗，觀者駭矚而不盡也。凡更八年，週七歲而當熙寧四年二月十五日，工告畢。嗚呼，可謂勤矣！予嘗以謂佛之爲法，無乎不在，而天下有不聞佛法之處。蓋衆生之法，有焉而不能自悟，必有推而廣之、辨而明之者，然後法行焉。然則彼無法之處，非無法也，無行法之人也。以衆生之迷沈愛海，攖癡疾，不知其幾千萬億劫，漂淪之痛毒，莫知所濟息。而是經也，實爲之船筏醫藥。假會有人拯溝瀆之溺，療痟痒之疹，而非報之求，則是必以爲善人長者。若周捐鬚髮，絕親好，垢衣菜食，苦其形體，宜其無求於世矣；而獨能憂衆生之患，方建是藏，以爲愛海之船筏，癡疾之醫藥，則其於施也，豈徒善人長者之謂哉！然則佛作於前，而行之於後者，周乃其一也。周以禪自名，其於辨而明之，必有功矣，而予未之親聞。若夫擁而廣之，則作轉輪藏其效也。予故樂爲之記。

1085.乾隆御製香盤詞

乾隆御製銅香盤，橢形，長逕四寸弱。詞云：“豎可窮三界，橫將遍十方。一微塵裏法輪王。香參來，鼻觀忘，篆烟上，好結就卍字光。右調《金字經》”。小楷精絕，二小印曰“惟精惟一”，曰“乾隆宸翰”，蓋仿宣德而作。

1086.俞理初刻印

齊學裘《見聞隨筆》卷二十四云：“俞理初爲張芥航河帥修《續行水金鑑》，數月而成。無書不讀，《四庫全書》、《道藏》、內典，以及名宦家世科墨，背誦若流。工篆刻，爲予齊自謂。刻‘蕉窗寫意’、‘玉谿書畫’兩小印。不樂仕進，世亂，奉母以終。”

1087.張穆

《續碑傳集》卷七十三引《山西通志·張穆傳》：“應京兆試，誤犯場規，負氣不少屈，遂被斥。自此後絕舉業。”穆因何犯規，所紀不詳，即晉人相傳穆被搜時，舉酒瓶示搜檢王大臣曰：“此亦挾帶耶？”因此得罪，似亦未審。之誠案：此道光十九年事。穆以優貢生應順天鄉試，與附生錢杰頭場挾帶摘寫子書及《離騷》語句。得旨：“姑念失於檢點，且所帶尚非頭場應用之物，著從寬免其枷杖，仍著革去附生、優貢生，永遠不准考試。”見

《科場條例》卷三十。穆原名瀛暹。

1088. 板屋

瞿鴻禨《儤直紀略》云："乾清宫西丹墀下板屋，候起板屋二間，其一間則召見外起之所。"之誠按：《文宗聖訓》卷五十六："咸豐元年二月丙戌，上諭皇考曾特頒硃諭，飭令次起召對之人，及奏事處帶領之總管首領太監等，俱著在廊下祗候，不准擅進明殿。上年因冬令嚴寒，諸臣分起進内，待召需時，暫令在懋勤殿旁屋祗候，以示體恤。惟思該處係裏邊太監執事之所，語言交接，易啓囑託之漸。著内務府於乾清宫西階下之西，添設板棚一座。嗣後預備召見之大小臣工，即領在棚内憩息，藉蔽風雨，於挨次召見，亦可不致遲誤。"據此，板屋之設，始於咸豐之初。

1089. 三眼花翎

清制：固山貝子戴三眼花翎，領侍衛内大臣亦得戴之。兵部滿尚書及御前侍衛戴花翎，侍衛戴藍翎。親王爲内大臣者例得賞三眼花翎。同治十年正月十二日，鄭親王承志奉旨補授内大臣，軍機承旨時，漏未請旨是否賞戴。十七日奉旨，交部查議。鄭親王照例賞戴三眼花翎，未奉旨前，擅自戴用，交宗人府議處。見邸鈔。

1090. 續開大科

康、乾鴻博兩開，道光時有請者，格於部議未允。《王湘綺年譜》云："同治九年，浙江學政徐侍郎樹銘，奏請開博學鴻詞科，舉府君及德清俞樾。部議俞前在學政任内因事革職，不准所請，奉旨降級。”之誠案：此殆本於《湘綺樓日記》而誤也。樹銘所舉詁經精舍山長俞樾，請賞還編修銜，仍交翰林院代領引見，聽候錄用。東城書院山長、前任內閣中書張應昌，請賞加內閣侍讀銜。會稽縣學教諭汪曰楨，西安縣學教諭吴善述，請賞加國子監學正銜。署遂昌縣學教諭程炳藻，署宣平縣訓導王乃濟，請旨飭部即選。署秀水縣學教諭譚廷獻，請旨飭部即選，仍准特予召試。候選直隸州知州趙銘，舉人潘鴻、黄以周、施補華、何鎔，貢生王詒壽、潘樹崇，請比照博學鴻詞及拔貢、優貢朝考之例，特予廷試。又片奏新城拔貢生楊希閔，湘潭舉人王闓運，道州副貢何維樸，請比照博學鴻詞及拔貢、優貢朝考之例，特予廷試。十月十一日，奉上諭：“以俞樾革職之員，何得擅請錄用？至召試博學鴻詞，必須特旨舉行，拔貢、優貢朝考，係國家定制，非憑空所能比擬。徐樹銘私心自用，謬妄糊塗，所請均不准行，並交部嚴議。”尋降四級調用。是歲通諭采訪儒修，故樹銘有此奏，特未請開博學鴻詞科，所舉不止俞、王，奉特旨不准，亦非格於部議也。是時吴棠亦欲請開博學鴻詞科，舉繆藝風及顧子遠，未果行，或鑒於徐事。後來私議者，皆以爲闕典，遂有庚子後經濟特科之設，所舉既非其人，獎敘亦薄，不足以紹戊午、丙辰之盛矣。

1091.四庫全書副本

今習見書有“翰林院典籍廳”關防，及“四庫書館收掌”圖記，記某人所進書名、撰人，及格式或有删改。皆庚子之亂散出，即所謂四庫副本。《大清會典事例》卷一千一百九十九：“乾隆四十一年，議准《四庫全書》告竣，其副本著於翰林院內，照依目次編排，票籤分出。如大臣官員及翰林等欲觀秘書者，聽之。如書内遇有疑誤，應須參校者，亦令其將某卷某篇書單告之。領閣事派校理官詣閣，會同經管司員，請書檢對，敬謹檢閲歸架，以尊典册。”五十三年，又諭：“《四庫全書》各書底本，原俱存貯翰林院，以備查核。嗣後詞館諸臣及士子等，有願讀中秘書者，俱可赴翰林院白之所司，將底本檢出鈔閲。”是副本即底本，當時官員士子俱可鈔閲，不限於翰林官也。

1092. 物初壽賈似道

《物初和尚語録》有《壽平章秋壑師相》云：“稽首毘盧法身主，三身一體圓滿覺。曼殊室利大智海，普賢清净行願門。大慈悲父觀世音，信住行向地等妙。五十三位善知識，權實擁護天龍神。慈威加被儼在上，鑑兹贊祝日行空。癸酉仲秋之八日，定光金地產異人。自威音前秉正因，向靈山上受記莂。優鉢孕奇時一現，昴宿騰精瑞雨間。千靈嘉會當其時，君臣道合若符節。昇平規模愈持重，呼吸變故常鎮浮。身徇國難入重險，手扶日轂升中天。遠夷縮縮憚威略，生民熙熙安衽席。嗣皇矜式尊爲師，萬類仰戴恃爲命。佛法流行明盛世，持世護法端有憑。二千年後視今日，二千年前等無異。如來慧命期永續，衆生正信常不斷。整頓乾坤大力量，安樂黎庶大福德。我此伽藍鄮嶺東，釋尊舍利所鎮臨。即兹吉祥殊勝地，袞繡光儀立壽祠。穰穰緇侶方儼集，鐘鼓梵唄何所祝。萬象舌頭悉稱壽，寶塔顯爲舒瑞光。昔阿育王造佛塔，其數滿八萬四千。一塔該八萬四千，八萬四千同一塔。八萬四千妙吉祥，八萬四千妙殊勝。願均吉祥與殊勝，散作壽域無邊春。”

1093.明代宫中不纏足

《萬曆野獲編》卷二十三云："向聞今禁掖中，凡被選之女，一登籍入內，即解去足紈，別作宮樣。蓋取便御前奔趨，無顛蹶之患，全與民間初製不侔。予向寓京師，隆冬遇掃雪軍士從內出，拾得宮婢敝履相示，始信其說不誣。"之誠按：鄒枚《鄒子家語》云："明朝無金蓮布地之嬉，遵馬太后之遺也。粵及李太后履不出於宮繡，最愛母家之製，月以貢獻，赤舄珠絲，不替先朝，而事由工部，中使不與聞也。公枚父景南。於李工部家識之。"據此明代后妃且然，不獨宮婢矣。枚子馬卿，江陵人。著有《鄒荻翁先生文集》。《家語》蓋述其父景南之言。景南名法孔，諸生，萬曆時人。爲郭正域入幕之賓，嘗與請立東宮及楚宗事。

1094.嘓嚕子

四川嘓嚕子，清季猶見於官文書，不知所由始。師範《滇繫》八之十二《藝文》，有張漢《請禁四川嘓匪疏》云："聞四川有暴民一種，綽號嘓嚕子，擾害良善，不可勝言。臣曾道過川中，親見其事。近聞爲患漸烈，間有嘯聚山中者。"又云："嘓嚕子一種，多是福建、廣東、湖廣、陝西亡籍之人，逃竄入川，結成惡黨。各州縣皆此輩盤踞，大概居無定所，每於州縣趕集之區，占住閒房，時於集上糾衆行强，酗酒打降，非賭即劫，殺人非梃即刃，甚至火人房屋，淫人婦女，常有其事。貧弱之民，莫敢誰何，有司亦懼凶强，只圖無事。萬一民不得已，告愬有司，一經緝拿，則此縣逃之他縣，積年屢月不獲到案，無可如何。本地住民，近來亦有附入其黨者。"此疏之上，當在乾隆中葉，然何以稱爲

“嘓嚕子”，仍不得其解。

1095. 蒙古婦人阻撓開礦案

咸豐三年八月，彭藴章代奏江西監生羅萬象請開喜峰口外桑園山銀礦。四月三日，奉硃批：“桑園山雖非東陵霧靈山一脈，究距風水不遠，勿庸置議。”後遂開熱河遍山綫銀礦，官爲設局，由商開採。每銀一兩，交納正課銀四錢，耗銀四分，捐備解費一分，又每月津貼防守弁兵銀一百五十兩。又開烟筒山銀鑛，錫蠟片銀鑛。五年九月，會議軍機王大臣籌議開採蒙古金銀鑛，因試採紅花溝等五山金鑛，長杭溝銀鑛，以金鑛徵課則例，各省或論票，或論牀，均難仿照。惟貴州天慶寺金鑛，每金一兩，抽課金四錢，可以仿照。定每金一兩，作十成計算，除以五成歸商人工本外，以三成六分爲正課，以三分爲耗金，以一分爲解費。正課按季交道庫，耗金作爲廠費，其餘一成，即作爲阿拉巴圖當差之資。唯開採以不礙風水及游牧爲限。其鑛皆在熱河喀喇沁境内，故定有熱河辦鑛章程。烟筒山鑛，自嘉慶中封閉，至是已五十餘年。五年七月，喀喇沁王色伯克多爾濟之孀居嬸母，具稟謂：“邊外開鑛，其利甚微，其害甚大，不可與民爭利，致起搶山禍端，請具奏封閉銀鑛。”柏葰時官都統，以爲莠言亂政，交喀喇沁王約束。後復屢遞呈辭。柏葰以阻撓鑛務、不服管束出奏。得旨：“該氏呈詞受人指使，要挾該王，逞其私欲，實屬不安本分？交柏葰提訊，究出教唆之人，嚴行懲辦。”六年二月，審明代其書寫呈辭之許夢錫、黄祥，並無教唆情事，各科以不應重律枷杖。該婦人係宗室，得旨宗人府議奏，此案呈辭、親供，俱呈御覽。兹錄之如次。

格格稟都統：格格節在關外，志計忠義在大清。自二十一歲出口外，今方五十四歲。娘家祖父三代隨龍生，歷代親郡王、貝勒、貝子公受皇恩，不能喪胆，不能誤國，恐聖上怪罪奕字輩。身在蒙古地面，不知情，有事不報都憲知道，這不爲有誤麼？黄旗烟崗山銀鑛處，離格格住宅吃租地面，又有一嶺八里之遥。自嘉慶年奉旨封鎖銀鑛烟崗山，至今五十餘年，風調雨順，國泰民安。今咸豐三年，奉旨開設銀鑛，二年有餘。偶然有賊匪搶鑛五次，抬炮槍刀並聚，火炮連天過險。道台督兵，格格與道台具稟，各鄉胆戰，所有蒙古地面屬六州縣，旗轄金鑛處聚積。蓋天下莊民，合賊匪舊有六七十年，大人苦諫奏可封鎖銀鑛處，全然定太平。若要開銀鑛處，恐此匪金鑛搶劫銀鑛，不失了國家的威嚴？地面荒荒，這又蒙古王爺們奉旨領商開銀鑛，更荒亂了。國家的銀鑛，還有匪逆搶劫，何况蒙古王爺們鑛銀，就無人搶麼？格格不知情弊，幹員怎麽調奏的。利害相連，倘地面上滋出事故，都統担考成；倘蒙古王爺們滋出事來，格格罪加十等。聖上怪宗室奕字輩，二字耳目正管訴國事，不敢具字，又恐其後有誤，格格報到不誤，再要搶山，都統作主。七月二十二日稟。

格格稟盟長：只因烟崗山銀鑛，合王旗兩搭邊界，合格格吃租地面，離銀鑛八時辰之遥。因七月間匪逆搶劫銀鑛，昨熱河道督兵到鄉下，莊民驚嚇，紛亂奔逃。格格見農民荒亂，給道台具稟，道台撤兵回衙。新都統上任，格格又給新都統具稟，都統不解其意，故此給王爺行文，將格格稟文詳盟長。格格不知身犯何罪，可是殺人放火？可是告官告吏？王爺訊一明白。王子犯法，庶民同罪。都統只爲銀鑛詳格格札薩克盟下，格格不答應都統。叩王爺將格格詳與都統案下，格格再叩都統，詳與理藩院，再奏明聖上。王爺只管放心，格格有的是理，慢慢的說呀。都統也是聖上的奴才，格格也是聖上的奴才，恐有誤軍國大事。蓋天下省城、合朝文武是治國安民，總要報答聖上施水土養育之恩，再無有不忠之臣。鏡明則塵埃不染，智明則邪惡不生。格格恐聖上怪罪格格、奕字輩宗室，身在蒙古，不知情，不解勸王爺稟報都統，恐金銀鑛處滋出事來，威鎮彈壓不住。王爺担考成，都統做三年官走了，王爺可走不了。地面上金銀鑛是王爺的病，因此格格勸到王爺不誤國事，謹言慎行。盟長見都統文，除札曉諭格格的奴才們，將格格往天下行走，稟報札薩克，此文與國家的律例不對。格格身不犯國法，札薩克合都統全轄管不著。格格該帳，無米無柴，都統合札薩克管與不管？口外六州縣金銀鑛洞，逼的民變，都統有誤。往長長裏看，若不開銀鑛，還有太平，若要開銀鑛，是國家的害。真要是忠臣替國分憂，苦諫奏明聖上封鎖銀鑛，担考成，批書萬古是忠臣。格格爲的是盡忠報國，在札薩克盟下，格格舍身報國，全國家的節婦烈女之志。叩王爺陞大堂嚴訊格格，給都統詳文。王法無親無疎，圖財失其守，孽由自作。格格因銀鑛不受盟長的訓，叩王爺行文詳與都統，由其格格自便。咸豐五年八月初七日稟。

具稟二格格叩盟長案下：因銀鑛格格給都統具稟，上感“盡忠報國”四字，以全烈女之志。都統上司大人，兩榜出身，替國分憂，律例禮義廉恥通達，坐大位必是清如水，明如鏡。都統并不尊敬國家節烈婦女，都統乃是國家一棟梁，格格是國家的宗族，彼此都是國家的奴才，一殿之臣。有軍國急難，都可按國家律例諫奏。爲大人以忠孝報國爲主身之本，國例半由天子半由臣，聖上以民爲邦本，本固邦寧，國家依合朝文武、藎部群臣，有軍國機密事，全仗文武大臣苦諫奏，聖上旨意方顯與國家治國安邦。自古批書方顯忠臣，隨臣逆臣批書總爲奸臣。諫言者忠，不諫者逆。大清自開天立世，並未指金銀鑛處安民養兵。而且金銀鑛處是亂國的禍頭。外七廳都道府縣含含糊糊做三年的官，取利轉陞無事。王爺是本盟的盟主，可不能離此地面，貿易莊農也不能走。金銀鑛是王爺的病，乃是國家的害。因國家的銀鑛，王爺打更，六州縣取利。官私上下內外，真假虛實，朦朧弊病，不辦利害相連。盟主聰明一時，朦瞳之事，銀鑛處商人合都道府縣交國課無幾，只顧多方取利。肥己者侵吞不漏，干己者昏暗如漆。活到長江水逆流，慘慘悲風日失明。壯氣一時吞宇宙，五典三墳漫究詳。始信用人須破格狥難，何曾大臣仗鉞登壇，無天地堅其心而作其氣耶！似虎如龍勇絕倫，因懷君寵命輕塵。從來逆愛智愈昏，軍法無親敢亂行。順風放火去燒人，忽地風回燒自身。違心恐負九泉人，古今多少偏心父，只爲約言金石重。都統不念全忠二字，倒批格格以婦人妄議國政，實屬不安本分，又行本盟嚴加管束，因比批叩文將格格詳與都統案下，聽天由命，由其格格自便伸冤。千萬叩本盟文書恩准施行，聽批稟。咸豐五年九月十五日具。

都統案下恩准：喀拉沁王旗頭等侍衛塔布囊亡故葛文吉之妻蘇拉蒙古俊，娘家果親王宗室奕字輩格格，相公之妹，喀拉沁王之嬸母，孤獨鰥寡。俊從與喀拉沁王第三子長子，長孫年方十一歲，並未襲職，未出王府。稟訴堂供許夢錫凈情寫的道台稟帖，並未主謀是實。蒙古黄祥凈情寫的都統稟帖，並未主謀是實。住于文會房子是實，不與于文會相干。都道的稟有告示可憑，蒙恩從寬免究存案。唯獨黄祥凈情寫喀拉沁王稟帖兩張，家片一張，都道是兩張稟底，並未主謀是實，有筆宗爲憑。且有喀拉沁王將格格所遞的稟，連許夢錫、黃祥、于文會等一同詳到都統案下辦理。格格自投案訴情深冤，蒙天恩都統准案。格格叩案下，即與喀拉沁王行文提調家長圖斯拉，起本旗和碩金台格格同堂原被告頂案，如有虛實，都統奏聖上，再調喀拉沁王到案。叩懇大人恩准施行，蒙恩叩大人恩准施行。按今日順供，准辦理案下，好伏奏王爺。君子之道，焉可誣也。都統焉可聞風妄奏，將主稿辦錯。咸豐六年正月廿六日。

以上俱見柏葰《灤陽奏議彙存》。此婦人呈請封鑛之意，蓋遍山綫屢遭劫掠，烟崗山距其吃租地面僅只八里，慮有波及。柏葰原奏乃謂希圖封閉後，得與私挖者分利，不免逆臆，宜不足以服其心。咸豐初，帑藏告匱，言利者蜂起，故有開鑛之舉。事經數年，所得無幾，終至停廢，則此婦人之言驗矣。朝臣不言，乃令一婦人言之，其辭甚直，故柏葰亦無如之何。交宗人府議奏後，不知處分如何，度不過仍交喀拉沁王管束而已。色伯克多爾濟之孫貢桑諾爾布，辛亥以後晉爵親王，予嘗識之。

骨董三記卷五

1096.錢江事輯

劉嶽雲《農曹案彙》引寶應潘詠《錢江事蹟》云："江字東平，浙之錢塘人。道光壬寅，英酋義律寇邊，江以布衣糾亡命數千，隸鄧制軍麾下，擊夷於虎門，於潮，於漳泉，於寧波，凡七勝，以功授道員告身。江之爲人，魁顔巨顙，慷慨善罵，好縱橫術，敢爲大言，蔑視同儕而狼抗無上。時江督牛鑑、揚威將軍奕山師潰於上海圌山，鎮江陷，江寧告急，敗不可諱，鑑、山與浙撫陳立采以撫議入告。時江與夷相持於海上甚急，夷酋訴於浙撫，浙撫飛檄召江，且罷其兵。江既至，議不合，起批浙撫頰。浙撫畏江不敢發，密劾江違詔挑寇敗撫議，當斬。拜表之次日，召江飲，伏勇士百人於坐收江。江以黑索擊傷收者十餘人。既而詔免其死，謫戍伊犁。數歲賜環，遊於京師，與雷都憲以誠交。咸豐三年，粵賊自湖北下皖省，陷江寧、揚州，北渡河，犯直隸廣平、河間、天津。天下州縣不被兵者十之四五，内外洶懼。天子以軍興糜餉以千萬計，而江南河工歲耗帑藏數百萬，國用將不支，命雷稽其出入而節省之。江謂雷曰：'河防計吏不足展其才，今軍事孔棘，公盍請於天子，願招募民豪成一軍，不俟度支饋餉，得獨當一面以擊賊，如此則上可大用公。’雷據其議入奏，上改命雷參贊軍務。時賊據江寧、揚州，聲勢甚盛，而主兵者爲欽差大臣琦善。雷隻身渡淮，無一錢一卒，江爲雷剖畫，取於農者按畝加賦曰‘畝捐’，於商賈者曰‘釐捐’，以其資之多寡，計歲月徵之，曰‘板釐’，權物之輕重，與買賣贏絀而量徵之，曰‘活釐’。縣各設官領之，官之下又以群不逞之徒分任其事，凡村落邑聚、荒陬僻壤，窮搜冥索殆遍。民間之飲食衣服，及一切動用之物，皆一一錙銖較之。商賈阻滯，百貨擁貴，而官與吏與不逞之徒更因緣爲奸。於是不被兵之州縣，莫不騷動。雷因其資，募鄉勇數千，營於揚州之城東，琦善營於城西。琦欲深溝高壘，不戰以老賊，江言於雷曰：‘賊目楊秀清等，皆我擊夷寇時故部曲也，知其深淺，一戰必克，賊可盡也。’雷制於琦，不能决。江更言於雷曰：‘琦善老師病民，公假我千人爲公殺之，並其兵以滅賊，大功之下，上必不以擅誅罪公也。’雷駭愕不敢應。江愈驕縱自恣，生殺任意，軍中皆知有江，不知有雷也。先是，雷欲以江功能奏上復其官，江怒謂雷曰：‘爾欲以屬吏遇我乎？’常字雷曰：‘鶴皋，爾恃爾爲都堂乎？東平之手，能取都堂之頭。’一日獲賊諜，雷親訊之。江大言曰：‘撮爾賊何足殺！’叱令去，曰：‘歸語爾魁，云我在此，彼可速降！’左右皆咋舌。江遇軍中健兒，日謾罵而重賞之，雷積不能平，且慮其不可制。會江往泰州察捐釐，泰州人不納，江回營欲益衆往。先是，江謂本朝以水德王，軍中皆立白幟，至是雷悉易之以赤。江內懼欲去，雷往留之，館江於佛寺，故以危言激江。江怒罵雷，雷即閉寺門，伏勇士張小虎等斬之。”

施補華《澤雅堂文集·錢江傳》云：“錢江字東平，長興人。

生而長身瘦面，手垂過膝，使酒負氣，不事生產，好談經世之略，習拳勇技擊。客行半天下，識其山川道里與地之才賢。道光二十年，詔以宗室奕經爲揚威將軍，率滿漢兵渡浙而東，禦英夷於寧波。江上將軍書，大言不遜，多指斥，將軍怒，下之獄。或請釋之。林總督則徐以夷事戍新疆，江隨出關，執弟子禮甚謹。總督治伊拉里克坎爾四十九處，江與有力焉。坎爾者，引山泉入地道，踰戈壁數十里，至可田處，出水灌之。戈壁無水，而伊拉里克得闢地九千數百頃，民至今賴之。歸游江淮間，結其豪民有名字者，與潘德輿、魯一同、臧紆青善。德輿、一同有文學，紆青負志節，通術數，以弟畜江，時時戒之曰：'君疏狂不檢，闇於知人，終當以此賈禍。'咸豐初，周巡撫天爵招之安徽，使率鄉兵捍賊。江見巡撫如有不樂，去走京師。湖北人雷以諴居鄉寺中，錄錄無著，江爲草奏陳兵利害上之，即日召對，幫辦江南軍務，駐師淮上。江淮之豪聞江在軍中，咸來歸附。江又倡收百貨釐捐，以助餉糈，軍聲頗振。天下釐捐之設，自江始。以諴且倚之，且忌之。江恃功多才大，醉即讓以諴曰：'某事誤引，某人誤用，某言誤聽，何不一謀乃公！'以諴積不堪。有讒者曰：'軍心利權，胥在於江，旦夕慮僞變。'以諴乃邀江飲，即坐上殺之，誣以謀反。江既死，江淮之豪號哭散去，以諴旋以失機遣戍矣。江之賈禍，卒如紆青所言。施氏曰：'江以奇士遭横死，又蒙謀反惡名，身後三十年無人白其事，可悲也。'或曰：仲尼有言：'始作俑者，其無後乎？'釐捐之設，賴以給軍，而病商擾民，遂無終極，江之殺身，天所以戒首禍也。紆青從周巡撫以鄉兵捍賊，戰比有功，自以命蹇，不肯受賞，後援桐城戰死，如其志節云。"

張相文《南園叢稿》八《錢江傳》云："錢江字東平，浙江歸安人也。負才使氣，跅弛不羈，有俯視一切之概，故無鄉曲譽。薄遊廣東，亦落落寡所合。會林則徐總督兩廣，延入幕，甚器重之。林以禁烟被謫，江留居廣州。時英人要索甚奢，耆善一意主撫。江集衆明倫堂，鼓厲紳民，聯合上下以拒敵，力攻和議之非。知縣梁星源捕而訊之，江詞氣慷慨不少屈。官愈惡之，坐以法，遣新疆。既抵戍所，自將軍以下皆重其名，折節與交。江口若懸河，議論激昂，由是人皆推服之，尊爲上客。未幾遇赦歸，復遊京師，出其縱横捭闔之說，名動公卿。間或勸以仕，不應。久之，聞洪楊倡義，已破武昌。江大喜曰：‘此吾錐處囊中脫穎而出之時也！’遂乘薄笨車出都，潛行達武昌。先以書抵秀全曰：‘大王起事之初，筓髪易服，欲變中國二百年來索虜之俗，志謀遠大，創業非常，其不以武昌爲止足之境明矣。今日之舉，有進無退，區區武昌，守亦亡，不守亦亡，與其坐而待亡，孰若進而冀其不亡。不乘此時爲破釜沉舟之計，長驅北上，徒苟且目前，懈怠軍心，誠無謂也。清初吴三桂舉兵之時，不數月而南六省皆陷，地廣衆附，自帝稱雄，可謂驟矣。然遣將四出，不越湖南一步，搶攘十數年，終抵滅亡，前車可鑒也。或謂武昌依阻江湖，襟帶沅湘，扼險自固，然後間道出奇，以一軍出鄖陽，攻潼關，趨陜西，擾彼關内外地；以一軍出荆州，攻夔慶，趨成都，先取四川爲基業。不知秦隴四塞，地錯邊鄙，人悍物嗇，糧食維艱。且重關叠隘，縱我攻必克，大費兵力，勞而莫必，固宜後悔，得不償失，盡棄前功。况削其肢爪，究不如洞其腹心之爲愈也。至四川小局，昔日已形，在蜀漢當日，先以諸葛之能，繼以姜維之勇，六出九伐，不得中原寸土。且江南水邦，賴吴據之，以爲唇齒，聯絡應援，尚難得志，况今日哉！天下財賦大半萃於東南，當此逐鹿於寧謐之中，而將以一隅敵天下，江決其無能爲也。以江愚昧，不若舍西而東，金陵建業，古帝王建都之所，鳳泗汴梁，真人龍起之方。江謂宜先取江寧以裕軍餉，繼取汴梁以爲犄角，終趨濟南以圖進取，扼齊魯之運河，可以坐困通倉之食，截南北之郵傳，可以牽制勤王之師。然後約我老萬以攻梁厦，檄我舟山以攻溫處，所過則秋毫無犯，所至則招納賢能，而民有不完髮易服、簞食壺漿以迎者，江未之信也。俟南京底定，招集流氓，秣厲兵馬，扼衆南堵，揮軍北上。左出則趨江北以進戰，急則可調淮揚之兵以繼之；右出則扼黄河以拒敵，急則可調開歸之軍以應之。南陽汝寧，則發一軍以突其西，略取河內州縣，乘勝入晉，直抵燕冀無反旆。杭嘉金衢，則發一軍以衝其東，應我沿海舟師，相機定浙，伺間窺閩。無輕舉，兵不止於一路，計必出於萬全，內固江南之根本，外安新造之人民，修我政理，宏我規模，則西而秦蜀，南而滇粤，可傳檄而定，此千古一時也。’秀全覽而善之，用其計沿江東下，遂定南京。以江爲大司馬，幫理軍民事務。時梁星源罷官居南京，江搜殺之，分其尸。已而向榮率清軍會攻南京，洪軍挫敗，退入城，議次日再决死戰。江止之曰：‘彼既得勝，鋭氣方盛，難與爭鋒。不若調齊各軍，堅守瓜浦，一面傳令同志，以擾閩浙江鄂。我軍糗糧充足，清軍餽運維艱。我養精蓄鋭，以逸待勞，以飽待飢，俟至秋高氣爽，然後决戰，則清軍可盡殲也。’秀全以爲然。清軍屯堅城下，久皆無功，而太平軍縱横四出矣。居久之，楊、韋變起，石達開率衆西走，士氣日以頹喪。江知太平無成，潛自渡江投雷以誠。雷故副都御史，辦理糧台，開府邵伯埭。江懷刺上謁，歷言用兵理財諸法，雷大悦之。當是時，江北屯兵數萬，儲胥甚急，雷以轉餉爲職，而各省協餉不至，空手不名一錢，仰屋焦愁，半籌莫展。江爲畫策，疏請空白部照千百紙，以勸捐軍餉，隨時隨地，即行填給。富人朝輸貨財，夕膺章服，歡聲載道，踴躍輸將。不旬日，得餉十餘萬。又創立抽釐法，於行商坐賈中，視其買賣之數，每百文抽取一文，而小本經紀者免。居者設局，行者設卡，月會其數，以濟軍需。不期月，又得餉數十萬。資用既裕，兵氣以揚，江上諸帥倚雷爲金城，而雷亦視江如左右手。當是時，江之名聞天下，然禍端亦由此起。江自恃其才，驕慢日甚，玩同幕於股掌，視諸官如奴隸，咄嗟呼叱，無所顧忌。於是上下交惡，譖言日至，雷亦寖疏之。江愈怒，常面斥雷。雷積忿日久，第欽其才，姑含容之。一日會飲行營，持議牴牾，江使酒謾罵。雷大怒，叱左右'爲我殺之'。鹽知事張翼國者，少年負氣，數爲江所輕慢，銜之，聞雷言，掣劍前，急牽江出斬之，杯酒未寒，而江頭已獻座下矣。後雷以他罪褫職，流寓清江浦佛寺，頗悔前事，常誦經爲江懺度云。"

劉嶽雲《農曹案彙·釐捐原起》云："釐捐者，浙人錢江所創謀，侍郎雷以諴所奏。其通行各直省，則户部所頒也。錢江故浙之錢塘籍，遊於京師，與總憲雷以諴交。咸豐三年，上命雷查勘南河。江説雷募豪傑，自立一軍。雷據其議入奏，上改命雷參贊軍務，營於揚州城東。欽差大臣琦善營於城西，藐視雷，弗與通。江爲雷剖畫，取於農者，按畝計緡曰'畝捐'；於商賈者曰'釐捐'；以其資之多寡，計歲月徵之，曰'板釐'；權物之輕重貴賤而量徵之，曰'活釐'。縣各設官領之，官以下以紳士領之，其窮至於孤村僻壤，無所逃也；其細至於飲食動用之物，無所豁也；其微至於錙銖毫釐，無所減也。始於江都縣之仙女廟鎮，繼推之淮揚二府屬。及咸豐五年冬，户部遂以其法咨行各直省，遵照辦理。十一年二月，又奏定《抽收章程》八條，通行各省。至於今，通邑大都，皆樹旗曰‘奉旨抽釐助餉’，實雷以誠、錢江之所爲也。江旋爲雷所殺。雷初辦時，尚未奏聞，既有效，乃奏。”

徐珂《清稗類鈔·釐金》云：“釐金之起，由副都御史雷以誠幫辦揚州軍務。時江北大營都統琦善，爲欽差大臣，所支軍餉皆部解省協。雷部分撥甚寡，無計請益，乃立釐捐局，抽收百貨，奏明專供本軍之用。行數月，較大營支餉爲優。運史金安清繼之，總理江北籌餉局，爲法益密，各省亦起而仿之。然上不在軍，下不在民，利屬中飽。鄂撫胡文忠公林翼精思熟慮，法劉晏用士人理財一語，加以章程課法，詳明周至，遂立富强之效，全局賴以振興。東南各省繼起日盛，大率皆秉其法，民亦相與安之，幾若丁田之有賦役矣。文忠嘗言釐金之設，專取於商，不取於農，較加賦爲優。其法凡諸賈人積貯諸物，及商以取利者，出入一錢，官取其釐。分别城市大小，居者立局，行者設卡，窮民小本經紀者免。故商賈不病，而大有裨於餉，軍興十餘年，賴以源源不竭，卒成戡定功。其事雖創行於雷，而其議實倡始於烏程監生錢江也。江字東平，嘗客廣東，坐法戍新疆，遇赦回籍。粵寇亂時，往邵伯埭投雷，歷言用兵理財諸法。雷大悅，辟置幕府，佐雷辦理粮台，遂立釐金之法。嗣雷與江積不相能，雷竟戕江。於是人但知雷創行釐金，而知江者少矣。然釐金之法行之既久，官吏待缺者視爲利藪，設局日多，立法日密，胥吏僕役，一局數十人，大者官侵，小者吏蝕，甚至石米束布，搜括無遺，則非立法之苛，而奉行者不盡善也。雷既用此策，軍用日饒，公私交裕，又使江與同幕五人親赴下河督勸捐納，不從者脅之以兵，時人畏之，目爲五虎。”

齊學裘《見聞隨筆》卷六《高伯平錢東平合紀》云："嘉興高伯平均儒，能文工書，性好靜，寒士中之端人也。出爲諸侯賓，不喜居衙齋，常寄住賢祠古寺中。道光二十七八年，屢至袁江，常訪伯平於王公祠，得識錢東平於伯平寓中。東平豪放不羈，憐才悦士，揮金如土，有俠客風。余觀之，歸贈之以詩曰：'驚人一檄愈頭風，剿逆當時發願同。鬼館何難燒一炬，狐裘豈易適三公。荷戈塞外心徒壯，種竹庵前句更工。飄泊天涯吾與爾，一尊相對話途窮。'東平曾作《討夷逆檄文》，真堪名世。曾起粤東義民，燒鬼子館，真大快事。獨恨所遇非人，矜才使氣，口不慎言，卒死於雷公雀郊之營中。錢與雷在萬福橋營中對飲，論事不合，雷退，命張小虎刺殺之。張乃虎頭之子，亦錢引薦入營者。錢冤未伸，雷職旋革，官時同儕竟無一人救之者，豈不惜哉。然自西寇犯江南，我軍無兵無餉，東平首舉釐捐招勇之策，駐防萬福橋，保障裏下河十餘縣地，皆其功也。及至克復金陵、吴越，皆賴釐捐助餉之力，故得成功。由此觀之，東平有功於國明矣。"

又卷十一《包大令》云："時高伯平、錢東平寓王公祠，日中會晤，四人同飲。東平好食魚翅，每飯必具魚翅一大盤。慎翁勸東平少食魚翅，諷其日用太費也。東平笑曰：'包老恐我要餓死？'余曰：'東平自餓不死，東平每飯必食魚翅，恐爲食肉者垂涎側目爾。'"

平步青《霞外攟屑》二《錢東平》云："近時抽釐設局，始於雷侍郎以誠，駐防萬福橋招勇，奏行於裏下河十餘縣。而其議實出於長興錢東平江。東平旋爲侍郎所殺，論者亦以創行釐卡，流毒天下，爲東平殺身之報。而不知軍興十餘年，糜帑千億萬，中外告匱，實賴釐稅，髮、捻同盪平。又十年，議撤不果，則非東平所及料，不得以是爲基禍追咎之。東平交不擇人，養虎自噬，即無釐金之議，其能免乎？"

荒江釣者《揚州禦寇錄》云："苦軍飲匱，首以捐輸、釐金策進。捐輸者，出官誥鬻之。釐金之法，以取之坐賈者爲'板釐'，按月徵之；別置卡局截水陸，名'活釐'。浙人錢江實創其議。江於以誠履驗豐工時，勸其討賊，且曰：'不調兵而募勇，不請餉而抽釐，其事必集。'以誠信之，且故楚人也，習見其鄉人會館提釐之轍，遂以告而立捐。故釐捐首設於揚州。江固遣犯，復得志，氣勢張橫，人共惡之也。其後以誠亦忿江拂己，即席斬之，誣以踪跡詭秘，搜其篋多通賊之書云。"

之誠按：據齊學裘所述，知道光二十七八年，錢江已由新疆釋回，寓居袁浦矣。荒江釣者爲江都倪在田，尚著有《居稽錄》三十一卷、《續明史紀事本末》十八卷行世。讀書甚博，頗留心當世之事。錢江籍貫或曰錢塘，或曰歸安，或曰烏程，以施《傳》長興爲有據，施、錢本相識有舊也。《事蹟》謂江以沿海七勝保道員，出於傳聞之誤。謂浙撫陳立采劾江違詔挑寇敗撫議當斬，詔免其死，謫戍伊犁，尤誤。據《實錄》，道光二十三年四月日上諭："廣東省有假託明倫堂名目，刊刻告白，查出浙江監生錢江，胆敢於出示禁止之後，挺身入署承認標貼，意在建言挾制，實屬刁健。著督撫按律懲辦，以儆刁風。"黃恩彤《撫遠紀略》云錢江"以游棍遣戍"，蓋恩彤爲廣東巡撫時所主辦者。據此，知江出關在道光二十三年，赦回當在二十七、八年以前。施傳謂林則徐戍新疆，江隨出關，執弟子禮甚謹，不著江出關之由，亦誤。張傳差爲有本，載江與洪秀全書，未詳所出。他書有稱洪楊初起時即有錢江名字者，雷以誠且以篋多通賊之書爲江罪案。蓋江跅弛不羈，走胡走越，結識豪俊，事必有之。參洪楊軍事，或他人揣測，或江大言欺人，出於自述，均不可知。唯《事蹟》謂江稱“楊秀清等皆我擊夷寇時故部曲”一語，證以周騰虎《餐灼華館遺文》，捻子多漕丁，洪楊軍中多三元里民團，其説未爲無徵。學裘贈詩，盛稱江“驚人一檄”，能起粵東義民，燒鬼子館，則三元里之事，江實主之。廣東省《士民團練殲夷公檄》，見《平夷錄》，其辭曰：“欽維天朝大一統，豈容裂土以與人。草野效愚忠，但知殺賊而報國。我大清撫有區夏，二百年來，列祖列宗以至繼聖，舉凡食毛踐土，久浹帝德而洽皇仁，即在化外窮荒，亦戴天高而履地厚。四海澄鏡，萬國梯航，距中國數萬里外西南諸夷，亦莫不候月占風，輸誠效順。乃獨有英吉利國者，其主忽男忽女，其人若禽而若獸，凶殘之性，甚於虎狼，貪黷之心，不殊蛇豕，恒蠶食夫南夷，輒鴟張以自大。乾隆、嘉慶年間，英夷叩關納款，瀆請舟山。兩聖人洞灼其奸，嚴行斥絕。然自此勾串粵省奸商，私往粵洋島上，盛販鴉片，毒我生靈，傷民命奚止數百萬衆，耗民財豈僅數千萬金，並敢屢殺唐人，匿不交凶抵命。萬種痛心疾首，蓋數十年於兹，而英夷之窺伺天朝，其所由來者漸矣。道光十八年，我大皇帝查知英夷之横，鴉片之毒，急欲培養國脈，護惜黎元。因黄鴻臚之奏，而即如所請，特命公正廉明之林尚書，頒給欽差大臣關防，來粵查辦。收蔓烟而停市易，清支流而絕來源，猛以濟寬，法中寓德。英夷不知悔罪，竟爾肆逆稱兵。黄閣主和戎之議，自撤藩籬；烏雲多蔽日之奸，甘爲繆醜。以致三年以來，逆夷恃其船堅炮利，由粵入閩，歷浙入江，據我土地，戕我文武，淫我婦女，掠我資財。致使四省生民，慘罹鋒鏑，九重宵旰，備覺焦勞。蓋暴其罪狀，罄竹難窮，洗我煩冤，傾海難盡。實神人所共憤，覆載所不容。邇者江南諸當事，亦因粵東故智，甘爲城下之盟，竭百萬氓庶之脂膏，保一二庸臣之軀命。誠有如金大理所奏：‘若夫英逆，不適荒外一島夷耳，其來動勞數萬里，其衆不滿數萬人。我天朝席全盛之勢，滅此狼跋么麼，何啻長風掃籜！奈何疆臣大帥，惜命如山，文吏武夫，畏犬如虎。不顧國仇民怨，遽行割地輸金，有更甚南宋奸佞之所爲者，此誠不可解者也。常歷觀其奏牘，英夷本無能者，而張大其强横；兆民本奮勇也，而反謂之吹散。無非脅君王以必和之勢，而得幸逃其欺君誤國之愆。’試觀金大理奏牘所稱，藉敵要挾，真字字嚴於斧鉞矣。士民等伏讀明詔，萬無可奈何之中，不得不勉允所請。又有‘朕以重任付諸臣，無非還朕一欺字’之旨，仰見聖天子英明神武，灼諸臣之無能，念士民之忠憤，暫爲羈縻於目前，而亟圖振發於事後，將示天下以不測之神威也。夫逆夷性等犬羊，貪得無厭，和之真僞，不問可知。試觀上年英夷寇粵，自據四方炮臺，遂爾肆横奸掠。若非以北路各鄉社義士殺其兵頭，殲其鬼卒，勢必毫無忌憚，破城焚劫，而大快其凶貪，何肯以區區六百萬金錢即解圍退去！所可惜者，困魚入釜，抽薪來五馬之官；放虎還山，曳甲奪萬民之氣。一日縱敵，數省禍延，興言及此，真所謂傷心痛哭者也。且上年和約之時，原議出我龍穴，還我虎門，香港亦是暫留，兵端從兹永息。詎知曾未踰時，而前盟頓背，二虎炮臺，木龍横踞，五羊門户，鐵牡誰關。於今三載，莫能收伏，其譎詐於嶺表，更遑問於江南。惟我大皇帝手握金鏡，秉玉衡，循以大事小之義，而曲順乎天；防非族逼處之嫌，而密爲之備。恭繹絲綸，昭如日月。當事者如謂逆焰方收，甘作處堂之燕雀；設復禍機猝發，徒爲入肆之豚魚。律以負國之誅，一死莫能塞責。

流芳百世，遺臭萬年，青史流傳，所爭只在幾希之頃。當事者念及此，諒亦必知奮發也。士民等生當景運，世受生成，讀書者圖報國恩，擊壤者敢忘帝力？早矢忠以勵節，願敵愾以同仇。茲聞英逆將入珠海，創立馬頭，不惟華夷未可雜居，人禽不堪並處，真是開門揖盜，啓户迎狼！況其向在海外，尚多內奸；今又迫近榻前，益增心患。竊恐非常事變，誠有不可以言盡者。若他國群起效尤，更將何策以應？是則英逆不平，誠爲百姓之大害，國家之大憂。惟不共戴此天，方無愧於血氣；如曰同履斯土，是則全無心肝。前者恭讀上諭：‘士民中素有謀勇出衆之材，激於義忿，團練自衛，或助官軍以復城邑，或扼要隘以遏賊鋒，或焚擊夷船，擒斬大憝，或申明大義，開啓愚頑，能建不世之殊勳，定膺非常之懋賞等因。欽此。’欽奉王言，共行團練，仿軌里連鄉之制，指顧得百萬之師；按屯田捐餉之方，到處有三時之樂。無事則各歸農業，有事則協力從戎。踴躍同袍，子弟悉成勁旅；婉孌如玉，婦女亦解談兵。嗟乎，昔日從容坐鎮，誰念寇在門庭；祇今慷慨指揮，誓看波恬滄海。庶幾金湯鞏固，紓聖祖南顧之憂；鯨鱷殲除，雪薄海敷天之憤。嗚呼！結同仇以明大節，鑑此丹忱；伸天討而快人心，賴茲義舉。天神共鑒，莫負初心。道光二十二年十月日，全粵義士義民公檄。”板存府學明倫堂。

1097. 晉辟雍碑

此碑民國二十年夏在洛陽出土。碑賈韓姓云：“其出土處，每得漢魏石經殘石。”知其地即漢魏太學所在。碑高連額約七尺五寸，寬約二尺八寸，額左右雕龍虎形。碑文凡三十行，每行五十五字，大凡一千五百一十六字。碑陰共十列，第一列十五行，餘四十四行，凡題名者四百有八人，皆隸書。與《任城太守孫夫人碑》、《齊大公吕望表》、《荀岳墓誌》字體頗相類。近年數出晉碑，有《左芬志》、《郭隗志》，筆法皆若出一手。《芬志》有“晉武帝之貴嬪也”一語，人頗姍笑之，以爲僞作。然《荀岳志》亦有“陪附晉文帝陵道之右”語，似當時不解文字人所爲，不足怪也。此碑之出，疑信者參半。人物多合於史，制度、年月，有合有不合。若“守坊寄學散生”之名，頗不可解，然不似今人所能僞。其可疑者，則有西域人四。西域之稱，特爲廣泛，或非魏、晉所有。碑陰太學生幾四百人，而無一人見於史者。晉初蜀學最盛，而太學生著籍者太少，俱不可解。《水經注目》有太學行禮碑目，而無此碑。親見此碑者，謂絕無作僞痕迹。錢唐張孟劬謂其文確是晉人手筆，然既不出撰人，而一文之中，先言武帝事，繼乃太子，序次之拙，魏晉人爲文似不應如此。時賢酷信出土器物，有持疑義者，幾欲攘臂與爭。武陵余季豫因爲之考證，徵引繁博，謂豪無可疑。唯行禮有“僋事楊珧”，而《晉志》明言咸寧二年已省詹事，最爲牴牾。季豫復據萬斯同《史表》，謂詹事之省，當在太康三年，志誤而碑不誤。予乃移書爭之曰：“尋讀尊作《辟雍碑考證》，鈎稽群書，穿穴導窾，足以補正史傳，誠甚盛事。竊謂文中舉《晉書・荀崧傳》，載崧上疏謂‘經始明堂，經營辟雍，告朔班政，鄉飲大射’，以證《晉書》紀、志言饗不言射之缺，實有關於考證。又釋《晉書・禮志》晉惠帝、明帝之爲太子，及愍懷太子講經竟，並親釋奠於太學，因據《御覽》引《晉書大事記》以明釋奠與二行饗禮爲兩事，太學、辟雍不在一地，亦固足以釋疑去惑。《通典》十三叙此事，亦明言太始六年、元康五年二行饗事，皆於辟雍。惠帝之爲太子及愍懷太子講經竟，並親釋奠於太學。此外最爲本文關鍵者，則唯‘僉事珧’一節。尊意以《晉書·職官志》明言咸寧元年以給事黄門侍郎楊珧爲詹事，掌宫事，及楊珧爲衛將軍領少傅，省詹事，故謂若珧爲少傅，確與賈充、齊王攸同時，則咸寧二年已無詹事之官。碑既有三、四年行禮，安得云太子與詹事珧同升辟雍？因據萬斯同《歷代史表》繫衛將軍楊珧於太康元年，繫楊珧兼領太子少傅於太康三年，而斷定珧於太康三年始爲少傅，詹事之省，即在此時。《晉志》誤則碑與萬氏《史表》不誤。關於此節，若萬表真不誤，則先生穿穴鈎稽之功，誠不可沒。若萬氏而無所據，或所據不確，則《晉志》之爲疏謬與否，尚非可以論定之時。今先問萬氏之言究何所據。萬氏繫楊珧領太子少傅於太康三年，遍尋《晉書》紀、志、傳，皆不得其年，未知所本。唯《通鑑》記太康三年征東大將軍王渾上書，有‘愚以爲太子太保缺，宜留攸居之，與汝南王亮、楊珧共幹朝事。據《晉書·王渾傳》，作“共爲保傅，幹理朝事。”三人齊位，足相持正，既無偏重相傾之勢，又不失親親仁覆之恩’，按荀勗表陳“三公保傅，宜得其人，若使楊珧參輔東宫，必能仰稱聖意”，亦在此時。渾書或在汝南王亮已爲太傅之後，故但請留攸。勗表當在攸去充死、二傅並缺之時，而但薦珧一人，正欲珧上爲二傅，非薦珧爲少傅也。勗與楊珧、馮紞合而搆攸，亦未必不爲珧得二傅道地。或者萬氏之意以爲王渾請留攸爲太保，書中不及少傅，而以亮、攸、珧三人齊位爲言，則珧已爲少傅可知，故繫之此年。其以楊珧爲衛將軍繫於太康元年者，則殆以珧實繼汝南王亮爲衛將軍。尋萬氏表例，皆前人去而後人始著，前乎楊珧而爲衛將軍者，爲汝南王亮，故於太始十年繫汝南王亮衛將軍加侍中，而於太康元年繫亮遷撫軍大將軍，同時即繫珧爲衛將軍。今當問萬氏之言是否足據。楊珧領少傅之年，苦無確證以知其當否楊珧爲衛將軍之年，使所意度者，果爲亮去而珧繼，則萬氏實不免有誤。考《晉書·汝南王亮傳》‘咸寧初，以扶風池陽四千一百户爲太妃伏氏湯沐邑。其年進號衛將軍加侍中。三年，徙封汝南，出爲鎮南大將軍、都督豫州諸軍事。頃之，徵亮爲侍中、撫軍大將軍，領後軍將軍，統冠軍、步兵、射聲、長水等營，遷太尉，錄尚書事、領太子太傅、侍中如故。’據此，則亮之不爲衛將軍，正在咸寧三年徙封汝南出爲鎮南大將軍之時。晉沿漢制，車騎將軍、衛將軍、左右前後將軍位次上卿，掌京師兵衛，四鎮則通於柔遠，不可兼也。故亮之還，遷爲侍中、撫軍大將軍，明言領後軍將軍；又遷太尉、錄尚書事，明言領太子太傅、侍中如故，皆不及衛將軍，是亮早已不爲衛將軍矣。若果亮去而珧繼爲衛將軍，則當在咸寧三年，不當在太康元年甚明。今再問萬表繫年是否皆足依據。他姑不論，即以汝南王亮出鎮豫州一事言之，萬氏繫之咸寧四年八月，據《晉書》紀傳，皆咸寧三年事。紀言三年八月爲鎮南大將軍，不言豫州，然言鎮即足以概外任；傳則明言都督豫州，且明繫於三年。乃萬氏必繫於咸寧四年，誠不知其何所據依。以此例彼，萬表所繫楊珧爲衛將軍及領少傅之年，是否即爲金科玉律，殆不待問而可以知其不然矣。然則《晉書·職官志》所言是否疏謬乎？志言咸寧元年，‘以給事黄門侍郎楊珧爲詹事，掌宫事，二傅不復領官屬。及楊珧爲衛將軍，領少傅，省詹事，遂崇廣傅訓，命太尉賈充領太保，司空齊王攸領太傅，所置吏屬復如舊。’據此，則設置詹事之時，宫事皆楊珧主之，二傅以師禮自居，不復領功曹、主簿、五官等官屬。迨楊珧位尊寵盛，而詹事秩較卑，不能再兼，因改領少傅，故曰‘崇廣傅訓’。則賈充、齊王攸、楊珧三人同時任職，且二傅、少傅並主宫事可知。

故志言咸寧元年下，即言及楊珧爲衛將軍，領少傅。若珧爲衛將軍領少傅在太康時，前後相距七八年，則志當言及太康中，所以只著一‘及’字者，正見其爲時不久。然則楊珧之爲衛將軍兼少傅，即在咸寧二年矣。曰否，如果汝南王亮去珧始繼之，則此時亮尚在朝爲衛將軍加侍中，珧安能繼之？尋悼楊后之立，在咸寧二年，三楊尊貴用事，必自是年始。而珧本傳有初聘后珧上表事，又有右軍督趙休上書陳‘楊氏三公，並在大位，天變屢見’，由此珧益懼，固求遜位，聽之，賜錢百萬、絹五千匹之事。則珧當於二年納后時遜位，或三年再起，始繼亮爲衛將軍。不然，珧既遜位，不但不得爲衛將軍，亦並不得爲詹事矣。今人動言唐修《晉書》乖舛牴牾，當唐修《晉書》之時，十八家原書具存，唐修未必便無所本。今繹各家佚文，與唐修同者正多，實則唐修重在議論，故稱制以開其端，其事則裒集各家共爲一編而已。正緣本於舊文，然後各家異同未及勘正，而牴牾之處，觸目皆是，誠哉其爲疏謬。然正史鈔刻流傳，即《史》、《漢》訛奪亦復不少，未聞遽以致議班、馬。今先生亦援萬表以譏《晉志》，萬表果是，則《晉志》自非，而無如萬表之未必是也。竊不揣固陋，妄貢所疑，深願先生閔其不學，進而教之。幸甚幸甚！”季豫得書，竟不答，無從再與論列，疑終不能明也。

1098.顧咸正一案刑部提本

顧炎武《亭林詩集》三有《哭顧推官咸正》詩云：“與君共三人，獨奉南陽帝。誓揮白羽扇，一掃天日翳。君才本恢宏，闊略人事細。一疏入人手，幾墮旃裘睨。乃有漢將隙，因掉三寸說。主帥非其人，大事復不濟。君來就茅屋，問我駕所稅。幸有江上舟，請鼓鈴下枻。别去近一旬，君行尚留滯。二子各英姿，文才比蘭桂。身危更藏亡，並命一朝斃。巢卵理必連，事乃在眉眦。一身更前却，欲聽華亭唳。我時亦出亡，聞此輒投袂。扁舟來勸君，行矣不再計。驚弦鳥不發，困網魚難逝。旦日追吏來，君遂見囚繫。檻車赴白門，忠孝辭色厲。竟作戎首論，卒踐宿生誓。倉皇石頭骨，未從九京瘞。父子兄弟間，五人死相繼。嗚呼三吴中，巍然一門第。尚有五歲孫，伏匿蒼山際。”述咸正死事，委曲甚悉。

徐注不能詳其事，唯曹家駒《説夢》載謝堯文事云：“乙酉之秋，三吴底定，勢如破竹。唯浙東擁戴魯藩，依錢塘之險，守禦甚固。黄斌卿弘光時封肅虜伯。練水師於舟山，遥爲聲援，一時人心思漢，不無中興之望，俱欲輸款，以圖佐命勛。有謝堯文者，奔走而聯絡之。丁亥之春，堯文抵漴缺，謀渡海。其衣冠頗異於衆，海上巡卒詰之，復出大言，乃縛以見柘林守備陳可，一加刑訊，具吐真情。隨從旅舍孫龍家，搜獲所賫表文及名籍，致之提督吴勝兆。時勝兆反謀已决，置之不問，但以堯文檄府羈禁，聊掩衆目而已。不數日，而勝兆舉事，人定時殺楊海防、名之易。方司理。迨黎明而爲麾下所縛矣，何暇問及謝堯文事乎？久繫不釋，會上官至，閲囚，訊堯文來歷，知其以通南事敗，而發覺由柘林，遂從陳可詳其顛末。陳以昔日所録副本進，據以上聞。土撫公同北來滿官到松，按籍而求，無一得脱。首列者爲蘇之孝廉推官。顧咸正，進士劉公旦，名曙。吾松董祐申、袁國楠、朱用枚、張謝石、董剛，皆表表有名者，莫不駢首就戮，其餘株連，不可勝計。而表文出於夏存古之手，亦罹於禍。瑗公先生之後遂絶焉。”差能詳其始末。所謂“名籍”，蓋附表文羅列一時嚮義者，出上海諸生欽浩之手，而本人或未及知也。之誠按：與難者，《南略》及他書俱作四十餘人，唯乾隆《蘇州府志》云："顧咸正等三十四人，於順治四年九月十九日，在江寧同死。"人數與提本合，且詳死之時與地焉。提本藏内閣大庫，昔年輾轉錄得之。

刑部尚書臣吴達海等謹題爲傳奉事。浙江清吏司案呈奉本部送刑科抄出，招撫江南各省大學士臣洪承疇題前事。内開五月二十七日，據提督滿兵總兵官巴山、提督漢兵總兵官張大猷咨呈，内開蒙内三院五月初八日辰時，奉上傳諭："江寧等處總兵官巴山、張大猷覽所奏，知道了，爾等鎮守地方，遇有亂萌及奸細往來，嚴察捉解，足見盡職。吴勝兆處監收細作謝堯文，供説嘉定縣廢紳侯峒曾子侯玄瀞等具逆疏，付姚文潛通魯王，爾等可將奸細謝堯文、窩逆歇家孫梢，及紙上有名人犯，拘提到官，公同大學士洪承疇、操江都御史陳錦，嚴行審究具奏，有名字帖併發。欽此。"

咨呈到臣。臣隨公同滿漢提督二臣，及操江院臣，將解到奸細謝堯文、窩逆歇家孫梢，並有先拏到通海叛首欽浩、吴鴻、朱仲貞，提到公所，嚴行審究。查搜獲謀叛原字帖内有名各犯，俱在蘇松地方。臣會委滿洲固山大滿渡湖漢兵營遊擊曹天壽等，並軍前聽用總兵丘越，委以同行，即將叛首欽浩、吴鴻、朱仲貞，管押前赴蘇松，以便認拏各犯。仍移文前任巡撫土國寶與固山大等，細心商確。凡有名叛逆，必查真正惡黨，密計擒拏，果係叛黨，即照例籍沒其家產人口。若罪止及本身，但應解本犯，不得混行籍沒，尤不得扳連親族。如審係無辜波累，即應開釋免解，俱要於揭内開明移覆等因。備行去後，隨據陸續拏獲各犯，俱解到江寧。該臣公同提督操江諸臣，會行江南按察司，同分守江寧道，逐一細審確招，擬罪速報。

今據署按察司事馬政、道僉事盧世揚、分守江寧道右參議張天機呈詳，審明謀叛顧咸正等招由。內開問得一名顧咸正，年五十七歲，係蘇州府崑山縣籍，由前朝癸酉科舉人，歷任陝西延安府推官。狀招咸正遭崇禎國變，回家潛藏不出，有已正法子顧天達，係官兵擒獲已斬侯岐曾女婿。又順治二年，曾以謀逆被大兵殺死侯峒曾，有脱逃未獲子侯玄瀞，係前年大兵殺死夏允彝在官子夏完淳姐夫，彼此俱係姻親，常在侯家相會，談及時事，各蓄異謀。咸正遂欲謀叛，就不合向侯玄瀞等説稱，“今有海外黄斌卿，是夏允彝結拜兄弟，可結連他起兵，我等作爲內應。”咸正又不合寫具奏疏、稟揭、條陳等件。侯玄瀞、夏完淳各亦不合寫具奏本手揭，並在官通海客人汪敬，亦不合開具稟帖，俱託在官謝堯文轉送黄斌卿處，囑謝堯文：“你須謹慎，此事關係身家性命。”謝堯文亦不合聽從，遂將前項本揭收在身邊，帶至通海舵在官孫梢即孫龍。家內。候轉送間，又有先經滿兵巴提督操江陳都御史擒獲吴勝兆叛黨審實已斬吴成林、唐簡、趙欽、朱國維，及今監候在官欽浩、吴鴻、朱重明，即朱仲貞。與同在官劉曙、喬塏、徐汝純、葉鶴村、侯其瑋、即侯其偉。洪中孚、馬都、管定武、毛雲臺、朱啓震、即朱啓宸。翁英、董剛、張謝石、笪有德、徐佑、李之檀、朱彦選、袁倘、即袁楠。楊芳、華賢祥、沈臺、朱玄端、彭鶴林、即彭鶴齡。沈彰、陳安邦，並未獲朱用牧、周顯隆、張貴、沈文郁、費宗位、吴文龍、張世安、吴耀文、汪彙征、曹鎬、胡喬、張邦榮、陸韶、朱禎、戴安國、王舒、馬之驊、葉德、張士良、趙奎、孫文，及已死陳濟邦，各亦不合商同謀叛。欽浩又不合遂於順治二年間，自崇明過海到舟山，投見黄斌卿，授僞副總兵劄付一張，教伊結連蘇松湖泖內應。吴鴻亦於順治二年八月內，自崇明附在黄蜚船上，出海避兵至舟山。順治三年二月內，見黄斌卿授僞參謀劄付一張，教進口來勾連湖裏好漢，作爲內應。吴成林原係徽州富商，向在湖裏賣布，曾與吴日生相通。湖中事敗，吴成林訪知舟山布貴糖賤，遂將沙船一隻，載布出海易糖。船被斌卿留下，只予破船一隻，仍給僞副總兵劄付一張，教他進來做事，若事妥，再到舟山給付船隻糖貨。吴成林回來，勾結陳安邦等衆。順治三年三月初三日，欽浩、吴鴻同至漴闕地方，陸續會見董剛、葉鶴村等，商同謀叛。董剛等各又不合依允。順治四年三月內，欽浩、吴鴻各又不合同吴成林親要過海，奈因海禁甚嚴，不得過去。孫龍明知通海事情，亦不合前向欽浩等說稱“今有吴提督差官周謙要過海去，你們可隨他過去”，欽浩等及至趕到，其船已開。欽浩、吴鴻、吴成林亦到孫龍家內，謝堯文領有顧咸正、侯玄瀞、夏完淳、汪敬等各家奏疏、條陳、書揭、稟帖等件，定要過海。欽浩、吴成林、吴鴻思量不得親去，稟帖定要投到，遂將結連過蘇松湖泖各處豪傑同心內應好漢，商寫薦書，託他帶去。欽浩、吴鴻各又不合同薦管定武爲副將，喬塏、張謝石、徐汝純爲文官，洪中孚爲參將。欽浩又不合單薦葉鶴村、毛雲臺、朱啓震、沈彰爲參將，楊芳、周化、彭鶴齡爲游擊，華賢祥爲都司。吴鴻又不合單薦董剛、李之檀、袁楠爲文官，謝堯文爲遊擊。謝堯文又不合單薦趙自新爲文官。吴成林又薦翁英、陳安邦、朱仲貞爲副將，劉曙、董佑申、董巽申爲文官，侯其偉、沈臺爲參將，朱彥選、黄廣爲游擊，笪有德、胡志纓、朱玄端、馬都爲都司，並將陳濟邦、朱用牧開列文職銜內，又將周顯隆、張貴、唐簡、沈文郁開列副將銜內，又將費宗位、吴文龍、張世安、吴耀文開列參將銜內，又將汪彙征、曹鎬、胡喬、朱國維開列遊擊銜內，又將趙欽、張邦榮、陸韶、朱禎、戴安國、王舒、馬之驊、葉德開列都司銜內。寫畢將書付與謝堯文帶去。又有各在官劉曙家人張成、王勝、銀鹿，並喬墤家人胡桂、吴前、夏舜，各亦不合知情不行出首，向未事露。順治四年三月十九日，柘林游擊陳可，帶領官兵石湛初等，在信地遊巡，撞遇謝堯文，寬衣大袖，形跡可疑，拏獲到官，審供侯玄瀞命其賫本寓住孫龍家。又於孫龍家內搜出前項奏疏、書揭等件，隨報吴提督。

續蒙北京內三院行文江南滿漢二提督，搜獲册內有名賊犯提審。蒙洪內院公同二提督、操江都察院，各會委滿漢官兵管押先獲欽浩、吴鴻、朱仲貞等，前往蘇松認拏。又移咨前任土巡撫，查係真黨，密計擒拏，仍查真賊叛黨，即籍沒其家產人口；若罪止及本身，止解本犯，不得溷行籍沒，尤不得攀連親族；若情有可原，或係無辜波累，應開釋免解等因。蒙土巡撫會同滿洲大人，暨內院軍前聽用丘總兵等，同赴蘇松緝獲咸正等，並劉曙各在官雇工張成、王勝、銀鹿、喬墤、雇工胡桂、吴前、夏舜等，陸續起解前來。蒙內院會提督操江都院，批送本司，會同江南分守道審據各犯口供，連人解赴內院，公同各衙門親審。蒙將咸正等批發下司，該盧僉事復會張參議齊詣公所，提取咸正等到官，逐一細審。

據欽浩、吴鴻供稱："身等所薦劉曙、翁英等衆，因在孫龍家，一時倉卒，其中有結連已成的，亦有聞他有些義氣不做官的，大家各舉所知，攢成一册，寫些文武職銜去，顯得我們這裏已用一番苦心，已有內應，著數討個大官做。"又據謝堯文供稱："在官趙自新，係前朝舉人，聞知在白鶴寺內出家，不出來做官，故商量薦他，趙自新實不知情。”又據在官董佑申供稱：“不在官堂弟董祐申，是兩廣沈司馬贊畫，因祐、佑二字相混，將身誤拏。”又據在官胡志纓供稱：“身名胡尚林，不是胡志纓，向住上海縣，竹行生意。與吴成林、欽浩等一面不識。”及審欽浩，供稱：“胡志纓向在吴成林家相會，面小無鬚，年紀尚少，不是這人。”又據黄廣供稱：“本名黄鯁，係上海縣學門斗，與吴成林一面不識。”及審欽浩，又供：“開薦時，吴成林說黄廣是學前教書人。”又據在官周化供稱：“周化不是身的名字，身名周士芳，住三十堡地方，先在城中生意，後到鄉間種田，并不認的欽浩。”及審欽浩，供稱：“周化住處，與身相隔四五十里，素聞他號昆之，會幾班武藝，因慕他的名，連訪兩次未遇，臨薦時不知他的名字，故另與他起名周化，實是不曾會面。”各等情在卷。

致蒙會看得：顧咸正前朝外吏，遯跡深山，與抗順已誅侯峒曾之子侯玄瀞，夏允彝之子夏完淳，夙懷不軌之心，共造逆天之罪。因舟山黄斌卿僞擁魯王，負固未服，叠草章疏，催促犯順，密付謝堯文之手，竄渡於孫龍之家，又遇僞總兵欽浩、吴成林，僞參謀吴鴻等，授計舟山，勾連湖泖黨羽已就，親身報命。止緣海禁森嚴，無船飛渡，共相商榷，各奏一函，總托堯文帶齎。欽浩、吴成林、吴鴻等遂出夾帶奸雄，彙成蠟丸啓事，其意以屢歲延攬，現有此數，儻海帆一至，無不執戈而陪其後，可謂機深而禍烈矣。幸柘林防守官陳可加意盤詰，先獲謝堯文，繼獲孫龍，一往密謀，盡皆敗露。據册所開顧咸正、侯玄瀞、夏完淳、汪敬等，各有特疏奏記及稟揭。如劉曙、管定武五十四人，皆出欽浩、吴成林、吴鴻等彙名揭薦。除唐簡、趙欽、朱國維先經提督同操院於松江擒獲正法，陳濟邦業已先故，朱用牧、周顯隆拾八人尚未獲解外，其餘節次搜擒，對簿細質。內欽浩、吳鴻合薦者，則有管定武、喬塏、張謝石、徐汝純、洪中孚若而人。欽浩單薦者，則有葉鶴村、毛雲臺、朱啓宸、沈章、楊芳、周化、彭鶴齡、華賢祥若而人。吴鴻單薦者，則有董剛、李之檀、袁楠、謝堯文，及謝堯文又轉薦趙自新若而人。吴成林所薦者，則有翁英、陳安邦、朱仲貞、董佑申、董巽申、侯其偉、沈臺、朱彦選、黄廣、笪有德、胡志纓、朱玄端、馬都若而人。率皆心臆共剖，肝膽相許，文願設謀於幃幄，武願戮力於疆場，雖射天之弓未張，而當車之臂已怒，無將之誅，萬不能爲各犯貸也。劉曙雖與欽浩、吴鴻素未識面，然列名在文官之首，而臨審傲睨不跪問官，豈屬忠順，均應梟示，以儆不臣。惟趙自新年已望七，久入空門，雖爲謝堯文所薦，實不預聞。胡志纓誤拘胡尚林，欽浩、吴鴻面證已明。周化原名周士芳，欽浩素無一面，聞其膂力而薦之，實不知情。均應省釋。董佑申正名董翾申，原非沈猶龍監紀，其做監紀者，實係董祐申。黄廣本名黄鯁，係上海縣學門役，吴成林所薦乃云教書爲生，名跡未符，相應查確，再請定奪。張成、王勝、銀鹿，係劉曙傭工，胡桂、吴前、夏舜，係喬塏傭工，知而不首，並宜站配。未獲叛首侯玄瀞，叛黨朱用牧、周顯隆、張貴、沈文郁、費宗位、吴文龍、張世安、吴耀文、汪彙征、曹鎬、胡喬、張邦榮、陸韜、朱禎、戴安國、王舒、馬之驊、葉德等，獲日另結。除趙自新等，隨審將顧咸正等取問罪犯三十九名：劉曙係明朝進士，蘇州府長洲縣人；管定武，陳安邦、沈臺俱蘇州府長洲縣人；馬都，蘇州府人；謝堯文，蘇州府嘉定縣人；喬塏、李之檀、欽浩，俱生員，松江府上海縣人；毛雲臺、葉鶴村、朱啓宸、吴鴻，俱松江府上海縣人；翁英係明朝武榜眼，松江府華亭縣人；董剛、張謝石、徐汝純、袁楠俱生員，俱松江府華亭縣人；徐佑、朱彥選、夏完淳、孫龍，俱松江府華亭縣人；楊芳、華賢祥、彭鶴齡，俱松江府上海縣人；董巽申係生員，松江府青浦縣人；沈彰，松江府柘林人；侯其偉，金山衛籍；笪有德，句容縣人；洪中孚、汪敬，俱徽州府歙縣人；朱玄端、朱仲貞，俱徽州府休寧人；銀鹿，蘇州府人；張成、王勝，俱蘇州府人；吴前、夏舜、胡桂，俱松江府上海縣人。各招與顧咸正招同。五名：趙自新係明朝舉人，蘇州府太倉州人；董佑申係生員，松江府華亭縣人；周化、黄廣，俱松江府上海縣人；胡志纓，徽州府休寧人。各供與顧咸正招同。議得顧咸正等各所犯，顧咸正、欽浩、吴鴻、夏完淳、謝堯文、劉曙、管定武、喬塏、毛雲臺、葉鶴村、朱啓宸、翁英、董剛、張謝石、侯其偉、笪有德、徐佑、徐汝純、李之檀、朱彥選、董巽申、洪中孚、汪敬、袁楠、楊芳、華賢祥、彭鶴齡、馬都、沈彰、陳安邦、沈臺、朱玄端、朱仲貞，俱合依謀叛但共謀者，不分首從皆斬。孫龍合依境內奸細走透消息於外人者律斬，與顧咸正等俱決不待時。顧咸正、欽浩、吴鴻、夏完淳、謝堯文等三十三名各妻妾子女，俱付功臣之家爲奴，財產並入官，父母祖孫兄弟不限籍之同異，皆流二千里安置。胡桂、吴前、夏舜、張成、王勝、銀鹿，俱合依知而不首者律杖一百，流二千里，今流罪不行，各杖一百，徒三年。俱民籍，審各無力，俱依律定發衝要驛遞，照徒年限擺站滿放。顧咸正等俱係重刑牢固，聽候詳允會審，處決施行。照出重刑顧咸正等俱免紙，胡桂、吴前、夏舜、張成、王勝、銀鹿各民紙銀臺錢二分五釐，共銀七錢五分，追貯江寧府庫。顧咸正、欽浩、吴鴻、夏完淳、謝堯文等三十三名，各家財產籍沒，俱入官充餉，各父母祖孫兄弟應行流置，通候詳允之日，聽候内院總督衙門移會各該撫按施行。未獲侯玄瀞、朱用牧、周顯隆、張貴、沈文郁、費宗位、吴文龍、張世安、吴耀文、汪彙征、曹鎬、胡喬、張邦榮、陸韜、朱禎、戴安國、王舒、馬之驊、葉德、張士良、孫奎、孫文二十二名，俱各有罪，獲日另結。

通取實收收管附卷，餘無照等因到臣。臣隨將一干人犯提到公所，會同提督臣巴山、張大猷，禮部侍郎臣陳泰，操江院臣陳錦，覆加研審，前情無異。該臣等會看得謀叛顧咸正，以前朝推官，廢棄不用，乃敢商同至親夏完淳、侯玄瀞等，共謀不軌，即其草疏條陳，圖通舟山之孽藩，密託謝堯文以爲介紹，實自作逆天之罪。彼堯文窩住孫龍之家，又會欽浩、吴鴻等，皆先受舟山僞職，詭計潛入内地，勾連湖泖徒衆，只因前時沿海禁嚴，不能飛渡，遂各具僞奏書函，又各出夾帶之黨羽紀名彙單，一付謝堯文之手，以總爲齎帶。幸柘林防守官既盤緝謝堯文於先，又捕獲孫龍於後，使經年密謀，一朝盡洩，分銜列薦之單揭，誠爲爰書之鐵案。今細審顧咸正、夏完淳、欽浩、吴鴻、汪敬，皆有僞疏揭稟，其爲叛首無疑。再審被薦之劉曙、管定武、喬塏、張謝石、徐汝純、洪中孚、葉鶴村、毛雲臺、朱啓宸、沈彰、楊芳、彭鶴齡、華賢祥、董剛、徐佑、李之檀、袁楠、翁項、陳安邦、朱仲貞、董巽申、侯其偉、沈臺、朱彦選、笪有德、朱玄端、馬都，皆素日黨類相應，所以列名薦書。與出海奸細之謝堯文，窩逆之孫龍，共三十四名，俱應按律正法。松江陣擒已斬之唐簡、趙欽、朱國維，及物故之孫濟邦，已正厥辜。其趙自新衰老舉人，出家已久，原不知有謀叛事情；單開胡志纓，今誤拘胡尚林，已與欽浩、吴鴻面質，並無干涉；見獲之周化，原名周士芳，與欽浩並未識面，不過聞名舉薦，全未知情。以上三名，俱應省釋。董佑申正名董瞉申，查非沈猶龍監紀，其原日監紀係董祐申；又黄廣的名黄鯁，審係上海縣學門斗，查吴成林所舉原云教書人，名蹟不合。以上二名，應再查明，另行發落。張成、王勝、銀鹿，俱劉曙種地雇工人，吴桂、吴前、夏舜，俱喬塏雇工人，皆知情不舉首，徒配何辭。未獲叛首侯玄瀞，及叛黨朱用牧、周顯隆、張貴等，共二十二名，應嚴緝另結。臣等詳細公議，顧咸正等三十三名，俱合依謀叛律皆斬，各妻妾子女俱付功臣之家爲奴，財産並入官，父母祖孫兄弟不限籍之同異，皆流二千里安置。孫龍依境内奸細走透消息於外人律斬，與顧咸正等俱決不待時。胡桂、張成等六名，俱依知而不首者律，杖壹百，流三千里，今流罪不行，各杖一百，徒三年，俱定發衝要驛遞，照徒年限擺站滿放。臣等審看已畢，謹將見在叛逆顧咸正等，分發江寧府縣固監，家口財産各項行令查明封貯。臣等謹公同具疏奏請，伏乞皇上聖裁，皇叔父攝政王睿斷，敕下該部，再加核議明確，恭請聖旨裁定，行下臣等遵奉施行等因。順治四年八月十四日。

奉聖旨："刑部核擬速奏。欽此欽遵。"抄部送司，該額記庫課羅科同本司郎中楊名顯，核擬呈堂覆核無異，該臣等看得叛犯顧咸正等三十三名，通海寇爲外援，結湖泖爲内應，秘具條陳奏疏，列薦文武官銜，其中逆黨姓名，歷歷可據，不軌之謀既確，俱應依謀叛律，不分首從皆斬，妻妾子女入官爲奴，財産籍沒充餉，父母祖孫兄弟不限籍之同異，皆流二千里安置。奸細孫龍與顧咸正等决不待時。除已斬之唐簡、趙欽、朱國維，及物故之陳濟邦已正厥辜，無容再議外，傭工人張成等六人，知情不首，各責四十板，站徒三年。趙自新、胡志纓、周化，原不同謀，俱應釋放。董佑申、黄廣，確查另結。未獲叛犯侯玄瀞等二十二名，嚴緝另結，伏候聖裁。順治四年八月二十二日，刑部尚書臣吴達海等。硃批："顧咸正等三十四名，著即就彼處斬，餘俱依議。"

1099.朱衣道人案

傅青主朱衣道人一案，世莫知其詳。全祖望《陽曲傅先生事略》云："甲午以連染遭刑戮，抗詞不屈，絕粒九日幾死，門人有以奇計救之者，得免。"光緒末，山陽丁寶銓撫山西，頗好事，爲重刻《霜紅龕集》四十卷，附輯《年譜》，亦不能實指其事，但言"紀映鍾、龔鼎孳力救之，事白釋歸"而已。癸巳夏，從友人處轉録當時三法司提本，雖未爲爰書，而坐罪張錡，出脱青主，業已定局，始知此案本末，無所謂奇計也。又王又樸《詩禮堂雜纂》述營救者，尚有方伯孫茂蘭之子，或即供辭中所謂寧夏孫都堂公子。因並録《雜纂》所輯青主軼事十餘則於後。《年譜》之輯，繆藝風嘗與點勘之役。藝風熟知掌故，然亦多所未及，知博涉二字，殊不易言。

刑部等衙門尚書臣任濬等謹題，爲擒獲謀叛賊黨密馳上聞事。刑科送到密封紅本，該山西巡撫陳應泰題前事。内開順治十一年七月初三日，據守寧道右參政董應徵、巡寧道僉事盛復選會呈，據太原府申，蒙守巡兩道牌文，本年陸月十二日，蒙巡撫陳都御史憲票，本年六月十一日，准巡撫河南亢都御史密咨，五月十六日，准刑部咨准刑科送密封紅本到部，該河南巡撫亢得時題前事。

順治十一年五月初七日，奉聖旨："這拏獲叛賊宋謙等，着即審明正法。未獲叛黨虞胤等，着各該督撫嚴察緝剿，以靖根株，但不得連累無辜。趙悅學用心緝叛，着議叙。該部知道。欽此欽遵。”密封到部，相應密咨，遵照聖旨內事理，即將已獲叛賊宋謙等審明正法，未獲叛賊虞胤等，轉行各該地方嚴緝務獲。其有叛賊居址及逃亡在隣境者，轉咨各該督撫協拏務獲等因，移咨到院准此，擬合嚴行密拏。爲此仰本道官吏，即將單開未獲叛賊嚴行密拏，務在必獲，審供口詞，押解赴院，以憑施行。其有叛賊居址及逃亡在隣境者，轉行協拏務獲，係關奉旨密緝叛犯，尤宜萬分謹密，毋得少有漏洩，致貽潛逃，自干功令未便，速速。

計單開傅青主名山，張錡名臣，俱太原府前件審據宋謙供稱：傅青主太原人，生員，今已出家作道人，身穿紅衣，號爲朱衣道人，年五十歲。在汾州一帶遊食訪人，係知情。又供張錡，生員，太原人，授劄督糧通判，在太原城內住，係知情。此人也不說幹事，只因說起明朝，痛哭流涕，故給他劄等因。備蒙牌行本府會同軍刑二廳，密拏單開有名叛犯擒獲。本月十四日，又蒙守巡兩道票前事。順治十一年六月十四日，蒙巡撫陳都御史憲票，昨准河南撫院咨前事，已經備行兩道密緝擒剿去後，隨已擒獲張錡等，見在發審。但事關重大，研鞫更宜嚴密，合再飭行。爲此仰守巡冀寧兩道官吏，即將前項發審犯人，務要加倍嚴密，即發府廳研訊。兩道仍宜不時查飭，毋致傍人竊聽，洩漏事機。仍將本犯多方防範，務保無虞，俟審的確口供，詳明報院，以憑定奪施行等因。

蒙此密仰府廳，該本府知府邊大綬，會同清軍同知傅鸞祥，理刑推官王秉乘會審，將各犯隔別。詰問張錡：“宋謙說你與他謀叛，說起明朝來痛哭流涕，他又與你督糧通判劄付，如今見在那里？從實拏出來。”據張錡供稱：“順治元年時，生員見一道士，他說是李三，在玄通觀打醮處相遇。生員見他是修行之人，遂與他講道，管他齋飯。後於順治四年又來，他說尋訪人物，平陽陽城山中現有兵馬，他會呼風喚雨，要做軍師。”詰問：“他說與誰做軍師？”又供：“他說與弘光做軍師。”覆詰：“弘光已死了，你何言語支離？”又供：“他說他是弘光差的，如今與永曆做軍師，叫生員跟他去。”“爲何與你通判？”“怕了不肯跟他去。”又詰：“你既不跟他去，爲何與你通判劄付？”又供：“當日他原說與生員劄付，生員懼慌，不敢受他的，即攆他。他說在朱振宇家内有行李。生員與他同至朱振宇家，沒着他進去，也沒取出甚麽行李。生員同朱振宇隨即趕出北門去了。”又詰問：“你沒甚麽言語，他爲何平空就着你跟他？”錡又供稱：“生員因元年變亂，感歎前朝之事，他見生員感歎，他就引誘生員。後見天命有歸，生員將妄念沒了，依舊讀書是實。”審問朱振宇：“張錡說道士先在你家住着，到你家取行李，你必是知情的。”據朱振宇供稱：“小的是明季宗室，在徐溝縣地名張華營有莊子一處。本處有蕭善友，於順治四年失記月日，昏黑時候，引一道士至宇家内，說稱道士會修煉。宇留宿至晚。道士說陽城山内有千數兵馬，他原是弘光差來，今在山西省城打聽有達子兵馬沒有，並訪人物，你是宗室，敢去不敢去？小的聽說就罵說：滿城都是滿兵，胡說甚麽！宿了一晚，次日，與蕭善友同往玄通觀前張錡家去，說張錡是他會友。不多時，張錡隨又同他來到宇家門上。他又說起陽城有兵馬之事。宇與張生員同罵得趕出城去了，此外不知有別事。”覆詰：“他既說來打聽兵馬，已是奸細，你如何不首之於官，擅放他去？”又供：“宇止知趕他離了門就罷了。宇原是宗室，怎麽敢見官？”又審得傅青主：“你是秀才，因何出家做道士？今宋謙謀叛，他供你是知情。”據傅青主供稱：“小的名山，字青主，原是太原府生員，妻室早亡。因闖賊破城，追餉敗家，就在太安驛出家，作了道士，師傅是太安驛人，號郭還陽，今不在了。山出家後，因穿了件紅衣服，人號朱衣道人。在平定州住了一年，盂縣住了二年，後住在汾州。自去年九月回陽曲縣西北四十里村名土塘住，因好靜坐，住在村南土窰內。山能寫字行醫，外人聞名，多有求字請看病者。九年，在汾州路上，曾遇着個道士，號耒陽道人，不說姓名，對山說：他會燒煉，在介休縣已有爐口，到就成事。再無別說。十年六月，又在汾州路上遇見個道士，姓黄，是北直人，講修養，盤桓住了兩日，並不曾說別話。九年，有個姓宋的，從寧夏來，在汾州拜了山幾次，欲求見面。山聞得人說，他在汾州打嚇人，不是好人，因拒絕他，不曾見面。後十年十月十三日，又拏個書來送禮，說寧夏孫都堂公子有病，請山看病。山說孫都堂在山西做官，我曾與他治過病，他豈無家人，因何使你來請？書也不曾拆，禮單也不曾看，又拒絕了他，他罵的走了。彼時布政司魏經歷正來求藥方，在坐親見。當時止知他姓宋，過後在汾州，聽得人說是個宗室，定是他懷恨在心，挾讐扳了。小的平素好遊玩山水，作詩寫字，口頭不謹，多得罪人，或是有的。至於知甚麼情節，訪人的事，斷斷沒有。”及加刑嚴訊，山復供稱：“若將姓宋的提出來，與山雜在亂人中，他若認識得山，山便情願認罪。”又審得傅山子傅梅：“你父親結交道士，同謀不軌，你可實說了罷。”據傅梅供稱：“與父親另住，已七年了。自丁亥年已分過，分後在小的丈人家住了兩年，見今典着房子住。有地五六畝，係自己買的，不是老子與的。老子做了道士，在外雲遊，常不來家。他做的事，全然不知。”又詰：“姓宋的與你父親往來，你可曉得的麼？”梅口供：“聽得去年有個姓宋的，來請小的父親看病，送禮一分，書一封，不曾受他的。小的也不曾見這姓宋的。老子平生執古，不近人情。”研訊再供無異。又審張錡父張時遇：“你兒子與道士往來，講說陽城有賊，謀稱舉事，原是那一年，還是誰同見來，實說。”張時遇供稱：“小的兒子進了學，好道，上些布施。小的與兒子另居了陸七年。小的是都司胡經歷下書手，他幹甚事，小的不知。”又審朱鎖哥：“你兒子朱振宇留下奸細，係在一處住，必然知道。”據朱鎖哥供：“小的從小不學好，把家業都費盡了。小的兒子過房與小的亡兄繼嗣，承受了他的家產，不在一處吃飯，各人過日子。小的賣麵，就向他要些糧米，他也不肯給，還說小的沒與他娶老婆，到問他要飯吃。他做的事，小的怎得知道？”研審再三，各加刑訊，終始口詞無二。又經道府廳委縣密到張錡家搜尋，並無劄付。

正在詳具間，准軍巡二廳關蒙巡撫陳都御史批，該卑廳呈前事，蒙本院憲諭，卑職緝拏叛黨傅青主家屬傅止，並朱振宇招扳蕭善友等候審。卑職密行陽曲、徐溝二縣，拘提去後，今已拘獲到職，擬合呈報等緣由。蒙批仰總捕官會同刑官密審，妥確回報。蒙此，該職等將蕭善友、傅止提取到官，審問蕭善友：“朱振宇招稱你與道士同到他家，道士來歷，你必盡知。他的姓名行徑，一一實說。”據蕭善友供稱：“小的名峰，係太原右衛人，在徐溝縣張華營住。順治四年，有個道士打一柄藍布傘，在本村路上相遇。他說：你老人家要學好麼？小的說：我是善友。回頭看他穿戴俱是白的。那道士說他也是善友，姓李，在榆次縣住。小的留他回家，他說同伴人先行了，改日再來罷。天就落了雨，各人走了。次日他又同不知姓名一人到小的家中，請他吃飯。他說聞得你村裏有個朱振宇，是宗室，在省城，你認得他，咱們相隨訪他去。住了一晚，天明，小的因買貨，同他到朱振宇家。他們說話，教小的出門外去。朱振宇說：你同來，何必迴避。吃茶畢，道士說你是宗室，削了髮，你不報讎，如今有明主了。振宇說：你是賣頭話不要說。吃飯打發睡了，復對小的說：這個道士不是好人，是個奸細。住了一宿就走了。過了數日，又領有六七個不知姓名帶弓箭的人，到小的村外，叫出小的來，說他祖是賢寧侯，我南方有了明主，有個少主周王，永曆王，三王讓位。是我朋友教我與他訪些賢士輔佐他。今我與他們劄付，如今教我做軍師，與他提調。周王在外訪賢做事。又說陽和等處都有他的人，又一個姓左的，在南邊做了元帥。還說教與他尋些書生，結拜兄弟，同他起事。又說朱振宇不知時世不好，今有陝西李秋霜，見有兵馬要反，說'紅花開敗黑花生，黑花單等白花青'，他清朝戴的是紅帽子，我們戴的是白帽，就是秋霜一般，專打紅花。他走時寫下三個字'䨘霹霦'，念是'真李元'。我有人來，你指與他路，這是暗號。又說事緊了，就往平陽過河去了。小的將字兒毀了，七八年再沒見他。"又審傅正："你兄傅山與宋道士私通，供係知情，他們往來，你必知道，可快實說。"據傅止供稱："小的十八歲父就死了，二十歲與兄分居。他在土塘村住，小的在西村住。老子在時好道，請壽陽雨師郭還陽，小的就拜他爲師。小的母親在小的家住，小的兄他世事甚也不管。小的只顧母親，不管他。他三十歲上死了老婆，再不曾娶。他有才學狂蕩，得罪於人是有的。小的未曾見宋道士的面，他與道士往來不往來，小的不知道。"各等情到廳，合關本府會審彙詳等因到府。復將錡等一干人犯提取到官，嚴審口供無異。

據此會看得：張錡好邪行，不能識人，致奸人乘機誘引。明宗朱振宇，不念有生之爲倖，細作入門，輒敢留宿，存心殆不可問矣。錡等供未授僞劄，雖經嚴訊搜尋未獲，然李道士之行藏，未嘗不知之也。至蕭峰見李道士後，備聞其言，復接其暗號，留宿款待，知情更切。乃三人不舉首鳴官，私行縱逐城外，按以知情故縱之律，錡等將何以置喙乎？至於傅山，因被賊禍，久作黄冠，雲遊訪道，審未交結匪類。嚴訊屢訊，堅稱與宋姓者始終並未一面，以爲讎口誣扳。案查宋謙供山知情，今山供爲不知。謙遠在豫，無憑質審，難以懸坐。至傅止等供分居已久，兩村居住，並不知道士之事，職等未敢擅便，伏候裁奪等情。申解兩道親詣公所，即提各犯於嚴密處覆加嚴審。除府廳審供相同者不開外，又問張錡："你的劄付今在何處？快取出來，免受重刑。"據供："小的原沒受他劄付，聽說起劄付，是以趕他出去。"兩道又將錡用刑嚴訊，供稱："劄付實沒有。"又審蕭善友："當日你引道士尋朱振宇，朱振宇駡道士攆道士，你見來是實麽？"供稱是實。又詰蕭善友："那道士與你相見幾次？既與你三個字的暗號，他定與你劄付，是何官銜？"供稱："小的年已老了，怎做的官？並不曾與劄付。即與的三個字暗號，當時毁了，此是實話。"又審傅山："今宋謙供你在汾州一帶訪人，訪得是何人？"供稱："小的素訪者，修養長生之人，不是做賊的人。"各供吐到道。又審張時遇、朱鎖哥、傅梅、傅止，供吐與前府廳所供無異。

除審畢仍將各犯責令府廳固監外，該守寧道參政董應徵，巡寧道僉事盛復選，會看得張錡親口歷供，與宋謙之原詞相質無異，其爲知情也明矣。即極稱僞劄未受，又同朱振宇逐趕道士，當日何不擒捉首官？私逐滅跡者，是何存心？即明宗朱振宇，既厲罵道士，勒令出門，是明知叛賊之勾引，而干法律之匪輕，急宜同捉報官，以除不軌，乃止以一逐縱去，法豈容乎？最可恨者，蕭峰邪教煽惑，招留賊黨，引誘無知，專爲渠魁作綫索，其罪尤有難逭。屢訊俱確，知情故縱之律，斷難爲三犯寬也。至傅青主名山者，既係生員，才學又優，何不博取科名，以圖效用，輒爾棄家遊食，甘爲傲世肆志之形狀？且據自供，與宋謙之單開名字服色一一相符，其中不無隱情。但嚴訊山，供如識謙面，甘受刑殛，似難懸擬。其張時遇、朱鎖哥、傅梅、傅止，審不知情。然奉旨有云“不得連累無辜”，應否别議，統候裁奪。擬合會呈等因，呈詳到職。

據此，案照本年六月十一日，接准河南撫臣亢得時咨，准刑部咨前事。職即飛檄守巡冀寧、冀南、河東、雁平、寧武、岢嵐玖道，太原、平陽、潞安、汾州肆府推官，密緝嚴拏去後，而張錡、傅山等旋即擒獲。隨經行據該道府廳嚴刑會訊，據供前因，該臣會同督臣馬鳴珮，看得叛黨張錡、傅山名號住址，業與宋謙之口供相符。今據張錡所供，元年見一道士，肆年又來説與弘光、永曆做軍師，原有劄付與伊不受，並感歎前朝之事等語，其爲知情同叛，已的的不爽矣。至朱振宇爲故明宗室，同邪教之蕭善友呼朋引類，庇匿奸徒，既知爲弘光差來打聽，又説陽城有兵馬等情，不即首官，而且接其暗號，留宿款待，反飾趕出城去，是謂不係同謀，其誰信之？傅山以青衿而爲道士，異言異服，蹤跡詭秘，所云拒絕宋謙，未曾見面，若係知情，何不舉首？若不知情，當日何所見而拒絕之也？總之，此輩逆天作祟，法網難逃，即螳螂之難撼泰山，而癬疥之終須净根。臣等凜遵嚴察緝剿之特旨，毫不敢疎縱，更仰體不得連累無辜之皇仁，亦不敢有株求也。尚有未獲叛黨虞胤等，俟容職等嚴密緝獲另奏外，既經該道府廳會審前來，謹先據實密聞。伏乞皇上裁鑒施行。等因。順治十一年八月初二日題。

本月十二日奉聖旨："三法司核議具奏。欽此欽遵。"密封到部，該臣等會同都察院、大理寺覆核，會看得傅山、張錡乃叛賊宋謙所供，係伊同黨知情。今該府疏稱，據傅山供稱有姓宋道人二次求見，山並拒絕，未曾見面，有布政司魏經歷親見。及加嚴訊，復供若宋謙認識得山，情願甘罪，情似無干。且當日宋謙口供止言其在汾州一帶遊食訪人，原未云所訪何人。謀叛大案，豈容以一語懸坐？即現在張錡、朱振宇、蕭善友等口供，亦絕無一字連及。該府亦稱其雲遊訪道，審未交結匪類，與宋姓始終未面，讐口誣扳。而該撫以"若係知情，何不舉首，若不知情，何以拒絕"等語定案，尚屬游移。據朱振宇供"小的係明季宗室，有蕭善友於順治四年失記月日，昏黑時候，引一道士至宇家，稱說道士會修煉，宇留宿至晚，道士說陽城山有數千兵馬，他原是弘光差來，今在山西省城打聽有達子兵馬沒有，你是宗室，敢去不敢去，小的就罵說滿城都是滿兵，胡說什麽，宿了一晚，次日與蕭善友同去，不多時，張錡同他來宇家門上，他又說起陽城有兵馬之事，宇同張生員同罵得趕出城去了"，張錡供稱"宋謙原說與生員劄付，生員懼慌，不敢受，同至朱振宇家取行李未獲，遂同朱振宇將宋謙趕出北門去訖"，又供"因感歎前朝之事，他就引誘生員，後見天命有歸，隨絕妄念，依舊讀書是實"，據蕭善友供稱"有個道人曾在小的家住一宿，次日領他到朱振宇家，又對小的說南方有了明主，周王，永曆王，去時寫下三個字與我爲暗號，去後即毁”。三犯明係知情，該撫看語内，止稱此輩逆天作祟，法網難逃，又未擬罪，臣等未敢懸議。仍應敕下該撫，再加嚴訊，務期無枉無縱，妥招按律確擬速奏，再下臣等核擬可也。緣係擒獲謀叛賊黨，密馳上聞事理，未敢擅便，謹題請旨。順治十一年十月七日，刑部尚書任濬，都察院左都御史龔鼎孳，大理寺卿尼堪。奉硃批：“依議行。”

傅母《貞髦陳太君墓誌銘》，爲吾鄉孫徵君奇逢手著。文既高簡，而木刻字畫亦端嚴，酷似顔魯公《家廟碑》。余至太原得之，藏於笥。傅名山，字青主，一字公佗。

傅道人高節孤標，人皆知之。其逸事云：袁學憲繼咸被誣下獄，時傅與同人申救，裹糧入都，上書而納言不爲達。傅無如何，乃日於長安市投揭，亦無爲上聞者。衆客久資盡，傅咨於一鄉先達，適座有酒糾，聞其説，乃曰：“此義事，無難處。”出其纏頭金帛值二百以進，且歷至王公戚畹府第，從容白其冤。未幾，有中官取揭以入，而袁事得雪。此妓近俠，士夫所不如，惜其姓氏不傳，傅亦不爲表，何也？意傅且逃名，而於此仗劍之紅裙，亦欲其跡匿聲銷，不欲塵世得而窺識耶？余於晉陽遇傅道人孫蓮甦，爲述此，時年已七十餘，猶手録其祖之詩文以遺余，終日不倦。貌古甚，傅先生家風故未墜云。太原張生燿先曰：酒糾名吴妹，救袁尚有西河諸生薛宗周。錫山馬公世奇作《山右二義士傳》以美之，擬爲漢之裴瑜、魏紹云。

張生又云：傅先生生而穎異。三水文公翔鳳提舉晉學，拔茂才第一，入府庠。文公古文辭稱奇澀，他人讀之不能句，傅朗朗如常語，文公奇之，時年十一也。又戊辰會試卷出，其兄庚爲選五十三首授讀，歷卯辰皆上口，不爽一字，時人驚爲神。先生娶同邑光祿卿張公泮女名靜君，生子眉，早卒。先生時年二十有四，即鰥居終身不娶。甲申春，闖賊將逼晉，先生易黄冠，奉母入山避。亂定，家已破矣，遂以黄冠終，不復易。人見其黄冠也，又其曾祖父朝宣尚明寧化王郡主爲儀賓，先生姓好奇博學，通釋道典，師郭還陽真人學導引術，别號朱衣，蓋取道書“黄庭中人衣朱衣”句也。忌之者誣爲志欲復明祚，於順治甲午夏收禁太原獄，並禁其子眉。時金陵紀伯子參撫幕，與孫公子併力救之。孫公子者，方伯孫茂蘭之子也。先生故善醫，嘗遇公子於古寺，時公子無恙，先生視其神色，謂曰：“長公來年當大病失血，宜早治之。”公子不謂然。屆期果病幾殆，迎先生療之得愈，感先生德，故營救甚力。紀又求解於總憲龔公芝麓，龔爲平反之，始獲釋。方獄嚴時，先生九日不得食，而先生意氣自若。交遊袁小陸、楊爾楨乞爲通食，郡守邊公大綬聽之，得不死。及事解，先生益放浪山水間，肆力爲詩古文辭，奥衍幽僻，人無解者，獨其子眉知之。書法清峭，然自異，爲畫絕去古今人蹊徑，似任意，而實有法度出於縱横離奇之外。康熙庚午開明史館，訪前朝悉故實者，因並及先生名。科臣李宗孔、劉沛先等合疏薦。嗣有博學鴻詞之選，詔有司資送入都。時先生年已七十三，堅不欲就。有司迫遣之，子眉扶掖以行，就道，瘍發於股，輒自錐破，血不止，而股爲之枯。至都，假館崇文門外之圓覺寺，臥不肯起。一時王公鉅卿往訪之，門如市。或爲乞醫藥，逾歲不痊。都御史魏公象樞代奏，得旨：傅山文學素著，人品清高，著授中書舍人職銜，歸籍地方官優奬。時己未五月也。歸五年而子眉卒，先生哭之慟，不食數日亦卒。然余在晉，聞傅之禍緣於晉臬某失其名。爲求書母壽序，傅不可，親求之，傅延入與語，嫌其過俗，旋起入舍，久不出。某令吏偵之，則傅由舍後出，解衣磅礴林間。某大怒徑去，伺間爲飛語中之。而張生未之詳，不知確否。

太原古晉陽，城中有傅先生賣藥處，豎牌“衛生堂藥餌”五字爲先生筆，字大如斗，端方圓正，逼真魯公書。余佐鹺河東，以公赴省，必過之，徘徊車中不忍去。世傳先生善醫而不耐俗士，病家多不能致。然喜看花，必置病者於有花之寺中，令善先生者誘致之，一聞病人呻吟，僧輒言羈旅貧，無力延醫耳，先生即爲治，無不應手愈也。其技神而性癖如此。

張生又曰：明運將革，先生教子眉以經世學。《孫子》、《管子》諸書皆熟講而切究之，兼令習技勇。又買馬邊塞而於江廣市之，習知其道里險易。復善走負重，往來四百里不知倦。閣部史公可法常訪先生於邑之西村，眉侍談論。史公歎曰：“真命世才也。”及李建泰督師剿賊，薦智略士十餘人參軍幕，先生與焉。先生謁之於上谷，次日即辭歸，蓋知其必敗也。

傅先生著書有《老》、《莊》、《管子》各註，《楞嚴》、《華嚴》、《金剛》三經註，《春秋左傳姓名韻》、《地名韻》、《兩漢書姓名韻》、《漢書補註》、《十三經字區》、《傅史》。書多失傳，惟《兩漢書姓名韻》藏張生家，《字區》亦存十數條。詩文爲聞喜張質夫亦堪收藏頗多，後失之。張生搜求十數年，始爲刻《霜紅龕集》。霜紅龕者，傅所隱陽曲之崛嵎山也。初名七松廠，又名青羊庵，最後易今名，蓋霜後紅葉滿山，傅愛之。然張生貧士，能搜隱剔微而刻先生集，亦古之君子矣。

骨董三記卷六

1100.陳啓新

曹鑣《信今錄》十卷，成於道光元年，蓋繼吴山夫玉搢《山陽志》而作。所記皆乾隆戊辰以後事，其卷十《道古》記陳啓新事云："啓新素有大志，淪落困頓，以三科武舉留滯京邑。開一古玩舖，清雅閒潔，有老太監夙常起坐其間，久而益洽。監愛陳之卓傑，因談及：'主上有厭薄科目之意，恨外廷無啓其端者。君夙昔談論，頗能及此，何不闘此一博？'陳曰：'草澤之人可乎？'曰：'廷臣皆自科目來，非草澤那爲是言。'陳於是躍然，本其意以爲章疏，崇論閎議，大破藩籬。跪正陽門三日獻上，至於授官吏垣，皆有此監陰爲之地。厥後舉朝不容，勢難孤立，告疾以歸。國變後，入華山爲僧，不知所終，未始非豪傑也。"之誠按：啓新三科武舉上書，特用爲兵科給事，非吏垣。攻之者以爲輕視科舉之端，非啓新上言科舉之不當重也。鑣所記不知所本，唯言啓新開古玩舖，及國變後入華山爲僧，皆記載所未及。

1101.閣百詩墳

《信今錄》卷十記："邵孝廉杏傳語余：'去某家二十里地名

塔爾頭，有冢隆然，土人謂是閻百詩墳，今無人來矣。’因檢百詩行狀，載葬於城東南之學山礅，礅名不可知，而方位恰合。”

1102.程允元

《清史稿·列女傳》二：“程允元妻劉，名秀石。允元，江南山陽人，秀石，平谷人也。秀石父登庸，康熙間爲山西蒲州府知府。初謁選，允元父舉人光奎亦在京師，相與友，申之以昏姻。時允元二歲，秀石生未期也。”《信今錄》卷四述此事云：“允元字孝思，監生。父勷著，淮之巨商，以康熙辛卯科場事，罹大獄破家。”又云：“成婚時，夫婦俱年五十七，允元終七十九，貞婦終八十八。嗣子韶風奉母木主入祀貞節祠，在嘉慶十四年。”之誠按：鑣記鄉里耳目間相接事，當不誣。《史稿》以允元父光奎爲舉人，據王棫《秋燈叢話》，見當時邸鈔，謂允元父勷著，康熙甲子貿易京邸，與平谷劉登庸友善。又山陽吴進一《咏軒詩草》有《義貞詩爲程孝思夫婦作》云：“乾隆四十三年戊戌，旌表義貞。”有句云“两家富且貴”，自注：“程淮北商，劉蒲州守。”則巨商之說，當較得實，《史稿》或誤。梁玉繩《瞥記》載原奏全文，當即錄自邸報。

1103.寒夜錄記張獻忠事

陳士業《寒夜錄》云：“張獻忠用兵最狡，常以少勝多。破舒城時，實叛將孔廷訓勾之。城陷，獻忠犒賞各頭目已畢，旋引廷訓數之曰：‘爾不忠於朝廷，焉能忠於我？’立斬之階下。時原任太僕卿濮中玉，亦投降數日，見廷訓被殺，股栗無措。獻忠曰：‘汝鄉紳，吾不斬汝。’遂授僞禮部尚書。中玉舞蹈謝恩，留其營中四閱月乃還。初，中玉以請託不遂，下石於予，或傳其城陷死難，予擬爲草揭請卹，不意喪心辱國乃如此！此事舒人目擊甚確，而諸生孫秋我亦被賊擄，述其顛末尤詳。孫云：‘濮既授僞禮部，餘户、兵、工三部各有僞官，唯吏、刑則獻忠自領之，不欲以爵人刑人之柄畀之他賊也。’又僞中軍來姓者，號來達子，最爲獻忠親信。其陷合肥諸屬，唯來達子晝夜密謀，諸營皆不與聞云。”又一則云：“近日諸寇皆稱‘死賊’，各處塘報皆然。其僭號稱王者，章奏文移悉改王字爲‘枉’，或爲‘亡’，如所謂‘八大枉’、‘爭世枉’、‘左衿亡’是也。”

1104. 清代封奏之始

《實錄》：順治十年四月己亥，初四日。諭都察院副都御史宜巴漢等曰：“自今以後，凡係機密及參劾本章，俱著實封進奏。”之誠案：此爲清代封奏之始。凡代奏者，閱無違礙，仍封之以進，不發下，雖軍機大臣不及知也。

1105. 乳公

《實錄》：順治十一年七月丙申，初九日。諭禮部：“乳公喀喇，保護朕躬有年，忠勤素著。今聞溘逝，深可憫念，著與謚立碑，以示朕旌卹之意。”清沿明制，有奉聖夫人之封。“乳公”之稱，後來不見於記載。與謚立碑，又奉聖所無也。

1106. 戴文節藏研

戴文節《習苦齋詩集》有《咏硯絕句》二十首。序云：“余來粤中，硯癖日甚，而無力不能致精腴。然威鳳一毛，亦可藏弆。

既著《蓄硯説》，復次其所愛者繫以詩。”兹録其注如次。

蟠螭　古硯，縱方。高三寸，寬二寸。色如馬肝。堂微凹，上螭龍隱起。殿廷考試，率用此硯。粤人不能舉坑，蓋古石也。篋中唯此爲舊物，故首及之。

浮藻　方硯。極凈，青花浮動。舟過羚羊峽所得。

温瑜　高要何石卿著《寶硯堂硯辨》，余爲序之，以蕉葉硯見貽。徑五寸，鋭上豐下。遍身玫瑰紫青花，面背有二眼。氣壯而凈，似乾嘉間大西洞石。賜硯余齋名。

紅棉　縱方，無池。高五寸。上刻紅棉花一枝，滿面青花，結有玫瑰紫青花一粒，大如豆。

青霞　天硯。大不及三寸。勢若飛霞，一片天青，映日照之，屑屑者若在其裏，所謂微塵青花也。右角檳榔文最明潤。

玉萸　橢圓如掌。硯心魚腦，盪漾浮動。四面臙脂捺，間青花，光彩艷艷。石卿云：似石洞石。

雲腴　片雲大掌許。玫瑰紫青花，艷艷欲活。右邊五采釘一粒，大西之腴。

雪蕉　高小雲癖硯。道光十三年，盧制軍坤開大西洞，小雲獲十餘精品。余至肇慶，見遺蕉硯。冰紋涷，惜硯心有緑質釘，爲瑾瑜之瑕。然無此恐小雲未肯割愛爾，未始非余之幸也。

紫玉　片雲長三寸。兩面青花，左角玫瑰紫青花甚艷。西洞之凈者，近頗難覯，重過羚羊峽所得。

玉絲　金絲　橢圓雙硯。一銀綫，一金綫，質色俱良，蓋大西石。二硯爲羅定州試院供具。舊例，學政得收文房供具。余來粤一概却之，至是一循例焉。

網珊　自然硯。高三寸餘。兩面冰紋，一面有玫瑰紫青花，一面有硃砂丁一痕。

凝紫　浮青　子不對剖。徑四寸强。背刻山水極精，滿身玫瑰紫青花。石氣甚壯，蓋大西舊石。小雲由高要寄贈索畫，爲作《楞伽峽圖》謝之。

蠹簡　小硯，作古簡形。左邊就五采釘雕一蟲，製作亦別。研工云大西石。

綺霞　小方硯，池上多五采丁。質色與蠹簡同。

漱玉　石僅三寸餘。冰紋凍青花，綠質丁，白質丁，五采丁，金銀綫，白玉帶，蜒蚰光，色色俱備。戛之聲如朽木，蓋大西底石，然瑕不掩瑜，不忍棄也。

月波　硯大盈尺，細膩無聲。硯堂碎凍，盈四五寸，中有一暈如月漾微波，光耀大露，陳麻子坑絕品也。近日鑒者不能辨雜坑，見劣石輒曰麻子坑，其實麻子坑只下老坑一等，餘坑不及也。

絡藤　羅竹隱貽一硯，泐紋赭黄色，蓋東洞冰紋。余曾見一大西石，沙丁五點相錯，成天然梅花一枝。吴石華鎸記上方。余爲之銘曰："石之腴孕花之臞，誰其鑄者天地鑪。"此類皆硯中別品。

雙丸　小硯，作卷雲勢。二眼徑四五分。石質亦細，留之以備一格。余酷愛石眼，先後得流雲吐華月、海天朝旭、荷增生趣、雲潤星輝諸小硯。今又得一大硯、二小硯，竟日摩挲不能釋。

余用雜坑、青花、蕉白諸石鑿池，池中鑿石螺、石蟹等物，清水注之，天然生動，不泥古式，亦自可玩。

1107.龍舟侍宴記

梁清遠《祓園集》卷二《龍舟侍宴記》："順治丙申，端陽前一日，禮部宣上諭：‘明早內院大學士、六部堂上官，四品以上京官，翰林院官，俱於西苑伺候。’次日早，臣清遠由西華門，由西苑門，循東牆下南行，過小石橋，見古木蒼然，綠陰濃郁。北望湖水浩淼，繞岸蒹葭，百禽和鳴，初旭遙映如畫，神歡蕭爽。遂與諸臣藉草而坐。久之，日將午，從瀛臺有小艇亂流而下，徘徊容與。諸臣曰：‘此上舟也。’未幾，舟艤甬道右，上登岸，乘肩輿至大石橋西。諸臣拱立橋東。上諭：‘來。’諸臣趨而進。上登龍舟，舟横可二丈許，上五丈，樓高三丈，金碧焜煌，檣帆篙櫓悉具。上諭諸臣曰：‘三品以上官坐樓上，四品以下官坐樓下。’臣清遠隨諸臣登樓。甫入，上坐龍牀指某曰：‘此爲誰？’臣清遠跪奏曰：‘臣户部右侍郎梁清遠。’上凝目注視久之，諭曰：‘部院官西嚮坐，翰林官東嚮坐。’坐定，上曰：‘劉嗣美革職否？’刑部尚書劉昌奏曰：‘臣部奏請下吏部革職。’大學士劉正宗奏曰：‘臣等已票擬革職。’上曰：‘此事成克鞏知之否？’克鞏奏曰：‘臣實不知。’正宗奏曰：‘此與吕祖望訐成克鞏事是兩事，是以克鞏不知。’上曰：‘此等事都察院亦應知之。’蓋嗣美曾任巡方，今爲知州高某所訐云。上又曰：‘此船佳否？’諸臣奏曰：‘佳。’裔介曰：‘此船可謂大矣。’上顧大學士以漸，嘲之曰：‘狀元猶以爲小也。’又問：‘諸臣有頭暈者否？’克鞏奏曰：‘臣微有暈意。’上令麻勒吉傳諭徐徐以行。宴上，每三人一桌，盛以銀盤，罩以龍袱，堆滿几上，皆上方珍品。諸臣跪謝進食。上曰：‘此處蘆葦多，不能直行，須曲折以渡。’清遠遙望綠波如鏡，清風徐來，時有異香，襲人衣裾，正如縹緲於絳雲碧霄間也。尋抵水雲榭，上命諸臣下。下至樓半，學士白胤謙誤失足，上撫慰之。上至水雲榭少坐，復登岸入蕉園禮佛，令以上所食諸品賜諸臣。諸臣即坐水雲榭石上共食。食已，上至，復令登舟，以大金杯賜諸臣硃砂酒。酒醇濃，色如琥珀，甘香非人間所有。人各三杯，令務須飲盡。令大學士車克、學士麻勒吉下樓諭諸臣：'亦務須飲盡。'是時諸臣人人醺然矣。抵岸下舟，上御瀛臺，諸臣叩首謝，趨出。上諭令以諸臣所食食諸臣從者。"

據此，知順治入關之初，君臣之分尚不甚嚴。張玉書、張英集中皆有《游西苑記》，是康熙時猶踵行此典不廢。雍正後常居圓明園，始無其事也。

1108. 蕉園焚誦

《祓園集·上曲陽萬佛閣修造記》："世祖章皇帝褒崇佛法，敕大宗伯選天下名僧，蕉園焚誦。大宗伯祗奉天語，廣搜博采，得鑑舉十九人，以應聖天子之命。皇帝御殿門，親視緇流，考德問業，以鑑爲第一。領諸禪人入蕉園，諷誦諸品經咒。鐘聲幡影，幾同蓮國。鑑更敬慎小心，闡揚教法。皇帝嘉悅，謂鑑爲真僧，時召見與談世外事。如是者數載。"據此，知當時搜訪高僧乃歸禮部職掌。

1109. 楊龍友死難

高密李憲喬《少鶴先生詩鈔·鶴再南飛集·書孫武公事狀後》七古云："阿龍自超得公助，史中不載歸首處。今得明告後之人，阿龍枯骨在公墓。"自注："武公名臨，桐城人。明季以諸生入楊文驄幕。文驄薦於朝，除兵部職方主事，監文驄軍。至浦城兵敗，與文驄同不屈死。後兄子韋尋得公與文驄遺骨，混不可辨，乃並負之歸，合瘞城東三十里楓香嶺上。"他書多記孫武公葬處，而不及龍友，惡其黨附貴陽也，甚非公論，遜此之核。

1110. 冀旭畫雁

舊藏冀旭畫《百雁圖》卷，飛潛走伏，形態逼真，筆墨畦徑，遠在邊頤之上，頗珍異之。唯遍檢群書，未得其人。《少鶴詩鈔》中有《冀旭畫宿雁》云："宿雁從何見，圖成怪逼真。展時雪氣味，空處夜精神。涷葦風吹折，枯崖水蝕皴。惺惺如有語，悽絕楚江濱。"玩詩中語氣，似非同時人，或清初楚中高手。後此畫倭亂時隨手舉以贈人，今不知流落何所矣。

1111. 五采花翎

田文鏡《撫豫宣化錄》一，有《恭謝五采花翎疏》云："天工人巧，法琅傳諸內府；雲蒸霞起，制度迥出塵寰。"似是法琅所製。後又有"珠毛璀璨，葆羽葳蕤"語，仍是孔雀翎也。或目暈處以法琅爲之歟？雍正以後，未聞有此，究不知其製法。

1112. 獻賦始末

林佶《樸學齋稿·獻賦始末》云："康熙四十五年九月二十日，皇上北巡歸，駐蹕密雲縣。臣佶恭以所爲《日月合璧五星聯珠賦》一册，並手書御製詩集二函，馳獻行在。是日宿王莊店，離密雲十八里，將以明晨迎奏。是晚忽大雨連夜，二十一日有旨暫駐行宮。翌日又雨，二十三日復雨。途中水及馬腹，夜半上傳旨修道，詰朝將冒雨而發。四鼓忽迴風雨止，晨起旭日朗耀，明霞際天，而西山諸峰，稍有積雪，映徹若圖畫。辰刻，鑾駕啓行。佶因道泥濘，不可前進，乃策騎返過牛闌山。午刻，天宇益澄霽，上於山北帳殿用饍。未刻，佶祇候於山南新除道傍，遙望屬車將至，旌旗甲帳，黃氣如雲來，佶俯伏道左。半里外，忽有一騎從御仗隊中迤邐馳出，至佶前，問：‘汝是何人？進何物？’佶對云：‘臣是福建舉人林佶，進的是親手寫的御製集，並自爲賦一册。’騎者記姓名馳去回旨，而上騎已至前矣。遙問云：‘你是福建舉人麼？’臣對云：‘是。’上按轡回盼，俞音褒許。佶仰瞻豹頭軍已到，平身起立。騎者復飛馬來云：‘頃有旨，與你一令箭，著於三家店行宮前進。我是管乾清門尚大人也。’佶遵旨，申刻抵行宮前右箱侍衛班房內坐。須臾，隨駕翰林楊瑄、蔡升元、查昇、查慎行、錢名世、汪灝、蔣廷錫至。尚大人傳旨云：‘此是福建舉人林佶所進的册子，著汝等看過，並帶去試他學問如何。’諸翰林隨將佶帶至查學士昇帳房中，以御集中‘野靜知民樂’爲題，命賦五言排律八韻。時已黃昏，行幄中筆硯紙墨皆未具，隨檢得一摺子，佶伏地據鞍上起草。諸公云：‘恐宮漏下，便不敢啓奏。’幸成章，隨諸公至行宮門。是早，上於御座前得不知誰何片紙，震怒，欲根究此事，命東宮於行宮前左箱房中推問。近侍皆悚慄屏息，莫敢奏。及宮漏三刻，東宮復旨，事少間，天威稍霽。諸翰林始回奏云：‘頃考林佶的詩好，所進寫的御製集亦好。’上隨遣內侍出問臣佶：‘你是福建那處人？’臣佶對云：‘是福州府侯官縣人。’又問：‘多少年紀了？’臣佶對云：‘四十七歲了。’又問：‘是那一科中的？’臣佶對云：‘是己卯科中的。’又問：‘福建人朕認得甚多，如李如藍、如林，汝認得那個？’臣佶對云：‘這皆是皇上重用的人，作官在外久了，所以皆認不得。’隨問諸翰林：‘汝等認得他麼？’諸翰林對云：‘他是福建名士，臣都聞得他名。’查昇奏云：‘他極善楷書，是學趙子昂一派的。’

錢名世奏云：‘他師父是前翰林編修汪琬，學問甚好，古文極得他傳授。’內侍一一回奏，上喜云：‘他替我寫的詩集煞乾净，留覽，賦册發與掌院揆叙，等再細看。’諸翰林因夜已深，皆云：‘明晨回奏罷。’揆掌院隨佶至帳房歇宿。次早，諸翰林復引至行宫回旨云：‘賦好，很去得。’内傳云：‘賦册交與南書房收好，叫他回至京候旨。’十月初十日，上在暢春園，諭内務府監造員外郎張常壽：‘舉人林佶，著在武英殿辦事，將朕的文集，照詩集寫一部。’又諭翰林院侍讀孫致彌：‘再考他。’十二日，入直廬謝恩。十三日早，孫侍讀以‘巍巍乎其有成功’二句題，考文一篇，以御製詩‘稼穡天工樂歲穰’爲題，考七律一首。佶文就進呈，孫侍讀回奏：‘他詩文俱好。’内傳云：‘他比諸翰林何如？’孫侍讀奏云：‘他的文與諸翰林趕的上。獨臣年老，舉業荒疎，還不及他。’臣佶伏思臣本海濱賤士，以家貧親老，冀幸早沾皇恩，不意以荒鄙之文，得塵清覽，荷蒙留直内廷，專理御製文章，甚爲榮寵，真倍尋常。謹誌始末，以欣殊遇云爾。武英殿供奉臣林佶謹記。”

之誠案：世傳《樸學齋稿》十卷皆詩，此文稿刻本二卷，極難得。又案佶入直七年，癸巳九月，始授中書，其詩所謂“悲愧七年留内值，備員今始廁微躬”是也。恩遇不得爲厚。前一年佶已成進士，殿試二甲前列，素工楷法，不入翰林，頗不可解。中書爲進士應授之職，非供奉恩數也。佶癸卯罷官出都，《宿磐石庵》詩云：“鋃鐺纔釋放歸田，願挈雞豚共上天。那意更遭嚴譴逐，頓令盡室播顛連。兒孫分晰休官頃，行李倉皇去國先。暫借雲溪留信宿，驚魂尚悸敢安眠。”則由與修《圖書集成》陳夢雷獲罪，牽連及之。是時佶年六十三矣，文人始窮終阨，殆無有過之者。佶以寫《精華錄》、《午亭文編》、《堯峰文鈔》著名。觀此記，則聖祖御製詩文集亦佶所書，唯未照刊。他所書刊行者，有王士禛《古夫于亭集》、顧嗣立《書館閒吟》，恐尚不止此。世謂《堯峰文鈔》寫於鈍翁身後，尤敦風誼。據佶所撰《書宋潛溪續文粹後》云："《續文粹》爲其門人方孝孺、劉剛、林靜手自繕寫，其書字畫端謹，與其《文獻集》差相似。因仿《文獻》版式，以呈先師，極喜，復書鄭重委託，而先師垂沒矣。越二年書成。"是《堯峰文鈔》之寫，成於鈍翁身後，而實經始於生前。予舊蓄一硯，左側隸書"樸學齋硯"，予題其右云："精華傳善筆，清勁比旋風。千年留渾樸，古道在堯峰。"後未果鐫，爲人持去。

1113. 三朝元老

《聊齋志異·三朝元老》，乃李建泰事。朱書《游歷記存》有云："建泰爲賊相，賊敗再降，又爲相，被賜綽楔曰'三朝元老'，懸於門，始告歸。""一二三四五六七，孝弟忠信禮義廉"聯，乃金之俊事，見蘇瀜《惕齋見聞錄》。

1114. 寧德公主

《明史·公主傳》："光宗九女寧德公主，下嫁劉有福。"之誠案：沈壽世《破夢閒談》云："劉有福尚寧德公主，出入禁中，獨擅榮寵。奉命至彰德慰周王，從騎不戢，爲有司所奏。其爲人美容止，好修飾，言詞雅俊，不失爲主婿而已。"又案《清世祖實錄》："順治十四年八月辛卯，內大臣伯索厄奏：'遵諭察審刑獄，有正法叛犯劉有福妻朱氏，係故明泰昌帝女，應免入官，交禮部與故明妃嬪一體贍養。’從之。”據此，知有福以叛案誅，特不知何時何年，俟考。又據毛奇齡《彤史拾遺記》，光宗傅懿妃生六女、七女。案六女即寧德。吴梅村《蕭史青門曲》，傷劉夫婦國變後流離而作。曲作於順治初，故未見有福之誅，注家亦未引及。齊贊元尚遂平公主，即皇七女。贊元弘光時尚在南都，梅村此曲一字不及遂平，但與東安並稱“兩家姊妹”，又云“此時同產更無人，寧德來朝笑語真”，豈遂平早卒歟？

1115. 周彬

予前記周彬字尚均，工製印紐，與楊玉璇齊名。據陳焯《湘管齋寓賞編》記沈周仿大癡山水小幅云：“此蹟藏漳上周氏，周彬其印也。”乃知其人漳州人，能藏書畫，必是士流，故其製紐較玉璇尤雅。

1116. 福佑寺

福佑寺在北長街之東，吴長元《宸垣識略》云：“雍正元年所建。”英和《恩福堂筆記》云：“西華門外福佑寺後殿，供奉神牌，書‘聖祖仁皇帝大成功德’九字，背面書聖製五律一首。地爲龍潛舊邸，後改梵宇。坊書‘澤流九有’，人傳爲雨神廟云。”之誠案：相傳聖祖幼時讀書於此，俗訛爲純廟封寶親王時建而未居之府，非。至謂雨神廟者，蓋福佑之南有昭顯廟，以祀雷神，北池子有宣仁廟，祀風神，凝和廟祀雲神，皆雍正中所建，併此爲“風雲雷雨”四廟。不知西苑有時應宫，故不再建雨神之廟，俗蓋因“澤流九有”之坊，誤爲雨澤之澤耳。

1117.雙柳灣

張照《得天居士集·癸乙編·讀顧小厓燕京賦漫成七律二首》，有句云：“會看雙柳鎮三眠”。自注：“暢春園直房對老雙柳，夾徑立，從柳下徑轉入，即有內家，雖諸王不得過此，名雙柳灣。”

1118.顧二娘製硯

黃中堅《蓄齋二集》十《硯銘》並序：“吾鄉顧德林善製硯，他人雖橅而仿之，終莫能及。嘗爲許子允文製索硯一，余甚愛之，因亦以端溪石二方授之。石固不佳，而式亦迴異，弗之慊也。方欲覓一佳石，命之重製，而德林死矣，石亦了不可得。積十餘年，始以三金易片石。時德林嗣子啓明亦死，其孫公望又以善製硯召入內廷。吳中絕無能手，聞啓明之妻實爲家傳，而未之察。已而其名日益著。壬辰仲秋，乃令隨意製之，不拘何式，而彼竟爲製索硯。細玩之，惟索紐過於工巧，似不若德林古樸，其他則溫純古雅，有餘韻矣。二十年素願一旦得償，喜而爲之銘。銘曰：‘是名索硯，顧家婦製。質美工良，實之勿替。’又曰：‘不圓不方，依質成章。似爲予戒，言括其囊。’”此序述顧德林三世最晰，公望召入內廷，然則康熙御製硯有出其手製者矣。壬辰爲康熙五十一年。

1119.腰斬

薛福成《庸庵筆記》：“雍正間福建學政俞鴻圖，以受賄腰斬。既斬爲兩段，在地亂滾，以手蘸血連書七‘慘’字。事聞，遂除此刑。”之誠案：俞鴻圖，北晟子，字麐一，號則堂。浙江海鹽人。康熙壬辰進士，散館授編修，官至侍講，以事置法。見《詞林輯略》，未及腰斬事，而正法則確有之。相傳順治丁酉江南科場之獄，主考皆被腰斬之刑，或真有其事，至雍正尚沿用之歟？唯俞籍海鹽，何以居於無錫？則不可知矣。

1120. 十四聖人

《潛丘劄記》卷五云："十二聖人者，錢牧齋、馮定遠、黃南雷、吕晚村、魏叔子、汪苕文、朱錫鬯、顧梁汾、顧寧人、杜于皇、程子上、鄭汝器，更增喻嘉言、黃龍士，凡十四人，謂之聖人。"之誠案：此皆當時名士也，銖兩亦不甚相稱。顧梁汾以填詞，何至相提並論？喻、黃，一醫一弈耳。程、鄭，今人多不能舉其名矣，大名亦何嘗之有？潛丘詆訶同時人備至，於苕文尤甚，唯服錢、顧、黃之文，杜之詩。亭林始終無異辭，錢則謂其文不如詩，又謂"絳雲樓作史，群鬼皆夜哭，且見形焉"，以其翻成案而不公也。黃之《待訪錄》，幾於指摘不休。他所許可者，如《與劉超宗書》又云："安得將杜于皇濬、閻古古爾梅、周茂三容、屈翁山大均、姜西溟宸英、彭躬庵士望、丘邦士維屏、顧景范祖禹、劉超宗某、顧寧人炎武、嚴蓀友繩祖、彭愛琴桂、顧梁汾貞觀一輩數十人，盡登啓事，齊集金馬門，真可賀野無遺賢矣。"此所舉諸人，除三數人而外，皆肥遁高蹈，决不應召者，乃欲盡登啓事，毋乃唐突？彭桂竟不知何如人。潛丘自謂考據是其專長，而不知嚴蓀友名繩孫，不名繩祖，足見考據之難。潛丘與人書，每考得一事，沾沾自喜。然所述福王非朱姓，乃福藩逃難侍衛，私擇一人以充福世子，弄假成真，見《與劉紫函書》。則道路流傳之言也。以此見考據固難，紀述尤難。人之稱"聖"，見

《抱朴子內篇·辨問》云："世人以人所尤長，衆所不及者，便謂之聖。故善圍棋之無比者，則稱之棋聖。故嚴子卿、馬綏明，於今有'棋聖'之名焉。善史書之絕時者，則謂之'書聖'，故皇象、胡昭，於今有'書聖'之名焉。善圖畫之過人者，則謂之'畫聖'，故衛協、張墨，於今有'畫聖'之名焉。善刻削之尤巧者，則謂之'木聖'，故張衡、馬鈞，於今有'木聖'之名焉。"潛丘乃謂如唐人以蕭統爲聖人之聖，蓋潛丘借書至難，偶未及見《抱朴子》耳。近人夏曾佑工八股文，號稱"八股聖人"，中光緒辛卯會元。康有爲亦善八股，與夏競爽，人亦以"八股聖人"稱之，後去"八股"二字，竟以"聖人"自居，改號長素，又"聖人"之可笑者。明季人喜用"聖"字，乾隆後漸少，民國又多以"聖"取名者矣。

1121. 閻百詩客於雍邸

嘗見初印本《潛丘劄記》有《行述》一篇，述憲帝潛邸時尊禮，不知何時撤去此篇，度必純帝所爲，恐露交結之迹也。《嘯亭雜錄》遂力辨所謂"四府"爲安親王世子。然《何義門集·家書摘錄》云："閻百詩先生扶病赴四府之召，加以炎暑，於初九日謝世。"又《跋困學紀聞》云："丙戌春日，皇子四貝勒命爲閻氏校勘訛字。"所指確爲雍邸無疑。閻注《困學紀聞》爲揚州鹽商馬氏玲瓏山館所刊至精，固爲夤緣朱邸，而當時四府聲勢之廣，亦從可知矣。

1122. 景愚軒綴聞

《景愚軒綴聞》一卷，不署撰人。觀其書中所述，知海霈所作。海霈字雲壑，同光間嘗知紹興及臨江府，故多記二郡事。猥瑣殊無足取，至以《册府元龜》與《太平廣記》同爲說部，其陋可知。唯記窰變觀音云：“窰變觀音，在京都宣武門外報國寺，像尺餘，瓷質五彩，眉髮如漆，而絲絲清楚。脣丹色，面淡粉色，含笑意。首帶兜藍如翠，身著鵝黄袍，披硃紅袈裟，凡衣邊俱黑色緣，花紋如繡。”此所記彩色獨較他書爲詳。又記潘之瑋刻筆筒云：“棕竹筆筒，色澤紅潤，確爲舊物。圍八寸餘，高約五寸，厚半寸許。就竹皮雕刻一人一馬，馬作滚沙狀，鬃尾飛騰，神氣欲活。人乃虬髯番奴，貂冠胡裘著靴，手牽繮繩，意態雄傑，款題‘吴縣潘之瑋刻’六字，行書，圓潤勁秀，直逼香光。”案潘之瑋，明季嘉定人，善刻竹。

1123.鄭和印造大藏經

丁亥春，冀縣李杏南得明初刻本《優婆塞戒經》卷七，後刻題記云：“大明國奉佛信官内官監大監鄭和，法名速南吒釋，即福吉祥。切念生逢盛世，幸遇明時，謝天地覆載，日月照臨，感皇上厚德，父母生成。累蒙聖恩，前往西洋等處公幹，率領官軍寶船，經由海洋。託賴佛天護持，往迴有慶，經置無虞。常懷報答之心，於是施財陸續印造大藏尊經，捨入名山，流通誦讀。伏願皇圖永久，帝道遐昌。凡奉命於四方，常叩恩於庇佑。次冀身安心樂，福廣壽長。懺除曩刦之愆，永享現生之福。出入起居，吉祥如意，四恩等報，三有齊資。法界群生，同成善果。今開陸續成造大藏尊經，計一十藏。大明宣德四年，歲次己酉，三月十一日，發心印造大藏尊經一藏，奉施喜捨牛首山佛窟禪寺流通供養。大明宣德五年，歲次庚戌，三月十一日，發心印造大藏尊經一藏，奉施喜捨雞鳴禪寺流通供養。大明宣德五年，歲次庚戌，三月十一日，發心印造大藏尊經一藏，奉施喜捨北京皇后寺流通供養。大明永樂二十二年，歲次甲辰，十月十一日，發心印造大藏尊經一藏，奉施喜捨靜海禪寺流通供養。大明永樂十八年，歲次庚子，五月吉日，發心印造大藏尊經一藏，奉施喜捨鎮江金山禪寺流通供養。大明永樂十三年，歲次乙未，三月十一日，發心印造大藏尊經一藏，奉施喜捨福建南山三峰塔寺流通供養。大明永樂九年，歲次辛卯，仲冬吉日，發心印造大藏尊經一藏，奉施喜捨天界禪寺毘盧寶閣流通供養。大明永樂八年，歲次庚寅，三月十一日，發心印造大藏尊經一藏，奉施喜捨雲南五華寺流通供養。大明永樂五年，歲次丁亥，三月十一日，發心印造大藏尊經一藏，奉施喜捨靈谷禪寺流通供養。”記中遇“佛”字“聖”字“皇”字，俱空一字，年號廟宇擡頭。按《明史》鄭和凡七往西洋，此所述年月多屬其啓程之時，蓋就地排列，不依年月爲次第。和雲南人，故五華寺亦施一藏。五華寺與華國寺同在省城五華山巔，其廢已久矣。

1124. 吴梅村詩

梅村詩《偶見》云：“新更梳裹簇雙蛾，窄地長衣抹錦靴。總把珍珠渾裝却，奈他明鏡淚痕多。”“惜解雙纏只爲君，豐趺羞澀出羅裙。可憐鴉色新盤髻，抹作西山兩道雲。”蓋咏其時漢人女子淪爲旗下姬妾者，改旗裝而作。第一首言衣履，次首言放脚。“西山兩道雲”，即所謂“兩把頭”，知清初貴人已如此。別有麻姑髻，則賤者所梳也。錦靴後漸稀，或大裝時始御之，非常服矣。嘗見雍正中查抄赫壽家產清册，繡花緞靴至數十雙之多。

1125.虹橋板

劉埥《片刻餘閒錄》："崇安武夷山三曲溪南，有峰巍然聳立，峭壁千尋，名小藏峰，又名仙巖船。巖最高處，木板縱橫，插於隙間。誌載武夷君設宴幔亭峰，架虹橋以引鄉人，及下橋，遂斷其板，飛插各峰石罅中。惟此峰最多，風雨飄搖，歲久不腐，人亦莫能取。間有自墜者，色類絳香，文理堅栗，剖之有細絲，白亮如銀，不辨何木。土人珍之，呼爲'虹橋板'，謂其能除胃氣痛，辟火災，袪邪祟。縣庫貯板一，長可六尺餘，寬七八寸，相傳明萬曆年所墜，貯之於官。聞歷任縣令皆取寸許攜歸。予令崇五載，每與座客談及，輒取供鑒賞，臨去時亦截小片入行裝。今猶存於家。"

袁枚《續新齊諧》："福建武夷山大藏峰山洞中凹處，有大木千百條，橫斜架立，千萬年不朽不落，色如陳楠。朱文公云：是堯時居民所棲避洪水處，水退而木存。然木狀非受過斧斤者。山洞羅列群木，如民間開木行者然。山下灘水湍急，舟不能泊。予至武夷親見之。後到杭州，又見孫景高家藏虹橋板一片，木微香，肌紋細潤。梁山舟侍講鐫詩其上。"

1126.文信國硯

平步青《霞外攟屑》二云："今春一古董客，以信國遺硯一來售。左側八分'辟雍遺制'四字，又一行曰'寶祐二年吉州文氏藏'，行書九字。以索價太昂，留數日取去。"

1127.味莼園

上海昔有味莼園，俗稱張園，爲張鴻祿所闢。光緒二十年十月十五日，上諭："劉坤一奏前辦上海招商局、廣東候補道張鴻祿，因虧空局款，被參革職開復，仍在上海起造花園，聚集游人，日事徵逐，聲名甚劣，實屬行止卑鄙，有玷官箴。張鴻祿著即革職，勒令回籍，不准逗遛上海，以警官邪。欽此。"其時上海尚有芝園爲胡光墉所有，未園不知誰屬。

1128. 博學宏詞

《霞外攟屑》七："雍正十一年四月八日，奉詔舉博學宏詞。與康熙己未之稱博學鴻儒者異。"

1129. 格致鏡源

《霞外攟屑》五："陳文簡《格致鏡源》奉敕撰輯，歸里許攜稿，如溫公《通鑑》之書局隨身。然實出婁范武功纘手。"

1130. 趙忠毅公鐵如意銘

《霞外攟屑》五："趙忠毅幼時喜製鐵如意，大者尺餘，次數寸，極小盈寸。銀塗鏤飾。宋于廷詩注：'忠毅自號餐霞主人。'又有'天啓壬戌張鼇春製'八字者。《樊榭詩集·鐵如意歌》自注：'上有銀鏤銘云："其鉤無鐖，廉而不劌。以歌以舞，以弗若是折，唯君子之器也。趙南星。"'凡小篆二十六字。"

1131. 群書拾補識語

《霞外攟屑》六："蔡隺廎進士代人作《群書拾補識語》一卷，大約光緒庚寅、辛卯間作。"

1132.儒林外史

《霞外攟屑》九："全椒吴敬軒敬梓。作《儒林外史》五十五回。金棕亭兆燕教授揚州時，爲之梓行。翻刻者妄增幽榜一回。庚申亂後版毁。己巳，吴門書局有聚珍板大字本，吴氏重訂小字本。癸酉，申報館又有鉛字排印小本。並載上元金和跋。"之誠案：别有《天目山樵評》一卷，出南匯張嘯山文虎手筆。

1133.王叔遠核桃舟

李日華《六研齋筆記》："虞山王叔遠有絕巧，能於核桃上雕鎸種種，細如毫髮，無不明了。一日同陳良卿、屠用明顧余春波新第，貽余核舟一。長僅八分，中作篷櫳，兩面共窗四扇，各有樞可開闔。開則内有闌楯，船首一老，皤腹匡坐，左右各一方几，左几一書卷，右几一爐，手中仍挾一册。船尾一人側坐，一櫓置篷上。其一旁有茶爐，下仍一孔，爐安茶壺一，仍有咮有柄。所作人眉目衣摺皆具。四窗上每扇二字，曰'天高月小，水落石出'，船底有款'王叔遠'三字，仍具小印章如半粟，文云'王毅印'。"

1134.阿膠

《御覽》七六六引孔融《同歲論》："阿膠徑寸，不能止黄河之濁。"庾信《哀江南賦》、《壺關錄》引李密《報唐高祖書》，並有是語。是阿膠漢時已有之矣。包世臣《中衢一勺》六《閘河》："道光九年六月十一日，至阿城下閘，又二里，至上閘。閘東闤闠甚盛，土產阿膠。河西三里許有角大寺，寺後百餘步阿井。井寬三尺許，深四五尺，色深黑，出井即清澈。飲之令人墜重，止中煎膠。土性沙鬆，甃磚不數年即壞。近唯土圍，出水頗澀。阿城古甄治，陳王墓在焉，今屬陽穀，唯阿井周圍百步屬東阿。故東阿有貢膠役，而土人頌之曰：‘山東有二寶：東阿驢膠，陽穀虎皮。’虎皮今藏陽穀縣庫，土人傳爲武松所打死於景陽者也。景陽岡在阿城東南二十五里。”

1135.顧橫波香熏

陳倬《香影餘譜》有《高陽臺・咏橫波夫人香熏》，未狀其形制，唯末句云“細袖添來，小款銀嵌”，亦不識款署維何。又《琵琶仙・咏李十貞美之印》云“桐西得此印”，桐西不知何人，俟考。其詞過傷生澀，不錄。

1136.門海

太和殿前金缸，實銅質塗金，年久其金爲人刮削殆盡矣。本名“門海”，以受水備火災。冬則以炭焙使不凍，謂爲“熏銅”。大殿前多有之。“門海”之名新穎，必有所本。

1137.温體仁詩

葛周玉《般上舊聞》卷五云：“先鴻臚公有《壽母圖》册子，題者數十家，內有温體仁詩云：‘灼灼園中花，亭亭澗邊柏。孤清挺歲寒，繁花隨過客。人壽宜亦然，天道固不易。所以聖有訓，大德必有獲。賢媛配明哲，一經困逢掖。往歲值龍蛇，賢人中道阨。高堂有二尊，藐孤未六尺。柏舟久益堅，荻灰寒不釋。拮據未亡人，扶孤致成立。春秋七袠餘，鶴算行倍百。在水清斯泉，在物瑩斯璧。幽貞動帝衷，恩光流太液。綽楔表里閭，像服燦翰墨。階下舞衣翩，寓内榮名赫。大年結上古，貞心由化石。何必青鳥使，王母來今夕。霞觴怡母慈，天壽惟平格。'”時温官太子諭德。詩至劣，以罕見存之。

1138.墩鎖

汪琬《鈍翁續稿》卷二十《總督施公研山傳》云：“八旗犯罪者，例先墩鎖各城門。公言：‘民人重罪監禁，莫不居有囚室，食有囚糧，而旗下墩門之害，未易枚數。暴露寒暑，莫之飲食，請得與民人一體羈監。至於罪婦，亦先墩門，男女淆雜，貞淫無辨，宜另行羈候，以别嫌疑，崇風化。'”之誠按：此爲關外舊制，清初沿之。施所請不知得允否。康熙以後，未聞再有此事，或已釐革矣。其如何墩鎖，亦不可知。劉若愚《酌中志》屢言墩鎖，蓋以處内臣之刑。然《逆賢羽翼紀略》言李永貞墩鎖十八年，始讀《四書》、《詩經》，後讀《易經》、《書經》、《左傳》、《史》、《漢》等書，習寫趙吴興字體。則雖墩鎖，尚能讀書習字，與清初墩門恐尚有别。清代監犯有“繫鐵杆”一種，所以懲逃犯也，不識即墩鎖否。

1139.華山碑

《華山碑》今傳世者共有四本。一，長垣本，即商丘本，由王文蓀歸宋漫堂，又歸陳伯恭、成親王、劉燕庭，後歸宗湘文。二，鄞縣本，一稱四明本，整幅未裁。由豐道生歸天一閣，後歸錢竹汀、阮芸臺、崇樸山。三，華陰本，由趙子函歸王無異、朱竹君，後歸梁茝林。四，真宋拓本，由金壽門歸於馬氏玲瓏山館，後歸伍詒堂、張子絜、李仲約。長垣、四明、華陰三本，後皆歸於端午橋，復又散出。四明本曾在潘復許，其餘二本則不知究竟矣。李氏所藏實爲四本之冠，今尚爲其子孫世守。重摹此碑者，據嚴可均《鐵橋漫稿》言，有姜任修本、巴慰祖本、曲阜孔氏本、大興朱氏本、琉璃廠本、阮撫部本、孫大參本。

1140. 宣和红絲硯

《西河合集·雜箋》云："姜仲子僦吴門，藏管夫人硯。綠石，徑五寸，横半之，厚如横。池子與面若兩環互抱，而面浸於池。其蝕鏽黝澤，往往四射。予嘖嘖久之。仲子遽邀予過鄰家，觀宣和紅絲硯。按《博物志》載天下名研四十有一，以青州紅絲石爲第一，而宣和尤紅絲之冠也。質瑩甚，而朱紋隱起如紅羽，下如丹葉，故又名朱雀瓊花。仲子云：'初，吴門陸履長孝廉名坦者，其家得此研時，以綵輿鼓吹迎歸，每歲時祠研，帥子姓盥獻成禮，故彭城萬年少有《祠研圖》，圖子姓男女長幼傴僂歷歷。而婁東吴學士、雲間陳黄門皆有詩歌記之。今已兩易主，適所藏者錢氏耳。'予聞之愀然。嘗欲賦詩不得，因漫筆此。錢氏字我庵，隱者也，亦字臥庵。時乙卯臘月初一日。"

1141. 唐絹似紙

《西河合集·雜箋》云："曾一日觀兩唐畫。一王維畫，不知何圖，與世傳《輞川圖》筆墨差類。一大李將軍思訓畫，名《御苑龍舟圖》，又名《御苑采蓮》。精細生動，人長分許而意態具。衣粉凸厚皆剝落，而夭冶轉見。其山水林木樓臺略涉疎野，然工而彌逸，則其遠勝小李者也。或曰唐畫當識絹。其絹如版，松玉色，不辨絲縷，初視之疑金粟山紙。張丑曰：唐絹率熱湯細擣，練如銀版，其不能僞之以此耳。”

1142. 拙政園楠木廳

《西河合集·雜箋》云：“平西額輔搆園亭於吴，即故拙政園址也。因舊爲之，凡長林修竹、陂塘隴坂、層樓複閣、雕坪曲圮，極崇閎靡曼之勝。予入觀時，方籍入毀拆，非盛時矣，然一步一境，移人性情。但記其一名楠木廳者，大概九楹，皆楠木所搆，四嚮虛闌洞槅，軒敞高闢。中柱百餘，柱各有礎，礎縱横絜量，通約三尺，而高齊人腎。墨石如鑑，雕鏤之巧，龍盤鳳轉，錦卉錯雜。詢之，皆故秦、晉、楚、豫諸王府物，而車徙輦載，所費不億。不足，則復取具區石，購工摹仿以補之。其奢麗皆此類。”之誠按：額輔即額駙。

1143. 顧亭林與葉方恒搆怨

陸隴其《三魚堂日記》卷五：“陸翼王言：顧寧人係徐公肅之母舅，顧弘善乃其嫡姪。鼎革初，嘗通書於海，糊在《金剛經》後，使一僧挾之以往。其僕知之，以金與僧，買而藏之。後其僕轉靠葉方恒，葉重託之。寧人有所冀於此僕。曰：‘《金剛經》上何物也？乃欲詐我乎？’寧人懼，遂與徐封翁謀，夜遣力士入其家殺之，取其所有，並其所託亦盡焉。葉訟於官，下獄幾死，賴錢牧齋救之得免。遂不復往崑山，游歷燕、齊、秦、晉之間。”之誠案：亭林誅叛奴事，諸書皆不得其詳，唯此較爲委曲。且清獻非妄聽者，必有可信。特謂取僕金，且並葉方恒所託於僕者亦盡之，亭林方嚴，何至於此？然亭林出獄後，葉尚遣人刺之，必欲致其死命，必有深怨，决非專爲其僕報仇。《歸玄恭文鈔》有致葉書，爲亭林求解，固不及託金，亦未言其他致憾之由，恐其仇必起於錢財，特非亭林攘奪耳。方恒爲方靄兄弟行。

1144.戴鶴畫玻璃方弘雕刻

《西河合集·序》卷五《送戴山人入道並募助衣序》云：“予邑無工畫者，少時珍吴人戴鶴畫扇，日色薰炙，風氣炎薄，不敢出衣袖間。既而知其僦於邑也，近也忽之。又既而入吴，持其畫扇游東武丘。東武丘人見所畫扇，輒咨嗟曰：‘此吾里戴山人畫也，其畫不可得矣。’予因問之，皆曰：‘吴中畫數家，知師叔平道甫者，其一時同里有陳遵、盧逸、周之冕、王中立，皆膺能名，山人其一也。今諸君盡亡，而山人遯矣。’又云：‘今山人將入道矣。山人年七十，猶能爲人作寫生，畫玻璃。其目手挂兩管爲粒食計，既而歎曰：吾髡吾頂矣，誰爲助衣裝者耶？’”之誠案：舊有玻璃油畫，相傳西士來中國所教者，漳泉人頗能之。疑此序所謂畫玻璃，即玻璃油畫也。序又稱：“沈秘書有山人方弘者，追人師也，能截犀梢作脂榼，琢山莊圖，四圍豪末不減。曾屬爲馬腦郎當，鏤十六兒。其人燕人也，髡頂雲門。”之誠案：此兩山人皆有絕技，皆爲僧，今皆無知者矣。郎當即鋃鐺。

1145.登樓社

《西河合集·事狀》卷三《柴徵君紹炳墓狀》：“故事：教諭子許隨任赴試。君垂髫，於崇禎癸酉赴莆田縣試，已入學籍爲諸生。會任滿，福試督學使特移牒改歸仁和，而仁和不受。”又曰：“值鼎革，君集同社生哭於都亭。其社名登樓，君與陸行人兄弟主之。”又曰：“時東西各郡尚社事，每立社，必推君爲首，君謝之去。”又曰：“時同社吴君錦雯、丁君飛濤、張君用霖、孫君宇台、陸君麗京、陳君際叔，皆以古文辭名世，而君爲倡始。自前朝啓禎，以迄今順康之間，别有體裁，爲遠近所稱，名‘西泠體’。故終君之世，不敢以宋元詩文入西泠界者，君之力也。”之誠案：《清史稿·文苑·陸圻傳》，言陳子龍倡登樓社，西泠十子繼起。所述與此異，恐《史稿》有誤。

1146. 璧雲甸

《西河合集·事狀》卷一《趙孝子遺事狀》：“予與山陰趙甸游，慕其爲文，嘗兄事之。既而丁國變，髡頂披緇，更其名璧雲，今畫題稱‘璧雲甸’是也。甲寅甸死。”又曰：“既而念所以治生者，嘗爲姊描繡牀，至是請試爲之，遂與姊對牀繡。針刺精妙，每持以易米，人爭奪去，曰趙家繡。”

1147. 長生殿

《西河全集·序》卷二十四《長生殿院本序》：“才人不得志於時，所至詘抑，往往借鼓子調笑，爲放遣之音。原其初，本不過自攄其性情，並未嘗怨尤於人。而人之嫉之者，目爲不平，或反因其詞而加詘抑焉。然而其詞則往往藉之以傳。洪君昉思好爲詞，以四門弟子遨游京師。初爲《西蜀吟》，既而爲《大晟樂府》，又既爲金元間人曲子。自散套雜劇以至院本，每用之作長安往來歌咏酬贈之具。嘗以不得事父母，作《天涯淚》劇，以寓其思親之旨。予方哀其志，而爲之序之。暨予出國門，相傳應莊親王世子之請，取唐人《長恨歌》事，作《長生殿》院本，一時勾闌多演之。越一年，有言日下新聞者，謂長安邸第每以演《長生殿》曲爲見者所惡，會國恤止樂，其在京朝官大紅小紅已浹日，而纖練未除，言官謂遏密讀曲，大不敬。賴聖明寬之，第褫其四門之員而不予以罪。然而京朝諸官，則從此有罷去者。或曰：牛生《周秦行》，其自取也。或曰：滄浪無過惡，意不在子美也。今其事又六七年矣。康熙乙亥，予醫痺杭州，遇昉思於錢湖之濱。道無恙外，即出其院本，固請予序。曰：予敢序哉？雖然，在聖明固宥之矣。予少時選越人詩，而越人惡之，訟予於官，捕者執器就予家，捆予所爲詩爨毁之。姜黄門贈予序曰：'膏以明自煎，所煎者固在膏也。然而象有齒以焚其身，未聞並其齒而盡焚之也。'昉思之齒未焚矣。唐人好小説，爭爲烏有，而史官無學，率摭而入之正史。獨是詞不然，誣罔穢褻概屏之而未之及，與世之所爲淫詞艷曲者大不相類。惟是世好新聞，因其詞以及其事，亦遂因其事而並求其詞，則其詞雖幸存，而或妍或否，任人好惡，予又安得而豫爲定之？"

之誠案：《清史稿・皇子世表》："碩塞，太宗第五子，順治元年封承澤郡王，八年以功晉親王，十一年薨，謚曰裕。博果鐸，碩塞第一子，順治十二年襲親王，改號曰莊，雍正元年薨，謚曰靖。以聖祖十六子允祿爲後。博翁果諾，碩塞第二子，康熙四年封惠郡王，二十三年緣事革爵。"西河所謂"莊王世子"，不知何指。博果鐸無子，故以允祿繼襲，不得有世子，豈本有世子而先卒歟？抑誤博翁果諾爲世子，或世子即指博果鐸而言，俱不可知。唯昉思《長生殿》出於莊邸之囑，固可無疑。近人據《湯若望紀事》謂董鄂妃奪自滿洲軍人，因附會爲襄親王，不如謂承澤爲當。因襄從未領軍，且與莊邸囑撰《長生殿》一事爲有關合耳。前人每謂《長生殿》爲寫董鄂影事，此何關於朱邸，而爲之裝點？今傳本《長生殿傳奇》無西河此序，或不及刊，或因有“應莊親王世子之請”一語而删削之，二者必居一於此。演《長生殿》興獄在康熙二十八年，時有孝懿皇后之喪，趙秋谷因此放廢，實由給事中黄六鴻所彈。黄即撰《福惠全書》者，不知秋谷所璧謝者是否此書。當時未禁《長生殿》流行，只治國恤演戲者耳。

1148.蒙古活佛謝摺

陳籙《止室筆記》：“宣統三年夏，外蒙古哲布尊丹巴呼圖克圖忽患目疾，蒙賞御藥，其謝恩摺中有句云：‘空門入定，壽宇瞻依。自憐捫籥叩槃，金篦未刮；何幸披雲撥霧，玉液遙頒。水飲上池，無兹功德；春回竺國，絕勝醍醐。蓋佛家五蘊皆空，終賴帡幪之庇；而聖世一夫不獲，曲垂日月之明。惟有頂戴恩慈，虔誠禱祝。仰四目重瞳之治，同上熙臺；勵七還九轉之功，敢迷覺路。’”其時尚有人能爲此等文也！

1149.和琳妾殷

洪亮吉《更生齋詩餘·望江南·過京口訪駱佩香女史》，其第二首句云：“淒泠處，招得女生徒。”自注：“女徒殷姓，其姊爲故尚書和琳側室。琳死，姊以身殉，其妹流落無歸，依佩香以居。”此又一吴卿憐矣。惜無人爲之裝點。北江親見，或非虚搆也。

1150.岳飛别記

《浪語集》三十五卷，凡賦三卷，詩十一卷，文二十一卷，宋薛季宣撰。季宣字士龍，永嘉人。官至大理正，出知湖州，改常州，未上卒，年四十。事具《宋史·儒林傳》。季宣父徽言，師事胡安國，傳伊洛之學，季宣盡服習之。與朱熹、吕祖謙爲友。通經學古，歸於有用。以授陳傅良、葉適，是爲永嘉之學。徽言初以權監察御史宣慰湖南，薦岳飛平楊么。其兄弼，嘗爲飛參謀。史稱季宣少孤，從弼宦游，及見渡江諸老，聞中興經理大略，喜從老校退卒語，得岳、韓諸將兵間事甚悉。此集三十三《先大夫行狀箋》後附《待制伯父弼事略》，所述飛事，較書史所載爲詳盡，兹撮錄之。不甚爲飛稱冤，或有所諱。葉適《水心文集》二十二《故知廣州敷文閣待制薛公墓志銘》云："飛與其徒妄臣反，冤氣貫日月，獨公幸免。其子弟或以咎公。"既曰"反"，又曰"貫日月"，亦抑揚其辭，以見文外之意。此集七《周將軍廟觀岳侯石像》詩："萬死何知獄吏尊，威名蓋代古難存。"自注云："侯初下大理獄。吏執筆請辭，大書其紙尾而叱之曰：'汝觀今世，烏有大臣繫獄而生者？趣具成案，吾爲汝書。'"又云："軍聲良苦說南風，說禮敦詩也不容。"則傾服至矣。此集有寶慶刻本，不傳，《四庫》據鈔本著錄，謂譌脱頗甚。同治中，孫衣言據朱氏結一廬藏舊鈔本，及錢唐丁氏八千卷樓藏明鈔殘本，爲之校正。李鴻章督兩江，捐資刻之，以書板贈衣言，載歸瑞安。書印行不多，新刻竟成秘笈，幸昔年偶得之。

《先大夫行狀》云："且請岳飛綏定湖南及鄰境，給韓京營田，免全州隸廣西節制。迄選岳守，與潭、鼎腹背制么賊。"

箋云："江西、湖南接壤，盜賊出沒其間。兩路追討之兵，不相犄角，以盜出界爲盡己職，故盜得視兩界緩急往來以騁。君奏岳飛御軍嚴肅，請以兩路盜賊併委之。江賊彭鐵大就君請降，岳掩其懈擊之，大獲。君悦表其功狀，岳軍得以展其智力，諸將所鄉鼓行，盗用此戢。”又云：“楊么僭皇太子，憑藉湖水爲亂。群盗散處山谷，土寇、游寇更出侵掠。如尹花八、張成、蕭尚十、蕭小四、田行者、陳道、王盈、鄧裝、彭鐵大、賀聰、賀佐、李詢、賀全、劉仕財之屬，强者數萬，弱者三二千人。君過江西，知岳侯忠略可任，奏請借以討賊，必可肅清湖外。朝廷方督帥司以么賊事，君奏賊中乏食，必因漲水侵肆，已與帥臣彦質定議，屯兵要津，使其進不得掠，退無所給，一兩月間，其勢必窮。然后鼎州攻其前，本軍制其後，計窮而來，不戰可屈，此上策也。使賊不離平原，官軍四合，其平已久，正以波濤浩渺，水勢已漲，賊軍輕利，飄去焱來，初無定止。官舟不葺，又無水軍，較彼己之短長，計時勢之利害，私憂過計，願無欲速。且請精擇岳守量事應副，以張潭、鼎犄角。水勢已落，可以必取。又奏比發本路荆南兵援鼎州，師次城下，不給之糧，各引而歸，實無所補。止付岳飛以賊，可保成功。朝廷已遣王𤫉之師。君知𤫉不知舟楫間事，歸對密請，委𤫉荆襄備禦。又奏賊軍舟楫便利，善長鉤，貫泅沒，與之從事於波濤間，恐非官軍之便。𤫉軍竟以水戰困於搭鉤致敗。卒用岳侯，以陸道取之，它盗亦平，悉如君策。”

附《待制伯父事略》云：“除湖南轉運判官。楊么方熾，詔張相都督岳侯爲制置使討之。賊便水戰，樓船如大德勝、小德勝、望三州等，高過十丈，其多不可計。二公亦作大艦當之。伯父知舟楫非我所長，不敢明告，因燕白曰：‘適觀兒戲摸魚，而得一理。’呼吏立取盆魚於前，損益盆水示之，魚水寬則縱，逮去而魚執也。岳侯睨旁微笑，自此不復言水戰事矣。會天旱湖涸，陰以厚募招取賊舟，寇至則强弩據水當之，不與接刃。大造巨筏，斷賊江路，又於上游亂投芻藁，賊舟挾輪，不可復運。酋豪勢屈多降，岳以步騎直擣其營，賊軍因以潰敗。”

又云：“參謀京西湖北，有王缺子者，忘其名。故楊么賊中殿帥，岳侯用爲水軍統制。乘岳行邊爲亂，部勒已定，其母使僮告之。伯父密諭諸將，爲邂逅入王舟中索飲。伯父馳至江步呼曰：‘行府適有軍事，盍相從議之。’諸將强王登舟，即共縛之付吏，一軍震讐，無敢動。它日岳還自邊，列將賀舍人者，白其婦與僧亂。岳即便座按其事，辭連一寺僧，無非諸將家也。岳引伯父視其牘，曰：‘飛出，營中至此。略不問，則飛負諸將。欲如柳公綽故事，盡納諸江，復不忍，奈何？’伯父曰：‘發婦私者，但一賀將，衆何與？安知非讕辭分謗，小人之情邪？’岳意不解。伯父曰：‘此曹類因亂離偶合，不以正者有之。今暴其私，人情念家者怨，恥過者忿，而公自謂無負，不搖三軍之衆乎？’岳曰：‘請密之。’旋使夫人内集，視辭所污嶬，類老矣，即已。賀婦獄決，賀即日恚死。岳謝伯父曰：‘微君一言，幾得罪於諸公。’岳侯丁母憂去，張憲以提舉一行事務領軍。憲病在告中，張侍郎宗元除書至，軍士籍籍，曰：‘朝廷使張侍郎代公，公不復還矣。’張太尉以此辭疾，諸將往往或效之。伯父諭憲强出臨軍。憲勒諸軍各安營部，偶語者斬，謂群校曰：‘我公心腹間事，參謀獨知之，欲知其詳，問之可也。’伯父因某請問，謂曰：‘張侍郎來，由公之請，汝輩豈不聞乎？公解軍幾何時，汝輩壞敗軍法如此，公聞之且不樂。今朝廷已遣敕使强公起復，張侍郎非久留者。’群校還白，憲曰：‘吾爲汝言，參謀知公心腹間事，果然。’軍中遂安，岳侯聞亦大服。會先君遺書請岳，岳不自安，乃起。岳之詣闕，已具衣冠入對，伯父疏一機事，教岳敷奏。岳意末之，伯父曰：‘姑持以行，不問則已，及見，不暇它語上，先及之。’它日，請與伯父偕入奏事。岳出手疏，以儲貳爲言，衝風吹紙動搖，岳聲戰掉，讀不能句。上睠伯父色動，岳退，伯父進曰：‘臣來在道，常怪岳飛習寫細書，窮詰端倪，乃作此奏，雖其子弟無知者。臣嘗規以大將不當預國家事，飛謂臣子一體，不當形迹之顧，欲臣同對，明臣獨與聞之。’上色定曰：‘朕固疑飛之欲引卿對也，微卿之言，將不之察。’改龍圖閣經撫湖北。伍俊除撫州鈐轄，不行，被命同提刑万俟卨圖之。万俟懼不能致，伯父許俊不遣，旋委三州自擇所便授之。俊得州來謝，猶從卒士二百人。伯父伏甲見之，執諸座上，叱其從卒皆坐，伏兵毆之以出。收其積粟，贍軍荆、鼎二郡。後十五歲，季宣辟荆州時，用之始竭。初俊已僇，伯父奏同万俟卨受命圖俊，事貴歸一，故臣得自誅之，由卨之始謀。万俟謂伯父自有其功，其初不能無望，聞奏之上，乃大感服。後万俟治岳侯獄，不以一辭見累。”

又云：“初，岳侯以列將拔起時，張俊、韓世忠等已皆建立功效，至大官，内不能平。伯父勸岳屈己下之，書凡三十七通，俱不之答。岳破么賊，遣大將俘獻樓船各一，卒徒戰守之具畢備，韓始大悦定交，而張忌之益甚。岳名日盛，幕中之輕脱者，教岳勿苦降下，於是始隙。張謂伯父實主岳府謀議，百計傾岳，欲並中伯父。樞府簡取虔卒，張以不應等格急責其使，使即讕言虔帥占留精卒不簡，伯父因被劾罷。岳侯事起，張求伯父在虔通書尺簿，有遺岳侯書處，指爲反迹。秦相徐摘其下文曰：‘此復有遺秦相書。’伯父用免。而張憲、岳雲之獄，止以交關書問、並憲謀進退爲反具云。”

1151. 岳少保誣證斷案

李心傳《建炎以來要錄》乙集卷十一[1]《岳少保誣證斷案》云：“岳武穆飛之死，王仲元《揮麈錄》載王俊告變狀甚詳，且云：‘嘗得其全案觀之。’仲貫甫爲尚書郎，問諸棘寺，則云：‘張俊、韓世忠二家爭配饗時，俊家以厚賂，取其原案藏之，今不存矣。’余嘗得當時行遣省劄，考其獄詞所坐，皆一時鍛鍊文致之詞，然猶不過如此，則飛之冤可見矣。今錄於後：

紹興十一年十二月二十九日，刑部大理寺狀：準尚書省劄子，張俊奏：張憲供通，爲收岳飛處文字後謀反，行府已有供道文狀。奉聖旨，就大理寺置司根勘，聞奏。今勘到龍神衛四廂都指揮使、閬州觀察使、高陽關路馬步軍副都總管、御前前軍統制、權副都統、節制鄂州軍馬張憲，僧澤一，右朝議大夫、直秘閣、添差廣南東路安撫司參議官于鵬，右朝散郎、添差通判興化軍孫革，左武大夫、忠州防禦使、提舉醴泉觀岳雲，有蔭人智浹，承節郎、進奏官王處仁，從義郎、新授福州專管巡捉私鹽蔣世雄，及勘證得前少保、武勝定國軍節度使、充萬壽觀使岳飛所犯。

內岳飛爲因探報得金人侵犯淮南，前後一十五次受親札指揮，令策應措置戰事，而坐觀勝負，逗遛不進。及因董先、張憲問‘張俊兵馬怎生的’，言道‘都敗了回去’，便指斥乘輿，及向張憲、董先道：‘張家、韓家人馬，你將一萬人蹉踏了。’及因罷兵權後，令孫革寫書與張憲，令‘措置別作擘畫’，令‘看訖焚之’，及令張憲虛申‘探得四太子大兵前來侵犯上流’。自後，張

[1]“《建炎以來要錄》乙集卷十一”應是“《建炎以來朝野雜記》乙集卷十三”之誤。

憲商議待反背，據守襄陽，及把截江岸兩頭，盡劫官私舟船。又累次令孫革奏報不實，及制勘虛妄等罪。除罪輕外，法寺稱：律：臨軍征討、稽期三日者斬，及指斥乘輿、情理切害者斬，係罪重。其岳飛合於斬刑私罪上定斷，合決重杖處死。

看詳：岳飛坐擁重兵，於兩軍未解之間，十五次被受御筆，並遣中使督兵，逗遛不進，及於此時，輒對張憲、董先指斥乘輿，情理切害，又說與張憲、董先，要‘蹉踏張俊、韓世忠人馬’，及移書張憲，令‘措置別作擘畫’，致張憲意待謀反，據守襄陽等處作過，委是情理深重。敕：罪人情重法輕，奏裁。

張憲爲收岳雲書，令憲‘別作擘畫’，因此張憲謀反，要提兵僭據襄陽，投拜金人。因王俊不允順，方有‘無意作過’之言，並知岳飛指斥切害，不敢陳首，並依隨岳飛虛申無糧，進兵不得，及依于鵬書申岳飛之意，令妄申探報不實，及制勘虛妄。除罪輕外，法寺稱：律：謀叛絞。其張憲合依絞刑私罪上定斷，合決重杖處死，仍合依例追毀出身以來告敕文字，除名。本人犯私罪絞，舉官見行取會，候到別具施行。

岳雲爲寫諮目與張憲，稱‘可與得心腹兵官商議擘畫’，因此致張憲謀叛，除罪輕及等外，法寺稱：敕：傳報朝廷機密事，流二千五百里，配千里，不以蔭論。敕：刺配比徒三年，本罪徒以上通比，滿六年比加役流。律：官五品犯流以下，減一等。其岳雲合比加役流私罪斷，官減外，徒三年，追一官，罰銅二十斤入官，勒停。看詳岳雲因父罷兵權，輒敢交通主兵官張憲，節次催令與得腹心兵官擘畫，致張憲因此要提兵謀叛，又傳報朝廷機密，惑亂軍衆，情重奏裁。岳雲犯私罪徒，舉官見行取會，候到別具施行。

于鵬爲所犯虛妄，併依隨岳飛寫諮目與張憲等，妄說岳飛出使事，並令張憲妄供探報。除罪輕外，法寺稱：敕：爲從配，律五品犯流罪減一等。其于鵬合徒三年，私罪官減外，徒二年半，追一官，罰銅十斤入官，勒停。情重奏裁。于鵬犯私罪徒，舉官見行取會，候到別具施行。

孫革爲依隨岳飛寫諮目與張憲，稱'措置擘畫'等語言，並節次依隨岳飛申奏朝廷不實。除罪輕外，法寺稱：律：奏事不實，以違制論，徒二年；律：供犯罪從，減一等。其孫革合徒一年，合追見任右朝散郎一官官告文字，當徒一年，勒停。情重奏裁。孫革犯私罪徒，舉官見行會問，候到別具施行。

王處仁爲知王貴申奏朝廷張憲背叛，漏泄供申岳飛，並說與蔣世雄。法寺稱：敕：傳報漏泄朝廷機密事，流二千五百里，配千里；應比罪，敕配比徒三年，本罪徒以上通比，滿六年，比加役流，官當准徒三年。其王處仁合於比加役流私罪上斷，合追見任承節郎，並歷任承信郎，共兩官官告文字，當徒二年。據按別無官當，更合罰銅八十斤入官，勒停。情重奏裁。王處仁犯私罪流，舉官見行會問，候到別具施行。

蔣世雄爲見王處仁說王貴申朝廷張憲待背叛事，於岳飛處覆。除罪輕外，法寺稱：傳報漏泄朝廷機密事，流二千五百里，從減一等。其蔣世雄合徒三年私罪上斷，官減外，徒二年半。合追從義郎、秉義郎兩官官告文字，當徒二年；餘徒半年，更罰銅十斤入官，勒停。情重奏裁。蔣世雄犯私罪徒，舉官見行會問，候到別具施行。

僧澤一爲制勘虛妄，並見張憲等待背叛，向張憲言'不如先差兩隊甲軍防守總領運使衙'，並欲爲張憲詐作樞密院劄子，發兵過江，及要摸搨樞密院印文。除罪輕外，法寺稱：律：謀叛者絞，從減一等。其僧澤一合流三千里私罪斷，合决脊杖二十，本處居作一年，役滿日，仍合下本處，照僧人犯私罪流還俗條施行。情重奏裁。

智浹爲承岳雲使，合要將書與張憲等，並受岳雲金、茶、馬，令智浹將書與張憲等，共估錢三百二貫足。除罪輕外，法寺稱：律：坐贓致罪，一貫徒一年，十貫加一等，罪止徒三年，爲非監臨主帥因事受財，七品官子孫犯流罪以下聽贖。其智浹合徒三年，贓罪贖銅六十斤。情重奏裁。

小貼子：據貼黄稱，契勘岳飛次男岳雷，係同岳飛一處送下。今來照證得岳雷別無干涉罪犯，緣爲岳飛故節飲食成病，合依條召家人入侍，就令岳雷入侍看覷。候斷下案内人日，所有岳雷亦乞一就處分降下。小貼子稱：所有僧澤一，合下本處依條施行。又小貼子稱：契勘數内于鵬，見行下湖北轉運司根究銀絹等四百萬，合下所屬照會，候根究見歸著日，即乞依今來所斷指揮施行。又小貼子稱：看詳岳飛、張憲所犯情重，逐人家業並家屬，合取自朝廷指揮拘籍施行。看詳岳飛等所犯，内岳飛私罪斬，張憲私罪絞，並係情重；王處仁私罪流，岳雲私罪徒，並係情重；蔣世雄、孫革、于鵬並私罪徒，並係情理稍重；無一般例。今奉聖旨根勘，合取旨裁斷。

有旨：岳飛特賜死。張憲、岳雲並依軍法施行，令楊沂中監斬，仍多差將兵防護。餘並依斷。于鵬、孫革、王處仁、蔣世雄除名。内于鵬、孫革永不收叙。于鵬送萬安軍，孫革送潯州，王處仁送連州，蔣世雄送梧州，並編管。僧澤一决脊杖二十，刺面配二千里外州軍牢城小分收管。智浹决臀杖二十，送二千里外州軍編管。岳飛、張憲家屬，分送廣南福建路州軍拘管，月具存亡聞奏。編配人並岳飛家屬，並令楊沂中、俞俟，其張憲家屬，令王貴、汪叔詹，多差得力人兵防送前去，不得一併上路。岳飛、張憲家業，籍沒入官，委俞俟、汪叔詹逐一抄劄，具數申尚書省。餘依大理寺所申，並小貼子内事理施行。出榜曉諭，應緣上件公事干涉之人，一切不拘，亦不許人陳告，官私不得受理。”

之誠案：《宋史》卷三百六十五《岳飛傳》紀飛之死，云“飛坐繫兩月，無可證者，或教卨万俟卨。以臺章指淮西事爲言。卨喜白檜，簿錄飛家，取當時御札藏之以滅迹，又逼孫革等證飛受語逗遛，命評事文龜年取行軍時日雜定之，傅會其獄。歲暮獄不成，檜手書小紙付獄，即報飛死，時年三十九。雲棄市。籍家資，徙家嶺南。幕屬于鵬等從坐者六人。”史所謂淮西事，當即“淮南”之誤。所謂“歲暮獄不成，檜書小紙付獄，即報飛死”，與行遣省劄所稱岳飛由私罪斬特賜死者不合，蓋取材野史，而未見省劄。謂“雲棄市”而漏却張憲。謂“幕屬六人”，而不知僧澤一及有蔭人智浹之非幕也。省劄誣證不足憑，而處分罪名，及其時其地其人則不可誣。《要錄》非難見之書，談飛事者引證不及，故錄之以備參稽。

松堪小記

1152.明代坊里均役碑

此碑在江陰。隆慶三年秋七月，直隸常州府通判、掌江陰縣事關西高捷撰。略云："除縣佐各衙門所用，俱照書册定規官銀置辦，无容别議外備。將都察院、兵備道、分司、延陵書院、公館坐船，該設一應鋪陳、轎傘、卷箱、桌椅、圍屏、圓爐、油絹、氈幔、銅錫器皿什物等件，逐一開數，從公估計明白，通共該銀肆百陸拾伍兩貳錢伍分。應合通融，派在鄉里長每名出銀壹兩貳錢柒分肆釐陸毫伍絲。於輪役之始，即先追貯縣庫，備辦公用。其鋪陳責坊長依時曬晾，家火責各察院門子看管，倘有遺失，就令各役賠補。一年役滿，交盤下肩接管。自後每年每里各令出銀壹錢，共銀叁拾陸兩伍錢，量其損敗，隨時備補。"

碑陰載江陰縣照議款開外衙門鋪陳什物定例，可以考見當時物價：

都察院、巡按察院、兵備道三衙門

花骨轎三乘，共銀一十二兩。暖轎三乘，共銀九兩。黄絹傘二把，共銀四兩。青絹傘二把，共銀二兩。雨傘三把，共銀四錢五分。絹轎幔三副，共銀一兩五錢。青紗轎幔三副，共銀二兩一錢。油絹轎幔一副，共銀一兩五錢。油衣三副，共銀九錢。春臺三張，共銀一兩五錢。壁卓十八張，共銀二兩七錢。道椅二十四把，共銀九兩六錢。圈椅二十四把，共銀七兩二錢。綜絲轎被三條，共銀六錢。竹大紅簾六條，共銀九兩。方桌二十四張，共銀一十二兩。官桌四十八張，共銀一十四兩四錢。連椅二十四把，共銀四兩八錢。長臺十二張，共銀一兩八錢。食臺十二張，共銀一兩二錢。長短凳十八張，共銀九錢。脚凳十二張，共銀二錢四分。圍屏六座，共銀三兩。大屏風三座，共銀三兩。香几二座，共銀三錢。木立臺九時，共銀九錢。小石屏風十二座，共銀一兩二錢。紅紗燈六碗，共銀三錢。圓爐六座，共銀二兩一錢。衣架六座，共銀一兩八錢。面架六座，共銀六錢。□架三座，共銀三錢。手巾架三座，共銀三錢。紗帽架三座，共銀一錢五分。藤凉牀三張，共銀三兩。凉牀一十二張，共銀四兩八錢。醉翁椅三把，共銀九錢。青布門簾三條，共銀六錢。大紅紵絲桌圍六條，共銀二兩四錢。紅紗桌圍六條，共銀一兩五錢。紅絹小桌圍二十四條，共銀四兩八錢。紅紗小桌圍二十四條，共銀三兩六錢。紵沿邊臺席六條，共銀六錢。拜單三條，共銀一兩五錢。坐褥九條，共銀八錢。錫匣九對並架，共銀一兩三錢五分。銅盆三個，共銀六錢。錫盆三個，共銀六錢。錫書燈六對，共銀六錢。錫影燈六對，共銀六錢。錫茶壺六把，共銀九錢。錫酒壺六把，共銀四錢八分。錫鏇三個，共銀二錢四分。銅火盆三個，共銀九錢。鐵火盆三個，共銀三錢。錫夜壺三把，共銀四錢五分，銅杓九把，共銀四錢五分。薄刀六把，共銀一錢八分。鏟刀六把，共銀三分。火叉三把，共銀四分五釐。火箸三把，共銀四分五釐。火錚三架，共銀一錢二分。銅燭剪三把，共銀六分。浴盆三個，共銀六錢。坐桶三個，共銀三錢。淨桶三個，共銀一錢五分。官窰茶鍾三十只，共銀一錢八分。官窰桌面六桌，共銀四錢八分。花桌面十二桌，共銀六錢。白桌面十二桌，共銀三錢六分。官窰飯碗三十只，共銀一錢五分。細花碗六十只，共銀六錢。花飯碗六十只，共銀一錢八分。花茶鍾三十只，共銀一錢五分。官窰酒鍾三十只，共九分。花酒鍾二十只，共銀六分。牙筯十四雙，共銀六錢。黑木筯六十雙，共銀五錢。蒸籠三座，共銀一錢五分。飯甑三口，共銀一錢五分。鐵椒碾三副，共銀三錢。合子六隻，共銀三錢。反供十二面，共銀四錢八分。水桶六隻，共銀三錢。炕坐褥三條，共銀二錢一分。紅紗食罩三個，共銀三錢。吊桶三隻，共銀九分。食鍋二十一隻井蓋，共銀三兩。另備夾板卷箱聽用。已上三衙門鋪陳什物各一副，共該銀一百五十七兩七錢七分。

分司、延陵書院、楊舍門

□轎一乘，該銀一兩。暖轎一乘，該銀□兩。紅絹□□二條，該銀二錢。青絹傘二把，共銀一兩六錢。雨傘一把，該銀一錢五分。絹轎帳一副，該銀八錢。布轎幔一副，該銀四錢。油轎幔一副，該銀五錢。油衣一副，該銀三錢。紵絲轎被一條，該銀二錢。方桌四張，共銀一兩六錢。官桌一十二張，共銀五兩六錢。春臺一張，該銀五錢。壁桌四張，共銀六錢。道椅六把，共銀一兩二錢。圈椅六把，共銀一兩二錢。連椅六把，共銀一兩二錢。長臺二張，共銀二錢。食臺二張，共銀二錢。長短凳四張，共銀一錢六分。脚凳四條，共銀八分。圍屏一座，該銀五錢。木屏風一座，該銀□錢。香几一座，該銀一錢。木立臺二對，共銀二錢。小屏風四座，共銀二錢。紅紗燈二碗，該銀一錢。圓爐二座，共銀四錢。衣架一座，該銀二錢。面架二座，該銀一錢六分。手巾架一座，該銀八分。紗帽架一座，該銀五分。靴架六座，共銀一錢。凉牀四張，共銀一兩六錢。醉翁椅一把。該銀五錢。紅紵絲桌圍一條，該銀四錢。紅紗桌圍一條，共銀二錢。紅紗小桌圍二條，共銀三錢。紵絲沿邊臺席二條，共銀二錢。坐褥二條，共銀四錢。拜單一條，該銀三錢。錫匣二副並架，共銀二錢。錫盆二個，共銀三錢。錫書燈二對，共銀二錢。錫茶壺一把，共銀一錢五分。錫酒壺一把，該銀八分。錫鏇一個，該銀八分。鐵火盆二個。共銀一錢五分。銅杓一把，該銀一錢。薄刀一把，該銀六分。鏟刀二把，該銀一分。火叉一把，該銀一分。火箸一把，該銀一分。火鋅一架，該銀四分。浴盆一個，該銀二錢。坐桶一個，該銀一錢二分。淨桶一個，該銀一錢。紅花茶鍾十隻並匙，共銀一錢。細花桌面二桌，共銀一錢六分。花桌面二桌，共銀一錢。白桌面四桌，共銀二錢。細花飯碗十隻，該銀一錢。花飯碗十隻，該銀三分。細花酒鍾十隻，該銀三分。黑筯二十雙，共銀四分。蒸籠一座，該銀五分。飯甑一口，該銀五分。鐵椒碾一副，該銀一錢。合子二隻，共銀一錢。反供兩面，共銀七分。食鍋三隻並蓋，共銀四錢。水桶二隻，共銀一錢。吊桶--只，該銀三分。另備夾板卷箱聽用。已上三衙門家火未必全到，輪流應用。總共該銀二十八兩□□二分。

上房鋪陳

大紅紵絲帳面六副，共三丈六尺，該銀一兩八錢。紅綾後邊並兩頭十副，共五丈五尺，該銀一兩六錢五分。綠紵絲帳沿一丈，該銀五錢。青布頂□幅，共二丈四尺，該銀二錢四分。青紗帳一口連綠沿，共十丈，該銀三兩。青布頂共二丈四尺，該銀二錢四分。桃紅紵絲夾被一條，共一丈九尺五寸，該銀一兩七錢五分。

洗白布裏共二丈六尺，該銀二錢六分。葱白紵絲被一條，共一丈九尺五寸，該銀一兩一錢七分。棉絮三斤八兩，該銀二錢四分五釐。絲棉八兩，該銀二錢四分。洗白布裏共二丈六尺，該銀二錢六分。梭布被單一條，共二丈六尺，該銀三錢。紅綠肉色紵絲□褲一條，共一丈，該銀一兩。攀枝花二十斤，該銀八錢。青夾布裏四幅，共二丈六尺，該銀二錢六分。褥囊八幅，共五丈二尺，該銀□錢一分。青紵絲硬褥一條三幅，共二丈，該銀二兩。蒲花四十斤，計銀二錢八分。青布夾裏四幅，共二丈六尺，該銀二錢六分。褥囊八幅，共五丈二尺，該銀三錢一分。蓆一條，沿邊青紵絲三尺，共銀三錢。豸枕一頂，該銀三錢。箱枕綠紵絲三尺，該銀一錢五分。白布四尺五寸，該銀四分五釐。枕蓆一條，沿邊青紵絲五寸，共銀四分。凉枕一頂，該銀八分。毬鬚一幅，該銀三分。紅單一條，該銀六錢。帳鈎一副，該銀五分。花單一條，該銀八錢。拜單一條，該銀五錢。每副該銀一十九兩九錢二分，四副共該銀七十九兩六錢八分。

中房鋪陳

青絹帳一口連綠沿，共七丈五尺，該銀一兩五錢。青布頂四幅連腰，共二丈四尺，該銀二錢四分。紅紵絲夾被一條，共一丈九尺五寸，該銀九錢五分。白布裏四幅，共二丈六尺，該銀二錢六分。柳綠紵絲棉被一條，共一丈九尺五寸，該銀九錢五分。棉絮三斤，該銀二錢一分。絲綿八兩，該銀二錢四分。洗白布裏四幅，共二丈六尺，該銀二錢六分。梭布被單一條，共二丈六尺，該銀三錢。青紗帳一口，七丈五尺，該銀二兩一錢。紅綠閃色紵絲軟褥一條二幅半，一丈五尺，該銀七錢。攀枝花十斤，該銀四錢。青布裏三幅，共一丈八尺，該銀一錢八分。褥囊六幅，共二丈六尺，該銀二錢。青紵絲硬褥一條二幅，共一丈二尺，該銀九錢六分。蒲花二十五斤，該銀一錢八分。褥囊六幅，共三丈三尺，該銀二錢。青布裹三幅，共一丈八尺，該銀一錢八分。豸枕一頂，該銀二錢。凉枕一頂，該銀六分。箱枕綠紵絲二尺，白布四尺五寸，共銀一錢九分五釐。蓆一條，沿邊青紵絲三尺，共銀二錢五分。枕蓆一條，該銀一分。銅鈎鬚一副，該銀三分。紅單一條，該銀五錢。花單一條，該銀五錢。每副銀一十一兩九錢零五釐，共十三副，共該銀一百四十二兩八錢六分。

下房鋪陳

藍布夏帳一口連頂腰，共十丈，該銀五錢。棉綢被一條，共一丈八尺，該銀五錢四分。棉絮三斤，該銀二錢一分。白布裹四幅，共二丈四尺，該銀二錢。白布被單一條四幅，共二丈四尺，該銀二錢。蓆一條，沿邊青布三尺，共銀九分。凉枕一頂，該銀五分。青布硬褥一條二幅，共一丈二尺，該銀一錢二分。蒲花二十斤，該銀一錢四分。青布裹共一丈六尺，該銀九分六釐。青布□五幅，共三丈，該銀一錢八分。紅單一條，該銀五錢。帳鈎鬚一副，該銀二分。每副銀二兩八錢四分六釐，共二十副，總該銀五十六兩九錢二分。通共該銀四百六十五兩二錢五分。具遵照府議及遵奉巡按直隸監察御史温批允。五年一造，一年一修，著爲定式，永便遵守。司吏葉秀。

1153. 明代優免事例

《江陰縣志續志》二十二載嘉靖十三年《優免徭役碑》云："一均徭例免官吏丁糧則例。嘉靖十年十月初二日，奉府帖爲授時任民事，該蒙欽差總理糧儲兼巡撫應天等府地方都察院右副都御史毛案驗，内開嘉靖二年十二月二十二日具題，奉聖旨：'是，欽此。'又爲優免事，該錦衣衛百户趙鏜，告該本部議擬，得錦衣衛隨朝官員比照優免内臣事例，量其官職□□，將户下雜泛差徭，指揮免三丁。千户衛鎮撫免貳丁，百户所鎮撫免一丁，著爲定例，等因。嘉靖四年三月二十六日具題，奉聖旨：'内官内使户内照文職例優免，錦衣衛指揮免七丁，千户免五丁，鎮撫百户免三丁。欽此。'已上例建紛紜，委無定則。某京官品秩崇卑，一概全户優免，此乃祖宗優待常朝官員，極爲隆厚。延今一百六十餘年，官屬眾盛，差役浩繁，科派益頻，民力日困。加以鄉里親戚詭寄夤緣，里書畏勢奉承，有司莫敢窮詰，致將濫免之數一概加派小民。且京官品秩，本有崇卑，而田產人丁，至有多寡，必須立爲限制，庶可永塞弊源。合無除錦衣衛、指揮、千户、鎮撫、百户奉有前項欽依外，京官一品免糧二十石，人丁二十丁；二品免糧一十八石，人丁一十八丁；三品免糧一十六石，人丁一十六丁；四品免糧一十四石，人丁一十四丁；五品免糧一十二石，人丁一十二丁；六品免糧一十石，人丁一十丁；七品免糧八石，人丁八丁；八品免糧六石，人丁六丁；九品免糧四石，人丁四丁。外任照例免一半。其舉人、監生、生員免糧二石，人丁二丁。省察吏典免糧一石，人丁一丁。"

又萬曆九年《優免定額夫馬碑》云："一查得優免事例，原指雜泛差徭，照丁糧編審者而言，若夏秋正稅，本色折色，起運存留，不分軍民官生人等，一體徵納，分毫不得優免。近聞各處鄉官，將自己田地概稱照品優免，有司但知有例，而不知夏秋正糧不在免内，暗昧不察，或詭隨曲從，以致多官種無糧之地，小民包無地之糧。見任已免，革職亦免，身故猶免，有相傳數世子孫全不納糧者。合無通行各撫按，將本境内品官及舉監生員吏丞，但有職役人員，本家秋夏稅糧，趁今丈地之時，通行清查曾否盡數納糧。如有指稱優免，隱糧種地，或地多糧少者，照律治罪，仍追以前影射稅糧。如能自首者，將糧照數上納，免其問罪。”

一優免事例，内開京官一品，免糧三十石，人丁三十丁；二品免糧二十四石，人丁二十四丁；三品免糧二十石，人丁二十丁；四品免糧一十六石，人丁一十六丁；五品免糧一十四石，人丁一十四丁；六品免糧一十二石，人丁一十二丁；七品免糧一十石，人丁一十丁；八品免糧八石，人丁八丁：九品免糧六石，人丁六丁。外官一品，免糧一十五石，人丁一十五丁；二品免糧一十二石，人人一十二丁；二品免糧一十石，人丁一十丁；四品免糧八石，人丁八丁；五品免糧七石，人丁七丁；六品免糧六石，人丁六丁；七品免糧五石，人丁五丁；八品免糧四石，人丁四丁；九品免糧三石，人丁三丁。以上大小官員見任、丁憂、聽用、聽調、聽降、聽勘者，照數優免。以禮致仕者，免其十分之七；閑住者，免一半；其犯贓革職爲民除名者，不准優免。職官已故，即將優免停止。子孫有官職者，照子孫品級優免。如有不遵額例，營求冒免者，許撫按官查出，重行參處。詳查前例已明，但相沿日久，濫免數多，如江陵一縣，查出銀一千餘兩。若處處如此，一年所省，豈止數百餘萬。合行撫按嚴行司道有司，查將境内前項官員各照數優免外，如有數外多免者，通行查革，餘糧追納倉庫，餘丁編發當差。若占悋不退，許以前冒免之數，追銀入官，並將應免丁糧停革。

一優免丁糧，原是兩項，但各處人户不同，有丁多糧少者，有丁少糧多者，各宜從實開報，丁只免丁，糧只免糧。如丁多糧少，或有糧無丁，不許以糧准丁，混行豁免。如將異姓親友，利其富厚，牽扯冒免，俱照江陵縣所申革正。其內外各官有以師保帶部銜、以部官兼院銜者，有布政司、按察司官互相兼銜者，品銜雖異，原是一官。本官丁糧，俱照見任品級，從一優免，不許分析兼銜，每官一任，各另濫免。

一官員人等，有買隔省隔府隔州縣田者，名爲寄莊。除正糧在彼交納外，其地內應編差役，俱照糧出力。如指官濫行優免，不行首正，有司具呈撫按，即從實參奏，依律問罪外，將地一半沒官。

1154.清初優免事例

《松下雜抄》：順治五年二月二十七日，户部尚書巴哈納等題准：一品免糧二十石，人三十丁；二品免糧二十四石，人二十四丁；三品免糧二十石，人二十丁；四品免糧一十六石，人一十六丁；五品免糧一十四石，人一十四丁；六品免糧一十二石，人一十二丁；七品免糧十石，人十丁；八品免糧八石，人八丁；九品免糧六石，人六丁。凡在京官員，照例優免。在外官員，各減一半。其餘教官，舉、貢、監生，生員，各免糧二石，人二人。雜職省祭官、承差、知印、典史，各免糧一石，人丁各一。以禮致仕者，免十分之七。閑住者，免一半。犯贓革職者，不在優免之例。如户內丁糧不及數者，止免實在之數。丁多糧少者，不許以丁准糧。丁少糧多者，不許以糧准丁。俱以本官自己糧丁，照數優免。但有分門各户，疏遠房族，不得一概混免。生員每生免糧一石，每石免銀一錢二分二釐零，免丁二丁，每丁免銀二錢二分五釐零。康熙四年以前，奉文扣解充餉糧銀同。五年以後，止免本身一丁丁糧，雜徭概免。右見衡郡《賦役志》中。

1155. 張獻忠題詩

顧景星《白茅堂集》三十八《李新傳》云："李新，字庚伯，蘄州人。萬曆戊午舉人。官陝西按察使僉事，分巡隴右道，致仕。癸未，張獻忠陷蘄，執紳士，令跽拜。新倔立罵：'死賊，爾非陝西人乎？本道在陝西，爾喂馬賤卒耳，恨未早斬剮爾。此我父，此我母，此我妻及子息，死同死！'竟抱父尸就刃。獻忠瞋目視良久，以掌擊膝曰：'快哉！老子今日看殺汝等求生不得，獨汝好漢！'令掩諸尸於郭東鹿耳石。獻忠後大書驛壁：'山前山后皆出松，地平平地柳成蔭。桃李真笑柳比松，千秋萬古還是松。關西張秉吾題吊李新。'顧生曰：賊屠蘄時，予家以貞節感賊得免，伏城濠岸無梯破樓，聞樓下賊往來稱：'好鄉官，李新纔算真死節。'張效鍾者，字期伯，名太學生，工詩，美髯。與生員陳正皆不屈。賊拔效鍾髯，逐之，且走且罵。賊追及，與正同棓殺。"

按景星所謂以貞節得免，事見《白茅堂集》四十六顧天錫撰《恩姊劉貞節傳》，云："十六年春，張獻忠陷蘄州，予與兒景星掖姊行雪中，憩一空廟。賊至，叱曰：'何物老媪，討死早。'姊曰：'吾未亡人，荷上恩旌表，恐混死辱恩命，來討一明白死。'以首觸石，血蔑面。天錫及妾明氏、兒女爭觸石代死，血濺二三步外。賊斂刃曰：'噫，一門節孝！'姊曰：'少年，汝勇力如此，不立功報君父，乃作賊！'賊熟視曰：'坐，吾即來。'須臾，持糒與棗來，曰：'孰爲節婦家屬者，善飼之。汝屬幾塊？'賊稱人爲肉塊也。以稍數之曰：'十三。汝屬夜見城樓火起，可東馳去。我南陽王三也。'夜北城樓火起，如其言得免。"據此知獻忠固不妄殺。

景星他所紀事《江防副使許文岐傳》本集三十八。以下同。稱“蘄以所存壯丁二千率屬之”，壯丁尚存，安得爲屠乎？又稱：“二月陷黄州，執諸生千餘，將殺之。文岐力爭，獻忠斷諸生右腕，截耳鼻，乃縱。”是不殺諸生也。《金宜人傳》云：“常藫率家人止破屋中，有民婦指藫宗室也。賊縶之去。宜人揚袂曰：‘君九世宗親，今日之死，順受其正。往矣，九泉下相見。’顧諸子曰：‘努力！與汝父母、大父母黄泉下相見。’賊怒，白梃交下，與諸子皆腦碎死。是日死者，宜人、四男、兩女、一婿、内外孫十二人，合室一百七人焉。藫被刃仆地，明日復蘇。”是宗室在必殺之列，其妻子乃觸怒而死。《樊山王傳》：“蘄破，毁荆王尸，殺郡王，劫諸妃夫人。”可證。《蕲水周氏世傳》稱：“流賊屠蘄水，周壽明二親得不死者，以賊知臨海廉吏也。”然則廉吏亦不殺矣。

錢謙益《有學集·補遺·蘄州盧府君如鼎家傳》：“癸未春，寇自廣濟乘夜襲蘄，府君被執。賊中有識者曰：‘彼善人也。’縱之去。”

1156. 張獻忠舉名士

陶汝鼐《榮木堂詩集·哭亡弟幼調十首》序云：“弟汝鼒少我四歲。癸未，賊破湖南，僞檄舉名士，按籍求第一者。弟與吾兒嘗兩録科冠，不得避，乃謀佯應命，亟匿吾兒與老母入山。迫脅至衡，賊遽退，邏卒見執，身死虔州。”

1157. 崇禎帝謚號五易

《明詩綜》一上：“思陵葬日，皇朝未收江南，福藩稱制，遥上帝謚曰‘紹天繹道剛明恪儉揆文奮武敦仁懋孝烈皇帝’，廟號‘思宗’，后謚曰‘孝節貞肅淵恭莊毅奉天靖聖烈皇后’。尋改帝廟號‘毅宗’。唐藩稱制，復改‘威宗’。皇朝順治初，更謚帝曰‘欽天守道敏毅敦儉弘文襄武體仁致孝懷宗端皇帝’，后曰‘孝敬貞烈慈惠莊敏承天配聖端皇后’。既而改稱‘莊烈愍皇帝’。凡五易而後定焉。今神牌所書，即順治初定一十六字，第其下改書‘莊烈愍皇帝’云。”李清《三垣筆記》中：“弘光初，從帝輔高弘圖之請，上帝廟號曰‘思宗’”予上疏請改。後管少宗伯紹寧，以‘敬宗’與‘毅宗’並請。詔用‘毅’。偶讀一閩紳集，見稱‘毅宗’爲‘威宗’。毅宗既改廟號，禮科羅都諫志儒復以陵名請，商之予，予曰當以故廟號名陵曰思陵，志儒是之。”屈大均《翁山文外》十三《大行廟號考》云：“其後弘光廟號，永曆間謚曰‘思宗安皇帝’，而以烈皇帝爲‘威宗’；隆武則曰‘紹宗襄皇帝’；皇考桂王曰‘端皇帝’。”

1158. 一念和尚

鄧顯鶴《資江耆舊集》十二《一念放生亭》詩云：“竹影照江亭，隱隱暑不生。看山消白日，翦菊護青英。獨坐心逾寂，徘徊月正明。蕭然忘物我，禪意聽溪聲。”又十《鄧祥麟挽一念和尚並序》云：“和尚出金陵之上元，世承指揮使。中年以甲申之變，祝髮南嶽。卜棲新寧放生閣近三十載。余得爲世外詩酒禪交，亦將二十年。短髮蕭蕭，手眼高脱，而興之豪俠曠達，直欲杯塊湖山，一粟世界。當路甚器之，似不可多見者。有詩二集，剛謀壽梓，於庚戌十二月十四日，忽圓寂於本閣之方丈，年七十有五。禪室之香燈無恙，而余去此老友矣，因爲詩以哭之。付其門人性潤、性愛、性定，勒爲一卷，遇名公巨卿、騷人墨士，或詩賦，或贊銘，潤等三人當頂禮而徵求之。並刻所遺詩集，爲千秋淨業，和尚雖死猶生也。余弁言於首者，蓋瓦缶先投，以代乞珠玉之意。卷成，即付主持藏之本閣，什襲以珍。眾等若挾爲杖頭遊具，則有罰。”詩云：“相逢廿載不言家，頗道鄉園近雨花。老向金城常賣藥，閑依石鼎獨烹茶。窗櫺尚放江光入，几榻猶邀竹影遮。滿室香燈歸幻寂，春風一塔繞啼鴉。”“自稱萍禿過夫彝，世外禪心結故知。拉飲慣香參术酒，拈題鄉逸水雲詩。身懸一衲開金碧，手握三軍任指揮。幾度夜深同不寐，蓮花潭上月明時。”又《月夜禮和尚塔》：“平生君愛竹，塔在竹蔭中。冷拍枝枝月，閑敲个个風。可能移酒甕，何處覓詩筒。指爪留泥雪，鴻飛想亦同。”祥麟字玉書，一字子與，號鹿崖。武岡人，一作新寧人。官岷藩長史，或曰官審理。工詩善畫，書法絕類二王。鼎革後，結廬新寧之石田鵝峰，日夕吟哦其中。

之誠按：一念和尚、朱三太子，康熙中屢興大獄，株連甚眾，而不知一念實有其人，唯已早死，度其人必有過人之才，好爲人假以號召。惜其事無徵，唯見於此耳。

顯鶴嘉慶中從寺僧月照得祥麟三詩，裝池成軸，遍徵題咏。俞正燮詩云：“刻詩存道安，徵詩吊寶誌。遺棄一世間，乃有千秋志。風雨漸消蝕，竹徑迷荒隧。難得有心人，重搜長史義。奈何言佛家，謂不立文字。感此讀鄧詩，鄧詩勿棄置。”顯鶴自題云：“獅蹲閣上古禪林，照眼虹光喜獨尋。一紙存亡銅狄淚，百年興廢老僧心。襄陽耆舊無家傳，宋室遺民有谷音。等是鄉賢文獻感，愴懷先緒更難禁。”知是時表章明季忠義，已成風氣，不關語言禁忌矣。俞詩不工，而最難得。

1159. 罰學政修泰山祠廟

聶鈫《泰山道里記》云："康熙五十六年六月六日，泰山大水，登岱男女漂流者無算，盤路祠廟皆圮。命江南學政林之濬、江西學政魚鸞翔重修。"

1160. 榮木堂集外詩

鄧顯鶴《資江耆舊集》七錄陶汝鼎《日華歌》及《八旬自壽詩十首》，皆《榮木堂詩集》所未載。《日華歌序》云："十月十八日雪後大霽，與同繫者十人，曝日皋陶亭。予適仰歎，見日下五色云一朵，驚語同坐。須臾，成舞鳳狀，白雲半天，如兜羅棉承其足。良久，舒翼抱日，圓暈徑數尺許，移時，五色雲墳起，嵌日若鑱炁翳金丹者，日乃迸奮旋轉，勢如冶金，金光離爲兩輪，戛磨掩映不可狀，觀者欲眩。久之，雲平日靜，晶瑩炙人，則皓皓秋陽矣。纖雲散盡，獨五色尚抱金烏，霜空澄碧，環視衣袂草木，冉冉流丹，蓋生平未覯也。予乃率諸人拜而戟手曰：'日，離象也。離而重光，天其燭吾輩幽而脫此乎？'乃作詩紀其所見，云：'十月十八日卓午，短簷向曝瞻晴宇。彩雲一片白雲端，驚我雙眸最先詡。漸如天孫散錦絲，繡作翔空鳳皇羽。雙繒五色抱珥圓，了若大貝縣青天。晶瑩射眼乍移睫，吐納裔素雲軒然。雲凸日凹不可狀，摩尼玉缽中盤旋。豈是燭龍銜火者，鍛煉真陽入洪冶。太阿欲躍未躍間，元氣淋漓向空瀉。合離雙轉琉璃盤，魂魄收凝海旭瀾。眼光未定日光定，變幻金翠回龍鸞。歎息平生未曾見，況復前朝雨冰霰。頓使幽扉徹絳霄，玉皇手炙湘纍面。當時射日豈無人，真日不落藏重輪。斂襟下拜謝冰雪，爲我洗發天精神。蒼蒼氣正寒空碧，麒麟不鬬金烏赤。何事滿船黑氣尚相凝，海底群魑猶嘍啀。君不見浮雲竟被卿雲逐，百寶盆中浴天目。一朝滌盡古今蒙，更駕毛龍三萬六。炯炯重瞳視此間，似爲吾儕灑憂悳。吁嗟乎，心在人中日在天，嚼雪敲冰對日眠。'"

按密公手寫《自訂年譜》中述獄事甚詳。其略云："壬辰，五十二歲。大旱。六月，明師起，郡縣宵遁。村邑數苦兵，率鄉人守助之，村得不擾。十月晦日，李定國出粤西，復衡陽、湘潭。石見五銜命敦促，不得已與周司農、郭司馬並出見，至南嶽一謁廟而還。癸巳，五十二歲。大饑。官兵來復長沙。正月，族人與楊甲訟，橫罹於羅，雪中被逮，兩胥索賂，立傾其家。二月，訟解。旋以郡胥潘正先首叛，繫郡獄。撫軍金某得余與前郡守啟，索重賄不能得，夜集鞫於真武廟。余曰：'語誠有之，不能謀反也。'遽命杖，杖時大雷電，雨如注，屋瓦震落，滅燭，遽命罷，云且還繫。四月，當事列諸反狀以聞，竄余名於中，法當死。政府有知余者，大驚。旋奉旨付經略洪公審奏，意在必宥。臘月，經略洪公至武昌，長兒赴軍前吁代，慰遣之。得尹洞庭、郭些翁手書，深相念。甲午，五十四歲。正月，在郡邸獄。郭些翁、尹洞老俱至獄門相視，席地語移時。二月，經略至長。三月，付監司趙某問。四月，調衡永監司張某與趙復問。經略公二十八日通狀。五月初二日，坐幕府前，集士民觀聽訊，首者仍繫，脫諸人於禁，重垂慰遣，俾就寓候題。冬，度歲於長沙。乙未，五十五歲。在郡候旨。六月，部覆下經略，斬誣首者於市曹，命以昭雪還紳籍。中秋後，買舟由長沙入瀟、沔。月夜過洞庭，泊新堤，訪些翁於湖中。"

之誠按：此《自訂年譜》未知尚有傳本否？所謂政府，蓋陳之遴也。《榮木堂詩集》僅存《甲午歲暮候旨》一首。雖周防已甚，而地棘天荆，唯務韜晦，至欲泯患難之跡，其情亦至可憫矣。

又八《八旬自壽詩十首序》："庚申八帙，息影松窗，意欲自作小傳，提筆輒止。偶拈前十五韻，率意爲《自序詩》，記生平所歷，時發一浩歎。□孫以一紙乞書，松雪正融，取滌新端硯錄之，竟十首。藏者如藏吾硯也。"其詩云："三十餘年感慨同，白頭猶有此山翁。離之日昃嗟人耋，履以堅冰畏道窮。偶見乍疑爲老鶴，再然應不暖寒鴻。而今便作蓬萊監，滄海瑤池豈在東。""遺民何敢悔孤蹤，坐閱滄桑萬事慵。圖史散鱗秋敗葉，衣冠恍惚夜殘鐘。嶺頭雲氣親來往，窩裏春風小泄融。何意湘蘭盡憔悴，寒巖尚有八齡松。""芝蘭九畹在湘江，少壯偏勞屐齒雙。幾處登臨終泰岱，六堂名姓冠周邦。東吳咏月生公石，西華睇雲玉女窗。自省英年前四十，豈知無分樹旌幢。""罷對歸來值亂離，天荒地老不堪思。黄楊寸厄偏逢閏，白璧微瑕剩有詞。玉局除書名太幻，西臺破檻事尤奇。悠悠直釣垂衰晚，甲子周餘二十期。"自注：國初繫郡邸獄一年，經略洪公奏雪之，得旨而蘇。"不道忘機已息機，遮藏豈用水田衣。逃禪偶與成三笑，倚句真難絕百非。久負南宗擔雪意，長攜鄰叟看雲飛。趙州行脚終殘凋，點也春風且咏歸。"自注：靈巖和尚稱擔雪道人，與余有世外契。"生長江潭弗羨魚，非無雅尚送居諸。嘉隆應制名山在，董賈憂時國事疎。筆氣亦曾干象緯，芸香尚覺在衣裾。誰知世亂伏生老，始信皋夔不用書。""幾度冥心據槁梧，驀然歌思到黄虞。時當貴少輕三老，我欠浮家泛五湖。即拌詩書成鹵莽，誰能禮樂去斯須。難堪欹側乾坤内，不倩青藜一杖扶。""頳尾勞勞尺澤鯢，春波久不到寒溪。朱陵豈有真人氣，北地非無杜宇啼。憂世憂心雲霮䨴，看山看水日淒迷。衰翁止應求酣睡，一任劉琨夜舞雞。”“虞夏悠悠未敢懷，吾生何處得無涯。飽看朝市滄桑變，聊咏山園日夕佳。城上獨留孤鶴老，江南長恨一龍乖。豈堪重理繁華夢，車馬衣冠舊六街。”“曾以文章接上臺，諸生向下重相推。歡言剪髮高堂母，謬附論經奇奪才。偃蹇百年過隙影，消沉三户劫餘灰。空留絮帽能祠臘，不及斑爛效老萊。”

之誠按：三、四兩首顛倒，爲移正之。《榮木堂詩續集》止於己未，以後詩皆未刻。

1161. 錢江題宣南六客圖詩

錢江題《宣南六客圖》云：“浩浩宇宙中，人生本如寄。散處各一方，遇合匪容易。誰爲攬八荒，遠邇神先契。會逢王子安，感之以臭味。春明人海喧，清風六客至。中有異國臣，觀光與勝事。非關香火緣，所聚在方類。結交貴有終，中道慎捐棄。因爲一幅圖，形神悉睹記。今雖遠別離，留作相逢地。從兹廣此心，九州聯一氣。庚戌初伏第二日，題奉子梅尊兄大雅法正，浙西東平弟錢江。”

1162. 康雍時都城茶園

林之蒨《偶存草堂集》六有《中秋月明樓觀劇》詩云：“狼藉杯盤換，相將興未休。”又有《高樓大廈春園觀劇》詩云：“高朋欣滿座，爛醉度浮生。”又有《天樂園觀二歌者》詩云：“園名天樂舊，歌調教坊新。”又云：“懷開天地闊，交摯酒杯醇。煎燭酬長夜，烹鮮割素鱗。”皆卜夜且及酒食之事，所謂茶園也。詩作於康雍之際。

1163.柳如是硯

吴肅公《街南文集》十四《姜子硯記》："姜子有硯，壚其質而環其文。語我曰：'宋琢也，故趙姬文叔物。予有三硯，兹一耳。一直方而大池，周遭若辟雍之水，先友顏公遺也。一桃硯，硯鏤桃，有蕡有蓁，得之劉羽士，羽士得之錢氏，謂其嬖妾柳河東物。'"

之誠按：姜子，蓋謂安節。肅公有《姜氏三義齋記》，作於癸丑。此《硯記》當亦同時，距錢、柳之沒方七八年，遺物已盡散矣。

1164.煙禁回目

許乃濟奏開煙禁，黄爵滋請塞漏卮。〇發表章群臣會議，承簡命欽差起行。〇十三行圍困顛地，二萬箱勒繳洋煙。〇老峰館收買天癸庫，演武廳建造壯丁房。〇林欽差設備阿娘鞋，地名。鄧總督空獲番鬼帽。〇逞逆謀用兵定海，用反間告狀天津。〇到東粤宴會紅夷，開南軍釋放白鬼。〇陳連陞父子盡節，李廷鈺文武抗爭。〇塞海口議取桑園石，討沙角大宴蓮花山。〇議定海囑托寄書，許香港威逼用印。〇祥福戰死烏涌，義律兵進黄埔。〇破虎門三軍失利，閉羊城百姓遭殃。〇林總督捐資招福勇，姚知縣被劫哭途窮。〇怡中丞四門懸賞，余太守初次請和。〇琦侯爺痛哭龍牌，楊參贊廣收馬桶。〇英都統拿問奸相，楊元帥怒斬挑夫。〇獅子橋老鄧搬家，鳳皇岡長春督戰。〇楊參贊五仙觀陣，余太守二次請和。〇城隍廟大將建星壇，怡和行長孫遭雷擊。〇奕將軍潛師赴敵，祁宫保出示安民。〇扯皮條叔侄宣淫，侄即福建浦城知縣楊輔山，名丞澤。選大鼻鬼婆接客。鬼子稱余保純爲大鼻，義律老婆接見余守，攜手並坐。○娘子軍挺身探虎口，公司館嫁禍撞牛皮。○剪辮尾爭先假漢奸，出賞格反放真番鬼。○招水勇大戰三板船，占山寨久困百餘鬼。○觀音山餓鬼食牛，西箭道勇將戲馬。○岱昌逃命失泥城，義律定計燒貢院。大將軍駐紮。○豎白旗朱糧道獻策，摘紅頂段鎮臺失機。○無用將軍一籌莫展，多情太守三次請和。○奉令箭深夜扒城，開漏卮紋銀出海。○各上憲議開銀庫，大軍兵退避金山。○八省弁兵喪家狗，滿城文武可憐蟲。

1165.洪大全弟婦許香桂

劉如玉《自治官書偶存》三："咸豐五年，判女匪頭目許香桂解赴郴州本籍正法。云審得生員吉宗甫督帶團勇，獲送女匪頭目許香桂到案，供稱'年二十二歲，母家郴州陳姓，嫁興寧東鄉何淩霄，見在家讀書應試。自上年八月，被賊唐貴掠去。昨到寧遠路亭地方，賊俱敗走，才得逃出'等因。並稱亦曾讀書，試令寫字，點畫尚未錯訛。本縣因質證無人，飭候移知興寧，傳到該氏家屬，前來認識。該氏亦親自寫信，付差帶去。寧遠婦女信爲良家女子，贈以衣服釵環，正在共相體恤。玆准興寧移復，查知該氏即許香桂，系許月桂之妹，月桂嫁焦亮，即洪大全，香桂嫁焦亮之弟焦二，俱投入賊營多年，學習武藝，號稱元帥，領賊迭次攻陷城池。洪大全先於咸豐二年官軍拿獲解京。焦三、許月桂，本年正月被擊窮蹙，潛赴嘉禾投誠，亦經解省訊明，淩遲處死。現據許香桂户族稟明，該氏實系香桂，其所供母家陳姓、夫家何姓俱系假捏等因。當提該氏覆訊，無可掩飾，一一供認不諱。查該婦許香桂，與其姊及其夫兄弟先後從賊，狂悖嗜亂，實屬罪大惡極，法無可寬。前朝石砫土司秦良玉，身歷戎行，爲國殺賊，明懷宗賜詩云：'試看他年麟閣上，丹青先畫美人圖。'以該氏較之，彼也流芳，此也遺臭，何其判若天淵也。嗚呼！難得軍稱娘子，翠翹揚赤幟之威；胡乃傾城婦人，紅袖倡黃巾之亂。解赴本籍，立正典刑，此判。"

按洪大全事，得此可爲佐證。月桂、香桂姊妹學習武藝，號稱元帥。當時女子領兵者，洪宣嬌、李孟群妹外，又得此二人。

1166. 張正隆妻郝氏

王培荀《聽雨樓隨筆》一："白蓮教之亂，齊二寡婦橫行川楚。川中亦有賊婦郝氏，張正隆妻，年僅二十許，長身玉色，鬒髮如雲，英勇善戰，馬上擕雙標，百步殺人，官軍畏之。後被獲，見大帥，背面坐，矯抗如故。繫達州獄一年，臨刑慷慨，兵士或爲泣下。尸陳市曹，或竊其首以去。大竹李作梅爲賦《白蓮曲》，有云：'坐下五花馬，手擲千斤戟。百步取人頭，材技殊超越。一笑挽雕弓，能落雙飛翼。勇敢東海婦，偉幹崔寧妾。淮南梨花槍，萬人不可敵。失機作俘囚，玉臂相反接。擁見大將軍，據地無挫折。星眸怒不語，一顧那能得。軍中苦詰問，叱吒聲逾烈。囹圄幽年餘，不改舊顏色。聞說羽書來，官軍大斬獲。妾有伉儷夫，勝敗無消息。紅淚灑圜扉，肝腸几欲裂。雌虎憶擒時，蛾眉常憤激。恥作帳下鬼，嬌啼仰人惜。不得戰沙場，玉骨餐鋒鏑。粉頸延受戮，花光射寒雪。慷慨赴市曹，三軍多掩泣。竭來蚩蚩氓，竊首葬荒僻。何愛美人頭，不恤壯士血。黃金買馬骨，豪俠真奇絕。'"

1167. 戊戌政變實録

戊戌九月二十三日，蔡金臺致李盛鐸書云：“自七月下旬，即得至確之耗於雲中，且屬爲之謀參奏。以告再芸，不之信，且行急無暇。閑語問芻，則問芻已數言於清河，已擬發矣。而慶邸言宫中固無恙，遂復止。乃轉以屬之楊莘伯，蓋惜足下之不與也。會袁世凱來，而譚嗣同説以調兵，入見語亦云然。袁乃密白略園，電慶邸達之，而楊莘伯乃手訓政疏叩慶邸，俱赴湖呈遞。時慈意以爲此等大政，必有聯章，乃成規模，且須大臣言之。莘伯乃告其師王仁和。仁和以書戒之，有‘無牽帥老夫’語。莘伯以已成騎虎，不能甘休，且警信日至，謂斷髮改衣冠即在指日，而孫文黨羽雲聚輦下及津沽，勢且猝發，不得已，獨衝入告。發時尚知會張次山等凡九人，而無一應者，遂獨上之。至初五日，慈聖忽傳駕入宫。其夕以密諭交崇受之，緝捕群黨。四更時，康由内城得内監通報，遂以黎明逸去。其時宋伯魯尚遞摺保康廣仁，故首奉旨革職也。廣仁以爲於己無與，尚徜徉於南海館，遂爲邏者所得。宋現改姓爲趙，字曰善甫，潛寓上海。前有書與其密友，謂有日本領事允保，居滬甚樂也。是日，大索康有爲於清河第中，邏候盡日夕不少休。有粤人潘姓，以道員來引見，適宿於其第，緹騎誤以爲康，獲之，良久乃釋。至六日清晨，又聞捕四京卿及徐、楊矣。飯後至問芻處告之，尚以清河無端受驚爲笑。未幾又聞崇傳清河去入内問話，緹騎佈滿街衢，忽問芻倉黄拉我上車出城。至三更，渠始有函來，告以潛止某玉工家，以爲風聲鶴唳，大有波及之勢。七日黎明，急往詣之，始知由其僕妄傳，緹騎謂承壽寺爲粤人聚會之所，行當搜查也，適在其座，晤軍機章京淩君福彭，知清河業交部，四京卿及徐、楊皆然。内廷搜出逆跡無數。又康之門簿已進呈，將有絕大株連。莘伯乃奏請召榮入都，以合肥代之。懿旨遂電召略園，聞略園甚皇然，恐有伊霍之事，立誓調停。十一日略園到京，與莘伯期會於其第，莘伯亦以調停之説進。次日入見，先皇上，次慈寧，語秘莫能聞，大都兩解之詞。是日，外起如瞿、徐皆未見，想無暇也。是時，今上頗有自怨自艾之意，一切情形，直言不諱。而言官絡繹騰章，請速誅群凶以靖變。雖清河亦明表其非康黨，而上意堅，欲並誅之。略園乃爲乞恩，謂張某不無微勞，且明詔業已剔開，求少寬以示區別。於是衆軍機環而叩首，且並及東海。上意不可回，得懿旨乃解，是以張、徐不及於難。是時御前諸内監，斃杖者四人，監禁者六人。訊得康氏弟兄數月來時常便服入内，見上但鞠躬即坐，與平行無異。並云此風從前文廷式倡之。適莘伯又論其在滬入學會事，又六月間有密旨召其入都，皆康之謀，是以有密拿正法之旨。案此指文廷式而言。莘伯又論群凶以孫、康、黄、熊爲四首領，黄不宜出使，免爲首逆東道主人，奏入，而恐見詰於外人，遲遲不發，而略園已告知仲虎。先是七月間，上朱筆予黄尚書衔候補侍郎全權頭等，扃於匣，使王尚書與樵野送日本公使署，令寄其國政府。蓋存此筆跡，以爲後來一應訓條核對筆跡之用。王既受申飭，不能止此事，則藉張止之。後伊藤來，李苾園舉康爲接待使，亦爲張所阻。諭旨所以謂張非康黨，其能保首領者，即此二事也。聞康見伊相語極多，謂四京卿是其所委。伊舉以詢合肥，蓋亦不甚然之。現在内政尚無變異，兩聖意見全消。惟上疾殊可慮，南醫十餘人輪流入侍，日以脈證傳知六部及各衙門，中間有數日不遺精，今又如初矣。據陳蓮舫云："症尚未十分無救，惟天家一切俱異民間，殊棘手耳。”前日朱諭斥其隨同附和，不能獨出主見，以致毫無小效，飭令回藉矣。慈意向用濟寧甚切，前月初曾令內侍問狀，昨又令略園、吴子佩往視，濟寧解襪示以步履不便，且有泄症，然亦是敷衍症狀，不久即銷假矣。此公一出，天下事未可知也。然雖略園心不善之，亦未如之何，蓋有較常熟爲尤甚者。”

按此所述戊戌政變，極得當時真相。所謂略園兩解、兩聖意見全消，亦是真情。德宗惟認錯而已，何至如世間所云加以撻楚幽囚耶？再芸爲華煇，問芻爲劉學洵，仁和爲王文韶，清河爲張蔭桓，徐爲徐致靖，略園爲榮禄，莘伯爲楊崇伊，仲虎爲徐建寅，唯雲中不知何人。金臺字燕生，丙戌翰林，與盛鐸同爲德化人。時盛鐸方爲駐日本公使。世間記戊戌事，多傳聞之辭，時日先後，不免顛倒。唯此所述政變全由慶王佈置，最關筋節。其他亦較爲得實，蓋金臺亦在事之人也。

又九月二十五日云：“南皮之圖軍機，亦由問芻慫恿，爵堂導之。春間連仲三之來京，即是爲此。南皮賻其兄千金，又許以美差，遂力致於略園。略園覆王電云：‘南皮公忠可敬，無如常熟一掌遮天，兩邸皆病不治事，容當緩圖。’夏間去翁召張，皆由於此。其時尚有謠傳公之不願者，爵堂曾電問芻解之，問芻力白其誣。此次又有陳於慈聖者，聖意則以‘又是一書生’却之。所謂‘又是’者，蓋承常熟而言也。略園又晤莘伯云：‘南皮亦不甚滿人意。’此或因慈意不甚許可而云然，故南皮決不復內召，濟寧出則更無可望矣。”

按此所述，張之洞戊戌春間由徐桐專折奏保，命來京陛見，後由劉學洵畫策，因王之春、連文仲以通於榮禄，謀入軍機，事爲翁同龢所阻，即榮所謂“常熟一掌遮天”是也。榮、翁之不相能，翁之逐，榮與有力，於此徵之益信。孫毓汶翌年即卒。竟未起用。

1168.江陰續志紀事五則

澄臺戕官記

元年三月，南京留守黄興以留學日本士官畢業生吴祖裕爲澄塞總臺官，未一月而變作，祖裕死之。初，總臺官某以虧餉叢怨，不自安而去，去則駐澄各領軍者竞思攫取以代，於是兩湖、三江結黨分派以相抗。湘、鄂爲兩湖派，湘人徐國衡主之；蘇、皖、贛爲三江派，皖人某某主之。相持未決，而吴祖裕突來，兩黨愈勢不能甘。然三江較和易，祖裕因以聯接之。三江亦以祖裕爲新黨，勢方張，足爲兩湖敵，欲以覘其竟。而兩湖之拒祖裕益堅，不克登炮臺，暫館鄭氏。往謁留守，留守趣之登，昵祖裕者亦鼓助之。適滬軍來澄，祖裕以爲客軍新至，藉可爲兩湖之牽掣。四月十三日黎明，祖裕偕靖江臺官鄭占魁，以護兵數十人冒險登臺，入要塞部。而徐國衡令步隊隊長熊某陳兵脅祖裕，索關防，不得，遽令發槍，鄭以身翼吴，吴、鄭均死焉。鄭占魁者，皖人，難作，止護兵勿抗敵，並命勿以報復禍江邑。旋聞留守將命軍來剿，邑人甚恐，請於留守，幸而免。事平，祖裕兄祖芬訟冤於部，免國衡，國衡旋死。又年餘，徐州李厚基來主澄塞，復訟之，訊究前事，戮七人，囚一人。

收炮門記

民國二年，南京再告獨立，滬黨攻製造局甚亟，吴淞炮臺應之。南京以下沿江各要塞，日有風警，岌岌可危。澄塞駐兵二千有餘，亦蠢焉思逞。長臺事者爲湖南陶澄孝，副之者爲直隸孟毓發，皆稱純謹篤實。然軍人桀傲不訓，乘亂滋肆，而中央以防變故，適有繳門之命。炮兵嘩起，聯結長江水師緝私、工程等營以爲抗。邑人患之，又聞北軍將至，至則兩不能容，益惶惶焉。是時權邑事者曰洪鍾，漠然處之。洪以他事被控於邑人，省長應德閎固知非濟變才，檄邑人吳增元繼其事。增元再辭，不獲命，既而曰："事變亟，責任重，在他人或有趨避，今危及鄉里，於義何辭？"遂毅然任之。甫任事，力事疏解，日夕惟軍人之與共。寧事未定，軍餉不繼，群起詰難。增元曰："餉惟我取。"然兵氣甚囂，律不能施，理無可諭。各營之長有潛遁者，有被逐者，軍無統攝，益虞嘩亂。果有北外大校場之會議，昌言回應寧、滬，以某爲司令，某任籌餉，其焰益張。增元則堅謂不可，因反復勸諭，於地方與軍人之利害關係剖析詳盡，眾爲所持，卒未成議。越日，海軍總長劉冠雄、長江查辦使雷震春，率海陸軍會集於長山之外。先命參謀鄭綸詣臺說降，臺兵欲殺鄭，賴陶澄孝力蔽而免；又欲炮轟海軍，孟毓發則以身翼炮門。吳聞有參謀來，就與商略，而鄭已覆於劉。劉怒，遽命攻臺。陸軍先發，繞長山而掩其後，海軍亦候令即發。吳亟偕邑人鄭祖煦、蔣保康、陸紹基等謁劉於大江軍次，請顧全地方，毋致糜爛。劉怒未已，謂軍令已發。固請，則曰："必繳炮閂，知事能負其責，予姑緩攻臺。"吳曰："既知邑事，責烏可辭？"劉曰："試立狀，以星見爲限。"吳曰："諾。"具狀於劉。時已過午矣，流逆風勁，急切不得抵炮臺，吳請以軍艦行。劉命鄭綸駕永翔炮艦偕往，並許以軍用無綫電報電報臺事。抵臺，臺兵以知事來爲可信，願聽命焉。吳宣告於眾曰："速繳炮閂。予得請於劉總長，軍士各予三月之餉，任事如故；不願留者，予五月之餉。勿疑勿自誤。"兵無異辭，而正副臺長隨下卸門之令。吴如限以奉諸劉，計黄山大臺之閂五，鵝山分臺之閂四，西山分臺之閂二，前膛火門機五，螺絲二，東山分臺之閂十，北岸分臺之閂九。此八月二十一日事也。劉嘉知事之勞，予銀一萬元，以助餉糈。是役也，江邑幸無患。所支兵餉，劉給萬元，縣署等給一萬八千八百元，統二萬八千八百元云。

郭兵縱劫記

民國二年十一月十六日之夜，忽有槍聲從西北隅來，若斷若續。傾聽之，人聲甚嘈雜。旋又火焰熊熊，照徹北城之樓櫓，則海陸戰隊第二團團長郭以廉縱所部焚掠北門街市也。郭以廉，皖人。南都北都之爭議，郭部曾縱劫北通州，不究。調駐江陰，邑人患之，固優其禮遇，冀以誠感。及四省告變，郭復奉檄赴閩，行有日，而北門之變起。江邑北門，貿易較盛，郭軍截其兩端，遍户搜索，搜索不遂，縱火以逞。上自北吊橋，下至靖海關，被劫之家百九十，被毁之家七。惟海關、税務所、鹽棧、紗廠均不與。一以涉官款，恐嚴究，一以紗廠之工人眾，防衛固，故不及也。其明日，分防三茅山之郭軍，又分劫月橋與焦溪。全邑震恐，邑城嚴閉三日，罷城市，電京、電省告災。越五日而省城調軍來防，並派江淮宣撫使軍法處長殷洪壽懲辦劫案。誘郭以廉而械之，又訊獲四十八人，並置諸法，諸軍肅然。有頃，某大員鼓輪來江，爲郭乞免，聞郭已死，快快而去。

禁香滋事記

吾邑夙有拜香會，或青山，或時山，或秦望山，或香山，或雷祖殿，而以三月二十七之邑廟東嶽廟香會爲盛。例必禁，然以其無害風俗，又未屆農忙，故禁而仍縱之。蚩蚩者掬愚誠，於七步拜禱，莫之知在違禁中也。歲在甲寅，即民國三年四月二十二日。例舉邑廟東嶽廟之香會，有司亦循例示禁。巨役某乃與巡丁狼狽爲奸，藉禁勒索，羅於城口。鄉人不知有禁，寧知禁之有費，靳不與予，則收其香帽、香几，並捕拜香者四人送警署，警署亦竟羈以待贖。鄉人罷香會，集拜香者鬨於官。時權邑事者爲翁之銓。翁館於中街，聞報驚起，亟赴署，則拜香者充塞衙署矣，不知所措。或曰"盍釋所羈，返其香具"，從之。而鄉人堅請懲肇事者，不得已，乃出圉人爲肇事者而笞之。鄉人固稔某役，嘩其誤，聚如故。署中有以電話達黃山營者，稱鄉人肇事，慮奸匪乘其間。是時南北黨派爭持，黨人散伏構難，江邑又際郭以廉縱劫以後，魯人潘鴻鈞領防江軍駐黃山，聞報亟發隊防城，立率衛兵，馳赴縣署。見署困於鄉人，勸諭之，囂不可辨。威以槍，愍不爲動。潘軍怒，以槍刺縱橫刺之，傷二人，湧退而踐死者三人。鄉人愈憤，聚愈眾，勢且不解。潘命發槍，邑紳勸解。鄉人又阻遏發槍，幾乎淚竭聲嘶。日午，大雨如注，俄頃間水深盈尺，觀者盡散，其鬨於署者，意勢孤將窘於官，亦相率引去。

澄臺十日獨立記

民國五年四月十六日，向辰，大炮一聲破空而來，窗宇撼搖，如春雷震盪不絕。聞呼而過者曰："獨立！獨立！"舉城惶駭，倉皇失色。行者聚者三五探詢，不識報由。有知之者，謂董萬青所部一百五十團之第三營，結滬黨，通城警，夜半譟發，襲旅部，分兵奪取炮臺。而旅部先撥防臺兵爲之響應，遂據炮臺稱獨立。因一百四十九團之鄧鳳合初未附從，所部第一營援隊南行過文昌祠炮臺，獨立軍遂發炮阻遏之。此大炮一聲之所由來也。防澄者爲七十五旅，領防澄旅者爲方更生，董萬青、鄧鳳合皆所部。方、董爲淮揚人，鄧則魯人也。難作，城中尚未及知。警佐梁思義夜告變於知事郝增祁，郝大駭，集邑紳謀所備，群無所措。梁曰："急切何可爲計哉，當以保衛城區爲第一要義。請給餉千元，鼓勵巡警。城區保衛，某則任之。"僉曰："諾。"梁欣然隨出示黨示一紙，又覆黨電一通，其覆電曰："上海派克路某號尤超凡鑒，病瘉。"尤民，超凡其字，即此次勾結軍警謀江陰，而黨魁任爲澄臺司令，自以司令示江陰者也。病瘉者，應即事成之謂。梁固湖南人，又援引其鄉人同類，分任各警職。梁並自署新職銜於縣署頭門曰"江靖護國軍軍政執法處"。俄聞所謂司令者來踞東南鄉試館，假快槍軍衣於警署，索款於商會，出示招兵，即之，則曰司令張示，乃邑東鄉華墅張某也。附之者爲安徽劉某、無錫華某。忽尤忽張，略如兒戲。或曰：張某爲某黨所派，名爲共和軍司令，尤爲某黨所派，名爲護國軍司令，占勢力，圖權利，各不相謀。又曰：各黨所派，並有六人之多。惝恍迷離，誠不可究詰。在黃山獨立軍，則又推蕭光禮爲總司令，胡克修爲其副。蕭前任旅部參謀，胡則爲董部第三營馬弁，首先發難者。獨立軍議以胡爲司令，胡自以資弱，讓光禮而副之。聞城中先有張司令者，令軍士數輩來城挾張以去，莫知其竟。城居遭變，惶遽窮蹙，饑不能食，倦不得眠，走不知止。亂軍設羅遍於四野，罹者罄盡。各鄉肆掠，日有所聞：某鄉被虜金銀首飾若干；某鄉縛其鄉董，脅得若干；某鄉則自行搜集若干以獻。危城之內居者已十無二三，然猶有傭販瓜卵之繆麻子，棄業應募，率匪兵者三數人，相翔於道，公行掠抄。擒以爲戮，徇而後靖。先王東森以百二十人防城區，名曰衛戍隊，駐中街關嶽廟，梭巡頗力，軍紀亦嚴，城居少安，咸感賴之。雖然，蕭某索餉日必數千元，或萬數千元，城之羅掘亦殆盡。蓋獨立之日，軍黨氣焰，予取予求，逼商會出銀三十萬，齗齗不已，商會認陸續籌給五萬五千元。十八日晚，尤民果至，從數十人。梁思義館以錢業公所。既入，居舊縣署，以三千元犒軍。或云前此賄軍警者，亦止千元也。是時常、錫均有防軍，又聞大軍且至，蕭某等亟亟謀戰備，運炮陳兵，終夜不絕。始以十方庵爲司令處，繼則分路出兵，一軍於青暘，以當無錫；一軍於夏港葫橋，以禦常州；復軍於南閘，以爲策應。又節節爲防，埋地雷，塞要隘，勢將決戰。邑人大駭，相聚而謀曰："戰勝則大軍必以全力撲遏，戰敗則追者踵至。總之，江陰不免於兵禍者，可斷言也。"邑人張南沅固與東外耶教士相交際，請以教士爲調解，祛兵厄。群韙其議，就商於教士華爾德，華亦願任解勸，聞蕭光禮於永定壩乘舟赴軍，亟與慕維德教士趨要之，而横浦樓舵曳舟實軍備，已先發。兩教士隨偕邑紳數人，駛汽輪抵石幢，而蕭已沖潰石幢防軍，迫無錫。華等冒險更進，暮抵龍山，仍不遇。改議先疏錫軍，再說蕭氏。遂由無錫商會導見旅長蘇坤山，告之故。坤山曰："可返商會請派錫人參與其事，以事涉江、錫故也。"而槍炮連聲，戰事復作，錫人散亂，無復及此。不得要領，遂返棹焉。繼知蕭軍在錫，鼓勇而前，幾覆蘇軍。而南京所調援軍適至，卒敗蕭軍。蕭遁歸江陰，知教士爲和解，請速成議。邑人以外逼内潰，慮遭蹂躪，亦亟亟趣成。而華教士適來，告於當事者曰："戰禍雖開，兵可弭也。"蓋華自錫歸，提藥包，舉赤十字旗，往戰地醫傷兵。過三河口，見三茅峰有駐軍，訊之，方軍也。見方更生，述所經並地方苦亂。方謂："我禍江陰，曷敢揚沸以止禍？請待於焦溪，得報而定進止。"教士返報，會蕭願就撫，於是郝知事、紳商、教士與蕭光禮、胡克修等集議於縣署，無異辭。教士復於方更生。又傳繳械之命。蕭、胡難之，約初與議者再就營議，是爲黄山之議。與議者滬黨爲多，有力主用兵者，有主分守君山者。蕭一一折之，紛呶雜辯，終決歸誠。忽有一人持教士之腕，操英語不類。教士不能解，又不能作華語，略能識漢文，作數字，乃求教士導出江陰也，教士訝而却之。事後聞教士以此登載《大陸報》，謂爲大非公法云。教士聯絡方、蕭，往返再四，議乃有成。方更生與蕭光禮書，又以名刺訊問各故舊，示誠信。是時縣署口、黄山顛拔白幟，樹赤幟。向之臂纏白布者，亦改纏赤布。去危即安，出險就夷，是正四月二十有四日。梁標江上，落日飄紅，引領群瞻，欣然色喜。不意縣署甫出繳械之令，而黨人突起，大局全翻。電話傳來，尤民堅主用武。蕭光禮尚在縣署中，告誡繳械各衛從，聞之，急以電話召孟毓發於炮臺。孟至，蕭曰："江陰僨已，我不能再禍江陰。炮臺事，君請善爲之。"孟亦指天捫心，以盡力保衛爲己任，蕭遂行。東門已扃，水關未闢，用小舟俯渡而出。二十五日，晨光熹微中，席帽山頭仍復飄揚白幟。尤民在山由電話達縣署，索款十萬，謂："不我予，則以大炮相餉。"試思十日以來，行旅戒嚴，商運斷絕，城中日日搜括，雀鼠俱盡，更何由得此鉅資？然又不敢決絕以速禍，請少緩須臾，以待搜集。少間，則又恫嚇要脅，無所不至。一邑生命懸於炮口，不得已，許以千元，繼以二千元，又繼以二千五百元、三千元。實則庫空民竭，一無可籌，冀得垂斃之涎濡耳。在電話機中，有如商儈居奇，鬻傭爭值，雖逐漸讓減，仍要以三萬元，相持不決，日午無成議。忽轟然大炮，從北飛來，一聲甫過，一聲又起。居民膽落，呼號奔竄，負老挈幼，前蹶後仆，縋城而出，謂有生望。嗚呼慘矣！然而連聲突發，既又寂焉久之，蓋尤民等以此示威，仍爲電話要索計。而縣署中荒亂惶突，誰復爲應接者？尤民乃令人來取已允之三千元。是時方軍已過葫橋，趨君山，鄧鳳合收集舊部以從。又有一軍從西門入，東門出，過文昌祠，散隊而掩取東山炮臺。但聞隆隆拍拍，相間不絕，炮彈槍聲，如走雹，如流火，自未初迄於申酉之交，白旗雖倒，猶復絕續有聲。蓋方軍已收復炮臺，而黨人由蕭山出長山而遁矣。初變起，鄧軍不及備，鄧鳳合至縣署，又受黨人脅，許與合。旋疑之，令率所部襲常州。鄧鳳合留兵於三茅山，潛走江寧。方更生已先至告變，並云鄧亦附叛。鄧至被囚，請質妻子，力復澄臺。馮將軍許之，責方更生復澄臺以自贖，輔以十九師之四十五、四十七兩團。四十七團者，張桂辛統之。四十五團者，張金甌統之。過文昌祠，掩取東山炮臺者，即張金甌軍也。越日，有來告者曰："城中流彈，一在杜康池畔，一在小校場，一在塔前。又北外利用廠，南外板橋，西外楊家村、周家村、徐家埭各有碎彈。而西外南外並有巨彈未經炸裂者，均未傷人。惟東外城根落彈一，毀草房兩間，兩人微有傷。"嗣知臺官孟毓發實有調護之苦心。孟字牧之，直隸天津人。黨人無炮事瞄準學識，迫孟開炮，一準縣署，一準耶教院，一準利用廠。又曰："城中及北外繁盛之所，一亦以大炮毀之。"孟固不可。有美兵輪，經長江過炮臺下，復趣令發射，孟又不可。則脅之以兵，鋒刃交下，拳足並施，乃爲向青山轟擊者再，即二十五日午未首發兩炮是也。在黨人，意在威詐，在孟則欲速焦溪大軍。及大軍逼臺，孟所發炮皆落空際。凡黃山所發之大炮八，東山所發之大炮四，均無所傷。黨人忿極，欲殺孟，孟蹈江，炮兵陳運泰救而免。黨人亦遂不支，孟先密令兵目將大炮開花引火，及火門機各要件預匿之，故所發之炮，或彈不得炸，或竟不得發。東山臺有八百磅大炮子母彈，實亦未發者，即孟爲之也。事後罷郝增祁，誅梁思義，撤方更生、鄧鳳臺，而以張金甌爲澄路要塞司令。我江陰以叠遭兵厄，民不安居，公吁於將軍，減駐兵，去炮門，以省後患。將軍允如所請，即所以惠我江陰。記其始末，示不忘也。

1169. 胡光墉

陳代卿《慎節齋文存·胡光墉傳》云："浙江巡撫王壯烈公有齡，幼隨父觀察浙江。父卒於官，眷屬淹滯不能歸，僦居杭州。一日，有錢肆夥友胡光墉，見王子而異其相，謂之曰：'君非庸人，胡落拓至此？'王以先人官貧對。胡問：'有官乎？'曰：'曾捐鹽課大使，無力入都。'問：'需幾何？'曰：'五百金。'胡約明日至某肆茗談。翌日王至，胡已先在，謂王曰：'吾嘗讀相人書，君骨法當大貴。吾爲東君收某五百金在此，請以畀子，速入都圖之。'王不可，曰：'此非君金，而爲我用，主者其能置君耶？吾不能以此相累。'胡曰：'子毋然，吾自有說。吾無家，只一命，即索去，無益於彼，而坐失五百金無著。彼不爲，請放心持去。得意速還，毋相忘也。'王持金北上。至天津，聞有星使何侍郎桂清赴南省查辦事件，乃當年同硯席友也。先是，王隨父任，初就傅，何父方司閽署中，有子幼慧，觀察喜之，命入塾與子伴讀。既長，能文章，舉省賢書，入都赴禮部試，遂不復見。不意邂逅於此，即投刺謁之。何見王驚喜，握手道故，歡逾平生。問何往，王告之故。何公曰：'此不足爲。浙撫某公，吾故人也，今與一函持往謁，必重用，勝此萬萬矣。'王持書謁浙撫，撫軍細詢家世，即以糧臺總辦委之。王得檄乃出，語胡，取胡前假五百金加息償之，命胡辭舊主，自設錢肆，號曰'阜康'。

王在糧臺，積功保知府，旋補杭州府，升道員，陳臬開藩，不數年，簡放浙江巡撫。時胡亦保牧令，即令接管糧臺。胡益得大發舒，錢肆與糧臺互相挹注。胡又善賈，列肆數十，無利不趨，兼與外洋互市，居奇致贏，動以千百萬計。又知人善任，所用號友皆少年明幹精於會計者。每得一人，必詢其家食指若干，需用幾何，先以一歲度支畀之，俾無內顧憂，以是人莫不爲盡力，而'阜康'字號幾遍各行省焉。咸豐五年，杭州不守，王公殉難，繼者爲左中丞宗棠。胡以前撫信任，爲忌者所譖。左公聞之而未察，姑試以事，命籌米十萬石，而限十日，毋違軍令。胡曰：'大兵待餉十日，奈枵腹何！'左公曰：'能更早乎？'胡曰：'此事籌之已久，若待公言，已無及矣。現雖無款，某熟諸米商，公如急需，十萬石三日可至。'左公大喜，知其能，命總辦糧臺如故，而益加委任。時浙閩次第肅清，而甘逆回起，肆擾關內外，朝命左公督師往剿。左公欲貸洋款，洋人不可，計無所出，商之胡。胡曰：'公第與借，某作保合當允行。'果借得五百萬金。洋人不聽大帥言，而信胡一諾。左公愈信愛胡，倚之如左右手，屢奏稱其顧全大局，積保至道員，加二品頂戴，賞穿黃馬褂。胡又有慷慨名，每遇兵荒祲歲，動捐數十萬金，無所吝。富而好義，人尤稱之。以是京內外諸鉅公囊中物，無不欲以'阜康'爲外庫，寄存無算。不貲之富，雖西商百餘年票號，無敢與抗衡者，可謂盛矣。滬上大賈，與外洋貿易蠶絲爲最。胡每歲將出絲各路，於未繅時全定。洋人非與胡買，不得一絲，恨甚，乃相約一年不買絲。胡積絲如山，無售處，折耗至六百餘萬金。又各省號友，多少年喜聲色，久而用侈，不免侵漁，漸成尾大。胡知大局將壞，不可收拾，乃潛遣親信友人分詣各號，謹視號帳。一日與妻密計，設具內宴。夫婦上座，姬妾二十四人分左右坐。酒池肉林，間以絲竹，歡宴竟日。妻小倦思息，胡命繼燭，與諸姬洗盞更酌。夜方半，胡語諸姬曰：‘吾事寖不佳，諸姬隨我久，行將別矣。汝等盛年，尚可各自覓生路。各回房檢點金珠細軟，盡兩箱滿裝攜出，此外概不准帶。自鎖房門，勿復再入。各予銀二千，或水或陸，舟車悉備。今夕即行，一任所之，吾不復問。’有數姬涕泣請留，胡亦不禁。餘姬一時星散。胡即赴金陵見左公，備陳顛末，且曰：‘即今早計，除完公項外，私債尚可按折扣還，再遲則公私兩負矣。’左公許之。即日電發各省號同時關閉。俟各密友賫各號帳回，分別公私，按折歸款。事畢返杭，收合餘燼，尚有二十四萬金。贖回故宅三所，分居諸昆季。又十餘年，夫婦皆以壽終。君字雪崖，浙江錢塘人。其在糧臺事蹟，見《左文襄公奏議》。”

之誠按：胡光墉，大猾也。方其盛時，以財貨奔走中外，及其敗也，虧蝕人貲財無算。文士咸鄙其人，不肯執筆爲之記述。然馬尾船政局創於左宗棠，實由光墉倡議。凡計畫購器械，聘洋匠，雇貨工，皆力任之，事以獲集。識鑒高於上大夫，非盡便私圖也。此傳筆致拙劣，事復有舛。王有齡之殉，在咸豐十一年，非五年。阜康閉肆，在光緒九年十一月初六日，以壟斷絲茶，抬價拒售，一年負子金巨萬，中法戰起，金融停滯，遂至倒閉。時督兩江者曾國荃也。宗棠先爲軍機大臣，後以欽差大臣督辦福建軍務，不得云赴金陵見左公。宗棠同治元年正月撫浙，委光墉同辦浙江糧臺，時已保江西候補道。後宗棠爲請獎，僅同治十二年，以奉母命屢次捐貲至五萬兩以上，獎其母以御賜扁額。光緒四年，以光墉捐貲達二十萬，請賞穿黃馬褂，皆得允行，虛榮而已。光墉亦不欲居官，與盛宣懷漸窺臺司者行徑又異。自同治五年，西征事起，即奏派光墉辦上海採運局，購開花炮、七響後膛槍及借洋債。他書有言爲西征糧臺者，亦誤。至借洋款，宗棠同治六年十二月十五日奏云："擬援上年三月奏借洋款成案，再由江蘇、浙江、福建、湖北、廣東各海關監督，出給印票，由各督撫臣加蓋關防，交道員胡光墉籌借洋商銀二百萬兩，會同江西蘇松太道應寶時，與洋商交割。由江寧、浙江、福建、湖北、廣東各藩司，於同治七年二月至十一月，連閏十個月，應協甘餉項下，按月撥還，解各海關，發還洋商清款，一切查照上届成案辦理。惟胡光墉上届籌借洋款極費經營，比以上海稅務司不肯畫押，幾被阻撓。聞總稅務司赫德到後，曾言借餉於眾商，外國常有之中，並不須多費息銀等語。可否敕下總理各國事務衙門，轉飭赫德會辦此事，督飭上海稅務司畫押，以期速成，而息銀亦冀可稍省。"又光緒三年五月二十六日，陳明借定洋款折略云："胡光墉向滙豐銀行借定五百萬兩，按每月一分二釐五毫起息，七年勻還。各議罰款十五萬兩，如三個月關票不到，則罰銀歸胡光墉承認；如三個月内洋銀不交，則罰銀歸滙豐銀行承認。"作保之稅，當即由此而訛。

1170.榮祿與剛毅交惡

歐陽熙己亥冬月十八日與書李盛鐸，述榮祿與剛毅交惡之事云："本月初十日，忽奉上諭，命廖師壽恒毋庸在軍機大臣學習行走，而以趙展如舒翹。入軍機。聞李鑒帥秉衡陛辭時，慈聖諭以樞臣皆無用，命保人才，鑒帥辭不敢。慈聖遂分詢諸人才具，鑒帥於榮、王諸人，皆敷衍答應。鑒帥退告馬積生云：'此時不能不昧心說話。'至廖帥則痛詆之。鑒帥告人云：'第言此人毫無用處。’畢竟召對時作何語，無從得知。聞有‘樞臣皆要錢，太后將誰與圖治’之語，剛相亦力擠之，故有此番更動。說者謂是去秋餘波，似亦不爲妄擬。剛相回，極詆蘇熙子元春畏洋人如虎，決不能辦交涉事，並在慈聖前言：‘蘇某此次到，廣爲應酬，用銀十萬兩，足見此人不能辦事。’並言‘軍機大臣皆爲所用’等語。退告榮相，榮相爭之云：‘我如使錢，天日可誓。’剛云：‘汝雖未使錢，已爲使錢者所賣矣。’”

又庚子二月十三日書云：“近來慶邸、榮、剛兩相，冰炭日甚，畢竟榮相聖眷爲優，建儲定議以前，慈聖獨召見榮相兩次，則此事實榮相所贊成。大京察揭曉之日，各大老在北屋擬議，剛大聲云：‘奎俊乃無用之人，嵩蕃一個小孩子，如有此二人，願挖去雙目。’及慈聖面諭某某當優叙，奎、嵩皆與焉。榮相便奏稱：‘一爲奴才之叔，一爲奴才親戚，資望皆淺，求太后再思其上者。’慈聖云：‘我只論此三年中勞績若何，豈能因你一人有所更改？’諸人退北屋，禮邸云：‘適所言何如？’剛云：‘太后要作人情，更有何說！’榮相云：‘此言我等當奏上請旨，從公另議。’禮邸云：‘奏上何如？’剛怒云：‘我乃與諸公閒話，豈可入告？’從此益交惡。日前克王薨逝，所出各差使，剛相一無所得，似剛近日聖眷稍衰。”

按：剛毅於甲午九月自山西巡撫特召來京，命入軍機。旋與榮祿同奉命修普陀峪壽宫，四五年間，遂得協辦，必有奥援。以意度之，必與榮祿皆是走李蓮英門路，以邀慈禧寵用。戊戌逐翁，必與榮祿合謀，故沈鵬彈章，以李蓮英、榮祿、剛毅爲三奸。自是以後，剛志意發舒，擠錢應溥、廖壽恒以報翁夙怨；薦李秉衡、趙舒翹以張已勢。己亥，南下清理財政，憤兩江總督劉坤一、兩廣總督譚鍾麟不爲己用，召之來京，以鹿傳霖、李鴻章代之。此時剛毅威權無上，目中焉有苞苴不斥、慣於取巧之榮祿乎？兩人交惡，爲勢所必至之事。昔聞友人袁珏生云："一日廣坐中，剛喟然而歎。榮問何事，剛曰：'協辦即真，太不易。'榮笑曰：'此不難，先買一副毒藥毒死我好了。'"珏生居榮西席，蓋親聞之於榮者。榮、剛相搆，剛自不敵，不得不別尋題目，以爲固寵之計。於是從大阿哥著想，而與載漪、徐桐、崇綺膠連一氣，所以抗榮。陳夔龍《夢蕉亭雜記》記庚子五、六月，榮事事推剛，云"我與慶邸亦犯嫌疑，說話不靈"是也。

又述高燮曾、張仲炘均休致："聞慈聖以京堂京察單問上：'有當罷黜者否？'上指二人名云：'此二人不可用。前年召見，信口胡言。'慈聖詢以有何悖謬，上云：'欲將太后金珠拿出犒賞前敵，伊二人皆曾言之。'慈聖召樞臣至，令上復述適間所言，即命降休致之旨，有人質之高、張二公，皆言並無此奏，乃皇上誑言耳。"

按：此庚子正月事，所述亦最得實。慈禧逐汪鳴鑾、長萃，逐翁同龢，皆令景帝自爲之。逐翁且出朱諭，字字皆出景帝之口。珍妃降爲庶人，必令翁同龢擬旨，以示於己無與。高、張喜言事，景帝知不能保，何必偏袒？《翁同龢日記》記珍妃事云"上殊坦然"可證。

冬月十八日書又述義和拳初起事云："山東平原，因教民買米，義和拳出而相阻，並抗官抗捕。團總入城調停，官誤以投之監，以致地方鼓噪，乃揑詞請兵。東撫即派首府盧昌詒及候補知府袁世廉率兵往彈壓。袁先至，不分皂白槍斃四、五百人。德州臨邑，萬姓譁然。東撫據實參奏，請將袁交袁世凱隨營學習。特旨嚴斥，將袁革職。初四日上諭：‘命毓賢來京，以袁世凱署理東撫。’聞系命其將所部八千人帶往，再添募萬二千人，訓練備用。並聞其請訓時，慈聖有先剿後撫之諭。”

1171.楊崇伊

張孟劬爾田嘗記楊崇伊事，見示云：“楊崇伊爲御史，值戊戌新政，密草一疏，請太后訓政。面謁慶親王，求代奏。慶王有難色，崇伊曰：‘王爺不代奏亦可，但這並非御史的意思。’拂衣便行。慶王急拉之回，曰：‘我與你代奏，但你必須同去。’崇伊曰：‘那是自然。’遂同至頤和園。慶王命崇伊俟於外，獨自入對，遞上崇伊折。太后閱畢大怒，曰：‘這是國家大事，楊崇伊小臣，安敢妄言？須嚴辦。’慶王叩頭。太后徐曰：‘這是國家大事，你們都是近支親王，也應商量商量。你的意下如何？’慶王唯唯。太后曰：‘既是你們意見相同，我今日便回宮。’慶王退下，謂崇伊曰：‘事情完了，你去罷。’太后既訓政，一日召見崇伊，謂之曰：‘你是於國家有功之人。’崇伊叩頭謝恩。然亦終不大用。此與董元醇事極相類。以上聞之張次珊。次珊當時號爲后黨，其言當可信。”

按：太后前唯親貴可以遞牌請起。近人記榮祿詣頤和園告變，蓋不知故事。孟劬所聞，大約皆實，唯“今日便回宮”一語恐不確。太后回宫，是八月初五日事，慶王見太后是以折稿先行呈覽，後崇伊具奏，當由奏事處遞進，決非初五日一日之事。陳夔龍《夢蕉亭雜記》稱：“袁世凱於八月初三日回天津面告榮祿，榮祿即日入都。四日與慶王同詣頤和園。明日太后回宮，又明日，下詔訓政。”陳必親聞之於榮祿者，不當有誤。或榮祿密見後復回天津，至十一日始奉詔入都任軍機大臣歟？蔡金臺與李盛鐸書，謂崇伊請慶王代奏，在袁世凱密白榮祿電慶邸達之之後，亦有未核。

崇伊常熟人，光緒庚辰翰林，於翁同龢有戚誼，而與李經方爲兒女親家。翁、李生嫌，崇伊往來兩家無間。其人實傾危嗜利，人皆畏之，放漢中府未赴任，以文憑押於急濟會，借款作貿易資本。逾期未償，被控，經李鴻章查實，扣其文憑。上海同文《消閒報》罵爲李蓮英兒子，崇伊親具牘控於日本領事小田切，一時傳爲笑柄。兩事見文廷式與李盛鐸書。後以道員分浙，以持槍糾黨，至蘇州吴子和家搶妓。經布政使瑞澂詳由，督撫會銜奏參，革職永不敘用，不准逗省垣，驅逐回常熟本籍，交地方官嚴加管束，如再不知斂跡，干預公事，再行按照所犯治罪。見葉昌熾緣督廬光緒三十四年九月二十二日《日記》。

1172. 記金聖歎

尤侗《艮齋雜記》譏金聖歎啖狗肉登高座說法，又說律詩分兩截如腰斬，是身首異處之兆。笑聖歎“馮尸”，而《雜記》中連篇累牘亦尸語也。謂錢謙益《天台卿法師靈異記》爲聖歎作，似以之爲異人。此《記》今載《初學集》四十三，言卿法師者慈月宫陳夫人也，吴門飲馬里陳氏女，年十七，泰昌改元庚申之臘病卒，以天啟丁卯五月降於金氏之尸，今九年矣。尸所馮者金生采，相與信受奉行者戴生、顧生、魏生，皆於台有夙因者也。

廖燕《二十七松堂集》十四《金聖歎先生傳》推服備至，言“先生金姓，采名，若采字。鼎革後絕意仕進，更名人瑞，字聖歎。或問‘聖歎’二字何義，先生曰：‘《論語》有兩“喟然歎曰”，在顔淵爲歎聖，在與點則爲聖歎。予其爲點之流亞歟？’所評《離騷》、《南華》、《史記》、《杜詩》、《西廂》、《水滸》，以次序定爲《六才子書》。行世者唯《西廂》、《水滸》、《唐詩制義》、《唱經堂雜評》諸刻本。其解杜詩時，自云有人從夢中語云：‘諸詩皆可說，惟不可說《古詩十九首》。’先生以爲戒。後因醉縱谈《青青河畔草》一章，未幾遂罹慘禍。效先生評書，如長洲毛序始、宗崗。徐而庵、武進吴見思、宗達子。許庶庵爲最著。”據此知天啟時已以金采爲姓名，馮尸必在少壯之年。至順治辛丑受禍時，其年或過六十矣。

李慈銘《越縵堂日記》謂廖燕作傳：“瓣香所在，自居何等？”猶之全祖望之譏劉獻廷也。《廣陽雜記》稱唱經堂挪展法，稱《莊子定本》，稱《病中無端忽思成都》詩，亦推服備至。今新文學家表章古典文學，尚不越《六才子》範圍，然則廖燕稱其功開拓萬世，信有驗矣。然周暉《金陵瑣事》記李贄常云：“宇宙内有五大部文章：《史記》、《杜子美集》、《蘇子瞻集》、《水滸傳》、《李獻吉集》。”“六才子”似即由“五大部文章”脱化而來，奇更過之。李贄固錢謙益目爲異人者也。沈德潛原本《國朝詩别裁集》六選金人瑞詩一首，學杜有法。使不好奇，專心作詩文，當亦可傳。徐評《制義》及《詩》，爲人選刻詩集，須納刻資，聲光不敵金，而貧過之。毛評《三國演義》至今風行。吴、許所評未及知，皆貧士乞食也。癸巳冬月二十九日。

1173. 沈廷揚事證

全祖望《崇明沈公神道碑銘》《鮚埼亭外集》四。謂“諸家所作公傳，其事多不核。如公之應詔請復海運在丙子，崇禎九年。其後督運七年；而莒人温氏作公傳，以爲倪公元璐在户部時，則是辛巳崇禎十四年。以後事。其誤一也。公於甲申崇禎十七年。春至淮，欲運米入京，漕撫爲路公振飛；而鄞人董氏作公傳，以爲田仰，不知田之持節在赧王時。弘光。其誤二也。松江之役在丁亥，順治四年。而淞人楊氏移之至庚寅、辛卯之間，順治七、八年。則其時江南已大定矣。其誤三也。温氏又謂公上書時已官舍人，不知其爲諸生也。生乎百年之後，以言舊事，所見異詞，所聞異詞，所傳聞異詞，不及今考正之，將何所待哉？”

之誠按：祖望持論甚正。然證以沈寓《五梅公事記略》，《白華莊藏稿鈔》十一。則祖望所辨者亦未盡核。董、楊所撰傳今不可見，而《記略》及徐中堅《書明光祿卿沈公奏議後》，《蓄齋集》十三。亦祖望之所未及也。祖望以沈廷揚應詔請復海運在崇禎九年，不知何據。《記略》作崇禎十二年十月，疏八上而克行，十三年授户部尚書郎，督理海運。寓爲廷揚從子，且曾見廷揚海運諸疏之半。《記略》作於康熙十四年乙卯，在祖望前五、六十年，自較可信。祖望謂《南疆逸史》誤謂廷揚上書時已官內閣中書，《明史》二百七十七誤同。本傳即本《逸史》而作。蓋知明制中書三途：中書科由進士，內閣由舉人，文華、武英兩殿由捐納。廷揚諸生，不得爲內閣中書。而不知《記略》與《書後》固作“以貲爲武英殿中書”，“中書”不誤，“內閣”則誤。以此知祖望未見海運諸疏，於是謂以公試户部主事，歷官主事、員外郎、郎中，督運凡七年，癸未，崇禎十六年。加內府光祿寺少卿，仍督運，駐紮登州。而不知《書後》作特授户部山東清吏司郎中，令至登州、天津督運餉遼，《紀略》作十五年升光祿寺少卿，是皆據海運諸疏而書者也。且祖望所謂“內府”，究何所指耶？此言祖望糾人之失，而不免與之俱失。

其《碑銘》可商者，亦得數事：《碑銘》題“明户部右侍郎都察院右僉都御史贈户部尚書”，贈官或在永曆時，侍郎、僉都，則所云赧王稱制，詔公以原官督餉饋江北諸軍，監國加以侍郎兼右僉都御史總督浙直，閩中亦授公總督；固不如《記略》所載弘光立，授公監督四鎮兵馬，總浙直糧儲，開府淮安，公惟用太僕寺印，署前太僕銜，隆武命爲都察院御史兼户工二部侍郎，總督浙直水師，較爲明晰。雖官名不免小舛，如稱總浙直糧儲、都察院御史，然與祖望究心史學，而稱“總督浙直”，及“閩中亦授公總督”，不言所總督者何事，固有同病矣。

《碑銘》稱甲申崇禎十七年。正月馳至淮，一若廷揚至是始至淮安，亦嫌未核。《記略》作十六年升太僕寺正卿，兼户部，開運淮河，屯田泗水。《書後》更據十五年二月疏，有漕臣史可法欲廣明年海運，奉旨著沈廷揚詣淮熟商，則至淮實始於十五年。

《碑銘》列從死者：贊畫職方主事沈始元，總兵官蔡德，遊擊蔡耀、戴啟、施榮、劉金城、翁彪、朱斌、林樹，守備畢從義、陳邦定及公從子甲，皆死之。

之誠按：内閣大庫《洪承疇揭帖》云：“該江寧巡撫土國寶題前事，奉聖旨：湖海並捷，知道了。剿寇官員將士，查明優叙。沈廷揚等十二名，俱即正法。張名斌並水手多人，著酌議具奏兵部知道。貼黄内張名斌誤名振。著飭行，欽此欽遵。備行到司，蒙此。除林澍在監先已病故外，隨將沈廷揚、蔡聰、沈始元、蔡曜、戴啟孟、施榮、翁彪、朱斌、劉金成、畢從義、陳邦定共一十一名，解赴公衙門，聽内院總督、滿漢二提督、巴山、陳錦。操江、都院、巡按蘇松御史公同審驗。遵聖旨於七月初三日，會官押赴市曹梟斬訖。"《銘碑》誤"蔡聰"爲"蔡德",《南疆逸史》作"蔡聰"不誤。"戴啟孟"奪一"孟"字,而增"公從子甲",合十三人,與《揭帖》十二名《南疆逸史》作"從死者十四人",誤。不符。《記略》稱從子爲元升,《書後》作元泰,疑即贊畫職方主事沈始元也。

《碑銘》稱廷揚被擒,張名振、張煌言、馮京第皆雜降卒中逸去。今據《揭帖》云:"張名振同時以船碎敗逃,滿身濕衣,投入松江之僧庵。以腰藏僞銀印向僧玄一易布衣二件,剃髮留頂而逃。乃被小民許忠出首,遂從僧庵搜獲銀印,而名振蹤跡無尋。今玄一已正罪訖。"是名振實在行間,而煌言、京第則無明文。祖望撰《鄞張公神道碑銘》,《鮚埼亭集》九。言煌言被執,遇舊識百夫長獲釋,與從降卒中逸去,又稍有別矣。其他所紀當有據依。

祖望祖述黃宗羲、萬斯同,發皇浙東史學,鋭意搜羅滄桑間事。《鮚埼亭》兩集所輯南明史事,顯微闡幽,裨益來學,然瑕瑜互見,爲學固不能無得失,今爲之考訂,正所以成其美也。徐中堅《書後》又遠在沈寓《記略》之後。所據者海運諸疏止於崇禎十五年八月,是後廷揚歷官行事,皆所未悉,但稱"光祿"而已。記廷揚死事,則就見聞聽及,但稱"南都亡,公率其徒屬走浙江,無何,大清兵至,被執"而已。同時紀載,一未寓目,故不免漏略;又有忌諱,至不敢指洪承疇姓名,以"某人"代之。

沈寓自謂有家乘之修,搜得虞山之《初學》,櫟園之遺書,四明馮氏之手札,暨高陽文若之口授,□南雲芝之筆記,並內史碩甫之親見,父兄故老之晤言,宜其所記較詳而較核。謂廷揚崇明富家,故能捐資督運,正命時年五十三,皆他人所未及。述廷揚及從子元升之死最詳,而漏從死蔡聰諸人。又姓名年月微誤,誤“吴志葵”爲“吴志夔”，正命日爲七月初二日，舉不足爲病。唯記麾下七百人爲巡撫土國寶坑於姑蘇婁門内之李王廟，則爲輕信流傳，殊無識别。後來同有此失者，《南疆逸史》云“其卒六百人斬於婁門，無一降者，人以比田横之士”云，《書後》云“見害於淮清橋，相從死者數百人，其餘七百人悉斬於郡城東李王廟前”，《碑銘》云“公之親兵六百人斬於婁門，無一降者，時以比田横之士焉”。今據《洪承疇揭帖》有云：“將沈廷揚等拿獲，並獲水踞沙船二十六隻、鳥船四隻、僞劄二十張、僞銅關防五顆及炮械火藥等件。内張名斌並兵丁水手一百七名。”又云：“蒙提督操江巡撫等公審明白，將海寇陳象、聶寧東等俱行正法訖。”又云：“奉聖旨，張名斌並水手多人，著酌議具奏。”又云：“其張名斌所帶水手多人，念非頭領，相應免議，已通行鎮標安插。”據此，則當日所獲兵丁水手一百七人而已，六百、七百之説，當由此而訛。水手多人，以非頭領，尚爲之安插，則兵丁頭領之被戮若陳象、聶寧東等，决非多人可知，安有七百人同日被戮之事？或曰：安知七百人不在一百七人之外，業已先戮，遂不以上聞？不知清初法令森嚴，安敢匿報？況多所俘獲，正可張大其事以邀功乎？

世人以官文書不可信，而信野史；又以野史不可盡信，而信流傳。不知流傳不實，每多浮誇，若輕信之，筆爲紀載，如揚州十日、嘉定三屠，固足以聳人聽聞，其如未信未核何？是則寓之失也。紀載之事，當日取捨甚難，後世糾正甚易，故書雅記日出，是正前人者，恒有人議諸其後。顧炎武以讀書不多、輕言著述爲戒。而今而後，吾知勉矣！癸巳六月八日入伏，鄧之誠。

沈寓，號寄廬，崇明人。不求仕進。卒於康熙五十六年，年七十九。著有《煙波筆嘯》、《詩嘯》各六十卷。乾隆十六年，程穆衡爲選刻《白華莊藏稿鈔》，凡文十六卷，詩六卷。《光緒吴江縣志》引顧嶟五《筆記》，謂沈德潛聞寓名，扁舟訪焉，叩其學，前明三百年掌故了如也。後數年，遇之吴江佛寺，狀甚頽然，藜羹不繼，德潛爲之慨然，後亦不復知也。今讀其集，有德潛序，謂寓享安閒，臻耄耋。而穆衡序更稱其後嗣繁衍，皆守先人之莊，耕讀自好。曾孫宿發，字眉山，尤文雅，刻其先集。然則《筆記》晚境困窮之説，豈非夢囈？是亦流傳失實之過也。附記於此。

1174. 書宋琬兩入詔獄事

宋琬於庚寅、順治七年。壬寅康熙元年。先後兩入詔獄。王熙《通議大夫四川按察使司按察使荔裳宋公墓誌銘》、《王文靖公集》十九。《清史·列傳·文苑傳》但著壬寅事。兹稽之《安雅堂未刻稿》，詩五卷，文三卷，《入蜀集》六卷，其孫仁若刻於乾隆三十一年丙戌。《壬寅除夕作》五云："十年重墮井，兩度恰逢寅。"自注："庚寅余以逆僕誣搆下獄，今之獄壬寅歲也。"按所搆者何事，今不得知。《聞郭輝竹赴難志感》四云："側身東望獨含愁，尺素俄傳解我憂。黨禍得無驚范母，故人來必是王修。"似鉤黨之事郭來爲之渾脱也。《庚寅臘月讀子美同谷七歌效其體以志哀》二云："歲在攝提月在酉，天之生我何弗偶。"知入獄在是歲八月。《寄懷施愚山少參》一云："昔我陷虎吻，微軀蒙羈紲。君方拜法曹，顧余兩悲咽。愧乏平生歡，定交在獄闑。爰書未奏當，忽作粵中别。揮淚遠行邁，萬里憂心惙。先帝湯文姿，沈冤荷昭晰。豺狼伏厥辜，再忝鵷行列。之子在桂林，賦詩見慰悦。"叙獄事始末甚晰。據《愚山先生年譜》附本集。云："八年春，補刑部湖廣司主事。秋八月，奉使廣西頒赦詔。九年三月，達桂林。”則是獄定案，其僕反坐，琬得復官，已在八年之冬。施閏章作《宋荔裳北寺草序》《愚山先生文集》四。所謂“以一亡命蜚語，陷不測之網，坐繫經年”是也。

壬寅之獄，《志銘》云：“先是文登有劇盜于七，爲地方之害。公族人某誣公與通謀，而七遂作亂。乃自浙江械繫公送刑部獄中，窮治無跡，猶輕重兩比以請，廷議謂證虛不當坐，緣是放廢者八年。”《傳》云：“順治十八年登州于七爲亂。琬同族子因宿憾思陷琬，遂以與聞謀逆告變，立逮下獄，闔門縲繫者三載。緣坐中有需外訊，下督撫治之。巡撫蔣國柱鞫得誣狀，上聞，頗與部讞牴牾，命覆質，得申雪。康熙三年，得旨免罪放歸。”琬所自述者《寄懷施愚山少參》云：“是年辛丑冬，禍發由蟻穴。同室產鴟梟，傾巢恣餐嚙。天威赫雷霆，小臣將隕滅。痛苦十年前，兹焉倍酷烈。百口若卵危，萬端付瓦裂。搏顙呼蒼天，天門高蕩跌。士人死多門，膺滂何罪孽。所恨目不憫，未與良朋訣。”讀之可以知其獄之嚴急，即王熙《重刻安雅集序》《王文靖公集》十一。所謂“族不逞子與先生宿憾，飛書上變，逮先生入對簿，一門咸就繫。詔旨嚴切，中外莫敢窺其門”是也。《壬寅除夕作》五云：“丘嫂懸絲活，孤兒對簿頻。踝枯還受榜，血濺不遑顰。履虎寧遺類，連雞到比鄰。事同朱並罔，獄與洛陽均。瘴隱層霄日，霜飛六月晨。隸人咸慘澹，法吏亦酸辛。”自注：“孤侄及同繫諸人，每就訊，呼號震天，司讞爲之憫默，吏卒有下淚者。”證以《周正叔父敬齊公合葬墓誌銘》《取此居文集》。云：“順治十八年冬，邑宋氏誣族人以逆，籍其家，其家人弗辨也，重誣其主，及其主姻黨之不合其意者，於是吾叔父及正皆遭誣。明年二月，叔父卒。”知是獄株連之廣，榜掠之苦。

琬兩入獄，皆關奴僕，信巨室喬木之爲害也。其獄兩年始竟。琬《答方麗祖書》云：“辛丑以來，陷身幽穽。辟如大風揚帆，飄落羅刹鬼國，雖一晷刻，亦難忍受。而僕以月計之則二十有四，以日計之則七百三十。竊喜本朝功令不禁人於清室讀書，遂借古人所作醫憂遣日。當斯時也，甲士數人，朝環夕守，狰獰雜遝，喧呶萬狀，而僕視之目若無睹。暑雨祁寒，家人以絕糧告，不問也。一二日間，守者告曰：‘今日棄人於市凡若干名。’越一二日又如之，不問也。甚者西曹斷獄，不揆情實，奏當之文有曰：‘某雖無罪，但臣等揣之，以爲可殺。’或有預以告予者曰：‘君之事敗矣！且奈何？’不問也。蓋知其無益，雖呼號叫跳，仰籲天而俯叩地，容得免乎？天王聖明，察其無辜，收魂召魄，復爲完人。甫脱赭衣，苕之獄起，雖較之家禍猶癬疥乎，而牽率羈維，忽復三載。”此所謂守者所告，必于七一案之解京者，而或人預告，則輕重兩比欲周内以殺人者也。苕中之獄，即《志銘》中擒治奸民王式，保全烏程人温枚士之家，王式後以誣公伏法。蓋族人首叛，至癸卯康熙二年。冬結案，而苕中獄則在寓邸候質，言“忽復三載”者，謂已第三年耳。甲辰康熙三年。秋南行，集中有山東道上諸詩及《舟中九日》詩。翌年乙巳，蹤跡已在西湖。證以王熙《安雅堂集序》云：“訟繫二年，事始白。”王崇簡有《癸卯冬宋荔裳遭誣得白談宴賦贈》、《青箱堂詩集》十八。《甲辰春荔裳吉士過飲》，《青箱堂詩集》十九。皆合。然則《傳》云“三年冬得旨免罪”者誤也。

按，于七事今莫能詳。見於《實録》者《聖祖實録》四：“順治十八年十月甲子，十八日。以山東巡撫許文秀、沂州總兵官李永盛、登州總兵管范承宗失察叛賊于七，提問來京。”《清史列傳》

四《濟什哈傳》："順治十八年，山東土賊于七，糾黨踞棲霞縣之岠嵎山。聖祖仁皇帝命濟什哈爲靖東將軍，率兵圍其山塞，斬賊無算，于七竄入海，賊平，康熙元年五月班師。"又五《蔣國柱傳》："十八年十月，授山東巡撫。康熙元年疏言登文兩營歲需兵餉十五萬有奇，坐派登州府屬，就近支領。自遭于七變亂以來，征輸難繼，請動藩庫銀五萬兩，解運支應，俟催征補還，下部議行。"夫以將軍專征，事幾一載，則于七之聲勢可知。于七入海，首要未獲，則株求之廣可知。國柱後以在山東察解逃人九百餘名，加工部尚書，進階正一品，則其人之急切好殺可知。然足徵者，只此而已。事關叛案，私人不敢紀，亦實慘不忍紀。唯蒲松齡《聊齋志異》六《公孫九娘》云："于七一案，連坐被誅者，棲霞、萊陽兩縣最多。一日俘數百人，盡戮於演武場中。"一日而誅數百人，則經時累月所誅者之多，不問可知。是時幼帝初立，四大臣輔政，欲以刑罰威天下，而尤在使士人竦服。江南十大案，駢戮者大抵皆士流也。世方以爲南人不幸，而不知于七一案，牽涉之廣，又有甚焉，若琬則幸而漏網者也。故其詩云"士人死多門"，言之沉痛如此，意中蓋有南方諸獄在。因考琬事，而于七之事亦略具，遂並書之。癸巳七月朔二日。

1175.記楚女詩

陳維崧《婦人集·洞庭女子詩》，黃周星《九煙先生遺集》四《楚女詩》十首，賀貽孫《水田居文集》五《紀湖南女子事》有詩六首，施閏章《蠖齋詩話·洞庭烈女》載詩六首，皆同於《婦人集》，特字句漸異。自來難女題壁，多非自作。吴兆騫《秋笳集》五有《虎丘題壁二十絕句》，託名豫章劉素素是也。亂離之際，不幸淪落者多矣，不必即其人而必有其事。婦人女子之作，最易流傳，於是有同身世之感者，效其口吻，賦之篇章，以動人憐感，見者卒以爲真。宋蕙湘詩，名家皆有和作，聊紓悲憤而已，必欲實其人，則鑿矣。楚女詩亦猶是也。詩之所由得，說至不一。

陳之言曰："洞庭女子遭亂，自投漢陽江，流至壽昌，土人憫而瘞之。獲寸帛於舊衣，油楮密固，展視爲絕句十首。"

又云：[1]"乙未春日，忽有聞生鳳鳴，過鵲江，生爲楚之安陸人，適友人談及楚女事，生云：'此吾同里黄氏閨媛也。其尊人諱以泰，爲鄉先達。女小字青蓮，因避亂僑居長沙之益陽。突遭兵掠，赴江盡節。'前所傳一一不妄，但十詩題油楮上，非素帨。詩中所云母兄者，則母之長兄某，女幼所師事者也。"又云："戊戌冬，偶晤衡陽徐生於鳩兹，復談及此。徐生慘然曰：'此吾妹也。以甲午春在衡州被掠，至漢江，赴水死，死時留十詩於紙，適見擔水童子，乃抽銀簪并詩授之。屬云：煩寄與讀書相公。童子以呈其主人瞿生，遂盛傳於武昌。藩臬得之，遣人順流收其尸，不獲，因礱碑鏡十詩其上，植之漢陽門外。'余問：'女年幾何？'曰：'十三。''曾許字否？'曰：'許字王氏。''女何名？'曰：'青鸞。'徐生之父立階，爲楚丙子孝廉第六人，曾與余有舊，以女故亦憤鬱而死。"今觀林生固妄，世安有稱母舅爲母兄之理？徐語亦未必確，安知非徐妹爲一人，而題詩者又別一人耶？故黄亦謂"惡知林之果妄，徐之果真？"曰"青鸞"，《婦人集》冒褒注引耕塢老人云"女姓藺名玉真"，皆未嘗無其人，而未必即爲

[1] 按以下兩段引文，均不見于陳維崧《婦人集》，據文義，似是引自黄周星《九煙先生遺集》者。不知"又云"之前有闕文否。

題詩者。本無姓名，而黄必欲求其人，於是托之夢寐，訪之友朋，此其所以爲鑿，而其人終不可得也。唯謂“得其詩於林子扇頭”，黄秩模《柳絮集》四十三引王仰止云：“十絕句閩人林古度跋之。”林茂之晚居金陵，喜談忠義事，嘗刻《心史》，知其樂於表章楚女，陳亦或得詩於茂之也。

賀所紀略與燕客同。湘贛接壤，見聞自必較確。其言曰：“壬辰冬，北兵再破湖南，走李定國。癸巳春，初有女子被掠赴水而死，其尸直逆流而來，抵洞庭，數日不去，漁翁見而收之至岸。年可十五六，端麗如生，上下衣縫相屬，腕下繫一小布囊，油紙數重，裹一幅箋，蠅小楷，書絕命詩十首，不言鄉里姓名及死日，又言漢城等語，告者云：前後幅皆濕壞，故小序弗傳。十首内存著六首，餘四首皆磨滅莫辨，蓋出水時爲漁翁手損故也。然玩其語意，似三湘人。且既言‘征帆到雙姑’，則已掠之順流而去，至大小姑山始投江。而又云‘河伯有心憐薄命，逆流直繞洞庭西’，今果逆流至此，豈其節烈能感水神耶？可異也。”觀賀於“漢城”“雙姑”亦不得其解，姑以意附之水神，則不特其人可疑，詩亦可疑。至云存詩六首，初傳如此，後或爲好事者所增，故語氣殊不類。《柳絮集》言胡孝思《名媛詩鈔》亦載十章，今未之見。若礱石刻十詩植之漢陽門外，則必無之事。

施所紀最略，但曰“蕪湖施天驊，字河采，嘗泊舟漢江，有女某氏，自洞庭來，投江死。土人瘞之，得胸前尺帛，書十絕命，今錄其六”而已。盡去不經之說，反較可信。

予舉斯事，蓋以見紀載之難。以同時之人同紀一事，而詩之多寡詞句不同，時與地不同，姓名鄉里年歲又不同。或言葬之壽昌，或言求其尸不得，或言洞庭漁翁收之至岸。同一詩也，曰寸帛，曰素帨，曰油楮，曰幅箋，《詩鈔》曰紅綾，王仰止曰素帕。而事與人與詩之有無不可必也。予所見近代紀載多矣，大抵類此。沈括作《夢溪筆談》，頗正前人違失；而洪邁《容齋五筆》，又正沈括之失。王世貞作《史乘考誤》，頗正前人違失；而沈德符《萬曆野獲編》又正王世貞之失。苟務糾彈，當有不勝其糾彈者耶？

1176. 内務府籍沒逆印

此石印數百枚，舊藏内務府。除尚之信印外，皆道教所用。知其人號“玄谷”，密謀僭稱皇帝，國號“大明”，年號或稱“成化”，或稱“雍熙”。又有佛教諸像，有天仙聖母印，度爲無生聖母邪教。不識何案何時抄沒者，似是康熙時拘也。丙子四月。

1177. 嘓嚕

李調元《童山詩集》一《嘓嚕曲》，頌黄制軍也。序云：“嘓嚕本音國魯，罵人呼賭錢者通曰嘓嚕，皆作本聲，如曰群奴。行常帶刀，短曰綫雞尾，長曰黄鱔尾，皆象形而名。内分紅黑，晝曰紅錢，如剪綹割包之類；夜曰黑錢，如穿牆鑿壁之類。或三五成群，或百千成黨。少則劫奪孤旅，多則抗拒官兵。蜀中爲害，莫此爲甚。非斬草除根，久必蔓延。公名廷桂，漢軍。自公制蜀，此輩斂跡，及去，無不望公再來也。”按，此詩作於戊辰。詩云：“黄鱔長，綫雞短，青天白日兵戈滿。黑錢去，紅錢來，山橋野店雞犬哀。殺人不償命，皆冒古名姓。夜來假面劫鄉民，平明縣堂充保正。刀爲益州劍爲閣，天胡不將此輩戮。安得再來關内侯，盡使帶牛兼佩犢。”

1178.越縵堂日記

“愛師詞去年即已鈔得，頃始付梓，附以鄙作，題曰《二家詞鈔》。其《日記》於戊戌年節鈔二卷，會弟入都而止。于晦若曰不若石印爲善，弟思其言良是。秦中書局置有石印機器，擬即印成千部，以廣流傳。善化尚書機務餘閒，猶復關心此事，亦樞垣僅事也，盍請制序一篇，以光簡首？惟《日記》百餘本，弟處僅存十本，纔得十分之一。蔡鶴汀曾否入都？合浦珠還，是所望於老兄星如。蔡君持出，即請在京付諸石印，勿論工貲多少，弟皆一身任之。”

1179.識大錄

“王安名下一老中官，削[1]爲僧，寓平子門外古寺中，蓄有自泰昌元年迄崇禎十七年全邸鈔，間有未盡，皆詳識於端。曾於雪天訪之，惜不得其姓名居止，究不可得。近又傳有所謂《識大錄》者，體裁甚正，文直事核，不虛美，不隱惡，自洪武戊申迄崇禎甲申，幾千百萬言，可謂信史，不知撰自何人。”見陳僖《燕山草堂集·上陳溧陽書》。按，韓程愈《白松樓集略·先友傳》：吴應箕有《識大錄》五卷。

1180.圈地

彭士望《恥躬堂文鈔》六《贈北田四子序》云：“庚寅圈地，不獲有尺寸。苦子孤幼伶仃，竟不識其處。以爲此皆國賜，國亡

〔1〕“削”字下似漏一“髮”字。

則家無不毀，義當如是，初無幾微怨尤之色。”據此，則順治七年粵中亦曾圈地，蓋爲尚、耿二王。

1181.明珠園子爲雲間葉洮所築

揆叙《益戒堂自訂詩集》一《夏日園居雜興八首》，其七云：“指點園林舊畫師，天涯孤棹再來遲。傷心盛夏成遷逝，回首芳春憶別離。累石崚嶒猶故物，種桃夭裊又新枝。羈魂零落知何在，歸向華亭鶴唳時。”自注：“雲間葉洮爲余家築園，歸後再至京師，歿於涿州。”

1182.王祖畬

王祖畬字紫翔，江蘇鎮陽人。光緒癸未進士，庶吉士，選河南湯陰知縣。藏有震川未刻文百餘篇、錢牧齋《明史草》兩巨册。見翁文恭公癸巳正月《日記》。

1183.門杖

浙江舉人祝淵，上書申救黄道周，得門杖。舊制，廷杖榜笞有額數，門杖則亂施，無生全者。見陳僖《燕山草堂集·真定兩金吾傳》。

1184.殿試立書

陸隴其《三魚堂日記》言：“康熙庚戌九年三月初一殿試，黎明進至太和殿前，行三跪九叩頭禮畢，殿上傳策問，下皆跪受，起就位，單東雙西，皆立書。”不知此沿明制，抑清初如此。後來殿試皆踞矮桌書寫，未知起於何時。《日記》言：“初三至禮部領三枝九葉頂，十七遣長班至禮部繳頂。”又言：“初四傳臚，初六至禮部吃恩崇宴。初十領賞。黎明至午門外跪受畢，行三跪九叩頭禮，隨穿便服至闕左門，候内院選庶吉士。”庶吉士之選，尤與後來不同。陸字稼書，浙江平湖人，是科進士也。

1185.圖書集成

吴翌夙《鐙窗叢録》二：《古今圖書集成》，當時唯大臣得以頒賜。乾隆中，詔訪求遺書，凡官民以百部獻者，得賜一部，甚盛典也。書總一萬卷，凡二十二典：曰乾象典、歲功典、曆法典、庶徵典、坤輿典、職方典、山川典、邊裔典、皇極典、宫闈典、官常典、家範典、交誼典、氏族典、人事典、閨媛典、藝術典、神異典、禽蟲典、草木典、經籍典、學行典、文學典、字學典、選舉典、銓衡典、食貨典、禮儀典、樂律典、戎政典、祥刑典、考工典。每典復分門類，共六千一百九部，計五百二十函，又目録二函。武英殿銅板活字印行。